# COGNITION

Sarah Amédée

QUESTIONS DE PERSONNE

# COGNITION

## *Théories et applications*

**Stefen K. REED**

Traduction de la 4e édition américaine
par Teresa Blicharski et Pascal Casenave-Tapie

I(T)P

de boeck

Pour toute information sur notre fonds et les nouveautés dans votre
domaine de spécialisation, consultez notre site web :
**www.deboeck.com**

© De Boeck & Larcier s.a., 1999                                           1$^{re}$ édition
Éditions De Boeck Université                                              3$^e$ tirage 2004
Rue des Minimes 39, B-1000 Bruxelles
Pour la traduction et l'adaptation française

*Imprimé en Belgique*

Dépôt légal :
Bibliothèque Nationale, Paris : janvier 1999                       ISSN 0779-9179
Bibliothèque Royale Albert 1$^{er}$, Bruxelles : 1999/0074/50      ISBN 2-7445-0014-3

# Préface

Le progrès le plus exaltant dans le champ de la psychologie cognitive ne tient pas à une théorie particulière ou à des résultats expérimentaux mais à une tendance générale. Les psychologues cognitivistes ont affiché un intérêt grandissant pour l'étude de tâches réelles complexes et ainsi fait des progrès significatifs dans la compréhension de la façon dont les personnes accomplissent ces tâches. J'espère qu'une conséquence de cette tendance sera de permettre aux étudiants d'appliquer directement la psychologie cognitive à leurs activités quotidiennes. Un cours sur la cognition doit être accessible non seulement aux étudiants de psychologie mais aussi à ceux qui ont choisi d'autres domaines d'étude.

Dans cet ouvrage, j'ai tenté de mettre davantage l'accent sur les applications de la psychologie cognitive par rapport à ce que l'on trouve d'ordinaire dans les syllabus destinés aux étudiants de candidature. L'étude de la lecture, par exemple, est traitée dans les chapitres sur la reconnaissance des formes, l'attention, le langage et la compréhension de texte. Les chapitres sur la mémoire à long terme et sur l'imagerie visuelle sont abordés du point de vue des stratégies efficaces d'apprentissage. Le chapitre sur l'expertise et la créativité montre comment l'étude de la résolution de problèmes est actuellement élargie pour inclure ceux que rencontrent les étudiants dans leurs cours. Le chapitre sur le langage illustre comment les implications des phrases influencent les témoignages dans le domaine judiciaire et la publicité, et le chapitre sur la prise de décision inclut des applications dans le domaine de la médecine et des situations d'urgence. Pour aider les étudiants à faire le lien entre l'étude de la cognition et les articles qu'ils peuvent être amenés à lire, j'ai intégré de nombreux extraits d'articles de magazines et de journaux traitant de problèmes actuels tels que l'induction de fausses mémorisations et la détermination de la valeur d'une vie humaine dans le cadre de la justification des décisions de sauvetage.

Les 14 chapitres de ce livre couvrent un large éventail de thèmes, et les enseignants devraient ainsi pouvoir y trouver des développements sur les points qui les intéressent. Le livre est divisé en trois parties : Les étapes du traitement de l'information; la représentation et l'organisation des connaissances; les aptitudes cognitives complexes. La partie I se compose d'un chapitre d'introduction suivi de chapitres portant sur la reconnaissance des formes, l'attention, la mémoire à court terme et la mémoire à long terme. Les chapitres décrivent ce qui se passe durant les différentes étapes du traitement de l'information et comment ces étapes interagissent. La partie II est composée de chapitres sur les niveaux de traitement, les images visuelles, les catégorisations et l'organisation sémantique. Les deux premiers chapitres de cette partie décrivent de façon qualitative les différents codes mnémoniques, et les deux suivants considèrent l'organisation des connaissances dans la mémoire à long terme. La partie III est constituée de chapitres sur le langage, la compréhension et la mémorisation d'un texte, la résolution de problèmes, l'expertise et la créativité, et la prise de décision. Les commentaires relatifs à ces aptitudes cognitives supérieures sont souvent mis en relation avec les idées avancées dans les chapitres précédents.

La structure d'un ouvrage sur la cognition se doit de refléter ce que l'on sait actuellement sur le sujet. Les recherches tendent à indiquer que la hiérarchisation est un moyen particulièrement efficace d'organiser le savoir (voir chapitre 9). Le rappel est facilité lorsque l'information est divisée en catégories, qui sont elles-mêmes divisées en catégories plus restreintes. L'organisation hiérarchique semble être particulièrement efficace quand le nombre de divisions varie entre deux et cinq. J'ai délibérément choisi une telle structure pour cet ouvrage, en espérant que le contenu en sera plus accessible aux étudiants.

La quatrième édition reprend la même présentation que les précédentes. J'avais deux objectifs pour réviser ce livre : je voulais aider le lecteur à maîtriser davantage l'information en mettant les mots clés en caractères gras, en fournissant un glossaire dans les marges et un glossaire alphabétique à la fin du livre, et en ajoutant des questions de réflexion à la fin de chaque chapitre. Par ailleurs, je voulais présenter quelques-unes des recherches qui ont été réalisées depuis la publication de la troisième édition.

Les nouveautés comportent, dans la partie I, un développement approfondi des relations entre la psychologie cognitive et les autres domaines tels que la neuropsychologie, les modèles de réseaux neuronaux, l'encodage automatique, les modèles de mémoires de travail et les rétentions à très long terme. La partie II, sur les représentations et l'organisation des connaissances, contient des éléments nouveaux sur les caractéristiques des codes mnémoniques, l'influence de l'humeur sur la mémorisation, les résultats de recherches en neuropsychologie mettant en relation l'imagerie et la perception, la réinterprétation des images, le pouvoir de suggestion sur la création de fausses mémoires, l'effet de l'expertise sur la catégorisation, les assomptions de la théorie des schémas et la mémoire autobiographique. Dans la partie III, traitant des aptitudes cognitives complexes, de nouveaux éléments illustrent la discrimination des voyelles, les erreurs dans le discours, l'aphasie, les différences individuelles dans la compréhension, la cohérence spécifique et générale d'un texte, les modèles situationnels pour un texte, l'amélioration de la lisibilité, le transfert de représentations de problèmes, les schémas du raisonnement pragmatique, l'effet des exemples sur la créativité, les productions innovantes, l'effet de l'humeur et des modèles décisionnels sur le calcul des probabilités, et les prises de décision basées sur l'action.

## Remerciements

J'ai écrit la première édition de ce livre alors que j'étais en année sabbatique à l'Université de Berkeley, en Californie. Je suis très reconnaissant à la Case Western Reserve University et au Group in Sciences and Mathematics Education de Berkeley pour leur soutien financier durant cette année. Le Group in Sciences and Mathematics Education a également créé un environnement stimulant, et l'Institut of Human Learning m'a fourni une excellente bibliothèque. Peu après mon arrivée à Berkeley, j'ai eu la grande chance de rencontrer C. Deborah Laughton, éditrice spécialisée en psychologie à Brooks/Cole. Elle a cru à ce projet de livre bien avant sa réalisation et c'est grâce à l'assistance d'une excellente équipe au Brooks/Cole et des évaluateurs de premier ordre que j'ai pu élaborer ce texte.

Toute ma reconnaissance à Marianne Taflinger, Fiorella Ljunggren, Anne Draus, Betty Berenson, Lillian Campobasso, et à tous ceux qui ont contribué à cette quatrième édition. J'aimerais aussi remercier les évaluateurs suivants pour l'aide apportée par leurs suggestions concernant cette édition : Charles K. Allen, de l'Université du Montana; Stephen Christman, Université de Toledo; Ira Fischler, Université de Floride; Dennis Kerkman, Southwest Texas State University; John Kruschke, Université de l'Indiana; Thomas P. Pusateri, Loras College; Laurette Reeves, Rowan College du New Jersey; et

Stephen Schmidt, Middle Tennessee State University. Tous les commentaires sont toujours bienvenus et j'apprécierais beaucoup de recevoir des suggestions émanant des lecteurs.

*Stephen K. Reed*

Première partie

# Les étapes du traitement de l'information

# 1

# Introduction

La psychologie cognitive se réfère à tous les
processus par lesquels l'input sensoriel est
transformé, réduit, élaboré, stocké, rappelé et
utilisé.

ULRIC NEISSER (1967)

La cognition, selon l'acception courante, est le processus d'acquisition des connaissances. Cependant, l'acquisition et l'utilisation de
connaissances impliquent de nombreuses aptitudes mentales. La
table des matières figurant à la fin de cet ouvrage propose une liste
de certaines de ces aptitudes. Les psychologues qui étudient la cognition s'intéressent à la reconnaissance de formes, à l'attention, à la
mémoire, à l'imagerie visuelle, au langage, à la résolution de problèmes et à la prise de décision.

Cet ouvrage a pour ambition d'offrir un panorama du champ de
la psychologie cognitive. Il propose des synthèses de recherches
expérimentales en psychologie cognitive, des commentaires sur les
principales théories en la matière et tente d'établir un lien entre la
recherche, les théories et les tâches cognitives rencontrées dans la
vie quotidienne : lire, conduire, étudier, évaluer les annonces publici-

taires, évaluer les témoignages légaux, résoudre des problèmes en classe et prendre des décisions dans le domaine médical.

La définition de la psychologie cognitive de Neisser citée à la page précédente reflète la façon dont les psychologues étudient la cognition. Permettez-moi de l'énoncer à nouveau pour mieux la souligner : «La **psychologie cognitive** se réfère à tous les processus par lesquels l'input sensoriel est transformé, réduit, élaboré, stocké, rappelé et utilisé.»

**Psychologie cognitive**

Étude des opérations mentales permettant aux personnes d'acquérir et d'utiliser des connaissances.

Cette définition a plusieurs implications importantes. La référence à l'input sensoriel implique que la cognition commence à partir de notre contact avec le monde extérieur. La transformation de l'input sensoriel signifie que notre représentation du monde n'est pas qu'un enregistrement passif de notre environnement physique mais une construction active qui peut impliquer à la fois une réduction et une élaboration. Ceci étant, nous ne pouvons prêter attention qu'à une petite partie des stimulations physiques qui nous entourent, et seule une petite partie de celles-ci peuvent être rappelées. La réduction se produit lorsque l'information immédiate est perdue. L'élaboration s'opère quand nous ajoutons quelque chose à l'input sensoriel. Par exemple, lorsque vous rencontrez un ami, vous pouvez vous souvenir de nombre d'expériences que vous avez partagées avec lui.

Le stockage et le rappel de l'information sont, bien entendu, ce que nous appelons la mémoire. La distinction entre stockage et rappel indique que le stockage de l'information ne garantit pas son rappel. Un bon exemple de cette distinction est évoqué par l'expression «avoir un mot sur le bout de la langue». Parfois nous avons presque, mais pas tout-à-fait, retrouvé un mot pour exprimer une idée ou un sens particulier. Le rappel ultérieur de ce mot nous prouve que le problème précédent résidait plutôt dans le rappel que dans le stockage. Le mot était stocké dans la mémoire; il était simplement difficile de le retrouver.

La dernière partie de la définition de Neisser est peut-être la plus importante. Après que l'information a été perdue, stockée et rappelée, elle doit être utilisée de façon appropriée -par exemple, pour prendre des décisions ou résoudre des problèmes. Nous en apprendrons davantage sur les résolutions de problèmes et les prises de décision dans la Partie III, après avoir fait le point sur les progrès qui ont été réalisés dans la compréhension de la perception et de la mémoire.

# L'APPROCHE DU TRAITEMENT DE L'INFORMATION

Le fait que la psychologie cognitive soit souvent appelée psychologie du **traitement humain de l'information** indique l'approche du sujet que les psychologues cognitivistes ont choisi d'adopter. L'acquisition, le stockage, le rappel et l'utilisation de l'information donnent lieu à des étapes distinctes; le traitement de l'information tente d'identifier ce qui se passe durant ces étapes (Haber, 1969).

La figure 1.1 présente les étapes que les chercheurs intègrent habituellement dans la plupart des modèles du traitement de l'information. Ces étapes sont organisées dans un ordre chronologique. Cependant, étant donné que l'information circule dans les deux sens (comme indiqué par les flèches bidirectionnelles), une étape précédente peut être influencée par l'information provenant d'une étape ultérieure. Par exemple, pour reconnaître une forme dans l'étape de «reconnaissance des formes», nous devons stocker des informations concernant diverses formes dans la mémoire à long terme.

Le modèle de la figure 1.1 fournit une présentation générale des étapes. Chacune d'elles sera élaborée dans les chapitres ultérieurs. Le registre **d'information sensorielle** permet un stockage bref de l'information dans sa forme originale, c'est-à-dire sensorielle. Apparemment, il existe un registre d'information sensorielle pour chacun des sens, mais ce sont les acquisitions mnémoniques visuelles et auditives qui ont été le plus étudiées. Le registre d'information sensorielle confère une durée plus longue au temps nécessaire à la reconnaissance de formes. Si une forme visuelle est affichée sur un écran durant 5 msec (5 millisecondes, ou 5/1000 de seconde), l'observateur disposera cependant de plus de 5 msec pour l'identification de la forme si l'information visuelle peut être maintenue un laps de temps supplémentaire grâce au registre d'information sensorielle. Bien que

**Le traitement humain de l'information**

Approche psychologique qui tend à identifier ce qui se produit au cours des différentes étapes (attention, perception, mémoire à court terme) du traitement de l'information.

**Registre d'information sensorielle**

Partie de la mémoire capable de maintenir l'information sensorielle non analysée pendant une fraction de seconde, fournissant ainsi au sujet la possibilité d'une analyse additionnelle une fois la stimulation physique disparue.

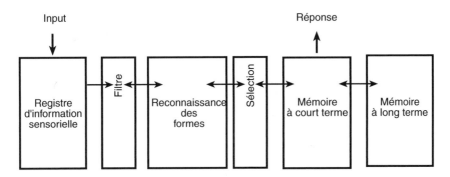

**Figure 1.1** *Les étapes d'un modèle du traitement de l'information*

le stockage pour la vision ait une durée limitée d'environ un quart de seconde (250 msec), celle-ci est nettement plus longue que l'affichage proposé de 5 msec.

Passé ce délai, l'information contenue dans le registre d'information sensorielle est perdue, sauf si elle peut être décrite dans l'étape de **reconnaissance des formes**.

**Reconnaissance des formes**

Étape de la perception durant laquelle un stimulus est identifié.

La majorité des formes que nous rencontrons nous sont familières, la reconnaissance consistant simplement en une classification de ces formes à l'instar de chat, la lettre a, le mot balle et ainsi de suite. Lorsque nous reconnaissons une forme familière, nous utilisons de l'information que nous avons déjà entreposée dans la mémoire. Si la description ne correspond pas à celle d'une forme familière, l'observateur peut vouloir, au cas où elle est importante, stocker cette nouvelle description dans sa mémoire.

La relation entre la reconnaissance des formes et l'attention a fait l'objet d'un vaste débat. Certains théoriciens ont prétendu que nous ne pouvons reconnaître qu'une seule forme à la fois. Leur argumentation faisait valoir que l'attention joue un rôle de **filtre**, déterminant quelles formes seront reconnues lorsque plusieurs formes se présentent en même temps. D'autres théoriciens ont soutenu que toutes les formes se présentant simultanément peuvent être reconnues mais que certaines seulement sont mémorisées alors que d'autres sont immédiatement oubliées. Cette dernier point de vue considère donc que c'est l'attention qui sélectionne les formes qui seront mémorisées. Depuis lors, il s'est avéré que les deux théories sont valables selon les cas. Ainsi l'attention est-elle représentée dans la figure 1.1 en tant que filtre et **étape de sélection**. Le filtre limite la quantité d'informations qui peuvent être reconnues à un moment donné et l'étape de sélection limite la quantité de matériel qui peut être entrée dans la mémoire.

**Filtre**

Partie de l'attention dans laquelle certaines informations perceptuelles sont bloquées (filtrées) et non reconnues, alors que d'autres informations reçoivent de l'attention et sont en conséquence reconnues.

**Etape de sélection**

Étape qui suit la reconnaissance des formes et qui détermine de quelle information un individu pourra tenter de se souvenir.

**Mémoire à court terme (MCT)**

Partie de la mémoire ayant une capacité limitée de 20 à 30 sec. en l'absence de volonté, de la part de l'attention, de se souvenir de son contenu.

La mémoire est représentée dans la figure 1.1 par la mémoire à court terme et la mémoire à long terme. Nous utilisons la **mémoire à court terme (MCT)** pour nous souvenir, par exemple, d'un numéro de téléphone au moment précis où nous le composons. Ce type de mémoire est limité, à la fois quant à la quantité d'information qu'elle peut contenir (capacité) et quant au laps de temps pendant lequel elle peut retenir l'information (durée). La plupart des adultes peuvent se rappeler un nombre à sept chiffres, ils trouvent en revanche très difficile de mémoriser un nombre à dix chiffres, tels qu'un code régional non familier ou un numéro de téléphone. La durée limitée de la MCT est facilement illustrée par la rapidité avec laquelle nous oublions un nombre si nous ne nous le répétons pas plusieurs fois oralement. La **mémoire à long terme (MLT)** ne présente ni l'une ni l'autre des limites de la MCT. Aucune limite n'a été définie quant à la

**Mémoire à long terme (MLT)**

Partie de la mémoire sans limite de capacité et d'une durée variant de quelques minutes à une vie entière.

quantité d'informations qu'elle peut contenir et si l'oubli se produit, c'est de façon relativement lente.

Les aptitudes cognitives complexes, telles que les prises de décision et la résolution de problèmes, n'ont pas d'étapes qui leur correspondent dans notre modèle du traitement de l'information. En revanche, elles dépendent dans une grande mesure d'autres étapes. Par exemple, la capacité de reconnaissance de formes est importante dans le jeu d'échecs, une tâche très exigeante au plan intellectuel. La capacité limitée de la MCT est déterminante dans la réalisation de tâches qui exigent des prises de décisions ou des résolutions de problèmes complexes. Les découvertes des psychologues cognitivistes concernant la nature active de l'apprentissage ont accru le rôle que joue la résolution de problèmes dans l'acquisition de nouvelles informations. Un des défis majeurs pour les psychologues de la cognition est la spécification des interactions entre la perception, la mémoire et la pensée.

## LE DÉVELOPPEMENT DE LA PSYCHOLOGIE COGNITIVE

Il est toujours difficile de préciser les origines exactes de tout champ d'étude et les psychologues cognitivistes proposeraient une grande variété de dates si on les questionnait sur l'origine de la psychologie cognitive. Dans Principles of Psychology de James, publié en 1890, plusieurs chapitres portent sur l'attention, la mémoire, l'imagerie et le raisonnement. Dans The Mentality of Apes, publié en 1925, Kohler a étudié les processus impliqués dans la pensée complexe. Lui et d'autres psychologues Gestaltistes ont souligné l'importance de la forme dans la compréhension - la capacité de comprendre comment les différentes parties d'un problème forment un tout (la Gestalt). L'ouvrage de Barlett Remembering : A Study in Experimental and Social Psycholgy, publié en 1932, proposait une théorie de la mémoire événementielle en accord avec les perspectives actuelles. D'autres livres ou articles, pourtant considérés comme importants et modernes, n'en ont pas eu pour autant un impact sur la psychologie cognitive contemporaine.

*Behaviorism*, l'ouvrage de Watson publié en 1924, a eu, lui, un impact négatif majeur. La thèse développée dans ce livre était que les psychologues doivent uniquement étudier ce qui est directement observable dans le comportement d'un individu. L'argumentation de Watson reposait sur la pratique du **stimulus-réponse (S-R)** où les expérimentateurs enregistrent comment les individus répondent aux stimuli, sans se préoccuper des processus mentaux qui génèrent ces réponses. L'approche du stimulus-réponse était cohérente avec le

**Stimulus-Réponse (S-R)**

Approche qui souligne l'association entre un stimulus et une réponse, sans identifier les opérations mentales qui produisent cette réponse.

point de vue de Watson car stimulus et réponse sont tous deux observables. Malheureusement, cette approche ne révèle pas exactement ce que fait l'individu de l'information présentée dans le stimulus. En revanche, la conception du traitement de l'information cherche à identifier comment l'individu transforme l'information entre le stimulus et la réponse. Les psychologues qui adoptent cette dernière démarche tentent de comprendre ce qui se passe durant chacune des étapes présentées dans la figure 1.1. Cela est particulièrement important lorsqu'un individu a des difficultés dans l'accomplissement d'une tâche car le psychologue peut tenter d'identifier quelle étape est source de difficulté.

## L'essor de la théorie du traitement de l'information

Le passage d'une approche S-R à celle du traitement de l'information a pris de l'ampleur à la fin des années 50, notamment grâce à la popularité croissante des ordinateurs et de leurs programmes, lesquels illustraient bien les différentes procédures de traitement de l'information. Les psychologues commencèrent alors à s'intéresser à l'utilisation de l'ordinateur comme modèle analogique de la façon dont les individus traitent l'information. Ils ont ainsi pu identifier comment les différentes étapes de ce traitement influencent la performance. Une des étapes qui peut avoir un effet considérable sur la réalisation de tâches cognitives est la MCT.

Dans un célèbre article publié en 1956, G. A. Miller soutenait que la capacité de la MCT réduisait la performance dans de nombreuses tâches cognitives. L'article de Miller était essentiel car il montrait comment une seule étape -la MCT- peut influencer la performance dans une grande variété de tâches.

Deux ans plus tard, Broadbent (1958) a proposé un des premiers modèles fondé sur une analyse du traitement de l'information, dit «modèle filtre». Ce modèle présente un filtre qui rend compte des performances lors d'une tâche d'écoute sélective. Lorsqu'il était demandé aux sujets d'écouter simultanément différents messages proposés à chaque oreille, ils trouvaient cela difficile. Broadbent a fait valoir que si plusieurs données sensorielles peuvent être admises dans le registre d'information sensorielle, une seule peut accéder à l'étape de reconnaissance de formes. Un auditeur ne peut prêter attention qu'à un seul message à la fois, l'attention étant sous le contrôle de ce filtre. Deux messages simultanés peuvent être tous deux reconnus si le message auquel on ne prête pas attention passe à travers ce filtre avant sa disparition du registre d'information sensorielle. Le «modèle filtre» implique qu'une limitation de la perception empêche les individus de comprendre deux messages diffusés en même temps.

L'année ultérieure à la proposition du «modèle filtre» par Broadbent, Sperling a soutenu sa thèse de doctorat à l'Université de Harvard. Dans l'une des épreuves de Sperling (1960), les observateurs assistaient à la projection très brève d'une série de lettres disposées par rangées auxquelles était associé un signal sonore donné. A chaque signal sonore, il était demandé aux sujets de rapporter les lettres de la rangée correspondante. Sperling a conçu cette procédure afin de déterminer si c'était la perception ou la mémoire qui limitait le nombre de lettres que les individus pouvaient rapporter à partir de cette brève projection. Il a ainsi pu proposer un modèle de traitement de l'information issu de l'analyse de cette épreuve. Ce modèle explique comment le registre d'information sensorielle, la reconnaissance des formes et la mémoire à court terme exercent une influence combinée sur la performance au cours de l'épreuve (Sperling, 1963).

Les modèles proposés par Broadbent et Sperling ont eu une influence majeure sur les théories subséquentes du traitement de l'information : le premier sur des modèles de l'attention auditive et le second sur la reconnaissance visuelle.

## Les processus cognitifs supérieurs

L'analyse du traitement de l'information dans des tâches perceptuelles s'est accompagnée, au cours des années 50, d'une nouvelle approche des tâches plus complexes. L'ampleur et les implications de cette approche sont bien décrites par Newell et Simon (1972). Le développement des ordinateurs numériques après la Seconde Guerre mondiale a donné lieu à d'importants travaux sur l'**intelligence artificielle**, un champ qui vise à programmer les ordinateurs pour la réalisation de tâches intelligentes comme jouer aux échecs ou construire des dérivations en logique. Un séminaire a eu lieu à la Corporation RAND au cours de l'été 1958. L'objectif était de montrer aux chercheurs en sciences sociales comment les techniques de simulation par ordinateur peuvent être appliquées dans la création de modèles du comportement humain. Le séminaire RAND a eu un impact majeur sur l'intégration des travaux concernant la simulation par ordinateur avec les travaux sur le traitement de l'information par l'humain.

Le séminaire RAND influença trois psychologues qui passèrent l'année 1958-1959 au Center for Advanced Study in the Behavioral Sciences (Centre pour l'étude avancée des sciences du comportement) de l'Université de Stanford. Ces trois universitaires -George Miller, Eugene Galanter et Karl Pribram- partageaient un même

**Intelligence artificielle**

Étude des processus de programmation informatique d'ordinateurs capables de réaliser des tâches nécessitant de l'intelligence.

désaccord avec l'approche théorique prédominante de la psychologie d'alors; approche qui considérait les êtres humains comme des faisceaux de réflexes stimulus-réponse. Miller a puisé dans le séminaire Rand les bases conceptuelles et matérielles qui ont, avec de récents travaux dans le domaine de l'intelligence artificielle, de la psychologie et de la linguistique, permis la publication de l'ouvrage intitulé Plans and the Structure of Behavior dans lequel les trois psychologues développent leur point de vue (Miller, Galanter et Pribram, 1960).

Ces auteurs soutiennent l'idée qu'une grande partie du comportement humain est planifiée. Un **plan**, selon leur définition, est composé d'une liste des instructions aptes à contrôler l'ordre dans lequel une séquence d'opérations doit être réalisée. Un plan est analogue à un programme d'ordinateur. Les auteurs ne pouvant construire des plans à partir des unités stimulus-réponse, ils ont proposé un nouveau concept, une unité appelée TOTE, laquelle est l'abréviation en anglais de l'expression «Test-Operate-Test-Exit» (Test-Opération-Test-Sortie). Un plan se compose donc d'une hiérarchie d'unités TOTE.

**Plan**

Une série d'opérations ordonnée séquentiellement pour la réalisation d'une tâche.

Considérons un plan très simple comme celui qui consiste à enfoncer un clou dans une planche à l'aide d'un marteau. Le but est d'enfoncer la tête du clou au ras de la surface de la planche. En haut de la hiérarchie se trouve un test qui détermine si le but est atteint. Si le clou est enfoncé jusqu'au niveau de la surface de la planche, on peut arrêter. Si la tête du clou dépasse, il est alors nécessaire de tester la position du marteau. Cette dernière détermine laquelle des deux opérations doit être réalisée : lever ou frapper.

Les idées formulées par Miller, Galanter et Pribram ont été influencées par des travaux antérieurs issus de deux champs extérieurs à la psychologie. Le travail de Newell, Shaw et Simon (1958) dans le domaine de l'intelligence artificielle a permis l'identification des stratégies utilisées par les individus dans la réalisation de tâches complexes comme le jeu d'échecs. Une autre influence majeure est issue du travail du linguiste Noam Chomsky qui considérait que la théorie stimulus-réponse dans l'apprentissage du langage ne pouvait expliquer comment les individus apprennent à comprendre et à produire des phrases (Chomsky, 1957). Sa proposition alternative -que les personnes apprennent un système de règles (une grammaire)- était cohérente avec les idées de Miller, Galanter et Pribram sur la planification. Nous reviendrons sur ces deux contributions, comme sur celles de Miller, Broadbent et Sperling, dans les chapitres suivants.

## RAPPORT ENTRE LA COGNITION ET D'AUTRES DOMAINES

Les idées élaborées par ces théoriciens ont été développées et affinées. Le livre de Neisser, Cognitive Psychology (1967), a synthétisé plusieurs de ces idées dans un ouvrage faisant référence, avant d'autres publications sur le sujet.

Actuellement la psychologie cognitive est devenue un champ d'investigation très populaire en psychologie. Presque tous les psychologues étudiant la perception, l'attention, l'apprentissage, la mémoire, le langage, le raisonnement, la résolution des problèmes et la prise de décision s'attribuent le nom de psychologues cognitivistes, même si leurs méthodes et leurs théories varient considérablement d'un sujet à l'autre. En outre, les approches développées en psychologie cognitive ont également eu une grande influence sur d'autres disciplines telles que la psychologie de l'éducation (Gagne, 1985; Mayer, 1987) ou la psychologie sociale (Devine, Hamilton & Ostrom, 1994).

La psychologie cognitive a une influence croissante sur la psychologie appliquée (Hoffman et Deffenbacher, 1992). La majorité des fonds de recherche (aux Etats-Unis) sont aujourd'hui orientés vers des projets appliqués et plusieurs nouveaux docteurs en psychologie sont engagés dans une perspective de psychologie appliquée. Le développement des possibilités d'application des théories cognitives s'illustre bien par l'émergence des nouvelles revues scientifiques telles que Applied Cognition et The Journal of Experimental Psychology : Applied. Quant au titre de mon ouvrage, il montre combien je suis persuadé de l'importance de ces applications. Nous allons d'ailleurs en voir plusieurs, comme la facilitation de l'apprentissage sensoriel, la prédiction du taux d'accidents chez les conducteurs, l'amélioration du rappel chez le témoin oculaire, l'utilisation des stratégies mnémoniques, la reconnaissance de l'effet de biais du langage dans la publicité et dans le témoignage oculaire, l'amélioration de la lisibilité des textes et l'utilisation de stratégies de résolution de problèmes.

Les influences ne proviennent pas toutes d'un même courant d'idées. Divers domaines d'étude ont influencé la psychologie cognitive et ont conduit à la constitution d'un champ d'études combinées appelé Sciences Cognitives, qui se caractérise par sa propre société, sa propre revue et ses programmes majeurs dans certaines universités. Les **sciences cognitives** sont centrées sur l'étude de l'intelligence de l'être humain, dans les programmes d'ordinateur et dans les théories abstraites, avec une centration particulière sur le comportement intelligent défini au plan formel ou mathématique (Simon et Kaplan,

**Sciences cognitives**

Effort interdisciplinaire pour étudier la cognition au travers de domaines tels que la psychologie, la philosophie, l'intelligence artificielle, les neurosciences, la linguistique et l'anthropologie.

1989). Les sciences cognitives représentent aussi une tentative pour unifier les perspectives élaborées dans les domaines de la psychologie, de la linguistique, de l'anthropologie, de la philosophie, de l'intelligence artificielle et des neurosciences (Hunt, 1989).

L'encart 1.1 reproduit un article sur l'intelligence artificielle publié dans l'hebdomadaire américain «Newsweek» en 1980. A cette époque, les ordinateurs pouvaient déjà réaliser plusieurs tâches intelligentes et leurs capacités n'ont pas cessé de s'accroître. Les concepts utilisés dans ces programmes ont influencé la construction de modèles décrivant l'intelligence humaine. Nous verrons par exemple au chapitre 9 que les psychologues cognitivistes ont emprunté à l'intelligence artificielle un concept (celui de réseau sémantique) pour décrire la façon dont les individus organisent leurs idées dans la mémoire à long terme. Un autre concept emprunté à l'intelligence artificielle (celui des systèmes de production) permet d'expliquer comment nous utilisons des règles pour réaliser des tâches cognitives. Nous en apprendrons davantage sur les systèmes de production au chapitre 13.

**Neurosciences cognitives**

Étude de la relation entre les processus cognitifs et l'activité cérébrale.

Les **neurosciences cognitives** constituent un important domaine faisant l'objet de plus en plus de recherches. Grâce aux progrès technologiques, il est à présent possible d'étudier quelle partie du cerveau est utilisée pour réaliser une grande variété de tâches cognitives. Une de ces techniques, appelée **imagerie par résonnance magnétique**, utilise les champs magnétiques qui sont amplifiés par un ordinateur pour produire des images à haute résolution des structures cérébrales. Le coût de ces machines (3 millions de dollars US lors de leur introduction en 1988) a limité leur diffusion mais leur impact est déjà remarquable. L'encart 1.2 montre comment ces technologies accroissent notre compréhension des problèmes cognitifs.

**Imagerie par résonnance magnétique**

Technique de diagnostic utilisant des champs magnétiques et leurs images informatisées pour localiser l'activité mentale dans le cerveau.

**Tomographie par émission de positrons**

Technique de diagnostic qui utilise des marqueurs radioactifs pour étudier l'activité cérébrale en mesurant la quantité de flux sanguin dans les différentes parties du cerveau.

D'autres techniques d'imagerie telle que la **tomographie par émission de positrons (TEP)** nous fournissent une mesure nous permettant de visualiser quelle partie du cerveau les gens utilisent en réalisant diverses tâches cognitives. Cette méthode mesure le flux sanguin cérébral à l'aide d'un marqueur radioactif injecté dans le sang. La mesure de cette faible radioactivité permet aux neurocognitivistes de déterminer les niveaux d'activité dans diverses parties du cerveau.

Les techniques d'imagerie spatiale ont cependant une limite : elles ne peuvent nous fournir de données temporelles précises, la précision étant pourtant si importante dans l'analyse des tâches cognitives au sein desquelles les fractions de secondes sont théoriquement essentielles. L'enregistrement de l'activité électrique au niveau du cuir chevelu peut néanmoins nous fournir des informations temporelles

---

## ENCART 1.1

### JUSQU'OÙ PEUT ALLER L'INTELLIGENCE ARTIFICIELLE ?

---

Un lundi matin à Yale University, Margot Flowers s'assoit avec son ami Abdul pour discuter une nouvelle fois de la politique au Moyen-Orient :

*Margot* : Qui a commencé la guerre de 1967 ?

*Abdul* : Ce sont les Arabes, par le blocus du Détroit de Tiran.

*Margot* : Mais c'est Israel qui a attaqué en premier.

*Abdul* : Selon les lois internationales, les blocus constituent des actes de guerre.

*Margot* : Fallait-il qu'on vous laisse importer des armes américaines par le détroit ?

*Abdul* : Israel n'importait pas d'armes par le détroit. La raison de ce blocus était d'empêcher Israel d'importer du pétrole iranien.

Ils n'ont pas la finesse des diplomates des Nations-Unies mais, après tout, Margot Flowers est l'une des trois scientifiques qui a conçu Abdul, un programme d'ordinateur qui recherche dans sa mémoires des données permettant de répondre logiquement aux questions. Ce dialogue est un exercice classique issu d'un champ disciplinaire développé depuis 25 ans appelé intelligence artificielle (IA) et grâce aux remarquables progrès technologiques, des centaines de chercheurs en IA aux commandes d'ordinateurs testent les potentialités de ces nouveaux cerveaux électroniques. Leur objectif est aussi remarquable que leur technologie : déterminer jusqu'à quel point l'ordinateur peut se rapprocher dans la simulation de l'esprit humain et, peut-être, le dépasser.

Leurs résultats sont à la fois excitants et rassurants. Dans un grand nombre d'expériences sur l'IA, les ordinateurs correctement programmés peuvent jouer aux échecs et au backgammon, dégager des analogies parmi les pièces de Shakespeare, et comprendre des histoires mettant en jeu l'amitié et l'adultère.

Les ordinateurs peuvent utiliser des faits pour faire des inférences et peuvent tirer de cette expérience des conclusions non programmées. Mais jusqu'à un certain point : les chercheurs en IA ont appris que le cerveau humain est encore plus surprenant que ce à quoi ils s'attendaient : la véritable intelligence implique des éléments de la volonté, de la conscience et de la créativité, dont sont incapables les ordinateurs actuels. « Pour l'instant, la définition de l'intelligence artificielle tombe dans la catégorie de la résolution de problèmes » dit le scientifique en IA Terry Winograd de Stanford. « C'est un premier pas ».

La première machine « pensante » à résolution de problèmes était probablement un programme d'ordinateur réalisé en 1956 appelé le Logic Theorist, qui pouvait choisir à partir d'un éventail de données et démontrer des énoncés mathématiques à partir d'opérations logiques. Son premier triomphe fut la démonstration d'un théorème issu de la logique mathématique que n'avaient découvert ni Bertrand Russell ni Alfred North Whitehead.

De nos jours, les machines à résolution de problèmes sont bien plus sophistiquées. Une des plus impressionnantes est le champion de backgammon programmé par Hans J. Berliner de l'Université Carnegie-Mellon de Pittsburgh. Ce programme choisit parmi tous les mouvements acceptables en réduisant chacun d'eux à une équation mathématique mesurant les menaces et les opportunités, pour enfin opter pour la solution dont la valeur de l'équation est la plus forte. BACON, un autre programme conçu par le lauréat du Prix Nobel Herbert A. Simon et ses collègues à l'Université Carnegie-Mellon, cherche des formes cohérentes à partir de données scientifiques. De lui-même, BACON a « découvert » une règle de la mécanique planétaire initialement établie par Johannes Kepler en 1609. Et, lorsqu'on lui a fourni tous les faits connus de la chimie en 1800, BACON en a déduit le principe du poids atomique – un défi qui a nécessité 50 ans de plus aux scientifiques.

---

S<small>OURCE</small> : *Newsweek, 30 juin 1980.* Copyright 1980, Newsweek, Inc. Tous droits réservés. Reproduit avec autorisation.

---

**Potentiels évoqués
par les événements**

Technique de diagnostic qui
utilise des électrodes placées
sur le cuir chevelu pour mesurer la durée des ondes cérébrales pendant la réalisation de
tâches mentales.

plus précises. L'utilisation de ces **potentiels évoqués par les événements (event-related potentials) (PEE)** permet aux scientifiques de faire un lien entre les opérations mentales enregistrées au cours des épreuves mesurant le temps de réaction et l'activité cérébrale. En combinant les études TEP et PEE il est possible de bénéficier de meilleures mesures de la localisation dans l'espace grâce aux techniques de visualisation et d'une résolution temporelle plus précise par la mesure des potentiels électriques (Posner et Rothbart, 1994).

La figure 1.2 illustre la manière dont les techniques TEP et PEE peuvent être combinées pour nous aider à comprendre comment les gens traitent les mots écrits (Snyder, Abdullaev, Posner, et Raichle, 1995). Cette même illustration a été reproduite en couleur sur la couverture de cet ouvrage. Dans la figure 1.2 les zones les plus foncées dans les deux dessins représentant le cerveau indiquent les changements dans le flux sanguin au niveau du cortex au moment où il est demandé à la personne de faire correspondre des utilisations à des noms communs présentés sur un écran durant l'expérience (tels que cogner pour marteau), en les comparant aux changements qui peuvent survenir quand la personne lit ces mêmes mots à voix haute. Les zones les plus claires (jaune et rouge sur la couverture) témoignent d'une augmentation du flux sanguin particulièrement évidente dans les zones frontales et temporales de l'hémisphère gauche (dans le dessin, en haut à gauche). Les zones les plus foncées (bleu et vert sur la couverture) indiquent une baisse relative du flux sanguin par rap-

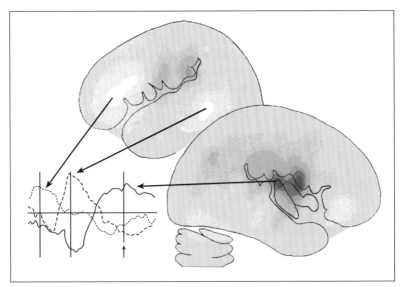

**Figure 1.2** Un balayage PET présentant les changements de flux sanguin dans le cerveau durant la réalisation d'une tâche mentale

port à la situation de contrôle de simple lecture. Cette baisse est plus évidente dans l'hémisphère droit (dans le dessin en bas à droite).

Les flèches dans la figure 1.2 indiquent le lien entre les mesures TEP du flux sanguin et les ondes PEE enregistrées à partir de l'électrode la plus proche de cette zone sur le cuir chevelu. L'activation dans la partie frontale de l'hémisphère gauche -ligne en pointillé (jaune sur la couverture)- se déclenche plus rapidement que l'activation dans la partie temporale de l'hémisphère gauche -ligne en tirets (rouge sur la couverture)- de quelques centaines de millisecondes. Ces résultats font la preuve que l'activation frontale initiale est importante pour l'encodage du sens des mots isolés et que l'activation temporale plus tardive peut être plus importante pour l'intégration du sens des mots en vue d'obtenir une compréhension générale des propositions et des phrases (Snyder et al, 1995). Cette hypothèse concorde avec les résultats cliniques indiquant que des lésions dans les zones temporales de l'hémisphère gauche produisent souvent des déficits langagiers, rendant la personne incapable de combiner des mots pour la production d'idées cohérentes. Nous en apprendrons davantage sur ce déficit dans le chapitre 10 consacré au langage.

Même si la psychologie cognitive est une science «jeune», notre compréhension de la cognition a beaucoup progressé au cours de ces 40 dernières années. Aronson, dans l'introduction de The Social Animal (1972), son ouvrage bien connu, explique la raison principale qui l'a motivé à écrire ce livre : après avoir dit un jour dans l'un de ses cours que la psychologie sociale était une science jeune, il a éprouvé un sentiment de lâcheté. En fait, il est arrivé à la conclusion que qualifier la psychologie sociale de science jeune constituait une sorte d'excuse -une façon d'avertir les gens qu'il ne fallait pas en attendre trop, une façon d'éviter la responsabilité de l'application de ses résultats de recherches aux problèmes courants du monde dans lequel nous vivons. Aronson a écrit son livre dans le but de démontrer que la psychologie sociale a beaucoup à apporter. J'espère que vous aurez ce même sentiment concernant la psychologie cognitive après la lecture de cet ouvrage.

## ORGANISATION DU LIVRE

Cet ouvrage est divisé en trois grandes parties : la première examine les étapes du traitement de l'information, la seconde, les représentations et de l'organisation des connaissances et la troisième, les aptitudes cognitives supérieures.

Dans ce chapitre, j'ai proposé un survol rapide de l'approche du traitement de l'information dans l'étude de la cognition. L'un des principaux objectifs de cette approche, comme l'illustre la figure 1.1, est d'identifier les étapes majeures du traitement de l'information. La partie I résume notre connaissance actuelle de ce qui se passe durant chacune de ces étapes. Les chapitres 2 et 3, sur la reconnaissance des formes et l'attention, concernent tous deux la perception. Les théories sur la reconnaissance des formes cherchent à spécifier comment les individus reconnaissent et stockent les descriptions de formes dans leur mémoire. Elles cherchent également à déterminer les raisons de l'existence de limites dans la performance, comme par exemple quand une personne ne peut pas se rappeler toutes les lettres d'une série, et pourquoi il est plus facile de percevoir toutes les lettres lorsqu'elles forment un mot. Des théories de l'attention sont nécessaires pour expliquer la performance lorsque trop d'informations arrivent en même temps. Généralement, une personne ne peut réagir qu'à quelques-unes des informations seulement. Des expériences conçues pour mesurer la quantité d'informations traitées ont conduit à des théories permettant de savoir si c'est une étape particulière qui est responsable de ces limites du traitement, ou si ce sont les tâches elles-mêmes qui requièrent un effort mental trop important pour leur réalisation simultanée.

Les chapitres 4 et 5 sont centrés sur la mémoire, et traitent respectivement de la MCT et de la MLT. La mémoire à court terme est une «mémoire de travail» qui nous permet de combiner des informations provenant de la mémoire à long terme avec des informations issues de l'environnement. Toutefois la capacité limitée et la dégradation rapide de la MCT nous oblige à introduire dans la MLT toute nouvelle information que nous voulons nous rappeler plus longtemps. Le chapitre sur la MLT discute de la variété des stratégies dont nous disposons pour apprendre de nouvelles informations, notamment celle de la répétition verbale. Les deux chapitres distinguent les tests de rappel des tests de reconnaissance et montrent en quoi les théories de la mémoire de reconnaissance diffèrent selon que l'information est retenue dans la MCT ou la MLT.

La seconde partie de cet ouvrage aborde la représentation et l'organisation des connaissances dans la mémoire. Les chapitres 6 et 7 présentent différents types de codes mnémoniques, puisque notre aptitude à nous rappeler de quelque chose dépend du type de code mnémonique qui est construit. Une théorie influente de la mémoire fut la théorie des niveaux de traitement proposée par Craik et Lockhart (1972). Leur théorie a été stimulée par des recherches qui montraient que l'aptitude d'une personne à se rappeler un mot dépendait des caractéristiques du mot qui étaient mises en avant dans une tâche de jugement. Les codes mnémoniques peuvent se distinguer également selon qu'ils reposent plutôt sur l'information verbale ou sur l'information visuelle. L'étude des codes visuel et verbal comporte d'importantes implications pour notre compréhension de la façon dont les individus peuvent accomplir efficacement différentes tâches.

Les chapitres 8 et 9 mettent l'accent sur l'organisation de la MLT. Le chapitre 8 est essentiellement théorique; il examine comment le savoir est organisé en catégories et comment ces catégories sont elles-mêmes organisées hiérarchiquement. L'aptitude à catégoriser est couramment utilisée pour la reconnaissance de formes. L'identification se produit généralement lorsqu'un item est répertorié en fonction de son appartenance à une catégorie particulière. L'organisation du savoir dans la MLT peut également être étudiée en mesurant la vitesse de décision de classification des individus. Le chapitre 9 examine comment les psychologues s'en sont servi, ainsi que d'autres techniques, pour étudier les relations entre concepts dans la mémoire sémantique, cette partie de la MLT qui représente la signification des mots.

La dernière partie de ce livre comporte cinq chapitres sur les aptitudes cognitives. Cette section débute par une réflexion sur le langage dans le chapitre 10. Le langage implique non seulement la signification des mots isolés mais aussi celle de la combinaison de ces mots en phrases qui sont grammaticalement correctes et qui transmettent des significations intentionnelles. Le chapitre 11, sur la compréhension de textes, se focalise sur notre aptitude à mieux comprendre des paragraphes que des phrases isolées. Ces dernières années les psychologues ont fait des progrès significatifs dans l'identification des facteurs influençant la compréhension de textes. Ils ont même développé quelques modèles détaillant la façon dont l'organisation des idées d'un texte interagit avec la MCT et la MLT dans la détermination de ce qui va être rappelé.

Le chapitre 12, le premier des deux chapitres sur la résolution de problèmes, présente la manière dont les psychologues cognitivistes ont étudié ce domaine. Ce chapitre décrit les tentatives pour identifier les habiletés requises pour résoudre différents types de problèmes, pour identifier les stratégies générales utilisées, et pour examiner le rôle de la mémoire dans la résolution de problèmes. Le chapitre 13, sur l'expertise et la créativité, traite de la façon dont les individus utilisent des connaissances et comment ils acquièrent de l'expérience lors de la résolution de problèmes «en classe». La section finale de ce chapitre décrit les récentes approches, théoriques et empiriques, dans l'étude de la créativité.

Le chapitre 14 traite des «prises de décisions». L'étude de la prise de décision a montré que les gens trouvent souvent difficile de combiner des informations de façon optimale lorsqu'ils évaluent plusieurs alternatives. Le terme de prise de risque est utilisé pour décrire des situations dans lesquelles il existe une incertitude sur les issues

## ENCART 1.2

## LES IMAGES DU CERVEAU : NOUVELLES FENÊTRES SUR LA MALADIE

### PAR FLOYD BLOOM ET ROBERT POOL

Quand Nancy Andreasen sort une photo de son agenda, on s'attendrait à ce que ce soit son fils ou sa fille, peut-être même son animal de compagnie, mais certainement pas ça. C'est la photo d'un cerveau vivant, et c'est son cerveau.

Cette photo est une sorte de carte de visite. Andreasen, chercheur en psychiatrie de grande renommée, utilise des photos comme celle-ci pour étudier ce qui ne va plus dans le cerveau des personnes souffrant de schizophrénie, de dépression maniaque ou d'autres maladies mentales.

Il n'y a pas si longtemps, la seule manière d'obtenir des images aussi détaillées d'un cerveau était d'attendre le moment où la personne mourait et de prélever son cerveau lors d'une autopsie. Désormais, médecins et spécialistes en sciences médicales peuvent obtenir des images du cerveau pendant que la personne est encore bien vivante...

Par exemple, Andreasen examine le cerveau de gens chez lesquels une schizophrénie a été diagnostiquée. En utilisant l'imagerie par résonance magnétique (IRM), ses collègues et elle-même ont montré que les schizophrènes souffrant d'hallucinations auditives ont tendance à présenter des anomalies dans les parties du cerveau destinées à l'audition. Les schizophrènes dont la parole est désorganisée présentent souvent des anomalies dans les zones réservées au langage ou à la mémoire...

Ces techniques d'imagerie sont également utilisées pour étudier le cerveau sain, afin de comprendre certaines pathologies. Par exemple, grâce aux techniques les plus récentes, les chercheurs peuvent observer comment certaines parties du cerveau en activité demandent davantage de sang ou d'oxygène. Au fur et à mesure que les gens apprennent une nouvelle tâche complexe, le cerveau apprend à faire son travail de façon de plus en plus efficace, et les parties impliquées nécessaires à sa réalisation sont de moins en moins nombreuses.

Les recherches montrent que le cerveau fait preuve de plus de plasticité que nous ne le pensions il y a quelques années. Dans certains cas, des parties du cerveau adjacentes ou connectées peuvent assumer les fonctions de parties endommagées. En étudiant ce processus de connexion, les chercheurs espèrent réparer les accidents survenus à la colonne vertébrale et peut-être empêcher la dégénérescence neuronale causée par la maladie d'Alzheimer.

L'impression générale que laisse ce genre de travail invite à l'optimisme. Il n'y a pas si longtemps, les scientifiques croyaient que les cellules du cerveau formaient des circuits fixes, établis tôt dans la vie et que ceux-ci restaient largement inchangés. Maintenant ils ont découvert que ces cellules forment constamment de nouvelles connexions en répondant aux informations provenant du monde extérieur. Si les chercheurs peuvent démêler et éventuellement influencer ce processus, de puissants et nouveaux traitements pour les maladies du cerveau seront possibles.

SOURCE : Tiré de « Brain Images : New Windows to Illness », de Floyd Bloom et Robert Pool, paru dans le San Diego Union-Tribune, 26 Mai 1994. Reproduit avec autorisation.

possibles. L'étude de la façon dont les individus calculent les probabilités, dont ils révisent leurs calculs pour prendre une décision, constitue l'essentiel de la recherche sur la prise de risque.

# QUESTIONS DE RÉFLEXION

Bien que le chapitre 1 soit court, il est néanmoins assez dense. Il demande une attention particulière si l'on veut en obtenir une bonne compréhension de la structure de ce livre. Votre parcours d'apprentissage sera facilité si vous savez où vous en êtes et quels sont les points de repère à considérer tout au long du parcours.

1. La définition de la psychologie cognitive par Neisser peut ne pas correspondre à l'idée que vous vous faites du propos de ce cours. Si c'est le cas, en quoi diffère-t-elle ?

2. Relever les propositions de la psychologie cognitive. En quoi chacune d'elles correspond-elle à ce que vous imaginez qu'une personne dans la rue devrait savoir sur l'acquisition des connaissances ?

3. Quelles sont les implications des termes traitement de l'information, et modèle à étapes pris isolément et ensemble ? Formulez une idée approximative de ce qui est impliqué à chacune des étapes du traitement proposé.

4. L'esquisse historique peut mentionner plusieurs noms nouveaux pour vous. Lesquels vous sont familiers ? Que savez-vous d'eux ? Hormis James et Watson, ne vous inquiétez pas du nom des autres pour le moment mais exposez les raisons de l'importance de leur travail pour le développement de la psychologie cognitive.

5. Quels sont les processus cognitifs les plus élevés ? Pourquoi sont-ils appelés «supérieurs» ? Pensez à un exemple quotidien de chacun d'eux, et mettez-le par écrit. Qu'avez-vous à prendre en considération dans la production de vos exemples ?

6. Si la psychologie cognitive est liée à d'autres champs, alors certaines idées de ce livre se retrouvent dans d'autres cours. Avez-vous déjà eu des cours où certaines de ces idées ont été discutées ? Si c'est le cas, dans quels cours ?

## MOTS CLEFS

*Le numéro de page entre parenthèses indique où le terme est traité dans ce chapitre*

Etape de sélection (14)

Filtre (14)

Imagerie par résonnance magnétique (20)

Intelligence artificielle (17)

Le traitement humain de l'information (13)

Mémoire à court terme (MCT) (14)

Mémoire à long terme (MLT) (14)

Neurosciences cognitives (20)

Plan (18)

Potentiels évoqués par les événements (22)

Psychologie cognitive (12)

Reconnaissance des formes (14)

Registre d'information sensorielle (13)

Sciences cognitives (19)

Stimulus-Réponse(S-R) (15)

Tomographie par émission de positrons (20)

## LECTURES RECOMMANDEES

Le premier chapitre du livre de Eysenck et Keane (1990) propose un compte rendu plus élaboré des idées exprimées dans ce chapitre. Une première formulation des propositions de l'approche du traitement de l'information est donnée par Haber (1969). Le livre de Lachman, Lachman et Butterfield (1979) sur la psychologie cognitive comprend un excellent compte rendu de la façon dont les autres disciplines -telles que le behaviorisme, l'apprentissage verbal, l'ingénierie humaine, la théorie de l'information et la linguistique- ont contribué au paradigme du traitement de l'information. Un panorama des modèles de traitement de l'information plus récent et plus fouillé est détaillé par Massaro et Cowan (1993). Un intéressant article de Roediger (1980) traite de la façon dont les gens utilisent des analogies familières pour les aider dans leur compréhension de la mémoire. Roediger débute par la comparaison d'Aristote et Platon entre la mémoire et une tablette de cire, et termine par l'analogie avec l'ordinateur qui est actuellement très prisée. Les lecteurs intéressés par les autres influences théoriques majeures qui ont contribué à l'histoire de la psychologie sont invités à lire le livre de Heidbreder (1961). Cet ouvrage contient des chapitres sur la psychologie préscientifique, le début de la psychologie scientifique, la psychologie selon William James, le fonctionnalisme, le behaviorisme, la psychologie dynamique, la Gestalt psychologie et la psychanalyse. Gardner (1985) propose un très agréable compte rendu de l'évolution de la psychologie cognitive. Hoffman et Deffenbacher (1992) proposent un compte rendu très détaillé de la psychologie cognitive appliquée. Les articles de Hunt (1989) et Simon et Kaplan (1989) fournissent un excellent survol des sciences cognitives. L'article de Simon et Kaplan

constitue le premier chapitre d'un livre remarquable : Les Fondements des Sciences Cognitives (Posner, 1989).

## EN FRANÇAIS

L'ouvrage de référence désormais classique de Linday et Norman
(1980) et plus récemment l'ouvrage de Fortin et Rousseau (1989)
proposent une introduction d'ensemble à la psychologie cognitive
sous l'angle du paradigme du traitement de l'information. Pour la
contribution de différents courants et disciplines cognitives au développement du paradigme du traitement de l'information, on peut
consulter : l'ouvrage de Dupuis (1994), une analyse des origines des
sciences cognitives fondée sur les fameuses «Conférences Macy». En
particulier, le chapitre 5 (p. 120-156) qui traite de quelques thèmes
cybernétiques centraux : information, totalisation, complexité; le
chapitre 1 de l'ouvrage de Fortin et Rousseau (1989) qui reprend précisément l'exposé de Lachman et al. (1979) sur la logique de la
méthode d'analyse soustractive de Donders, l'une des premières tentatives d'analyse des étapes de traitement de l'information à l'aide du
temps de réaction; mais aussi le chapitre 4 de l'ouvrage de Dehaene
(1997) qui propose une analyse actualisée des méthodes soustractives et présente leur articulation avec les techniques d'imagerie cérébrale. Pour le rôle de l'ordinateur comme analogue du
fonctionnement cognitif humain, on se référera à la traduction d'un
texte fondateur de McCulloch, «The brain as a computer machine»
(McCulloch, 1949, in Pélissier et Tête, 1995, pp. 189-214). Le lecteur
intéressé par les courants théoriques majeurs qui ont contribué à
l'histoire de la psychologie et par leur influence sur le développement
de la psychologie scientifique est invité à lire l'ouvrage de Fraisse
(1988). On recommandera plus particulièrement trois textes de cet
ouvrage initialement publiés par Fraisse dans le *Bulletin de
Psychologie* : Il y a trois psychologies (p. 125-137. Initialement paru
dans *Bulletin de Psychologie*, 1983, XXXVII, 225-270); Henri
Pierron : instaurateur de la psychologie scientifique (pp. 112-124.
Initialement paru dans *Bulletin de Psychologie*, 1982, XXXVII, 280-
284) ; Modèles pour une histoire de la psychologie (pp. 87-100. Initialement paru dans *Bulletin de Psychologie*, 1968-1969, XXII, 9-13).
En référence au compte rendu de Gardner (1985) sur l'évolution de
la psychologie cognitive, on peut consulter le texte d'Andler (1987)
qui porte un titre similaire, le chapitre 1 de l'ouvrage de Vignaux
(1992). D'excellentes revues sur les sciences cognitives sont
disponibles : le texte d'Andler (1989) dans *Encyclopaedia Universalis* ; l'ouvrage de Vignaux (1992); la traduction de l'ouvrage de Hofstader et Dennett (1981); l'ouvrage de Prigogine et Stengers (1979).

Andler, D. (1987). «Une nouvelle science de l'esprit». *Le Débat, 47,* 5-25.

Andler, D. (1989). Sciences cognitives. *Encyclopaedia Universalis, 6,* 65-74.

Dehaene, S. (1997). *Le cerveau en action. Imagerie cérébrale fonctionnelle en psychologie cognitive.* Paris : P.U.F.

Dupuy, J.P. (1994). *Aux origines des sciences cognitives.* Paris : Éditions la Découverte.

Fortin, C., Rousseau, R. (1989). *Psychologie cognitive : une approche de traitement de l'information.* Montréal : Presses de l'Université du Québec.

Fraisse, P. (1988). *Pour la psychologie scientifique : histoire, théorie et pratique.* Liège : Mardaga.

Hofstader, D., Dennett, D. (1981). The Mind's I. Basic Books, New York. (Trad. Fr. : *Vues de l'esprit.* 1987. Paris : InterEditions).

Lindsay, P.H., Norman, D.A. (1980). *Traitement de l'information et comportement humain. Une introduction à la psychologie.* Montréal : Études vivantes.

Pélissier, A., Tête, A. (1995). *Sciences Cognitives. Textes fondateurs (1943-1950).* Paris : P.U.F.

Prigogine, I., Stengers, I. (1979). *La nouvelle alliance.* Paris : Gallimard.

Vignaux, G. (1992). *Les sciences cognitives. Une introduction.* Paris : Éditions la Découverte.

# 2

# La reconnaissance
# de formes

Philosophes et psychologues ont adopté un silence étrange à propos des formes; pourtant, les phénomènes les plus intéressants se présentent presque tous sous une forme ou sous une autre. Bien sûr, ce silence n'est pas tout à fait surprenant, les formes étant des phénomènes complexes. Même s'il n'existe toujours pas de consensus quant à la signification du mot «forme», un nombre croissant de personnes commencent à réaliser que bien souvent les problèmes principaux du comportement, de l'intelligence et du traitement de l'information sont des problèmes impliquant les formes.

ULRIC NEISSER (1967)

**Reconnaissance des formes**

Étape de la perception durant laquelle un stimulus est identifié.

Nous allons aborder notre étude de la psychologie cognitive en analysant une aptitude dont les personnes font facilement usage : la reconnaissance des formes. L'étude de la **reconnaissance des formes** traite essentiellement de la façon dont les gens identifient les objets dans leur environnement. Notre habileté à reconnaître des formes est passablement impressionnante, vu le nombre de variations que peut adopter la même forme. Chaque lettre de l'alphabet, par exemple, est un type de forme. La figure 2.1 présente des styles variés d'écriture manuscrite. Il est évident que tous les gens n'ont pas le même style d'écriture et que certains sont moins lisibles que d'autres. Cependant, dans la mesure où ce n'est pas tout à fait illisible, nous arrivons généralement à lire – c'est-à-dire à reconnaître les mots.

La facilité et la précision avec lesquelles nous parvenons à reconnaître les formes rendent particulièrement difficile l'étude de cette aptitude. Il n'est pas vraiment intéressant ni révélateur que quelqu'un puisse identifier aisément une grande variété de formes. Pour rendre la tâche plus difficile, les psychologues ont souvent recours à l'emploi d'un **tachystoscope** – un dispositif permettant de présenter très brièvement des formes sous des conditions contrôlées. Si les formes sont présentées durant quelques millisecondes seulement, les gens commencent se tromper et les psychologues notent alors les types d'erreurs qui sont commises.

**Tachystoscope**

Boîte présentant des stimuli visuels durant un temps déterminé et selon un certain niveau d'illumination.

Une grande partie de la littérature sur la reconnaissance des formes est consacrée aux façons alternatives de les décrire. La première section de ce chapitre traite de trois modes de description qui représentent différentes théories de la reconnaissance des formes. La seconde section porte sur les modèles de traitement de l'information utilisés dans la reconnaissance visuelle des formes. Nous examinerons plus en détail la recherche de Sperling et notamment l'influence de ses résultats sur les théories nées par la suite. La troisième section aborde la reconnaissance des mots et nous donnera l'occasion de considérer quelques facteurs influençant la lecture.

## LA DESCRIPTION DES FORMES

Considérons les différentes explications relatives à notre manière de reconnaître les formes. Notre MLT contient les descriptions de nombreux types de formes. Lorsque nous voyons ou entendons une forme, nous effectuons une description de celle-ci pour la comparer ensuite avec les descriptions stockées dans notre MLT. Nous sommes capables de reconnaître cette forme si sa description correspond bien à l'une des descriptions stockées dans la MLT. Explication plausible qui reste néanmoins assez vague. On peut se demander par exemple sous quelles formes se présentent ces descriptions. Considérons trois types d'explications qui ont été suggérées : (1) les descriptions schématiques, (2) la description des caractéristiques et (3) les descriptions structurales.

## Les théories du schéma

Les théories du schéma suggèrent que les formes ne sont pas vraiment «décrites». Les **schémas** sont plutôt des entités holistiques, ou non-analysées, qui sont comparées aux autres formes en évaluant jusqu'à quel point les deux formes se recouvrent.

Imaginez que vous découpiez une série de lettres dans un carton. Si vous faites toutes les lettres de l'alphabet en carton et que je vous donne une des lettres que j'ai découpée de mon côté, vous pourrez évaluer jusqu'à quel point ma lettre recouvre chacune des vôtres,

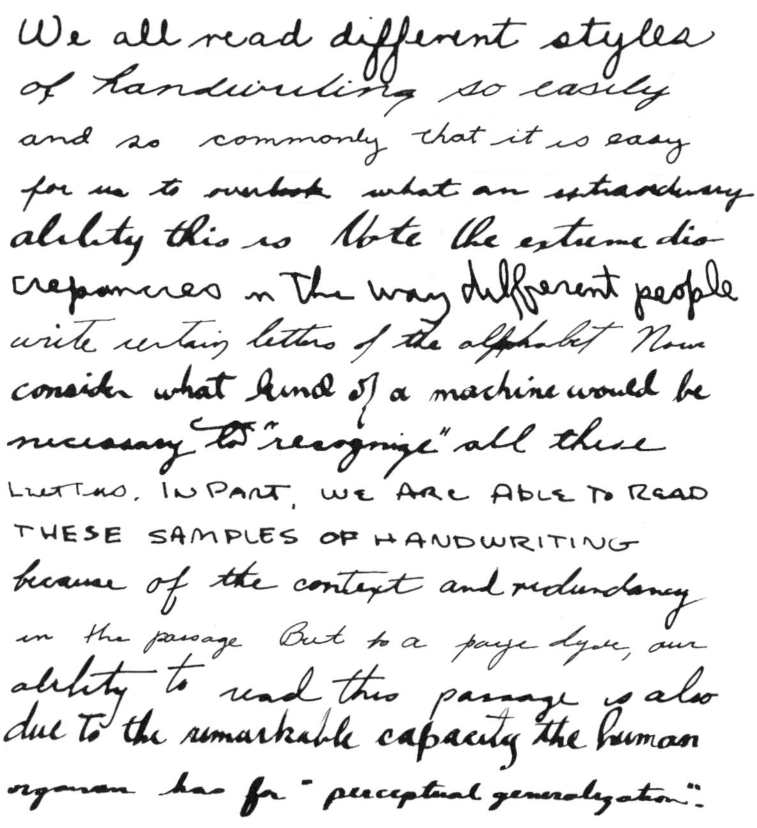

**Schéma**

Forme non analysée qui est comparée avec d'autres formes en utilisant le taux de recouvrement comme mesure de la similarité.

**Figure 2.1** Variations dans l'écriture manuscrite

qui servent de schémas. L'identité de ma lettre serait alors déterminée par le schéma qui obtient le meilleur taux de recouvrement. Le même principe peut s'appliquer si vous remplacez vos lettres de carton par une image visuelle de chaque lettre et que vous utilisez des images pour effectuer des comparaisons mentales.

L'utilisation du taux de recouvrement comme mesure de la reconnaissance des formes soulève de nombreux problèmes. D'abord, la comparaison nécessite que le schéma soit dans la même position, la même orientation et de la même taille que la forme que vous essayez d'identifier. Ainsi la position, l'orientation et la taille des schémas devraient continuellement être ajustées pour correspondre à la position, l'orientation et la taille de chaque forme à reconnaître. Le deuxième problème réside dans la grande variabilité des formes, comme l'illustrait la figure 2.1. Il serait difficile de construire un schéma permettant un bon recouvrement pour chacune de ces lettres, tant il existe de variétés de chacune d'entre elles. Troisièmement, une théorie du schéma ne révèle pas la façon dont deux formes diffèrent. Nous pouvons déduire à partir de la théorie du schéma que les lettres majuscules *P* et *R* sont similaires parce que l'une recouvre assez bien l'autre. Mais pour savoir en quoi deux lettres diffèrent, nous devons être capables d'analyser ou de décrire les lettres. Par contre, la théorie des caractéristiques, abordée dans la section suivante, nous conduit à une analyse des formes selon leurs parties. Le quatrième problème provient de ce qu'une théorie du schéma ne nous permet pas de faire des descriptions alternatives des formes. Par exemple, la forme de la figure 2.5 (page 49) peut être perçue aussi bien comme une raie que comme une voile gonflée par le vent, selon la façon dont les lignes sont regroupées. La théorie structurale, abordée plus loin, nous conduit à spécifier les relations existant entre les différentes parties d'une forme.

Ces faiblesses de la théorie du schéma la rendent inadéquate en tant que théorie générale de la reconnaissance des formes et elle est souvent vite abandonnée. Il existe cependant quelques situations où elle peut néanmoins fournir un modèle utile. Rappelez-vous que dans le chapitre 1 nous avons vu que le **registre d'information sensorielle** conserve brièvement les informations sensorielles pour donner davantage de temps à l'observateur afin de reconnaître les formes. Mais alors, comment des formes peuvent-elles être conservées dans le registre d'information sensorielle si elles ne sont pas reconnues ? Il est possible que la forme puisse être représentée par des schémas non analysés, qui le seront ensuite d'après leurs caractéristiques durant l'étape de reconnaissance des formes.

Cette interprétation du registre d'information sensorielle est plus clairement exposée par Phillips (1974). Dans l'expérience de Phillips,

**Registre d'information sensorielle**

Partie de la mémoire qui maintient des informations non-analysées pendant une fraction de seconde, offrant l'opportunité d'effectuer des analyses additionnelles après la disparition physique du stimulus.

les sujets voyaient différentes formes réalisées par un noircissement aléatoire des cellules dans une matrice carrée. La première forme était présentée durant une seconde et était suivie après un intervalle de temps variable par une forme identique ou similaire. La tâche du sujet était de décider, le plus vite possible, si les deux formes étaient identiques ou non. Dans la moitié des épreuves, la seconde forme apparaissait exactement au même endroit que la première. Puisque la seconde forme venait exactement se superposer à l'image sensorielle de la première, il était alors possible d'utiliser le registre d'information sensorielle pour effectuer une correspondance de schéma. Dans l'autre moitié des épreuves, la deuxième forme était déplacée horizontalement d'une cellule. Ce léger décalage devait empêcher toute correspondance de schéma puisque les deux formes n'étaient pas correctement alignées.

La figure 2.2 présente les résultats de l'expérience de Phillips. L'**intervalle interstimulus** –le temps séparant la présentation des deux formes– était de 20, 60, 100, 300 ou 600 msec. Lorsque les deux formes étaient présentées exactement au même endroit (appelé *Immobile* dans la figure 2.2), la précision diminuait à mesure que l'intervalle de temps interstimulus augmentait. Ce résultat suggère que les sujets se servaient du registre d'information sensorielle malgré sa détérioration rapide. Lorsque la seconde forme était déplacée, les sujets ne pouvaient plus utiliser le registre d'information senso-

**Intervalle interstimulus**

Quantité de temps s'écoulant entre la fin d'un stimulus et le début d'un autre.

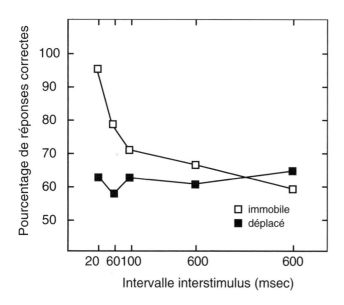

**Figure 2.2** Pourcentage de réponses correctes pour une matrice de 8 x 8 en fonction de l'intervalle interstimulus et du mouvement.

rielle pour effectuer une correspondance des schémas, et donc la précision ne pouvait plus être influencée par l'intervalle de temps séparant la présentation des formes.

Noter que l'utilisation du registre d'information sensorielle se traduit par une plus grande précision lorsque l'intervalle de temps est inférieur à 300 msec. Le registre d'information sensorielle ne subsisterait que l'espace d'un quart de seconde environ. Lorsque la séparation n'était que de 20 msec (les points de la courbe du haut situés les plus à gauche dans le graphique) et que les formes étaient présentées au même endroit, la performance était presque parfaite, même pour les formes les plus complexes.

Lorsque la seconde forme était déplacée, les sujets devaient alors plutôt se fier à la description de la première forme qu'à une image sensorielle. La description peut prendre la forme d'une image visuelle mais contrairement à une image sensorielle, où la forme continue à être physiquement présente, une image visuelle doit être recherchée dans la mémoire. Ainsi la description est-elle moins précise que l'image sensorielle. Puisque la comparaison entre deux descriptions prend plus de temps que d'effectuer une correspondance de schéma, la vitesse de réponse était étroitement liée à la précision. Si l'on remplaçait «Pourcentage de réponses correctes» par «Vitesse de réponse», les résultats concernant le temps de réaction seraient très semblables aux résultats de la précision dans la figure 2.2. Les temps de réaction étaient très rapides sous la condition «immobile» mais devenaient plus lents à mesure que l'intervalle interstimulus augmentait. Les temps de réaction étaient plus longs sous la condition «déplacé» et n'étaient pas influencés par l'intervalle interstimulus.

Les résultats de la précision et ceux des temps de réaction suggèrent que le registre d'information sensorielle peut être utilisé pour une rapide correspondance des schémas si les deux formes sont séparées de moins de 300 msec et sont présentées au même endroit.

## Les théories des caractéristiques

La validité de la théorie du schéma pour rendre compte des résultats obtenus par Phillips dépend de la correspondance entre la seconde forme et l'image sensorielle de la première. L'image sensorielle peut être considérée comme une empreinte dans laquelle la forme continue d'apparaître comme si elle était physiquement présente jusqu'à ce que le registre d'information sensorielle soit détérioré. Mais on peut se demander si le registre d'information sensorielle joue vraiment un grand rôle en dehors du laboratoire; et même si c'était le cas, l'information serait néanmoins rapidement perdue. Puisque habituellement nous ne pouvons pas nous fier au registre d'information sensorielle pour appareiller des formes, nous devons donc en comparer des descriptions . Les **théories des caractéristiques** nous conduisent à décrire une forme en énumérant ses parties. Par exemple, nous pouvons décrire un ami comme quelqu'un qui a de longs cheveux blonds, un petit nez et des sourcils broussailleux.

Les théories des caractéristiques sont pratiques pour décrire l'apprentissage perceptuel, et une des meilleures analyses des théories des caractéristiques figure dans l'article de E. J. Gibson (1969) *Principles of Perceptual Learning and Development*. La théorie proposée par Gibson avance que l'apprentissage perceptuel procède par la découverte des caractéristiques qui *distinguent* une forme d'une autre. Les enfants apprennent à identifier un objet en étant capables d'identifier ses différences par rapport aux autres. Par exemple, lorsque l'enfant est confronté pour la première fois aux lettres *E* et *F*, il peut ne pas remarquer ce qui différencie les deux. Apprendre à faire cette discrimination dépend de la découverte que la ligne horizontale du bas est présente dans la lettre *E* et absente dans la lettre *F*. La ligne horizontale du bas est une **caractéristique distinctive** pour différencier un *E* d'un *F* ; c'est-à-dire qu'elle nous permet de discriminer une forme d'une autre.

L'apprentissage perceptuel peut être facilité par des méthodes d'apprentissage qui mettent en évidence les caractéristiques distinctives. Une méthode efficace pour souligner les caractéristiques distinctives consiste à les mettre initialement en couleur par rapport au reste de la forme, puis à leur restituer progressivement leur couleur originale. Egeland (1975) a utilisé ce procédé pour apprendre à des enfants de maternelle à distinguer des paires de lettres facilement confondues : *R-P, Y-V, G -C, Q-O, M-N* et *K-X*. Une lettre de chaque paire figurait en haut d'une carte présentant six lettres à sa base; trois d'entre elles correspondaient à la lettre présentée et les trois autres étaient les lettres de comparaison. On demandait alors aux enfants de désigner les lettres qui correspondaient exactement à la lettre de référence.

Un groupe d'enfants a participé à une épreuve au cours de laquelle les caractéristiques distinctives de la lettre étaient préalablement soulignées en rouge – par exemple, la ligne diagonale du *R* pour la discrimination *R-P*. Durant le test, les caractéristiques distinctives étaient progressivement changées en noir pour correspondre au reste de la lettre. Un autre groupe d'enfants a seulement observé des lettres noires.

On leur disait si leur choix était correct mais ils n'étaient pas informés des caractéristiques distinctives des lettres. Chacun des groupes a passé deux tests – un test immédiat à la fin de l'épreuve et un autre une semaine plus tard. Le groupe où les caractéristiques

**Théories des caractéristiques**

Théories de la reconnaissance des formes qui proposent la description des formes selon leurs parties ou caractéristiques.

**Caractéristique distinctive**

Une caractéristique présente dans une forme, mais absente dans une autre, facilite la discrimination des deux formes.

étaient colorées durant l'épreuve a fait significativement moins d'erreurs aux deux tests, même si les caractéristiques distinctives n'étaient pas soulignées durant ces tests. Ils ont également fait moins d'erreurs pendant la l'épreuve.

— Mettre en évidence les caractéristiques distinctives comporte deux avantages. Premièrement, cela permet aux enfants d'apprendre quelles sont les caractéristiques distinctives, de telle sorte qu'ils puissent continuer à les différencier lorsque ces caractéristiques ne sont plus mises en évidence. Deuxièmement, cela leur permet d'apprendre ces caractéristiques sans faire beaucoup d'erreurs durant l'épreuve. L'échec et la frustration dont beaucoup d'enfants font l'expérience lors des premières phases d'apprentissage de la lecture (distinction des lettres) peuvent affecter leur intérêt pour les apprentissages scolaires ultérieurs.

**Caricature**

Exagération des caractéristiques distinctives rendant une forme encore plus distinctive.

Les caractéristiques distinctives peuvent également être utiles dans le cas de la reconnaissance des visages. Les caractéristiques distinctives des visages peuvent être quelque peu exagérées pour créer des **caricatures** à l'aide d'un ordinateur disposant d'un programme pouvant les générer (Brennan, 1985). Ce programme transforme les photographies des visages en dessins qui peuvent aussi bien représenter avec précision le visage qu'exagérer les caractéristiques distinctives. Par exemple, si une personne a de grandes oreilles et un petit nez, la caricature aura de plus grandes oreilles et un plus petit nez que le portrait fait avec précision. Lorsqu'on montrait aux étudiants des dessins de personnes qu'ils connaissaient, ils identifiaient les individus plus rapidement à partir des caricatures que des portraits précis (Rhodes, Brennan & Carey, 1987). Par conséquent, accentuer les caractéristiques distinctives par l'exagération facilite la reconnaissance.

## A. ÉVALUER LES THÉORIES DES CARACTÉRISTIQUES

L'enregistrement des potentiels d'action de cellules individuelles dans le cortex visuel vient étayer les théories des caractéristiques. En plaçant des microélectrodes dans le cortex visuel des animaux, Hubel et Wiesel (1962, 1963) ont découvert que chaque cellule répond à un type de stimuli particulier, telle une ligne d'une certaine largeur, orientée selon un certain angle et localisée dans la bonne position dans son champ visuel. D'autres cellules peuvent quant à elles être concernées par la longueur de la ligne. En 1981, Hubel et Wiesel ont reçu le prix Nobel pour ce travail.

Bien que la plupart des théoriciens de la reconnaissance des formes utilisent le concept de caractéristiques, il est souvent difficile d'en trouver une bonne série . Gibson (1969) a proposé les critères suivants comme base de sélection d'une série de caractéristiques pour les lettres majuscules :

1. Les caractéristiques doivent être réellement discriminatoires, présentes dans certains éléments de la série mais absentes dans d'autres, de façon à offrir un contraste.
2. L'identité des caractéristiques doit rester inchangée malgré les changements de contraste lumineux, de taille et de perspective.
3. L'ensemble des caractéristiques doit produire une forme unique pour chaque lettre.
4. Le nombre de caractéristiques proposées ne doit pas être trop élevé.

Gibson a utilisé ces critères, des données empiriques et de son intuition pour établir la série de caractéristiques des lettres majuscules présentées dans la figure 2.3. Noter que les caractéristiques résident essentiellement en différentes lignes et courbes mais recouvrent également des caractéristiques plus globales de la forme, comme sa symétrie ou sa nature fermée ou ouverte.

Une série de caractéristiques est habituellement établie selon la mesure dans laquelle elle tient compte des **confusions perceptuelles**, puisque les items susceptibles d'être confondus devraient avoir beaucoup de caractéristiques communes. Par exemple, la figure 2.3 nous

**Confusion perceptuelle**

Mesure de la fréquence avec laquelle deux formes sont erronément considérées comme étant identiques.

| Caractéristiques | A | E | F | H | I | L | T | K | M | N | V | W | X | Y | Z | B | C | D | G | J | O | P | R | Q | S | U |
|---|---|---|---|---|---|---|---|---|---|---|---|---|---|---|---|---|---|---|---|---|---|---|---|---|---|---|
| Droite | ● | ● | ● | ● | | ● | ● | | | | | | ● | | ● | | | | | | | | | | | |
| horizontale | | ● | ● | ● | ● | ● | ● | ● | ● | ● | | | | | ● | | ● | | ● | | | ● | ● | | | |
| verticale | ● | | | | | | | ● | ● | | ● | ● | ● | ● | | | | | | | | | | | | |
| diagonale / | ● | | | | | | | ● | ● | ● | ● | ● | ● | ● | | | | | | | | ● | ● | | | |
| diagonale\ | | | | | | | | | | | | | | | | | | | | | | | | | | |
| Courbe | | | | | | | | | | | | | | | | | | | | | | | | | | |
| fermée | | | | | | | | | | | | | | | | ● | | ● | | | ● | ● | ● | ● | | |
| ouverture verticale | | | | | | | | | | | | | | | | | | | ● | | | | | | | ● |
| ouverture horizontale | | | | | | | | | | | | | | | | | ● | | ● | ● | | | | | ● | |
| Intersection | ● | ● | ● | ● | | ● | ● | | | | | | ● | | ● | | | | | | | ● | ● | ● | | |
| Redondance | | | | | | | | | | | | | | | | | | | | | | | | | | |
| changement cyclique | | ● | | | | ● | | | | ● | | | | | ● | | | | | | | | ● | | | |
| symétrie | ● | ● | | ● | ● | ● | ● | | ● | | ● | ● | | ● | | ● | ● | ● | | | ● | | | | | ● |
| Discontinuité | | | | | | | | | | | | | | ʼ | | | | | | | | | | | | |
| verticale | ● | | ● | ● | ● | ● | ● | ● | | ● | | | | | | | | | | | | ● | ● | | | |
| horizontale | | ● | ● | | | ● | ● | | | | ● | | | | | | | | | | | | | | | |

**Figure 2.3** *Une série de caractéristiques pouvant distinguer les lettres capitales*

révèle que la seule différence de caractéristique entre la lettre *P* et la lettre *R* est la présence d'une ligne diagonale dans la lettre *R* ; les deux devraient donc être facilement confondues. Par contre, les lettres *R* et *O* diffèrent selon cinq caractéristiques et ne devraient par conséquent pas être confondues.

Il existe plusieurs procédés pour provoquer des confusions perceptuelles. La série de caractéristiques présentées dans la figure 2.3 a été initialement expérimentée pour évaluer les confusions chez des enfants de quatre ans (Gibson, Osser, Schiff & Smith, 1963). Puisque les enfants commettent des erreurs dans des tâches de correspondance perceptuelle, il a été possible de déterminer quelles paires de lettres risquaient d'avantage d'être confondues. Le désavantage de ce procédé est que même les enfants de quatre ans font peu d'erreurs et beaucoup de lettres n'ont jamais été confondues.

Une seconde technique consiste à projeter une paire de lettres sur un petit écran et à demander aux sujets qu'ils indiquent si les deux lettres sont «identiques» ou «différentes» en appuyant sur un des deux boutons correspondants dès qu'ils peuvent se prononcer (Gibson, Schapiro & Yonas, 1968). Les sujets étaient de jeunes étudiants et des enfants de sept ans. Etant donné que toutes les combinaisons possibles de paires «différentes» associées à un nombre égal de paires «identiques» (pour éviter d'induire des réponses en faveur des différences) demandaient trop d'appréciations, deux séries de neuf lettres ont été utilisées. Ce procédé tient compte du fait qu'il faut plus de temps pour décider que deux lettres plutôt similaires sont différentes que pour deux lettres très dissemblables. Les résultats vont effectivement dans ce sens. Le temps moyen mis par des adultes à décider que *G* et *W* sont différents était de 458 msec, alors qu'en comparaison il fallait 571 msec pour décider que *P* et *R* étaient différents.

**Analyse par regroupement hiérarchique**

Analyse qui sépare et/ou regroupe des formes dans des catégories de formes similaires en divisant les catégories les plus larges en catégories de plus en plus restreintes.

Le temps de réaction a été analysé par **une technique de regroupement hiérarchique** (S. Johnson, 1967). L'analyse procède à un regroupement des lettres dans des catégories de plus en plus restreintes en prenant la perception de leur similarité comme critère. Les lettres dans chaque catégorie sont difficiles à distinguer les unes des autres, comme le révèle l'accroissement du temps de réaction nécessaire à discriminer chaque paire de lettres dans une catégorie. Une analyse du temps de réaction des enfants révèle que les lettres *C, G, P et R* sont regroupées dans une catégorie et les lettres *E, F, M, N* et *W* dans une autre (voir figure 2.4). En considérant les lettres de chacune des catégories, nous pouvons déduire les caractéristiques des lettres qui ont été importantes dans la perception de leur similarité : toutes les lettres avec des courbes sont regroupées dans une même catégorie et toutes celles composées uniquement de lignes droites dans une autre. Ce regroupement indique que les individus mettent

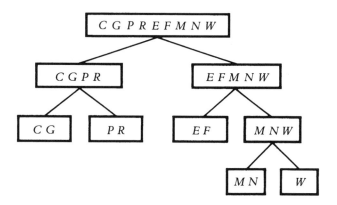

**Figure 2.4** Analyse par regroupement hiérarchique illustrant la perception des similarités entre lettres.

plus de temps à répondre que deux lettres sont différentes quand elles contiennent toutes deux des courbes ou uniquement des lignes droites.

L'analyse par regroupement hiérarchique divise ensuite les lettres avec courbes en deux paires pouvant se confondre *CG* et *PR*, se distinguant par la présence d'une ligne verticale. L'autre regroupement est quant à lui divisé en *EF* et *MNW*, se distinguant par la présence d'une ligne horizontale ou d'une ligne diagonale. Enfin, la paire *MN* est évaluée comme une prêtant à confusion. L'analyse des temps de réaction des adultes donne des résultats très semblables. La technique par regroupement hiérarchique montre pour les deux groupes que le contraste courbes/droites est le déterminant principal quant à la perception des similarités. La présence d'une orientation particulière pour les lignes droites (verticales ou diagonales) influence également le temps de réaction.

Une troisième méthode pour mesurer la perception des similarités consiste à demander à un observateur d'identifier des lettres qui sont présentées très brièvement à l'aide d'un tachystoscope (Townsend, 1971). Il est souvent difficile de différencier physiquement des lettres dans de telles conditions, et les erreurs ainsi produites fournissent une mesure des similarités perçues. Holbrook (1975) a comparé deux modèles des caractéristiques pour déterminer dans quelle mesure ils réussissent l'un et l'autre à prédire les formes d'erreurs trouvées par Townsend. L'un était le modèle proposé par Gibson et présenté dans la figure 2.3, l'autre était une modification apportée à ce modèle par Geyer et De Wald (1973). Leur modification principale portait sur la spécification du nombre de caractéristiques présenté par chaque lettre (comme par exemple deux lignes verticales pour la lettre *H*) plutôt que de relever si cette caractéristique était présente ou non. La comparaison de ces deux modèles a montré que la série de caractéristiques proposée par Geyer et De Wald permettait des prévisions plus précises quant aux confusions commises par les adultes (Townsend, 1971) et par les enfants de quatre ans (Gibson et al., 1963). Les prévisions issues des deux modèles relatives aux confusions se sont nettement améliorées quand les caractéristiques ont été pondérées en fonction de l'importance de certaines caractéristiques par rapport à d'autres. Etant donné que la distinction droites/courbes est particulièrement importante, elle devrait être plus soulignée que les autres.

Toutefois, l'une des causes du problème engendré par les propositions des modèles des caractéristiques est que, même le meilleur modèle prévisionnel ne peut prédire les données recueillies par Townsend aussi bien que le modèle du schéma qui procède par recouvrement de chaque lettre. Les corrélations obtenues entre erreurs attendues et constatées étaient de .70 avec le modèle du schéma et de .50 avec le modèle d'optimisation des caractéristiques proposé par Geyer et De Wald. La plus forte corrélation obtenue avec le modèle du schéma démontre qu'il permettait une meilleure prévision des bonnes réponses que le modèle des caractéristiques. Mais alors pour quelles raisons ce modèle du schéma, puisqu'il n'est pas vraiment une théorie générale adéquate pour rendre compte de la façon dont les individus reconnaissent les formes, est-il un meilleur modèle prévisionnel ? Ces meilleures prévisions dans le cas présent s'expliquent peut-être par le fait que toutes les lettres adoptaient le même type de police et qu'il n'y avait aucune variation d'une même lettre. Mais plus significatif encore est le fait que le modèle du schéma préserve la relation entre les caractéristiques. Ainsi, les lettres *E* et *F* offriraient un recouvrement considérable puisque la ligne verticale et les deux ligne horizontales de la lettre *F* sont reliées de la même façon que la ligne verticale et les deux lignes horizontales supérieures de la lettre *E*. Cependant, la similarité des deux lettres est déterminée non seulement par les caractéristiques que chacune d'elles présente mais aussi par la façon dont ces caractéristiques se rejoignent. Pour que les théories des caractéristiques puissent permettre des prévisions plus précises, il faut que les relations entre les caractéristiques soient rendues plus explicites. C'est là le principal objectif des théories structurales.

## Les théories structurales

L'importance des relations entre les caractéristiques d'une forme est un principe fondamental de la Gestalt psychologie. Pour les psychologues de la Gestalt, une forme est plus que la somme de ses parties constitutives. Les relations entre les caractéristiques d'une forme ont été modélisées par les chercheurs qui travaillent dans le domaine de l'intelligence artificielle. Ils ont découvert que l'interprétation des formes dépend en général de l'idée que nous nous faisons de la manière dont les lignes d'une forme se rejoignent. J'ai déjà signalé dans un paragraphe précédent que la théorie du schéma ne permet pas de faire de distinction entre les deux interprétations de la figure 2.5. La théorie des caractéristiques est également problématique ; bien qu'elle permette d'identifier les quatre côtés en tant que caractéristiques, celles-ci demeurent néanmoins identiques dans le cadre des deux interprétations. Les **théories structurales**, cependant, soulignent les relations entre ces caractéristiques, et Clowes (1969) a utilisé la figure 2.5 pour illustrer les raisons pour lesquelles les théories structurales sont souvent nécessaires pour décrire adéquatement des formes. Percevoir cette forme comme étant une raie (ndt : le poisson) requiert que l'on groupe les lignes adjacentes de la façon suivante : la ligne *a* avec la ligne *d* (formant la tête) et la ligne *b* avec la ligne *c* (formant la queue). Percevoir cette forme comme étant une voile gonflée requiert de grouper les lignes opposées : la ligne *a* avec la ligne *c* (le haut et le bas) et la ligne *b* avec la ligne *d* (les bords de la voile).

Les théories structurales reposent sur les théories des caractéristiques. Avant de pouvoir mettre des caractéristiques en relation, il est nécessaire de spécifier celles-ci. Une théorie structurale permet de déterminer la façon dont les caractéristiques s'assemblent. Par exemple, la lettre *H* consiste en deux lignes verticales et une ligne horizontale.

**Les théories structurales de la reconnaissance des formes**

Théories qui spécifient comment les caractéristiques d'une forme sont jointes les unes aux autres dans une forme.

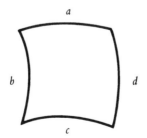

**Figure 2.5** Une forme ambiguë, représentant une raie ou une voile.

**Figure 2.6** *Lettres normales (en haut) et lettres pointées.*

Mais nous pouvons réaliser beaucoup de formes différentes avec deux lignes verticales et une ligne horizontale. Il convient donc de déterminer de façon précise la manière dont les lignes sont jointes entre elles – la lettre *H* consiste en deux lignes verticales reliées en leur milieu par une ligne horizontale.

Une démonstration simple révèle comment la création d'une relation entre des caractéristiques peut faciliter une rapide discrimination entre deux formes. La paire de lettres du bas dans la figure 2.6 diffère de celle du haut par l'addition d'un point. Le point apparaît au même endroit pour chaque lettre mais il crée une relation différente pour chacune d'elles. Il tombe dans l'arrondi pour la lettre *b* mais en dehors de l'arrondi pour la lettre *p*. Si l'on peut utiliser cette relation, il devient alors plus aisé de faire la différence entre ces deux lettres pointées qu'entre deux lettres normales.

G. R. Lockhead et W. B. Crist (1980) ont testé cette hypothèse en demandant à des enfants d'une garderie de répartir un jeu de cartes dans deux boîtes. Le jeu contenait l'un ou l'autre des deux types de lettres, avec ou sans point, disposées dans un ordre aléatoire. Les enfants triaient les lettres pointées significativement plus vite que les lettres normales, indiquant ainsi que l'addition d'un point permet de distinguer plus vite un *b* d'un *p*. Les enfants faisaient par ailleurs moins d'erreurs avec les lettres pointées. Ces résultats montrent qu'ajouter une même caractéristique à une paire de formes facilite la distinction des deux grâce à la différence de relations entre caractéristiques.

Les caractéristiques considérées jusqu'à présent sont d'une forme bi-dimensionnelle, comme les lettres. Cependant, il peut être plus opportun de décrire des objets tri-dimensionnels tels que de sim-

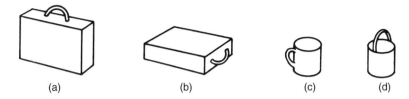

**Figure 2.7** Différents arrangements des mêmes éléments peuvent produire différents objets

ples volumes comme les cylindres, les blocs et les cônes. Comme les caractéristiques des lettres, ces éléments peuvent être combinés de maintes façons pour produire une variété d'objets. Par exemple, la tasse et le seau de lafigure 2.7 contiennent les deux mêmes composantes arrangées différemment.

L'avantage de pouvoir réaliser plusieurs arrangements différents avec peu de composantes est qu'il suffit de quelques-uns de ces éléments pour décrire un objet. Biederman (1985) a relevé que nous n'avions besoin que de 35 volumes élémentaires (qu'il a appelé **geons**) pour décrire les objets dans l'environnement. Si c'est le cas, alors la reconnaissance des formes consiste certainement en une description des relations entre les éléments de cet éventail limité, plutôt qu'en une discrimination entre des centaines d'éléments.

Une des conséquences de la théorie de Biederman est que supprimer l'information sur les relations entre les caractéristiques réduirait la capacité des individus à reconnaître des formes. Pour tester cette hypothèse, Biederman a supprimé 65 % des contours d'objets dessinés, comme dans le cas des deux tasses présentées à la figure 2.8. Pour la tasse de gauche, ce sont les milieux des segments qui ont été supprimés, laissant voir uniquement aux observateurs comment sont reliés les divers segments. Pour la tasse de droite, ce sont les

**Geons**

Différents volumes élémentaires tridimensionnels qui peuvent être combinés pour constituer diverses formes tridimensionnelles

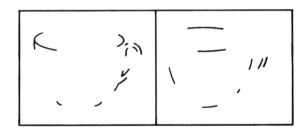

**Figure 2.8** Illustration de la suppression de 65 % du contour d'un objet centrée sur le milieu des segments (objet de gauche) ou sur les connexions entre segments (objet de droite).

jonctions entre les segments qui ont été supprimés, de façon à ce que les observateurs aient des difficultés à reconnaître comment ces segments étaient reliés. Lorsque les objets étaient présentés durant 100 msec, les sujets identifiaient 70 % des objets dont les milieux des segments avaient été supprimés. Mais lorsqu'étaient supprimées les connexions entre ces segments, le pourcentage d'objets correctement identifiés était inférieur à 50 % (Biederman, 1985). Comme nous l'avions prévu, supprimer les informations relationnelles est particulièrement préjudiciable à la reconnaissance des formes.

Ces résultats indiquent l'importance des relations entre les caractéristiques mais ne montrent pas directement que les caractéristiques sont groupées pour former des éléments plus grands (geons). Une étude ultérieure (Biederman & Cooper, 1991) a testé cette hypothèse en utilisant une fois encore la méthode de suppression des contours. Cette fois-ci, 50 % des contours étaient supprimés pour former des paires d'images complémentaires. De ce fait, les contours manquants dans une image sont présents dans son image complémentaire, comme le montrent les deux paires d'exemples de la figure 2.9. Notez que la superposition des deux images complémentaires restitue la forme entière.

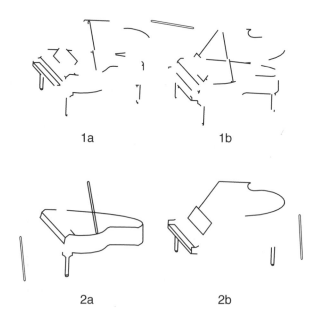

1a          1b

2a          2b

**Figure 2.9** Exemples d'images complémentaires qui présentent les mêmes geons (1a et 1b) ou des geons différents (2a et 2b).

La différence entre les images complémentaires du haut et du bas de la figure 2.9 est que les geons sont entiers dans chaque image complémentaire du haut mais sont divisés entre les deux images complémentaires du bas. Dans cet exemple, les contours et les segments du couvercle relevé du piano sont divisés dans la paire du haut, mais apparaissent entièrement dans l'image de droite de la paire du bas. Biederman et Cooper (1991) ont mesuré avec quelle rapidité et quelle précision les participants pouvaient nommer correctement les objets quand ils avaient identifié l'image complémentaire. Se basant sur leur théorie, ils avaient prédit qu'identifier correctement *1a* faciliterait ensuite l'identification de *1b*, puisque les mêmes geons seraient activés dans *1a* et *1b*. Par contre, identifier correctement *2a* facilitera moins l'identification de *2b* puisque différents geons sont activés dans *2a* et *2b*. La vitesse de réponse et le niveau de précision ont étayé leur hypothèse. Les participants étaient plus rapides et plus précis lorsque les images complémentaires présentaient les mêmes geons que lorsqu'ils étaient différents. Ces résultats corroborent la théorie selon laquelle les relations sont importantes pour grouper les caractéristiques en de plus grandes unités, et pour montrer que ces relations entre geons déterminent des objets plus complexes.

*important*

En conclusion, les théories structurales vont au-delà des théories des caractéristiques, dès lors qu'elles montrent comment les caractéristiques sont reliées. Sutherland (1968) fut un des premiers à soutenir que, si nous voulons rendre compte de nos très impressionnantes capacités à reconnaître les formes, nous devons recourir à la terminologie descriptive plus performante de la théorie structurale. Les expériences relatées dans cette section montrent que Sutherland avait raison. Nous allons voir à présent comment la reconnaissance des formes se déroule dans le temps.

## LES ÉTAPES DU TRAITEMENT DE L'INFORMATION

### La technique du compte rendu partiel

Pour comprendre comment les individus procèdent pour reconnaître une forme, nous devons examiner ce qui se passe durant chacune des étapes du traitement de l'information présentées dans le chapitre 1. Sperling (1960) est à l'origine de la conception du premier modèle du traitement de l'information illustrant la performance dans une tâche de reconnaissance visuelle. Dans l'expérimentation proposée par Sperling, les sujets voyaient brièvement un ensemble de lettres (habituellement 50 msec) dans un tachystoscope et il leur était ensuite demandé d'énoncer les lettres qu' ils se rappelaient. Les réponses étaient beaucoup plus précises quand le dispositif comprenait moins de 5 lettres. Et lorsqu'on augmentait le nombre de lettres, les sujets ne rapportaient correctement jamais plus de 4,5 lettres en moyenne, et ce, quel que soit le nombre de lettres présentées.

Identifier les causes limitant la performance constitue un problème général dans l'élaboration d'un modèle du traitement de l'information. Pour Sperling, il était intéressant de mesurer le nombre de lettres qui pouvaient être reconnues lors d'une brève exposition, mais il était conscient que la limite supérieure de 4,5 pouvait être due à une incapacité des sujets à se rappeler davantage de lettres. En d'autres mots, les sujets pouvaient avoir reconnu plus de lettres lors de l'expérimentation mais ensuite ils en oubliaient quelques-unes avant de rapporter ce qu'ils avaient vu. Sperling a changé par la suite sa technique de **compte rendu global** (rappeler toutes les lettres) en un procédé de **compte rendu partiel** (rappeler seulement quelques-unes des lettres).

La plupart du temps, le dispositif présenté comprenait trois lignes de 4 lettres chacune. Les sujets ne parviendraient pas à se rappeler les 12 lettres mais ils devraient être capables d'en rapporter 4. Dans le procédé de compte rendu partiel, il était demandé aux sujets de se rappeler uniquement une ligne. Trois signaux sonores indi-

**Procédure de compte rendu global**

Tâche où il est demandé aux sujets de rappeler tout ce qu'ils voient lors d'une présentation d'items.

**Procédure de compte rendu partiel**

Tâche où il est demandé aux sujets de ne rappeler que certains items de la présentation d'un ensemble d'items.

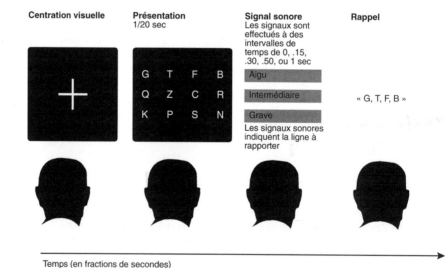

**Figure 2.10** L'étude du registre d'information sensorielle de Sperling (1960). Après que le sujet eut fixé la croix, les lettres étaient projetées sur un écran juste le temps nécessaire à la production d'une image dans le registre d'information sensorielle. Les signaux sonores aigu, intermédiaire et grave indiquaient la ligne dont il fallait rapporter les lettres.

quaient quelle ligne il fallait rapporter, la tonalité aiguë pour la ligne supérieure, la tonalité intermédiaire pour la ligne centrale et la tonalité la plus grave pour la ligne inférieure. Le signal apparaissait juste après la disparition des lettres, de sorte que le sujet était obligé de regarder l'ensemble du dispositif et qu'il lui était impossible de se concentrer sur une seule ligne (voir figure 2.10).

L'utilisation d'un procédé de compte rendu partiel repose sur l'hypothèse que le nombre de lettres remémorées d'une ligne signalée est égal au nombre moyen de lettres perçues dans chacune des lignes, puisque les sujets ne pouvaient pas anticiper quelle ligne il fallait regarder. Les résultats de ce procédé ont démontré que les sujets peuvent se rappeler correctement 3 ou 4 lettres d'une ligne, ce qui prouve qu'ils reconnaissaient 9 lettres dans la présentation.

## Le modèle de Sperling

Il arrive bien souvent que la contribution essentielle du travail d'un scientifique diverge de ce qu'il s'était proposé d'étudier au départ. Bien que Sperling ait conçu la technique du compte rendu partiel pour réduire les exigences de la mémoire dans son expérience et pour d'obtenir une mesure «épurée» de la perception, son travail est mieux connu pour la découverte de l'importance du registre d'information sensorielle de l'information visuelle. Comment y est-il parvenu ? On pouvait estimer que les sujets arrivaient à rapporter 9 lettres correctement lorsque le signal sonore succédait immédiatement à une présentation de 50 msec des lettres. Dans ce cas, les sujets pouvaient rapporter correctement près de trois quarts des lettres, et les trois quarts de 12, c'est 9. Mais lorsque le signal sonore se produisait jusqu'à 1 sec après la présentation, la performance chutait à 4,5 lettres. Survenait donc un déclin graduel de 9 à 4,5 lettres à mesure que le laps de temps entre présentation et apparition du signal sonore augmentait de 0 à 1 sec (figure 2.11).

Il est remarquable que ce nombre de 4,5 est exactement égal à la limite supérieure des performances dans une tâche de compte rendu global, représenté par une barre noire dans la figure 2.11. La technique de compte rendu partiel ne présente pas d'avantages par rapport au procédé de compte rendu global lorsque le signal se produit 1 sec plus tard ou davantage. Pour expliquer ce déclin graduel de la performance, Sperling a proposé que les sujets utilisent un stock vidéo-sensoriel pour reconnaître les lettres de la ligne désignée. Quand ils entendaient le signal sonore, ils concentraient leur attention sur la ligne indiquée dans leur stock sensoriel et essayaient d'identifier les lettres la composant. Leur réussite dépendait de la clarté des informations dans leur stock sensoriel. Lorsque le signal se produisait

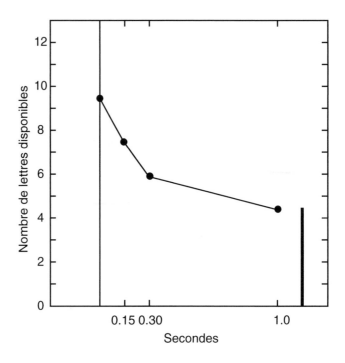

**Figure 2.11** *Lettres rappelées en fonction du délai d'apparition du signal sonore.*

immédiatement après la présentation des stimuli, la clarté de ces informations était suffisante pour reconnaître davantage de lettres dans la ligne désignée. Mais au fur et à mesure que le registre d'information sensorielle disparaissait, il devenait de plus en plus difficile d'identifier les lettres supplémentaires. Lorsque le délai du signal était de 1 sec, les sujets ne parvenaient plus à utiliser le registre d'information sensorielle pour se focaliser sur une seule ligne, leur performance était déterminée par le nombre de lettres qu'ils avaient reconnues à partir de l'ensemble du dispositif, certaines pouvant figurer effectivement dans cette ligne. Ainsi, leur performance équivalait à celle qu'ils réalisaient dans un procédé de compte rendu global, dans lequel ils se concentraient sur l'ensemble des lettres présentées.

En 1963, Sperling a proposé un modèle du traitement de l'information dans la réalisation d'une tâche de rappel visuel. Le modèle comprenait le stockage d'information visuelle, le balayage visuel, la répétition et le stockage d'information auditive.

Le **stockage de l'information visuelle (SIV)** est un registre d'information sensorielle qui préserve l'information durant une brève période allant d'une fraction de seconde à une seconde. La vitesse de déclin dépend de facteurs tels que l'intensité, le contraste et la durée de présentation du stimulus, de même que si une seconde présentation succède à la première. Le masquage visuel se produit lorsqu'une seconde présentation, consistant en un éclairage intense d'un champ ou d'une série différente de formes, réduit l'efficacité du stockage de l'information visuelle.

Pour que se produise une reconnaissance de forme, l'information située dans le registre d'information sensorielle doit subir un balayage visuel. Initialement, Sperling considérait que ce survol de l'information se réalisait item par item, comme si une personne disposait d'une plaque de carton percée d'un petit trou par lequel elle ne pourrait voir qu'une lettre à la fois.

Les deux composantes suivantes du modèle étaient la **répétition** (se dire la lettre en soi-même) et le **stockage de l'information auditive (SIA)** (se rappeler le nom des lettres). Pour se souvenir des items jusqu'au rappel, les sujets disaient habituellement qu'ils se les répétaient. L'importance de la répétition verbale est corroborée par le fait que les erreurs dans le rappel reposent souvent sur une confusion auditive – en d'autres termes, lorsqu'on propose une lettre dont le son se rapproche de la lettre exacte. L'avantage du stockage auditif est que cette vocalisation interne du nom des lettres les maintient actives dans la mémoire. Le stockage auditif de Sperling est une partie de la mémoire à court terme, sujet que nous aborderons plus loin dans cet ouvrage.

Sperling a modifié son modèle initial en 1967. À cette époque-là, les résultats de nombreux travaux suggéraient que les formes n'étaient pas appréhendées une à une mais étaient analysées simultanément. Réaliser une seule opération cognitive à la fois (**traitement sériel**) et réaliser plus d'une opération cognitive en même temps (**traitement parallèle**) constituent une distinction fondamentale en psychologie cognitive.

Par ailleurs, Sperling a élargi son concept de la **composante de balayage visuel** pour l'étendre à la reconnaissance simultanée des formes de l'ensemble du dispositif, bien que la vitesse de reconnaissance dépendît de l'objet sur lequel le sujet centrait son attention. Comme je l'ai indiqué au chapitre 1, il s'agissait de l'un des premiers modèles cherchant à montrer comment différentes étapes (registre d'information sensorielle, reconnaissance de forme, et MCT) se combinent pour influencer la réalisation du traitement d'une tâche visuelle. Cette démarche a contribué à l'élaboration du modèle général illustré à la figure 1.1 et a conduit ultérieurement au développe-

**Stockage de l'information visuelle (SIV)**

C'est un registre d'information sensorielle qui maintient l'information visuelle durant approximativement un quart de seconde.

**Répétition**

Répétition verbale de l'information pour la garder active dans la MCT ou pour la transférer dans la MLT.

**Stockage de l'information auditive**

Dans le modèle de Sperling, ce stockage maintient l'information verbale dans la MCT tout au long de la répétition.

**Traitement sériel**

Lorsque nous ne pouvons exécuter qu'une opération à la fois, comme prononcer un mot à la fois.

**Traitement parallèle**

Lorsque nous pouvons exécuter plus d'une opération à la fois, comme regarder une œuvre d'art et en même temps participer à une conversation.

*Composante de balayage visuel*

Dans le modèle de Sperling, composante de l'attention qui détermine ce qui est reconnu dans le stockage d'information visuelle.

ment de modèles plus détaillés quant à la façon dont les individus reconnaissent des lettres dans une présentation visuelle (Rumelhart, 1970).

## Le modèle de Rumelhart

En 1970, Rumelhart a proposé un modèle mathématique détaillé du traitement de l'information dans un grand éventail de tâches, incluant le compte rendu global et le compte rendu partiel étudiés par Sperling. Le modèle de Rumelhart postule que la reconnaissance procède de l'identification des caractéristiques d'une forme. La reconnaissance des caractéristiques s'effectue sur l'ensemble de la présentation, mais un certain temps est nécessaire pour les identifier ; plus l'observateur bénéficie de temps, plus il peut reconnaître de caractéristiques. Imaginez que vous regardez l'écran d'un tachystoscope et que l'expérimentateur vous présente brièvement les lettres *F, R* et *Z*. Si cette présentation est très brève, vous ne verrez peut-être que la barre verticale de la lettre *F*, les courbes de la lettre *R* et la ligne diagonale de la lettre *Z*. Si vous êtes obligé de faire une estimation à ce moment-là, vous utiliserez vraisemblablement ce type d'information. Peut-être estimerez-vous alors que le *R* était un *R*, un *P*, ou un *B*, puisque toutes ces lettres possèdent des segments de courbe dans leur partie supérieure. Si le temps d'exposition est légèrement supérieur, vous serez capable de voir plus de caractéristiques, et il sera donc plus facile de faire une estimation ou même de reconnaître la lettre entière.

Votre réussite dans l'identification de ces lettres sera déterminée non seulement par le temps de présentation mais aussi par la rapidité avec laquelle vous pourrez reconnaître les caractéristiques. La vitesse de reconnaissance de forme dans le modèle de Rumelhart est influencée par la clarté de l'information et par le nombre d'items présentés. À la fin de la présentation, la clarté décline à mesure que le stockage de l'information visuelle se détériore. Le nombre d'items dans la présentation affecte la vitesse de reconnaissance de forme parce que le modèle postule que les individus ont une quantité limitée d'attention, qui est partagée entre tous les items présentés. À mesure que le nombre d'items augmente, l'attention qui peut se focaliser sur chaque item décroît, diminuant la vitesse de reconnaissance de chaque item.

Rumelhart évoque l'hypothèse que la vitesse de reconnaissance dépend du nombre d'items présentés et de la clarté de l'information pour rendre compte des performances dans la tâche proposée par Sperling. Le modèle proposé par Rumelhart attribue le fait que les individus ne peuvent rapporter correctement plus de 4,5 lettres dans le cadre d'un procédé de compte rendu global à une limite perceptuelle plutôt qu'à une limite de la mémoire.

Même quand le nombre de lettres arrive à 12, les individus continuent à essayer de reconnaître simultanément toutes les lettres. Mais la vitesse de reconnaissance pour chaque lettre chute à mesure que des lettres sont ajoutées dans la présentation. Bien qu'il y ait plus de lettres pouvant être reconnues, cette augmentation est compensée par une plus faible probabilité de reconnaître chacune d'entre elles.

Le modèle de Rumelhart postulait que dans le procédé de compte rendu partiel l'observateur tente de reconnaître l'entière présentation des lettres avant d'entendre le signal. Ensuite, en entendant le signal, l'observateur se concentre uniquement sur la ligne indiquée dans le stockage d'information visuelle et essaye de reconnaître les lettres supplémentaires de cette ligne particulière. La vitesse de reconnaissance est plus rapide parce que l'observateur n'a à se focaliser que sur 4 lettres au lieu de 12. Mais à mesure que le stockage d'information visuelle se détériore, non seulement il dispose de moins en moins de temps pour l'utiliser, mais il lui est aussi de plus en plus difficile de s'en servir en raison de la diminution de sa netteté. Par ailleurs, la réussite dans la focalisation sur la ligne indiquée par le signal dépend très fortement du laps de temps qui s'écoule jusqu'au signal, comme cela est illustré dans la figure 2.11. Les hypothèses de Rumelhart fournissent des prévisions qualitatives et quantitatives adéquates de la performance, non seulement dans les tâches proposées par Sperling mais aussi dans un grand nombre d'autres tâches.

Des études plus récentes ont confirmé plusieurs de ces hypothèses, notamment dont celle que les individus passent d'une attention portée sur l'ensemble des lettres à une attention ciblée uniquement sur les lettres d'une ligne dès qu'ils savent quelle ligne ils doivent rapporter (Gegenfurtner & Sperling, 1993). Cependant, avant de recevoir cette indication, les observateurs se concentrent sur la ligne du milieu et sont donc plus précis quand on leur demande de rapporter les lettres de cette ligne.

On conçoit à présent qu'il est difficile d'utiliser le paradigme du compte rendu partiel pour répondre à la question initiale de Sperling concernant le nombre de lettres que peuvent percevoir les individus lors d'une brève présentation. Les observateurs commencent par essayer de percevoir l'ensemble des lettres présentées avec une insistance sur la ligne du milieu; ensuite ils entendent le signal et décident de porter ailleurs leur attention; enfin, ils essayent de reconnaître les lettres de cette ligne.

Une technique plus performante pour répondre à cette question, appelée **le paradigme de la détection**, a été élaborée par Estes et

**Paradigme de la détection**

Procédure dans laquelle un observateur doit spécifier laquelle de deux formes cibles est présente dans un dispositif présentant un ensemble de formes.

Taylor (1966). Celle-ci demande à l'observateur de rapporter laquelle de deux lettres cibles est présente dans un dispositif présentant un ensemble de lettres. Par exemple, on peut dire au sujet que l'ensemble des lettres présentées contient la lettre *B* ou *F*, la tâche consistant alors à préciser laquelle. L'effort de mémoire est minimal puisque le sujet ne doit désigner qu'une seule lettre. Compte tenu du pourcentage d'essais concluants, tout en envisageant la probabilité de réponses aléatoires, Estes et Taylor ont pu calculer la moyenne des lettres perçues à chaque essai. La procédure de détection a également été analysée par Rumelhart (1970) en tant que partie intégrante de son modèle général – un modèle qui fournissait un compte rendu impressionnant de la réalisation du traitement de l'information visuelle de tâches étudiées dans les années 60.

## LA RECONNAISSANCE DES MOTS

### L'effet de primauté du mot

Dans les années 70, l'objet de la recherche a changé. Il ne s'agissait plus de reconnaître des lettres isolées mais bien de reconnaître des lettres dans un mot. Cette recherche a été stimulée par la découverte de ce qu'on a appelé l'*effet de primauté du mot*. Reicher (1969), dans sa thèse réalisée à l'Université du Michigan, a examiné la possibilité d'inclure le balayage visuel dans le modèle de Sperling (1967). Si l'observateur essaye de reconnaître simultanément toutes les lettres présentées, lui est-il possible de reconnaître une unité de quatre lettres dans le même laps de temps qu'il lui faut pour en reconnaître une seule ? Pour répondre à cette question, Reicher a conçu une expérience dans laquelle on présentait aux observateurs une seule lettre, un mot de quatre lettres ou quatre lettres formant un mot inexistant. La tâche était toujours d'identifier une lettre en la sélectionnant parmi deux alternatives. La présentation du stimulus était immédiatement suivie par la disposition d'un cache visuel comprenant les deux lettres alternatives au-dessus de la lettre visée. Par exemple, une série de stimuli consistait dans la présentation du mot *WORK*, de la lettre *K* et du mot inexistant *OWRK*. Les deux lettres alternatives dans ce cas étaient les lettres *D* et *K*, disposées au-dessus de la lettre *K* (voir la figure 2.12). Les observateurs devaient dire si la lettre à cette place était un *D* ou un *K*.

Cet exemple illustre plusieurs caractéristiques de l'expérience conçue par Reicher. Premièrement, le mot de quatre lettres est composé des mêmes lettres que le mot inexistant. Deuxièmement, la place de la lettre critique est identique dans le mot réel et dans le mot inexistant. Troisièmement, les lettres alternatives proposées forment un mot qui existe dans le choix du mot réel (*WORD* ou *WORK*) et for-

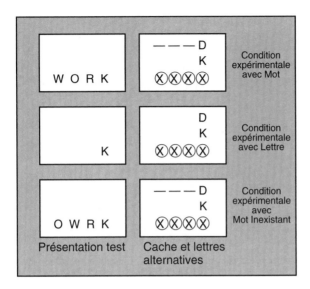

**Figure 2.12** Exemple des trois conditions expérimentales proposées par Reicher (1969) dans son expérimentation. Le cache et les réponses alternatives suivaient la présentation test. La tâche consistait à décider laquelle des deux lettres alternatives était apparue à cette position.

ment un mot inexistant dans le choix du mot inexistant. Et quatrièmement, la mémoire requise est minimale puisque les sujet ne doivent identifier qu'une seule lettre, même lorsque les quatre lettres sont présentées.

Les résultats ont montré que les sujets étaient significativement plus précis dans l'identification de la lettre quand elle faisait partie d'un mot existant que quand il s'agissait d'un mot inexistant ou d'une lettre isolée (**effet de primauté du mot**). Huit sujets sur neuf ont mieux réussi avec un seul mot qu'une seule lettre. Le seul sujet qui soit allé à l'encontre de cette tendance était le seul qui ait dit avoir vu les mots comme étant quatre lettres séparées qui formaient ensuite un mot ; les autres sujets ont déclaré avoir vu le mot en tant que tel, et non comme quatre lettres formant un mot.

## Un modèle de l'effet de primauté du mot

L'un des défis majeurs pour les psychologues étudiant la reconnaissance des mots a consisté à expliquer cet effet de la primauté du mot (Pollatsek & Rayner, 1989). Un modèle particulièrement influent, le **modèle d'activation interactive** proposé par McClelland et Rumelhart (1981), présente plusieurs hypothèses de base construites à partir de

**Effet de primauté du mot**

Le fait que la précision de la reconnaissance d'une lettre est meilleure quand la lettre fait partie d'un mot que quand elle est présentée isolément ou dans un mot inexistant.

**Modèle d'activation interactive**

Théorie qui propose que la connaissance des caractéristiques et celle des mots se combinent pour fournir une information sur l'identité des lettres composant un mot

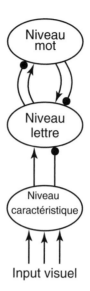

**Figure 2.13** *Les trois niveaux du modèle d'activation interactive, avec les flèches représentant les connexions d'excitation et les ronds les connexions d'inhibition.*

celles qui proviennent du modèle de reconnaissance des lettres initialement proposé par Rumelhart (1981). La première hypothèse est que la perception visuelle implique des traitements parallèles. Il y a deux sens distincts dans lesquels le traitement est réalisé en parallèle. Le traitement visuel est spatialement parallèle, résultant du traitement simultané des quatre lettres composant le mot. Cette hypothèse est en accord avec le balayage visuel parallèle de Sperling et avec le modèle de Rumelhart dans lequel les individus tentent de reconnaître la disposition des lettres.

Le traitement visuel est également parallèle dans le sens où la reconnaissance se produit simultanément à trois niveaux d'abstraction. Ces trois niveaux – celui des caractéristiques, celui de la lettre et celui du mot – sont présentés dans la figure 2.13. Une hypothèse clef du modèle d'activation interactive est que les trois niveaux interagissent pour déterminer ce qui est perçu. La connaissance des mots d'une langue interagit avec l'information issue des caractéristiques pour fournir un indice des lettres qui composent le mot. Ceci est illustré par les flèches dans la figure 2.13, laquelle montre que le niveau lettre reçoit des informations issues du niveau des caractéristiques et de celui des mots.

Il existe deux types de liaisons entre ces niveaux : les connexions d'excitation qui sont représentées par des flèches dans la figure 2.13 et les connexions d'inhibition représentées par des ronds. Les **connexions d'excitation** fournissent des indices positifs et les **connexions d'inhibition** des indices négatifs concernant l'identité de la lettre ou du mot. Par exemple, la ligne diagonale fournit un indice positif pour la lettre *K* (et pour toutes les lettres contenant une diagonale) et un indice négatif pour la lettre *D* (et pour toutes les lettres ne contenant pas de diagonale).

Les connexions d'excitation et d'inhibition apparaissent également entre le niveau des lettres et celui des mots, à condition que la lettre soit correctement placée dans le mot dont elle fait partie. Reconnaître que la première lettre du mot est un *W* augmente le niveau d'activation de tous les mots commençant par un *W* et atténue le niveau d'activation de tous les autres.

Le modèle d'activation interactive repose sur les hypothèses de la théorie de reconnaissance des lettres de Rumelhart (1970) exposée précédemment. Chaque caractéristique dans le dispositif a une certaine probabilité d'être détectée, variable en fonction de la qualité visuelle de la présentation. Les caractéristiques détectées augmentent le niveau d'activation des lettres qui les présentent et atténuent celui des autres. Excitations et inhibitions se combinent pour déterminer l'activation totale de chaque lettre. Par exemple, détecter une ligne verticale et une diagonale activerait fortement les lettres (comme *K* ou *R*) qui contiennent ces deux caractéristiques.

La figure 2.14 illustre ces hypothèses, qui trouvent une application dans l'identification de la lettre *K* du mot *WORK*. Le graphique du bas montre comment l'activation des lettres en quatrième position varie au cours du temps, tandis que le graphique du haut montre comment l'activation du mot change en fonction du temps. À mesure que l'observateur identifie de plus en plus de caractéristiques de la lettre, il est de plus en plus évident qu'il s'agit de la lettre *K*. L'activation de la lettre *D* n'augmente pas car elle reçoit des influences inhibitrices des caractéristiques, identifiées comme n'étant pas présentes dans la lettre *D*. L'activation de la lettre *R* augmente au début parce qu'elle a deux caractéristiques communes avec la lettre *K*, mais elle reçoit une rétroaction négative à partir du niveau des mots quand il devient évident que mettre un *R* en quatrième position ne constitue pas un mot existant. Notez que dans le graphique du haut, l'activation du mot *WORK* augmente régulièrement au cours du temps, en regard des autres mots, à mesure que l'observateur identifie des caractéristiques supplémentaires.

Tous les psychologues ne sont pas d'avis que le modèle d'activation interactive soit exact. Massaro et Cohen (1991), en particulier,

**Connexions d'excitation**

Réactions aux indices positifs d'un concept, comme lorsqu'une ligne verticale appuie la probabilité qu'une lettre puisse être un *K*.

**Connexions d'inhibition**

Réactions aux indices négatifs d'un concept, comme lorsqu'une ligne verticale appuie la probabilité qu'une lettre ne puisse pas être un *C*.

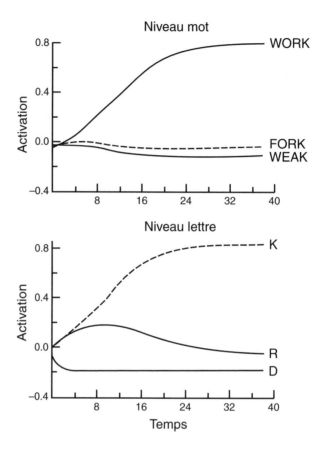

**Figure 2.14** Niveaux d'activation pour les lettres sélectionnées et les unités de mot selon le temps de présentation pour la condition expérimentale avec mot exposée à la figure 2.12.

ont attentivement comparé les présupposés du modèle d'activation interactive avec ceux d'un modèle présumant que l'information fournie par un mot ou par une lettre se combinent indépendamment plus qu'elles n'interagissent. Contrairement au modèle d'activation interactive, illustré dans la figure 2.13, leur modèle ne présente pas de connexions subordonnant le niveau des lettres à celui des mots. L'information sur les mots ne peut donc avoir d'influence directe sur l'activation des lettres. Massaro et Cohen défendent l'hypothèse suivante : présumer une intégration indépendante de l'information provenant du niveau des lettres et du niveau des mots peut induire de plus justes prévisions que de présumer que l'information recueillie au niveau des mots interagit avec celle qui provient du niveau des lettres.

J'ai consacré une place importante à commenter le modèle d'activation interactive et, certains psychologues le considérant comme erroné, vous êtes en droit de vous demander si cela en valait la peine. Je vais vous répondre deux choses. D'abord, d'un point de vue général, il y a beaucoup de théories en psychologie (voire toutes) qui donnent lieu à des contestations. Les psychologues tentent continuellement de revoir la formulation de ces théories et les débats à ce sujet sont considérables. Mais plus spécifiquement, sachez que le modèle d'activation interactive a eu un formidable impact car il a ravivé un intérêt pour les modèles des réseaux neuronaux des sciences cognitives. Bien que ces modèles aient été développés dans beaucoup de tâches cognitives, comme dans le stockage de l'information dans la MCT (Burgess & Hitch, 1992), dans la sélection d'un problème analogue dans la résolution de problèmes (Holyoak & Thagard, 1989) et dans la compréhension de texte (Kintsch, 1988), ils ont été plus largement utilisés dans la théorie de la reconnaissance de forme. Considérons à présent les hypothèses générales de cette approche.

## Les modèles de réseaux neuronaux

Le modèle d'activation interactive représentait le premier pas pour McClelland et Rumelhart dans leur élaboration des modèles de réseaux neuronaux de la cognition. Ils ont appelé ceux-ci modèles de **distribution des traitements parallèles** (DTP) parce que l'information est évaluée en parallèle et distribuée dans tout le réseau. Un **modèle de réseau neuronal** est constitué de plusieurs composantes (Rumelhart, Hinton, & McClelland, 1986) dont certaines ont déjà été considérées dans le modèle d'activation interactive.

Elles incluent :

1. Une série d'unités de traitement appelées **nœuds.** Les *nœuds* sont représentés par les caractéristiques, les lettres et les mots dans le modèle d'activation interactive. Ils peuvent avoir différents niveaux d'activation.

2. Un type de connexion entre les nœuds. Les nœuds sont reliés entre eux par des connexions d'inhibition et d'excitation qui diffèrent selon leur force.

3. Des règles d'activation pour les nœuds. Les **règles d'activation** spécifient comment un nœud combine ses inputs d'inhibition et d'excitation avec son état d'activation.

**Distribution des traitements parallèles**

Lorsque l'information est simultanément collectée à différentes sources et combinées pour arriver à une décision.

**Modèle de réseau neuronal**

Une théorie qui utilise le réseau neuronal en tant que métaphore dans laquelle les concepts nœuds sont liés à d'autres concepts par le biais des connexions d'inhibition et d'excitation.

**Nœud**

Format utilisé pour représenter les concepts dans un réseau sémantique.

**Règles d'activation**

Règles qui déterminent comment les connexions d'excitation et d'inhibition se combinent pour déterminer l'activation totale d'un concept.

4. Un état d'activation. Les nœuds peuvent être activés à des degrés divers. Nous prenons conscience des nœuds qui sont activés lorsque le seuil d'attention consciente est atteint. Par exemple, nous devenons conscients de la lettre K du mot WORK lorsque nous recevons suffisamment d'excitations de la part du niveau des caractéristiques et du niveau des mots.

5. Les fonctions d'output des nœuds. Les fonctions d'output se rapportent aux niveaux d'activation aux sorties; par exemple, quel seuil faut-il atteindre pour que l'attention soit consciente.

6. Une règle d'apprentissage. L'apprentissage procède généralement d'un changement d'équilibre des connexions d'inhibition et d'excitation entre différents nœuds, les règles d'apprentissage spécifiant comment réaliser ces changements.

La dernière composante –la composante d'apprentissage– est l'une des plus importantes caractéristiques du modèle de réseau neuronal parce qu'elle permet au réseau d'améliorer sa performance. Serait exemplaire un modèle de réseau qui apprendrait à mieux faire la distinction entre les lettres en augmentant la valeur des différentes caractéristiques - celles qui aident le plus à opérer cette distinction.

L'approche du réseau neuronal est le résultat d'incommensurables efforts de recherche et d'une industrie qui a dépensé plusieurs centaines de millions de dollars par an (Schneider & Graham, 1992). L'engouement qu'a suscité cette approche est illustré dans l'encart 2.1 et s'explique par plusieurs raisons. Premièrement, beaucoup de psychologues pensent que le modèle de réseau neuronal illustre plus précisément la manière dont le cerveau travaille que d'autres modèles plus séquentiels du comportement. Deuxièmement, le dosage des poids d'inhibition et d'excitation qui affectent les nœuds permet au réseau d'apprendre et peut ainsi révéler la façon dont les individus apprennent. Troisièmement, ces modèles conduisent à un nouveau type de calcul où beaucoup de faibles contraintes (comme les indices au niveau des caractéristiques ou des mots) peuvent être simultanément considérées.

Cependant, les critiques se sont focalisées sur la question de savoir si ces modèles étaient vraiment des théories, dès lors qu'ils impliquent principalement la variation de poids de nombreuses connexions (Schneider & Graham, 1992). Prenons pour exemple un système nommé NET-TALK (Sejnowski & Rosenberg, 1987), qui produit des mots comparables à ceux d'un enfant de deux ans après 40.000 essais d'apprentissage. NET-TALK apprend en ajustant l'équilibre de plus de 18.000 connexions. McCloskey (1991) soutient que pour qu'il ait valeur de théorie, le modèle de réseau neuronal doit formuler ses hypothèses à un niveau plus abstrait que celui des simulations d'un réseau particulier. Les théoriciens doivent mieux indiquer

| ENCART 2.1 |
| :---: |

### L'ORDINATEUR «APPREND» À PARTIR DE SES PROPRES ERREURS

Par David graham, Éditorialiste

Dans un laboratoire du Salk Institute de La Jolla, en Californie, Terry Sejnowski possède un ordinateur qui «apprend» à parler en lisant et relisant des phrases simples en anglais – s'améliorant à partir de ses erreurs.

Après 10 heures d'écoute du texte, le balbutiement de l'ordinateur devient une phrase intelligible : «Je rentre de l'école à pied avec quelques amis.»

De l'autre côté de la route traversant l'Université de Californie de San Diego (UCSD), David Zisper et Jeffrey Elman possèdent un ordinateur qui «écoute» parler et qui ensuite, avec de l'entraînement, retranscrit la conversation dans un langage symbolique sur l'écran.

La réussite de ces puissants ordinateurs et d'autres encore, qui procèdent d'une façon comparable à celle du cerveau humain, a fini par persuader les scientifiques de ces deux institutions à élaborer un programme pour le développement des technologies impliquant les réseaux neuronaux.

Appelé Projet de Programmation Neuronale de l'UCSD, il est destiné à devenir un centre de subventions et un espace d'échange entre 40 membres de la faculté, issus de diverses disciplines, nous explique Halbert White, professeur d'économie de l'UCSD et membre du projet.

Cette approche de la programmation, appelée programmation neuronale, cherche à appliquer les principes organisateurs que le cerveau utilise dans la pensée.

À la différence des ordinateurs traditionnels – comme les traitements de texte – qui réalisent des fonctions programmmées pas à pas, les ordinateurs à réseau neuronal impliquent généralement plusieurs «unités de traitement.» Elles travaillent ensemble, en parallèle, et se transmettent l'information entre elles pour accomplir rapidement des tâches complexes.

Les ordinateurs à réseau neuronal, disent les scientifiques, peuvent réaliser beaucoup de tâches sophistiquées en reconnaissant des formes et des variations.

Aujourd'hui des systèmes de sonar guidés par des ordinateurs à réseau neuronal peuvent être utilisés pour faire la différence entre divers objets, par exemple, un rocher à la surface de l'océan et une mine flottante attendant qu'on la fasse exploser.

«C'est une nouvelle approche passionnante de la programmation alternative des ordinateurs classiques qui a eu un grand impact sur la technologie actuelle,» poursuit-il.

Source : Tiré de «Computer «Learns» from Own Mistakes,» par David Graham, publié dans le *San Diego Union*, le 25 septembre 1989. Reproduit avec autorisation.

quels aspects du réseau sont cruciaux pour la théorie et lesquels sont secondaires. Par exemple, est-ce que la procédure d'apprentissage particulière utilisée pour entraîner le réseau et ajuster les poids constitue un élément important de la théorie ?

En réponse aux critiques de McCloskey (1991), Seidenberg (1993) prétend que les modèles de réseau neuronal fournissent une contribution théorique à deux niveaux. Au plan le plus global, les modèles de réseau neuronal proposent des principes généraux relatifs à l'acquisition des connaissances (comme la façon dont celles-ci sont distribuées et la façon dont l'apprentissage résulte de changements de poids) qui s'appliquent à beaucoup de situations différentes. Par exemple, Seidenberg a utilisé les mêmes principes dans la construction de modèles de réseau neuronal illustrant l'apprentissage de la prononciation des mots et des voix passives de la conjugaison des verbes. À un niveau plus spécifique, les modèles de réseau neuronal intègrent souvent des hypothèse théoriques spécifiques à une application particulière différente des autres modèles. L'hypothèse du modèle d'activation interactive, à savoir que l'activation des mots influence l'activation des lettres, est un exemple d'une hypothèse théorique qui diffère des hypothèses d'autres modèles concurrents (Massaro & Cohen, 1991). L'existence d'hypothèses générales et spécifiques testables aidera à évaluer l'utilité théorique des modèles de réseau neuronal.

## RÉSUMÉ

Les individus arrivent facilement à reconnaître les formes. Les trois explications alternatives de la reconnaissance des formes sont la théorie des schémas, celle des caractéristiques et la théorie structurale. Une théorie des schémas suggère que les individus comparent deux formes en mesurant leur degré de recouvrement. Elle rend difficilement compte de bien des aspects de la reconnaissance de formes mais c'est une façon aisée de représenter l'information dans le registre d'information sensorielle avant qu'elle ne soit analysée durant la phase de reconnaissance des formes. Les théories de la reconnaissance des formes les plus répandues présument que les formes sont analysées à partir de leurs caractéristiques. Les théories des caractéristiques sont souvent testées en déterminant comment elles peuvent rendre compte des confusions au niveau de la perception. Les théories structurales établissent explicitement comment les caractéristiques d'une forme sont liées les unes aux autres. Elles fournissent une description plus complète de la forme et sont particulièrement utiles pour décrire des formes consistant en intersections de lignes.

L'intérêt de Sperling pour la question de la quantité de lettres pouvant être perçues durant un brève présentation à l'aide d'un tachystoscope a permis la construction de modèles de traitement de l'information dans les tâches visuelles. Sperling suggère que l'information est brièvement préservée dans un stockage de l'information visuelle où toutes les lettres peuvent être simultanément analysées. Lorsqu'une lettre est reconnue, son nom peut être répété verbalement et être ainsi préservé dans un stockage auditif (mémoire à court terme). Le modèle de Rumelhart nous invite à reconnaître les formes en identifiant leurs caractéristiques. La vitesse d'identification d'une caractéristique dépend à la fois de la clarté des items dans le stockage de l'information visuelle et du nombre de lettres dans la présentation. Le modèle rend compte de la performance dans la tâche de compte rendu partiel élaborée par Sperling en présumant que l'observateur focalise son attention sur la ligne indiquée, aussitôt que le signal sonore est entendu. La probabilité de reconnaître des lettres supplémentaires dans la ligne dépend de la netteté des informations visuelles stockées.

La reconnaissance des lettres dans un mot est influencée par la perception et le contexte de la lettre. Le fait qu'une lettre puisse être reconnue plus facilement quand elle fait partie d'un mot que quand elle fait partie d'un vocable inexistant ou qu'elle est présentée seule, a été appelé l'effet de primauté du mot. Un modèle influent de l'effet de primauté du mot est le modèle d'activation interactive proposé par McClelland et Rumelhart. Sa thèse est que la connaissance des mots d'une langue interagit avec une nouvelle information sur les caractéristiques et fournit ainsi un indice de quelles lettres se trouvent dans le mot. Cette approche s'est poursuivie sous l'appellation générique de distribution du traitement parallèle et est inspirée par les modèles de réseau neuronal du cerveau.

## QUESTIONS DE RÉFLEXION

1. La citation du début affirme qu'il n'existe pas de consensus sur ce qu'est une forme. Ne vous découragez pas – écrivez votre propre définition de la forme. Regardez à présent le mot *forme* dans un bon dictionnaire. Est-ce que cela vous aide ?

2. Dans quel sens peut-on considérer que la reconnaissance de forme est une aptitude? (Pour répondre à cette question, vous devez vous appuyer sur une définition pratique de l'aptitude. Quelle est la vôtre ?)

3. Distinguez schéma, caractéristique et structure. En quoi ces concepts se ressemblent-ils et en quoi diffèrent-ils ?

4. Que nous apprend l'expérience de Phillips en 1974 sur les caractéristiques présumées du registre d'information sensorielle ? Quelle est la différence entre une image sensorielle et une image visuelle ?

5. Dans ce texte vous est relatée une application de la théorie des caractéristiques qui aide les enfants à apprendre les différences entre lettres similaires. Qu'est-ce qui est intervenu dans la recherche de la «bonne» série de caractéristiques ? Cela étant, que proposeriez-vous pour qu'une série de caractéristiques soit bonne ?

6. Quels sont les différents procédés pour l'étude des similarités perçues/confusion perceptuelle ?

7. En quoi les théories structurales dépassent-elles les théories des caractéristiques ? Citez les résultats qui contribuent à faire de cette affirmation la meilleure description de la reconnaissance des formes.

8. Pourquoi la recherche de Sperling dans les années 60 est-elle toujours commentée dans la plupart des textes d'introduction de la psychologie ?

9. Comment fonctionne un cache visuel ? Que fait-il ? Pourquoi cette technique est-elle essentielle dans l'étude de l'effet de primauté du mot ?

10. Les modèles de réseau neuronal représentent une approche théorique majeure dans la psychologie mais sont difficiles à résumer en termes simples. Expliquez la principale hypothèse de ces modèles avec vos propres mots.

## MOTS-CLEFS

*Le numéro de page entre parenthèses indique où le terme est traité dans ce chapitre*

Analyse par regroupement hiérarchique (40)

Caractéristique distinctive (37)

Caricature (38)

Composante de balayage visuel (51)

Confusion perceptuelle (39)

connexions d'excitation (57)

connexions d'inhibition (57)

Distribution des traitements parallèles (59)

Effet de primauté du mot (55)

Geons (45)

Intervalle interstimulus (35)

Les théories structurales de la reconnaissance des formes (43)

Modèle d'activation interactive (55)

Modèle de réseau neuronal (59)

Nœud (59)

Paradigme de la détection (53)

Procédure de compte rendu global (48)

Procédure de compte rendu partiel (48)

Procédure de compte-rendu global (51)

Procédure de compte-rendu partiel (51)

Reconnaissance des formes (32)

Registre d'information sensorielle (34)

Règles d'activation (59)

Répétition (51)

Schéma (33)

Stockage de l'information auditive (51)

Tachystoscope (32)

Théories des caractéristiques (37)

Traitement parallèle (51)

Traitement sériel (51)

## LECTURES RECOMMANDÉES

Un article de Kolers (1983) recense les travaux liés à la perception et à la représentation. Townsend et ses collègues (Towsend & Ashby, 1982; Towsend, Hu, & Evans, 1984) ont évalué des modèles de reconnaissance des formes dans lesquels la détection des caractéristiques joue un rôle essentiel. Garner (1974) a recensé les recherches sur les caractéristiques structurelles des formes. Dans un texte de 1979, il analyse la relation entre son travail et celui de Gibson. Palmer (1977) montre comment les descriptions structurelles influencent l'analyse et la synthèse des formes; Bower et Glass (1976) démontrent en quoi les descriptions structurelles déterminent l'efficacité des indices mnémoniques; Marr et Nishihara (1978) proposent une théorie structurale pour des formes tri-dimensionnelles. Les caractéristiques du stockage de l'information visuelle sont décrites par Long (1980) et Loftus, Shimamura, et Johnson (1985). Des modèles de la reconnaissance des mots ont été proposés par McClelland et Rumelhart (1981), Rumelhart et McClelland (1982), Paap, Newsome, McDonald, et Schvaneveldt (1989). D'autres domaines de recherche sur la reconnaissance des formes incluent la reconnaissance du discours (Massaro, 1989), des visages (Pittenger & Shaw, 1975 ; Bruce, 1994), des scènes (Biederman, 1981) et des cartes (B. Tversky, 1981). Le livre de Martindale (1991), *Cognitive Psychology : A Neural-Network Approach,* propose une introduction très compréhensible de l'influence des théories du réseau neuronal dans les théories cognitives.

## EN FRANÇAIS

Quelques chapitres d'ouvrages ou de traités recensent les travaux liés à la perception et à la représentation : dans le tome 5 du Cours de psychologie (Ghiglione et Richard, 1995), le chapitre 3 (par Bonnet) évoque le rôle des aspects représentatifs dans la perception pour la reconnaissance d'objets et d'événements, et pour la perception de l'espace; dans le tome 1 du Traité de psychologie expérimentale (Richelle, Requin et Robert, 1994), la section II/4 intitulée «Vision» (par Imbert et de Schonen) et plus particulièrement la partie «perception des objets» (pp. 384-421); l'ouvrage de Denis (1989), et plus particulièrement le chapitre 3, 'Propriétés des images visuelles'. Les processus perceptifs fondés sur les détecteurs de traits sont évoqués dans le tome 1 du Traité de psychologie expérimentale (Richelle et al., 1994), dans la section II/1 intitulée «Mécanismes généraux de la perception» (par Delorme). L'approche structurale de Garner (1974) pour rendre compte de la perception des objets a été exposée dans le texte «Perception analytique et globale» initialement publié dans la revue l'Année Psychologique par Berger (1992). Ce texte, qui expose puis critique l'approche de Garner sur la base de nombreux travaux ulttérieurs, est également reproduit dans l'ouvrage de Le Ny et Gineste (1995). Le rôle du travail de Gibson sur le développement des théories et modèles de la perception peut être approché en consultant l'article de Vurpillot (1967), son chapitre intitulé «La perception de l'espace» (Vurpillot, 1963) ou encore l'ouvrage de Bruce et Green (1993). Pour une recension actualisée du rôle des descriptions structurelles dans l'analyse de formes comme dans l'efficacité de la récupération mnésique, on renverra à l'ouvrage de Schacter et Tulving (1994). Et plus particulièrement au chapitre 8 dans lequel Schacter passe en revue les résultats récents montrant le rôle des traitements perceptifs dans la récupération mnésique. Dans ce même chapitre, ainsi que dans le tome 1 du Traité de psychologie expérimentale (Requin, Richelle et Robert, 1994, tome 1, p. 393), on trouvera quelques indications sur des modèles de la perception des formes à trois dimensions. Le stockage de l'information visuelle est traité : dans le tome 1 du Traité de Psychologie expérimentale (Richelle, Requin et Robert, 1994), section II/4 (par Imbert et de Schonen), partie «neurobiologie de la perception» (pp. 347-382); dans le chapitre 3 (par Bonnet) du tome 5 du Cours de psychologie (Ghiglione et Richard, 1995). Pour une présentation des modèles de la reconnaissance de mots, outre l'article de Segui et Beauvilain (1988), l'ouvrage édité par Kolinsly, Morais et Segui (1991) est primordial. Tout d'abord, il offre une présentation actualisée des modèles de reconnaissance de mots, ce qui permet de saisir l'évolution des modèles depuis ceux de Paap et al. (1982) et de Rumelhart et McClelland (1982). En second lieu, la reconnaissance de mots y est traitée sous l'angle de différentes modalités sensorielles et non plus seulement sous l'angle de la modalité visuelle comme c'est le cas ici. La partie modalités auditives de l'ouvrage (pp. 7-95) contient un texte de U.H. Fauenfelder, «La reconnaissance de mots parlés» (pp. 7-36), qui compare quatre modèles de la reconnaissance de mots (Cohort 1, par Marlsen-Wilson et Welsh, 1978; Cohort 2 par Waren et Marlsen-Wilson, 1987; TRACE par McClelland et Elman, 1986; LAFS par Klatt, 1980, 1989). La partie modalités visuelles (pp. 99-304) contient un texte de J. Segui, «La reconnaissance visuelle des mots» (pp. 99-117) qui présente les traits majeurs des modèles de Paap et al. (1982), de Rumelhart et McClelland, 1982, ainsi que des résultats empiriques récents visant à tester des hypothèses de ces modèles. Toujours dans la partie modalités visuelles, le texte de A. Content, «La reconnaissance de mots écrits. Approche connexionniste» permet de voir l'influence des modèles de réseaux de neurones sur les modèles de la reconnaissance de mots. Pour d'autres champs de la reconnaissance de «patterns», tels que la reconnaissance de parole : la partie modalités auditives de l'ouvrage de Kolinsky et al. (1991, pp. 7-95); le chapitre «L'audition» (par Botte) dans le tome 1 du Traité de psychologie cognitive (Bonnet, Ghiglione et Richard, 1989); la partie II/3, «Audition : physiologie, perception et cognition» (par McAdams), dans le tome 1 du Traité de psychologie expérimentale (Richelle, Requin et Robert, 1994). Pour ce qui est de la reconnaissance de visages, un champ en développement : l'ouvrage de Bruyer (1987) propose un condensé des modèles disponibles sur la reconnaissance de visage, avec une mise en perspective historique; plus récemment, l'édition d'un numéro spécial de la revue Psychologie Française (1994, 39 (3/4) consacré à ce thème, avec notamment un article de Bruyer (1994) qui comporte une bibliographie de 97 titres. Sur la reconnaissance de scènes ou encore de cartes ou plans, on pourra consulter le chapitre 3 de l'ouvrage de Ghiglione et Richard (1995). Comme introduction en termes clairs à l'influence des réseaux de neurones sur les théories cognitives : l'ouvrage de Bonnet, Hoc et Tiberghien (1986); un texte de Tiberghien (1986); sans oublier le texte de A. Content, dans l'ouvrage de Kolinsky et al. (1991), qui articule approche connexionniste et reconnaissance de mots.

Berger, C. (1992). Perception analytique et globale. *L'Année Psychologique, 92*, 105-136. (Texte reproduit dans l'ouvrage de Le Ny, J.F., Gineste, M.D. (1995). *La psychologie. Textes essentiels* (pp. 120-136). Paris : Larousse).

Bonnet, C, Hoc, J.M., Tiberghien, G. (1986*). Psychologie, Intelligence Artificielle et Automatique*. Bruxelles : Mardaga.

Bonnet, C., Ghiglione, R., Richard, J.F. (1989). *Traité de psychologie cognitive. Tome 1*. Paris : Dunod.

Bruce, V. & Green, P. (1993*). La perception visuelle : Physiologie, psychologie et écologie*. Grenoble : P.U.G.

Bruyer, R. (1987). *Les mécanismes de la reconnaissance de visages*. Grenoble : P.U.G.

Bruyer, R. (1994). La reconnaissance de visages. Quoi de neuf ? *Psychologie Française, 39*(3/4), 245-258.

Denis, M. (1994/1989). *Image et cognition*. Paris : P.U.F.

Ghiglione, R., Richard, J.F. (1995). *Cours de psychologie. Tome 5*. Paris : Dunod.

Kolinsky, R., Morais, J., Segui, J. (1991). *La reconnaissance de mots dans les différentes modalités sensorielles*. Paris : P.U.F.

Psychologie Française (1994). Numéro spécial sur la reconnaissance de visages, 39(3/4).

Richelle, M., Requin, J., Robert, M. (1994). *Traité de psychologie expérimentale. Tome 1*. Paris : P.U.F.

Richelle, M., Requin, J., Robert, M. (1994). *Traité de psychologie expérimentale. Tome 6*. Paris : P.U.F.

Schacter, D. L., Tulving, E. (1994). *Memory systems 1994*. Cambridge : MIT Press. (Trad. fr, *Systèmes de mémoire chez l'animal et chez l'homme*. 1996, Marseille : Solal).

Segui, J., Beauvilain, C. (1988). Modularité et automaticité dans le traitement du langage : l'exemple du lexique. In P. Perruchet (ed.), *Les automatismes cognitifs* (pp. 13-25). Bruxelles : Margada.

Tiberghien, G. (1986). Psychologie cognitive, sciences de la cognition et technologie de la connaissance. In J.L. Le Moigne (ed.), *Intelligence des mécanismes, Mécanismes de l'Intelligence*. Paris : Fayard.

Vurpillot, E. (1963). La perception de l'espace. In P. Fraisse & J. Piaget (Eds.), *Traité de psychologie expérimentale. Volume 6*. Paris : P.U.F.

Vurpillot, E. (1967). Quelques théories et modèles de la perception. *Bulletin de Psychologie, 1966-1967, 20*(8/9), 18-22.

# 3

# L'attention

> Tout le monde sait ce qu'est l'attention. C'est quand l'esprit prend possession, sous une forme claire et active, d'un objet ou d'une pensée parmi d'autres qui se manifestent au même moment. Focalisation et concentration de la conscience lui sont indispensables.
>
> WILLIAM JAMES (1890)

*[note manuscrite : * 2 caractéristiques de l'attention : focalisation et concentration]*

**Sélectivité**

Aspects sélectifs de l'attention – nous prêtons attention à certains aspects de l'environnement et nous en ignorons d'autres.

La citation ci-dessus est tirée du fameux *Principles of Psychology*, publié en 1890, et se réfère à deux caractéristiques de l'attention encore étudiées actuellement – la focalisation et la concentration. La focalisation implique la **sélectivité.** En général, nous sommes bombardés par toutes sortes de stimuli au niveau de notre perception et il nous faut décider lequel d'entre eux est pertinent à considérer. La nature sélective de l'attention est illustrée par le comportement des sujets dans la tâche de compte rendu partiel de Sperling : lorsque la ligne à rapporter était indiquée par un signal, les sujets étaient capables de porter une attention sélective à cette ligne, tout en ignorant les informations contenues dans les deux autres.

La nature sélective de la perception est nécessaire pour nous éviter d'être surchargés d'informations. Ceci est particulièrement vrai dans les grandes villes. Selon Millgram (1970), un psychologue social réputé, il est possible au cœur de Manhattan de croiser 220 000 personnes en dix minutes. D'après lui, ce type de surcharge peut affecter nos vies sur plusieurs plans, notamment en influençant nos capacités de travail, l'évolution de nos propres normes sociales et notre fonctionnement cognitif. Les adaptations aux surcharges d'informations obligent à passer moins de temps sur chaque input, à se libérer des inputs qui sont les moins prioritaires ou à refuser totalement l'entrée de certains inputs sensoriels. La première partie de ce chapitre porte sur les théories qui tentent de localiser où se produit cette sélection dans le traitement de l'information. Est-ce que nous stoppons l'input sensoriel avant qu'il n'atteigne l'étape de reconnaissance des formes ou faisons-nous cette sélection par la suite ? Les théories qui tentent de répondre à cette question s'appellent les **théories de l'entonnoir** parce qu'elles proposent la nécessité de la sélection chaque fois qu'un trop-plein d'informations se présente à ce goulet – une étape où toutes ces informations ne peuvent pas être traitées en même temps.

**Théories de l'entonnoir**

Théories qui tentent d'expliquer comment les individus sélectionnent l'information quand une étape du traitement de l'information devient surchargée d'un trop plein d'information.

**Concentration**

Effort mental investi dans une ou plusieurs tâches.

Le deuxième aspect de l'attention est la **concentration**. Imaginez que vous êtes le premier à arriver à un cocktail et que vous entamez une conversation avec l'hôtesse. Tant qu'il n'y a pas d'autres personnes qui parlent dans la pièce, suivre la conversation demande peu de concentration ou d'effort mental. Si l'hôtesse parle dans une autre langue que la vôtre, la compréhension sera moins automatique et exigera davantage d'effort mental. De plus, si plusieurs conversations se déroulent en même temps, vous serez obligé de vous concentrer davantage encore pour suivre ce qu'elle dit. Si, par ailleurs, vous tendez l'oreille pour écouter une autre conversation en même temps que celle que vous avez avec votre hôtesse, cela vous demandera encore plus d'effort mental et de concentration.

**Théories des ressources attentionnelles**

Théories selon lesquelles il existe une quantité limitée d'effort mental qui peut être distribuée au travers de diverses tâches, de telle sorte que le nombre de tâches qui peuvent être réalisées en même temps est limité.

La deuxième section de ce chapitre traite des **théories des ressources attentionnelles** qui tentent de déterminer comment ces ressources ou l'effort mental sont voués aux différentes activités. De telles théories postulent que l'attention est d'une capacité limitée, et quand on essaye de porter attention à plus d'un événement –par exemple étudier en regardant la télévision– on ne peut le faire qu'au prix d'une moindre efficacité. Le modèle de Rumelhart commenté au chapitre 2 est une théorie qui suppose une capacité limitée. Selon son modèle, la reconnaissance des caractéristiques ralentit en fonction de l'augmentation du nombre des items parce qu'une quantité limitée d'attention doit être distribuée sur un plus grand nombre de formes.

L'étude du traitement automatique est un domaine de recherche important lié aux théories des ressources. Le **traitement automatique** se produit lorsque la quantité de ressources requise pour l'exécution d'une tâche est minimale. Si une tâche demande très peu de ressources pour être réalisée, cela ne devrait pas interférer avec d'autres tâches. La troisième section de ce chapitre examine les caractéristiques du traitement automatique et illustre comment ce concept peut être appliqué aux processus d'acquisition des aptitudes à la lecture.

> **Traitement automatique**
>
> Réalisation des opérations mentales nécessitant très peu d'effort.

La dernière section présente quelques recherches utilisant des tests d'écoute sélective pour évaluer le taux de réussite dans un programme de formation de pilotes d'avion et la probabilité d'accidents chez les chauffeurs professionnels. Il existe d'autres applications potentielles des recherches sur l'attention sélective. Le diagnostic des souffles cardiaques en est un exemple. Rushmer (1970) a souligné combien il était difficile pour les étudiants de médecine de classifier ces souffles cardiaques. Une partie de cette difficulté réside dans la demande d'attention sélective – il est difficile de discerner le souffle dans le bruit des battements cardiaques. Il est possible que nous trouvions dans le futur d'autres applications de ces recherches sur l'attention sélective.

Juste avant d'aborder l'attention dans mes cours de psychologie cognitive, j'invitais les étudiants à tenter d'écouter deux messages en même temps. Deux volontaires se placent face à la classe et lisent deux passages différents d'un de leurs livres. Le reste de la classe trouvait généralement qu'il était très difficile de comprendre les deux messages simultanément. Il était plus facile de comprendre un seul de ces messages mais les difficultés de la tâche dépendaient de caractéristiques physiques comme le ton de la voix et la distance entre chacun d'eux. La difficulté était accrue lorsque le ton des deux orateurs se ressemblait ou qu'ils se tenaient à proximité l'un de l'autre. Si vous en avez la possibilité, essayez de participer à une telle expérience afin de ressentir quelques-uns de ces effets. Vous en acquerrez une meilleure compréhension de la tâche de l'auditeur.

## LES THÉORIES DE L'ENTONNOIR

### Le modèle filtre de Broadbent

Comme vous vous le rappelez, un résumé du modèle filtre de Broadbent (1958) est présenté dans la présentation des modèles du traitement de l'information au chapitre I. À l'époque, ce modèle pouvait prendre en compte un grand nombre de résultats concernant l'attention. L'expérience d'écoute simultanée de trois paires de chiffres proposée aux recrues de la Royal Navy en Angleterre en est un exemple

(Broadbent, 1954). Chacun des éléments de la paire était transmis simultanément dans les deux oreilles. Par exemple, si la séquence était 73-42-15, le sujet pouvait entendre simultanément 7 et 3, suivi de 4 et 2 et de 1 et 5. C'est-à-dire :

| Oreille gauche | Oreille droite |
|:---:|:---:|
| 7 | 3 |
| 4 | 2 |
| 1 | 5 |

Les paires étaient présentées à une demi-seconde d'intervalle et il était demandé aux sujets de restituer ces chiffres dans l'ordre qu'ils souhaitaient. Ils étaient capables de rapporter correctement 65% de la liste, et presque toutes ces restitutions consistaient en un rappel des chiffres présentés dans une oreille, suivi par tous les chiffres présentés à l'autre oreille. En d'autres termes, si 741 était présenté à l'oreille gauche et 325 à l'oreille droite, le sujet se rappelait des chiffres dans l'ordre 741-325 ou dans l'ordre 325-741.

Un autre groupe devait se rappeler les chiffres dans l'ordre de leur présentation : la première paire de chiffres, suivie de la deuxième puis de la troisième. L'intervalle de temps entre chaque présentation des paires de chiffres variait de 1/2 sec à 2 sec. La figure 3.1 présente le pourcentage de paires de la liste correctement retenues en fonction des intervalles de temps. La performance était meilleure avec les intervalles de temps les plus longs; malgré tout, elle était inférieure par rapport à la situation précédente où les sujets pouvaient rapporter les chiffres entendus dans une oreille puis dans l'autre.

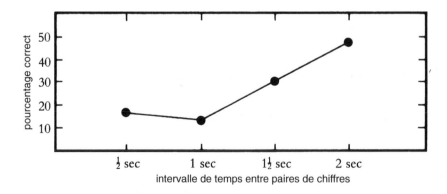

**Figure 3.1** Rappel des séquences de chiffres en fonction de l'intervalle de temps entre chaque paire.

Pour rendre compte de tels résultats, Broadbent (1957) a eu recours au **modèle filtre** qui peut être illustré par le modèle mécanique présenté dans la figure 3.2. Le modèle mécanique est constitué d'un tube en forme de Y et d'un ensemble de billes identifiables. À l'intersection des deux branches et de sa partie inférieure, le tube présente un rétrécissement qui ne permet le passage que d'une bille à la fois (le **Canal perceptuel à capacité limitée**) tandis que les branches de sa partie supérieure (le registre d'information sensorielle) sont plus larges et peuvent accepter plus d'une bille. À la jonction des parties inférieure et supérieure du Y se trouve un clapet (le filtre) qui, en changeant de position, obture l'une ou l'autre des branches et permet le passage des billes de la branche libre.

Dans notre illustration, les billes représentent les chiffres et les deux branches représentent les deux oreilles. Deux billes sont envoyées simultanément dans chacune des branches. Le clapet peut être positionné d'un côté afin de permettre à l'une des billes d'entrer dans la partie inférieure du Y, tandis que l'autre bille est retenue dans le registre d'information sensorielle. Si l'auditeur voulait énoncer tous les chiffres entrant dans une oreille, le clapet devrait rester positionné d'un côté jusqu'à ce que les trois billes d'une branche de la partie

**Modèle filtre**

Proposition qu'un phénomène d'entonnoir se produit avant la reconnaissance des formes et que c'est l'attention qui détermine quelle information peut accéder à l'étape de la reconnaissance des formes.

**Canal perceptuel à capacité limitée**

L'étape de la reconnaissance des formes dans le modèle de Broadbent qui est protégée par le filtre (l'attention) d'une éventuelle surcharge d'informations perceptuelles.

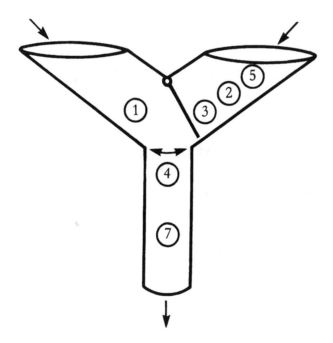

**Figure 3.2** *Un modèle mécanique de l'attention.*

supérieure aient pénétré dans la partie inférieure. Ce qui est illustré dans la figure 3.2 où ce sont les chiffres de l'oreille gauche qui sont rapportés en premier lieu. Le clapet doit ensuite être changé de côté pour permettre le passage des trois autres billes dans la partie inférieure du Y. Si l'auditeur était obligé de rapporter les chiffres à mesure qu'ils arrivent, le clapet devrait aller et venir d'une position à l'autre pour permettre aux billes d'entrer dans la partie inférieure du Y dans leur ordre d'arrivée.

Le modèle rend compte de la performance dans la tâche conçue par Broadbent (1954), dans la mesure où l'on admet que cela prend du temps pour changer l'attention (représentée par le clapet ou filtre). Si l'intervalle de temps séparant les paires de billes est trop court, le clapet n'aura pas le temps d'aller et venir, et la performance en sera atténuée comme c'était le cas quand l'intervalle de temps était de 1 sec ou moins (voir figure 3.1). Le cas le plus simple devrait être celui où l'auditeur peut rapporter tous les chiffres entrant dans une oreille avant de rapporter ceux de l'autre oreille. Dans ce cas, l'auditeur peut reconnaître tous les chiffres entrant dans une oreille avant de reconnaître ceux qui entrent dans l'autre, et cela ne nécessiterait qu'un seul changement de l'attention. Mais ce changement doit se produire avant que l'information entrée dans l'autre oreille ait disparu du registre d'information sensorielle auditif. Une limite du modèle filtre tient à la condition que le registre d'information sensorielle agisse suffisamment longtemps pour réaliser l'opération proposée; autrement, l'information serait perdue avant d'être reconnue.

## Le modèle d'atténuation de Treisman

Un paradigme expérimental est couramment utilisé pour tester l'hypothèse de Broadbent selon laquelle l'auditeur ne peut reconnaître l'information qu'à partir d'un seul canal à la fois. Il s'agit de la **situation d'écoute dichotique** dans laquelle un message différent mais continuel est présenté à chaque oreille et où l'on demande ensuite à l'auditeur de répéter «en écho», à haute voix, l'un des deux messages. La répétition du message «en écho» prouve que l'auditeur est en train de suivre les consignes et porte son attention aux informations arrivant dans l'oreille indiquée. Les premiers résultats des expériences en situation d'écoute dichotique ont confirmé la pertinence du modèle filtre. Comme prévu, les sujets étaient presque complètement inconscients du contenu du message transmis dans l'autre oreille (Cherry, 1953).

Cependant, une recherche ultérieure a montré que les auditeurs pouvaient parfois rapporter des informations issues du canal auquel ils ne prêtaient pas attention. Moray (1959) a découvert qu'il arrivait

**Situation d'écoute dichotique**

Situation expérimentale dans laquelle il est demandé aux gens de répéter à haute voix, au fur et à mesure de l'audition d'un message.

que les sujets entendent leur propre nom sur ce canal. Treisman (1960) a trouvé que des **effets contextuels** du langage pouvaient parfois amener les sujets à rapporter des mots provenant du canal non indiqué et ainsi répéter «en écho» de façon erronée. Voici deux exemples des intrusions qui se sont produites :

1. ... J'AI VU LA FILLE / d'oiseau était UN ESPOIR...
   ... moi cette chanson / SAUTANT dans la rue...
2. ... ASSIS À LA TABLE / trois POSSIBILITÉS...
   ... examinons ces / EN ACAJOU avec sa tête...

**Effet contextuel**

Influence du contexte environnemental pour la reconnaissance des formes.

La première ligne de chaque exemple est le message que l'auditeur devait répéter «en écho», message constitué de segments de phrases différentes formant une phrase incohérente. La deuxième ligne est le message auquel il ne devait pas prêter attention. Les mots en majuscules sont les mots véritablement répétés par le sujet. Les intrusions des mots issus du canal non indiqué s'ajustent mieux au contexte sémantique que les mots du canal indiqué. Les indices contextuels ne permettaient pas aux sujets de porter alternativement et en permanence leur attention à l'un ou l'autre des deux messages pour comprendre le sens du passage. De tels résultats soulèvent quelques questions concernant la théorie du filtre. Comment les sujets pouvaient-ils rapporter qu'ils entendaient leur nom ou répéter «en écho» des mots entendus sur le canal auquel ils ne devaient pas prêter attention ?

Afin de répondre à cette question, Treisman (1960) a proposé un modèle constitué de deux parties – *un filtre sélectif* et un «dictionnaire». Le filtre permet la distinction de deux messages sur la base de leurs caractéristiques physiques telles que la position, l'intensité et le ton. Dans le modèle de Treisman, le filtre n'empêche cependant pas d'entendre complètement le message non indiqué; il l'atténue de manière telle qu'il est moins probable qu'il soit entendu. L'identification d'un mot se produit dans le dictionnaire si l'intensité ou la résonance intime du mot dépasse son **seuil d'activation** pour la reconnaissance (l'intensité minimale nécessaire à la reconnaissance). Les seuils d'activation ont deux caractéristiques importantes. Premièrement, ils varient d'un mot à l'autre. Certains mots ont des seuils inférieurs à d'autres et sont ainsi plus facilement reconnaissables – par exemple, des mots importants tels que le nom de l'auditeur et probablement des signaux d'alerte tels que *feu*. Deuxièmement, ces seuils peuvent être momentanément diminués selon les attentes de l'auditeur. Par exemple, si les mots *assis à la table* sont entendus, le niveau d'activation pour les mots *en acajou* est atténué, entraînant une plus grande probabilité de reconnaissance de ce mot.

**Seuil d'activation**

Quantité minimale d'activation nécessaire pour la prise de conscience d'un stimulus.

Le modèle proposé par Treisman permettait d'expliquer pourquoi habituellement l'audition est beaucoup plus faible sur le canal

**Atténuation**

Diminution de la perception de l'intensité d'un message lorsque le sujet n'y prête pas attention.

non indiqué, et pourquoi, malgré tout, certains mots peuvent être reconnus. L'**atténuation** des mots sur le canal non indiqué implique qu'ils sont perçus de façon subjective comme étant de moindre intensité que les mots sur l'autre canal. Normalement, ces mots ne seraient assez intenses pour dépasser leur seuil de reconnaissance que s'ils avaient déjà un seuil d'activation très bas ou que ce seuil était momentanément abaissé. La figure 3.3 est une représentation schématique de cet effet. La longueur des flèches représente la perception subjective de l'intensité des deux messages, et le seuil d'activation représente le niveau de base à dépasser pour la reconnaissance des mots. Puisque les mots importants ont toujours des seuils d'activation bas, ils peuvent parfois être entendus sur le canal non indiqué, c'est ce que Moray (1959) a découvert. Des mots tels que *en acajou* ont habituellement un seuil d'activation assez élevé mais ils peuvent être momentanément abaissés par les attentes de l'auditeur. Cet aspect du modèle peut ainsi rendre compte de la répétition «en écho» inopportune des mots du canal non indiqué, étant donné qu'ils s'ajustaient mieux au contexte du message entendu sur l'autre canal, comme c'est le cas dans l'expérience de Treisman (1960).

## Le modèle de mémoire sélective de Deutsch et Norman

Les modèles proposés par Broadbent et Treisman plaçaient l'entonnoir au niveau de l'étape de reconnaissance des formes. L'attention y était représentée par un filtre sélectif qui bloquait complètement la reconnaissance du message au niveau du canal non indiqué dans le modèle de Broadbent, et l'atténuait dans le modèle de Treisman. Ainsi, très peu de mots pouvaient être reconnus sur le canal non indiqué. Dans le modèle de Broadbent, un message sur ce canal ne pouvait être reconnu que si l'attention changeait d'orientation en se portant sur lui avant qu'il ne disparaisse du registre d'information sensorielle. Dans le modèle de Treisman, les mots du message atténué ne pouvaient être reconnus que si leurs seuils d'activation étaient suffisamment bas pour pouvoir être dépassés.

Nous avons vu précédemment que l'identification de l'étape à laquelle se produit une limite de la performance est un problème courant dans la construction des modèles du traitement de l'information. La construction des modèles de l'attention n'échappe pas à cette règle. Dans les modèles proposés par Deutsch et Deutsch (1963) et par Norman (1968), le phénomène d'entonnoir se situe *après* la reconnaissance des formes.

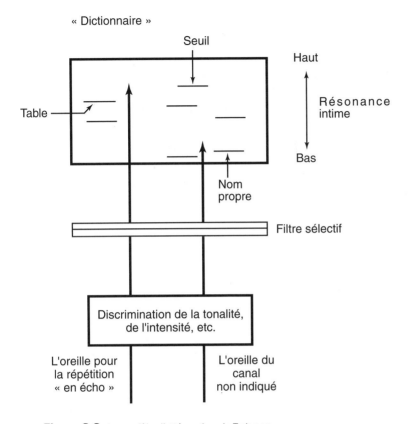

**Figure 3.3** Le modèle d'atténuation de Treisman

Le problème n'est pas un problème de perception mais celui de la sélection succédant à la perception. Si on se réfère à la figure 1.1 (chapitre 1), leurs modèles de l'attention correspondraient à *l'étape de la sélection*.

Le modèle proposé par Deutsch et Deutsch implique deux conversations différentes (les messages). Le modèle présume que les mots des deux conversations sont reconnus mais sont aussitôt oubliés s'ils ne sont pas importants. Les mots du canal auquel ils doivent porter leur attention sont importants dans la mesure où les individus doivent les répéter «en écho». Les mots du canal non indiqué sont habituellement perçus comme sans intérêt puisqu'il est demandé aux auditeurs de porter leur attention sur l'autre canal. Bien que reconnus, ils sont rapidement oubliés à moins qu'ils ne soient importants – comme le nom de la personne, par exemple. La probabilité pour que l'information puisse entrer dans la mémoire dépend du niveau général d'activation et de l'importance de cette information. Il entrera davantage d'informations dans la mémoire si un individu est en état d'alerte plutôt que s'il somnole.

Norman a développé le modèle de Deutsch et Deutsch dans un article de 1968. La figure 3.4 est une représentation schématique du modèle de Norman. Trois inputs sensoriels –*i*, *j*, et *k*– sont reconnus en étant chacun associé à leur représentation dans la mémoire. Ils sont rapidement oubliés à moins qu'ils ne soient sélectionnés pour être stockés de façon plus permanente. La sélection est déterminée non seulement par l'intensité de l'input sensoriel mais aussi par la pertinence ou l'importance de chaque input. Certains mots demeurent importants tandis que d'autres, bien qu'ayant un seuil bas, peuvent varier en fonction des attentes constituées à partir des indices contextuels, grammaticaux et sémantiques. L'input source de l'action, ou celui qui est stocké de façon permanente dans la

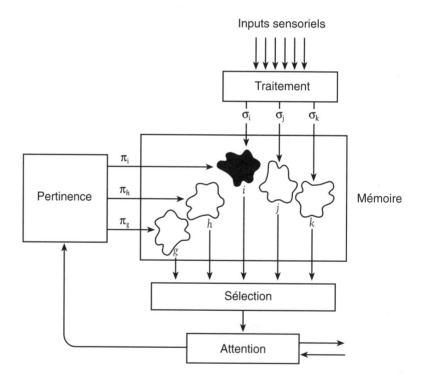

**Figure 3.4** *Le modèle de la sélection de la mémoire de Norman. L'exemple montre cinq mots représentés par les lettres g, h, i, j et k. Les mots g, h et i sont importants tandis que les mots i, j et k sont compatibles avec l'input sensoriel. Le mot sélectionné pour des traitements ultérieurs – dans ce cas le mot i – est celui qui offre la meilleure combinaison de pertinence (d'importance) et d'activation sensorielle.*

mémoire, est déterminé par une combinaison de l'activation senso-rielle et de son importance (représentés par Ó et π dans la figure 3.4). Dans cet exemple, le stimulus *i* représente la meilleure combinaison, il est donc choisi pour un traitement ultérieur. La distinction entre le modèle de Treisman et celui de Norman pose problème dans la mesure où tous deux tentent d'expliquer les mêmes données mais de façon différente. Les mots qui sont importants ou qui sont attendus sont plus facilement reconnus dans le modèle de Treisman grâce au faible niveau de leur seuil, tandis que la probabilité de leur sélection dans le modèle de Norman repose sur leur importance.

Treisman a tenté de situer le phénomène d'entonnoir en deman-dant aux participants d'écouter une liste de mots différents dans cha-que oreille et de signaler en tapant de la main chaque fois qu'ils entendaient le même mot cible dans l'une ou l'autre oreille. De plus, ils devaient répéter «en écho» (à haute voix) tous les mots qui se pré-sentaient à l'oreille indiquée. Selon Treisman, si l'entonnoir se situait au niveau de l'étape de sélection des réponses, alors la performance des sujets serait équivalente, que le mot cible soit présenté à l'oreille indiquée ou à l'autre, dans la mesure où signaler les mots cibles en tapant de la main est une tâche simple et immédiate. En revanche, si l'entonnoir est situé à l'étape de la perception, alors les sujets réussi-ront mieux à signaler les mots cibles entendus dans l'oreille indiquée que dans l'autre. Les participants ont pu identifier 87% des mots cibles présentés dans l'oreille indiquée mais seulement 8% des mots cibles lorsqu'ils étaient présentés dans l'autre oreille (Treisman & Geffen, 1967), ceci confirmant l'hypothèse selon laquelle l'entonnoir se situe à l'étape de la perception.

Cependant, Deutsch, Deutsch et Lindsay (1967) n'ont pas con-sidéré que de tels résultats constituaient des preuves infirmant leur théorie. Ils ont avancé l'argument que les mot répétés «en écho» à partir du message indiqué sont plus importants parce qu'ils sont effectivement répétés «en écho» et que ce supplément d'importance accroît la probabilité de le signaler en tapant de la main. De plus, le fait que les sujets rapportent parfois l'audition de leur nom ou d'un mot attendu à partir du message non indiqué témoigne clairement qu'au moins quelques mots de ce message sont entendus.

## LES THÉORIES DES RESSOURCES DE L'ATTENTION

Les modèles proposés par Broadbent, Treisman, Deutsch et Deutsch, et Norman ont stimulé beaucoup d'expérimentations et de discus-sions sur l'emplacement de l'entonnoir. Certains résultats semblaient étayer l'hypothèse que l'entonnoir résulterait des limites de la perception, alors que d'autres montraient que le phénomène d'entonnoir se produisait après la perception (Johnston & Dark, 1986). L'absence de consensus sur le positionnement de l'entonnoir a eu deux conséquences.

Premièrement, les psychologues se sont davantage intéressés à l'étude des capacités requises pour la réalisation de différentes tâches qu'à la recherche de l'emplacement de l'entonnoir (Kahneman, 1973). Les modèles des ressources de l'attention sont basés sur la supposition que la réalisation d'une tâche nécessite un **effort mental** Même rêver, qui semble ne pas nécessiter d'effort mental particulier, entraîne l'élévation du niveau d'activation dans certaines régions du cerveau (voir encart 3.1). Deuxièmement, il semble à présent raisonnable de considérer qu'en fonction des exigences spécifiques de la tâche, un observateur est capable d'un certain niveau de contrôle sur l'emplacement de l'entonnoir (Johnston & Heinz, 1978).

Pour établir ce qui distingue un modèle des ressources d'un modèle entonnoir, nous allons tout d'abord considérer le modèle des

**Effort mental**

Quantité d'énergie mentale exigée pour la réalisation d'une tâche

---

**ENCART 3.1**

### IL N'Y A PAS DE PLACE POUR LES FAINÉANTS DANS LE MONDE DES RÊVES : UNE ÉTUDE NOVATRICE MONTRE QUE LE CERVEAU TRAVAILLE BEAUCOUP DANS LE ROYAUME DES SONGES

SANTA ANA – Il faisait du roller-skate au rez-de-chaussée du magasin Neiman-Marcus lorsqu'un tigre rugissant se mit à sa poursuite.

Son patron a demandé qu'elle peigne le sol du bureau de différentes couleurs. Il ne pouvait pas lui expliquer quelles couleurs il souhaitait, ni pourquoi, mais il tenait à ce que ce travail soit exécuté immédiatement.

Il était à la campagne et faisait du cheval mais celui-ci répondait à ses demandes d'arrêt par un furieux galop.

Réveillé en plein cauchemar en technicolor, qui ne s'est pas posé la question de savoir de quoi sont faits nos rêves ?

Une étude pionnière sur le métabolisme du cerveau pendant le rêve nocturne, effectuée à l'Université de Californie à Irvine, a permis de découvrir que le cerveau utilise autant d'énergie dans les rêves que pendant les phases d'éveil.

Les rêves peuvent prendre naissance dans une région du cerveau qui engendre l'émotion et sont probablement transformés en histoires dans une autre partie du cerveau qui est liée aux songes, nous déclare le Dr. Monte Buschsbaum, psychiatre et directeur du centre d'imagerie cérébrale à l'UCI.

Une étude réalisée avec des volontaires de tous horizons a montré qu'au cours du sommeil sans rêve l'activité cérébrale diminue rapidement de 23 %, dit Buschsbaum. Cette diminution va dans le sens de l'idée communément admise que le sommeil permet au cerveau, tout comme au corps, de se reposer.

Mais pendant les phases de rêve, le cerveau s'active. En particulier une région du cerveau – le gyrus cinguli – qui travaille plus pendant les phases de rêve que durant les phases d'éveil et peut jouer un rôle spécial dans la formation des rêves.

SOURCE : Tiré de « The World of Dreams Is No Place for Loafers », paru dans le San Diego Union, 25 septembre 1989. Reproduit avec l'autorisation de Knight-Ridder Newspapers.

ressources de l'attention proposé par Kahneman. Ensuite, nous examinerons la théorie proposée par W. A. Johnston et S. P. Heinz (1978), qui suggère que l'attention est flexible. Cette théorie est particulièrement intéressante puisqu'elle montre comment une théorie de l'entonnoir peut être associée à la théorie des ressources, dans la mesure où l'emplacement de l'entonnoir détermine la quantité d'efforts exigée pour la réalisation de la tâche.

## Exemple d'un modèle des ressources

Les théories des ressources de l'attention portent sur la quantité d'efforts mentaux exigée pour la réalisation d'une tâche. Le livre *Attention and Effort* de Kahneman (1973) a contribué à réorienter l'intérêt des recherches des théories de l'entonnoir vers les théories des ressources. Kahneman soutenait que les théories des ressources admettent qu'il existe une limite générale à la capacité d'une personne à effectuer un travail mental. Elle prétend aussi qu'un individu a un contrôle considérable sur la façon dont ces ressources limitées peuvent être investies dans différentes activités. Par exemple, nous pouvons généralement conduire une voiture et converser avec quelqu'un en même temps, à condition que ces deux activités n'excèdent pas notre capacité d'attention nécessaire pour ces deux tâches. Mais quand la circulation devient plus dense et requiert davantage de compétences pour la conduite, il vaut mieux se consacrer à la conduite et ne pas partager notre attention entre les deux tâches.

Un modèle de la **distribution des ressources** pour les activités mentales est présenté dans la figure 3.5. Tout type d'activité qui requiert de l'attention pourrait être représentée dans ce modèle puisque toutes ces activités pourraient être en compétition pour ces ressources limitées. Différentes activités nécessitent différents niveaux d'attention; certaines tâches ne nécessitent que peu d'effort mental alors que d'autres en nécessitent beaucoup. Quand le niveau d'attention n'équivaut pas à la demande, le niveau de performance décline. Une activité peut entièrement échouer s'il n'y a pas assez de ressources pour faire face à la demande ou si l'attention est consacrée à d'autres activités.

> **Distribution des ressources**
>
> Lorsqu'une quantité limitée de ressources est distribuée à différentes tâches.

La modèle de Kahneman suppose que la quantité de ressources disponibles varie selon le seuil d'**activation**; il y a plus de ressources disponibles lorsque le seuil d'activation est relativement élevé que quand il est bas. Cependant, des seuils d'activation très élevés peuvent interférer avec l'efficience. Cette hypothèse va dans le sens de la loi de Yerkes et Dodson (1908) qui stipule que la meilleure performance est réalisée à des seuils d'activation intermédiaires.

> **Activation**
>
> État physiologique qui influence la distribution des ressources mentales dans différentes tâches.

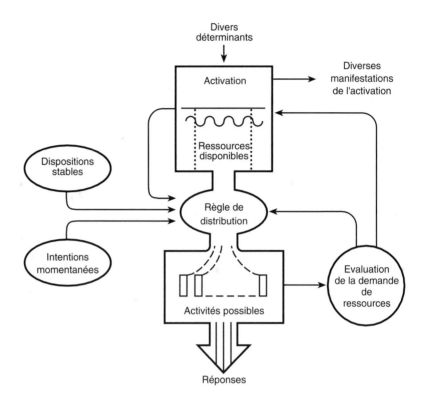

**Figure 3.5** *Un modèle des ressources de l'attention*

**Dispositions stables**

Elles influencent l'orientation de l'attention de façon involontaire.

**Intentions momentanées**

Ce sont des décisions conscientes de distribuer notre attention sur certaines tâches particulières ou certains aspects de l'environnement.

Le seuil d'activation peut être contrôlé par la rétroaction (évaluation) résultant de l'effort nécessaire à la réalisation de l'activité en cours, à condition que la demande totale n'excède pas la limite des ressources. Le choix de l'activité à soutenir est influencé à la fois par des dispositions stables et des intentions momentanées. Les **dispositions stables** suivent les règles de l'attention involontaire. Un élément neuf, un objet qui bouge soudain ou la mention de votre nom peut involontairement attirer votre attention. Les **intentions momentanées** reflètent nos buts spécifiques ou nos objectifs à un moment donné. Nous pouvons balayer visuellement une foule à l'aéroport pour reconnaître un ami ou écouter un conférencier.

Les systèmes d'alarme pour attirer automatiquement l'attention servent à aider les gens à faire face à des situations qui dépassent les limites de leur capacité. Un jour, un Boeing 707 volait dans les nuages en direction du World Trade Center à une altitude inférieure de 200 pieds (ndt : environ 60 m) par rapport au haut de l'antenne coiffant la North Tower. Un système d'alarme retentit dans la tour de contrôle d'un aéroport voisin pour signaler que l'avion volait à une altitude dangereusement basse.

Instantanément le contrôleur ordonna aux pilotes de faire demitour et de monter à 3000 pieds (ndt : environ 1000 m). Il n'avait pas vu que l'avion volait trop bas parce qu'il était de sa responsabilité de surveiller le vol de sept autres avions au moment où aurait pu se produire l'accident, une situation qui a dépassé la limite de ses capacités.

Le modèle de la capacité limitée en ressources proposé par Kahneman était destiné à compléter les modèles en entonnoir plutôt qu'à les remplacer. Bien que les deux types de théories prédisent que des activités simultanées vont probablement interférer l'une avec l'autre, elles attribuent en revanche cette interférence à différentes causes. Une théorie de l'entonnoir indique que l'interférence se produit parce que c'est le même mécanisme qui est requis pour exécuter au même moment deux opérations incompatibles. Par contre, le modèle de la capacité limitée des ressources prétend que l'interférence se produit lorsque la demande de deux activités excède la capacité limitée des ressources. Ainsi, le modèle en entonnoir implique que l'interférence entre les deux tâches est spécifique et dépend du degré de similarité des mécanismes nécessaires à leur réalisation.

Par contre, un modèle des ressources implique que l'interférence est non spécifique et dépend de l'ensemble des demandes d'une tâche. Les deux types d'interférences se produisent et ainsi les deux types de théories sont nécessaires.

## Ressources et étape de la sélection

Johnston et Heinz (1978) ont démontré la flexibilité de l'attention et l'interaction entre les théories de l'entonnoir et celle des ressources. Pour augmenter la probabilité d'apparition de l'entonnoir, ils ont utilisé une tâche d'écoute sélective dans l'élaboration de leur théorie. Cependant, ce qui a différencié leur théorie des précédentes est leur proposition de contrôle du positionnement de l'entonnoir par l'auditeur. Sa position peut varier sur un continuum qui s'étend d'un mode précoce de sélection –en d'autre termes, avant la reconnaissance (comme dans la théorie de Broadbent)– à un mode tardif de sélection – en d'autres termes, selon une analyse sémantique (comme dans la théorie de Deutsch et Deutsch). Johnston et Heinz appellent leur théorie **théorie multimodale** en raison de sa souplesse : l'observateur peut adopter n'importe quel mode d'attention exigé par la tâche, ou celui qui est le mieux adapté à une tâche particulière.

**Théorie multimodale**

Théorie qui propose que les intentions des gens et les demandes de la tâche déterminent l'étape du traitement de l'information au niveau de laquelle l'information sera sélectionnée.

Même si un auditeur peut essayer de comprendre le sens de deux messages simultanés en adoptant un mode de sélection tardif, l'utilisation de ce mode est coûteuse. En effet, à mesure que le système de traitement de la perception change d'un mode précoce à un mode tardif, il récolte plus d'informations concernant le message secondaire mais cela réduit la capacité de compréhension du premier message pour l'auditeur. Le résultat attendu est que la compréhension du premier message diminue à mesure que l'auditeur tente de traiter un second message de façon plus complète.

Johnston et Heinz ont vérifié ces hypothèses au travers d'une série de cinq expériences. Un procédé habituel pour mesurer la quantité de ressources requises dans la réalisation d'une tâche consiste à déterminer à quelle vitesse une personne peut répondre à une **tâche subsidiaire.** Dans leur recherche, la tâche principale consistait en une écoute sélective. Un signal lumineux était présenté de façon aléatoire durant la tâche et comme tâche subsidiaire, les sujets devaient répondre à ce signal en appuyant aussi vite que possible sur un bouton. Les expérimentateurs supposaient que plus la quantité de ressources consacrées à l'écoute sélective est grande, moins il en reste pour la surveillance du signal lumineux, induisant des temps de réaction plus longs.

**Tâche subsidiaire**

Tâche qui mesure habituellement la vitesse de réaction des gens face à un stimulus ponctuel et qui permet d'évaluer la demande de ressources nécessaires pour la réalisation de la tâche primaire.

Une des expériences reposait sur un paradigme où les sujets entendaient des paires de mots présentées simultanément à leurs oreilles. De jeunes étudiants de l'université de l'Utah devaient répéter «en écho» des mots définis soit par le ton de la voix, soit selon leur catégorie sémantique. Une série de stimuli comprenait des voix masculines ou féminines, et il était demandé aux étudiants de répéter «en écho» les mots prononcés soit par un homme, soit par une femme. Ces sujets pouvaient avoir recours à un mode précoce de sélection sensorielle parce que les deux messages étaient physiquement différents. Un autre groupe d'étudiants entendaient deux messages prononcés simultanément par la même voix.

L'un des messages consistait en mots d'une même catégorie, tels des noms de villes, et l'autre en mots appartenant à une autre catégorie, telle que des professions. Il était alors demandé aux sujets de répéter les mots d'une des catégories et d'ignorer ceux de l'autre. Ces sujets étaient obligés d'utiliser un mode de sélection sémantique plus tardif puisqu'il était nécessaire de connaître le sens des mots avant de pouvoir les catégoriser.

La théorie multimodale présume que c'est dans le mode de sélection tardif que le plus de ressources sont nécessaires à la réalisation d'une tâche. Ainsi l'utilisation d'un mode sémantique devrait augmenter le temps de réaction en réponse du signal lumineux et entraîner plus d'erreurs dans une tâche d'écoute sélective. La théorie présume également que l'écoute de deux listes nécessite plus de ressources que l'écoute et la répétition «en écho» d'une seule liste, qui elle-même requiert plus de ressources qu'une situation où aucune liste n'est à écouter. Les temps de réaction obtenus pour la tâche subsidiaire ont consolidé ces hypothèses. Le temps moyen de réaction au signal lumineux était de 310 msec dans la situation sans liste, 370 msec avec une liste, 433 msec avec deux listes qui pouvaient être distinguées en fonction des indices sensoriels (le ton), et 482 msec avec deux listes se distinguant seulement par les indices sémantiques (les catégories). Ces résultats furent accompagnés de différents niveaux de performance dans la tâche de répétition «en écho». Le pourcentage d'erreurs était de 1.4 pour une liste simple, de 5.3 pour les deux listes différenciables selon les indices sensoriels et de 20.5 pour les deux listes différenciables uniquement selon les indices sémantiques.

Johnston et Heinz ont interprété ces résultats comme étayant leur point de vue : l'attention sélective exige des ressources et la quantité de ressources exigée augmente entre les modes de sélection précoces et les modes de sélection tardifs. La première hypothèse a été confirmée par la consistance des résultats au travers des différentes expériences dans lesquelles le temps de réaction était plus long lorsque l'auditeur devait écouter deux listes au lieu d'une seule. La deuxième hypothèse a été confirmée après constatation que le temps de réaction était plus long lorsque l'auditeur devait baser sa réponse sur les indices sémantiques plutôt que sur les indices sensoriels. Ce dernier résultat, associé aux résultats des performances lors de tâches d'écoute sélective, suggère qu'une personne ne peut augmenter l'étendue de son attention qu'au prix d'un investissement supplémentaire de ressources et d'une moindre précision de la sélection. Mais il existe deux contreparties à leurs propos. Premièrement, si l'attention est aussi souple que le suggère la théorie multimodale, alors une personne devrait avoir le choix de l'utiliser au mieux. Deuxièmement, des psychologues ont démontré que, avec de la pratique, certaines tâches deviennent si automatiques qu'elles ne semblent nécessiter aucune des si précieuses ressources postulées dans la théorie des ressources de l'attention.

## LE TRAITEMENT AUTOMATIQUE

Le travail de Johnston et Heinz et d'autres psychologues cognitivistes a montré que la quantité d'efforts mentaux à fournir varie considérablement d'une tâche à l'autre. Certaines aptitudes sont si performantes et deviennent si routinières qu'elles ne nécessitent qu'une quantité minimale de ressources de l'attention. Les psychologues ont employé le terme de *traitement automatique* pour se référer à de telles aptitudes.

L'acquisition du traitement automatique est souvent un avantage. Il nous permet de réaliser des activités de routine avec peu de concentration ou d'effort mental. Cependant, le traitement automatique peut être également un désavantage. Nous pensons si peu à ce que nous faisons que nous commettons de grossières erreurs ou que nous n'arrivons plus à nous rappeler ce que nous venons de faire.

Nous allons commencer par examiner les critères que les gens peuvent utiliser pour déterminer s'ils sont en train d'agir de façon automatique. Nous verrons ensuite dans quelle mesure le traitement automatique facilite la réalisation de tâches complexes telles que la lecture.

## À quel moment une aptitude devient-elle automatique ?

Posner et Snyder (1975) ont proposé trois critères pour déterminer si l'aptitude est automatique ou pas. Une aptitude est dite automatique si (1) elle se produit sans intention, (2) elle ne donne pas naissance à une attention consciente, et (3) elle n'interfère pas avec une autre activité mentale.

Apprendre à faire de la bicyclette est un exemple familier qui peut être analysé en utilisant ces critères. Beaucoup d'entre nous ont appris à faire de la bicyclette, et peut-être nous souvenons-nous encore de ces premières expériences où l'on cherche l'équilibre durant quelques mètres avant de s'arrêter ou d'être lancé. L'équilibre en bicyclette requiert d'abord une intention, l'attention consciente sur ce que nous essayons de faire, et un effort mental qui peut éventuellement interférer avec notre concentration sur d'autres activités. Une fois que nous avons appris comment rester en équilibre, il devient difficile de comprendre pourquoi cela nous avait posé problème. Nous pouvons ensuite faire de la bicyclette sans chercher consciemment à maintenir l'équilibre, les mouvements utilisés pour trouver l'équilibre ne nécessitant à présent que peu d'attention consciente, nous laissant ainsi plus libres de regarder le paysage ou d'être absorbés par nos pensées, n'ayant plus à nous concentrer pour trouver l'équilibre.

Une autre tâche requérant au début beaucoup d'effort mental et de ressources est la lecture d'un mot. Mais, comme faire de la bicyclette, lire un mot peut devenir une aptitude automatique. En fait, cela devient si automatique qu'il est difficile de s'en empêcher, même quand lire devient contre-indiqué. Considérons une tâche où des mots écrits en rouge, vert ou bleu vous sont présentés et que votre

---

| ENCART 3.2 |
| :---: |
| **UN SOMNAMBULE ACQUITTÉ** |

---

OTTAWA – L'acquittement d'un homme coupable du meurtre de sa belle-mère, c'est le verdict qu'a rendu hier la plus haute cour de justice du Canada.

La cour de justice estime que la Cour Suprême a eu raison en déclarant que le somnambule était sain du point de vue légal mais souffrait d'un trouble du sommeil. Tôt dans la matinée, un jour de mai 1987, Kenneth James Park, alors âgé de 23 ans, habitant à Pickering, Ontario, a couvert 14 miles en voiture (ndt : environ 22 km) avant de poignarder ses beaux-parents alors qu'ils étaient encore endormis.

La cour avait appris que cet homme, stressé par des problèmes financiers survenus à la suite de paris dans les courses de chevaux, était alors entretenu par ses beaux-parents.

---

SOURCE : Tiré de « Sleepwalker's Acquital Upheld », paru dans le San Diego Union, 28 août 1992. Reproduit avec autorisation.

---

objectif consiste simplement à dire en quelle couleur ils sont écrits. Si les mots sont des noms de couleurs, ce qui entraîne une compétition entre les réponses (comme pour le mot *rouge* écrit en bleu), il vaut mieux éviter de lire les mots parce qu'ils rendent la tâche beaucoup plus ardue. Cependant, les gens ne parviennent pas complètement à éviter de lire les mots, comme le révèle l'accroissement du temps d'exécution de la tâche quand il y a compétition de réponses. Cette découverte est appelée l'**effet Stroop** (Stroop, 1935).

L'effet Stroop fournit une réponse partielle à la question posée par Posner et Snyder au début de leur article : jusqu'à quel point nos intentions conscientes et nos stratégies de contrôle de l'information sont-elles assurées par notre esprit ?

Le fait que les gens ne puissent pas s'empêcher de lire les mots montre que nous ne pouvons pas toujours adapter notre façon de penser aux stratégies requises par la tâche. Parce que les traitements automatiques se produisent en l'absence d'intention, ils peuvent se produire même lorsqu'ils constituent une nuisance. L'une des histoires les plus bizarres que j'aie lue vous est proposée dans l'encart 3.2. Un homme accusé d'avoir tué sa belle-mère après avoir conduit 14 miles (ndt : environ 22 km) a été acquitté parce qu'il était somnambule. Il a probablement commis cet acte sans intention ou sans attention consciente – deux des critères retenus pour déterminer les traitements automatiques.

Heureusement, les traitements automatiques nous avantagent habituellement et nous permettent de réaliser des tâches complexes qui autrement auraient dépassé notre capacité limitée de ressources. Deux de ces aptitudes sont l'encodage de l'information dans la mémoire et la lecture.

**Effet Stroop**

Découverte qu'il est plus long de nommer le nom de la couleur de l'encre utilisée pour écrire un mot lorsque ce mot est le nom d'une couleur et que les réponses sont donc en compétition (par exemple, comme pour le mot *rouge* écrit en bleu).

## Encodage automatique

Imaginez qu'à la fin du dîner on vous demande comment s'est passée votre journée. Vous trouveriez alors qu'il est assez facile de vous rappeler les événements qui se sont produits, sans pourtant que vous ayez fourni consciemment un effort pour retenir cette information. Tout s'est passé comme si vous aviez encodé automatiquement cette information dans la mémoire.

En 1979, Hasher et Zacks ont proposé une théorie de l'*encodage automatique* qui faisait la distinction entre deux types d'activités de la mémoire – celles qui nécessitent un effort considérable ou beaucoup de ressources, et celles qui en nécessitent très peu ou pas du tout. Les premiers, les traitements élaborés, incluent diverses stratégies pour améliorer la mémoire, comme les images mentales, l'élaboration, l'organisation et la répétition verbale. Les seconds, les traitements automatiques, assurent les **apprentissages involontaires** pour lesquels nous n'avons pas conscience que nous essayons d'apprendre. Hasher et Zacks ont proposé que nous étions capables d'enregistrer automatiquement des informations sur les fréquences, des informations spatiales, temporelles, sans que nous ayons conscience que nous sommes en train de retenir de cette information.

L'*information sur les fréquences* est une information sur la fréquence d'apparition de différents stimuli. Un expérimentateur peut faire varier le nombre de fois où différentes images sont présentées à des sujets lors d'une expérience et leur demander ensuite combien de fois ils ont vu ces images. L'*information spatiale* est une information sur le lieu où apparaissent les objets dans l'environnement. L'expérimentateur pourrait dans ce cas présenter des images à différents endroits et demander ensuite aux sujets de dire où elle étaient placées. L'*information temporelle* est une information sur le moment d'apparition d'un événement et sa durée. L'expérimentateur devrait alors demander aux sujets de dire à quel moment de l'expérimentation certains événements se sont produits ou quelle était leur durée relative.

L'hypothèse que les trois types d'information peuvent être enregistrés automatiquement dans la mémoire ne peut être testée qu'à condition de spécifier les implications du traitement automatique. Hasher et Zacks ont proposé cinq critères qui permettent de distinguer les traitements automatiques des traitements élaborés. Le tableau 3.1 les résume, ainsi que leurs effets prévisibles. Ces critères sont les suivants :

1. *Apprentissage intentionnel versus involontaire* : L'apprentissage intentionnel se produit lorsque nous essayons délibérément d'apprendre; l'apprentissage involontaire est aussi effectif

**Apprentissage involontaire**

Apprentissage qui se produit lorsque nous ne faisons pas consciemment d'effort pour apprendre.

que l'apprentissage intentionnel dans le traitement automatique mais moins effectif dans le traitement élaboré. Les gens prennent connaissance d'informations sur les fréquences, l'espace et le temps même lorsqu'ils ne cherchent pas à connaître cette information. (Par exemple, nous savons qu'un mot est davantage susceptible de commencer par la lettre *t* que par la lettre *z* sans avoir cherché à apprendre cette information).

2. *Effet des consignes et de la pratique* : Les consignes expliquant la façon de réaliser une tâche et la pratique de cette tâche ne devraient pas affecter le traitement automatique puisqu'il peut s'accomplir immédiatement de façon efficiente. En revanche, les consignes et la pratique devraient améliorer la performance au plan des traitements élaborés.

3. *Interférence de tâches* : Les traitements automatiques ne devraient pas interférer entre eux puisqu'ils ne nécessitent que peu ou pas de ressources. Par contre, les traitements élaborés nécessitent beaucoup de ressources et devraient interférer entre eux chaque fois qu'ils dépassent la quantité de ressources disponible.

4. *Dépression ou seuil d'activation élevé* : Les états émotionnels tels une dépression ou un seuil d'activation élevé, peuvent atténuer l'efficience des traitements élaborés alors qu'ils ne devraient pas affecter les traitements automatiques.

5. *Influence du développement* : Les traitements automatiques devraient peu changer selon l'âge. Ils sont acquis précocement et ne déclinent pas avec la vieillesse. Par contre, les traitements élaborés témoignent de changements dus au développement; ils ne sont pas aussi bien effectués par le jeune enfant que par l'enfant plus âgé.

Si Hasher et Zacks (1979) ont raison, alors la mémoire des fréquences, des informations spatiales et temporelles, ne devrait pas être affectée par l'apprentissage intentionnel versus l'involontaire, la pratique, l'interférence de tâches, une dépression ou un seuil d'activation élevé, ou encore des influences dues au développement. La majeure partie des résultats empiriques supportant de telles prédictions a porté sur l'information concernant les fréquences (Hasher & Zacks, 1984).

Pratique et différences individuelles, changements dus au développement inclus, ont peu d'influence sur l'aptitude des individus à estimer la fréquence relative des événements. Il existe en la matière un apprentissage involontaire considérable. Les gens réussissaient très bien à estimer les fréquences relatives des événements, même lorsqu'ils ignoraient qu'ils seraient testés là-dessus. L'encodage auto-

**Tableau 3.1** *Effets prévisibles du traitement automatique et du traitement élaboré*

| | Traitement automatique | Traitement élaboré |
|---|---|---|
| Apprentissage intentionnel versus apprentissage involontaire | Pas de différence | Meilleur avec l'intentionnel |
| Effet des consignes et de la pratique | Pas d'effets | Les deux améliorent la performance |
| Interférence de tâches | Pas d'interférence | Interférence |
| Dépression ou seuil d'activation élevé | Pas d'effets | Performance atténuée |
| Tendances développementales | Aucune | Performance atténuée chez le jeune enfant et l'enfant plus âgé |

matique de cette information nous est très utile parce que la connaissance des fréquences nous permet de faire des prévisions. Nous verrons quelques exemples spécifiques de la façon dont les gens utilisent cette information dans les chapitres sur la catégorisation (chapitre 8) et la prise de décision (chapitre 14).

L'encodage automatique des informations spatiales et temporelles semble plus nuancé et est influencé par certaines variables, comme la complexité de la tâche. Imaginez qu'il vous soit présenté 20 dessins d'objets usuels disposés dans 20 cellules d'une matrice de 6 x 6. Un moment plus tard, la même matrice vous est présentée mais à présent l'expérimentateur a changé la position de 10 objets. Pourriez-vous identifier les 10 objets qui n'ont pas été déplacés ?

Si vous avez encodé automatiquement leur position dans l'espace, cela devrait être facile et aucune des variables indiquées par Hasher et Zacks (1979) ne devrait vous influencer. Mais chacune des variables testées par Naveh-Benjamin (1988) a influencé l'aptitude des individus à identifier les objets qui n'avaient pas été déplacés. L'apprentissage intentionnel a permis de meilleurs résultats que l'apprentissage involontaire, la réalisation simultanée d'une autre tâche interrompait l'encodage des informations spatiales, les sujets les plus jeunes ont mieux réussi que les personnes âgées, et la mémoire des positions s'est améliorée avec la pratique.

Naveh-Benjamin estiment que pour les tâches complexes, les critères suggérés par Hasher et Zacks restent acceptables mais sous une forme atténuée. Le processus d'encodage qui change peu en fonction de l'âge, de la pratique, du traitement simultané et de l'apprentissage involontaire pourrait être considéré comme plus automatique que d'autres. Une autre approche théorique consiste à considérer la possibilité que le traitement automatique ne s'accomplit qu'après une pratique intensive. Par exemple, lire un mot demande peu d'efforts aux lecteurs, mais son traitement automatique n'est possible qu'après une pratique intensive. Dans la prochaine section, nous allons considérer le rôle que joue le traitement automatique dans la lecture.

## Traitement automatique et lecture

L'apprentissage de la lecture est l'une des aptitudes cognitives les plus exigeantes à laquelle doit faire face le jeune enfant. Apprendre à lire nécessite beaucoup d'aptitudes élémentaires, dont certaines ont été considérées dans le précédent chapitre. L'enfant doit analyser les caractéristiques des lettres, combiner ces caractéristiques pour identifier les lettres, convertir ces lettres en sons pour prononcer les mots, comprendre la signification de chacun des mots, et combiner le sens des mots pour comprendre le texte. Selon la théorie proposée par LaBerge et Samuels (1974), la capacité à acquérir des aptitudes complexes, à multiples composantes comme la lecture, dépend de la capacité de traitement automatique. Leur critère pour décider qu'une aptitude est devenue automatique est que celle-ci permet d'accomplir une tâche alors que l'attention est dirigée ailleurs. Leur argumentation postule qu'au moins quelques-unes des aptitudes élémentaires peuvent être effectuées sans nécessiter de ressources, sans quoi la demande totale résultant de toutes les aptitudes élémentaires serait trop importante pour que l'individu puisse réaliser la tâche.

Comme nous l'avons vu dans le chapitre précédent, une aptitude élémentaire primordiale pour réussir à lire est l'identification des caractéristiques d'une lettre. Les caractéristiques doivent ensuite être organisées ou combinées pour former une lettre, processus qui nécessite initialement de l'attention, selon LaBerge et Samuels. Cependant, après une pratique suffisante de la reconnaissance des lettres, les caractéristiques peuvent être ensuite combinées pour former une lettre, libérant ainsi quelques ressources nécessaires à d'autres aptitudes élémentaires. Apprendre à lire ne dépend pas seulement de l'apprentissage des aptitudes secondaires mais demande de les apprendre si bien qu'elles ne sollicitent plus que très peu notre capacité limitée d'attention.

La Berge et Samuels ont utilisé une tâche d'appariement de lettres pour illustrer l'acquisition de leur traitement automatique. Ils ont étudié à quelle vitesse les gens peuvent décider si des images de lettres en miroir étaient les mêmes (comme pour *bb*) ou différentes (comme pour bd). Les lettres étaient soit des lettres familières, soit des lettres artificielles. Lorsqu'on ne présentait que des images de lettres en miroir aux sujets, ceux-ci réussissaient à assortir les lettres artificielles aussi rapidement que les lettres familières; la familiarité n'entraînait aucune différence. Cependant, quand les sujets appariaient d'autres lettres et que la présentation de l'image des lettres en miroir se faisait occasionnelle, ils formaient plus vite les paires de lettres familières que les paires artificielles. Cependant, le temps mis pour assortir les paires artificielles diminuait avec la pratique et après cinq jours, les sujets pouvaient former aussi rapidement les paires artificielles que les paires familières (figure 3.6).

Les chercheurs ont interprété ces résultats comme étant une démonstration de l'acquisition d'un traitement automatique. Quand les sujets s'attendaient à un ensemble de lettres différentes, ils devaient orienter leur attention vers la série appropriée, au moment où les lettres artificielles étaient présentées. Ceci devrait prendre plus de temps et retarder leur réponse. Mais un changement de l'attention n'était pas nécessaire pour les lettres familières parce qu'elles pouvaient être identifiées automatiquement sans nécessiter d'attention. La découverte que les lettres artificielles pouvaient être comparées aussi rapidement que les lettres familières a donné à penser que quelque chose avait été appris des lettres artificielles après ces cinq jours de pratique. Puisqu'il n'y avait plus de différences dans la formation des paires quand les sujets s'attendaient à la bonne série de lettres,

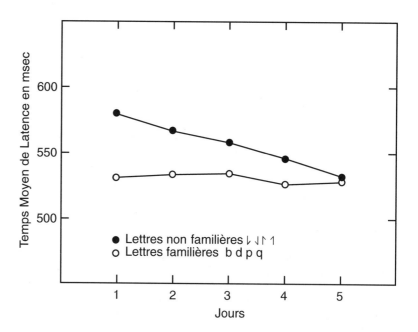

**Figure 3.6** *Moyenne des temps de réponse pour apparier des lettres familières et non familières lorsque les sujets s'attendaient à une série de lettres différentes*

Selon LaBerge et Samuels, les sujets avaient appris à traiter automatiquement les paires artificielles lorsque leur attention était dirigée ailleurs. Les théoriciens ont fait remarquer que l'acquisition de cette faculté d'accomplir une aptitude élémentaire automatiquement est une partie importante de l'apprentissage qu'il fallait davantage tester pour la préciser. Néanmoins, la précision de la réalisation d'une aptitude élémentaire (comme la reconnaissance des lettres) devrait empêcher l'acquisition d'une nouvelle aptitude élémentaire (comme la prononciation des mots) si sa réalisation nécessite tellement de ressources qu'il en reste trop peu pour l'apprentissage de cette nouvelle aptitude.

LaBerge et Samuels ont soutenu la thèse que le traitement automatique des lettres devenait possible à partir du moment où les gens pouvaient reconnaître la lettre en tant qu'unité plutôt qu'en fonction de l'ensemble de ses caractéristiques. A fortiori, les mots nécessiteraient moins de ressources pour être reconnus si nous reconnaissions le mot en tant qu'unité, plutôt que comme série de lettres isolées. Rappelez-vous qu'à peu près tous les individus qui ont participé à l'expérience de Reicher (1969) rapportaient qu'ils avaient perçu le mot de quatre lettres en tant qu'unité plutôt qu'en tant que quatre lettres séparées.

La perception d'un mot en tant qu'unité induit une moindre attention aux lettres dans les mots. Vous pouvez tester votre propre aptitude à percevoir isolément les lettres dans les mots en lisant la phrase suivante. Lisez-la une fois, puis relisez-la mais cette fois-ci en comptant les *f*.

FINISHED FILES ARE THE RESULT OF YEARS OF SCIENTIFIC STUDY COMBINED WITH THE EXPERIENCE OF MANY YEARS

Il y a six *f* dans la phrase. Si vous en avez compté moins, veuillez réessayer.

La plupart des gens trouvent cette tâche difficile parce qu'ils n'arrivent pas à détecter le *f* dans un mot (*of*), même si celui-ci apparaît trois fois dans la phrase. Une des raisons de l'omission de ce *f* particulier est qu'il se prononce comme la lettre *v*. Bien qu'il s'agisse ici d'un facteur secondaire, cette propension à la perception de l'unité joue également un rôle important (Schneider, Healy, & Gesi, 1991). Les résultats obtenus par Healy (1980) indiquaient que nous reconnaissons souvent les mots fréquents en tant qu'unités et donc qu'il est difficile de se concentrer sur leurs lettres. Healy a demandé à des personnes de lire un passage en prose à vitesse normale mais en entourant la lettre *t* à chaque fois qu'elles la rencontraient dans ce texte. Elle a trouvé que les gens étaient plus enclins à manquer la lettre lorsqu'elle faisait partie d'un mot commun que quand elle apparaissait dans un mot inhabituel. En particulier, ils omettaient souvent d'entourer la lettre *t* dans le mot *the*, qui est pourtant le mot le plus courant de la langue anglaise.

Les résultats de Healy concordent avec la théorie avancée par LaBerge et Samuels. Puisque les gens rencontrent les mots communs plus souvent que les mots inhabituels, ils devraient être capables de reconnaître un mot commun en tant qu'unité. Cette explication est analogue à celle qui dit que les lettres familières ont plus de chance d'être reconnues en tant qu'unités que les autres. Nous avons besoin de moins de ressources pour reconnaître des mots fréquents parce que le lecteur n'a pas besoin d'accorder autant d'attention aux lettres isolément. Si nous avons besoin de moins de ressources pour reconnaître un mot familier, alors le lecteur devrait pouvoir bénéficier de davantage de ressources pour comprendre la phrase.

## DIFFÉRENCES INDIVIDUELLES ET APPLICATIONS

La section précédente a montré comment une théorie des ressources de l'attention pouvait nous aider à comprendre des aptitudes aussi complexes que celle de la lecture. La recherche sur la nature sélective de l'attention a également des applications potentielles. L'efficacité de la conception des consignes d'urgence, par exemple, dépend de la certitude que les gens peuvent comprendre les instructions. Dans la mesure où l'urgence peut créer la panique, cette exigence n'est pas triviale (voir l'encart 3.3). Une autre application est l'évaluation des différences individuelles pour sélectionner les gens qui vont bien se comporter dans des professions qui nécessitent une attention sélective. Nous allons à présent examiner des études qui ont appliqué avec succès des tâches d'apprentissage sélectif pour apprécier les compétences de pilotage et prévenir les accidents de la route.

### Prévision des performances de pilotage

L'aptitude à porter son attention de façon sélective est importante dans beaucoup d'activités extérieures au laboratoire. Gopher et Kahneman (1971) ont trouvé que les pilotes instructeurs, par exemple, soulignaient fréquemment l'importance de l'attention sélective dans l'apprentissage du pilotage d'avions supersoniques. Les élèves pilotes échouaient souvent parce qu'ils n'arrivaient pas à répartir leur attention de façon appropriée entre plusieurs activités simultanées ou parce qu'ils étaient lents à reconnaître des signaux cruciaux qui leur parvenaient par des canaux laissés sans surveillance. Bien que le paradigme de l'apprentissage sélectif ait été populaire comme

### ENCART 3.3
### INSTRUCTIONS D'URGENCE

Une conférencière de notre colloque au Document Design Center en mai, le Dr. Elizabeth Loftus, nous a parlé de ses travaux sur la conception et la mise à l'épreuve des consignes d'urgence destinés aux lieux publics. Le Dr. Loftus, psychologue cognitiviste de l'Université de Washington, a commencé ses travaux dans le domaine des messages destinés au public en 1973, quand elle et un collègue, le Dr. Jack Keating, ont été invités par les Services Administratifs du Gouvernement à concevoir des messages d'évacuation d'urgence pour un immeuble fédéral de 37 étages. Ils ont extrait tout ce qu'ils pouvaient de la littérature de psychologie portant sur la perception, l'attention, la mémoire et les comportements de foule. Ils ont alors commencé à se poser des questions sur l'élaboration des messages : devraient-ils être accompagnés d'un signal d'alarme ? Le message devrait-il être dit par une femme ou un homme ? De quelle manière logique devrait-il être élaboré ? Quels types de phrases devraient être utilisées ? Quels mots devraient-ils comporter ou éviter ?

Leur réussite initiale en appliquant les principes de la psychologie à la conception des messages d'urgence a conduit le National Bureau of Standards à demander à Loftus d'étendre leurs découvertes aux hôpitaux, où les mots des messages d'urgence doivent être particulièrement choisis pour éviter de créer la panique parmi les patients. Loftus a encore trouvé une autre manière de développer et d'appliquer les principes de la cognition quand la direction du métro de San Francisco, le BART, lui a demandé de reformuler ses consignes d'évacuation à la suite d'un important incendie. Les trois recommandations de ce projet étaient : certaines parties du message doivent être répétées, puisqu'il n'est pas certain que les gens puissent suivre les consignes dès la première fois ; le message doit être pré-enregistré, puisque l'accent du conducteur ou son état émotionnel peuvent altérer l'intelligibilité du message ; la structure et la durée du message doivent être coordonnées avec les mouvements des gens qui sont en train d'obéir aux instructions – trop d'informations données trop tôt peuvent empêcher les gens de suivre les instructions. Dans la plupart de ces situations d'urgence, les concepteurs doivent également faire attention à coordonner les consignes orales et écrites pour les rendre plus efficaces.

SOURCE : Tiré de «Emergency Instructions,» paru dans la publication de mai 1980 de Fine Print (aujourd'hui appelé Simply Stated). reproduit avec l'autorisation du Document Design Center, American Institutes for Research.

expérimentation de laboratoire, les psychologues ne l'ont pas développé pour l'étude des différences individuelles ou la prévision des performances hors laboratoire. Gopher et Kahneman ont tenté de remédier à cette situation en déterminant si un test d'écoute sélective pouvait les aider à prévoir les progrès dans un programme d'entraînement des pilotes.

Les sujets étaient 100 élèves pilotes des forces armées de l'aviation israélienne. Le test consistait en une série de messages qui présentaient différentes informations aux deux oreilles. Chaque message contenait deux parties précédées par un signal sonore qui indiquait à quelle oreille était transmis le message à considérer. La tâche consistait à rapporter chaque chiffre aussi vite qu'il était transmis.

Les 100 élèves furent divisés en trois groupes en fonction des progrès réalisés durant leur école de pilotage : (1) 17 élèves avaient été recalés au cours d'un entraînement initial sur des avions légers; (2) 41 élèves avaient été recalés au cours de la formation initiale sur jets; et (3) 42 élèves avaient atteint le niveau d'entraînement avancé sur jet. La performance des élèves dans la seconde partie de la tâche d'écoute sélective, dans laquelle ils avaient à décider de changer leur attention d'oreille, s'est révélé le meilleur indice de leur progression dans l'école de pilotage. Les élèves qui faisaient trois erreurs ou plus dans cette partie du test comprenaient 76% de ceux qui avaient été recalés au cours d'un entraînement sur avion léger, 56% de ceux qui avaient été recalés durant la formation initiale sur jet, et 24% de ceux qui avaient atteint le niveau d'entraînement avancé. Les résultats ont montré que les tâches d'écoute sélective peuvent faire office de tests, tout particulièrement parce que les résultats ont été obtenus avec un groupe de personnes qui ont probablement une bonne capacité d'attention en regard de l'ensemble de la population.

## Prévision des accidents de la route

Kahneman, Ben-Ishai, et Lotan (1973) ont évalué la généralisation de ces résultats en testant la validité de la tâche dans la prévision du taux d'accident chez des chauffeurs de bus. L'étude comprenait trois types de chauffeurs : les chauffeurs prédisposés à l'accident qui avaient eu au moins deux accidents graves en un an; les chauffeurs qui n'avaient pas eu d'accident durant la même période; et un groupe de chauffeurs dans la catégorie intermédiaire. Les chauffeurs de ces trois groupes ont passé le test d'écoute sélective et leur performance s'est révélée dans la logique de leur taux d'accident. Kahneman et ses partenaires ont alors conclu que le test pourrait permettre à la société de licencier 15 à 25 % des hommes prédisposés à l'accident avec une probabilité négligeable de perte de bons conducteurs.

L'utilité potentielle de ce test a été confirmée par Mihal et Barett (1976) dans la version légèrement modifiée d'une batterie de sept tests. De tous, c'est le test d'écoute sélective qui a le mieux prévu l'implication de 75 chauffeurs professionnels dans des accidents. Les résultats de Mihal et Barett sont intéressants parce qu'on aurait pu penser que les corrélations les plus fortes auraient été obtenues avec un autre test, tel qu'un test d'attention visuelle sélective. En effet, la conduite fait davantage appel à des aptitudes visuelles qu'auditives. Cependant, ni le test des figures imbriquées ni un simple test sur le temps de réaction ne se sont avérés aussi bons prédicteurs. Le test d'écoute sélective était probablement performant dans ce cas parce qu'il mesure des compétences générales de l'attention. Les personnes qui parviennent le mieux à alterner leur attention au cours d'un test auditif sont aussi performantes dans des tâches visuelles (Haunt, Pellegrino, et Yee, 1989).

## Suppression d'une pensée

Je voudrais conclure ce chapitre en considérant l'aspect de l'attention qui se rapporte aux sources **internes** plutôt qu'aux sources **externes** de l'information. William James, dont une citation figure en exergue de ce chapitre, s'intéressait tout autant à l'attention portée aux événements internes qu'aux événements externes. Pourtant, la majorité des recherches contemporaines s'est davantage focalisée sur les événements externes (Johnston & Dark, 1986). Or, notre capacité de contrôle de l'attention est peut-être aussi importante pour les événements internes qu'externes. Par exemple :

**Information interne**

Information générée par les pensées d'une personne en contraste aux **3.V - informations externes** qui sont issues de l'environnement.

> Il est parfois tentant de souhaiter qu'une pensée disparaisse. Qu'il s'agisse de pensées désagréables, d'idées déplacées dans une situation particulière ou d'images pouvant entraîner des comportements indésirables, toutes peuvent être l'objet de notre volonté à s'y soustraire. Que l'on s'efforce de ne pas penser à un événement traumatisant ou que l'on cherche à éviter de penser à de la nourriture lorsqu'on fait un régime, il semble bien souvent que supprimer une pensée n'est pas chose facile. On raconte que lorsque Dostoïevski était jeune, il avait fait le pari avec son frère que celui-ci ne pourrait pas s'empêcher de penser à un ours blanc, ce qui a troublé le jeune garçon pendant un bon moment. La psychologie contemporaine n'a pas accordé beaucoup d'attention à ce surprenant phénomène pourtant important, et notre recherche a été menée pour approfondir pareille investigation. (Wegner, Schneider, Carter, & White, 1987, p. 5)

Vous pouvez expérimenter vous-même le défi de Dostoïevski. Essayez de ne pas penser à un ours blanc pendant quelques minutes. Réfléchissez ensuite à votre degré de réussite et aux stratégies que vous avez déployées pour accomplir cette tâche.

Si vous vous comportez comme la majorité des personnes qui ont participé à cet exercice, vous avez probablement généré d'autres pensées pour distraire votre attention. Vous avez probablement aussi découvert que supprimer une pensée est une tâche difficile et que la pensée de l'ours blanc revient sans cesse dans le flot de vos pensées.

Pour étudier comment les gens font pour éviter ou générer continuellement une pensée, Wegner et ses collègues ont demandé à un groupe d'étudiants de ne pas penser à un ours blanc durant 5 minutes (**suppression**) et leur ont ensuite demandé d'y penser durant cinq autres minutes (**expression**). Un second groupe d'étudiants a reçu la même consigne mais dans l'ordre inverse. Tous les étudiants devaient appuyer sur une sonnette à chaque fois qu'ils pensaient à un ours blanc.

La figure 3.7 présente combien de fois la sonnette a retenti durant les 5 minutes. Les deux courbes du bas montrent que les sujets ont d'abord trouvé difficile de supprimer leurs pensées mais ils se sont améliorés à mesure que le temps s'écoulait. Lorsqu'ils avaient pour consigne de penser à un ours blanc, les pensées appropriées diminuaient tout au long des 5 minutes sauf dans la situation où les étudiants venaient juste de finir la tâche de suppression.

Ces étudiants-là, qui pouvaient à présent penser à l'ours blanc, maintenaient en revanche un taux de réponse élevé tout au long des 5 minutes (courbe du haut).

L'effet paradoxal de la suppression d'une pensée est que par la suite cette pensée envahit l'individu. Une explication prometteuse

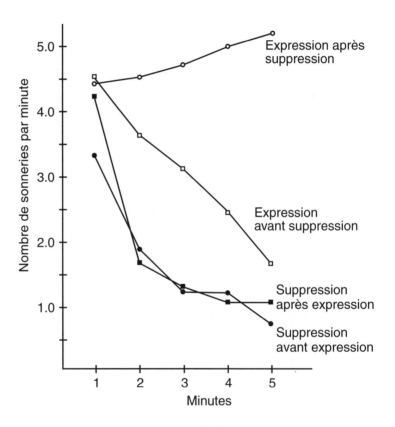

**Figure 3.7** *Nombre moyen de sonneries par minute représentant le nombre de fois où les individus pensent à un ours blanc pendant des périodes de 5 minutes.*

suggère que ce résultat serait en partie dû au report de l'attention sur les indices environnementaux pour éviter la pensée inopportune. Les gens peuvent éviter les pensées parasites en se concentrant sur les objets environnants mais ces objets s'associent à présent aux pensées à éviter, les aidant ainsi à se concentrer sur ces pensées-là pendant l'expérience. Cette explication suggère plusieurs façons de remédier aux phénomènes de résurgence après la suppression. Premièrement, on pourrait proposer aux personnes une seule pensée à mettre en compétition afin de réduire leur attention aux indices environnementaux. La consigne de penser à une Volkswagen rouge au lieu d'un ours blanc a entraîné une diminution des pensées concernant l'ours blanc au cours d'une tâche d'expression ultérieure, probablement parce qu'il y avait moins d'indices environnementaux associés à la tâche (Wegner et al., 1987). Deuxièmement, les sujets qui changeaient d'environnement avaient moins de pensées «ours-blanc» que ceux qui accomplissaient la tâche de suppression et d'expression dans le même environnement (Wegner & Schneider, 1989).

Wegner et Schneider ont conclu que si l'on veut travailler sur la suppression, il est préférable de le faire dans un environnement différent de celui où la personne vivra par la suite. Ceci devrait réduire la possibilité que les pensées supprimées resurgissent à cause de leurs associations à des éléments du contexte dans lequel elles avaient été initialement supprimées. Si l'environnement ne peut pas être changé, il vaut mieux se focaliser alors sur un nombre limité d'objets de distraction afin de réduire le nombre d'éléments associés à la suppression.

## RÉSUMÉ

L'attention présente deux caractéristiques : la sélection et l'effort mental. La sélection est nécessaire pour nous éviter une surcharge d'informations. Les premières théories élaborées dans l'approche du traitement de l'information affirmaient que la sélection se produit à l'entonnoir – une étape qui ne permettrait de traiter qu'un seul message à la fois. La théorie filtre de Broadbent a montré que le phénomène d'entonnoir se produit lors de la phase de perception ou de reconnaissance des formes, et que l'attention pouvait être représentée par un filtre précédant cette phase. Treisman a modifié la théorie filtre pour qu'elle admette la reconnaissance éventuelle de mots diffusés sur le canal non indiqué. Elle a montré que le filtre atténuait le message non suivi, sans l'intercepter complètement. Les mots importants ou attendus pouvaient être reconnus au niveau du canal ignoré si leur seuil était suffisamment bas pour être dépassé par le message suivi. À l'opposé de la proposition de Broadbent et Treisman,

Deutsch et Deutsch suggèrent quant à eux que le phénomène d'entonnoir se produit après la perception et détermine ce qui est sélectionné pour entrer dans la mémoire. Norman a élaboré par la suite la dernière théorie et fait l'hypothèse que qualité et importance des informations sensorielles se combinent pour déterminer ce qui doit entrer dans la mémoire.

Les résultats de bon nombre d'expériences d'écoute sélective ne parviennent pas à s'accorder sur l'emplacement de l'entonnoir. L'intérêt s'est donc déplacé sur les théories de la capacité des ressources de l'attention et s'est formée une vision plus souple de la phase à laquelle se produit la sélection. Les théories de la capacité mettent l'accent sur la quantité de ressources mentales nécessaires à la réalisation d'une tâche et portent sur la façon dont sont distribuées ces ressources entre les diverses activités. Les théories de la capacité viennent compléter celles de l'entonnoir en proposant que la capacité d'accomplir plusieurs activités simultanées est limitée quand les activités demandent plus de ressources mentales que nous n'en disposons. L'interaction entre les théories de la capacité et de l'entonnoir est illustrée par les résultats obtenus par Johnston et Heinz. Ceux-ci donnent effectivement à penser qu'une personne a un contrôle sur la phase à laquelle la sélection doit se produire, mais qu'en revanche les modes de sélection les plus tardifs (situés après la reconnaissance) nécessitent davantage de ressources que les plus précoces. Essayer de comprendre deux messages en même temps a donc pour effet de diminuer la précision du message principal et de ralentir la vitesse des réponses dans une tâche subsidiaire conçue pour mesurer les limites de notre capacité d'attention.

Le traitement automatique se produit lorsqu'une tâche nécessite très peu de ressources pour être réalisée. Posner et Snyder ont proposé trois critères pour déterminer si une aptitude est automatique ou pas : (1) elle se produit sans intention ; (2) elle n'engendre pas une attention consciente ; (3) elle n'interfère pas avec d'autres activités mentales.

Le travail sur l'attention sélective a des conséquences sur les performances réalisées en dehors du contexte de laboratoire. LaBerge et Samuels ont suggéré que l'acquisition d'aptitudes complexes à multiples composantes, comme la lecture, dépend de notre capacité à exécuter de façon automatique certaines de ces aptitudes, sans y consacrer d'attention. Mais la capacité de réaliser correctement certaines de ces aptitudes élémentaires ne signifie pas nécessairement que la personne soit prête à acquérir de nouvelles aptitudes, si par ailleurs toutes les ressources disponibles doivent être utilisés pour accomplir les aptitudes élémentaires aussitôt apprises. La performance réalisée par les élèves pilotes et les chauffeurs professionnels lors de tâches d'écoute sélective est l'un des meilleurs indices de la réussite des élèves pilotes dans leur école de formation et du taux d'accident chez les chauffeurs. Cependant, ce que mesurent les tests n'est pas clair; des recherches ultérieures faisant le lien entre théories et applications pourront enrichir les deux domaines. Et, pour finir, l'attention que nous portons à nos propres pensées peut constituer une nuisance si ces pensées sont justement celles qu'on cherche à éviter. Se concentrer sur des pensées distrayantes peut nous aider, si ces pensées distrayantes ne conduisent pas elles-mêmes à rappeler les idées supprimées.

## QUESTIONS DE RÉFLEXION

Plus que d'ordinaire, ce chapitre nécessitera que vous appreniez plusieurs noms – il n'y a malheureusement pas d'autres moyens pour se référer aux théories. Heureusement, la pratique peut conduire à l'automatisme.

1. Essayez de penser à quelques-uns des propos ou des expressions qui se réfèrent à l'attention. Cela vous évoque-t-il la sélectivité ou l'effort mental (aux ressources) ?

2. Notez les paradigmes ou les tâches utilisés pour l'étude de l'attention. Les psychologues cognitivistes qui s'attachent aux comportements complexes, comme la lecture, ont élaboré une tâche dont l'analyse permet de déterminer quelles aptitudes élémentaires sont nécessaires. Réfléchissez à quelques-unes de vos activités quotidiennes et essayez d'identifier de quelle manière l'attention participe à chacune d'elles.

3. Quelle est la différence essentielle entre le modèle filtre de Broadbent et celui de Treisman ?

4. Puisque le modèle de Deutsch et Norman est censé impliquer une étape située après la reconnaissance des formes mais avant la MCT, pourquoi est-il appelé «modèle de sélection de la mémoire» ? Citez quelques-uns des facteurs spécifiques qui contribueraient à l'augmentation de l'activation sensorielle ou à sa pertinence (ou importance).

5. Trouvez-vous convaincante l'explication d'un changement d'intérêt de la sélection aux aspects de la capacité limitée des ressources de l'attention ?

6. Il serait intéressant de travailler sur le modèle des ressources de l'attention de Kahneman en utilisant certains des exemples que vous avez proposés à la question 2. Que pouvez-vous dire à propos de «se raser» ou «se maquiller» dans différentes situations ? Choisissez une de ces activités et développez.

7. Comment peut-on fournir une mesure des ressources utilisées ?

8. Dans quel sens la théorie multimodale de l'attention de Johnston et Heinz est-elle interactive ? Sur quoi se basent-ils pour avancer que «davantage de ressources sont nécessaires dans une réalisation où le mode de sélection est tardif» ? Quelle tâche ont-ils utilisée pour tester cette hypothèse ?

9. Pouvez-vous citer quelques-unes des aptitudes qui vous semblent automatiques ? Quels critères avez-vous utilisés pour les déterminer ?

10. Comment a-t-on pu faire la différence d'un individu à l'autre parmi les pilotes et parmi les chauffeurs lors de tâches d'écoutes sélectives ? Pouvez-vous imaginer d'autres applications de la sélection ou des théories des ressources de l'attention dans la vie réelle ?

## MOTS-CLEFS

*Le numéro de page entre parenthèses indique où le terme est traité dans ce chapitre*

Activation (81)

Apprentissage involontaire (88)

Atténuation (76)

Canal perceptuel à capacité limitée (73)

Concentration (70)

Dispositions stables (82)

Distribution des ressources (81)

Effet contextuel (75)

Effet Stroop (87)

Effort mental (80)

Information interne (97)

Intentions momentanées (82)

Modèle filtre (73)

Sélectivité (69)

Seuil d'activation (75)

Situation d'écoute dichotique (74)

Tâche subsidiaire (84)

Théorie multimodale (83)

Théories de l'entonnoir (70)

Théories des ressources attentionnelles (70)

Traitement automatique (71)

## LECTURES RECOMMANDÉES

Le livre de Kahneman *Attention and Effort* (1973) présente, outre la théorie des ressources, une réflexion compréhensible sur l'attention. Un livre plus récent de LaBerge (1990) résume rapidement les récentes publications au sujet de l'attention, tout en établissant leur lien avec les idées exprimées par William James. Des chapitres écrits par Johnston et Dark (1986), Shiffrin (1988), et C.D. Wickens et A. Kramer (1985) résument également les travaux traitant de l'attention. Neisser et Becklen (1975) ont étudié l'attention sélective en utilisant une tâche visuelle qui était quelque peu analogue aux tâches d'écoute sélective que nous avons vues. Schneider et Shiffrin (1977;

Shiffrin & Schneider, 1977) illustrent leur recherche sur l'acquisition des traitements automatiques par un grand nombre de cas pratiques et présentent un modèle théorique pouvant intégrer beaucoup de découvertes expérimentales. Le travail le plus récent sur ce thème est celui de Logan (1988). Hirst, Spelke, Reaves, Caharack, et Neisser (1980) évaluent différentes explications de la manière dont les gens peuvent accomplir deux tâches complexes simultanées (dicter et lire). Navon et Gopher (1979) proposent une théorie générale sur la façon dont les gens distribuent leur attention lorsque les demandes de la tâche excèdent leur capacité. Le rôle de l'attention consciente lors du traitement de la perception est traité par Marcel (1983) et Klatzky (1984). Le travail de Treisman (Treisman & Gelade, 1980 ; Treisman & Schmidt, 1982) sur l'importance de l'attention pour l'intégration des caractéristiques des formes est à mettre en relation avec la théorie proposée par LaBerge et Samuels (1974). Pour une évaluation de la théorie de LaBerge et Samuels en fonction du rôle de l'automatisation dans la lecture, consultez Stanovich (1990).

## EN FRANÇAIS

L'ouvrage de Richard (1980), le chapitre de Coquery (1994), et plus récemment l'ouvrage de Camus (1996), constituent des références incontournables qui permettront de retrouver les différents travaux évoqués ici. En particulier l'ouvrage de Camus (1996), qui présente l'intérêt de structurer l'examen des processus de l'attention en fonction d'une théorie récente qui regroupe ceux-ci en un système : sélection de l'information, ressources de l'attention, contrôle de la réponse et de l'activité, attention soutenue. Cette structuration permet de mieux comprendre l'articulation entre des thèmes souvent examinés isolément par le passé. Autre trait intéressant de cet ouvrage : l'intégration d'un chapitre sur le développement des processus de l'attention et d'un chapitre sur la pathologie et la neuropsychologie de l'attention. Dans les lignes qui suivent, on verra que la plupart des lectures en langue anglaise conseillées pour ce chapitre sont accessibles à partir de cet ouvrage.

   Camus (1996) présente le modèle de Kahneman (1973) dans la première section de son chapitre 4 (pp. 56-61). Il intègre les revues sur l'attention, désormais classiques, de Johnston et Dark (1986), Shiffrin (1988), ou encore de Wickens et ses collaborateurs. Les travaux de Neisser et Becklen (1975) sur l'attention sélective effectués à partir d'une tâche visuelle analogue aux tâches d'écoute dichotique y sont également évoqués. Mais c'est l'attention auditive qui est le domaine de prédilection de Camus. Sur l'attention visuelle, on consultera l'ouvrage de Lecas (1992). Dans un ouvrage consacré aux automatismes cognitifs, Camus (1988) rend accessible en langue française les deux articles princeps de Schneider et Shiffrin (1977; Shiffrin & Schneider, 1977) qui présentaient à la fois le modèle et les données empiriques sur le développement des traitements automatiques. La conception de Logan (1988), qui milite pour l'étude de l'automatisation en termes de connaissances en mémoire, est exposée par Camus (1996, chapitre 5, pp. 90-92). Elle pourra être mise en relation avec l'analyse critique de l'automaticité proposée par Perruchet (1988). On verra dans ce même ouvrage que si la proposition de Hirst, Spelke, Reaves, Caharack et Neisser (1980) sur la manière dont les gens peuvent accomplir deux tâches complexes simultanées est importante, c'est parce qu'elle rompt avec le thème des ressources de l'attention pour ouvrir sur la perspective des ressources cognitives (Camus, 1996, chapitre 4, pp. 76-77). Le travail de Navon et Gopher (1979), ainsi que d'autres travaux ultérieurs sur le partage de l'attention sont évoqués et comparés au modèle de Kahneman (Camus, 1996, chap. 4, pp. 59-61). Le terme de conscience est le terme utilisé le plus fréquemment dans l'ouvrage (Camus, 1996). Douze renvois au terme de conscience permettent d'évaluer le rôle de la conscience dans différents modèles des processus de l'attention. Le modèle d'intégration de traits de Treisman et Gelade (Treisman & Gelade, 1980; Treisman & Schmidt, 1982) est présenté au chapitre 4 (Camus, 1996, chap. 4., p. 84-85).

Camus, J.F. (1988). La distinction entre les processus contrôlés et les processus automatiques chez Schneider et Shiffrin. In P. Perruchet (ed.), *Les automatismes cognitifs* (pp. 55-80). Bruxelles : Mardaga.

Camus, J.F. (1996). *La psychologie cognitive de l'attention.* Paris : Armand Colin.

Coquery, J.M. (1994). Processus attentionnels. In M. Richelle, J. Requin et M. Robert, *Traité de psychologie expérimentale* (Tome 1, p. 219-283). Paris : P.U.F.

Lecas, J.C. (1992). *L'attention visuelle.* Bruxelles : Mardaga.

Perruchet, P. (1988).Une analyse critique du concept d'automaticité. In P. Perruchet (ed.), *Les automatismes cognitifs* (pp. 27-54). Bruxelles : Mardaga.

Richard, J.F. (1980). *L'attention.* Paris : P.U.F.

# 4

# Mémoire
# à court terme

J'ai été persécuté par un chiffre. Pendant sept ans, ce nombre m'a poursuivi, s'est glissé dans mes affaires les plus intimes et m'a agressé dans les pages de nos grands quotidiens. Ce nombre peut revêtir une variété de déguisements, apparaissant parfois un peu plus grand ou un peu plus petit que d'ordinaire mais ne changeant jamais assez pour ne plus être reconnaissable. La persistance avec laquelle ce chiffre me harcèle est loin d'être le fruit du hasard. Il y a, pour citer un célèbre sénateur, une intention derrière tout cela, une sorte de plan qui gère ses apparitions. Que cette chose inhabituelle de la part d'un nombre soit vraie ou pas, il n'en demeure pas moins que je souffre d'un délire de persécution.

GEORGE A. MILLER (1956)

La citation en exergue de ce chapitre constitue le premier paragraphe du fameux article de Miller «The Magical Number Seven, Plus or Minus Two : Some Limits on Our Capacity for Processing Information» (Le magique nombre sept, plus ou moins deux : quelques limites à notre capacité de traitement de l'information). Miller a découvert que les individus sont limités par le nombre d'items qu'ils peuvent maintenir actifs dans leur mémoire et que cette capacité limitée influence leur performance dans des tâches variées. Le chapitre précédent sur l'attention a également porté sur une capacité limitée mais notre intérêt portait alors sur l'arrivée simultanée d'informations. Le modèle de capacité limitée des ressources de l'attention donnait à penser que notre capacité à exécuter plusieurs activités en même temps est limitée par la quantité totale d'efforts mentaux disponible pour toutes ces activités.

Les tâches, dans ce chapitre, ne nécessitent pas que les individus reconnaissent simultanément des informations qui leur parviennent. Il n'y a pas de surcharge de la perception et il n'y a pas suffisamment de temps pour reconnaître chaque item et les entrer dans la mémoire à court terme (MCT). Le problème est que cette MCT ne peut maintenir qu'un nombre limité d'items, ce qui prête à conséquence dans beaucoup de tâches qui nécessitent son utilisation. Les implications d'une telle limitation sont évidentes tout au long de ce livre – non seulement dans ce chapitre mais aussi dans les chapitres suivants, sur la compréhension de texte, la résolution de problèmes et la prise de décision.

La figure 4.1 présente une théorie de la mémoire proposée par Atkinson et Schiffrin (1968, 1971). Cette théorie met l'accent sur l'interaction entre le stockage sensoriel, la mémoire à court terme et la mémoire à long terme. Nous avons vu dans le chapitre 2 que le stockage sensoriel ne préserve l'information que durant quelques centaines de millisecondes; caractéristique mise en évidence par Sperling (1960) pour le stockage de l'information visuelle. La mémoire à court terme, la seconde composante fondamentale du système de Atkinson et Schiffrin, est limitée dans sa capacité et dans sa durée. Si l'information n'est pas répétée, elle est perdue au bout de 20 à 30 secondes. En revanche, la mémoire à long terme possède une capacité illimitée, maintient l'information beaucoup plus longtemps et demande une certaine quantité d'efforts pour y intégrer l'information.

Le fait que nous ayons besoin de la MCT lorsque nous sommes en train de réaliser la plupart des tâches cognitives reflète le rôle important qu'elle joue en tant que **mémoire de travail** qui maintient et manipule l'information. La figure 4.1 montre que la MCT peut combiner l'information issue de l'environnement et de la MLT quand une

**Mémoire de travail**

Utilisation de la MCT comme lieu de stockage de l'information nécessaire à la réalisation d'une tâche particulière.

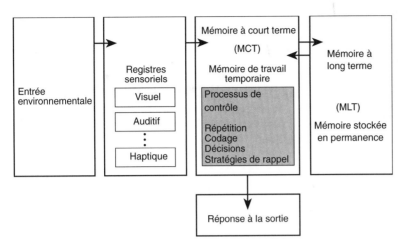

**Figure 4.1** Flux de l'information au travers du système mémoriel

personne apprend de nouvelles informations, prend des décisions ou résout des problèmes. Lorsque vous additionnez des chiffres alors que vous faites vos comptes, vous recevez des informations issues de l'environnement (les chiffres de vos comptes) et d'autres informations à partir de la MLT (les règles de l'addition). Fournir une réponse adéquate dépend de l'utilisation appropriée de ces deux sources d'information.

Ce chapitre vise à résumer les caractéristiques essentielles de la MCT. Nous allons commencer par examiner la vitesse d'oubli et ses causes. Nous nous centrerons davantage sur l'interférence en tant que cause principale. La seconde section aborde la capacité de la MCT. Après un aperçu de l'éclairage apporté par les travaux de Miller (1956) sur la capacité, nous étudierons comment la formation de groupes d'items dans la MLT peuvent compenser en partie les limites de la capacité.

La troisième section porte sur les codes mnémoniques et plus particulièrement sur les codes acoustiques car ils sont utilisés pour maintenir l'information verbale dans la MCT, y compris l'information issue de la lecture. Cependant, un modèle plus complet de la mémoire de travail nécessite, en même temps que le stockage des codes visuels et des codes verbaux dans la MCT, le contrôle de leur utilisation dans la manipulation de l'information. La section finale présente un modèle de la façon dont les personnes reconnaissent si un item se trouve dans la MCT. Nous nous intéresserons particulièrement à la vitesse avec laquelle les individus examinent le contenu de leur MCT.

## L'OUBLI

### Le taux d'oubli

L'expression *mémoire à court terme* indique que l'information dans la MCT est rapidement perdue si elle n'est pas préservée par la répétition. La rapidité de l'oubli dans la MCT a été établie par Peterson et Peterson (1959) de l'Université de l'Indiana. Ils ont testé des étudiants de DEUG sur leur capacité à se rappeler trois consonnes durant une courte période de rétention. Pour éviter que les étudiants ne répètent les lettres, ils leur ont demandé de compter à rebours toutes les trois secondes à partir d'un chiffre qui apparaissait juste après les consonnes. Par exemple, le sujet pouvait entendre les lettres *CHJ* suivies du nombre 506. Il devait alors compter à rebours jusqu'à ce qu'il voit un signal lumineux qui lui indiquait qu'il fallait rappeler les trois consonnes.

Le signal lumineux se produisait à 3, 6, 9, 12, 15 ou 18 sec après que les sujets eurent commencé à compter.

La figure 4.2 présente les résultats de l'expérience. La probabilité de rappel exact décline rapidement tout au long des 18 secondes de rétention. La rapidité du taux d'oubli implique que nous devons répéter l'information verbale pour la garder disponible dans la MCT.

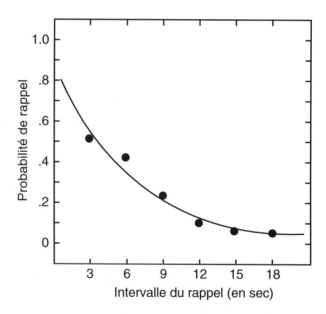

**Figure 4.2** *Rappel correct en fonction des intervalles de temps*

Cela explique également pourquoi, si nous sommes momentanément distraits après avoir cherché un numéro de téléphone, il est très probable que nous soyons obligés de le chercher à nouveau avant de pouvoir le composer.

La rapidité de l'oubli peut être très frustrante quand nous essayons d'apprendre une nouvelle information mais elle peut être aussi bénéfique. Souvent, nous n'avons besoin de nous rappeler une information que pour un laps de temps très court. Pensez à tous les numéros de téléphone que vous avez composés. Pour la plupart, vous ne les avez composés qu'une ou deux fois et vous n'en avez plus jamais eu besoin par la suite. Si tous ces numéros étaient stockés de façon permanente dans la MLT, il serait très difficile de rechercher les quelques numéros dont vous vous servez régulièrement.

## La détérioration de l'information versus l'interférence

Les résultats de Peterson et Peterson posent la question de savoir si la perte de l'information dans la MCT est due à sa détérioration ou à l'interférence. Essayez de vous rappeler les consonnes *RQW* pendant quelques instants sans trop y réfléchir.

Puisqu'il est difficile de ne pas penser à ces lettres si nous n'avons rien d'autre à faire, dans les expériences portant sur la mémoire il est demandé aux sujets d'exécuter une autre tâche. Une **théorie de l'interférence** suggère que la mémoire pour d'autres éléments ou pour la réalisation d'une autre tâche interfère avec la mémoire, causant ainsi l'oubli. Une **théorie de la détérioration** postule que l'oubli se produirait quand même, s'il était demandé au sujet de ne rien faire durant l'intervalle du temps de rétention, à condition que le sujet ne se répète pas les éléments.

**Théorie de l'interférence**

Proposition soutenant que l'oubli se produit parce que d'autres objets interfèrent avec l'information dans la mémoire.

**Théorie de la détérioration**

Proposition soutenant que l'information est spontanément perdue au cours du temps, même en absence de l'interférence d'autres objets.

La théorie de la détérioration et celle de l'interférence conduisent à des hypothèses différentes, la première attribuant la cause de l'oubli au temps écoulé, la seconde au nombre d'items parasites. Si la mémoire se détériore au cours du temps, la quantité de rappel est déterminée par la longueur de l'intervalle de temps de rétention. Si la mémoire est perturbée par des interférences, alors le rappel devrait être déterminé par le nombre d'items interférant.

Waugh et Norman (1965) ont réalisé une expérience pour savoir si la déperdition de l'information dans la MCT est principalement causée par sa détérioration ou par des interférences. Ils ont présenté une liste de 16 chiffres d'une unité. Le dernier chiffre dans chaque liste (le chiffre témoin) n'apparaissait précédemment qu'une seule autre fois. La tâche consistait à se rappeler le chiffre suivant immédiatement le chiffre témoin. Par exemple, si la liste était 5 1 9 6 3 5 1 4 2 8 6 2 7 3 9 4, le chiffre témoin était 4 et la réponse exacte (l'item test) était donc 2. Dans cet exemple, il y a 7 chiffres qui apparaissent après le chiffre critique. Le nombre d'items interférant est donc 7. Waugh et Norman ont fait varier le nombre d'items interférant en jouant sur la position du chiffre critique dans la liste. Il y avait beaucoup plus d'items interférant si l'item test apparaissait tôt dans la liste, et peu s'il apparaissait plus tardivement.

Les expérimentateurs ont également fait varier la fréquence de présentation pour déterminer si la probabilité de se rappeler le chiffre critique pouvait être influencée par la longueur de l'intervalle de temps de rétention. Ils ont donc présenté la liste de chiffres avec une fréquence de 1 chiffre ou de 4 chiffres par seconde. La théorie de la détérioration donne à penser que la performance devrait être meilleure avec une fréquence de présentation élevée, dans la mesure où moins de temps serait laissé à la détérioration de l'information dans la mémoire. La figure 4.3 présente leurs résultats. La fréquence

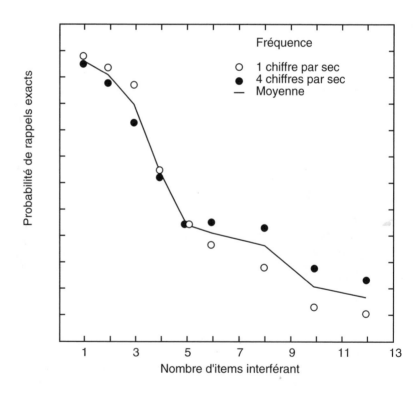

**Figure 4.3** *Effet de la fréquence de présentation et du nombre d'items interférant sur la probabilité de rappels exacts*

de présentation a très peu d'effet sur la probabilité de se rappeler le chiffre critique. Considérez le cas de 12 items interférant. L'intervalle de temps de rétention serait de 12 sec dans le cas d'une présentation de 1 item par seconde et de 3 sec pour 4 items par seconde. La mémoire n'est que légèrement meilleure (et de façon non significative) avec un court intervalle de temps de rétention. En revanche, le nombre d'items qui interfèrent a un effet considérable sur la rétention. La probabilité de rappel exact décline rapidement à mesure que le nombre d'items parasites s'accroît.

Les résultats de Waugh et Norman confirment l'hypothèse que c'est l'interférence plutôt que la détérioration qui est la cause essentielle de l'oubli. Bien qu'une détérioration puisse se produire (voir Reitman, 1974), il y a moins d'oubli dû à la détérioration qu'à l'interférence. Comme Reitman et bien d'autres l'ont montré, l'étendue de l'oubli est non seulement déterminée par le nombre d'iems interférant mais aussi par le degré de similarité entre les items parasites et l'item test. Augmenter la similarité accroît la difficulté de se rappeler les items tests.

La découverte que l'interférence est la cause première de l'oubli est une bonne nouvelle. Si l'information se détériorait spontanément dans la mémoire, nous serions incapables d'éviter sa disparition. Si l'information est perdue lors d'interférences, nous pouvons alors améliorer sa rétention en structurant l'apprentissage de manière à minimiser les interférences. Un phénomène appelé «la dissipation de l'interférence proactive» illustre comment la réduction de la similarité entre items permet la diminution de l'interférence.

## La dissipation de l'interférence proactive

Les psychologues ont distingué deux types d'interférences – l'interférence rétroactive et l'interférence proactive. L'**interférence rétroactive** est causée par l'information qui apparaît suite à un événement. L'étude de Waugh et Norman (1965) a démontré l'effet de l'interférence rétroactive – le nombre de chiffres qui suivent le chiffre témoin a influencé la probabilité qu'il soit rappelé. L'**Interférence proactive**, à l'inverse, est causée par des événements qui se produisent avant l'événement qu'une personne tente de se rappeler.

**Interférence rétroactive**

Oubli dont la cause est une interférence avec un objet rencontré après l'apprentissage.

**Interférence proactive**

Oubli dont la cause est une interférence avec un objet rencontré avant l'apprentissage.

Peu de temps auparavant, Keppel et Underwood (1962) avaient démontré l'effet de l'interférence proactive dans la tâche de mémoire à court terme de Peterson et Peterson. Ils ont découvert que les individus signaient initialement une excellente performance pour le rappel de trois consonnes après un bref intervalle de temps pour la rétention, mais que leur performance se détériorait au cours des tests subséquents. La raison en est que les consonnes qu'ils ont tenté de se rappeler lors des premiers tests commencent à interférer avec leur mémoire des consonnes des tests ultérieurs. Les participants trouvaient qu'il était de plus en plus difficile de faire la distinction entre les consonnes qui étaient proposées dans les tests ultérieurs et celles des tests précédents.

**Dissipation de l'interférence proactive**

Réduction de l'interférence proactive obtenue en augmentant la dissimilarité entre l'information et les objets précédents.

La réduction de cette interférence est appelée la **dissipation de l'interférence proactive** (Wickens, Born, & Allen, 1963). L'étude réalisée par Wickens et ses collègues était la première de nombreuses études à montrer que le rappel d'items ultérieurs pouvait être amélioré en les rendant plus distincts des items précédents. La figure 4.4 présente une illustration claire de la dissipation de l'interférence proactive. Dans cette expérimentation singulière il était demandé aux étudiants de se rappeler aussi bien trois nombres que trois mots communs durant un intervalle de temps de 20 sec, période durant laquelle ils réalisaient une autre tâche pour éviter la répétition. Il a été donné au groupe de contrôle des items de la même classe (des nombres ou des mots) à chacun des quatre tests. L'effet d'interférence est mis en évidence à partir du déclin de la performance au cours des tests. Au groupe expérimental, par contre, il a été donné des items de la même classe au cours des trois premiers tests mais au quatrième, des items de l'autre classe leur ont été attribués. S'ils devaient se rappeler les mots, ils devaient à présent se rappeler trois nombres; s'ils devaient se remémorer des nombres, ils devaient alors se rappeler trois mots. Ce changement de catégorie a causé une importante amélioration de la performance, comme l'illustre la figure 4.4. L'effet d'interférence a caractérisé la classe d'objets qui venaient d'être présentés et était considérablement réduit lorsqu'apparaissaient les items distinctifs.

La dissipation de l'interférence proactive se produit également quand il est demandé aux personnes de se souvenir d'événements plus complexes (Gunter, Clifford, & Berry, 1980). Les événements constituant les différents items consistaient en nouvelles provenant des journaux télévisés que les individus entendaient tandis qu'ils regardaient des images vidéo des mêmes événements. Les personnes entendaient trois items durant chaque test et tentaient de se les rappeler après un délai de 1 minute. Il avait été donné au groupe de contrôle des items de la même classe (nouvelles politiques ou sportives) au cours de séries de quatre tests. En revanche, le groupe expérimental avait reçu des items de la même classe durant les trois premiers tests, puis des items de l'autre classe lors du quatrième test. S'ils devaient se rappeler les nouvelles politiques, ils devaient à présent se souvenir de nouvelles sportives et inversement. Les résultats ont été très similaires à ceux présentés dans la figure 4.4. La proportion de réponses correctes décroissait tout au long des quatre tests

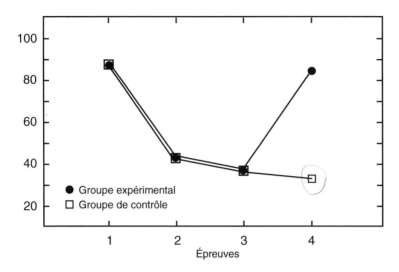

**Figure 4.4** La dissipation de l'interférence proactive est mise en évidence lors de l'épreuve 4 pour le groupe expérimental

pour le groupe de contrôle – 87% au premier test, 67% au second, 55% au troisième et 43% au quatrième.

Le rappel pour le groupe expérimental manifestait un déclin similaire au cours des trois premières épreuves, mais quand les sujets entendaient des items issus d'une catégorie différente des précédents au cours de la quatrième épreuve, la performance s'améliorait considérablement. Le groupe expérimental se rappelait 82% des items à la première épreuve, 67% à la seconde, 55% à la troisième et 74% à la quatrième.

Ces résultats nous incitent, en pratique, à toujours essayer de réduire l'interférence en ordonnant les différents objets dans une séquence appropriée. Les items susceptibles d'interférer les uns avec les autres devraient être étudiés à différents moments plutôt que dans une même session. La réduction de l'interférence par le biais de séquences appropriées peut compenser en partie l'oubli rapide dans la MCT. Examinons à présent comment nous pouvons partiellement compenser les limites de nos capacités de stockage de l'information.

# LA CAPACITÉ

## 7, le chiffre magique

Une seconde limite de la MCT est qu'elle ne peut maintenir qu'environ 7 items. Ceci est prouvé par une tâche souvent utilisée comme mesure de sa capacité. On l'appelle *tâche de l'empan mnésique*. La tâche consiste pour le sujet à se rappeler une séquence d'items dans leur ordre exact. L'**empan mnésique** est la plus longue séquence qu'un individu peut se rappeler d'ordinaire.

Un exemple de tâche sur l'empan mnésique est présenté ci-dessous. Lisez la première ligne de lettre une fois; puis fermez vos yeux et essayez de vous rappeler ces lettres dans le bon ordre.

T M F J R L B
H Q C N W Y P K V
S B M G X R D L T
J Z N Q K Y C

Si vous faites partie de la moyenne des adultes, vous avez probablement pu vous rappeler facilement une séquence de sept lettres (lignes 1 et 4) mais pas de neuf lettres (lignes 2 et 3). C'est ce chiffre 7 qui obsédait Miller. Le «magique chiffre 7» persiste à apparaître dans deux sortes d'études : les expériences sur le jugement absolu et celles sur l'empan mnésique. Dans la **tâche de jugement absolu**, un expérimentateur présente des stimuli qui varient le long d'un continuum sensoriel, comme le son. L'expérimentateur sélectionne différents niveaux sonores qui sont faciles à distinguer et leur assigne un nom à chacun. Les noms sont souvent des chiffres qui s'accroissent à mesure que les valeurs augmentent sur le continuum: s'il y avait sept stimuli, le stimulus le plus faible serait appelé 1, le plus bruyant 7. La tâche pour le sujet consistait à identifier chaque stimulus en lui donnant le bon nom. L'expérimentateur présente les stimuli dans un ordre aléatoire et corrige les erreurs en fournissant la bonne réponse.

L'expérimentateur s'intéresse principalement au nombre de stimuli que le sujet peut nommer correctement avant que la tâche ne devienne trop difficile. Les résultats varient effectivement en fonction des valeurs sur le continuum sensoriel mais Miller était surtout impressionné par la découverte que la limite supérieure pour une seule dimension tournait généralement autour de 7, plus ou moins 2. La limite supérieure a été de 5 pour le son, 6 pour la tonalité, 5 pour la taille de carrés et 5 pour la luminosité. La moyenne pour une grande variété de tâches sensorielles était de 6.5, et la plupart des limites supérieures étaient entre 5 et 9.

**Empan mnésique**

Nombre exact d'items que les individus peuvent immédiatement se rappeler à partir d'une séquence d'items.

**Tâche de jugement absolu**

Tâche qui consiste à identifier des stimuli variant le long d'un continuum sensoriel unique.

Il est important de souligner que ces résultats n'étaient pas dus à une incapacité de distinguer des valeurs proches des stimuli. Tous les stimuli auraient été faciles à discriminer si le sujet avait eu simplement à juger lequel de deux stimuli contigus était le plus bruyant, le plus grand, le plus lumineux ou le plus aigu. La contrainte était due à l'incapacité de conserver plus de sept valeurs sensorielles disponibles dans la MCT en raison de sa capacité limitée. Les résultats représentent la performance durant les premières étapes de l'apprentissage, avant que les différents stimuli sensoriels ne soient stockés dans la mémoire à long terme. Avec suffisamment d'expérience, la limite supérieure peut être augmentée, comme dans le cas d'un musicien distinguant 50 ou 60 tonalités différentes. Cependant, pareil individu utilise la MLT, laquelle n'a pas de limite de capacité.

La limite supérieure trouvée dans le cadre des expériences de jugement absolu correspond parfaitement à la limite supérieure trouvée pour les tâches sur l'empan mnésique. Miller a cité les résultats de Hayes (1952), qui indiquaient que l'empan mnésique allait de cinq items pour les mots anglais (*lake, jump, pen, road, sing*) à neuf items pour les nombres binaires (0 0 1 0 1 1 1 0 1).

L'empan mnésique pour un nombre de lettres tombe approximativement au milieu de cette fourchette.

L'article de Miller a attiré l'attention sur le fait que dans la réalisation d'un jugement absolu et dans une tâche sur l'empan mnésique, la limite supérieure varie peu. Son article a également mis en évidence le fait que le recodage de l'information pour former des catégories peut aider à dépasser les limites de la capacité de la MCT. Les **catégories** consistent en items isolés qui ont été appris et stockés comme faisant partie du même groupe dans la MLT. Vous pouvez vous en faire la démonstration en constatant à quel point la catégorisation peut augmenter le nombre de lettres récupérables à partir de la MCT. Proposez à quelqu'un de lui lire 12 lettres et qu'il vous les rappelle dans le bon ordre. Dites-lui les 12 lettres groupées de la façon suivante : *FB-ITW-AC-IAIB-M*. Ensuite, lisez les mêmes 12 lettres groupées d'une autre manière à une autre personne : *FBI-TWA-CIA-IBM*. Il est probable que la seconde personne se rappellera davantage de lettres (bien entendu, les groupes de lettres forment à présent des abréviations connues). La première personne devait se rappeler les 12 lettres mais la seconde peut se rappeler 4 catégories, chacune contenant trois lettres. Miller a soutenu que la capacité de la MCT devrait être mesurée en catégories plutôt que selon les items isolés. Les 12 lettres devraient être faciles à mémoriser dans le cas de la seconde personne parce qu'elles prennent seulement 4 «réceptacles» au lieu de 12 dans la MCT.

**Catégories**

Regroupement d'items qui ont été stockés en tant qu'unité dans la mémoire à long terme.

## Différences individuelles dans la catégorisation

Il est de plus en plus évident que la cause essentielle des différences de mémoire chez les individus tient à l'efficacité avec laquelle ils parviennent à grouper des objets dans des catégories familières. J'en veux pour preuve la manière dont les joueurs d'échec replacent les pièces sur un échiquier. L'étude classique de cette tâche a commencé durant les années 40 avec le travail de de Groot, un psychologue hollandais, et a été publiée par la suite dans son livre *Thought and Choice in Chess* (1965). La principale conclusion de cette étude était que les différences d'aptitudes entre grands maîtres et joueurs ordinaires résultaient plus des différences de perception et de mémoire que des différences qualitatives concernant leur pensée opérationnelle.

Une démonstration empirique de la conclusion de de Groot a été faite à partir d'une série d'expériences judicieuses au cours desquelles il était demandé aux joueurs de différents niveaux de reproduire la configuration des pièces telle qu'elle apparaissait après 20 mouvements sur l'échiquier (de Groot, 1966). La figure 4.5 présente deux configurations de pièces utilisées dans l'étude. Les sujets avaient 5 sec pour regarder la disposition. Les pièces étaient ensuite retirées, et on demandait alors aux sujets de les replacer sur l'échiquier conformément à ce qu'ils venaient de voir. Lorsque le sujet avait fini, l'expérimentateur enlevait les pièces incorrectement placées et lui demandait de recommencer. Le sujet continuait à essayer de replacer les pièces incorrectes jusqu'à ce qu'il y soit enfin parvenu ou jusqu'à ce qu'il ait réalisé 12 essais.

La moyenne des performances des cinq grands maîtres et des cinq joueurs plus faibles est présentée dans la figure 4.6. Les grands maîtres pouvaient replacer jusqu'à 90% des pièces dès leur premier essai, contre 40% pour les joueurs ordinaires. Pour déterminer si les résultats étaient dus à la simple capacité des maîtres à estimer où devraient se trouver les pièces, de Groot a choisi d'autres configurations et a demandé aux joueurs de deviner l'emplacement des pièces, sans qu'ils aient vu la configuration de l'échiquier ou reçu d'indices. La figure 4.6 montre que les grands maîtres n'étaient que légèrement meilleurs dans leur estimation. Les joueurs plus faibles, en fait, ont fait une estimation comparable à celle de la situation préalable, lorsqu'ils avaient réellement vu la configuration des pièces sur l'échiquier. De Groot en a déduit que les grands maîtres se fiaient à leur capacité à coder les pièces dans des regroupements familiers. Lorsque les joueurs voyaient des pièces disposées de façon aléatoire sur l'échiquier, les maîtres d'échecs ne présentaient plus d'avantages sur les joueurs ordinaires, et les deux groupes réalisaient des performances à peu près similaires.

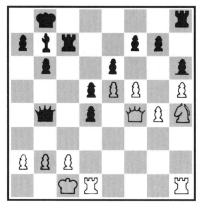
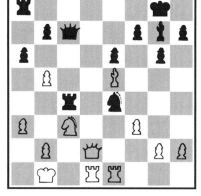

Tiré de Janosevic-Krisnik ;
Zenica 1964

Tiré de Bannik-Geller ;
Moscou 1961

**Figure 4.5** *Exemples des positions expérimentales utilisées dans les expériences d'estimation et de reproduction*

Chase et Simon (1975) ont étendu le paradigme de de Groot à l'identification de groupes de pièces (catégories) censées produire une aptitude de codage supérieure pour les maîtres d'échecs. Un maître d'échecs, un joueur de Classe A et un débutant ont été testés dans la tâche de reproduction de de Groot. Chase et Simon supposaient que les pièces de la même catégorie seraient placées sur l'échiquier en groupe. Ils ont mesuré le temps entre des pièces successives et ont considéré les pauses supérieures à 2 sec. comme limites catégorielles. Les temps de latence ont suggéré que, pour la reproduction de la moitié de la configuration de l'échiquier, le nombre de catégories par essai était de 7.7 pour le grand maître, de 5.7 pour le joueur de Classe A et de 5.3 pour le débutant; le nombre moyen de pièces par catégorie était respectivement de 2.5, 2.1 et 1.9.

Les joueurs les plus habiles avaient tendance à utiliser davantage de catégories, particulièrement pour l'emplacement des dernières pièces, le nombre moyen de catégories par essai étant alors, respectivement, de 7.6, 6.4 et 4.2.

Un programme de simulation (Aide Mémoire pour la Perception des Formes, ou AMPF) de la tâche de reproduction des échecs a été élaboré par Simon et Gilmartin (1973) pour obtenir plus d'éclaircissements sur les types de catégories stockées dans la MLT. La mémoire du programme contenait 572 catégories, composées de deux à sept pièces chacune. Le programme de simulation était à peine plus efficace que le joueur de Classe A pour le codage des con-

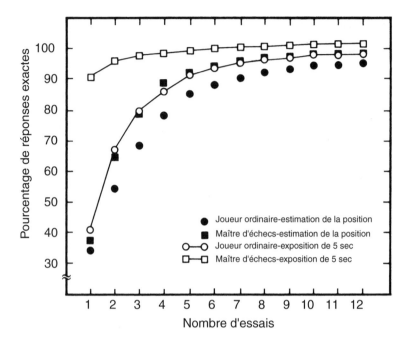

**Figure 4.6** *Pourcentage d'emplacements exacts des pièces d'échecs*

figurations, mais moins efficace que le grand maître. Il y avait néanmoins une corrélation marquée entre les pièces que l'AMPF se rappelait et celles que se rappelait le grand maître, même si les formes stockées par l'AMPF étaient sélectionnées sans qu'il s'appuyât sur les connaissances d'un maître d'échecs. Extrapolant les performances obtenues avec le modèle de simulation, Simon et Gilmartin ont estimé qu'un grand maître devait avoir entre 10 000 et 100 000 catégories stockées dans la MLT. Leur conclusion implique qu'il n'existe pas de raccourci pour devenir un maître aux échecs.

## Rappel de diagrammes de circuits électroniques

L'aptitude à lire des représentations symboliques non verbales est essentielle dans bon nombre de domaines professionnels, comme l'électronique, l'ingénierie, la chimie ou l'architecture. Un bon technicien en électronique, par exemple, doit être capable de comprendre le diagramme d'un circuit électronique en relation avec les symboles pour localiser ce qu'il convient de réparer ou pour résoudre des problèmes de conception du circuit. Egan et Schwartz (1979) ont conduit une étude visant à déterminer ce qui différencie un technicien novice d'un technicien expérimenté dans leur capacité à reproduire le diagramme d'un circuit électronique. Découvrir ce que sait le technicien expérimenté devrait faciliter l'évaluation des niveaux d'aptitude, l'élaboration de programmes d'aide à la formation de ces capacités, ou l'amélioration de l'entraînement pour de telles aptitudes.

Le travail précurseur de de Groot, Chase, Simon et Gilmartin sur les échecs a eu une influence sur l'élaboration des expérimentations. Les catégories étaient déterminées en demandant à un expert (un technicien électronique expérimenté de Bell Laboratories qui avait 25 ans d'expérience de travail sur les circuits électroniques) de délimiter les groupes de symboles significatifs sur un diagramme de circuit électronique. Il encerclait ceux qui avaient une fonction commune. La figure 4.7 présente un exemple de diagramme de circuit électronique. Les groupes encerclés et les noms indiquent comment le technicien organisait le diagramme.

Les participants à l'une des expériences de Egan et Schwartz étaient six techniciens électroniques expérimentés et six novices. Les techniciens étaient employés à Bell Laboratories depuis 6 ans au moins. Les débutants étaient des lycéens possédant quelques notions d'électronique.

Chaque sujet a participé à 12 tâches de rappel réel, 12 tâches de rappel aléatoire et 12 tâches de construction, impliquant toutes

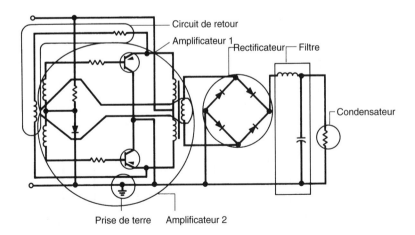

**Figure 4.7** *Un exemple de diagramme de circuit électronique. Les groupes entourés d'un cercle et les noms indiquent la description organisationnelle fournie par un technicien expérimenté.*

différents diagrammes de circuits électroniques. La tâche de rappel significatif utilisait le vrai diagramme de circuit électronique recopié d'un manuel. La tâche de rappel aléatoire utilisait des diagrammes qui avaient la même forme d'installation et les mêmes symboles du circuit que les diagrammes réels mais les symboles y étaient placés de façon aléatoire. Après avoir regardé les diagrammes durant 5 ou 10 sec., les sujets essayaient de les reconstruire de mémoire en plaçant des cartes magnétiques présentant les différents symboles du circuit dans les espaces blancs de la planche de réponse. La tâche de construction demandait aux sujets d'estimer l'emplacement des symboles sur la planche de réponse sans avoir vu les diagrammes au préalable.

La figure 4.8 montre la performance des deux groupes dans les trois tâches. Les techniciens ont nettement mieux réussi que les novices dans la reproduction de la configuration réelle mais pas dans la reproduction de la configuration aléatoire. Ces deux résultats corroborent ceux obtenus pour les échecs (de Groot, 1965 ; Chase & Simon, 1973). Bien qu'il s'agisse ici de l'opinion d'un expert plutôt que des temps de latence pour déterminer les limites catégorielles, le temps entre le placement successif des symboles était significativement plus court pour les pièces appartenant à la même catégorie.

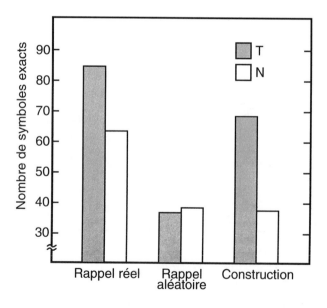

**Figure 4.8** *Performance de techniciens (T) et de novices (N) dans une tâche de rappel réel, de rappel aléatoire et de construction.*

Ce résultat est cohérent avec la recherche sur les échecs, dans la mesure où le rappel des diagrammes de circuits électroniques par les techniciens expérimentés (qu'il soit mesuré par le nombre de réponses exactes, la taille des catégories ou leur nombre) était très similaire au rappel des positions des pièces d'échecs par les joueurs de Classe A comme par les maîtres d'échecs (Chase & Simon, 1973). Une différence entre les résultats de de Groot (1966) et ceux obtenus par Egan et Schwartz (1979) tient au fait que les techniciens expérimentés, et non les grands maîtres, ont mieux réussi dans la tâche de construction. La question est de savoir si la supériorité de la performance des techniciens expérimentés était davantage due à une estimation plus sophistiquée qu'à l'encodage de plus d'informations dans la mémoire. Egan et Schwartz présentent plusieurs arguments allant à l'encontre de l'interprétation d'une meilleure estimation; d'autres recherches sont néanmoins nécessaires pour approfondir cette question.

## CODES MNÉMONIQUES

La rapidité de l'oubli et les limites de la capacité sont les deux caractéristiques les plus importantes qui distinguent la MCT de la MLT. Les psychologues ont souligné une troisième distinction basée sur la différence des codes mnémoniques. Ils avancent que les **codes acoustiques** (basés sur la verbalisation) sont les codes prédominants dans la MCT, et les **codes sémantiques** (basés sur la signification) sont les codes prédominants dans la MLT. L'insistance sur les codes acoustiques est due à la nature du matériel utilisé pour l'étude de la MCT et de l'utilité de la répétition mentale pour retenir l'information. Le matériel consistait en séquences de lettres, de nombres, de syllabes dépourvues de sens; toutes pouvaient être désignées mais n'étaient pas vraiment porteuses de sens. Il n'est donc pas très surprenant qu'une personne utilise des codes acoustiques plutôt que des codes visuels ou sémantiques pour maintenir une telle information dans la MCT.

**Codes acoustiques**

Codes mnémoniques basés sur le son d'un stimulus.

**Codes sémantiques**

Codes mnémoniques basés sur la signification d'un stimulus.

L'insistance sur les codes acoustiques a diminué quand les psychologues ont utilisé des supports qui devaient activer d'autres types de codes. La dissipation de l'interférence proactive, par exemple, est souvent citée comme preuve que les codes sémantiques influencent la MCT puisque le rappel s'améliore nettement lorsque le matériel change de catégorie sémantique. D'autres preuves montrent que les gens peuvent utiliser des images mentales pour maintenir l'information dans la MCT, particulièrement quand ils essaient de se rappeler les détails de formes visuelles.

Bien que le code acoustique ne soit plus considéré comme le seul code influençant la MCT, il continue néanmoins à être étudié de façon intensive. Ce code est important parce que la répétition mentale est un moyen efficace de retenir l'information dans la MCT. Nous allons commencer par regarder comment les codes acoustiques sont utilisés pour représenter la répétition mentale et comment ils peuvent ainsi rendre compte des erreurs inhérentes à la répétition (confusions acoustiques). Nous examinerons ensuite l'importance des codes acoustiques dans la lecture. Enfin, nous verrons comment les travaux récents sur le maintien et la manipulation de l'information dans la MCT ont été grandement influencés par le modèle de la mémoire de travail proposé par Baddeley (1992; Baddeley & Hitch, 1974).

Baddeley a divisé la mémoire de travail à court terme en trois composantes : l'une pour la rétention et la manipulation des codes acoustiques, une seconde pour le maintien et la manipulation des codes visuels/spatiaux et une troisième pour gérer le maintien et la manipulation de cette information.

## Codes acoustiques et répétition mentale

L'intérêt manifesté par les psychologues pour les codes acoustiques est dû à la propension des gens à utiliser la répétition mentale comme moyen de préserver l'information dans la MCT. Nous avons vu au chapitre 2 que l'un des premiers modèles du traitement de l'information prévoyait la traduction d'une information visuelle en une information acoustique, de manière telle que les individus pouvaient se répéter mentalement le nom des lettres (Sperling, 1963). L'une des preuves en faveur de cette traduction était la découverte faite par Sperling que les sujets faisaient des **confusions acoustiques** – erreurs dues à une sonorité analogue à celle de la bonne réponse. Le travail ultérieur de Conrad (1964) a lui aussi établi que les confusions acoustiques se produisent dans la MCT. Conrad a sélectionné deux groupes de lettres qui pouvaient être facilement confondues entre elles dans leur groupe, mais difficilement entre les deux groupes : *BCPTV* et *FMNSR*. Conrad a utilisé un projecteur pour présenter visuellement des séquences de six lettres consistant en lettres des deux groupes. Après chaque essai, les sujets avaient à écrire les six lettres dans leur ordre exact.

S'il se produit une confusion acoustique, l'erreur devrait impliquer plus probablement une substitution de lettres du même groupe que de lettres entre les deux groupes. Conrad a trouvé que 75% des erreurs impliquaient l'une ou l'autre des quatre autres lettres du même groupe acoustique et que 25% des erreurs impliquaient l'une des cinq lettres de l'autre groupe. Il est donc particulièrement facile

**Confusions acoustiques**

Erreurs qui présentent une sonorité comparable à la bonne réponse.

de faire une confusion acoustique quand toutes les lettres d'une séquence ont la même sonorité. Essayez de vous rappeler les lettres des deux lignes suivantes. Vous devriez convenir qu'il est plus facile de se rappeler les lettres de la deuxième ligne que celles de la première (Schweickert, Guentert, & Hersberger, 1990)

*G Z D B P V C T*
*M J Y F H R K Q*

La découverte que les confusions acoustiques se produisent lors d'une tâche impliquant la MCT indique l'importance des codes acoustiques mais ne révèle pas comment ces erreurs se produisent. Une façon de rendre compte de ces erreurs est d'utiliser des composantes auditives pour représenter les noms des items. Par exemple, le nom de la lettre C («sé») a deux composantes : le son *s* et le son *é*. Ces composantes –appelées **phonèmes**– sont les sons de base d'une langue.

**Phonèmes**
Les sons de base d'une langue qui sont combinés pour former un langage parlé.

Le tableau 4.1 présente une liste des phonèmes utilisés dans la langue anglaise. Notez que certaines lettres sont représentées par plusieurs phonèmes puisqu'elles peuvent être prononcées de différentes façons.

Par exemple, la lettre *a* est différemment prononcée dans les mots *father*, *had*, *call* et *take*, chaque prononciation est représentée par un phonème différent. La lettre *e* a deux prononciations différentes : le son *e* accent aigu comme dans *heat* et le son *e* accent grave comme dans *head*. Il est aussi possible à deux lettres de se combiner pour former un phonème – par exemple, *ch* et *th*.

Il est commode d'utiliser les phonèmes pour rendre compte des confusions acoustiques parce que les mots qui ont une sonorité comparable ont en général des phonèmes communs. Revenons à présent aux deux séries de lettres de l'expérimentation de Conrad. Le nom des lettres de la série *FMNSR* ont le même premier phonème –le son *e* accent grave– mais leur second phonème diffère. Les lettres *BCPTV* (bé, sé, pé, té, vé) partagent toute un même phonème –le *e* accent aigu– mais ont le premier qui diffère.

Laughery (1969) fait l'hypothèse que chacun des éléments auditifs représentant un item peut être oublié de façon indépendante. En d'autres termes, si un nom consiste en deux phonèmes, une personne peut se rappeler un phonème et pas l'autre. Le modèle postule également que les composantes auditives peuvent être oubliées à des vitesses différentes; les taux de détérioration ont été déterminés à partir de résultats expérimentaux (Wickelgren, 1965).

Dans le tableau, Laughery fait la raisonnable hypothèse qu'une personne qui ne parvient pas à se rappeler toutes les composantes

**Tableau 4.1** *Phonèmes généraux de l'américain*

| Voyelles | Consonnes | |
|---|---|---|
| *ee* comme dans h*ea*t | *t* comme dans *t*ee | *s* comme dans *s*ee |
| I comme dans h*i*t | *p* comme dans *p*ea*sh* comme dans *sh*ell | |
| *e* comme dans h*ea*d | *k* comme dans *k*ey | *h* comme dans *h*e |
| *ae* comme dans h*a*d | *b* comme dans *b*ee | *v* comme dans *v*iew |
| *ah* comme dans f*a*ther | *d* comme dans *d*awn | *th* comme dans *th*en |
| *aw* comme dans c*a*ll | *g* comme dans *g*o | *z* comme dans *z*oo |
| *u* comme dans p*u*t | *m* comme dans *m*e | *zh* comme dans ga*r*a*ge* |
| *oo* comme dans c*oo*l | *n* comme dans *n*o | *l* comme dans *l*aw |
| Λ comme dans t*o*n | *ng* comme dans si*ng* | *r* comme dans *r*ed |
| *uh* comme dans th*e* | *f* comme dans *f*ee | *y* comme dans *y*ou |
| *er* comme dans b*ir*d | θ comme dans *th*in | *w* comme dans *w*e |
| *oi* comme dans t*oi*l | | |
| *au* comme dans sh*ou*t | | |
| *ei* comme dans t*a*ke | | |
| *ou* comme dans t*o*ne | | |
| *ai* comme dans m*i*ght | | |

Source : Tiré de *The Speech Chain* de Peter B. Denes et Elliot N. Pinson. Copyright © 1963 par Bell Telephone Laboratories, Inc. Utilisé avec l'autorisation de Doubleday, une division de Bantam Doubleday Dell Publishing Group, Inc.

auditives d'une lettre utilise tout ce qui peut être rappelé pour limiter le nombre de réponses possibles. Il est donc facile pour le modèle de rendre compte des confusions acoustiques. À chaque fois que c'est seulement le phonème *é* qui est rappelé, le sujet estimera qu'il s'agit d'une des lettres de la série *BCPTV*. S'il ne se rappelle que le phonème *è*, le sujet estimera qu'il s'agit d'une lettre de la série *FMNSP*. L'erreur d'estimation dans chaque cas résultera d'une confusion acoustique.

Bien que des confusions acoustiques puissent parfois se produire, il est aisé de recourir à la répétition mentale lorsque nous voulons maintenir l'information dans la MCT. La traduction d'un matériel visuel en un code acoustique n'est pas limitée au rappel des séries de lettres ou de chiffres. L'exemple le plus courant de conversion d'un matériel visuel en codes acoustiques est celui de la lecture.

## Les codes acoustiques dans la lecture

**Subvocalisation**

Monologue silencieux

La plupart d'entre nous lisent les mots d'un texte en effectuant des **subvocalisations** (en les disant en nous-mêmes). Bien que cette subvocalisation puisse nous aider à nous rappeler ce que nous lisons, elle limite notre vitesse de lecture. Puisqu'une subvocalisation n'est pas plus rapide qu'un discours à voix haute, les vocalisations internes limitent la vitesse de lecture à notre vitesse d'élocution; nous pourrions lire plus vite si nous n'avions pas à faire de traduction des mots imprimés en codes locutoires (voir l'encart 4.1).

Quand je faisais mon doctorat, j'ai essayé d'améliorer ma vitesse de lecture en m'inscrivant dans un cours de lecture rapide. Il fallait au préalable que j'apprenne à éliminer ces vocalisations internes. L'astuce consiste à aller directement du mot imprimé au sens sans avoir complètement prononcé le mot. J'ai ainsi réussi à augmenter ma vitesse de lecture tout en maintenant une bonne compréhension quand le texte était suffisamment simple. En revanche, j'ai trouvé qu'il était plutôt difficile de lire des textes complexes ou plus techniques sans recourir aux vocalisations internes. J'ai bien vite retrouvé ma lenteur habituelle. Je ne sais pas si mon expérience était représentative, ni même quel était le pourcentage d'étudiants qui ont finalement réussi à se débarrasser des vocalisations internes. Cependant, les analyses expérimentales du traitement langagier lors de la lecture ont produit des résultats qui semblent en accord avec ma propre expérience. Les résultats suggèrent que, bien que nous puissions comprendre le sens des mots en l'absence de vocalisations internes, ces dernières sont utiles pour faciliter un rappel détaillé du texte (Levy, 1978).

Levy a tenté dans sa propre expérimentation de supprimer les vocalisations internes en demandant aux sujets de compter sans cesse de un à dix à mesure qu'ils lisaient un court paragraphe. Il leur était demandé de compter rapidement et continuellement à voix basse tandis qu'ils lisaient les phrases, et d'essayer de se rappeler toutes les phrases de ce paragraphe. (Vous pouvez essayer vous-mêmes en lisant les deux paragraphes du tableau 4.2). Quand ils avaient fini de le lire, une des phrases du paragraphe ou une version légèrement différente de celle-ci était présentée aux sujets et il leur était alors demandé de dire si cette phrase était identique ou non à la précédente.

Puisque les versions n'étaient que légèrement modifiées, les sujets devaient se rappeler les détails des phrases pour bien réussir cette tâche. Les deux premières phrases suivant chacun des paragraphes du tableau 4.2 sont des exemples des phrases modifiées. L'**altération lexicale** modifie un seul mot mais préserve le sens de la phrase – le mot *mère* est remplacé par *femme* dans le premier paragraphe et le mot *enfant* par le mot *gamin* dans le second. L'**altération sémantique** modifie le sens de la phrase en permutant l'ordre de deux noms communs – dans le premier paragraphe, l'ordre de *maman* et de *physicien*.

Les résultats de cette étude ont révélé que les sujets étaient moins efficaces lorsqu'ils devaient compter en même temps qu'ils

**Altération lexicale**

Substitution d'un mot par un autre de sens similaire dans une phrase.

**Altération sémantique**

Changement de l'ordre des mots dans une phrase qui entraîne son changement de sens.

**Tableau 4.2** *Exemple de tests lexicaux, sémantiques et de paraphrases.*

### 1. Une urgence

L'équipe hospitalière réclama d'urgence le très affairé docteur.
L'air grave du médecin augmentait l'anxiété de la mère.
La femme en pleurs tenait dans ses bras son fils inconscient.
Un camion roulant à vive allure est sortie de sa voie.
Sa voiture qui roulait dans le sens inverse a été heurtée et endommagée.
Son enfant est passé à travers le pare-brise.
L'équipe médicale s'efforçait de le sauver.

L'air grave du médecin augmentait l'anxiété de la *femme*. (lexicale)

L'air grave de la *mère* augmentait l'anxiété du *médecin*. (sémantique)

L'air grave du *docteur faisait monter* l'anxiété de la mère. (paraphrase positive)

L'air grave du *praticien diminuait* l'anxiété de la mère. (paraphrase négative)

### 2. Un enfant perdu

Le garçon égaré cherchait parmi la foule de la rue.
Sa mère inattentive l'avait oublié.
Le policier attentif s'approcha de l'enfant inquiet.
L'homme affable sécha les larmes du garçon.
Le jeune garçon donna son adresse.
Et le policier l'escorta jusqu'à sa maison.
À l'avenir, sa mère fera plus attention.

Le policier attentif s'approcha du *gamin* inquiet. (lexicale)

L'*enfant* attentif s'approcha du *policier* inquiet. (sémantique)

L'*officier* attentif approcha l'enfant *en larmes* (paraphrase positive)

La *femme* attentive approcha l'enfant *insouciant*. (paraphrase négative)

lisaient. Ils n'étaient plus aussi précis dans l'identification quand se produisaient des changements, qu'il s'agisse de changements lexicaux ou sémantiques.

Cependant, la suppression des vocalisations internes n'a pas créé d'interférence lorsque les sujets écoutaient les phrases. Si compter lors de l'écoute n'affecte pas l'efficacité, la suppression interfère spécifiquement avec la lecture et non avec la compréhension générale de la langue. La différence entre écouter et lire est que l'auditeur reçoit un code acoustique au lieu d'un code visuel. Le fait que compter interfère uniquement lors du rappel suivant la lecture, suggère que la traduction de l'information visuelle en code acoustique nous aide à préserver une information détaillée du texte.

## ENCART 4.1
## LA LECTURE RAPIDE EST-ELLE UNE RÉALITÉ ?
ALEXANDRA D. KORRY

*Commencez à lire maintenant.*
*Utilisez votre doigt pour guider vos yeux.*
*Ne relisez pas.*
*Arrêtez le monologue intérieur.*
*Plus vite.*

Voici le message adressé par Evelyn Wood Reading Dynamics, la compagnie californienne qui a enseigné à des millions d'Américains comment survoler toute la pile de best-sellers entassés sur cette étagère.

Evelyn Wood déclare qu'elle peut vous permettre de lire jusqu'à 5000 mots par minute au bout d'une session de sept cours. Soit ils triplent votre vitesse de lecture, soit ils vous remboursent.

Depuis 1959, date à laquelle furent donnés les premiers cours, plus d'un million d'intéressés par ce programme de lecture rapide, parmi lesquels le Président Carter, des conseillers militaires de John F. Kennedy, l'acteur Charlton Heston, et bon nombre des membres du Congrès, s'y sont inscrits.

Aujourd'hui, de nombreux spécialistes de la lecture soulèvent de sérieuses questions sur la lecture rapide. Ils mettent en question la valeur réelle des cours de Evelyn Wood qui s'élèvent à 395$ (ndt : environ 2200 FF) alors que d'autres disent simplement que personne – quel que soit l'entraînement reçu – ne peut lire à une telle vitesse.

«Ils ont l'illusion d'améliorer leur lecture alors qu'en fait ils survolent à peine le texte» dénonce John Guthrie, directeur de recherche à l'International Reading Association qui compte 70 000 membres. Pour les employés de Evelyn Wood, de tels propos constituent une attaque.

«Survoler le texte est insultant vis-à-vis de notre travail,» déclare M. Donald Wood, mari de celle qui fut la fondatrice de la méthode et qui aida au développement de cet organisme qui, sous licence d'État, enseigne la lecture rapide dans 26 villes de ce pays. «Ça marche. Nous le savons.»

«Je pense que c'est la plus grande invention depuis l'imprimerie» nous dit Evelyn Wood, qui est aujourd'hui âgée de 72 ans et se remet d'une hémiplégie dans sa ville natale de Salt Lake City. Elle préparait sa thèse à l'Université de l'Utah lorsqu'elle découvrit cette technique à partir de nombreuses années d'observation des lecteurs naturellement rapides.

Beaucoup d'experts contestent la méthode. Bien qu'ils diffèrent sur la valeur de la limite supérieure de la vitesse de lecture, la plupart sont d'accord pour dire que quiconque déclare lire plus de 900 mots par minute ne fait, en définitive, qu'effleurer le texte.

«Je ne peux m'imaginer que quelqu'un qui lit 4000 mots par minute soit réellement en train de lire» déclare Keith Rayner, professeur de psychologie à l'Université du Massachusetts à Amherst. «Etant donné l'anatomie de l'œil... j'ai beaucoup de peine à croire que des gens puissent lire plus de 900 mots par minute.»

Ronald Caver, professeur en science de l'éducation à l'Université du Missouri, nous présente les résultats de tests qu'il a donnés à ses étudiants et qui tendent à appuyer ce constat. Lorsque les étudiants étaient testés lors d'une lecture à 600 mots par minute, ils avaient «juste une petite idée de ce qu'ils avaient lu», ce qui revient à dire qu'ils avaient juste effleuré le texte.

Les enseignants de Evelyn Wood, qui déclarent régulièrement avoir des étudiants lisant 2000 mots par minute, disent que ces études ignorent un élément fondamental de leur approche. À Evelyn Wood, les gens apprennent à lire d'une autre façon – une façon qui apprend aux lecteurs à saisir l'idée globale plutôt que le sens des mots isolément, précisent-ils.

«C'est une forme visuelle de la lecture,» nous explique Vera Nielson, directrice du programme des opérations à Salt Lake City. «Il s'agit de voir les mots dans des blocs unitaires tels que l'auteur les a pensés. C'est comme apprendre à lire la musique – vous pouvez voir beaucoup de notes de musique en même temps.»

Pour prouver que cette méthode marche, la société cite les résultats de tests de compréhension donnés à ses étudiants au début et à la fin de leur formation. Quelques spécialistes de la lecture ont écrit des articles contestant ces tests à choix multiples.

Carver, qui a travaillé durant 13 ans sur la lecture, a proposé à de jeunes étudiants d'imaginer qu'ils étaient en train de lire des textes dans le cadre des cours de Wood et leur a ensuite fait passer les tests de Wood. Sans avoir jamais lu de texte, les étudiants ont atteint en moyenne un niveau de compréhension de 60 %. Carver, après réflexion, a dénoncé ce test, biaisé comme ceux de Wood.

**127**

« Ils déclarent que vous pouvez augmenter votre perception du nombre de mots saisis en même temps. C'est absurde, » déclare Guthrie de la Reading Association. « Il existe bon nombre de preuves scientifiques qui démontrent que nous ne pouvons saisir que 20 caractères en même temps. »

Carlos Garcia Tunon, un conseiller en marketing de Washington et ancien élève de Evelyn Wood nous a rapporté être passé de 362.5 à 5024 mots par minute avec une augmentation de 20 % de sa compréhension et qu'il n'a pas l'impression qu'il voyait tous les mots qu'il était supposé lire lorsqu'il lisait très vite. Selon lui, ce que vous saisissez dans une lecture rapide, ce sont le thème de base, les personnages et l'intrigue d'un livre.

Tunon était l'une de ces milliers de personnes qui ont été amenées à la méthode de lecture rapide en mini-cours par une publicité qui présentait des étudiants feuilletant des livres comme s'il s'agissait de livres d'images.

Une fois arrivé à la mini-session, un formateur disait aux étudiants que tout le monde peut apprendre cette aptitude essentielle, que cela nécessite juste un peu d'entraînement et

que si vous vous débarrassez des mauvaises habitudes prises durant l'enfance, vous pourrez lire six fois plus vite. C'est une propagande de 15 minutes qui s'achève avec, au passage, une référence aux 395$ nécessaires (295$ si une autre personne de votre famille s'inscrit).

On dit aux étudiants que s'ils arrêtent leurs vocalisations internes – lire chaque mot en eux-mêmes – ou de relire une ligne – ils économiseront 40 % de leur temps de lecture.

Ils montrent également un film de 15 minutes sur la méthode de lecture. Le point culminant en était l'extrait d'un show télévisé diffusé en 1975, le « Tonight Show », avec une interview de Elizabeth Jaffee, une surdouée de la lecture rapide de 13 ans, qui a lu 30 pages d'une livre très technique en une seule minute.

Ce qu'ils ne nous ont pas dit c'est que Jaffee, maintenant jeune étudiante, n'est plus une lectrice rapide. C'est pour cette raison que l'ancienne élève de Evelyn Wood a engagé des poursuites et a finalement reçu 25 000$ (ndt : environ 140 000 FF) de dédommagement parce qu'elle a montré que cette technique ne marchait que pour certains types de lecture uniquement.

SOURCE : Copyright © 1980 par le Washington Post. Reproduit avec autorisation.

Bien que le code acoustique améliore le rappel d'une information détaillée, il n'était cependant pas nécessaire pour comprendre le sens du paragraphe (Levy, 1978). Une seconde expérimentation dans laquelle les sujets devaient énoncer des jugements sous la forme de paraphrases a étayé cette proposition. Les sujets n'étaient pas encouragés à se rappeler exactement tous les mots contenus dans les phrases parce que ces derniers changeaient dans toutes les épreuves. Cependant, des exemples positifs préservaient le sens général de la phrase d'origine, alors que des exemples négatifs en altéraient le sens. Dans les changements par **paraphrase**, contrairement aux changements sémantiques, le sens était altéré par la substitution de deux mots dans la phrase plutôt que par leur changement de place (voir tableau 4.2). Donc, distinguer les exemples positifs et négatifs dans la tâche avec paraphrases nécessitait moins d'informations que pour effectuer un jugement exact dans une tâche lexicale ou sémantique. Les participants pouvaient produire ces paraphrases convenablement, à condition de se rappeler les idées générales exprimées dans le paragraphe. Puisque le fait de compter n'interférait pas

**Paraphrase**

Utilisation de mots différents pour exprimer les mêmes idées d'une phrase.

avec la performance, Levy en a conclu que le codage acoustique n'était pas nécessaire pour se rappeler les idées les plus importantes.

Les résultats de Levy concordent avec mes propres expériences sur la suppression des vocalisations internes. Lorsque le texte est suffisamment simple et qu'un rappel détaillé n'est pas exigé, les individus peuvent se rappeler les idées essentielles sans vocalisations internes. Toutefois, dans cette expérience, la subvocalisation a facilité la détection de changements subtils comme le changement d'ordre de deux mots, ou le remplacement d'un mot par un autre sémantiquement similaire. D'autres preuves renforcent cette conclusion. Hardyck et Petrinovich (1970) ont mesuré les vocalisations internes en enregistrant l'activité musculaire du larynx. Les sujets dans le groupe expérimental étaient entraînés à garder cette activité musculaire à des niveaux comparables à ceux d'une situation hors lecture. Toute augmentation de cette activité durant la lecture provoquait le déclenchement d'un signal sonore qui leur rappelait qu'ils devaient supprimer les vocalisations internes. Un groupe de contrôle lisait le même texte mais avec la permission de faire des vocalisations internes durant la lecture. Un test de compréhension a révélé que les deux groupes ne se distinguaient pas dans le rappel de textes faciles ; néanmoins, lorsqu'il s'agissait d'un texte difficile, le groupe avec subvocalisation se le rappelait mieux que le groupe n'y ayant pas recours.

Les études portant sur le traitement langagier durant la lecture suggèrent que, bien que les vocalisations internes ne soient pas nécessaires pour la compréhension, elles facilitent la rétention des informations détaillées ou complexes. Une explication populaire de ces résultats est que la subvocalisation facilite la rétention des mots dans la MCT, jusqu'à ce qu'ils puissent être intégrés avec d'autres mots dans une phrase ou un paragraphe (Conrad, 1972; Kleiman, 1975). Nous serions capables d'évaluer plus précisément cette hypothèse si nous avions une meilleure compréhension du rôle de la MCT dans la lecture. Heureusement, durant ces dernières années, des progrès considérables ont été faits dans la compréhension des processus psychologiques impliqués dans la compréhension de texte. Le chapitre 11 résume cette évolution et montre de quelle façon la MCT est utilisée dans la lecture.

## Le modèle de la mémoire de travail de Baddeley

La section précédente sur le rôle des codes acoustiques dans la lecture illustre l'une de nos manières d'utiliser la MCT pour la réalisation d'activités quotidiennes. J'ai mentionné au début de ce chapitre que la MCT est souvent appelée mémoire de travail en raison de son utilisation dans de nombreuses activités mentales telles que la compréhension de texte, le raisonnement et la résolution de problèmes. Il y a plus de 20 ans, Baddeley et Hitch (1974) ont commencé à construire un modèle de la mémoire de travail qui, depuis lors, n'a cessé d'évoluer. Récemment, lors du Barlett Memorial de l'Université de Cambridge, Baddeley (1992) a été invité à présenter en conférence la forme actuelle de son modèle, ce qui lui a donné l'occasion d'en évaluer la pertinence.

**Boucle phonologique (ou articulatoire)**

Composante du modèle de la mémoire de travail de Baddeley qui maintient et manipule l'information acoustique.

**Système de traitement visuo-spatial**

Composante du modèle de la mémoire de travail de Baddeley qui maintient et manipule l'information visuelle/spatiale.

**Système exécutif central**

Composante du modèle de la mémoire de travail de Baddeley qui gère l'utilisation de la mémoire de travail.

Le modèle consiste en trois composantes : (1) une **boucle phonologique** (ou articulatoire) responsable du maintien et de la manipulation des informations basées sur le langage, (2) un **système de traitement visuo-spatial** responsable du maintien et de la manipulation des informations visuelles ou spatiales et (3) un **système exécutif central** responsable de la sélection des stratégies et de l'intégration de l'information. Les psychologues en savent davantage sur l'activité de la boucle phonologique, peut-être parce que la plupart des études sur la MCT ont utilisé des supports verbaux, comme on l'a montré dans les sections précédentes de ce chapitre.

Cependant, alors que les psychologues commençaient à utiliser davantage de supports visuels ou spatiaux dans leur étude de la MCT, il est apparu que toutes les informations n'étaient pas traduites en codes locutoires. Reprenons la tâche de reproduction de la configuration des pièces sur un échiquier, dans laquelle des joueurs d'échecs groupent des pièces dans des catégories familières. Nous sommes en droit de penser que les catégories sont davantage basées sur des informations visuelles/spatiales que sur des informations locutoires. Bien sûr, de Groot (1966) croyait que la perception jouait un rôle important dans la distinction entre bons joueurs d'échecs et joueurs plus faibles.

Baddeley (1992) se réfère à une étude sur la reproduction de la configuration des pièces sur l'échiquier qui examinait la contribution relative des trois composantes de son modèle de la mémoire de travail.

À mesure que les joueurs de différents niveaux tentaient de reproduire la configuration, ils réalisaient une seconde tâche destinée à limiter leur utilisation d'une composante particulière. Un exemple de cette technique est illustré par l'expérience de Levy qui empêche les vocalisations internes en demandant aux participants de compter tandis qu'ils lisent. En fait, les expérimentateurs utilisaient une procédure similaire pour empêcher les individus de faire des vocalisations internes – donc, d'utiliser la boucle phonologique, l'une des composantes du modèle de Baddeley. Pour empêcher l'utilisation du système de traitement visuo-spatial, on demandait aux sujets d'appuyer sur une série de touches dans un ordre prédéterminé. Pour empêcher l'utilisation du système exécutif central, on demandait aux personnes d'énoncer de façon aléatoire une série de lettres à la fréquence d'une lettre par seconde. La production aléatoire d'une série de lettres nécessite que l'individu prenne une décision pour déterminer quelle lettre énoncer ensuite, et cette demande diminue la capacité de prise de décision pour la première tâche (comment encoder les pièces d'échecs dans la mémoire).

Les résultats de l'étude ont montré que la suppression du langage n'avait pas d'effet sur la capacité des participants à reproduire la configuration des pièces sur l'échiquier mais qu'en revanche, la suppression du traitement visuo-spatial et la demande de production verbale ont provoqué d'importantes altérations dans leur capacité à replacer correctement les pièces sur l'échiquier. Ces résultats suggèrent que l'encodage verbal ne joue pas un rôle majeur dans cette tâche mais que le système de traitement visuo-spatial et le système exécutif central sont par contre nécessaires pour garder une bonne mémoire de l'emplacement des pièces d'échecs (ce qui est une tâche visuelle). D'autres recherches ont confirmé que compter simplement le nombre de pièces disposées sur l'échiquier, la prise de décision concernant les différents mouvements, ces tâches sont affectées par les tâches secondaires qui interfèrent avec le traitement visuel/spatial mais ne sont pas altérées par des tâches secondaires qui empêchent les vocalisations internes (Saariluoma, 1992).

Bien que les résultats de ces deux études montrent que le système de traitement visuo-spatial est une composante importante dans le jeu d'échecs, Baddeley (1992) admet que son fonctionnement n'est pas encore bien compris. Bien qu'il soit acquis que nous puissions répéter l'information verbale en faisant des vocalisations internes, la façon dont nous répétons les images mentales n'est pas évidente. Il semble difficile, par ailleurs, de séparer la rétention de l'information visuelle de celle de l'information spatiale. La tâche secondaire consistant à appuyer sur des touches selon un ordre préétabli produit des interférences parce qu'il est possible d'appuyer sur les touches sans les regarder. De récentes recherches suggèrent qu'une attention spatiale active est requise pour maintenir l'information visuelle/spatiale dans la MCT, et que n'importe quelle tâche (visuelle, auditive, perceptuelle, motrice) peut interférer avec cette information dans la mesure où elle nécessite également une attention spatiale (Smyth & Scholey, 1994).

Une autre composante du modèle de Baddeley qui nécessite des recherches supplémentaires est le système exécutif central. C'est la composante de prise de décision de la mémoire de travail et elle joue également un rôle dans la reproduction de la configuration de l'échiquier. Une possible explication est la suivante : bien que la catégorisation soit importante dans cette tâche, les pièces de l'échiquier ne sont pas «préemballées» dans les catégories; le joueur d'échecs doit décider de la répartition des pièces pour former des catégories.

Le système exécutif central joue aussi un rôle prédominant lorsque les individus ont à élaborer des conclusions dans une tâche de raisonnement logique (Gilhooly, Logie, Wetherick & Wynn, 1993). Une tâche secondaire qui interférait avec le système exécutif central (énoncer des nombres de façon aléatoire) altérait de façon importante le raisonnement logique, contrairement aux tâches qui interféraient avec la subvocalisation ou le traitement visuel/spatial.

En conclusion, le modèle de la mémoire de travail de Baddeley montre que l'utilisation de la MCT engage plus que le simple maintien et une simple opération des codes phonologiques. Et, bien que les psychologues aient encore beaucoup à apprendre sur le fonctionnement de ces trois composantes, Baddeley et d'autres ont grandement contribué au développement de la compréhension de l'utilisation de la MCT en tant que mémoire de travail.

## LA RECONNAISSANCE DES ITEMS DANS LA MÉMOIRE À COURT TERME

Jusqu'à présent, notre examen de la MCT a surtout porté sur le rappel de supports, comme dans les expérimentations où il est demandé de rappeler, après un court délai, trois consonnes, une série de lettres ou de chiffres, une configuration de pièces sur un échiquier ou un diagramme de circuit électronique. Les psychologues se sont aussi intéressés à la façon dont les personnes essaient d' «identifier» si un item donné est contenu dans la MCT. Imaginez que je vous montre quatre chiffres choisis de façon aléatoire, disons 3, 8, 6 et 2. Ensuite je vous présente un chiffre choisi et je vous demande de décider le plus rapidement possible si ce chiffre était l'un des quatre que je vous avais précédemment montrés. Pour réaliser cette tâche, vous aurez besoin de stocker la série initiale de chiffres dans la MCT et de comparer ensuite le chiffre choisi avec les chiffres stockés dans la MCT pour déterminer s'il en fait partie.

Peut-être pouvez-vous imaginer des circonstances dans lesquelles vous avez à faire ce genre de comparaison. Pour ma part, cela se produit lorsque je finis d'enregistrer les notes d'un examen. Alors que je viens de finir, je trouve toujours plusieurs étudiants qui n'ont pas de notes dans la liste de mes élèves. Ceci signifie habituellement que les étudiants n'ont pas passé l'épreuve, mais je suis toujours préoccupé par l'idée qu'ils puissent avoir passé l'épreuve et que j'ai oublié d'enregistrer leur note. Je place donc leur nom dans ma MCT et je relis les noms des étudiants sur chaque copie pour voir s'ils correspondent aux noms entreposés dans ma MCT. Vous pouvez adopter une démarche similaire lorsque vous faites des courses et que vous comparez les articles dans les rayons avec les noms de ceux que vous voulez acheter et que vous avez stockés dans votre MCT. Les gens arrivent relativement facilement à réaliser ce genre de tâche, aussi les psychologues se sont-ils focalisés sur le temps de réponse comme mesure de la performance. Nous allons à présent aborder ce qui détermine le temps de réponse et en quoi cela nous éclaire sur notre manière de chercher dans la MCT.

## Chercher dans la mémoire à court terme

La tâche du chiffre que je viens de décrire a été inventée par S. Sternberg, de Bell Laboratories, pour étudier comment les gens encodent une forme et la comparent avec d'autres formes stockées dans la MCT. Concrètement, Sternberg montrait d'abord une séquence de chiffres (la **séquence mnémonique**) que le sujet stockait dans la MCT. Il présentait ensuite un chiffre donné et le sujet devait rapidement décider si celui-ci faisait partie de la séquence mnémonique. Quand Sternberg (1966) a fait varier la taille de la séquence mnémonique de un à six chiffres, il a découvert que le temps nécessaire à une prise de décision augmentait de façon linéaire en fonction du nombre de chiffres dans la MCT. Chaque fois que la longueur de la séquence mnémonique était accrue par un chiffre supplémentaire, le temps de réponse s'allongeait de 38 msec. Sternberg a suggéré que le chiffre ajouté était comparé séquentiellement avec chaque item stocké dans la MCT et qu'il fallait environ 38 msec. pour effectuer chacune de ces comparaisons.

> **Séquence mnémonique**
>
> Séquence d'items dans la MCT qui peut être comparée avec l'item critique pour déterminer si celui-ci y est effectivement stocké.

Il est important de savoir si le processus de balayage continue après que le chiffre correspondant a été trouvé. Imaginez que je vous ai montré les chiffres 5, 3, 7 et 1 et que je vous ai donné ensuite le chiffre 3. Pourriez-vous répondre *oui* après avoir trouvé le 3 correspondant dans la séquence mnémonique (une **recherche ciblée**) ou ne pourriez-vous répondre *oui* qu'après avoir comparé le chiffre en question avec tous les chiffres de la séquence mnémonique (une

> **Recherche ciblée**
>
> Recherche qui s'arrête dès que l'item critique correspond bien à un des items de la séquence mnémonique.

**Recherche exhaustive**

Recherche qui continue jusqu'à ce que l'item critique ait été comparé à tous les items de la séquence mnémonique.

recherche exhaustive) ? La plupart d'entre nous diraient probablement que nous pourrions répondre *oui* dès que nous aurions trouvé le chiffre correspondant. Mais Sternberg a soutenu que nous balayons entièrement la séquence mnémonique avant de répondre. Ceci semble contre-intuitif, regardons donc d'un peu plus près ses arguments.

Deux aspects des données de Sternberg suggéraient que les gens effectuaient une recherche exhaustive. Premièrement, les temps de réponse pour les réponses positives et négatives étaient approximativement les mêmes. Nous aurions pu nous attendre à ce résultat si les participantss balayaient systématiquement toute la séquence mnémonique. Mais s'ils répondaient aussi vite qu'ils trouvaient le chiffre correspondant, les réponses positives auraient dû être plus rapides que les réponses négatives car dans ce cas les individus n'auraient pas eu besoin de balayer entièrement la séquence mnémonique. Deuxièmement, Sternberg a trouvé que les temps de réponse n'étaient pas influencés par la position du chiffre correspondant dans la séquence mnémonique. Nous aurions pu nous attendre à ce résultat si les participants balayaient entièrement la séquence mnémonique, mais pas s'ils répondaient aussitôt qu'ils trouvaient la correspondance.

Une recherche exhaustive semble être une stratégie très peu efficace. Pourquoi les comparaisons devraient-elles continuer une fois la correspondance trouvée ? Sternberg répondait à cela que le balayage se produit très rapidement mais que le contrôle de l'existence d'une correspondance prend beaucoup plus de temps (Sternberg, 1967a). Si nous avions à contrôler la correspondance à chacune des comparaisons, chercher dans la MCT serait moins efficace. Mais si nous attendions que la séquence mnémonique soit entièrement balayée pour contrôler si une correspondance s'est produite, nous n'aurions à exécuter qu'une seule fois ce lent processus de contrôle.

## Formes altérées

Dans l'une des premières applications de son paradigme, Sternberg (1967b) a fait varier la qualité du chiffre critique en plus de la longueur de la séquence mnémonique. La séquence mnémonique comprenait un, deux, trois ou quatre chiffres, et le chiffre critique était, ou intact ou altéré de façon à être difficilement reconnaissable. Le chiffre critique altéré ressemblait aux lettres altérées présentées dans la figure 5.8 (p. ?). Sternberg postulait que deux opérations sont nécessaires à la réalisation de cette tâche. Premièrement, l'observateur doit **encoder** le chiffre critique pour pouvoir le comparer avec les autres chiffres stockés dans la MCT. Le sujet doit ensuite faire un

**Encodage**

Création d'un code visuel ou verbal à partir d'un item critique de façon à ce qu'il puisse être comparé avec les codes mnémoniques des items stockés dans la MCT.

**balayage** de la séquence mnémonique pour déterminer si l'un des chiffres correspond au chiffre critique.

Sternberg a montré comment il peut être possible de déterminer si une forme altérée influence le temps d'encodage ou le temps de balayage de la mémoire. Le **gradient** de la fonction liant le temps de réaction (TR) à la longueur de la séquence mnémonique indique la quantité de temps nécessaire à la comparaison du chiffre critique avec le chiffre stocké dans la MCT; donc, c'est la quantité de temps supplémentaire nécessaire à chaque fois qu'un autre chiffre est ajouté à la séquence mnémonique. Si un chiffre altéré ralentit la vitesse de comparaison, le gradient doit augmenter. La figure 4.9a représente ce postulat. Notez que plus il y a d'items dans la séquence mnémonique, plus la différence est grande pour le TR.

Cependant, l'encodage du chiffre critique ne se produit qu'une seule fois et devrait être indépendant du nombre d'items de la séquence mnémonique. Si la forme altérée augmente le temps d'encodage, le temps de réaction devrait s'accroître d'une durée constante (le temps de réaction supplémentaire nécessaire à l'encodage) qui est indépendante du nombre d'items dans la séquence mnémonique. La figure 4.9b représente ce postulat.

**Balayage**

Comparer séquentiellement un item critique avec les items de la MCT pour déterminer s'il existe une correspondance.

**Gradient**

Mesure de l'évolution du temps de réponse en fonction du changement d'unité sur l'axe des abscisses (longueur de la séquence mnémonique).

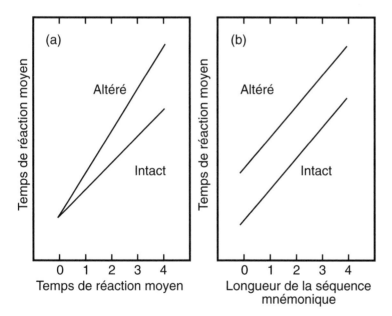

**Figure 4.9** *Prédiction des fonctions du temps de réaction si l'altération dégrade le temps de comparaison dans la mémoire (a) ou le temps d'encodage (b)*

La figure 4.10 présente les résultats qu'a obtenus Sternberg. L'altération affecte considérablement le temps d'encodage sous les deux conditions. Les données pour le chiffre intact et le chiffre altéré forment deux lignes parallèles, similaires à celles présentées dans la figure 4.9b. L'effet sur le temps de comparaison (mesuré par des différences de gradient) a été minime. L'altération du chiffre critique a essentiellement influencé le temps nécessaire pour encoder la forme et a eu peu d'impact sur le temps requis pour comparer le chiffre critique avec d'autres chiffres stockés dans la MCT. Ce résultat signifie que le chiffre altéré, en tant que tel, n'était pas directement comparé avec les autres chiffres puisque cela aurait ralenti les comparaisons. L'augmentation du temps d'encodage suggère qu'elle compensait l'effet de l'altération. Le sujet doit avoir substitué l'image altérée par une image normale et fait correspondre cette image normale avec les images visuelles stockées dans la MCT. Ou alors le sujet doit avoir nommé le chiffre critique pour le comparer ensuite avec les noms des chiffres stockés dans la MCT.

Cette dernière explication est particulièrement séduisante parce que les codes acoustiques sont habituellement utilisés pour maintenir l'information dans la MCT. Cela devrait prendre plus de temps pour nommer le chiffre altéré, auquel cas le temps d'encodage serait ralenti. Cependant, une fois nommée, l'image altérée ne serait plus utilisée et aurait ainsi peu d'influence sur la vitesse de comparaison.

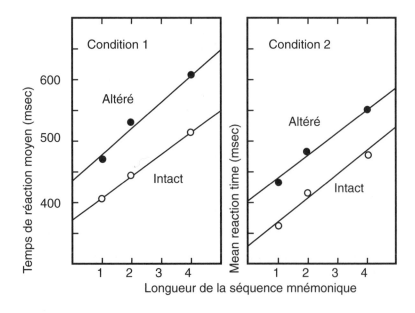

**Figure 4.10** *Temps de réaction moyen pour des stimuli intacts et dégradés*

## Quelques déterminants de la vitesse de comparaison mentale

Bien que l'altération du chiffre critique ait très peu d'effet sur la vitesse de comparaison, l'utilisation de stimuli qualitativement différents influence la vitesse de comparaison. De plus, il existe une relation systématique entre l'empan mnésique et la vitesse de recherche dans la MCT. Cavanagh (1972) a trouvé sept classes de stimuli pour lesquels il disposait de deux types de mesures, le nombre de stimuli qui pouvaient être rappelés dans une épreuve sur l'empan mnésique et la vitesse de comparaison des stimuli dans la tâche de Sternberg. Il disposait de deux mesures pour les chiffres de 0 à 9; pour des couleurs; pour les lettres de l'alphabet; pour des mots familiers; pour des formes géométriques telles que des carrés, des cercles et des triangles; pour des formes aléatoires et des syllabes dépourvues de sens composées d'une voyelle entre deux consonnes.

La vitesse moyenne de comparaison allait de 33 msec. pour les chiffres à 73 msec. pour les syllabes dépourvues de sens. L'empan mnésique moyen allait de 3.4 items pour les syllabes à 7.7 items pour les chiffres. La figure 4.11 présente la corrélation négative pratiquement parfaite entre les deux mesures : plus l'empan mnésique pour un item particulier est grand, moins la comparaison est rapide. Les résultats présentés dans la figure 4.11 impliquent, et c'est intéressant, que la même durée reste requise pour chercher dans la MCT une fois les limites de sa capacité atteintes. La capacité moyenne de la MCT est de 3.4 syllabes dépourvues de sens, 3.8 formes aléatoires, 5.3 formes géométriques, 5.5 mots, 6.4 lettres et 7.7 chiffres. Cela prend à peu près 0.25 sec pour effectuer une recherche dans la MCT quel que soit le cas. Lorsqu'il y a plus d'items à rechercher, la vitesse de recherche est plus rapide, et donc le temps total de recherche demeure constant.

Nous ne savons toujours pas ce qui est responsable de cette corrélation négative, mais Cavanagh suggère plusieurs explications possibles. L'une des plus simples dit que les items sont représentés dans la mémoire par une liste de caractéristiques. La mémoire à court terme a une quantité limitée «d'espace» qui ne peut contenir qu'un nombre limité de caractéristiques. Puisque les syllabes dépourvues de sens, les formes aléatoires et les formes géométriques ont des caractéristiques plus complexes que les lettres, les couleurs et les chiffres, elles devraient présenter plus de caractéristiques, et chaque item prendre davantage d'espace dans la MCT. Compte tenu des caractéristiques de la vitesse de comparaison, le temps pris par la comparaison d'un item critique avec un item de la séquence mnémonique est déterminé par le nombre de caractéristiques qui doivent être comparées. La complexité du stimulus, définie par son nombre de caractéristiques, devrait donc affecter le nombre d'items susceptibles d'être stockés dans la MCT et le temps nécessaire pour comparer les deux items.

L'explication par les caractéristiques est cohérente avec ce que l'on sait sur la reconnaissance des formes déjà traitée dans le chapitre 2; cependant, d'autres recherches sont nécessaires pour déterminer s'il s'agit bien là de l'explication la plus pertinente.

Malgré les différentes vitesses de comparaison des stimuli étudiés par Cavanagh, ils ont tous provoqués un accroissement typique du temps de réponse à mesure que la longueur de la séquence mnémonique augmentait. Est-il possible de trouver des cas où la longueur de la séquence mnémonique n'influence pas le temps de réponse ? Il existe quelques cas intéressants, l'un d'entre eux a été révélé par DeRosa et Tkacz (1976). Dans leur expérience, on présentait aux sujets une série de trois, quatre ou cinq images. Les images provenaient d'une séquence ordonnée d'images présentée dans la figure 4.12. Si les images étaient choisies de façon aléatoire dans la séquence, le temps de réponse augmentait de façon linéaire en fonction du nombre d'items dans la séquence mnémonique. Par exemple, si l'on montrait les cinq oiseaux numérotés 3, 7, 6, 9 et 1 de la figure 4.12, cela prenait plus de temps à chercher dans la MCT que si l'on

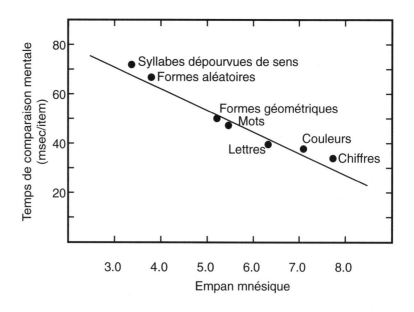

**Figure 4.11** Relation entre la vitesse de comparaison mentale et l'empan mnésique.

montrait simplement les oiseaux 3, 7 et 9. Toutefois, la longueur de la séquence mnémonique n'induisait aucune différence lorsqu'on montrait des séquences d'items adjacents. Les sujets pouvaient chercher aussi rapidement dans la MCT pour la séquence 3, 4, 5, 6 et 7 que s'ils l'avaient fait pour la séquence 3, 4 et 5. De plus, il n'était pas nécessaire de montrer les séquences dans un ordre croissant pour obtenir ce résultat. Les individus à qui on avait montré les items de 3 à 7 dans l'ordre 5, 3, 7, 4, 6, étaient capables de chercher une séquence de cinq items aussi vite qu'une séquence de trois items.

Les résultats ont indiqué que les sujets peuvent se représenter une séquence d'items adjacents comme un tout unifié plutôt que comme des items séparés. La découverte que l'ordre de présentation dans une séquence ne fait pas de différence, suggère que nous sommes rapidement capables de reconnaître les items pour en faire un tout unifié. Peut-être établissons-nous rapidement les limites de la séquence et examinons-nous ensuite si l'item critique apparaît entre ces limites. Cette interprétation est renforcée par le fait que la vitesse des réponses négatives est déterminée par la distance entre l'item critique et la limite la plus proche dans la séquence. Si la séquence mnémonique est constituée des items 2, 3, 4 et 5, cela prendra plus de temps pour rejeter le sixième item de la séquence que le neu-

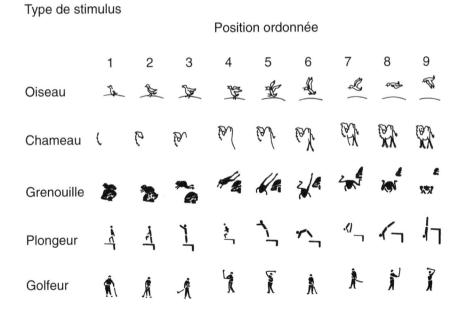

**Figure 4.12** *Cinq séquences organisées de stimuli visuels*

vième. La découverte que cette organisation facilite la recherche de l'information dans la MCT n'est qu'un exemple de la manière dont l'organisation peut améliorer la performance.

J'ai tenté dans ce chapitre de présenter quelques-unes des caractéristiques essentielles de la MCT. Nous utilisons la MCT dans tant de tâches cognitives différentes qu'il serait impossible de confiner cette réflexion à un seul chapitre. Le chapitre suivant analyse la MLT mais souligne également les interactions entre la MCT et la MLT. Si nous voulons apprendre une information, plutôt que simplement la maintenir durant un bref moment, nous devons tenter d'intégrer cette information dans un stockage plus permanent.

Nous commencerons notre étude de l'apprentissage en nous basant sur un modèle qui représente l'apprentissage comme un transfert d'information de la MCT à la MLT.

## RÉSUMÉ

La mémoire à court terme présente plusieurs limites qui la distinguent de la mémoire à long terme. Premièrement, la MCT est caractérisée par un oubli rapide. Les items qui ne sont pas répétés mentalement sont perdus au bout de 20 à 30 sec. Les résultats empiriques suggèrent que c'est l'interférence d'informations, plutôt que la détérioration de l'information, qui est la première cause de l'oubli. L'interférence peut provenir aussi bien des items présentés avant l'item critique (interférence proactive) qu'après (interférence rétroactive). La neutralisation des interférences proactives illustre à quel point la réduction des interférences améliore la mémoire.

Une autre limite de la MCT est sa capacité. Après un passage en revue d'un grand nombre de résultats d'études sur le jugement absolu et sur l'empan mnésique, Miller a arrêté la limite de cette capacité à environ 7 catégories. Une catégorie est un groupe d'items stockés de façon unitaire dans la MLT. Par exemple, la séquence *FBITWACIAIBM* est facile à se rappeler quand elle est groupée ainsi *FBI-TWA-CIA-IBM* parce que les 12 lettres ont été groupées en quatre catégories – 4 abréviations familières. De Groot soutenait que la capacité supérieure des grands maîtres, aux échecs, à reproduire la configuration des pièces sur un échiquier repose sur leur capacité à grouper les pièces dans des configurations familières. En utilisant les pauses en tant que mesures des limites catégorielles, Chase et Simon ont conclu que les grands maîtres ont de plus nombreuses et de plus vastes catégories dans leur MLT que les joueurs d'échecs moins expérimentés. La réussite dans la reproduction d'autres configurations, comme celle d'un diagramme de circuit électronique, dépend également de la disponibilité des catégories.

L'utilisation de la répétition mentale pour maintenir l'information dans la MCT est mise en évidence par les confusions acoustiques – erreurs qui ont la même sonorité que la bonne réponse. Le modèle de simulation de Laugherey rend compte de la confusion acoustique en postulant que les codes acoustiques consistent en phonèmes, qui peuvent être indépendamment oubliés. Bien que nous dépendions des codes acoustiques lors de la lecture, nous pouvons néanmoins nous rappeler les idées générales d'un texte en l'absence de toute subvocalisation. Cependant, ces vocalisations internes améliorent la capacité de nous rappeler les détails et les textes complexes. Le modèle de la mémoire de travail de Baddeley décrit de façon plus précise la MCT en imaginant qu'elle se compose d'une boucle articulatoire pour maintenir et manipuler l'information acoustique, d'un système de traitement visuo-spatial pour maintenir et manipuler les informations visuelles/spatiales et d'un système exécutif central pour la prise de décisions. La plupart des travaux contemporains sur la MCT portent sur la façon dont chacune de ces trois composantes sont utilisées dans une grande variété de tâches.

Une tâche de reconnaissance consiste à montrer un item et à demander à un sujet de vérifier s'il se trouve effectivement dans une série d'items stockés dans la MCT.

La découverte que le temps requis pour prendre une décision s'accroît de façon linéaire en fonction du nombre d'items stockés dans la MCT suggère que les gens recherchent les items un par un. Altérer l'item critique a relativement peu d'effet sur la vitesse de recherche, mais cela ralentit le temps nécessaire pour encoder l'item critique avant de le comparer avec les autres items de la MCT. Toutefois, la vitesse de comparaison est influencée par la simplicité de l'item, comme pour un chiffre ou une lettre, ou sa complexité, comme pour une forme aléatoire ou une syllabe dépourvue de sens. Il y a une corrélation négative entre la vitesse de recherche et l'empan mnésique – plus la vitesse de recherche est rapide, plus grand est le nombre d'items qui peuvent être stockés dans la MCT. Une explication possible est que les deux résultats sont influencés par le nombre de caractéristiques composant chaque item. Il existe néanmoins quelques cas où le temps n'est pas influencé par le nombre d'items dans la MCT, par exemple celui où les items peuvent être organisés en séquences.

## QUESTIONS DE RÉFLEXION

1. Quel est le chiffre magique de Miller ? Qu'a-t-il de magique ? Pourquoi son article de 1956 est-il célèbre ?

2. L'étude de Peterson et Peterson est une autre référence majeure de cette époque. Pourquoi pensez-vous qu'on la cite encore dans tout texte d'introduction ? Pourquoi ont-ils obligé les sujets à compter à rebours ?

3. Quelles sont les différentes hypothèses avancées par la théorie de la détérioration et celle de l'interférence ? Comment ont-elles été testées ?

4. Quels sont les facteurs qui produisent plus ou moins d'interférences ? Pouvez-vous imaginer comment les découvertes sur l'interférence proactive et l'interférence rétroactive peuvent être appliquées à vos propres stratégies d'étude ?

5. Est-ce que votre propre expérience confirme que la catégorisation permet partiellement de dépasser les limites de la capacité de la MCT ? (Pensez à un domaine dans lequel vous êtes expert plutôt que novice.) Dans ce cas, est-ce une preuve de son efficacité ?

6. Théoriquement, l'étudiant est un lecteur expert. Avant de lire l'encart 4.1, rédigez votre propre réponse à la question posée (est-ce que la lecture rapide existe vraiment ?) et justifiez-la en une ou deux phrases.

7. Qu'est-ce que le «codage acoustique» ? Pourquoi le codage acoustique est-il essentiel dans les études sur la compréhension de la lecture ? Est-ce que cela nous aide à nous rappeler ce que nous lisons ?

8. Recensez les méthodes utilisées par Levy et par Hardyck et Petrinovich pour supprimer les vocalisations internes chez leurs sujets. Laquelle s'est avérée la plus efficace ? Pourquoi ?

9. Quelle est l'idée qui prime, dans les études de Stenberg, sur la reconnaissance d'items dans la MCT ? Pourquoi a-t-il eu besoin d'inventer un paradigme pour étudier le problème ? Qu'a-t-il découvert sur notre façon de chercher les items dans la MCT ?

10. Quelles sont les implications des découvertes de Cavanagh (1972) sur l'empan mnésique et la vitesse de comparaison pour des types de stimuli qualitativement différents ?

## MOTS CLEFS

*Le numéro de page entre parenthèses indique où le terme est traité dans ce chapitre*

Altération lexicale (125)

Altération sémantique (125)

Balayage (135)

Boucle phonologique (ou articulatoire) (130)

Catégories (115)

Codes acoustiques (121)

Codes sémantiques (121)

Confusions acoustiques (122)

Dissipation de l'interférence proactive (112)

Empan mnésique (114)

Encodage (134)

Gradient (135)

Interférence proactive (111)

Interférence rétroactive (111)

Mémoire de travail (106)

Paraphrase (128)

Phonèmes (123)

Recherche ciblée (133)

Recherche exhaustive (134)

Séquence mnémonique (133)

Subvocalisation (124)

Système de traitement visuo-spatial (130)

Système exécutif central (130)

Tâche de jugement absolu (114)

Théorie de l'interférence (109)

Théorie de la détérioration (109)

## LECTURES RECOMMANDÉES

Des listes des études portant sur la mémoire apparaissent régulière-ment dans *Annual Review of Psychology* (par exemple, Johnson & Hascher, 1987; Hintzman, 1990; Squire, Knowlton, & Musen, 1993) et proposent un résumé des recherches de ces dernières années. L'ouvrage édité par Gruneberg, Morris & Sykes (1978) reproduit des articles sur les aspects pratiques de la mémoire. Slowiaczek et Clifton (1980) ont étudié le rôle des subvocalisations dans la lecture et ont trouvé que les vocalisations internes sont d'une grande utilité quand les gens ont à combiner les idées exprimées dans différentes phrases. Il y a eu quelques critiques de la MCT en tant qu'élaboration théori-que. Crowder (1982) a développé une argumentation dénonçant l'importance accordée à la MCT et Klapp, Marshburn et Lester (1983) une argumentation s'opposant aussi bien à la MCT qu'à la mémoire de travail.

## EN FRANÇAIS

Pour une recension des recherches sur la mémoire qui fourniront un résumé de recherches récentes : l'ouvrage de Schacter et Tulving (1994) contient notamment un chapitre actualisé sur la mémoire de travail (Baddeley, 1994), l'ouvrage de Baddeley (1992). Avec l'ouvrage de Baddeley (1992), on disposera d'informations sur les aspects à la fois théoriques et pratiques de la mémoire. Le chapitre 8 de l'ouvrage de Lindsay et Norman (1980), qui fournit une vue d'ensemble des propriétés des trois systèmes de mémoire classiquement distingués (RIS, MCT, MLT), présente le rôle de la répétition mentale et propose des exercices simples montrant que l'auto-répétition mentale est comparable à celle du discours normal, ou encore que l'auto-répétition visuelle est plus rapide que l'auto-répétition acoustique. Des arguments sur la non équivalence de la MCT et de la mémoire de travail figurent dans l'article de Ehrlich et Delafoy (1990). Mais doit-on diviser la mémoire de travail en sous-systèmes (Baddeley, 1992, 1996) ? La revue de questions de Monnier et Roulin (1994) permettra d'évaluer de façon critique la division de la mémoire de travail en sous-systèmes.

Baddeley, A. (1992). La mémoire humaine : théorie et pratique. Grenoble : P.U.G.

Baddeley, A. (1996). La mémoire de travail : interface entre mémoire et cognition. In D. L. Schacter & E. Tulving (Eds.), *Systèmes de mémoire chez l'animal et chez l'homme* (pp. 343-357). Marseille : Solal.

Ehrlich, M.F., Delafoy, M. (1990). La mémoire de travail : structure, fonctionnement, capacité. *l'Année Psychologique, 90*(3), 403-427.

Lindsay, P.H., Norman, D.A. (1980). *Traitement de l'information et comportement humain. Une introduction à la psychologie.* Montréal : Éditions Études Vivantes.

Monnier, C., Roulin, J.L. (1994). À la recherche du calepin visuo-spatial en mémoire de travail. *l'Année Psychologique, 3*, 425-460.

Schacter, D. L., Tulving, E. (1994). *Memory systems 1994.* Cambridge : MIT Press. (Trad. fr, *Systèmes de mémoire chez l'animal et chez l'homme.* 1996, Marseille : Solal).

# 5

## Mémoire à long terme

La mémoire est ce qui nous permet de nous rappeler le vendredi ce que nous aurions dû faire le lundi précédent.

(DICTON POPULAIRE)

La plupart d'entre nous, à un moment donné ou à un autre, ont envié ceux qui bénéficient d'une excellente mémoire et souhaité pouvoir améliorer la leur. Pour les étudiants, c'est particulièrement vrai lors des examens. Si nous pouvions retenir tout ce que nous étudions, nous aurions de bien meilleurs résultats. La nécessité de retenir les informations une fois l'examen terminé semble moins importante, mais même dans ce cas posséder une bonne mémoire peut procurer quelques avantages.

Mes étudiants, chaque semestre avant de passer leur premier examen en cognition, me demandent l'importance à accorder au rappel exact des noms. Ils trouvent qu'il est particulièrement difficile de se rappeler les noms et les faits semblent leur donner raison. La capacité de rappel des noms et des concepts, pour un intervalle de temps de rétention allant de 3 à 125 mois, a été évaluée chez des étudiants après une session de cours en psychologie cognitive à l'Open University en Angleterre (Conway, Cohen & Stanhope, 1991). Dans cette épreuve, il s'agissait de combler les espaces vides d'un texte par un nom ou un concept dont seule l'initiale était indiquée. Par exemple : *E_____ psychologue allemand, fut le premier à étudier l'apprentissage des syllabes dépourvues de sens. Dans l'inhibition p_____ l'oubli est causé par une interférence précédant l'apprentissage.*

La figure 5.1 en présente les résultats. Les noms étaient plus rapidement oubliés que les concepts au cours des 3 premières années mais entre 3 et 10 ans, les niveaux de rétention étaient assez similaires pour les deux types de connaissances. La découverte que 10 ans plus tard les individus se rappelaient encore plus de 25 % des noms et concepts est particulièrement encourageante.

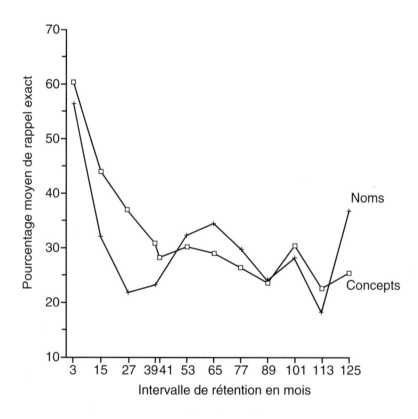

**Figure 5.1** Pourcentage moyen de noms et de concepts correctement rappelés selon différents intervalles de temps de rétention.

Une des meilleures façons de se rappeler certaines informations au cours de la vie est de passer beaucoup de temps à les étudier (Bahrick & Hall, 1991). Les étudiants qui avaient suivi des cours de mathématiques avancées au Deug gardaient une excellente mémoire des cours d'algèbre du lycée pendant une cinquantaine d'années. En revanche, les étudiants qui avaient également suivi des cours d'algèbre au lycée mais qui n'avaient pas pris de cours de mathématiques ensuite voyaient leur performance décliner pour atteindre un niveau de rétention proche de l'aléatoire au cours de la même période. Ce qui est surprenant, c'est que les mesures d'évaluation académique telles que le score et la note obtenue à un Test d'Aptitude Scolaire (TAS) ont peu d'impact sur la rétention (Bahrick & Hall, 1991 ; Semb & Ellis, 1994).

Pour retenir longtemps une information, nous devons la sortir de la mémoire à court terme pour l'insérer dans un stockage plus permanent appelé **mémoire à long terme (MLT)**. Ce chapitre résume quelques recherches effectuées sur la MLT – comment nous insérons l'information dans la MLT et comment cela est mis en évidence. La première section de ce chapitre décrit quelques-unes des façons dont l'information est transférée d'un stockage temporaire vers un stockage plus permanent. Nous allons commencer par considérer les caractéristiques fondamentales de la MLT, ainsi que les stratégies d'acquisition. La majeure partie de ce que nous savons sur ce thème a été résumée dans un important article de Atkinson et Shiffrin publié en 1968. Les auteurs y abordent plusieurs stratégies qui pourraient faciliter l'acquisition, mais ils ont principalement étudié la répétition mentale.

> **Mémoire à long terme**
>
> Mémoire qui n'a pas de limites de capacité et qui maintient l'information aussi bien pour quelques minutes que pour la vie entière.

Ils soutenaient que chaque fois qu'un item était répété mentalement, l'information sur cet item était insérée dans la MLT. Une autre stratégie qui influence l'acquisition est la bonne gestion du temps qu'il faut pour estimer si un item est suffisamment appris pour ne pas nécessiter d'étude supplémentaire.

Les psychologues ont aussi voulu découvrir comment les gens retrouvent l'information après qu'elle a été stockée dans la MLT. Il s'agit d'abord de savoir si l'information s'y trouve bien. Si c'est le cas, l'étape suivante consiste à adopter une stratégie pour récupérer l'information si nous ne pouvons pas nous la rappeler immédiatement. Se souvenir d'une information pertinente est habituellement important, même dans les tâches de reconnaissance, parce que reconnaître qu'un événement ou une personne nous sont familiers ne suffit généralement pas – nous avons d'ordinaire besoin d'informations supplémentaires.

Après avoir abordé quelques aspects théoriques du rappel et de la reconnaissance, je conclurai cette section par un exemple relatif à la manière dont les deux se combinent pour déterminer la précision de l'identification dans le cadre des témoignages oculaires.

Les tests de rappel et de reconnaissance sont des tests directs de la mémoire dans lesquels les consignes se réfèrent spécifiquement aux objets présentés antérieurement. Par contre, les tests indirects déterminent si des objets présentés précédemment aident les individus à réaliser de meilleures performances dans des tâches qui ne se réfèrent pas aux mêmes objets, comme pour l'identification des mots altérés. Les patients qui ont des troubles de mémoire réussissent à peu près aussi bien dans les tests indirects que les individus qui ont une mémoire normale. Nous examinerons quelques théories sur cet effet dans la dernière section, mais tout d'abord revenons aux bases, telles qu'elles sont représentées dans le modèle de Atkinson et Shiffrin présenté à la figure 4.1 (page ? ?).

## LE MODÈLE D'ATKINSON-SHIFFRIN

### Le transfert de l'information de la mémoire à court terme dans la mémoire à long terme

La théorie proposée par Atkinson et Shiffrin (1968, 1971) souligne les interactions entre la MCT et la MLT. Ils étaient particulièrement intéressés par la façon dont les gens pouvaient transférer l'information de la MCT vers la MLT. La mémoire à long terme présente deux avantages fondamentaux. D'abord, comme nous venons de le voir, l'oubli est beaucoup plus lent dans la MLT. Certains psychologues ont même suggéré que l'information n'est jamais perdue dans la MLT, bien que nous perdions la capacité de la récupérer. Que l'information soit perdue ou impossible à retrouver peut ne pas avoir beaucoup d'importance, mais si nous savons qu'elle se trouve encore dans la mémoire, nous pourrions éventuellement souhaiter la récupérer. Une autre différence entre la MCT et la MLT est que la MLT a une capacité illimitée. Bien que nous ayons vu dans le chapitre précédent qu'il existe une quantité limitée d'informations que nous pouvons maintenir dans la MCT, nous n'arriverons jamais à atteindre le seuil où nous ne pourrions plus apprendre une nouvelle information parce que la MLT serait saturée.

**Processus de contrôle**

Stratégies qui déterminent de quelle façon l'information est traitée.

Néanmoins, il n'est pas toujours facile d'entrer une nouvelle information dans la MLT. Atkinson et Shiffrin ont proposé plusieurs processus de contrôle qui pourraient être utilisés dans l'effort d'acquisition d'une nouvelle information. Les **processus de contrôle** sont les stratégies qu'utilise une personne pour faciliter l'acquisition de connaissances. Ils incluent la répétition, le codage et la création d'une image mentale.

La **répétition** est la répétition de l'information –que ce soit de vive voix ou silencieusement– encore et encore, jusqu'à qu'elle soit apprise.

Le **codage** tente de replacer l'information à rappeler dans un autre contexte facilitant la récupération de l'information, comme dans le cas des moyens mnémotechniques.

Par exemple, beaucoup d'entre nous ont appris les conjonctions de coordination en se rappelant la phrase «Mais ou et donc ornicar.»

La **création d'une image mentale** consiste à fabriquer mentalement une image pour nous rappeler les informations verbales. C'est un vieux truc pour mémoriser – il était même recommandé par Cicéron pour apprendre les longues listes ou les longs discours.

La liste des stratégies pourrait encore être étendue mais la répétition, le codage et la création d'image mentale sont trois des principaux moyens utilisés dans l'acquisition des connaissances. Parce qu'il y a beaucoup trop de processus de contrôle à étudier, Atkinson et Shiffrin (1968) ont décidé de focaliser leur recherche sur un seul : la répétition verbale.

## Répétition verbale et apprentissage

La répétition verbale est habituellement considérée comme une forme d'**apprentissage par mémorisation** parce qu'elle implique la simple répétition de l'information, encore et encore jusqu'à ce que nous pensions l'avoir apprise. Elle peut être utile quand l'objet à apprendre nous paraît relativement abstrait, ce qui rend difficile l'utilisation de stratégies telles que le codage ou la création d'une image mentale. La tâche conçue par Atkinson et Shiffrin (1968) nécessitait d'apprendre des objets abstraits, dépourvus de sens, et encourageait donc l'utilisation de la répétition.

Dans l'expérimentation, des étudiants de DEUG devaient tenter d'apprendre des associations entre un nombre à deux chiffres (le stimulus) et une lettre (la réponse). Les paires associées incluaient des items tels que 31-*Q*, 42-*B* et 53-*A*. Chaque paire était présentée durant 3 sec. et la paire suivante apparaissait 3 sec. plus tard. Des tests critiques, dans lesquels seul un nombre de deux chiffres était présenté, étaient intercalés entre ces épreuves et il était alors demandé aux sujets de dire quelle lettre accompagnait ce nombre auparavant. Une des variables dans l'expérimentation était le nombre de tests séparant les épreuves du test critique. Certaines associations étaient contrôlées au test suivant et d'autres après un délai qui pouvait aller jusqu'à 17 épreuves plus tard.

Atkinson et Shiffrin ont interprété les données de leur expérimentation en proposant un modèle dans lequel la répétition verbale était utilisée pour apprendre les associations. D'après eux, les sujets maintenaient un nombre fixe d'items dans la MCT et ces items étaient répétés, sauf quand l'étudiant regardait un nouvel item ou qu'il devait répondre à la question du test critique. L'effet de la répétition induisait à transférer les informations sur cet item dans la MLT. L'importance de l'apprentissage dépendait du temps durant lequel une paire particulière était maintenue dans la série répétée. Pour Atkinson et Shiffrin, l'acquisition s'accroît en fonction du nombre de fois où l'item est répété. Dans cette étude, quand l'item n'était plus répété, l'information sur cet item particulier déclinait à mesure des présentations suivantes d'items. La probabilité d'une réponse correcte dépendait donc à la fois du nombre de fois où l'item était répété et du nombre d'épreuves intercalées entre le moment où l'item ne faisait plus partie de la série des items répétés et l'apparition du test critique.

Dans l'exemple précédent, un item a été répété mais il ne se trouvait pas dans la MCT au moment du test. Si l'item a été répété mais n'est plus dans la MCT, la réponse doit être retrouvée dans la MLT. Une seconde possibilité est que l'item a été répété mais se trouve encore dans la MCT. Une troisième possibilité existe quand un item n'est pas du tout répété. Puisque le modèle postule que seul un nombre limité d'items peuvent être maintenus dans la série de répétitions, répéter un nouvel item ne pourra se faire qu'en éliminant un des items de la série. Selon Atkinson et Shiffrin, un item qui n'est pas répété ne peut être correctement rappelé que s'il est testé dans une épreuve suivant immédiatement sa présentation.

## La répétition et l'effet de la position sérielle

Demander à quelqu'un de répéter à voix haute permet de vérifier si la répétition verbale entraîne l'acquisition. L'expérimentateur peut alors compter le nombre de fois que chaque item est répété et évaluer si la probabilité de rappel d'un item est liée au nombre de répétitions. La tâche conçue par Rundus (1971) visait exactement cet objectif. Une liste de 20 noms était présentée à des étudiants de DEUG à Stanford. Les mots étaient donnés un par un durant 5 sec. Rundus a invité les étudiants à apprendre ces mots en les répétant à voix haute pendant chaque intervalle de 5 sec. les séparant. Ils étaient libres de répéter n'importe quel mot de la liste à la condition que cela soit effectué dans ces intervalles. Après la présentation de la liste, les étudiants tentaient de se rappeler les noms dans n'importe quel ordre.

La figure 5.2 présente les résultats de cette expérience. La probabilité de se rappeler un mot dépendait de sa position dans la liste. Les mots situés au début et à la fin étaient plus faciles à rappeler que les mots du milieu de la liste. La forme en U de la courbe de rappel, qui est appelée **effet de la position sérielle**, est souvent obtenue dans les expériences sur le rappel. Le meilleur rappel des mots du début de la liste est appelé **effet de primauté**, et le meilleur rappel des mots de la fin est appelé **effet de récence**.

La courbe indiquant le nombre de fois où chaque mot était répété montre que les mots du début de la liste étaient répétés plus souvent que les autres. Ceci est également évident dans le tableau 5.1. La relation entre les courbes de répétition et de rappel révèle que l'effet de primauté peut être expliqué par la théorie de Atkinson et Shiffrin. Puisque les mots du début étaient davantage répétés que les autres, ils devaient avoir une plus forte probabilité d'être retrouvés dans la MLT. L'effet de primauté disparaîtrait donc si tous les mots de la liste étaient répétés un même nombre de fois. En fait, quand les

> **Effet de la position sérielle**
>
> Capacité de mieux se rappeler des mots du début et de la fin d'une liste que des mots de son milieu.
>
> **Effet de primauté**
>
> Meilleur rappel des mots du début d'une liste.
>
> **Effet de récence**
>
> Meilleur rappel des mots de la fin d'une liste.

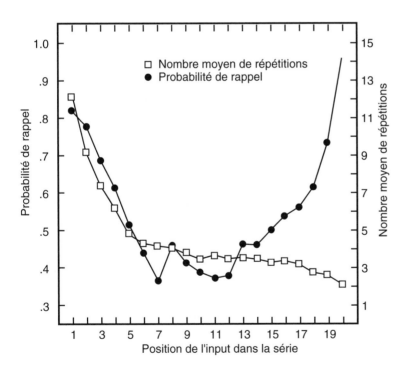

**Figure 5.2** Relation entre la probabilité moyenne de rappel et le nombre moyen de répétitions en fonction de la position sérielle d'un mot

**Tableau 5.1** *Liste partielle d'items répétée par un sujet dans l'expérience de Atkinson-Shiffrin*

| Item présenté | Items répétés (série de répétitions) |
|---|---|
| 1. Réaction | Réaction, réaction, réaction, réaction |
| 2. Sabot | Sabot, réaction, sabot, réaction |
| 3. Bienfait | Bienfait, sabot, réaction |
| 4. Recherche | Recherche, réaction, sabot, recherche |
| 5. Bonbon | Bonbon, sabot, recherche, réaction |
| 6. Épreuve | Épreuve, sabot, épreuve, sabot |
| 7. Gentillesse | Gentillesse, bonbon, épreuve, sabot |
| 8. Non-sens | Non-sens, gentillesse, bonbon, épreuve |
| 20. Cave | Cave, alcool, misère, cave |

SOURCE : Tiré de « The control of Short-Term Memory, » de R. C. Atkinson et R. M. Shiffrin, 1971, Scientific American, 225, 82-90. Copyright © 1971 par Scientific American, Inc. Tous droits réservés. Reproduit avec autorisation.

sujets avaient pour consigne de répéter les mots aussi souvent les uns que les autres en répétant uniquement le mot présenté, l'effet de primauté disparaissait (Fischler, Rundus et Atkinson, 1970).

Bien que le nombre de répétitions puisse induire l'effet de primauté, il ne peut induire l'effet de récence. Les participants réussissaient parfaitement à se rappeler les mots de la fin de la liste même s'ils ne les avaient pas répétés davantage que les mots du milieu.

L'effet de récence est souvent expliqué par le fait que les mots de la fin d'une liste sont encore dans la MCT au moment où une personne commence le rappel. Les étudiants, dans l'expérimentation de Rundus, rappelaient les mots immédiatement après la présentation du dernier item; il est donc raisonnable de prétendre que les mots qu'ils venaient juste de voir étaient encore disponibles dans la MCT.

L'expérience de Peterson et Peterson, présentée dans le chapitre 4, nous a appris que l'information est rapidement perdue dans la MCT si les gens ont à effectuer une autre tâche. Si l'effet de récence est causé par la récupération des items les plus récents dans la MCT, il devrait disparaître lorsqu'une personne doit réaliser une autre tâche avant de rappeler les items. Dans une expérimentation conçue par Postman et Phillips (1965), les sujets avaient à effectuer une opération d'arithmétique durant 30 sec. avant d'essayer de rappeler une liste de mots. La tâche d'arithmétique a réussi à éliminer l'effet de récence, les mots de la fin de la liste s'étant détériorés dans la MCT.

Que l'effet de primauté soit lié à la récupération dans la MLT et que l'effet de récence vienne de la récupération dans la MCT est corroboré par l'exemple des patients souffrant d'amnésie. Ces personnes ont des difficultés à retrouver une information dans la MLT mais ont souvent une MCT normale, telle que mesurée par le test classique de l'empan mnésique présenté dans le chapitre précédent. Ceci suggère qu'ils devraient moins bien réussir qu'un groupe de contrôle dans le rappel des mots du début de la liste, mais aussi bien que les sujets du groupe de contrôle dans le rappel des mots de la fin de la liste. Ce sont effectivement de tels résultats qui ont été obtenus.

Signalons cependant qu'il existe d'autres explications de l'effet de récence (Greene, 1986). Celui-ci se produirait parce que les positions du début et de la fin de liste sont plus mémorables que celle du milieu. Dans le prochain chapitre, nous verrons que les items placés en évidence sont plus faciles à se rappeler, mais j'aimerais d'abord revenir sur la façon dont les gens utilisent des stratégies de contrôle dans l'acquisition de nouvelles informations.

## PROCESSUS DE CONTRÔLE

Les processus de contrôle déterminent comment nous utilisons notre mémoire pour apprendre. Nous avons examiné un processus de contrôle particulier –la répétition verbale– mais ce n'est qu'un exemple des stratégies que nous utilisons pour apprendre et retrouver des informations. Imaginez que vous ayez à apprendre la traduction anglaise d'une liste de mots du vocabulaire allemand. La figure 5.3 présente d'autres exemples des processus de contrôle que vous pouvez utiliser pour accomplir cette tâche (Nelson & Narens, 1990).

D'abord, vous avez besoin de décider de la stratégie à utiliser. Voulez-vous utiliser la répétition, le codage ou l'image mentale ? Que vous cherchiez à rendre l'objet à apprendre plus signifiant (codage) ou à générer facilement des images mentales (création d'une image mentale), vous devez savoir utiliser l'une ou l'autre de ces stratégies élaborées. Deuxièmement, vous avez besoin de décider du temps d'étude à consacrer aux items (Nelson, Dunlosky, Graf & Naren, 1994). Vous aurez probablement besoin de plus de temps pour apprendre la traduction de *der Gipfel* que pour apprendre celle de *die kamera*. Troisièmement, vous avez besoin de déterminer à quel moment arrêter d'étudier (avec optimisme), décision basée sur l'estimation que le savoir est acquis.

Toutes ces décisions dépendent de votre capacité à juger avec précision que l'apprentissage est effectif. Par exemple, décider quelle stratégie de traitement utiliser dépend de votre capacité à juger qu'une stratégie est plus efficace qu'une autre. Mais les jugements sur

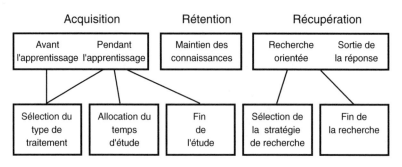

**Figure 5.3** *Exemples des stratégies de contrôle qui influencent l'acquisition et la récupération des connaissances.*

l'apprentissage peuvent être flous si vous avez à les faire peu de temps après avoir étudié un item, vu que l'acquisition peut n'être que temporaire. Nous pouvons être sûrs d'avoir appris quelque chose immédiatement après l'avoir étudié et découvrir plus tard qu'il nous est impossible de nous le rappeler. C'est pour cette raison qu'il vaut mieux reporter l'estimation de l'acquisition au moment où nous sommes plus sûrs que cette dernière est relativement permanente.

Ces points sont joliment illustrés par une étude de Dunlosky et Nelson (1994). Ceux-ci ont conçu une tâche d'association de paires dans laquelle les étudiants apprenaient la moitié des paires en utilisant une stratégie de répétition et le reste en utilisant une stratégie de création d'images mentales. La stratégie de création d'images mentales s'est montrée bien plus efficace – elle s'est soldée par 59% de rappels exacts contre 25% seulement grâce à la stratégie de répétition. Les étudiants étaient plus précis dans l'appréciation de l'efficacité respective des deux stratégies quand ils différaient leur jugement (au moins 30 sec. plus tard) que quand ils se prononçaient immédiatement après avoir étudié chaque item.

Ils étaient également plus précis dans l'identification des items isolés qu'ils avaient appris quand ils différaient leur jugement.

**Acquisition de connaissances**

Stockage de l'information dans la MLT.

**Stratégies de récupération**

Stratégies pour se rappeler des informations contenues dans la MLT.

Les stratégies de contrôle, telles que le choix d'une bonne stratégie d'apprentissage et l'évaluation de l'acquisition d'items spécifiques, interviennent dans l'**acquisition des connaissances** – intégrer des informations dans la MLT. D'autres stratégies interviennent dans la récupération – sortir des informations de la MLT. Les **stratégies de récupération**, présentées à droite dans la figure 5.3, nécessitent une recherche dans la MLT pour trouver une réponse. Si vous trouvez une réponse qui vous semble correcte, vous arrêtez votre recherche.

Autrement, vous continuez à chercher ou vous abandonnez si vous estimez que c'est sans espoir.

Cette partie est centrée sur les stratégies de contrôle qui impliquent l'attribution d'un temps d'étude et la recherche d'information dans la MLT. Dans les deux cas, nous aborderons ces stratégies du point de vue de leurs applications. Les psychologues peuvent-ils améliorer l'acquisition en contrôlant la répartition du temps d'étude au travers des items et améliorer la récupération en questionnant les sujets de manière telle qu'ils améliorent leur performance de rappel ? Heureusement, la réponse est *oui* pour l'acquisition comme pour la récupération.

## Le temps d'étude

Revenons à présent à la tâche d'acquisition de la traduction anglaise de mots allemands. Vous voudriez être capables de vous rappeler la traduction des mots, non seulement pendant que vous les étudiez mais aussi les jours suivants. Pour y parvenir, vous devez être capables de savoir quand vous avez suffisamment appris la traduction et être sûr que vous n'avez pas simplement récupéré la traduction des mots dans la MCT. Selon ma propre expérience, il est parfois difficile de savoir à quel moment ce que nous étudions est vraiment su. Il semblait parfois facile de se rappeler une information peu de temps après l'avoir lue ou entendue, elle était néanmoins perdue le lendemain.

Il y a beaucoup de tâches qu'un ordinateur exécute mieux que les personnes, alors pourquoi ne pas lui laisser décider du moment où l'apprentissage est acquis ? Puisqu'un ordinateur ne peut que suivre les instructions d'un programmeur, celles-ci doivent dériver d'un bon modèle d'apprentissage. L'avantage de l'utilisation d'un modèle formel de l'apprentissage et d'un ordinateur pour améliorer le rappel a été démontré dans l'étude de Atkinson (1972a, 1972b). Des étudiants en DEUG devaient y apprendre la traduction anglaise de 84 mots allemands. Les mots étaient répartis en sept listes, chacune contenant 12 mots. Une des listes était présentée à chaque épreuve d'une session de cours et soit l'étudiant, soit l'ordinateur, choisissait un des items à tester et à étudier. Après que l'étudiant eut tenté de fournir la traduction anglaise du mot, la traduction exacte était livrée. Ensuite l'ordinateur présentait la liste suivante et la procédure était répétée, et ainsi de suite pour un total de 336 épreuves. La figure 5.4 présente une liste typique et un modèle de la session d'enseignement.

Atkinson a conçu cette expérience pour comparer l'acquisition dans trois groupes d'étudiants. Dans l'un, les étudiants étaient autorisés à choisir les mots qu'ils voulaient étudier. Ils devaient essayer d'apprendre tous les mots et on leur suggérait que la meilleure façon de procéder était de tester et d'étudier les mots qu'ils ne connaissaient pas encore. Il était attribué aux étudiants du second groupe des items à étudier qui étaient sélectionnés selon un modèle d'apprentissage. Atkinson a élaboré le modèle dans un effort d'optimisation de l'apprentissage en présentant les mots que les étudiants avaient davantage besoin d'étudier. Les mots étaient sélectionnés sur la base d'une stratégie sensible aux réponses, c'est-à-dire qui prenait en compte les réponses précédentes des étudiants. Pour les étudiants du troisième groupe, les mots attribués étaient choisis de façon aléatoire. La sélection aléatoire, bien entendu, n'est pas une très bonne procédure puisqu'elle peut inclure des mots que les étudiants connaissaient déjà. La performance du troisième groupe est intéressante parce qu'elle fournit une norme permettant la comparaison avec les deux autres groupes.

Le modèle d'apprentissage postulait qu'un item peut se trouver sous la forme d'un de ces trois états :

1. *Un état de non-acquisition.* Les items dans cet état n'ont pas encore été appris, celui qui apprend fournira donc une réponse erronée.

2. *Un état d'acquisition instable.* Les items dans cet état ont été appris de façon temporaire. Celui qui apprend fournirait dans un premier temps une réponse exacte mais oublierait la traduction à mesure de ses tentatives ultérieures d'acquisition des autres items. Nous pouvons considérer que ces items sont stockés dans la MCT.

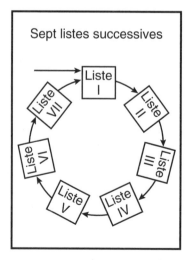

**Figure 5.4** Illustration de la tâche d'apprentissage d'une langue conçue par Atkinson.

3. *Un état d'acquisition stabilisé.* La traduction des items dans cet état est relativement permanente dans le sens où l'acquisition d'autres items du vocabulaire n'interférera pas avec eux. Nous pouvons considérer que ces items sont stockés dans la MLT.

Le but du modèle d'apprentissage est de sélectionner les items à étudier qui ne sont pas encore dans la MLT pour y optimiser leur nombre avant la fin de la session. Les items qui sont dans l'état de non-acquisition sont faciles à identifier parce que l'étudiant sera incapable d'en fournir une traduction exacte. En clair, ces items nécessitent d'être plus longuement étudiés, et en regard de la recherche présentée précédemment, nous pouvons nous attendre à ce que les étudiants veuillent encore les étudier. Les items en état d'acquisition instable sont plus difficiles à identifier car les étudiants sont aptes à fournir la bonne réponse dans certaines des épreuves. Considérons à présent le cas où un étudiant reçoit deux tests portant sur le même item et répond correctement dans les deux cas. Est-ce que cet item est dans un état d'acquisition stabilisé et ne sera-t-il donc pas nécessaire de le voir à nouveau ? Ce n'est pas sûr mais notre décision devrait être influencée par le nombre d'épreuves entre les deux tests. Plus le nombre d'épreuves intercalées est grand, plus grande est la probabilité que l'item soit dans un état d'acquisition stabilisé puisque étudier des items intercalés aurait dû provoquer son oubli s'il se trouvait dans un état d'acquisition instable.

L'avantage d'un ordinateur est qu'il peut enregistrer et se souvenir exactement de quelle manière a répondu un étudiant pour chacun des items. Lorsque cette information est utilisée dans un modèle qui tente d'optimiser l'apprentissage, il est possible que le modèle puisse sélectionner des items à étudier mieux que ne saurait le faire l'étudiant. Les résultats de l'expérimentation de Atkinson ont montré que cette possibilité peut être réalisée. La figure 5.5 présente la performance de chacun des trois groupes à une épreuve donnée après un délai de 1 semaine. Il est évident que plus la performance était mauvaise durant l'enseignement, mieux ils réussissaient cette épreuve. La raison en est qu'un enseignement efficace nécessite l'identification et la présentation des mots non appris, ces mots qui induisent beaucoup d'erreurs durant l'enseignement. La **stratégie sensible aux réponses** basée sur le modèle d'apprentissage s'est révélée la plus efficace pour l'identification des items non acquis. Les étudiants qui pouvaient sélectionner leurs propres items à étudier (la **stratégie d'apprentissage contrôlé**) ont beaucoup mieux réussi l'épreuve que lorsque les items étaient sélectionnés de façon aléatoire, mais ont moins bien réussi que ceux qui utilisaient le modèle d'apprentissage. La performance à l'épreuve a montré que la stratégie d'apprentissage contrôlé produisait une amélioration de 53% par

**Stratégie sensible aux réponses**

Stratégie générée par un ordinateur qui utilise les réponses précédentes de celui qui apprend pour décider quels sont les items qui doivent être présentés durant les épreuves d'apprentissage.

**Stratégie d'apprentissage contrôlé**

Une stratégie dans laquelle celui qui apprend décide quels sont les items à étudier durant les épreuves d'apprentissage.

rapport au processus aléatoire, tandis que la stratégie sensible aux réponses, contrôlée par l'ordinateur, apportait une amélioration de 108%.

Les résultats fournissent une illustration claire de l'utilité d'un bon modèle d'apprentissage issu d'un ordinateur. Bien que l'enseignement avec apprentissage contrôlé était meilleur qu'avec une sélection aléatoire, il était moins bon que lorsque la sélection des items était effectuée par le modèle d'apprentissage. Il semble évident que l'utilisation de ce modèle sur une plus grande échelle est à considérer sérieusement. Le fait que les ordinateurs sont de plus en plus abordables devrait entraîner l'application des programmes d'enseignement tels que celui élaboré par Atkinson à des situations de plus en plus diverses.

## Stratégies de récupération

L'efficacité d'un apprentissage dépend non seulement de l'entrée d'une information dans la MLT mais aussi de sa récupération grâce à l'utilisation de stratégies de récupération efficaces. Si je posais une question difficile, vous auriez à décider en premier lieu si vous avez l'information appropriée dans votre mémoire. Glucksberg et McCloskey (1981) ont estimé que les gens font d'abord une recherche préliminaire dans la mémoire pour décider s'ils ont effectivement stocké une quelconque information concernant la question. La plupart des gens ne trouveraient pas d'information appropriée à la question «Est-ce que le président Clinton utilise une brosse à dents électrique? » et ils pourraient donc répondre rapidement qu'ils n'en savent rien. Cependant, si des faits potentiellement pertinents étaient rapportés (comme dans le cas de la question «Est-ce que Kiev est en Ukraine ?»), le sujet chercherait ensuite dans la MLT pour confirmer ou infirmer cette proposition.

Après que vous avez décidé que cela vaut la peine de chercher dans la MLT, vous devez voir comment mener cette recherche. Atkinson et Shiffrin (1968) sont d'avis que les gens élaborent des plans pour chercher dans la MLT.

Par exemple, si je vous demandais de m'énoncer les noms des 50 états des USA, vous pourriez organiser votre recherche soit par ordre alphabétique, soit selon leur localisation.

Rappeler des informations à partir de la MLT survient parfois si rapidement que les psychologues ont peu de possibilité d'étudier comment les gens procèdent pour retrouver cette information. Cependant, la récupération ne réussit parfois qu'après une lente recherche dans la MLT, comme lors du phénomène **«du mot sur le bout de la langue»** (MBL). Un mot se trouve sur le bout de votre lan-

**Mot sur le bout de la langue (MBL)**

Etat de récupération dans lequel une personne sent qu'elle sait l'information mais ne parvient pas à la récupérer immédiatement.

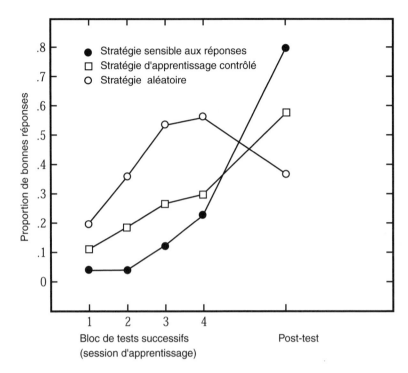

**Figure 5.5** *Proportion de bonnes réponses durant la session d'apprentissage et lors du post-test donné une semaine plus tard.*

gue quand vous savez qu'il est stocké dans la MLT mais que momentanément vous ne parvenez pas à le retrouver. La réussite de la récupération est souvent facilitée par l'utilisation d'informations partielles, telles la longueur du mot ou sa première lettre, qui limitent la recherche dans la MLT (R. Brown & D. McNeill, 1966).

Il existe deux principales méthodes expérimentales pour étudier l'état MBL. L'approche en laboratoire requiert la présence des personnes dans le laboratoire, à qui l'on demande de rappeler des mots qui peuvent entraîner l'état MBL. L'approche journalière nécessite que les individus décrivent de façon détaillée ce qui s'est passé quand ils ont été confrontés à ces blocages mnémoniques dans leur vie quotidienne.

Dans la première étude systématique en laboratoire, conduite par R. Brown et D. McNeill (1966), on donnait aux sujets des définitions de mots inusuels et il leur était ensuite demandé de se rappeler ces mots. Par exemple : «Quel est le nom de l'instrument qui utilise la position du soleil et des étoiles pour la navigation ?». Certains mots entraînent l'état MBL; c'est-à-dire que les gens sont incapables de trouver immédiatement le mot mais sont persuadés qu'ils vont bientôt s'en souvenir. La réussite de la récupération était souvent facilitée par l'utilisation des informations partielles en relation avec le mot lui-même, comme sa longueur ou sa première lettre. Par exemple, quand les individus tentaient de répondre à la question ci-dessus, ils pouvaient se rappeler que le mot commençait par *s* et comportait deux syllabes (sextant).

Une autre étude a fourni des résultats similaires en utilisant des images et des descriptions verbales de comédiens (Read & Bruce, 1982). Par exemple, la description verbale de Ray Bolger était : «Il a créé à Broadway le rôle de Charley dans *Charley's Aunt*, mais il est peut-être plus connu pour avoir été l'épouvantail dans le film avec Judy Garland *Le Magicien d'Oz*.». La stratégie la plus fréquente pour se rappeler un nom consistait à utiliser des informations partielles, comme l'ont initialement rapporté Brown et McNeill (1966). Les informations partielles comportent des indices sur la longueur du nom, sur les lettres ou la sonorité du mot. Deux autres stratégies très populaires consistaient à prononcer des mots plausibles et à utiliser l'information contextuelle. La prononciation de mots éventuels était souvent guidée par des informations partielles pour limiter la recherche. L'information contextuelle est une information associée à la personne, comme un film, un rôle ou son origine ethnique. Seules quelques personnes ont rapporté s'être spontanément rappelé le nom sans avoir pensé à cibler la personne. Les récupérations réussies, donc, apparaissent habituellement comme le résultat d'une recherche systématique dans la mémoire.

**Etudes naturalistes**

Études de la sensation d'avoir un mot sur le bout de la langue dans laquel le la personne enregistre ces événements à mesure qu'ils se produisent hors des conditions de laboratoire.

Dans les **études naturalistes** du MBL, les sujets tiennent un journal de bord dans lequel ils décrivent les états MBL lorsqu'ils se produisent. On leur demande de noter quelle information ils pouvaient récupérer alors qu'ils cherchaient un mot particulier et comment le blocage mnémonique avait été résorbé. Une revue de cette littérature (A. S. Brown, 1991) rapporte une grande cohérence dans les résultats. Par exemple :

1. 1.Les MBL se produisent dans la vie quotidienne à raison de un par semaine et de plus en plus souvent avec l'âge. La plupart sont déclenchés par le nom de personnes que nous connaissons.

2. 2.Les mots liés à la signification et à l'appellation du mot voulu sont récupérés mais ceux sur l'appellation prédominent. Les gens arrivent à retrouver la première lettre dans 50 % des cas.

3. 3.La moitié des états MBL sont résolus au bout d'une minute.

La découverte que la stratégie prédominante de récupération implique le rappel d'informations partielles sur l'appellation, concerne autant les expériences en laboratoire que les études naturalistes, mais il existe malgré tout quelques différences dans les résultats. Les MBL se produisant naturellement entraînent un pourcentage modéré (de 17 à 41 %) de **récupérations spontanées** dans lesquelles le mot a soudainement «surgi dans l'esprit» sans effort apparent pour le retrouver. Par contre, les récupérations spontanées se produisent rarement (5% ou moins) dans les études de laboratoire, peut-être parce que les gens sont activement mobilisés dans la recherche des mots. Ceux qui veulent imaginer leur propre expérimentation pour l'étude des conditions MBL seront heureux d'apprendre que tout n'est pas encore résolu. Par exemple, on ne sait toujours pas si la récupération de mots connexes facilite une récupération du mot cible ou contribue au contraire au blocage mnémonique (Brown, 1991).

**Récupérations spontanées**

Récupérations qui se produisent sans avoir à faire d'effort conscient pour se rappeler l'information.

## L'amélioration du souvenir chez les témoins oculaires

Ces résultats soulèvent la question de savoir si les psychologues peuvent fournir des techniques pour aider les personnes à chercher des informations importantes dans leur MLT. Considérez le cas d'une personne qui a assisté à un crime et qui est ensuite interrogée par des officiers de police. L'hypnose a beaucoup été utilisée dans de tels cas pour améliorer la capacité du témoin à retrouver des informations sur le crime. Cette utilisation de l'hypnose est basée sur un modèle de la mémoire dans lequel le témoin essaye de «revoir le film» de l'événement. Un important élément de cette technique tient au fait que l'hypnotiseur tente de reproduire le contexte en incitant l'imaginaire du témoin à participer une nouvelle fois à la scène du crime.

Bien qu'il existe beaucoup de témoignages d'affaires dans lesquelles l'hypnose a aidé le témoin à se rappeler des détails supplémentaires sur le crime, son utilisation pose cependant quelques problèmes (M E. Smith, 1983). Le problème principal est que les encouragements de l'hypnotiseur peuvent induire le témoin à rapporter des éléments inexacts. Par exemple, dans une étude, 90% des témoins hypnotisés essayaient de se rappeler le chiffre inscrit sur le tee-shirt de l'assassin dans un simulacre de crime, en comparaison avec 20% des sujets dans le groupe de contrôle (Buckhout, Eugenio, Licitra, Oliver, & Kramer, 1981).

Aucun des témoins n'a réussi à se rappeler le nombre exact. La possibilité que les souvenirs puissent être inexacts a conduit les tribunaux à douter de la fiabilité du rappel sous hypnose.

Un autre problème concernant l'hypnose est que la réussite des rappels peut ne pas être due à l'état d'hypnose. M. E. Smith (1983) identifie d'autres causes possibles, comme la répétition des essais et la reproduction du contexte. Comme cela est indiqué par les résultats de Read et Bruce (1982), les essais répétés peuvent entraîner l'apparition d'informations supplémentaires. L'amélioration du rappel attribué initialement à l'hypnose peut donc simplement résulter du fait que les témoins essaient de fournir un deuxième ou un troisième rappel dans lesquels ils récupèrent plus de détails en l'absence de toute hypnose. L'amélioration du rappel pourrait aussi résulter de certains aspects de ce procédé, comme lorsque le témoin est encouragé à se replonger dans le contexte du crime.

Pour déterminer si encourager des sujets non hypnotisés à se remettre dans le contexte pouvait améliorer le rappel, Malpass et Devine (1981) ont demandé à un acteur de saccager des équipements lors d'une manifestation et ce devant un grand nombre d'étudiants qui ne se doutaient de rien. Cinq mois après cette mise en scène de vandalisme, cinq individus ont été alignés devant les témoins à qui il a été demandé d'identifier le vandale. La moitié des témoins se sont reproduits le contexte de l'acte de vandalisme avant de faire leur choix. L'interviewer leur a demandé de tenter de visualiser les événements qui se sont produits ce soir-là, en incluant la salle de cours, l'équipement, le vandale et leurs propres sentiments.

Les témoins à qui on avait demandé de se replonger dans le contexte avant de prendre une décision ont identifié l'individu dans 60% des cas. Ceux qui n'ont pas reçu de consignes particulières l'ont identifié dans 40% des cas. La récupération guidée par la remémoration du contexte peut donc entraîner une amélioration du rappel. Mais en quoi se différencie la récupération guidée sans hypnose et sous hypnose ?

Pour répondre à cette question, Geiselman, Fisher, McKinnon et Holland (1985) ont demandé à des sujets hypnotisés et non hypnotisés de se rappeler des informations concernant un simulacre de crime. Les sujets ont vu le film de 4 mn d'un crime violent et ont été interrogés 2 jours plus tard par des officiers de police judiciaire. Trois contextes d'interrogatoire étaient attribués de façon aléatoire aux sujets. L'interrogatoire standard suivait les procédures de questionnement qui sont habituellement utilisées par les officiers de police judiciaire. L'interrogatoire sous hypnose consistait à demander aux sujets hypnotisés de dire ce qu'ils se rappelaient du film. L'**entrevue cognitive** consistait en une utilisation de quatre techniques de récupération qui encourageaient les sujets à se replonger dans le contexte du crime, à rapporter tout ce qui leur passait par la tête, à se rappeler les

**Entrevue cognitive**

Utilisation des techniques de rappel cognitif pour améliorer les souvenirs.

événements dans différents ordres et à se rappeler le crime selon différentes perspectives.

Le procédé cognitif, tout comme l'hypnose, ont entraîné le rappel d'un nombre significativement plus grand de bons éléments d'information que dans le cas de l'interrogatoire standard. Les chercheurs ont attribué ces résultats aux techniques de guidage mnémoniques qui sont communes à ces deux procédures.

Bien que l'entrevue cognitive n'ait pas entraîné un meilleur rappel que celui obtenu sous hypnose, elle est plus facile à apprendre et à administrer.

L'application du procédé d'entrevue cognitive dans le cadre de crimes réels s'est également soldée par des résultats encourageants (Fisher, Geiselman, & Amador, 1989). Sept inspecteurs expérimentés du Dade County de Miami, en Floride, ont été formés à l'utilisation de ces techniques. Avant et après la formation, les expérimentateurs enregistraient les interrogatoires avec les victimes et les témoins des crimes. Les détectives ont obtenu un supplément de 47% d'informations des interrogatoires après formation. Dans beaucoup de cas, il y avait plus d'une victime ou d'un témoin, aussi était-il possible de déterminer si l'information obtenue était cohérente parmi les gens interrogés. Un indice élevé de cohérence a indiqué que l'information ainsi obtenue était plus précise. Ces résultats encourageants indiquent que nous pouvons envisager d'utiliser ces techniques dans un plus grand éventail de situations (voir encart 5.1).

## LA MÉMOIRE DE RECONNAISSANCE

Les stratégies de récupération sont évidemment importantes quand les gens ont à se rappeler des informations, mais que se passe-t-il lorsqu'ils doivent procéder à un jugement de reconnaissance, comme quand ils sont en train de regarder des photographies de la tête de criminels pour déterminer s'ils reconnaissent le suspect ? Les théories contemporaines de la **mémoire de reconnaissance** soulignent qu'il existe deux composantes de la reconnaissance, l'une basée sur l'estimation de la familiarité de l'item et l'autre sur le rappel d'informations concernant l'item (G. Mandler, 1980 ; Humphreys & Bain, 1983).

**Mémoire de reconnaissance**

Décide si un item est précédemment apparu dans un contexte spécifique.

Une partie de la difficulté à décider si nous reconnaissons quelqu'un ou quelque chose tient au rappel du contexte dans lequel la rencontre précédente a pu se produire. G. Mandler (1980) donne l'exemple de quelqu'un qui voit dans un bus une personne qui lui semble familière mais qui n'est pas certain des raisons pour lesquelles celle-ci lui semble familière. Ce n'est qu'après le rappel du contexte approprié –la personne travaille au supermarché– que la reconnaissance semble complète. Ainsi le rappel du contexte de l'information est-il très précieux dans les expériences de rappel et de reconnaissance.

La section suivante de ce chapitre porte sur l'appréciation de la familiarité et le rappel de l'information contextuelle, nécessaires à l'identification dans les témoignages oculaires. Mais avant de considérer l'importante application qui y est consacrée, je veux vous montrer comment la familiarité est modélisée par les psychologues cognitivistes. Le modèle a été emprunté aux psychologues qui se sont intéressés à un acte de perception apparemment simple.

## La théorie de la détection du signal dans la reconnaissance

**Tâche de détection d'un signal**

Tâche qui nécessite que les observateurs rapportent si un signal a été émis.

**Omission**

Lorsqu'un observateur ne parvient pas à se rappeler le signal dans une tâche de détection de signaux ou un item déjà présenté dans une tâche sur la mémoire de reconnaissance.

**Fausse alerte**

Lorsqu'un observateur se rappelle de façon erronée un signal dans une tâche de détection de signaux ou un item qui n'avait pas été présenté dans une tâche sur la mémoire de reconnaissance.

La théorie que nous sommes en train de considérer a été initialement conçue pour décrire la performance dans des expériences de détection de signaux. La **tâche de détection d'un signal** demande à un observateur de rapporter si un signal a été émis – par exemple, si un signal sonore particulier a été émis dans un bruit de fond.

Quand une personne a manqué un signal, cette erreur est appelée **omission**. Quand l'individu pense par erreur qu'un signal a été émis, répondant de façon affirmative à un nouvel item qui n'a pas été présenté, cette erreur est appelée **fausse alerte**.

La théorie de la détection des signaux postule que les items varient le long d'une dimension continue, appelée *force mnémonique* ou *familiarité*. La présentation d'un item pendant l'expérience a pour effet d'augmenter sa familiarité. Puisque les anciens items étaient précédemment présentés dans l'expérimentation, ils avaient généralement un degré de familiarité plus élevé que les nouveaux. La situation est présentée dans la figure 5.6 par la disposition des deux distributions (représentant les nouveaux items et les anciens) le long d'un continuum.

La taille de la distribution de gauche indique combien de nouveaux items ont ce degré particulier de familiarité. La valeur moyenne du degré de familiarité pour les nouveaux items est représentée par la ligne verticale appelée Moy(N).

La taille de la distribution de droite indique combien d'anciens items ont ce degré de familiarité. La valeur moyenne du degré de familiarité pour les anciens items est représentée par la ligne verticale appelée Moy(A).

Notez que les deux distributions se chevauchent et que certains nouveaux items ont ainsi un plus grand degré de familiarité que les

## ENCART 5.1

## FAIRE DE L'ŒIL UN MEILLEUR TÉMOIN

EDWIN CHEN, ÉDITORIALISTE AU *TIMES*

Le premier voleur avait un sac à dos bleu tandis que l'autre portait des pantalons beiges. À moins qu'il ne s'agissait d'un sac à dos vert et de pantalons marrons ?

Tout s'est passé si vite – moins d'une minute – que, deux jours plus tard, lors de leur interrogatoire sur le vol par le biais des techniques conventionnelles des interrogatoires policiers, les 42 témoins ne pouvaient pas s'entendre sur des détails aussi essentiels. Les témoins ont été rassemblés par des psychologues de l'UCLA, pour soi-disant voir des diapositives. Mais pendant la projection, deux collaborateurs des expérimentateurs se sont brusquement introduits dans la salle, ont allumé la lumière et ont volé le projecteur.

À ce moment-là un changement de tactique des interrogateurs a donné lieu à de remarquables résultats. Ils n'ont pas seulement demandé « Qu'est-ce qui s'est passé ? » Mais ils ont tout d'abord demandé aux témoins de se rappeler le contexte et leur propre sentiment au moment du vol. Ils ont dit aux témoins de n'omettre aucun détail, même le plus insignifiant. Ils leur ont dit de reconstituer le crime dans des ordres différents, pas seulement du début à la fin. Enfin, ils ont dit aux témoins de recréer l'incident, pas seulement à partir de leur propre point de vue, mais en se mettant à la place des voleurs.

### « L'entrevue cognitive »

Cette technique de « l'entrevue cognitive » élaborée par un psychologue de l'UCLA, R. Edward Geiselman, a généré jusqu'à 35 % de détails en plus concernant le crime – tous étaient précis et plusieurs très pertinents selon les chercheurs.

Sans faire de tapage, les psychologues sont parvenus à élaborer une façon nouvelle et relativement simple de stimuler la mémoire humaine, améliorant ainsi la fiabilité et la performance des témoignages oculaires.

Les chercheurs affirment que ces progrès peuvent s'avérer très utiles au-delà du domaine de la justice criminelle. Par exemple, de telles techniques visant l'amélioration de la mémoire, peuvent aider les fonctionnaires de la santé publique à retrouver les partenaires des gens souffrant de maladies vénériennes, nous explique Ronald Fisher, psychologue à l'Université Internationale de Floride.

L'auditeur peut commettre deux types d'erreurs. Premièrement, il peut répondre négativement alors que le signal a été émis. Ce type d'erreur est appelé omission parce que le sujet a échoué dans la détection du signal. Deuxièmement, l'auditeur peut répondre affirmativement alors que le signal n'a pas été émis. Ce type d'erreur est appelé fausse alerte.

J. P. Egan (1958) a montré que la théorie élaborée pour décrire la performance dans une tâche de détection d'un signal pouvait aussi être utilisée pour décrire la performance dans une tâche sur la mémoire de reconnaissance. Il existe deux types d'items dans un tel test sur la mémoire – les anciens items qui sont apparus avant l'expérience et les nouveaux items qui ne sont pas apparus. Bien que la tâche nécessite de distinguer entre un ancien item et un nouveau plutôt qu'entre un signal et du bruit, le même type d'erreurs peut se produire quand les sujets tentent d'identifier les anciens items. Une personne peut répondre par la négative à la présentation d'un ancien item en n'arrivant pas à se rappeler qu'il avait été présenté auparavant.

Ces techniques peuvent même permettre à quelqu'un de retrouver ses clefs ou son portefeuille, poursuit-il.

### « Amélioration des souvenirs »

« Nous savions depuis longtemps comment améliorer l'apprentissage, mais jusqu'à présent nous ne savions que très peu comment améliorer les souvenirs », continue Fisher.

L'entrevue cognitive a été particulièrement adoptée par plusieurs organismes de sécurité, notamment le FBI, les Services Secrets des États-Unis et par le Département de la Police de Metro-Dade de Floride (ndt : Quartier sensible de Miami).

« Je crois beaucoup en cette technique », déclare John S. Farrel, inspecteur en chef du Département de Police de Metro-Dade. « C'est une toute autre façon de procéder ».

Les chercheurs de Floride et du Minnesota ont également trouvé que les erreurs d'identification lors de la confrontation avec un alignement de suspects peuvent être réduites de moitié quand les témoins regardent les suspects un par un plutôt que les six à la fois comme cela se fait d'ordinaire.

Ailleurs, d'autres scientifiques ont montré que la mémoire peut être considérablement affectée – en bien ou en mal – simplement par la façon dont le témoin est questionné sur les détails du crime.

Ces nouvelles découvertes tombent bien parce que plusieurs scientifiques croient à présent que l'hypnose est moins fiable que cela est habituellement supposé. Et dans les cours de justice, y compris en Californie, les juges adressent de sérieuses restrictions à l'utilisation de l'hypnose dans les affaires criminelles.

Ces nouvelles façons d'améliorer la fiabilité des témoignages sont particulièrement importantes parce que les membres des jurys accordent beaucoup de poids aux témoignages oculaires – parfois sans même se rendre compte qu'ils peuvent ne pas être fiables.

« La certitude du témoin oculaire est le prédicteur le plus important du verdict » déclare Brian L. Cutler, psychologue à l'Université Internationale de Floride. En dépit de quoi, la recherche montre que la certitude n'est « que faiblement corrélée avec la précision de l'identification », conclut-il.

**Familiarité**

Estimation du degré de familiarité d'un item dans un contexte particulier.

anciens. Comment cela se fait-il ? D'abord, nous devons nous rappeler que le terme de **familiarité** est utilisé pour décrire à quel point un item est supposé nous être familier dans le contexte de l'expérimentation. Votre nom vous est très familier mais, s'il n'est pas apparu dans l'expérience, son degré de familiarité sera faible. Puisque le degré de familiarité reflète votre degré de certitude qu'un item a été présenté dans l'expérience, votre nom aurait donc un très faible degré de familiarité parce que vous seriez d'autant plus sûr qu'il ne figurait pas parmi les anciens items. Les autres nouveaux items, cependant, seraient plus difficiles à estimer. Par exemple, si le mot *bateau* vous était présenté et que vous étiez testé par la suite sur le mot *paquebot*, vous pourriez répondre par l'affirmative parce que les deux mots ont un sens similaire. Le mot *paquebot* vous paraîtrait familier même s'il n'avait pas été présenté.

**d prime (d')**

Mesure de la précision dans un test de reconnaissance mnémonique basée sur la capacité de discriminer entre nouveaux et anciens items.

Une mesure appelée **d' (d prime)** est utilisée pour représenter le taux de chevauchement des deux distributions et comment une personne réussit un test de reconnaissance. C'est une mesure de la différence entre les moyennes des deux distributions –soit, Moy(A) – Moy(N)– relative à la variance de la distribution du nouvel item. Une valeur faible de $d'$ signifie qu'il y a un important chevauchement des deux distributions car une personne fait de nombreuses erreurs. Le cas extrême : $d' = 0$ indique que la valeur moyenne du degré de familiarité est la même pour les anciens et les nouveaux items. Une valeur de 0 pour $d'$ peut être obtenue si une personne ne peut se rappeler aucun des items dans l'expérience et ne fait que deviner pendant le test de mémoire.

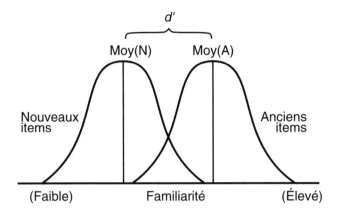

**Figure 5.6** *Représentation du signal de détection d'un nouveau et d'un ancien item le long d'un continuum de familiarité. Moy(N) est la valeur moyenne du degré de familiarité pour les nouveaux items, et Moy(A) est la valeur moyenne du degré de familiarité pour les anciens items.*

Puisque $d'$ mesure la réussite d'un individu dans un test de reconnaissance mnémonique, elle reflète la probabilité de commettre une erreur dans ce test. Cela ne nous dit cependant pas le type d'erreurs qui se produisent. Pour connaître les types d'erreurs, nous devons savoir comment une personne distingue les nouveaux items des anciens. Puisque les anciens items ont généralement des degrés de familiarité plus élevés que les nouveaux sur le continuum, une personne devrait répondre que les items familiers ont été précédemment présentés et pas les items non familiers. Cela semble assez simple, mais où doit-on placer exactement la coupure séparant les items familiers des non familiers si la familiarité varie le long d'un continuum ? Le point de coupure de la ligne de partage diffère selon les personnes et les tâches, il est donc nécessaire de calculer les limites d'emplacement de la coupure. La ligne verticale appelée b (**bêta**) dans la figure 5.7 montre deux points de coupure possibles. La théorie de la détection du signal postule que les personnes répondent qu'un item n'a pas été précédemment présenté si son degré de familiarité est plus faible que b, et qu'il a déjà été présenté si son degré de familiarité est plus grand que b.

L'emplacement de b détermine comment les erreurs d'une personne se partagent entre omission et fausse alerte. Notez dans la figure 5.7 la part de chacune des distributions qui se trouve du côté de l'erreur par rapport à la ligne de partage. Le degré de familiarité de beaucoup de nouveaux items est inférieur à b, ils devraient donc être

**Bêta (β)**

Position du critère de réponse dans un test de reconnaissance mnémonique qui détermine si un item est estimé en tant qu'ancien ou nouveau.

correctement étiquetés en tant que nouveaux items. Mais quelques-uns des nouveaux items ont un degré de familiarité supérieur à b, ils devraient donc être identifiés par erreur comme ayant été précédemment présentés, ceci consistant en une fausse alerte. La probabilité d'une fausse alerte est représentée par la proportion de nouveaux items qui ont un degré de familiarité supérieur à b, les aires hachurées verticalement dans la figure 5.7. La probabilité d'une omission est représentée par la proportion d'anciens items qui ont une valeur de familiarité inférieure à b, les aires hachurées horizontalement. Bien que ces derniers ne nous semblent pas très familiers, ils seraient néanmoins classés en tant que nouveaux items.

Notez dans la figure 5.7 que le déplacement du critère vers la gauche ou vers la droite entraîne un échange entre les omissions et les fausses alertes. Déplacer le critère vers la gauche (figure 5.7a) signifie qu'une personne répond plus souvent par l'affirmative, provoquant ainsi la diminution du nombre d'omissions et un accroissement du nombre des fausses alertes. Déplacer le critère vers la droite (figure 5.7b) signifie que l'individu répond moins souvent par l'affirmative, entraînant ainsi une augmentation du nombre des omissions et une baisse du nombre des fausses alertes. L'emplacement exact du critère peut être calculé en utilisant la proportion d'échanges entre les fausses alertes et les omissions.

L'application de la théorie de la détection du signal à la mémoire de reconnaissance fournit donc deux mesures de la performance. La première mesure –*d*'– est une mesure de la précision. Elle indique à quel point une personne peut faire la distinction entre anciens et nouveaux items. La précision est influencée par des facteurs tels que les différences individuelles de mémorisation, la longueur de l'intervalle de temps de rétention et le degré de similarité entre les anciens et les

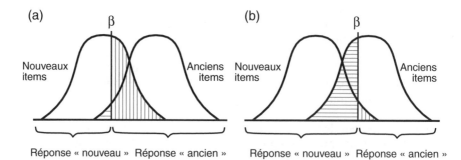

**Figure 5.7** *Influence du critère de réponse (β) sur la probabilité d'une omission (hachures horizontales) ou d'une fausse alerte (hachures verticales)*

nouveaux items. La seconde mesure –b– indique le critère de réponse choisi par un individu. C'est une valeur sur le continuum de familiarité que l'individu utilise pour décider si un item a déjà été présenté. Les items qui ont des degrés de familiarité supérieurs au critère sont classés comme anciens, et ceux qui ont des degrés de familiarité inférieurs au critère sont classés comme nouveaux. La position du critère détermine si les erreurs sont principalement des omissions ou des fausses alertes.

## L'identification chez les témoins oculaires

Jusqu'à présent, la mémoire de reconnaissance n'a été abordée que d'une façon abstraite. Voyons maintenant comment elle est utilisée dans une tâche particulière. Nous avons précédemment observé les techniques qui pouvaient être utilisées pour aider les témoins oculaires à se *rappeler* des détails dans les crimes. Nous allons maintenant regarder comment les tests de mémoire de reconnaissance en laboratoire sont liés à la capacité de *reconnaître* si une personne a été impliquée dans un crime.

La mémoire de reconnaissance est étudiée en laboratoire en montrant à des sujets une séquence d'items et en leur demandant ensuite si un item critique figurait dans la séquence. Les sujets ont à se rappeler non seulement s'ils ont vu cet item auparavant mais aussi s'ils l'ont vu au cours de l'expérience. En d'autres termes, ils ont à se rappeler du contexte dans lequel ils ont vu l'item. Se rappeler du bon contexte est souvent utile dans les situations quotidiennes. Par exemple, vous pouvez reconnaître quelqu'un comme étant une personne que vous avez déjà rencontrée mais être incapable de vous rappeler les circonstances de cette rencontre. Se souvenir du contexte approprié peut vous aider à vous rappeler des informations supplémentaires sur la personne, comme cela est illustré dans le cadre de l'entrevue cognitive.

L'identification chez les témoins oculaires est une situation dans laquelle se rappeler du contexte de l'information est particulièrement important. La précision de l'identification dépend non seulement de la capacité à reconnaître le visage de quelqu'un de familier mais aussi du souvenir que cette personne a été vue en train de commettre un crime et non pas vue dans le journal, à la télévision ou sur les photos présentées par la police.

La possibilité que le témoin soit capable de reconnaître un visage tout en étant incapable de se rappeler le contexte a été abordée par la Cour Suprême des États-Unis dans *Simmons contre les États-Unis* (390 U.S. 377, 1968) (cité in E. Brown, K. Deffenbacher, & W. Sturgill, 1977). La Cour a pris note des possibles effets pervers provoqués par la présentation à un témoin d'une seule photo de suspect ou de plusieurs photos mettant en évidence un suspect particulier. La décision de la Cour a fait valoir que de tels effets pouvaient être particulièrement trompeurs si le témoin avait eu un simple aperçu du suspect ou avait vu le suspect dans de mauvaises conditions (Buckhout, 1974).

Les possibles effets pervers pouvant se produire lors des identifications par les témoins oculaires ont été étudiés dans deux expérimentations de E. Brown, K. Deffenbacher et W. Sturgill (1977). Dans une expérience, lors d'un cours d'introduction à la psychologie, on demanda à un grand nombre d'étudiants de regarder dix «criminels» (des étudiants de maîtrise et de doctorat) durant 25 sec. chacun. Il convenait de les regarder attentivement car il s'agissait de les identifier à partir de leurs photos dans l'après-midi, puis lors d'une confrontation où les divers suspects seraient alignés devant eux la semaine suivante. Une heure et demie plus tard, les étudiants regardaient 15 diapositives présentant les suspects de face et de profil. Les étudiants devaient indiquer pour chacune des photos si cette personne était apparue précédemment face à la classe. Sur les 15 photos, 5 étaient des photos des personnes qui avaient été effectivement présentées. Les cinq «criminels» étaient identifiés en tant que criminels dans 72% des cas, cependant les 10 «innocents» étaient tout de même identifiés comme criminels dans 45% des cas. La valeur de $d'$ calculée à partir de ces pourcentages est significativement supérieure à 0, mais pas de beaucoup. Ce résultat implique que, bien que la précision de l'identification soit significativement supérieure au hasard, elle n'était quand même pas très bonne. De plus, le taux de fausses alertes élevé (45%) indique que beaucoup de gens ont été accusés par erreur à partir des photos.

L'objectif majeur de cette expérience était de déterminer si la présentation de photos de suspects peut biaiser l'identification d'une personne en tant que criminel. Notez que les étudiants n'ont cependant vu que 5 photos de suspects sur les dix «criminels» présentés. Seraient-ils davantage capables d'identifier plus tard ces cinq hommes en tant que criminels par comparaison avec les cinq dont les photos n'ont pas été présentées ? Une semaine plus tard, les étudiants ont regardé des suspects alignés devant eux et il leur a été demandé d'indiquer si chacun était un des «criminels» apparus initialement devant la classe. Les «criminels» dont les photos avaient été présentées ont été identifiés dans 62% des cas, alors que ceux dont les photos n'avaient pas été présentées ne l'ont été que dans 51% des cas. Montrer une photo de suspect augmente la probabilité qu'une personne soit identifiée en tant que criminel, peut-être parce que les «témoins» ne pouvaient se rappeler s'ils avaient précédemment vu la personne ou sa photo.

À ce stade, nous pouvons dire : «Et alors ? Ils étaient tous coupables de toute manière». Mais qu'en est-il pour les innocents ? Est-ce que le fait de montrer leur photo augmenterait la probabilité qu'ils soient identifiés comme criminels lors de la confrontation avec les suspects ?

Telle était la question soulevée par la Cour Suprême dans la décision concernant *Simmons contre les États-Unis*. Dans l'expérimentation de Brown, Deffenbacher et Sturgill, neuf des dix personnes alignées n'étaient pas apparues initialement devant la classe, mais les photos de quatre d'entre elles figuraient parmi les photos des suspects. Si présenter la photo d'un innocent fausse le rappel chez les témoins qui le désignent en tant que criminel, ces quatre-là devraient être identifiés en tant que criminels plus souvent que les cinq autres. Les résultats confirment cette hypothèse. Les quatre personnes dont les photos figuraient parmi la séquence de photos de suspects précédemment présentée ont été identifiées de façon erronée comme étant des criminels dans 20% des cas, par rapport au 8% de cas d'identifications erronées pour les personnes dont les photos n'avaient pas été présentées. La plus grande tendance à identifier une personne en tant que criminel après une séquence de présentation de photos de suspects touchait aussi bien les «innocents» que les «coupables».

On pourrait objecter à cette expérimentation qu'il était demandé préalablement aux étudiants de se souvenir de ce à quoi ressemblaient dix personnes au lieu d'une seule ou deux personnes comme c'est d'habitude le cas dans les vrais crimes. Brown et ses collègues ont éliminé cette objection dans une seconde expérience dans laquelle une classe différente d'étudiants était invitée à identifier seulement deux personnes. Deux étudiants distribuèrent les feuilles d'examen semestriel à toute la classe; les étudiants de la classe n'étaient pas prévenus qu'ils auraient ultérieurement à identifier ces deux individus. Le schéma de l'expérience était similaire à celui décrit ci-dessus, à cette exception près que les photos de suspects n'étaient présentées cette fois-ci que 2 ou 3 jours après l'examen et que la confrontation avec les suspects alignés se passait 4 ou 5 jours après la présentation des photos. Le même type de résultats que dans l'expérience précédente fut obtenu : présenter une photo d'une personne augmente sa probabilité d'être identifiée comme criminel lors de la confrontation avec les suspects alignés.

L'identification erronée se produisait parce que la personne identifiée semblait très familière, étant donné que sa photo figurait parmi les photos des suspects. Cependant, comme cela a été précédemment établi, la réussite dans la reconnaissance dépend du souve-

**Figure 5.8** *Exemple d'un mot fragmenté.*

nir du contexte spécifique auquel s'ajoute l'estimation de la familiarité. Bien que ces expériences ne prétendent pas refléter ce à quoi est confronté un témoin lors d'un véritable crime, elles soulèvent de sérieuses questions sur notre capacité à identifier le contexte dans lequel une personne est perçue. Les résultats suggèrent qu'une plus grande attention devrait être accordée au genre de matériel présenté à un témoin qui doit procéder à l'identification ultime d'un criminel supposé.

## LES TESTS DE MÉMOIRE INDIRECTS

Les tests classiques, comme ceux de la reconnaissance et du rappel, ne sont pas les seuls moyens dont nos disposons pour évaluer la mémoire d'un individu. Regardez quelques instants le mot fragmenté de la figure 5.8. Pouvez-vous identifier ce mot ? Les gens réussissent mieux à identifier les fragments de mots si une liste de mots incluant les réponses aux fragments leur a été précédemment présentée (comme pour le mot *METAL* dans cet exemple).

Le fait que la liste facilite cette identification suggère que les gens se souviennent de certains des mots de la liste. Ceci pour prouver que cette tâche pouvait être utilisée pour tester la mémoire.

Vous pouvez avoir le sentiment que ce test de mémoire est moins direct que les tests de rappel et de reconnaissance commentés dans la section précédente. Les tests de rappel et de reconnaissance sont appelés **tests de mémoire directs** parce qu'ils portent sur un événement particulier du passé d'un individu. On demande aux sujets de se rappeler ou de reconnaître des événements qui se sont produits auparavant et sont donc des mesures de la **mémoire explicite**. En contraste, les consignes dans les **tests de mémoire indirects** portent uniquement sur la tâche immédiate et ne portent pas sur les événements antérieurs (Richardson-Klavehn & Bjork, 1988). Les personnes qui réalisent une tâche avec des mots fragmentés ont seulement à identifier le mot, et pas à estimer s'ils ont déjà vu ce mot au cours

**Tests de mémoire directs**

Tests dans lesquels il est demandé aux gens de se rappeler ou de reconnaître des événements passés.

**Mémoire explicite**

Mémoire évaluée par les tests directs de la mémoire (voir ci-dessus).

**Tests de mémoire indirects**

Tests où les événements passés ne sont pas l'objet de demandes explicites mais qui sont néanmoins influencés par la mémoire des événements passés.

de l'expérience. Les tests indirects sont donc des mesures de la **mémoire implicite**.

**Mémoire implicite**

Mémoire évaluée par les tests de mémoire indirects(voir ci-dessus).

La distinction entre ces deux types de tests s'explique par le fait que ce que nous apprenons sur la mémoire d'une personne dépend de la manière dont nous la testons. Ce point a été brillamment illustré dans une étude de Warrington et Weiskrantz (1970) à l'Hôpital National de Londres. Ceux-ci ont comparé des patients atteints d'une amnésie sévère avec un groupe de contrôle comparable en âge et intelligence. La comparaison consistait en quatre tests de mémoire pour des listes de mots. Le test de rappel nécessitait un rappel verbal des mots. Le test de reconnaissance exigeait de répondre par oui ou par non à la question de la présence du mot dans la liste. Le test du mot fragmenté consistait en une identification de celui-ci. Le mot exact était apparu dans la liste, et les fragments étaient difficiles à identifier si les sujets n'avaient pas vu la liste au préalable. Le test des lettres initiales comprenait les trois premières lettres d'un mot apparu dans la liste et les sujets avaient à proposer un mot qui commençait par ces trois lettres.

Les sujets amnésiques réalisent une plus mauvaise performance que ceux du groupe de contrôle dans les tests de rappel et de reconnaissance. Cependant, ils ne différaient pas des sujets du groupe de contrôle dans les tests de mots fragmentés et des lettres initiales. Ils étaient à peu près similaires à ceux du groupe de contrôle dans leur réussite à utiliser les mots qu'ils avaient vus dans la liste.

L'absence de différence entre ces deux tests se produisait même si souvent les patients amnésiques ne se rappelaient pas qu'ils avaient vu la liste des mots et abordaient ces tests comme s'il s'agissait d'un jeu de devinettes (Warrington & Weiskrantz, 1968). Mais l'influence de la liste de mots sur leurs réponses indiquait qu'ils se rappelaient encore beaucoup de mots.

## Les théories du traitement

Les différences de performance entre les tests de mémoire directs et indirects ont encouragé de nombreuses études portant sur ce qui différencie ces tests (voir tableau 5.2). Une approche théorique a souligné les *différences de traitements requis* dans ces tests. Un exemple de cette approche (Jacoby & Dallas, 1981) est basé sur la théorie du double traitement de la mémoire de reconnaissance de Mandler (1980) que j'ai brièvement abordée précédemment. Selon cette théorie, la mémoire de reconnaissance nécessite à la fois une estimation de la familiarité et un effort pour retrouver le contexte dans lequel l'item est apparu. L. L. Jacoby et M. Dallas ont proposé que la composante de familiarité de cette théorie s'applique également aux tests indirects qui nécessitent classiquement une identification perceptuelle. Une première expérience avec le matériel le rend plus familier et plus facile à identifier dans une situation perceptuellement difficile. Cependant, la seconde base de la mémoire de reconnaissance – retrouver où et quand un item est apparu– n'est pas indispensable dans les tests indirects puisque de tels tests ne nécessitent pas la mémorisation d'un contexte particulier.

Cette proposition implique que modifier la familiarité des items influencerait la performance dans des tests de la mémoire de reconnaissance et dans les tâches d'identification perceptuelle. Jacoby et Dallas ont manipulé la familiarité en présentant le matériel étudié sous une même modalité (présentation visuelle) ou sous une modalité différente (présentation auditive). Comme prévu, changer la modalité rend le matériel moins familier et diminue la performance dans les tests de la mémoire de reconnaissance et dans les tâches d'identification perceptuelle.

Par contre, les variables qui aident les sujets à déterminer dans quel contexte ils ont vu un mot amélioreraient uniquement la performance dans les tâches sur la mémoire de reconnaissance. Cette hypothèse a été testée en manipulant le fait que les sujets lisent une liste de mots (comme *METAL*) ou qu'ils trouvent le mot à partir d'anagrammes (*EMTLA*). La recherche initiale a montré qu'il est plus facile de se rappeler les mots qui sont apparus dans une expérience si les sujets les déduisent à partir d'anagrammes, plutôt que lorsqu'ils ne font que les lire. Comme prévu, générer les mots améliore la performance dans une tâche de mémoire de reconnaissance mais pas dans une tâche d'identification perceptuelle qui, elle, ne nécessite pas de mémoriser le contexte dans lequel sont présentés les mots.

L'explication de Jacoby et Dallas illustre la façon dont les mesures des tests directs et indirects peuvent être comparées sur la base du type de traitement nécessaire à leur réalisation. L'élaboration du matériel grâce à la production de mots à partir d'anagrammes aide les participants dans les tests de rappel et de reconnaissance, alors qu'augmenter la familiarité du matériel influence la performance dans les tâches sur la mémoire de reconnaissance et dans les tâches d'identification perceptuelle.

**Traitements limités au plan conceptuel**

Traitements qui sont influencés par les stratégies d'une personne.

**Traitements limités par les données**

Traitements qui sont influencés par le matériel.

Une perspective plus générale affirme que les tests de mémoire directs sont principalement limités au plan conceptuel et que les tests indirects sont principalement limités par les données (Schacter, 1987; Richardson-Kavehn & Bjork, 1988). Les **traitements limités au plan conceptuel** reflètent les activités initiées par l'individu, telles l'élaboration et l'organisation de l'information. De tels processus facilitent le rappel et la reconnaissance. Les **traitements limités par les données** sont initiés et guidés par la perception du matériel, par

**Tableau 5.2** *Différences entre les tests directs et indirects de la mémoire*

|  | Tests directs | Tests indirects |
|---|---|---|
| Exemples | Rappel<br>Reconnaissance | Mot fragmenté<br>Lettres initiales |
| Théories du traitement | Contraintes conceptuelles<br>Stratégies de récupération | Contraintes des données<br>Familiarité |
| Théories multi-mnémoniques | Mémoire épisodique | Mémoire sémantique<br>Mémoire procédurale |

exemple sa familiarité. Cependant, cette distinction n'est pas mutuellement exclusive. Comme nous venons de le voir, les tests sur la mémoire de reconnaissance sont influencés par les deux types de processus, mais les traitements limités par les données sont plus prédominants dans les tests indirects que dans les tests sur la mémoire de reconnaissance. Par ailleurs, le changement de modalité provoque une plus grande perturbation dans les tests indirects, tels que l'identification de mots fragmentés, que dans les tests directs tels que ceux sur la mémoire de reconnaissance (Schacter, 1987).

## Mémoires multiples

Si les tests sur la mémoire mesurent différents processus, on notera par ailleurs qu'ils mesurent différentes mémoires (Schacter, 1987). Ce point de vue postule que la MLT n'est pas un simple système unitaire mais consiste en plusieurs sous-systèmes différents. Une distinction doit être faite entre mémoire épisodique et mémoire sémantique (Tulving, 1972, 1985). La **mémoire épisodique** contient un ensemble d'expériences personnelles inscrites dans le temps. Elle fournit un enregistrement de ce qu'a fait l'individu; par exemple, j'ai eu du poulet à dîner hier soir, j'ai obtenu mon doctorat en 1970 et j'ai vu un visage particulier alors que je regardais des photos de suspects. La **mémoire sémantique** contient des savoirs généraux qui ne sont pas associés à un moment particulier ou un contexte spécifique. Par exemple, je sais que le canari est un oiseau, que Chicago se trouve dans l'Illinois et que la somme de 7 et 8 fait 15. La mémoire épisodique est donc plus autobiographique; elle contient le type d'informations que je pourrais noter dans un journal de bord.

La mémoire sémantique est plus générale et contient le type d'informations que je pourrais inscrire dans une encyclopédie.

**Mémoire épisodique**

Mémoire des événements spécifiques, incluant quand et où ils se sont produits.

**Mémoire sémantique**

Mémoire des savoirs généraux qui ne sont pas associés à un contexte particulier.

Selon cette distinction, les tests de mémoire directs, qui nécessitent le rappel ou l'identification d'éléments apparus précédemment dans l'expérience, mesurent la mémoire épisodique. On y demande aux sujets de rappeler des items (comme une liste de mots) à partir d'un moment et d'un lieu déterminés. Les tests de mémoire indirects, comme l'identification de mots ou leur complètement, mesurent la mémoire sémantique. Ces tests dépendent seulement de notre connaissance générale des mots et ne nécessitent pas d'associer ces mots à un moment et un lieu particuliers.

La découverte que les patients amnésiques réussissent mieux les tests indirects que les tests directs a été utilisée pour prouver qu'il faut faire une distinction entre mémoires épisodique et sémantique. Dans cet ordre d'idées, l'amnésie affecte la mémoire épisodique mais pas la mémoire sémantique. Cependant, les critiques sur la distinction épisodique/sémantique rendent cette explication moins populaire que la position selon laquelle les tests indirects de la mémoire se différencient des tests directs parce qu'ils dépendent davantage de la mémoire procédurale (McKoon, Ratcliff, & Dell, 1986). La **mémoire procédurale** est la mémoire des actions, des compétences et des savoirs opératoires, alors que la mémoire épisodique et la mémoire sémantique concernent l'information basée sur les faits. L'information sur les faits semble plus susceptible d'être oubliée que l'information procédurale, comme en témoigne le fait que les patients souffrant d'amnésie ont des difficultés à se rappeler des événements mais réussissent à apprendre et à retenir des aptitudes motrices (Warrington & Weiskrantz, 1970).

**Mémoire procédurale**
Mémoire des actions, des compétences et des savoirs opératoires.

Bien que je ne me souvienne pas d'avoir souffert d'amnésie, je me rappelle un incident pour lequel ma mémoire procédurale est restée bien plus intacte que ma mémoire des faits. J'avais appris à taper à la machine au lycée mais j'ai délégué cette tâche aux secrétaires quand je suis devenu professeur à l'université. Lorsque plus tard j'ai décidé d'utiliser un logiciel de traitement de texte, j'ai commencé par essayer de me rappeler la place des touches sur le clavier et j'ai alors découvert que je ne me rappelais pratiquement plus rien. Cependant, lorsque j'ai approché le clavier, je me suis rappelé comment disposer et déplacer correctement mes doigts. Je me rappelais la technique dactylographique même si je ne me rappelais pas l'emplacement des touches.

En conclusion, les théories des traitements et celles de la mémoire multiple ouvrent des perspectives sur la façon dont les tests de mémoire directs et indirects diffèrent. (Roediger, 1990). Les tests directs, comme le rappel et la reconnaissance, sont limités au plan conceptuel et sont influencés par les stratégies facilitant la récupération initiée par le sujet, comme d'évoquer de façon active les items durant la phase d'étude. Par contre, les tests indirects, tels les tests du mot fragmenté et des lettres initiales, sont déterminés par les données. Ils sont influencés par la familiarité du matériel, changements de modalité inclus. Pour les tests directs qui mesurent la mémoire épisodique, les individus doivent se rappeler les informations concernant des événements particuliers de leur passé. Pour les tests indirects qui mesurent la mémoire sémantique ou procédurale, on n'exige pas des individus qu'ils se réfèrent aux événements du passé.

## RÉSUMÉ

L'acquisition de connaissances peut être représentée comme un transfert d'informations depuis la MCT vers la MLT. La vitesse de détérioration dans la MLT est plus lente par comparaison avec la vitesse de détérioration dans la MCT. Par ailleurs, la MLT ne souffre pas d'une limite de capacité; elle n'est donc pas limitée dans la quantité d'informations qu'elle peut stocker. La distinction entre MCT et MLT, tout comme le rôle de la répétition dans le transfert d'informations vers la MLT, ont été précisés par le modèle proposé par Atkinson et Schiffrin. Une des découvertes dont leur modèle rend compte est l'effet de la position sérielle : le meilleur souvenir des mots du début d'une liste peut s'expliquer par leur stockage dans la MLT, et un meilleur souvenir des mots de la fin d'une liste par leur stockage dans la MCT. Dans d'autres situations, il peut être difficile de savoir si le succès de la récupération d'une nouvelle information provient de son stockage dans la MCT ou dans la MLT. Notre capacité à faire cette distinction est utile parce qu'ainsi l'étudiant n'aurait à se concentrer que sur les items qui ne sont pas encore stockés dans la MLT. Un modèle d'apprentissage a utilisé cette distinction pour déterminer quels sont les items qui devraient être présentés à des étudiants lors d'une session de cours, afin qu'ils puissent leur revenir à la mémoire lors d'une épreuve une semaine plus tard.

Pour récupérer l'information à partir de la MLT, nous devons déterminer en premier lieu si elle s'y trouve stockée. Le phénomène du mot sur le bout de la langue se produit quand une personne sait qu'une information est stockée dans la MLT mais qu'elle ne peut parvenir à la récupérer immédiatement. Les stratégies de recherche dans la MLT incluent des informations partielles telles que la longueur du mot, sa sonorité, la production de mots approchants et l'utilisation d'informations contextuelles associées au mot. La technique d'entrevue cognitive encourage avec succès les témoins oculaires à chercher minutieusement dans leur mémoire des détails concernant un crime.

Une tâche de reconnaissance diffère d'une tâche de rappel en ce qu'elle teste l'estimation de la présence ou de l'absence d'un item dans une précédente présentation, habituellement dans un contexte spécifié. Un modèle de la mémoire de reconnaissance dérivé de la théorie de la détection du signal postule que les items varient en degré de familiarité le long d'un continuum. Les items qui étaient présentés auparavant (anciens items) ont généralement un degré de familiarité plus élevé que ceux qui n'ont pas été présentés (nouveaux items), mais les deux distributions se chevauchent. Un individu doit sélectionner une valeur critère le long du continuum pour décider si un item est ancien ou nouveau. La position du critère détermine si les erreurs sont essentiellement des omissions ou des fausses alertes. Les fausses alertes lors d'identification par les témoins oculaires sont influencées par la présentation de photos des suspects aux témoins. Le témoin peut identifier par erreur une personne parce qu'il n'est pas parvenu à se rappeler le contexte dans lequel cette personne avait été précédemment vue.

Les test indirects de MLT déterminent classiquement si la mémoire d'une liste de mots aide les gens à identifier les fragments d'un mot ou à construire un mot à partir de ses lettres initiales. Les patients souffrant de troubles de mémoire réussissent généralement mieux ces tests que les tests de mémoire directs tels que la reconnaissance ou le rappel.

Les théories du traitement attribuent cette différence à la nature des contraintes conceptuelles qui pèsent sur les tests directs, et aux limites liées aux données dans les tests indirects. Par contre, les théories de la mémoire multiple donnent à penser que les tests directs évaluent la mémoire épisodique, alors que les tests indirects évaluent, soit la mémoire sémantique, soit la mémoire procédurale.

# QUESTIONS DE RÉFLEXION

1. La mémoire à long terme (MLT) est celle que la plupart d'entre nous évoquent en parlant de mémoire. Que voulons-nous dire quand nous disons d'une personne qu'elle a une «bonne mémoire» ? Quelles sont les caractéristiques supposées de la MLT ?

2. Que pensez-vous de vos tentatives pour apprendre une chose nouvelle; pouvez-vous citer différents exemples dans lesquels vous avez utilisé chacun des processus de contrôle traités dans cet ouvrage ?

3. La tâche choisie pour l'étude de la répétition verbale était une tâche vraiment «stupide». Pourquoi cela était-il souhaitable ?

4. Les hypothèses du modèle de Atkinson-Schiffrin vous semblent-elles intuitivement convaincantes (Est-ce important) ? Jusqu'à quel point les données vont-elles dans le sens des hypothèses avancées par le modèle – par exemple, pour l'effet de primauté ?

5. Comment peut-on expliquer l'effet de récence? Comment la théorie la plus connue a-t-elle été testée ?

6. Le travail ultérieur de Atkinson a consisté en une impressionnante application de son modèle à un grand éventail de supports plus réalistes. Quelles sont les hypothèses de son modèle ?

7. Quel rôle tenait l'ordinateur dans l'expérience de Atkinson ? Aimeriez-vous avoir un ordinateur qui vous aide à apprendre ? Ne pourriez-vous pas, au contraire, vous programmer pour faire la même chose ?

8. Assurez-vous que vous avez bien compris les utilisations spécifiques du terme *contexte* dans les études de la reconnaissance et du rappel. La reconnaissance et le rappel sont-ils différents types de mémoire ?

9. La théorie de la détection du signal a tendance à faire peur mais ne vous laissez pas impressionner par quelques symboles. Réalisez quand même : (a) le sens particulier, restrictif, dans lequel est utilisé ici le mot «familiarité»; (b) que b, le critère de réponse, est un construit théorique, une valeur empiriquement déterminée par l'examen de la performance individuelle d'un sujet avec une série donnée d'items; (c) que la distance ($d'$) entre les moyennes des courbes pour les anciens et les nouveaux items peut varier en fonction de plusieurs facteurs. Jouez autour de ces quelques idées jusqu'à ce que vous puissiez inventer des scénarios alternatifs qui entraîneraient des différences entre $d'$ et b. Rédigez vos scénarios.

10. Avez-vous été surpris par les résultats de l'application de la théorie de la reconnaissance à l'identification chez les témoins oculaires ? Auriez-vous certains changements à suggérer dans les procédures de justice criminelle sur la base de ces expériences ? Justifiez votre réponse.

11. Quelles sont les techniques qui ont été utilisées pour tester indirectement la mémoire ? En quoi les tâches nécessitant des tests directs ou indirects diffèrent-elles ? Une explication de cette différence illustrée par la performance dans les tests directs et indirects suggère une demande de traitements différentiels. Quelles sortes de preuves empiriques justifient-elles ce point de vue ?

## MOTS CLEFS

*Le numéro de page entre parenthèses indique où le terme est traité dans ce chapitre*

Acquisition de connaissances (154)

Apprentissage par mémorisation (149)

Bêta (b) (167)

Codage (149)

d prime (d') (166)

Effet de la position sérielle (151)

Effet de primauté (151)

Effet de récence (151)

Entrevue cognitive (162)

Études naturalistes (160)

Familiarité (166)

Fausse alerte (164)

Image mentale (149)

Mémoire à long terme (147)

Mémoire de reconnaissance (163)

Mémoire épisodique (175)

Mémoire explicite (172)

Mémoire implicite (173)

Mémoire procédurale (176)

Mémoire sémantique (175)

Mot sur le bout de la langue (MBL) (158)

Omission (164)

Processus de contrôle (148)

Récupérations spontanées (161)

Répétition (149)

Stratégie d'apprentissage contrôlé (157)

Stratégie sensible aux réponses (157)

Stratégies de récupération (154)

Tâche de détection d'un signal (164)

Tests directs de la mémoire (172)

Tests indirects de la mémoire (173)

Traitements contraints au plan conceptuel (175)

Traitements contraints par les données (175)

## LECTURES RECOMMANDÉES

Les références générales sur la mémoire citées à la fin du chapitre 4 abordent autant la MLT que la MCT. Schacter (1989) résume les hypothèses majeures et quelques-uns des résultats des recherches issues de quatre approches différentes de la mémoire : psychologie cognitive expérimentale, neuropsychologie, psychologie écologique et intelligence artificielle. Bahrick (1979) a étudié la mémoire à très long terme en demandant à d'anciens élèves de se rappeler divers types d'informations (par exemple le quartier ou le nom des bâtiments) concernant la ville où se situait leur lycée. Une recension minutieuse de la littérature sur la rétention à long terme a été réalisée par Semb et Ellis (1994). Herrmann et Neisser (1978) ont élaboré un inventaire des expériences sur la mémoire quotidienne qui comprenait 48 questions sur les oublis quotidiens et 24 questions sur la mémoire des événements survenus durant la prime enfance. Berkerian et Dennet (1993) ont passé en revue les publications des recherches impliquant la technique d'entrevue cognitive. Hasher et Zacks (1979, 1984) étudient comment le concept de traitement automatique s'applique à la mémoire.

Des articles de Burke et Light (1981), Craik et Rabinowitz (1983), et Guttentag (1985) traitent de la manière dont l'âge affecte la mémoire. La distinction entre tests de mémoire directs et indirects reste d'actualité et revêt un considérable intérêt théorique (Humphreys, Bain, & Pike, 1989; Roediger, 1990; Toth, Reingold, & Jacoby, 1994).

## EN FRANÇAIS

L'ouvrage de Schacter et Tulving (1994) traite abondamment de la MLT. On y verra que les recherches récentes postulent l'existence de divisions dans la mémoire à long terme; ceci en relation avec les différences observées entre tests explicites et implicites de mémoire. Mais on prendra soin de comparer ces conceptions multiples avec des interprétations plus unitaires du fonctionnement de la mémoire (Nicolas, 1993). De façon plus générale, outre les références du chapitre précédent, d'autres ressources permettent d'étudier aussi bien la mémoire à court terme que de la mémoire à long terme : les chapitres de la deuxième partie de l'ouvrage de Fortin et Rousseau (1989), le chapitre 2 de l'ouvrage de Reuchlin (1977/1991), le chapitre 3 de l'ouvrage de Weill-Barais (1993), les ouvrages de Lieury (1992, 1993). Un ouvrage collectif (Bonnet, Hoc et Tiberghien, 1986) permet de comparer les conceptions sur le fonctionnement de la mémoire selon différents axes d'étude (psychologie, intelligence artificielle et automatique). Dans la deuxième partie de cet ouvrage, l'influence qu'ont eue les conceptions informatiques sur les théories psychologiques de la mémoire est exposée (par Hoc); les conceptions du souvenir et de la représentation en psychologie et en intelligence artificielle sont comparées (par Brouillet).

Baddeley, A. (1993). *La mémoire humaine : théorie et pratique*. Grenoble : P.U.G.

Lieury, A. (1992). *La mémoire. Résultats et théories*. Liège : Mardaga.

Lieury, A. (1993). *La mémoire du cerveau à l'école*. Paris : Flammarion.

Reuchlin, M. (1977/1991). *Psychologie*. Paris : P.U.F.

Nicolas, S. (1993). Existe-t-il une ou plusieurs mémoires permanentes ? *l'Année Psychologique, 93*, 113-141.

Bonnet, C., Hoc, J.M., Tiberghien, G. (1986). *Psychologie, intelligence artificielle et automatique*. Bruxelles : Mardaga.

Schacter, D. L., Tulving, E. (1994). *Memory systems 1994*. Cambridge : MIT Press. (Trad. fr, *Systèmes de mémoire chez l'animal et chez l'homme*. 1996, Marseille : Solal).

Deuxième partie

# Représentation et organisation des connaissances

# 6

# La profondeur de traitement

Il est évident que ce qui détermine le niveau de rappel ou de reconnaissance d'un mot n'est pas notre intention de l'apprendre, la quantité d'effort investi, la difficulté de la tâche, le temps passé à estimer les items, ni même le nombre de répétitions accordées aux items; ce qui détermine la rétention, c'est plutôt la nature qualitative de la tâche, le type d'opérations qui doivent être appliquées aux items.

F.I.M. CRAIK ET ENDEL TULVING (1975)

Les deux chapitres précédents ont développé une théorie de la mémoire consistant en un stockage à court terme et un stockage à long terme. Cette théorie offre un début d'explication mais de nombreuses questions restent en suspens. Par exemple : pourquoi existe-t-il différentes vitesses de détérioration dans la MLT ? Est-ce que la répétition entraîne systématiquement l'acquisition ? Quels autres processus de contrôle pouvons-nous utiliser pour entrer l'information dans la MLT ? Comment la mémoire est-elle organisée ? Et que sait-on sur les connaissances visuelles ?

Dans les quatre chapitres qui suivent, je vais essayer d'apporter quelques réponses à ces questions portant sur les représentations et l'organisation des connaissances. Notre objectif immédiat est de comprendre en quoi les codes mnémoniques diffèrent et quelles sont les implications de ces différences dans l'acquisition et la récupération des informations. Un **code mnémonique** est la représentation utilisée pour stocker un item dans la mémoire. Considérez les codes mnémoniques qui pourraient être impliqués si vous étiez en train d'apprendre à associer des paires de mots dans une tâche d'association. Si les mots vous sont présentés de façon visuelle, vous pouvez former des images mentales de ces mots. Vous pouvez également vous répéter ces mots et ainsi créer des codes acoustiques (phonétiques). Si les mots ont un sens réel, vous pouvez créer des associations basées sur le sens pour vous aider à les retenir.

La possibilité de créer différents codes mnémoniques est particulièrement avantageuse lorsqu'une déficience de la mémoire limite le type de codes qu'une personne peut créer. Citons par exemple le cas d'une femme (P. V.) qui souffrait d'une détérioration sélective des **empans mnémoniques auditifs** qui la rendait incapable de répéter des séquences auditives de plus de deux ou trois mots. Pour déterminer comment cette déficience allait influencer l'acquisition à long terme, un groupe de psychologues a fait varier les caractéristiques d'une tâche d'association (Baddeley, Papagno, & Vallar, 1988). La tâche la plus compliquée pour P.V. l'incitait à écouter huit paires dans lesquelles les stimuli étaient des mots et les réponses étaient des pseudo-mots prononçables, comme *svieti*. Les résultats spectaculaires de cette tâche sont présentés dans la figure 6.1a. La plupart des sujets du groupe de contrôle, comparables à P. V. en âge et niveau d'éducation, ont appris la liste au bout de dix essais alors que P. V. n'a même pas réussi à se rappeler un seul item au cours de ces dix essais.

Bien sûr, la difficulté de la tâche pouvait dépendre du matériel - la présentation auditive rend difficile l'utilisation d'un codage visuel et les réponses constituées par des pseudo-mots rendent difficile l'utilisation de codes sémantiques.

Que se passerait-il alors s'il était demandé à P. V. d'apprendre huit paires de mots - pseudo-mots présentées au plan visuel ? La figure 6.1b fournit la réponse. Sa performance demeure altérée mais présente une amélioration importante par rapport à la présentation auditive. Cela semble indiquer que la possibilité d'encoder visuellement le matériel compense partiellement sa déficience d'empan mnémonique auditif. Mais l'amélioration la plus nette se produit lorsque le matériel a un sens réel, lorsqu'il consiste en paires de mots réels. La possibilité d'utiliser des associations de sens entre les mots

**Code mnémonique**

Format (physique, phonétique, sémantique) d'une information encodée dans la mémoire.

**Empan mnémonique auditif**

Nombre d'items rappelés à partir de la MCT suite à la présentation auditive d'items.

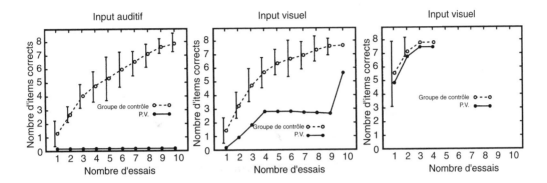

**Figure 6.1** Comparaison entre P. V. et les sujets d'un groupe de contrôle dans l'acquisition (a) d'input auditif de paires de mot - pseudo-mot, (b) d'input visuel de paires de mot - pseudo-mot et (c) d'input visuel de paires de mots.
Tiré de «When Long-Term Learning Depends on Short-Term Storage», de A. baddeley, C. Papagno, et G. Vallar, 1988, *Journal of Memory and Language, 27,* 586-595. Copyright 1988 par Academic Press, Inc. reproduit avec autorisation.

(codes sémantiques) lui a permis d'accéder à une performance normale (figure 6.1c).

Cette étude illustre de quelle manière la variation du matériel influence le type de code mnémonique que les individus peuvent créer. Une autre façon d'influencer les codes mnémoniques est de garder le même support mais de faire varier les questions sur le matériel pour diriger l'attention de l'individu sur un aspect particulier des stimuli. Lorsque les personnes apprennent quelque chose, elles forment très probablement plusieurs types de codes mnémoniques et les psychologues ont peu de contrôle sur ce qu'elles font. Aussi, au lieu de demander aux sujets d'apprendre, nous leur avons souvent demandé d'émettre des jugements sur les mots sans leur dire qu'ils auraient à rappeler ces mots par la suite. L'objet d'une tâche de jugement (souvent appelée **tâche orientée**) est d'essayer de contrôler le type de code formé, en demandant à une personne de prendre une décision sur un aspect particulier du mot, comme sa prononciation ou son sens. Nous pouvons alors examiner dans quelle mesure cet individu peut rappeler le mot en fonction de l'aspect souligné.

**Tâche orientée**

Consignes données pour focaliser l'attention sur un aspect particulier (physique, phonétique, sémantique) d'un stimulus.

La première section de ce chapitre examine une théorie de la mémoire proposée par Craik et Lockhart (1972), appelée théorie de la **profondeur de traitement.** Cette théorie suggère que la réussite dans le rappel d'un mot dépend des types d'opérations effectuées lors de l'encodage du mot. Ainsi, la rétention est déterminée par les caractéristiques soulignées durant la perception initiale ou pendant la répétition. Les preuves appuyant cette théorie sont abordées dans la seconde section. La troisième section cherche à expliquer pourquoi les codes sémantiques sont particulièrement efficaces pour augmenter

**Profondeur de traitement**

Théorie qui propose que les traitements les plus "élaborés" (sémantiques) améliorent la mémoire.

la rétention. La proposition que la mémoire d'un événement est amé-liorée grâce à un code plus élaboré et plus discriminatoire est utilisée pour expliquer comment l'encodage influence la rétention. La section finale considère le principe d'encodage spécifique, qui postule que l'efficacité d'un indice de récupération dépend du degré de corres-pondance entre ses caractéristiques et celles de l'événement stocké.

## LA THÉORIE DE LA PROFONDEUR DE TRAITEMENT

### L'importance accordée aux stratégies de codage

L'article de Craik et Lockhart (1972) poursuivait trois objectifs : exa-miner les arguments d'une proposition de modèles à stockage multi-ple, questionner l'adéquation de tels modèles et proposer un modèle alternatif en terme de profondeurs de traitement. Nous avons déjà considéré quelques-unes des principales caractéristiques des trois formes de stockage de la mémoire dans les précédents chapitres (registre sensoriel, MCT, et MLT). Craik et Lockhart ont fait une syn-thèse des différences généralement admises entre ces trois formes de stockage (voir tableau 6.1).

Le registre sensoriel est pré-attentionel dans le sens où il anti-cipe la reconnaissance. L'attention influence ce que les observateurs reconnaissent, comme lorsqu'ils s'attendent à une ligne de lettres particulière après avoir entendu un signal sonore. Le registre senso-riel fournit une véritable copie de l'input du stimulus mais celle-ci se détériore rapidement. Il est impossible d'utiliser un processus de con-trôle ou une stratégie pour maintenir ce type de stockage, aussi l'information doit-elle être lue à haute voix en utilisant la reconnais-sance des formes pour pouvoir la préserver dans un stockage plus permanent.

Pour entrer dans la MCT, il faut accorder de l'attention à l'infor-mation et la décrire. Elle peut être maintenue dans la MCT en soute-nant l'attention ou en utilisant la répétition verbale. Puisque la répétition verbale est souvent utilisée, le format est principalement phonétique mais il peut être également visuel ou sémantique. La mémoire à court terme est limitée par sa faible capacité et sa grande vitesse de détérioration, mais la récupération y est aisée car peu d'items peuvent y être cherchés.

L'information est entrée dans la MLT principalement grâce à la répétition verbale. La mémoire à long terme est essentiellement sémantique, c'est-à-dire qu'elle est organisée en fonction du sens. Aucune limite de capacité ne lui est connue, et lorsqu'il arrive qu'une

**Tableau 6.1** Différences généralement acceptées entre les trois stades de la mémoire verbale

| Caractéristique | Registre sensoriel | Mémoire à court terme | Mémoire à long terme |
|---|---|---|---|
| Entrée d'information Maintien de l'information | Pré-attentionnel Impossible | Demande d'attention Attention continue Répétition | Répétition Répétition Organisation |
| Format d'information | Véritable copie de l'input | Phonétique Probablement visuel Probablement sémantique | Essentiellement sémantique Un peu auditif et un peu visuel |
| Capacité Perte de l'information | Grande Détérioration | Petite Déplacement Possible détérioration | Aucune limite connue Probablement pas de perte Impossibilité d'accès ou de discrimination en raison d'interférences |
| Durée de la trace Récupération | $1/4$ - 2 sec Lecture à voix haute | Jusqu'à 30 sec Probablement automatique Items au plan conscient Indices temporels/phonétiques | D'une minute à des années Indices de récupération Possible processus de recherche |

SOURCE : Tiré de « Levels of Processing : A Framework for Memory Research », de F. I. M. Craik et R. S. Lockhart, 1972, *Journal of Learning and Verbal Behavior, 11,* 671-684. Copyright 1972 par Academic Press, Inc. reproduit avec autorisation.

partie de son contenu soit perdue, ce ne peut être qu'en raison d'interférences. La possibilité de retrouver une information dans la MLT peut durer quelques minutes ou plusieurs années. Les indices sont très utiles pour retrouver des informations dans la MLT, comme nous le verrons plus tard dans ce chapitre mais la récupération peut nécessiter une longue recherche et beaucoup de temps.

Bien que la plupart des psychologues aient accepté la caractérisation de la mémoire présentée au tableau 6.1, Craik et Lockhart pensaient que les preuves de la distinction à faire entre MCT et MLT n'étaient pas assez claires. Tout d'abord, ils ont soutenu que la capacité de la MCT variait davantage que selon l'estimation de cinq à neuf catégories faite par Miller. Par exemple, les gens peuvent reproduire une séquence de 20 mots si les mots forment une phrase. On peut répliquer que les mots dans une phrase forment des catégories, et qu'il serait facile de récupérer 20 mots à partir de la MCT s'ils étaient regroupés par 3 dans chaque catégorie. Mais cet argument nécessite une preuve objective que les catégories existent. Deuxièmement, bien que le format soit principalement phonétique dans la MCT et essentiellement sémantique dans la MLT, il existe des preuves de présence de codes visuels et sémantiques dans la MCT (voir Shulman, 1971) et de codes visuels et phonétiques dans la MLT.

Troisièmement, comme nous venons de le voir, la vitesse de détérioration varie considérablement en fonction du matériel qui vient d'être appris. Idéalement, nous préférerions qu'il n'en existe qu'une seule selon le type de mémoire, une vitesse de détérioration rapide dans la MCT et une vitesse de détérioration lente dans la MLT.

La distinction entre les trois formes de stockage de la mémoire résumée dans le tableau 6.1 constitue par ailleurs une vision idéale de ce qui les différencie. Bien que je considère qu'il existe suffisamment de résultats expérimentaux qui justifient cette vision, nous devons toujours nous rappeler que la plupart des théories, y compris celle qui propose trois formes distinctes de stockage de la mémoire, sont très simplifiées. En ce qui me concerne, la variété des vitesses de détérioration me semble être le point faible dans cette théorie. D'où viennent ces différences de vitesses de détérioration ? L'intérêt de la théorie de la profondeur de traitement de l'information est qu'elle tente de répondre à cette question.

La théorie de la profondeur de traitement prétend qu'il existe différentes façons de coder le matériel et que les codes mnémoniques sont qualitativement différents. Le traitement préliminaire consiste à analyser les caractéristiques physiques comme les lignes, les angles, la luminosité, les sons aigus et graves. Les étapes ultérieures de l'analyse sont centrées sur la reconnaissance des formes et l'identification du sens. Une fois le stimulus reconnu, il peut être davantage élaboré - un mot, une scène ou une odeur peuvent entraîner des associations d'images, d'événements, sur la base des expériences personnelles des individus lors des rencontres précédentes avec ce stimulus particulier. La théorie de la profondeur de traitement postule que cette analyse se produit au travers d'une série de traitements successifs, de l'étape sensorielle aux niveaux associés à la reconnaissance des formes et jusqu'aux étapes d'associations sémantiques.

Chaque niveau d'analyse résulte d'un code mnémonique différent - variable dans sa vitesse de détérioration. Le code mnémonique et sa persistance sont par ailleurs des sous-produits du traitement de la perception. Quand seules les caractéristiques physiques d'un stimulus ont été analysées, le code mnémonique est fragile et se détériore rapidement. Lorsque le stimulus a été identifié et nommé, le code mnémonique est plus solide et peut être associé à une vitesse de détérioration intermédiaire. La mémoire est meilleure quand un individu élabore le sens du stimulus.

La théorie de la profondeur de traitement est relative à la façon dont nous analysons un stimulus et aux codes mnémoniques qui résultent de ces différents niveaux d'analyse. Contrairement à la théorie de Atkinson-Shiffrin (1968), elle n'accorde pas d'attention aux éléments structurels ou aux différentes formes de la mémoire;

cependant, les deux théories peuvent coexister. Craik (1979b) a déclaré que la plupart des études sur la profondeur de traitement ont permis, pour l'essentiel, une meilleure compréhension des codes mnémoniques utilisés dans la MLT, sans nier la distinction entre MCT et MLT. Dans cette perspective, le travail sur la profondeur de traitement approfondit, plus qu'il ne la remplace, une analyse par étapes, en montrant comment les processus de contrôle peuvent influencer la rétention d'un matériel.

## Implications pour la répétition verbale

Nous avons vu dans le précédent chapitre que le modèle d'Atkinson-Shiffrin soulignait l'importance de la répétition verbale comme moyen de transférer l'information de la MCT à la MLT. La plupart d'entre nous ayant utilisé cette méthode pour apprendre quelque chose, le rôle de la répétition dans l'acquisition semble intuitivement attrayant. Mais, selon Craik et Lockhart, la répétition n'entraîne pas systématiquement l'acquisition. L'efficacité de la répétition, comme des autres méthodes d'apprentissage, dépend du niveau auquel le matériel est traité. La raison pour laquelle l'acquisition résulte généralement de la répétition est qu'habituellement les individus font attention à la signification du matériel lors de la répétition.

L'utilisation de la répétition en vue de l'acquisition n'est pas systématique. Parfois, elle est utilisée pour maintenir l'information dans la MCT, comme lorsque nous composons un numéro de téléphone. Est-ce que l'acquisition résulterait de la répétition si les gens l'utilisaient simplement pour maintenir des items dans la MCT ? Est-ce que l'acquisition résulte automatiquement de la répétition ou existe-t-il différentes formes de répétitions, dont certaines seulement facilitent l'acquisition ? Pour répondre à ces questions, Craik et Watkins (1973) ont demandé à des étudiants de réaliser une tâche assez simple : écouter une série de listes de mots et, à la fin de chaque liste, rapporter le dernier mot commençant par une lettre donnée. L'expérimentateur leur disait quelle lettre avant chaque liste et présumait qu'ils maintiendraient un mot commençant par cette lettre dans la MCT jusqu'à ce qu'ils entendent un autre mot commençant par cette lettre ou que la liste soit achevée. La tâche était assez facile et les étudiants ont presque toujours réussi à donner la bonne réponse à la fin de la liste.

Le but de l'expérience était de faire varier le temps durant lequel un mot devait être maintenu dans la MCT.

Par exemple, si *g* était la lettre choisie et que la liste contenait, dans l'ordre, les mots *fille, huile, carabine, gare, grain, table, football, ancre* et *girafe*, le mot *gare* sera immédiatement remplacé par le mot *grain*, lequel sera éventuellement remplacé par le mot *girafe*. Puisqu'il n'y a pas de mots intercalés entre *gare* et *grain,* alors qu'il y en a trois entre *grain* et *girafe*, *grain* devra être maintenu plus longtemps dans la MCT que le mot *gare*. Le mot *grain* devrait par ailleurs être davantage répété que le mot *gare*. Craik et Watkins ont contrôlé le temps durant lequel un mot devrait être maintenu dans la MCT, en faisant varier entre 0 et 12 le nombre de mots intercalés ne commençant pas par la lettre critique. Si l'acquisition résulte d'une **autorépétition de maintien**, la probabilité de rappel d'un mot à la fin de l'expérience devrait dépendre du temps durant lequel il a été maintenu dans la MCT.

**Autorépétition de maintien**

Répétition qui maintient l'information active dans la MCT.

Après avoir entendu 27 listes de mots, on demandait aux étudiants de se rappeler le plus de mots possible à partir de toutes les listes. Craik et Watkins ont trouvé que la probabilité de rappel d'un mot était indépendante du temps durant lequel il était maintenu dans la MCT. Si l'on considère les deux cas extrêmes, les étudiants se rappelaient 12% des mots qui étaient immédiatement remplacés dans la MCT et 15% des mots qui étaient maintenus durant les 12 mots intercalés.

La faible différence entre 12% et 15% montre que l'acquisition ne résulte pas automatiquement de la répétition. Du point de vue de la profondeur de traitement de la mémoire, les étudiants n'ont pas essayé de former un code mnémonique plus permanent parce qu'ils pensaient qu'ils n'auraient à se souvenir du mot que durant un laps de temps très court. En particulier, ils n'ont pas fait attention au sens des mots. Une bonne analogie est celle de la lecture d'un livre lorsque vous ne pensez pas à ce que vous lisez. Vous répéteriez probablement les mots dans le sens où vous les auriez intérieurement prononcés, mais vos pensées peuvent être accaparées par la partie de football de la veille ou la fête donnée le soir même. Tout d'un coup, vous réalisez que vous ne pouvez vous souvenir de ce que vous venez de lire parce que vous n'étiez pas attentif au sens.

Autre exemple de la façon dont les traitements de la pensée influencent ce dont les gens se souviennent : la manière dont les acteurs apprennent leur texte. Les analyses des techniques de rappel suite à l'étude d'un script de 6 pages révèlent que les acteurs apprennent leur texte au moyen d'un traitement élaboré qui retient comment leur personnage affecte (ou est affecté par) les autres personnages du script (Noice, 1991). Lorsqu'ils sont forcés d'apprendre leur texte par le biais d'une répétition automatique, ils se rappellent moins de choses qu'en recourant à leur procédé habituel, plus élaboré. Noice conclut que «les acteurs sont des experts en analyse et non des experts en mémorisation, et l'un des résultats de cette analyse en profondeur est qu'en faisant un effort pour découvrir le véritable sens de chaque ligne, les mots inscrits sont également retenus sans avoir à fournir un grand effort délibéré pour les insérer dans la mémoire» (Noice, 1991, p. 456).

Intéressons-nous à présent aux autres preuves qui montrent que la façon dont un matériel est traité détermine le type de code mnémonique formé. Code qui, en retour, détermine jusqu'à quel point le matériel est mémorisé.

# RÉSULTATS ETAYANT LA THÉORIE DE LA PROFONDEUR DE TRAITEMENT

## L'expérimentation de Hyde-Jenkins

L'influence de la profondeur de traitement sur la rétention a été joliment démontrée dans une étude de Hyde et Jenkins (1969) à l'Université du Minnesota. Leurs résultats avaient été publiés quelques années avant la théorie de Craik et Lockhart et ont sans doute influencé l'élaboration de cette dernière. Comme la plupart des études utilisées par la suite pour éprouver la théorie de la profondeur de traitement, celle de Hyde et Jenkins s'est servi d'un paradigme de mémorisation incidente. Dans une **tâche de mémorisation incidente,** divers matériels sont fournis aux participants mais on ne leur dit pas ce qu'ils ont à retenir. Ensuite, l'expérimentateur leur fait passer un test de rappel ou de reconnaissance portant sur les items présentés durant l'expérience. Dans une tâche de mémorisation intentionnelle, à l'inverse, il est explicitement demandé aux sujets d'apprendre le matériel.

**Mémorisation incidente**

Tâche dans laquelle les sujets doivent estimer des stimuli sans savoir qu'ils seront testés subséquemment sur la rétention de ces stimuli.

La première expérience de Hyde et Jenkins comparait sept groupes de sujets mais nous n'en considérerons que quatre pour simplifier la question. Les sujets d'un des quatre groupes avaient une tâche de mémorisation intentionnelle à réaliser : se souvenir de 24 mots. Les mots consistaient en 12 paires d'**associations primaires** - mots qui sont très fortement associés. Par exemple, le mot *rouge* est fortement associé avec le mot *vert*, et *table* avec le mot *chaise*. Les 24 mots étaient présentés de façon aléatoire, mais de telle manière qu'aucun des mots d'une paire d'association primaire n'apparaisse avec son «associé» dans la liste. Après que les sujets du groupe «intentionnel» eurent écouté un enregistrement leur énumérant les 24 mots, ils devaient essayer de rapporter autant de mots qu'ils pouvaient, dans n'importe quel ordre.

**Associations primaires**

Mots fortement associés entre eux, association habituellement mesurée en demandant aux sujets de trouver des associations entre différents mots.

Les trois autres groupes devaient réaliser une tâche de mémorisation incidente dans laquelle ils n'étaient pas informés qu'ils auraient à se rappeler les mots. Ils ont écouté le même enregistrement de

24 mots mais il leur était demandé de se prononcer sur chacun des mots de la liste. Dans un groupe, les sujets estimaient les mots selon leur caractère agréable ou désagréable, dans l'autre ils avaient à préciser si chacun des mots possédait la lettre *e*, et dans le dernier ils devaient compter le nombre de lettres dans chaque mot. L'utilisation de trois groupes avec des tâches d'appréciation différentes visait à créer différents niveaux de traitement. Le premier groupe devait considérer le sens des mots et les deux autres leurs lettres, le sens n'étant pas une information pertinente dans ces deux cas. Puisque, selon la théorie de la profondeur de traitement, un meilleur rappel devrait davantage résulter du traitement sémantique que des traitements non sémantiques, les étudiants qui se sont prononcés sur le caractère agréable ou désagréable des mots devraient mieux se les rappeler que ceux qui n'avaient qu'à considérer les lettres des mots.

Les résultats vont dans le sens des prévisions. La moyenne des mots rappelés était de 16.3 pour les étudiants qui ont estimé le caractère agréable ou désagréable des mots, de 9.9 pour ceux qui ont compté les lettres et de 9.4 pour ceux qui devaient préciser si les mots contenaient la lettre *e*. Le plus surprenant est que les sujets du groupe agréable/désagréable se rappelaient en fait quasiment autant de mots que ceux qui avaient pour consigne explicite de se les rappeler (16.3 versus 16.1).

En d'autres termes, la mémorisation incidente s'est montrée tout aussi efficace que la mémorisation intentionnelle, dès lors que les sujets avaient le sens des mots à prendre en considération.

Nous avons soutenu, avec Hyde et Jenkins, que les différences de taux de rappel dans les trois groupes de mémorisation incidente étaient dues à la possibilité qu'avaient les sujets du groupe agréable/désagréable d'être plus attentifs au sens des mots que les sujets des deux autres groupes. Avons-nous seulement une seule preuve directe de ce postulat ? Le fait que les mots de la liste étaient associés par le sens nous en donne la clef. Reconnaître que les mots sont liés sémantiquement peut faciliter leur rappel. Par exemple, se souvenir de *vert* peut rappeler à une personne que *rouge* faisait également partie de la liste. Leur mémoire des associations primaires -*rouge* suivi de *vert* ou vice versa- aurait témoigné de l'attention que portaient les participants au sens des mots.

**Pourcentage de regroupement**

Pourcentage du nombre de fois où un mot d'une paire d'association primaire est suivi par l'autre mot dans le libre rappel des mots.

Hyde et Jenkins ont défini le **pourcentage de regroupements** en fonction du nombre de paires associées rappelées ensemble, divisé par le nombre total de mots rappelés. Le pourcentage de regroupements a atteint 26% dans le groupe où les sujets estimaient la présence de la lettre *e*, 31% dans le groupe où ils comptaient les lettres, 64% dans le groupe où ils étaient informés qu'ils devaient retenir les mots, et 68% dans le groupe où ils se prononçaient sur le caractère agréable ou désagréable de ceux-ci. Ces résultats confirment l'hypothèse que les groupes se sont différenciés sur la façon dont ils utilisaient le sens pour faciliter le rappel des mots. Le groupe qui était le plus sensible au sens s'est souvenu de davantage de mots.

## Traitement structural, phonétique et sémantique

Les études testant la théorie de la profondeur de traitement ont généralement porté sur trois niveaux auxquels la profondeur de traitement augmente d'un codage structurel à un codage phonétique, puis à un codage sémantique. Le tableau 6.2 présente différents types de questions qui ont été énoncées pour souligner différents niveaux de codage. La question **structurale** se concentre sur la forme : le mot est-il en majuscules, par exemple. Le codage au niveau **phonétique** souligne la prononciation d'un mot : ce mot rime-t-il avec un autre. Les questions visant à déterminer si un mot appartient à une certaine catégorie ou s'il est approprié dans une phrase encouragent l'utilisation d'un codage au niveau **sémantique** : une personne doit comprendre la signification du mot pour répondre correctement.

**Codage structural**

Code mnémonique qui souligne la structure physique du stimulus.

**Codage phonétique**

Code mnémonique qui souligne la prononciation du stimulus.

**Codage sémantique**

Code mnémonique qui souligne la signification du stimulus.

Dans une série d'expériences qui ont été conduites par Craik et Tulving (1975), une question précédait chaque brève présentation d'un mot. Les participants étaient informés que l'expérience portait sur la perception et la vitesse de réaction. Après une série de questions-réponses basées sur les types de questions présentés au tableau 6.2, les sujets devaient passer un test de rétention des mots présentés, alors qu'ils ne s'y attendaient pas. Craik et Tulving pensaient que le mémoire devait systématiquement varier en fonction de la profondeur de traitement.

La figure 6.2 présente les résultats d'une des expériences de Craik et Tulving basée sur un test de reconnaissance. Lorsqu'on demandait aux étudiants quels mots avaient été présentés durant la première tâche de jugement, les étudiants qui avaient au préalable exécuté une tâche appréciant l'ajustement d'un mot à une phrase se

**Tableau 6.2** Questions typiques utilisées dans les études de la profondeur de traitement

| Niveau du traitement | Questions | Oui | Non |
|---|---|---|---|
| Structural | Est-ce que le mot est en lettres capitale ? | *TABLE* | *table* |
| Phonétique | Est-ce que le mot rime avec *MIETTE* ? | *assiette* | *SIESTE* |
| Phrase | Est-ce que le mot serait approprié dans la phrase : « Il a rencontré un —— dans la rue » ? | *AMI* | *nuage* |

SOURCE : Tiré de « Depth of Processing and the Retention of Words in Episodic Memory », by F. I. M. Craik et E. Tulving, *Journal of Experimental Psychology : General, 104*, 268-294. Copyright 1975 par l'American Psychological Association. Reproduit avec autorisation.

souvenaient d'un plus grand nombre de mots. Ceux qui devaient estimer en premier lieu si le mot était en majuscules ou minuscules ont eu le taux de rappel le plus faible. Enfin, les étudiants qui examinaient si les mots rimaient ont atteint un niveau intermédiaire dans la précision de la reconnaissance. Les résultats vont dans le sens de l'hypothèse qui présumait que la rétention augmenterait à mesure que le traitement passe d'un niveau structural à un niveau phonétique, puis sémantique. Des résultats comparables ont été obtenus lorsque Craik et Tulving ont utilisé un test de rappel plutôt qu'un test de reconnaissance. Les questions portant sur le sens des mots entraînaient une meilleure mémorisation que celles portant sur le son ou les caractéristiques physiques de ses lettres.

L'histogramme de gauche dans la figure 6.2 présente le temps moyen de réponse pour les trois types de questions. Les questions sur le caractère entraînaient les réponses les plus rapides, suivies par les questions sur les rimes et enfin par les questions sur les phrases. Bien que les résultats du test de reconnaissance présentés à droite puissent être prédits à partir des temps de réponse des histogrammes de

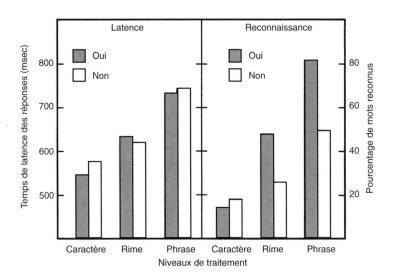

**Figure 6.2** *Temps de décision initial (temps de latence des réponses) et performance de reconnaissance des mots selon le type de tâche initiale.*

Tiré de «Depth of Processing and the Retention of Words in Episodic Memory», by F. I. M. Craik et E. Tulving, *Journal of Experimental Psychology : General, 104*, 268-294. Copyright 1975 par l'American Psychological Association. Reproduit avec autorisation.

gauche, rien ne prouve que les réponses les plus longues conduisent à une meilleure rétention. En effet, il est possible de concevoir une tâche de décision portant sur la structure du matériel où les réponses seraient lentes et la rétention faible.

Imaginez qu'un expérimentateur vous montre une carte sur laquelle est inscrit un mot de cinq lettres, comme *bruit* ou *noire*. Votre tâche consiste à répondre le plus vite possible «oui» si le mot est composé de deux consonnes suivies de deux voyelles puis d'une consonne et «non» pour toute autre séquence de consonnes ou de voyelles. Comme vous le pressentez, votre temps de réponse serait relativement long. En fait, ce type de décision structurale prend presque deux fois plus de temps qu'une décision d'ordre sémantique où il s'agit d'estimer si le mot s'ajuste bien à la phrase. Si une bonne rétention résulte de temps de réponse plus longs, le traitement structural résulterait en une meilleure rétention que le traitement sémantique.

Pourtant, la reconnaissance reste meilleure dans un traitement sémantique, ce qui montre que c'est le niveau de traitement, et non sa durée, qui est le meilleur déterminant de la rétention.

## CRITIQUES ET MODIFICATIONS DE LA THÉORIE

### Les critiques

La théorie de la profondeur de traitement a eu une influence majeure dans les recherches sur la mémoire – beaucoup de chercheurs entreprenaient des études pour tester explicitement ses implications; d'autres trouvaient dans cette théorie un cadre conceptuel pratique pour commenter leurs résultats. Etant donné que beaucoup de ces recherches allaient dans le sens de la théorie, ce n'est que cinq ans après la parution de l'article de Craik et Lockhart que quelques psychologues ont mis en doute l'utilité d'une telle théorie (Nelson, 1977; Baddeley, 1978; Eysenck, 1978). Une des principales critiques portait sur l'aspect trop simpliste sous lequel la théorie rendait compte des différences de vitesse d'oubli. Un chercheur pourrait soutenir que ces différences de vitesse d'oubli sont dues aux différences de niveaux de traitement sans jamais mesurer la profondeur de traitement.

Pour ne pas prêter le flanc à cette critique, il est nécessaire de pouvoir mesurer la profondeur de traitement indépendamment de la performance de rétention. La proposition que la profondeur de traitement augmente à mesure que l'on passe d'un traitement structural à un traitement phonétique, puis sémantique, a considérablement séduit les psychologues parce qu'elle concordait avec la succession des étapes du traitement de l'information présenté à la figure 1.1 (chapitre 1). Analyser la structure physique d'une forme conduit à retrouver son nom, qui en retour permet de considérer son sens en récupérant des associations déjà stockées dans la MLT. Malheureusement, bien que cette séquence fournisse un compte rendu raisonnable de la façon dont l'information est analysée, elle n'est cependant pas *indispensable* (Baddeley, 1978; Craik, 1979b). Bien qu'au départ Craik et Lockhart eussent souhaité que le temps d'encodage fournisse une mesure indépendante de la profondeur de traitement, nous avons pu voir que cette mesure a des limites.

Une autre difficulté posée par le concept de profondeur de traitement tient au fait que, même si nous disposions d'une ordination objective de la «profondeur» des différents codes mnémoniques, cela ne nous expliquerait toujours pas pourquoi certains codes sont plus efficaces que d'autres. Pourquoi les codes sémantiques sont-ils meilleurs que les codes phonétiques et les phonétiques meilleurs que les structuraux ? Les psychologues ont proposé deux types de réponses. L'une affirme que les codes mnémoniques diffèrent au plan de leur élaboration, les codes les plus élaborés conduisant à une meilleure mémorisation. L'autre prétend que les codes mnémoniques diffèrent au plan de leur capacité de discrimination, les plus discriminatoires entraînant une meilleure mémorisation.

## L'élaboration des codes mnémoniques

La différence des codes pourrait s'expliquer du fait du nombre et des types d'élaborations stockées dans la mémoire (J. R. Anderson & L. M. Reder, 1979). Les personnes stockeraient bien plus que les simples items qui leur sont présentés - ils stockent également des associations complémentaires qui les aident à se rappeler les items. Anderson et Reder ont proposé que, bien qu'il soit très facile d'élaborer du matériel au niveau sémantique, il est cependant difficile d'élaborer le matériel au niveau structural ou phonétique. La plupart des associations dont nous disposons portent sur le sens plutôt que sur la structure physique des lettres, l'orthographe ou la prononciation. Anderson et Reder suggèrent que la raison de ces différences est que les individus essayent habituellement de se rappeler le sens de ce qu'ils lisent plutôt que les détails tels que l'apparence des lettres. En conséquence, ils ont appris à élaborer au plan sémantique parce qu'agir ainsi est généralement plus utile qu'élaborer au plan non sémantique.

L'hypothèse de l'élaboration offre l'avantage d'expliquer la façon dont les différences apparaissent au sein d'un même niveau de traitement (Craik, 1979b).

Bien que la proposition initiale de la profondeur de traitement eût prévu que le traitement sémantique serait supérieur au traitement non sémantique, elle ne pouvait pas rendre compte des différences de rétention pour deux tâches sémantiques différentes. L'hypothèse de l'élaboration présume que de telles différences peuvent se produire si les deux tâches diffèrent selon l'importance de l'élaboration sémantique.

Fournir un contexte plus riche, plus élaboré, permet d'augmenter l'élaboration sémantique. Cette méthode est illustrée par une des expériences de Craik et Tulving (1975). L'expérience portait sur le rappel des mots à la suite d'une tâche de jugement dans laquelle les sujets devaient déterminer si un mot était adapté à la phrase proposée. Il y avait trois niveaux de phrases : simple, moyenne et complexe. Par exemple :

*Simple* : Elle cuisait la _____.
*Moyenne* : La _____ mûre était délicieuse.
*Complexe* : La petite dame en colère devint rouge comme une _____.

Après avoir effectué 60 jugements, les sujets devaient se rappeler le plus grand nombre de mots possibles depuis le début de l'expérience. On leur montrait ensuite les phrases originales et ils devaient se rappeler les mots associés à chacune des phrases. La première partie de la tâche de rappel est appelée **rappel non guidé** et le seconde partie **rappel guidé** parce que les étudiants pouvaient se servir de la structure des phrases comme indices pour la récupération. La figure 6.3 montre la proportion de mots rappelés en fonction de la complexité des phrases. La complexité des phrases a un effet significatif sur le rappel des mots appropriés à la phrase. Ceci était aussi vrai pour le rappel guidé (RG-oui) que pour le rappel non guidé (RNG-oui), bien que l'effet fût plus important avec le rappel guidé. L'effet de la complexité des phrases a confirmé l'hypothèse de Craik et Tulving selon laquelle une structure de phrase plus complexe produirait un code mnémonique plus élaboré et améliorerait donc le rappel.

**Rappel non guidé**

Rappel qui se produit en l'absence d'indications ou d'indices fournis par l'expérimentateur.

**Rappel guidé**

Rappel qui se produit avec des indications ou des indices, tels que ceux fournis par les questions posées durant une tâche de jugement

Cependant, le code le plus élaboré se révélait inefficace si le mot ne convenait pas à la phrase. Ce résultat suggère que l'élaboration doit être cohérente avec le sens du mot pour être effective. Même quand l'élaboration est globalement cohérente avec le sens d'un mot, son efficacité peut varier en fonction du degré de précision par lequel elle est liée au sens du mot. Imaginez que vous lisiez la phrase *Le gros monsieur lit la pancarte.* Quelque temps après, on vous montre la même phrase avec le mot *gros* remplacé par un espace blanc et on vous demande de vous rappeler le mot manquant. Si l'élaboration a été efficace, vous devriez mieux y parvenir si vous avez lu une phrase élaborée comme

1. Le gros monsieur lit la pancarte de 60 cm de haut

ou

2. Le gros monsieur lit la pancarte «danger, glace fragile»

Bien que les deux fournissent des informations supplémentaires, nous pouvons faire une importante distinction entre les deux élaborations. La première constitue une **élaboration imprécise** parce qu'il n'existe pas de relation claire entre le mot *gros* et la taille de la pancarte. La seconde constitue une **élaboration précise** parce que l'importance du danger dû à la fragilité de la glace dépend aussi du poids de la personne.

B. S. Stein et D. J. Bransford (1979) ont testé l'efficacité des élaborations précises et imprécises en comparant les résultats de quatre groupes d'étudiants ayant réalisé une tâche de mémorisation incidente. Dans le groupe de contrôle, les étudiants devaient lire dix phrases brèves et on les informait que l'objectif de l'expérience était de mesurer la compréhensibilité des phrases. La même chose était dite

**Elaboration imprécise**

Fait de fournir ou générer du matériel supplémentaire non lié au matériel à mémoriser

**Élaboration précise**

Fait de fournir ou générer du matériel supplémentaire clairement associé au matériel à mémoriser.

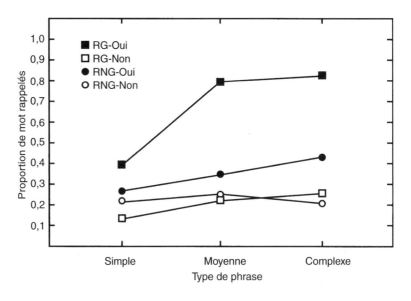

**Figure 6.3** *Proportion de mots rappelés en fonction de la complexité des phrases :* RG = Rappel Guidé; RNG = Rappel Non Guidé.

Tiré de «Depth of Processing and the Retention of Words in Episodic Memory», by F. I. M. Craik et E. Tulving, *Journal of Experimental Psychology : General*, 104, 268-294. Copyright 1975 par l'American Psychological Association. Reproduit avec autorisation.

au deuxième et au troisième groupes. Ils devaient lire les mêmes dix phrases mais chacune était accompagnée d'une phrase supplémentaire en rapport avec le mot cible, de façon imprécise dans le deuxième groupe ou de façon précise dans le troisième. Dans le quatrième groupe, les étudiants devaient concevoir leurs propres élaborations, de façon que les expérimentateurs puissent mesurer la probabilité de construction de certaines phrases. À la fin de l'expérience, les phrases étaient à nouveau présentées à tous les étudiants et il leur était demandé de retrouver le mot cible manquant.

Les étudiants du groupe de contrôle se sont souvenus d'une moyenne de 4.2 mots, ceux du groupe avec élaboration imprécise de 2.2 mots, ceux du groupe avec élaboration précise de 7.4 mots, et ceux qui avaient effectué leur propre élaboration, de 5.8 mots.

Les résultats montrent que l'élaboration n'est pas toujours efficace pour le rappel, puisqu'une élaboration imprécise a entraîné une chute de la performance par rapport à celle du groupe de contrôle. Pour être efficace, une élaboration doit clarifier le sens ou la pertinence d'un concept (tel que *gros monsieur*) en rapport avec le contexte (*glace fragile*) dans lequel il apparaît.

Le fait que le rappel suivant l'**autodétermination** entraîne des résultats intermédiaires entre ceux qui ont été obtenus avec une élaboration imprécise et ceux qui ont été obtenus avec une élaboration précise, suggère que les élaborations conçues par ces étudiants sont un mélange des deux types. Deux examinateurs ont ensuite divisé les élaborations conçues par les sujets en deux groupes (les précises et les imprécises) selon que l'information clarifiait ou non la pertinence du mot cible dans les phrases. Les étudiants ont pu se rappeler 91% des mots cibles lorsqu'ils avaient effectué des élaborations précises et 49% des mots quand il s'agissait d'élaborations imprécises. Une seconde expérience a révélé que les consignes encourageaient efficacement les sujets à produire des élaborations précises. Dans le groupe des étudiants avec élaborations imprécises, on demandait une élaboration à l'aide de la question suivante «Qu'est-ce qui peut se produire dans ce contexte ?» Les sujets du groupe avec élaborations précises avaient pour question destinée à les faire élaborer : «Pourquoi cet homme s'engage-t-il dans ce type particulier d'activité ?». Les étudiants de ce dernier groupe se sont rappelés davantage de mots cibles, montrant ainsi que l'élaboration est particulièrement efficace quand elle est dirigée sur la compréhension de la pertinence de l'information présentée.

**Autodétermination**

Ce sont les participants d'une expérience qui déterminent des items et non l'expérimentateur qui les leur fournit.

## Les discriminations entre codes mnémoniques

Les codes mnémoniques peuvent différer selon leurs caractères discriminatoires autant que selon l'étendue de leur élaboration. Le qualificatif **discriminatoire** fait référence à la capacité de différencier un item d'un autre. Pour nous souvenir de quelque chose, nous aimerions pouvoir le rendre dissemblable aux autres items susceptibles d'interférer dans notre mémoire. Il existe plusieurs façons de rendre un item discriminatoire et je vais suivre la classification proposée par Schmidt (1991) qui permet de différencier quatre types de discriminations.

Un type de discrimination est appelé **discrimination primaire.** La discrimination s'y définit par rapport au contexte immédiat. Imaginez que l'on vous présente une liste de mots communs et que tous sont écrits en rouge, sauf un qui est écrit en noir. Un moment plus tard, il vous est demandé de rappeler tous les mots. Selon vous, quel est le mot qui a la plus forte probabilité d'être rappelé ? Les résultats de précédentes recherches montrent qu'il est plus probable que vous vous souveniez du mot écrit en noir que des mots écrits en rouge. Notez que le mot écrit en noir n'est discriminatoire que parce que sa couleur diffère de la couleur des autres mots de la liste. Habituellement, un mot commun écrit en noir n'est pas particulièrement discriminatoire.

La dissipation des interférences proactives (traitée au chapitre 4) est un exemple d'amélioration du rappel due à la présence d'items plus discriminatoires que d'autres dans le contexte immédiat.

Les individus se rappelaient plus d'items quand le matériel changeait de forme, que les mots devenaient des nombres ou que les nombres devenaient des mots, que lorsqu'il gardait la même forme. Le rappel était également meilleur lorsque les événements sportifs devenaient des événements politiques ou inversement. Tous ces changements ont rendu les items plus discriminatoires.

Par contre, la **discrimination secondaire** est définie en fonction de l'information contenue dans notre MLT plutôt qu'en fonction de l'information issue du contexte immédiat. Par exemple, une caractéristique de la composition du mot appelée **discrimination orthographique.** Un mot est distinct d'un autre au plan orthographique lorsqu'il présente des séquences de lettres inhabituelles dans une langue. Parmi les mots orthographiquement discriminatoires, nous pouvons mentionner *lymphe*, *khol* et *afghan*. Parmi les mots orthographiquement communs, nous pouvons citer comme exemples les mots *mince*, *chenil* et *aéroport*. Les trois premiers mots présentent une composition inhabituelle alors que les trois autres revêtent une forme plus classique. Noter qu'une composition est

**Item discriminatoire**

Item différant selon l'apparence ou le sens des autres items.

**Discrimination primaire**

Item se distinguant des autres items dans le contexte immédiat.

**Discrimination secondaire**

Item discriminatif des items stockés dans la MLT.

**Discrimination orthographique**

Mots minuscules présentant une composition inhabituelle.

inhabituelle (distinctive) en fonction de tous les autres mots d'une langue et non uniquement en fonction des mots proposés dans le contexte immédiat de l'expérience.

Lorsqu'on demande à des personnes de se rappeler une liste de mots, la moitié étant des mots orthographiquement discriminatoires et l'autre moitié, des mots orthographiquement communs, ils se souviennent significativement mieux des mots discriminatoires (R. R. Hunt & J. M. Elliot, 1980). Il est évident que c'est la composition des mots, plutôt que d'autres facteurs, qui conduit à de tels résultats. Lorsque la même liste est présentée oralement plutôt que sur un plan visuel, aucune différence n'est obtenue au plan du rappel. Il en est de même lorsque les mots sont écrits en majuscules; les personnes ne se rappellent pas mieux les mots *LYMPHE*, *KHOL* et *AFGHAN* que les mots *MINCE*, *CHENIL* et *AÉROPORT*. Apparemment, les différences de taille des lettres contribuent à améliorer le rappel puisque aucune différence n'est obtenue lorsque toutes les lettres sont en majuscules, présentant une taille identique.

Un troisième type de discrimination est appelé **discrimination émotionnelle** et provient de la découverte que les événements qui provoquent des réponses émotionnelles considérables sont parfois bien mémorisés. Ces événements comprennent les **flashes de mémoire** - le vif souvenir qu'ont la plupart des gens des circonstances dans lesquelles ils ont appris une effroyable nouvelle (R. Brown & J. Kulik, 1977). Des nouvelles comme l'assassinat du Président Kennedy ou l'explosion de la navette spatiale *Challenger* (Winograd & Neisser, 1992) ont été étudiées à titre d'exemples de flashes de mémoire. Je ne me souviens pas des circonstances dans lesquelles j'ai appris la nouvelle pour *Challenger*, par contre je suis certain que mon frère ne les oubliera jamais. Effectuant un voyage d'affaires à Orlando, il était en train de conduire en direction du Kennedy Space Center lorsqu'il remarqua que les traînées de vapeur laissées par les fusées de lancement de la navette s'étaient soudain arrêtées. Suspectant que quelque chose d'anormal venait de se produire, il mit la radio et entendit la confirmation de l'échec du lancement. Bien que Schmidt (1991) inclut la discrimination émotionnelle dans sa taxonomie, il admet qu'il n'est pas toujours facile de déterminer quels aspects sont mis en évidence dans une mémorisation émotionnelle, ni même si le concept de «discrimination» fournit une explication adéquate de l'impact de l'émotion dans la mémorisation.

Un quatrième type de discrimination est appelé **traitement discriminatoire**. Le traitement discriminatoire dépend de la façon dont nous traitons le stimulus, selon qu'il résulte plutôt des codes mnémoniques que nous créons pour un item que des caractéristiques de l'item lui-même. Par exemple, même si un item n'est pas très discri-

**Discrimination émotionnelle**

Items provoquant une réaction émotionnelle intense.

**Flashes de mémoire**

Mémoires d'importants événements qui entraînent une réaction émotionnelle.

**Traitement discriminatoire**

Création d'un code mnémonique qui rend la mémorisation plus discriminative des autres mémorisations.

minatoire, vous pouvez penser à une façon différente de vous en souvenir. S'il est discriminatoire, vous pouvez penser à une manière d'effectuer un traitement sur l'item pour le rendre encore plus discriminatoire. L'élaboration est une des stratégies possibles pour rendre un item davantage discriminatoire, mais une telle élaboration devrait souligner les caractéristiques qui différencient cet item des autres (Eysenck, 1979).

Un traitement discriminatoire est illustré par l'exemple des gens qui semblent mieux se souvenir des visages sous la forme de leur caricature qui, en exagérant leurs caractéristiques discriminatoires, les rendent encore plus distinctifs. Quand nous avons traité des caractéristiques distinctives au chapitre 2, j'ai donné comme exemple une étude dans laquelle les sujets identifiaient plus rapidement les portraits dessinés de leurs amis lorsque ceux-ci étaient des caricatures plutôt que des portraits précis (Rhodes, Brennan, & Carey, 1987). Les caricatures de visages non familiers sont également mieux reconnues que les vrais visages dans un test de reconnaissance standard (Mauro & Kubovy, 1992). Des étudiants de DEUG et de licence ont regardé 100 diapositives de visages vus de face sous la forme de portraits-robots, comme ceux qui sont présentés à droite dans la figure 6.4. Plus tard, on leur a montré 300 visages tests et ils devaient indiquer si chaque visage en question était exactement le même que celui de la première série des 100 visages. Les visages critiques étaient composés de nouveaux visages, de visages déjà présentés et de visages constituant des caricatures des visages déjà présentés.

Les caricatures sont présentées à gauche dans la figure 6.4 et ont été créées en rendant les caractéristiques des visages encore plus discriminatoires. Le grand front du visage du haut est encore agrandi, le long menton du visage du bas est encore allongé. Il est intéressant de noter que les caricatures ont été significativement mieux reconnues que les visages originaux déjà présentés. Ce résultat est en accord avec le concept du traitement discriminatoire : les gens ont encodé les visages dans la mémoire de telle sorte que chaque visage soit rendu encore plus distinctif que le visage original.

Parce que le traitement discriminatoire et la théorie de la profondeur de traitement soulignent l'importance de la création des codes mnémoniques, il n'est sans doute pas surprenant que certains psychologues ont suggéré que l'effet de la différence de profondeur de traitement est dû à des différences de discrimination. Pour démontrer que la discrimination rend compte de la profondeur de traitement, il serait nécessaire de montrer que les codes sémantiques sont plus discriminatoires que les code phonétiques et que ces derniers sont plus discriminatoires que les codes physiques. Quelques études ont déjà porté sur la première comparaison.

**Figure 6.4** Deux portraits-robots (à droite) et leur caricature (à gauche) : en haut, grand front, en bas, long menton.

Tiré de «Caricature and Face Recognition», de R. Mauro et M. Kubovy, 1992, *Memroy & Cognition, 20*, 433-440. Copyright 1992 par la Psychonomic Society, Inc. Reproduit avec autorisation.

Certains psychologues (Moscovitch & Craik, 1976; Eysenck, 1979) ont soutenu que les codes sémantiques entraînent une meilleure rétention que les codes phonétiques car ils sont plus discriminatoires que les codes phonétiques. Ils basent leur hypothèse sur le fait qu'il existe un nombre relativement restreint de phonèmes; ainsi, les codes phonétiques se chevauchent nécessairement alors que le champ des significations possibles est par définition illimité.

L'étude expérimentale de l'élaboration et de la discrimination a modifié la conception initiale de la profondeur de traitement (Craik, 1979b). Toutefois, certaines des idées originelles ont subsisté. La thèse qu'il existe des différences qualitatives entre les codes mnémoniques, que les différentes tâches de jugement peuvent dégager les codes appropriés et que les codes diffèrent dans leur vitesse de détérioration, demeure une conception utile de la mémorisation. Le changement majeur dans l'orientation de la recherche fut la tentative de fournir une base théorique à ces résultats, en déterminant en quoi diffèrent les codes structuraux, phonétiques et sémantiques aux plans de l'élaboration et de la discrimination.

## L'ENCODAGE DE LA SPÉCIFICITÉ ET LA RÉCUPÉRATION

### Le principe d'encodage spécifique

Le changement de focalisation de la recherche des «niveaux» à «l'élaboration» et à la «discrimination» s'est accompagné d'un autre perfectionnement de la théorie. La théorie initiale (Craik & Lockhart, 1972) nous en apprenait davantage sur la façon dont les mots étaient codés que sur la façon dont ils étaient récupérés. Nous avons déjà vu dans le chapitre précédent que des indices pertinents pour la récupération, comme dans le cas des témoins oculaires encouragés à reconstruire le contexte d'un crime, peuvent améliorer le rappel. L'utilité de fournir un contexte approprié pour faciliter la récupération est illustrée par les différences entre les réponses positives et négatives dans la figure 6.2. Les mots qui entraînaient des réponses positives, que ce soit parce qu'ils formaient une rime ou qu'ils s'ajustaient au contexte de la phrase, étaient plus souvent rappelés que les mots qui entraînaient des réponses négatives. Nous avons également vu que l'utilisation de phrases plus complexes, plus élaborées, facilitait les réponses positives mais pas les négatives (figure 6.3). Cet effet était particulièrement évident lorsque le contexte était fourni en tant qu'indice de récupération. Craik et Tulving (1975) ont interprété ce résultat comme la confirmation du fait qu'un contexte plus élaboré n'est un avantage que lorsque le mot testé est compatible avec le contexte et forme une unité intégrée. Une phrase complexe comme *La petite dame en colère devint rouge comme une* _____ facilite la récupération d'une réponse positive (*tomate*) mais ne facilite pas la récupération d'une réponse négative (*cerise*).

**Principe d'encodage spécifique**

Théorie qui postule que l'efficacité des indices de récupération dépend de l'importance de sa relation avec l'encodage initial de l'item.

Ces résultats montrent que, sous certaines conditions, certains indices pour la récupération sont plus efficaces que d'autres. Une réponse générale à la question de la détermination des différences d'efficacité des indices de récupération est fournie par le **principe d'encodage spécifique**, lequel est formulé ainsi : «Les opérations d'encodage spécifique effectuées sur ce qui est perçu déterminent ce qui est stocké, et ce qui est stocké détermine quels indices de récupération sont efficaces pour accéder à ce qui est stocké» (Tulving & Thomson, 1973, p. 369).

Scindons cette proposition en deux parties. La première partie établit que les traces mnésiques ne diffèrent pas seulement selon leur persistance mais aussi selon le type d'informations qu'elles contiennent. La seconde partie postule que l'information contenue par les traces mnésiques détermine quel type d'information pour la récupération faciliterait leur recouvrement. La première partie correspond essentiellement à l'idée de profondeur de traitement; la seconde partie nous oblige à regarder d'un peu plus près la récupération. Cette seconde partie implique qu'il est possible de maintenir constantes les conditions d'encodage d'un item et que subsistent malgré tout de grandes différences dans son rappel, celui-ci dépendant des conditions de récupération. Les conditions d'encodage et de récupération peuvent interagir dans le sens où un indice efficace dans une situation peut être efficace ou non dans une autre situation.

Le principe d'encodage spécifique a été généralement appliqué à l'étude de la manière dont les indices de récupération lient le code mnémonique au stimulus. Cependant, les conditions d'encodage et de récupération peuvent s'appliquer à un contexte plus large comme le lieu dans lequel l'apprentissage est effectué ou même l'état affectif dans lequel l'individu a appris.

L'étude de la **mémoire dépendante de l'affect** teste l'hypothèse selon laquelle nous serions davantage capables de nous rappeler une information si notre état affectif durant la récupération était le même que lors de l'apprentissage. Bien que les faits vérifient généralement l'hypothèse, le degré de concordance entre les faits et l'hypothèse peut dépendre du paradigme particulier utilisé pour tester celle-ci; par exemple, un effet significatif plus important peut provenir des conditions dans lesquelles les individus se rappellent l'information qu'ils ont eux-mêmes générée. Les résultats d'une récente étude confirment avec autorité l'idée d'une dépendance entre la mémoire et l'état affectif quand les gens ont à rappeler des événements autobiographiques qu'ils avaient évoqués quelques jours plus tôt (Eich, Macaulay, & Ryan, 1994). Les sujets qui étaient dans le même état affectif (agréable ou désagréable) lors de l'encodage et de la récupération se sont souvenus de significativement plus d'événements que les individus qui étaient dans des états affectifs différents. Les tests sur le principe d'encodage spécifique se sont généralement focalisés sur le matériel que les sujets avaient à rappeler plutôt que sur le lieu où s'était effectué l'apprentissage ou sur l'état affectif de l'individu en train d'apprendre. Nous allons à présent nous intéresser à ces recherches.

**Mémoire dépendante de l'affect**

La mémoire est améliorée quand les gens sont testés dans des conditions qui recréent l'état affectif dans lequel ils apprenaient le matériel.

## L'interaction entre les opérations d'encodage et de récupération

Une étude de Thomson et Tulving (1970) a fourni les arguments de base servant le principe d'encodage spécifique. Il semble intuitivement évident que l'efficacité des indices de récupération devrait dépendre de l'importance de la relation entre un indice et un item critique. Les indices suivants sont de bons indices de récupération : *blanc* pour *NOIR*, *viande* pour *STEAK*, *idiot* pour *STUPIDE*, *femme* pour *HOMME*, *glace* pour *FROID*, et *sombre* pour *LUMIÈRE*. Les individus auxquels on demandait de se rappeler de *NOIR*, *STEAK*, *STUPIDE*, *HOMME*, *FROID*, et *LUMIÈRE* pouvaient mieux se rappeler ces mots si les indices de récupération leur étaient donnés durant le test de rappel. Il est également intuitivement évident que les mots faiblement associés ne constituent pas de bons indices de récupération - par exemple, *train* pour *NOIR*, *couteau* pour *STEAK*, *oie* pour *STUPIDE*, *main* pour *HOMME*, *souffle* pour *FROID*, et *tête* pour *LUMIÈRE*. Lorsque ces indices faiblement associés étaient donnés durant le test de rappel, ils entraînaient le rappel de moins de mots chez les sujets qu'en l'absence d'indices de récupération.

Thomson et Tulving ont démontré, cependant, que même des indices inefficaces pour la récupération peuvent devenir efficaces s'ils sont présentés avec les mots critiques durant la session d'apprentissage. Lorsqu'un faible indice était apparié à un mot critique, il devenait un indice de récupération plus efficace qu'un indice fortement associé. Si les gens apprenaient *train* et *NOIR* ensemble, durant le test de rappel la présentation du mot *train* conduisait plus probablement au mot *NOIR* que la présentation du mot *blanc*. L'efficacité d'un indice de récupération dépend donc de ce qui se passe pendant l'encodage initial du mot, comme le présume le principe d'encodage spécifique.

Un résultat assez similaire a été rapporté par Light et Carter-Sobell (1970) en utilisant une tâche de reconnaissance. Dans leur expérience, des phrases qui contenaient un adjectif et un nom commun en majuscules étaient présentées aux sujets.

Par exemple, les sujets pouvaient lire la phrase *The CHIP DIP taste delicious* (ndt : La sauce pour les chips était délicieuse). Ils étaient informés qu'ils auraient à réaliser un test de mémoire sur les phrases comprenant un nom commun avec un adjectif, après lecture de toutes les phrases. Le test de reconnaissance les engageait à décider si un nom commun était effectivement apparu dans les précédentes phrases. Certains noms communs dans le test de reconnaissance étaient précédés du même adjectif (*CHIP DIP*), d'autres d'un adjectif différent (*SKINNY DIP*) – ndt : bain de minuit- et d'autres apparaissaient sans adjectif (*DIP*) – ndt : plongeon. Présenter le même adjectif entraînait une meilleure reconnaissance du nom commun que ne présenter aucun adjectif, mais présenter un adjectif différent entraînait une plus mauvaise reconnaissance.

Peut-être qu'un adjectif différent provoque un déclin de la performance parce qu'il s'accorde avec un sens différent du nom commun - *skinny dip* (bain de minuit) à la place de *chip dip* (sauce pour les chips). Les expérimentateurs ont suggéré que les adjectifs déterminent quelles représentations sémantiques d'un nom commun sont stockées dans la mémoire. Si leur hypothèse est exacte, un adjectif différent en accord avec le sens encodé serait un meilleur indice de récupération qu'en cas de désaccord avec le sens encodé. *Raspberry jam* (ndt : confiture de framboises) constituerait un meilleur indice de récupération que *traffic jam* (ndt : embouteillage) si la phrase originale était *strawberry jam* (ndt : confiture de fraises). Les résultats ont confirmé cette hypothèse, bien que la performance la plus probante reste obtenue lorsque le même adjectif apparaît dans la session d'apprentissage et dans les tests.

Les études de Thomson et Tulving (1970) et de Light et Carter-Sobell (1970) ont exploré l'encodage spécifique dans le domaine sémantique. La première étude a montré qu'un indice de récupération inefficace -de faible association sémantique- peut devenir efficace lorsqu'il est associé à l'item critique durant la session d'apprentissage. La seconde étude a montré qu'un adjectif qui préserve l'encodage sémantique d'un mot est plus efficace qu'un adjectif qui le change.

Considérons maintenant la façon dont le principe d'encodage spécifique s'applique lorsqu'il existe deux niveaux de profondeur de traitement - sémantique et phonétique. Imaginez que vous participez à une expérience et que vous avez à répondre par oui ou non à la question *est-ce associé avec verglas ?* Vous voyez ensuite le mot *grêle* et vous répondez par oui. Après avoir effectué une série de jugements sur les rimes et les associations, les indices de récupération suivants vous sont donnés :

1. Associés avec *verglas*
2. Associés avec *neige*
3. Rime avec *frêle*

Selon vous, lequel de ces trois indices de récupération faciliterait le plus la récupération du mot *grêle* ?

Vous êtes probablement d'avis que le premier indice serait le plus efficace puisqu'il est identique à la question posée durant les épreuves d'encodage. Mais que dire alors des indices 2 et 3 ? Le second indice est similaire au contexte original dans le sens où, comme dans la question originale, il met l'accent sur les associations sémantiques.

En revanche, le troisième indice met l'accent sur le code phonétique et diffère donc du contexte original. Le principe d'encodage spécifique suppose que le contexte original est le meilleur indice, puis vient l'indice constitué par un contexte similaire à l'original et enfin, le dernier indice est celui donné par un contexte différent. Les résultats présentés au tableau 6.3 confirment cette hypothèse (R.P. Fisher & F. I. M. Craik, 1977).

Considérons à présent ce qui aurait pu se passer si le mot *grêle* avait été précédé par la question : *Rime-t-il avec prèle ?* Le même principe s'applique. Reproduire le contexte exact est le meilleur indice et fournir un contexte différent -une association sémantique dans ce cas- est le plus mauvais (voir tableau 6.3). L'interaction entre l'encodage et la récupération est illustrée par le fait que l'efficacité d'un indice de récupération dépend de la façon dont le mot est encodé. Quand l'accent est mis sur ses caractéristiques sémantiques, un indice sémantique est plus efficace qu'un indice phonétique. Quand l'accent est mis sur ses caractéristiques phonétiques, un indice phonétique est plus efficace qu'un indice sémantique. En d'autres termes, l'encodage spécifique d'un item détermine quels indices de récupération sont les plus efficaces pour faciliter l'accès à ce qui est stocké - le principe d'encodage spécifique.

Une étude plus récente (Hertel, Anooshian & Ashbrook, 1986) a montré que les personnes étaient incapables de prévoir avec précision l'efficacité relative des indices de récupération. Les sujets indiquaient le caractère agréable de 40 mots dans une tâche de jugement sémantique, annonçaient le nombre de mots dont ils pourraient se souvenir et tentaient ensuite de se rappeler ces mots. Un groupe recevait des indices sémantiques de récupération, un autre des indices phonétiques et un groupe de contrôle ne recevait aucun indice. Selon les résultats de Fisher et Craik, nous devrions nous attendre à ce que les indices sémantiques de récupération soient plus efficaces que les indices phonétiques - hypothèse qui a été confirmée. Seuls les sujets qui ont reçu des indices sémantiques se sont rappelés significativement plus de mots que le groupe de contrôle.

Toutefois, dans l'expérience, la supériorité des indices sémantiques n'a pas été présumée par les sujets, qui pensaient que les indices sémantiques et phonétiques seraient aussi efficaces les uns que les autres. Ces prévisions erronées semblent être dues à une généralisation abusive des expériences passées, dans lesquelles les indices phonétiques s'étaient avérés efficaces. Par exemple, lorsque la recherche a été immédiatement limitée à une catégorie particulière, comme des titres de chansons, l'information phonétique a plus de

**Tableau 6.3** Proportions de mots rappelés en fonction de la similarité entre le contexte d'encodage et l'indice de récupération

| | Rime | Proportion | Association | Proportion |
|---|---|---|---|---|
| Contexte d'encodage | | | | |
| Exemple : *grêle* | Rime avec *prêle* | | Associé avec *verglas* | |
| Contexte de récupération | | | | |
| Identique | Rime avec *prêle* | .24 | Associé avec *verglas* | .54 |
| Similaire | Rime avec *frêle* | .18 | Associé avec *neige* | .36 |
| Différent | Associé avec *verglas* | .16 | Rime avec *frêle* | .22 |

SOURCE : Tiré de « Interaction between Encoding et Retrieval Operations in Cued Recall », de R. P. Fisher et F. I. M. Craik, 1977, *Experimental Psychology : Human Lerning and Memory, 3*, 701-711. Copyright 1977 par l'American Psychology Association. Reproduit avec autorisation.

chance d'être utile. Les sujets ne se sont pas rendu compte que l'efficacité d'un indice de récupération dépend de la façon dont le mot a été codé. Le code mnémonique, dans le cas présent, met l'accent sur les caractéristiques sémantiques des mots.

## Le traitement approprié au transfert

Une implication générale du principe d'encodage spécifique consiste en l'utilisation d'un **traitement approprié au transfert**, qui souligne que la valeur d'une stratégie particulière d'apprentissage est fonction d'un but particulier. Le traitement approprié au transfert implique que l'efficacité d'un apprentissage ne peut être déterminée que par rapport à la situation du test uniquement. Par exemple, si le test met l'accent sur l'information phonétique et que vous êtes en train de vous concentrer sur l'information sémantique, cela pourrait vous poser problème.

**Traitement approprié au transfert**

Encodage du matériel sous une forme liée à la façon dont le matériel sera ultérieurement utilisé.

Une situation vécue pendant mon propre parcours universitaire, alors que j'étais jeune étudiant, nous offre un bon exemple de traitement approprié au transfert. J'avais choisi de suivre durant trois semestres des cours d'allemand dans lesquels la prononciation n'avait que peu d'importance, bien que nous eussions parfois à lire des textes à haute voix. J'ai donc accordé peu d'attention aux codes phonétiques mais ai concentré toute mon attention au sens du texte, de manière à pouvoir en fournir une bonne traduction. Après ces trois semestres, j'ai suivi un cours de conversation dans lequel l'accent était mis sur la prononciation. J'ai vite compris à quel point ma prononciation des mots allemands était mauvaise.

Il est cependant assez rare que nous ayons à mettre l'accent sur les codes phonétiques, puisque nous avons généralement à nous rappeler ou à reconnaître des informations sémantiques. Le traitement approprié au transfert fait donc généralement référence au traitement sémantique. Il existe différentes façons de traiter sémantiquement du matériel et la connaissance du type de test devrait vous aider à choisir la façon d'étudier. Si l'épreuve est un test à choix multiples, il est probable que la connaissance de détails serait plus utile que la connaissance de l'organisation globale du matériel. Si l'épreuve est une dissertation, porter une attention particulière à l'organisation du matériel se révélerait probablement bien plus utile que la connaissance de nombreux détails.

Il existe certaines preuves que la performance des étudiants lors d'un test est influencée par le type de test auquel ils s'attendent. Dans une expérience de d'Ydewalle et Rosselle (1978), la moitié des sujets s'attendaient à un test à choix multiple et l'autre moitié à une série de questions ouvertes. Seuls quelques participants dans chacun des groupes ont reçu le test prévu, et ils ont mieux réussi que ceux qui ont passé un test auquel ils ne s'attendaient pas.

Apparemment, chaque groupe utilisait des stratégies d'apprentissage différentes – celles qui étaient adaptées au test prévu.

Une autre discrimination entre les questions des tests peut être faite selon qu'elles visent le rappel des faits ou la résolution de problèmes. Parfois, l'enseignant demande aux étudiants de rappeler une information, alors qu'à d'autres moments, les étudiants doivent se servir de l'information pour résoudre des problèmes. L'hypothèse issue du traitement approprié au transfert stipule que l'**acquisition centrée sur le problème** du matériel est meilleure que l'**acquisition centrée sur les faits** quand les individus doivent résoudre des problèmes.

**Acquisition centrée sur le problème**

Encodage du matériel de telle sorte qu'il soit utile pour servir dans la résolution d'un problème subséquent.

**Acquisition centrée sur le fait**

Encodage du matériel de telle sorte qu'il souligne la connaissance du fait sans souligner son application

Considérez les deux problèmes suivants :

- Uriah Fuller, le célèbre médium israélien, peut vous dire le score de n'importe quel match de base-ball avant que le match ne commence. Quel est son secret ?

- Vingt femmes différentes vivant dans la même ville sont mariées avec le même homme. Toutes sont encore en vie et aucune n'a divorcé. Elles n'ont transgressé aucune loi. Comment l'expliquez-vous ?

Imaginez à présent qu'un peu plus tôt dans l'expérience, vous ayez évalué un grand nombre de propositions générales contenant des vérités élémentaires. Parmi ces propositions figuraient les réponses à ces problèmes :

- Avant le coup d'envoi, le score de n'importe quel match de base-ball est de 0 à 0.
- Les religieuses catholiques sont mariées avec Jésus-Christ.

Ce qui est surprenant, c'est que disposer des réponses dans une tâche d'évaluation incidente ne s'avère pas vraiment utile pour la résolution de problèmes ultérieurs (Pefetto, Bransford & Franks, 1983).

Il semble que les individus aient appris les propositions en se concentrant sur les faits et ne soient donc pas parvenus à voir leur pertinence en vue de la résolution de problèmes (Adams, Kasserman, Yearwood, Perfetto, Bransford, & Franks, 1988). Supposons maintenant que les propositions soient modifiées de façon à encourager l'acquisition centrée sur le problème; est-ce que les individus sont plus enclins à voir leur pertinence ? Pour favoriser un traitement centré sur le problème, les expérimentateurs ont substitué la proposition : *Les religieuses catholiques sont mariées avec Jésus-Christ* par : *Il est possible que plusieurs femmes puissent se marier avec un seul homme* (pause) *si ce sont des religieuses catholiques*. La pause durait approximativement 2 sec et donnait aux participants l'occasion de réfléchir au problème. Les neuf autres propositions qui fournissaient des réponses aux problèmes posés ont subi des changements similaires. Les individus qui ont reçu des propositions centrées sur le problème ont pu résoudre ultérieurement 56% des problèmes, contre seulement 36% pour ceux qui avaient reçu des propositions centrées sur le fait.

En conclusion, le traitement approprié au transfert pourrait être considéré comme une application du principe d'encodage spécifique. Si l'efficacité des indices de récupération dépend de leur degré de correspondance avec l'encodage du matériel, nous tenterons d'encoder le matériel de telle sorte qu'il puisse être un avantage pour les indices de récupération. Si la récupération se produit durant une résolution de problème, centrer son attention sur la nature du problème présenté par le matériel améliorera la récupération d'informations pertinentes.

## RÉSUMÉ

Selon la théorie de la profondeur de traitement, la façon dont un item est codé détermine sa durée de rétention. Des codes mnémoniques qualitativement différents ont été mis en évidence en demandant aux sujets d'estimer la structure physique de mots, leur prononciation ou leur sens lors d'une tâche de mémorisation incidente. Lorsqu'on demandait aux participants de rappeler les mots alors qu'ils ne s'y attendaient pas, ils se les rappelaient davantage après un traitement sémantique et moins après un traitement structural. La théorie a été renforcée par d'autres études qui ont montré que la répétition ne conduit pas systématiquement à l'acquisition, probablement parce que les sujets ne font pas attention au sens des mots qu'ils veulent seulement maintenir actifs dans la MCT.

Bien qu'à l'origine, la théorie de la profondeur de traitement avançait que la rétention était déterminée par la profondeur des niveaux de traitement (les traitements physiques, phonétiques et sémantiques représentant des niveaux de plus en plus profonds), le fait de ne pas être parvenus à trouver une mesure indépendante de la profondeur a conduit les chercheurs à davantage se centrer sur l'élaboration et la discrimination des codes mnémoniques. L'hypothèse de l'élaboration pose qu'il est plus facile de récupérer des codes plus élaborés et qu'il est plus aisé de faire des associations au niveau sémantique. L'hypothèse de la discrimination propose qu'il est plus aisé de récupérer des codes discriminatoires et que les codes sémantiques sont plus discriminatoires que les codes phonétiques. Les études portant sur l'élaboration et sur la discrimination à partir d'un matériel sémantique ont montré qu'améliorer l'un ou l'autre augmente le rappel. Elaborer davantage le contexte sémantique (par l'utilisation de phrases complexes) ou rendre les mots plus discriminatoires (en les changeant de catégorie sémantique) augmente le nombre de mots rappelés.

Le principe d'encodage spécifique postule que l'efficacité d'un indice de récupération est déterminée par son degré de correspondance avec les caractéristiques des traces mnésiques. Bien que certaines études se soient focalisées sur le contexte plus général de l'encodage, tel que l'état d'esprit du sujet au cours de l'encodage et de la récupération, la plupart se sont centrées sur l'encodage du stimulus. Quand une trace mnésique met en évidence les caractéristiques sémantiques, l'indice sémantique est le plus efficace; quand une trace mnésique souligne les informations phonétiques, l'indice phonétique est le plus efficace. Le meilleur indice de récupération est celui qui est la réplique exacte du contexte originel et pour qu'il puisse être efficace, l'item doit bien s'adapter au contexte. Le traitement approprié au transfert suggère que les gens créent des codes mnémoniques qui doivent correspondre à la façon dont ils utiliseront éventuellement le matériel, comme dans le cas d'un test à choix multiple, une dissertation ou un test de résolution de problèmes.

# QUESTIONS DE RÉFLEXION

Ce chapitre et le prochain explorent essentiellement la représentation de l'information. La représentation suppose qu'un type d'activité mentale transforme les stimuli physiques en ce que nous appelons habituellement les *codes*. Ceci nous rappelle que nous construisons la réalité - en aucune façon elle ne surgit dans nos têtes à la manière des diapositives dans un projecteur.

Pour comprendre la théorie de la profondeur de traitement, il est essentiel de pouvoir apprécier les différences qualitatives de ses niveaux. Si vous n'en êtes pas certain, lisez ce qui suit.

1. Pendant que vous êtes en train de lire, demandez-vous si la théorie de la profondeur de traitement (PT dans les questions suivantes) s'oppose nécessairement à la théorie des stockages mnémoniques séparés, MCT/MLT. (Rappelez-vous que vous n'avez à vous référer qu'à vous-même)

2. S'agissant de mémoire, quels sont les arguments de la PT en faveur de l'utilisation de tâches de jugement plutôt que d'apprentissage ?

3. Ne survolez pas le tableau 6.1. Beaucoup d'informations ont été concentrées dans ce précieux résumé. Est-ce que le résumé de la MCT et de la MLT concorde avec ce que vous avez lu dans les deux chapitres précédents ?

4. Quelles sont les objections adressées par Craik et Lockhart au modèle de système mnémonique d'Atkinson-Shiffrin représenté dans la figure 4.1 ? Les trouvez-vous suffisamment convaincantes ?

5. Pour quelles raisons l'hypothèse que des traces mnésiques différentes varient selon leur vitesse de détérioration est-elle essentielle dans la position PT ?

6. Si vous aviez un ami persuadé que la répétition conduit systématiquement à l'acquisition, quelle étude de Craik lui décririez-vous pour l'en dissuader ? Qu'est-ce qui la rend si convaincante ?

7. Pourquoi Hyde et Jenkins (pre-PT) ont-ils utilisé un paradigme de mémorisation incidente ? Comment leur choix judicieux de matériel a-t-il permis d'inférer ce que les sujets étaient en train de faire ?

8. Pour être certains d'avoir compris ces distinctions, élaborez une nouvelle question en vous référant au tableau 6.2, avec de nouveaux exemples oui/non, pour chacun des niveaux de traitement. Rédigez vos questions.

9. Pourquoi était-il essentiel dans la conception originelle de la théorie PT que l'on puisse mesurer la profondeur de traitement de façon indépendante de la rétention ? Comment les notions d'élaboration et de discrimination contournent-elles ce problème ?

10. Quel sens cela a-t-il de dire qu'il existe une interaction entre les opérations d'encodage et de récupération ? Trouvez des exemples de différents types de traces mnésiques et d'indices de récupération, et testez votre compréhension en faisant des prévisions en accord avec le principe d'encodage spécifique.

## MOTS-CLEFS

*Le numéro de page entre parenthèses indique où le terme est traité dans ce chapitre*

Acquisition centrée sur le fait (212)

Acquisition centrée sur le problème (212)

Associations primaires (193)

Autodétermination (201)

Autorépétition de maintien (192)

Codage phonétique (195)

Codage sémantique (195)

Codage structural (195)

Code mnémonique (186)

Discrimination émotionnelle (203)

Discrimination orthographique (202)

Discrimination primaire (202)

Discrimination secondaire (202)

Elaboration imprécise (200)

Elaboration précise (200)

Empan mnémonique auditif (186)

Flashs de mémoire (203)

Item discriminatif (202)

Mémoire dépendante de l'affect (207)

Mémorisation incidente (193)

Pourcentage de regroupement (194)

Principe d'encodage spécifique (206)

Profondeur de traitement (187)

Rappel guidé (199)

Rappel non guidé (199)

Tâche orientée (187)

Traitement approprié au transfert (211)

Traitement discriminatif (203)

## LECTURES RECOMMANDÉES

Un ouvrage édité par Cermark et Craik (1979) contient de nombreux et excellents chapitres rappel guidé (6.M) sur le concept de la profondeur de traitement développé au cours des années 70. Eich rappel non guidé (6.L) (1985) a conçu un modèle de rappel holographique pour rendre compte de la plupart de ces découvertes répétition continue (6.E). Bien qu'une répétition permettant l'élaboration soit nettement plus efficace qu'une tâche orientée (6.C) répétition continue, les étudiants ne sont pas toujours conscients de cette différence et tâche de mémorisation incidente (6.F) peuvent donc ne pas retenir autant d'informations que possible (Shaughnessy, traitement approprié au transfert (6.Z) (1981). Les autres domaines d'application qui peuvent être rapprochés des concepts de traitement discriminatoire

(6.W) profondeur de traitement et d'encodage spécifique sont, par exemple, celui de la mémoire dépendante du contexte des plongeurs en eau profonde, l'amélioration de la reconnaissance des visages, et la compréhension de certains aspects de l'amnésie et de l'aphasie (Baddeley, 1982). Johnson (1983) a proposé un modèle de la mémoire dans lequel les événements peuvent engendrer de multiples entrées dans un système sensoriel, perceptuel et cognitif. Les similarités -et les différences- entre sa théorie et la théorie de la profondeur de traitement sont évidentes dans son chapitre. Dans le même ouvrage, le chapitre de Brewer et Pani (1983) contient une taxonomie plus complexe de la mémoire. Blaney (1986) propose une recension des recherches portant sur l'affect et la mémoire qui inclut une analyse des articles sur l'encodage spécifique, et le livre édité par Winograd et Neisser (1992) contient des chapitres sur l'affect et les flashes de mémoire. La revue de littérature de Lundeberg et Fox (1991) concernant les études sur les attentes des sujets face aux tests montre que les formats des tests et les attentes influencent les performances.

## EN FRANÇAIS

Deux revues de questions de Giboin (1978, 1979) proposent une analyse poussée du concept de profondeur du traitement, examinant son impact ainsi que les conceptions alternatives qui ont pu lui être opposées au cours des années 1970. Dans son évaluation critique du concept de profondeur du traitement, Baddeley (1992, pp. 177-190) commente brièvement le succès des applications du concept de profondeur du traitement à la reconnaissance de visages, aux déficits mnésiques constatés avec le vieillissement ou les amnésies. Il traite plus longuement la question de l'efficacité relative de la répétition constructive et de l'autorépétition de maintien. Dans différentes présentations de son modèle de la mémoire de travail (Baddeley, 1992, 1994), le même auteur expose comment la répétition peut avoir un effet sur l'apprentissage à long terme : des résultats sont présentés qui suggèrent que la boucle phonologique ou boucle articulatoire (assurant le maintien de l'information verbale en mémoire de travail) joue un rôle important dans l'apprentissage du langage. Johnson (Johnson & Chalfonte, 1994) présente et illustre un modèle modulaire de la mémoire dans lequel les événements peuvent créer des entrées multiples dans un système sensoriel, perceptif, et réflexif. D'autres chapitres de ce même ouvrage proposent des taxonomies complexes de la mémoire. Dans la première section du chapitre 2 du cours de psychologie, Fayol et al. (1995, p. 199) évoquent le fait qu'un événement peut donner lieu à des encodages multiples et rapportent à ce sujet des résultats concernant la mémorisation d'images et de visages. L'ouvrage de Martins (1993) traite du rôle des facteurs affectifs sur la mémorisation de textes. Le chapitre 4 (pp. 107-122) est ici plus particulièrement intéressant, en relation avec le principe d'encodage spécifique : il commente à la fois le rôle de la congruence entre l'état affectif du sujet au moment de la lecture de textes et la tonalité du texte, et le rôle de la congruence entre l'état affectif du sujet au moment où il lit un texte et le moment où il doit le restituer. Kirouac (1994) propose un aperçu plus général de l'étude des relations entre émotion et cognition.

# RÉFÉRENCES

Baddeley, A. (1992). *La mémoire humaine. Théorie et pratique.* Grenoble, P.U.G.

Baddeley, A. (1994). La mémoire de travail : interface entre mémoire et cognition. In D.L. Schacter & E. Tulving (Eds.), *Systèmes de mémoire chez l'animal et chez l'homme* (pp. 343-357). Marseille, Solal.

Giboin, A. (1978). Mémoire épisodique, mémoire sémantique et niveaux de traitement. *Année Psychologique, 78*, 203-232.

Giboin, A. (1979). Le principe de traitement ou principe de profondeur. *Année Psychologique, 79*, 623-655.

Johnson, M.K., Chalfonte, B.L. (1994). Liaisons entre souvenirs complexes : rôle de la réactivation et de l'hippocampe. In D.L. Schacter & E. Tulving (Eds.), *Systèmes de mémoire chez l'animal et chez l'homme* (pp. 305-341). Marseille, Solal.

Martins, D. (1993). *Les facteurs affectifs dans la compréhension et la mémorisation de textes.* Paris, P.U.F.

Kirouac, G. (1994). Les émotions. In M. Richelle, J. Requin, M. Robert (Eds.), *Traité de Psychologie Expérimentale* (Tome 2, pp. 3-44). Paris, P.U.F.

Fayol, M., Ghiglione, R., Kekenbosh, C., Lieury, A., Richard, J.F. (1995). Mémoire, apprentissage et langage. In R. Ghiglione et J.F. Richard (Eds.),*Cours de Psychologie* (Tome 6, pp. 185-310). Paris, Dunod.

# 7

# Les images mentales

Les images mentales ont longtemps joué un rôle prépondérant lorsque psychologues et philosophes voulaient rendre compte des processus cognitifs et de la représentation des connaissances dans l'esprit. Cependant, la construction de telles images n'a jamais été suffisamment bien analysée pour satisfaire de nombreux psychologues et il n'est donc pas surprenant que cette notion d'images mentales ait périodiquement disparu des orientations principales de la psychologie occidentale. Néanmoins, ce concept est tellement attrayant qu'il ne reste jamais bien longtemps abandonné et il bénéficie actuellement d'une remarquable popularité.

STEPHEN KOSSLYN ET JAMES POMERANTZ (1977)

Les précédents chapitres mettaient l'accent sur les connaissances verbales. Les stimuli étudiés consistaient généralement en items que nous pouvons facilement désigner par une étiquette telle que mot, lettre, chiffre ou même pseudo-syllabe. Cependant, il est légitime de se demander s'il est possible de nommer tout ce que nous percevons. Certains événements peuvent être difficiles à décrire verbalement et d'autres peuvent être simplement plus faciles à retenir sous la forme d'une image. Bien que les images puissent exister pour chaque modalité sensorielle, les psychologues se sont principalement intéressés aux images mentales. Ce chapitre aborde la façon dont les images mentales contribuent à notre savoir.

Dans les tests d'intelligence, on fait souvent une distinction entre connaissance verbale et connaissance visuelle ou spatiale. La **connaissance verbale** est habituellement mesurée par des questions sur le vocabulaire ou des questions qui évaluent la compréhension d'un matériel écrit. La **connaissance spatiale** est généralement mesurée à partir de la performance des sujets dans des tâches impliquant la réalisation d'opérations telles que connecter mentalement différents carrés de façon à obtenir un cube ou exécuter mentalement des rotations d'un objet pour déterminer s'il correspond à un autre objet. Bien que la plupart des tests accordent une plus grande importance aux connaissances verbales qu'aux connaissances spatiales, quelques tests spécialisés comprennent des questions difficiles sur les transformations spatiales. Un exemple de ces tests est le Test d'Admission à l'Ecole Dentaire, utilisé aux Etats-Unis pour sélectionner les candidats. Puisque les aptitudes dans l'espace sont très utiles en médecine dentaire, le test inclut quelques problèmes portant sur les relations dans l'espace. Par exemple, pour la question illustrée dans la figure 7.1, on demandait aux candidats de choisir la forme permettant le passage de l'objet tridimensionnel. Pour répondre, les individus devaient élaborer une image mentale de l'objet tridimensionnel et effectuer des rotations de cette image.

**Connaissance verbale**

Connaissance exprimée sous la forme du langage.

**Connaissance spatiale**

Connaissance des relations spatiales qui peuvent être stockées sous la forme d'images.

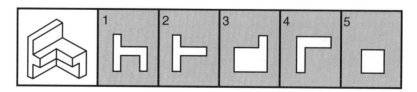

**Figure 7.1** *Une question simple du Test d'Admission à l'École Dentaire. Les étudiants doivent sélectionner la forme au travers de laquelle l'objet de gauche peut passer.*
Reproduit avec l'autorisation de l'American Dental Association.

L'étude des images mentales a été l'une des principales contributions de la psychologie cognitive. Cependant, les psychologues ont négligé les images mentales pendant de nombreuses années à cause de l'influence du *Behaviorisme de Watson* (1924), qui niait la pertinence de toute étude sur les événements mentaux. Watson affirmait que seul le comportement pouvait être étudié objectivement, un argument qui a certainement eu du mérite mais qui a presque complètement éliminé les études des processus mentaux. Ce n'est pas avant les années 60 que les psychologues ont à nouveau tenté de comprendre le rôle des images mentales dans l'acquisition des connaissances. Les images mentales demeurent difficiles à étudier parce qu'elles ne peuvent être directement observées mais ces vingt dernières années, les recherches les ont détectées dans la réalisation de nombreuses tâches.

La première section de ce chapitre développe l'idée qu'élaborer des images mentales est une méthode efficace pour se souvenir d'informations. Cependant, élaborer une image mentale est plus aisé à partir d'un matériel concret que d'un matériel abstrait, et nous examinerons les implications de ce constat. Depuis des siècles, les gens reconnaissent l'utilité des images mentales pour faciliter la mémorisation et bon nombre de stratégies mnémoniques sont basées sur celles-ci. La seconde section décrit plusieurs stratégies mnémoniques et montre comment elles peuvent être utilisées pour apprendre les noms de personnes, les langues étrangères et des listes d'items. La troisième section présente quelques preuves indiquant que les images mentales sont utilisées pour réaliser la plupart des tâches de raisonnement spatial. Les résultats de ces expériences seraient difficiles à expliquer si nous étions persuadés que toute connaissance est verbale. La section finale montre que même les images mentales ont des limites. Heureusement, leur imprécision ne restreint généralement pas leur utilité.

## IMAGES MENTALES ET APPRENTISSAGE

Peut-être vous est-il déjà arrivé d'avoir recours aux images mentales pour mémoriser quelque chose. Lorsque je suis venu à Cleveland pour commencer ma carrière académique à la Case Western Reserve University, le numéro de téléphone de mon domicile était 283-9157. J'ai décidé d'apprendre ce numéro en me servant de la répétition verbale. Je l'ai écrit et répété plusieurs fois avant d'être certain de l'avoir appris. Cependant, après 2 jours de pratique infructueuse, j'ai décidé de chercher une autre stratégie d'apprentissage.

Mon choix a été influencé par une vieille comptine «Sing along with Mitch» (ndt : Chantez avec Mitch) dans laquelle une balle bondissait au-dessus des mots de la chanson. Où irait cette balle si je l'imaginais bondir au-dessus d'une séquence de nombres - 1 2 3 4 5 6 7 8 9 ? Si vous essayez pour la séquence 283-9157, vous vous apercevrez que la balle a un assez joli mouvement pendulaire, effectuant un va-et-vient qui se termine au centre de la série. Une fois cette relation découverte, j'ai immédiatement retenu le numéro de téléphone, et j'ai été capable de le recomposer même lorsqu'il n'était plus mon numéro depuis plusieurs années.

Il s'agit là d'un exemple assez original où l'élaboration d'une image peut faciliter la mémorisation. Mais il existe beaucoup d'autres façons d'utiliser les images mentales dans l'apprentissage, comme nous le verrons dans les deux prochaines sections. L'exemple le plus évident est quand nous voulons nous souvenir d'images sans avoir à les traduire en mots.

## La mémoire des images

Les images mentales peuvent fournir des codes mnémoniques efficaces, j'en veux pour preuve que les gens trouvent habituellement plus facile de reconnaître des images que des mots. Shepard (1967) fut l'un des premiers à montrer que la précision de la reconnaissance d'éléments visuels est très grande.

Dans son expérience, les sujets regardaient 612 images à la vitesse qu'ils voulaient, ensuite ils passaient un test de mémoire de reconnaissance de paires d'images. Chaque paire consistait en une image précédemment vue, associée à une nouvelle image. Lorsque le test était effectué 2 heures plus tard, les participants identifiaient presque toujours l'image déjà vue dans la paire présentée. Un autre groupe de participants, testé 1 semaine plus tard, était encore capable d'identifier la bonne image dans 87% des paires.

Bien sûr, ils ont bien réussi parce que le test était facile. Nous pourrions ne nous souvenir que de très peu d'éléments d'une image elle-même et être néanmoins capable de dire laquelle des deux possibilités nous a été présentée. Mais lorsque le même test était effectué en utilisant cette fois-ci des mots à la place des images, la précision de la reconnaissance n'était plus aussi élevée. Les sujets testés immédiatement après avoir vu les mots ne pouvaient identifier lequel des deux mots leur avait été présenté que dans 88% des paires (Shepard, 1967). Leur performance a été pratiquement la même que sur présentation des images une semaine après.

Une expérience de Standing (1973) fournit une preuve supplémentaire qu'il est plus facile de se rappeler les images que les mots.

Un groupe de dévoués sujets a regardé 10.000 images durant une période de 5 jours. Immédiatement après la session d'apprentissage du cinquième jour, les sujets ont passé un test de mémoire de reconnaissance similaire à celui conçu par Shepard. Standing a estimé le nombre d'items qui devaient être mémorisés pour atteindre ce seuil de performance (en prenant en compte la probabilité d'un accord aléatoire). Il a estimé que les participants devaient retenir 6.600 images. Ils n'étaient pas supposés se rappeler tous les détails d'une image mais suffisamment pour faire la distinction entre ces images et de nouvelles images.

Dans l'expérience de Standing, on n'a pas montré 10.000 mots aux sujets pour faire la comparaison, mais on a présenté à d'autres groupes 1.000 mots, 1.000 images ordinaires (comme celle d'un chien) et 1.000 images déconcertantes (comme celle d'un chien tenant une pipe dans sa gueule). Deux jours plus tard, les sujets devaient trouver laquelle de deux possibilités leur avait été présentée dans l'expérience. Tout en tenant compte de la probabilité d'un choix aléatoire, Standing a évalué que les participants avaient retenu suffisamment d'information sur 880 images déconcertantes, 770 images ordinaires et 615 mots. La découverte que la mémoire de reconnaissance est meilleure quand il s'agit d'images plutôt que des mots corrobore les résultats de Shepard.

## Images et publicité

La découverte que les gens sont plus aptes à reconnaître des images que des mots devrait avoir de considérables implications dans un grand nombre de domaines. Considérons par exemple la publicité. Les publicitaires consacrent beaucoup d'argent pour convaincre les gens qu'ils devraient acheter tel ou tel produit. Une partie de leur travail, particulièrement quand il s'agit d'un produit peu connu, consiste à aider les individus à se rappeler le nom du produit.

Une pub, très intéressante et même plaisante, ne serait pas efficace si le consommateur potentiel ne parvenait pas à se rappeler le nom du produit vanté.

Lorsque je faisais ma thèse de doctorat à Los Angeles, j'ai participé à une étude de marketing qui testait la réponse d'une assistance à la diffusion de deux émissions télévisées qui devaient être programmées durant le mois de septembre suivant. Nous devions évaluer les émissions et une série de publicités diffusées dans l'intermède. Lorsque la seconde émission fut terminée, les publicitaires nous demandèrent de nous rappeler les noms des produits des publicités diffusées 30 min. plus tôt. Cela fut étonnamment difficile.

Lutz et Lutz (1977) ont étudié le rôle des images mentales dans la publicité. Apprendre le nom des produits est un exemple d'apprentissage d'association de paires, dans lequel le publicitaire veut que nous associons le nom de la marque avec le produit dont nous venons de voir la publicité. La recherche sur la mémoire des images suggère que combiner le produit et le nom de la marque dans une seule image interactive devrait faciliter le souvenir de la marque. Lorsque les gens cherchent à acheter ce produit, ils peuvent se rappeler l'image du produit et le nom de la marque qui lui est associé.

Lutz et Lutz ont cherché dans les Pages Jaunes d'un annuaire des exemples de deux types d'images : (1) une **illustration interactive** qui intègre la marque et le produit dans une seule illustration, et (2) une **illustration non interactive** qui présente soit la marque, soit le produit. Le second type d'illustration est plus courant et présente habituellement une image du produit et le nom de la marque à ses côtés. La figure 7.2 propose deux exemples d'illustration interactive et deux exemples d'illustration non interactive. Les illustrations interactives combinent la marque et le produit en une seule image, que ce soit en intégrant une image de chacun (interaction d'images) ou en combinant l'illustration du produit et une lettre de la marque (accentuation de lettres). Les images non interactives comprennent soit une illustration du nom de la marque, soit une illustration du produit.

La tâche des étudiants consistait à apprendre à associer le nom de la marque d'une société à son produit ou ses services. Les étudiants ont été répartis en quatre groupes. Dans deux groupes, on présentait soit des images interactives, soit des images non interactives. Les deux autres groupes consistaient en leur groupe de contrôle respectif. Les étudiants de chaque groupe ont étudié 24 paires de marque/produit durant 10 sec. chacune. Les membres du groupe d'images interactives ont regardé des images comme celles du haut de la figure 7.2. Le groupe non interactif voyait soit une image du produit, soit le nom d'une marque. Dans les groupes de contrôle, les sujets devaient retenir les mêmes paires (comme Rocket Messenger Service ou Dixon Crane Co.) mais ne voyaient plus que des mots et non des images.

Dans le test de rappel, une liste de 24 produits était donnée aux participants et ils devaient associer le nom de la marque appropriée à chacun d'eux. Les résultats ont montré que seules les images interactives facilitaient le rappel des noms des marques.

Les sujets dans le groupe interactif se sont significativement souvenus de plus de noms que ceux qui ont essayé d'apprendre les mêmes paires sans les images. Cependant, ce résultat était presque entièrement basé sur la condition d'interactions d'images; la condi-

**Illustration interactive**

Illustration dans laquelle les concepts clefs interagissent.

**Illustration non interactive**

Illustration dans laquelle les concepts clefs n'interagissent pas.

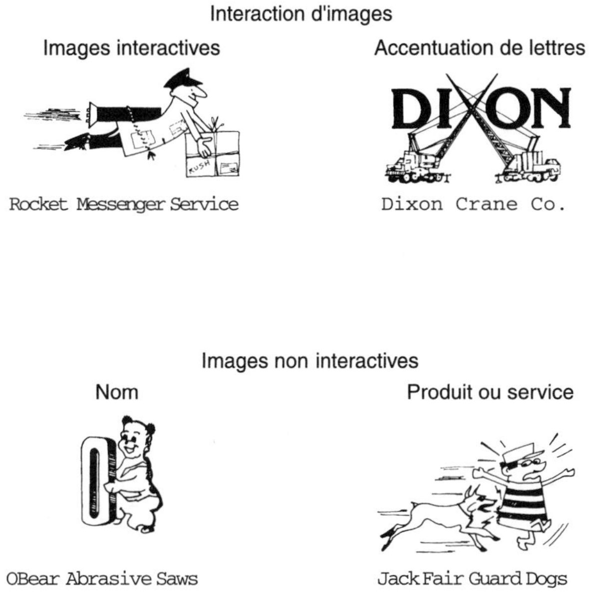

Interaction d'images

Images interactives

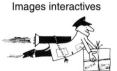

Rocket Messenger Service

Accentuation de lettres

Dixon Crane Co.

Images non interactives

Nom

O

OBear Abrasive Saws

Produit ou service

Jack Fair Guard Dogs

**Figure 7.2** *Publicités interactives et non interactives.*

Tiré de «Effects of Interactive Imagery on Learning : Applications on Advertising», de K. A. Lutz et R. J. Lutz, 1977, *Journal of Applied Psychology, 62*, 493-498. Copyright © 1977 par l'American Psychological Association. Reproduit avec autorisation.

tion d'accentuation de lettre s'est révélée beaucoup moins efficace. Les sujets dans le groupe non interactif n'ont pas retenu plus de paires que ceux de leurs groupes de contrôle.

Les expérimentateurs ont interprété ces résultats comme soulignant l'intérêt d'utiliser des images dans les pubs - à condition que les images soient des images interactives. L'interaction d'image est le type d'image le plus efficace mais elle nécessite que le produit, de même que le nom de la marque, puissent être représentés sous la forme d'images. Cette contrainte est habituellement facile à satisfaire pour les produits mais est plus difficile en ce qui concerne les noms de marques, à moins que la société ait un nom très imagé comme Lincoln National Life ou Bell Telephone. Le fait que les mots varient selon leur degré de facilité à les traduire en images implique qu'une bonne utilisation des images dépend de la nature du matériel qui doit être appris.

## Influence du matériel sur l'élaboration des Images

Le travail de Paivio à l'Université de Western Ontario a démontré que l'efficacité des codes visuels et verbaux est influencée par le niveau d'abstraction du matériel. Après une importante série d'études, Paivio (1969) a soutenu que dans une situation d'apprentissage, une personne pouvait aborder le matériel de deux façons. Une forme d'élaboration met l'accent sur les associations verbales. Un mot comme *poésie* peut conduire à de nombreuses associations qui peuvent vous aider à le distinguer des autres mots. Vous pouvez penser à différents styles poétiques, à des poèmes particuliers ou à des souvenirs du cours de français. Nous avons vu dans le chapitre précédent que l'association verbale aidait les gens à se rappeler certains mots dans l'expérience de Hyde et Jenkins (1969). Ceux qui considéraient le sens des mots rapportaient les associations primaires, parce que se rappeler un des mots leur suggérait le mot associé.

L'autre forme d'élaboration consiste à créer une image mentale pour représenter un mot. Si je vous demande de vous rappeler le mot *jongleur*, vous pouvez former l'image d'un individu jonglant avec trois balles. Si je vous demande de vous rappeler le mot *vérité*, vous aurez probablement quelque difficulté à en élaborer une image. Le premier mot se réfère à un objet concret, le second à un concept abstrait. S'il est facile de concevoir une image pour représenter un objet concret, il est en revanche difficile d'en concevoir une pour un concept abstrait. Paivio (1969) a soutenu que la **dimension concret/abstrait** est le principal facteur influençant la facilité avec laquelle nous pouvons élaborer une image. Sur ce continuum, l'image est l'objet le plus concret qui puisse exister car elle peut être directement retenue sous la forme d'une image mentale sans que la personne ait besoin d'en créer une. Ainsi les images permettent-elles généralement une meilleure mémorisation que les mots concrets qui, eux-mêmes, conduisent à une meilleure rétention que les mots abstraits.

Si les images mentales et les associations verbales sont les deux principales formes d'élaboration, est-ce que l'une d'elles est plus efficace que l'autre ? Pour répondre à cette question, nous avons besoin de savoir avec quelle facilité nous pouvons élaborer une image mentale ou une association verbale d'un mot. La **valeur d'imagerie** des mots est généralement mesurée en demandant aux sujets d'indiquer sur une échelle le niveau de difficulté éprouvé pour créer une image mentale à partir d'un mot donné. Comme nous pouvions nous y attendre, les mots concrets sont estimés très faciles à imager et les mots abstraits peu faciles. La **valeur d'association** d'un mot est généralement mesurée en demandant aux gens d'en fournir le plus d'associations possibles dans un intervalle de temps de 1 min. Paivio et ses collègues ont trouvé que le potentiel d'élaboration d'images des mots

**Dimension concret/abstrait**

Mesure dans laquelle un concept peut être représenté par une image.

**Valeur d'imagerie**

Valeur exprimant la facilité avec laquelle un concept peut être élaboré sous la forme d'une image mentale.

**Valeur d'association**

Nombre d'associations verbales générées pour un concept.

induit de façon plus fiable la mémorisation que le potentiel d'association des mots. Les mots fortement imagés sont plus faciles à apprendre que les mots faiblement imagés, mais les mots fortement
associés ne sont pas forcément plus faciles à retenir que les mots faiblement associés (Paivio, 1969).

Une étude de Paivio, Smythe, et Yuille (1968) démontre l'avantage de l'utilisation des images mentales pour l'apprentissage. On y
demande à des étudiants de l'Université de Western Ontario
d'apprendre une liste de mots associés composée de 16 paires.

Les mots étaient également répartis en deux catégories : les
mots très imagés (T) tels que *jongleur, robe, lettre* et *hôtel* et les mots
peu imagés (P) tels que *effort, devoir, qualité* et *nécessité*. La liste se
composait de quatre paires de mots, très imagé-très imagé, très
imagé-peu imagé, peu imagé-très imagé et peu imagé-peu imagé,
dans lesquelles le premier terme se référait à la valeur d'imagerie du
stimulus et le second à la valeur d'imagerie de la réponse. Par exemple, *jongleur-robe* (T-T), *lettre-effort* (T-P), *devoir-hôtel* (P-T) et *qua-
lité-nécessité* (P-P).

La figure 7.3 montre dans quelle mesure les étudiants ont pu se
rappeler la réponse lorsque le stimulus était donné. La considérable
influence des images est assez évidente. Les paires T-T ont entraîné
le meilleur rappel et les paires P-P le plus mauvais. Dans le cas où un
seul des éléments d'une paire présente une valeur très imagée, le rappel était meilleur quand ce mot était utilisé en tant que stimulus (T-

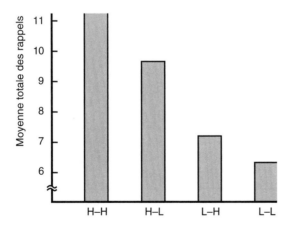

**Figure 7.3** *Moyenne totale des rappels pour les quatre épreuves selon la valeur très
imagée (T) et peu imagée (P) des mots.*

Tiré de «Imagery versus Meaningfulness of Nouns in Paired-Associate Learning», de A. Paivio, P. E. Smythe, et J. C. Yuille, 1968, *Canadian Journal of Psychology, 22*, 427-441. Copyright © 1968 par la Canadian Psychological Association. Reproduit avec autorisation.

P). Le fait que la paire T-T soit la plus facile à mémoriser est en accord avec le résultat précédemment évoqué, les images interactives améliorent le rappel des noms de marques. Lorsque des images peuvent être élaborées pour chacun des éléments d'une paire de mots, ces images peuvent être combinées pour former une image interactive. Par exemple, le mot *jongleur* peut être associé au mot *robe* en imaginant un jongleur vêtu d'une robe.

A noter que les mots très imagés étaient plus faciles à retenir que les mots peu imagés, même s'il n'était pas demandé aux sujets d'utiliser des images mentales. Il est possible que les participants élaboraient spontanément des images mentales chaque fois qu'ils le pouvaient. Un questionnaire complété par les sujets suite à la tâche d'apprentissage a confirmé pareille hypothèse. Les étudiants ont indiqué, pour chacune des 16 paires de la liste, quelle stratégie ils avaient utilisée parmi les cinq proposées pour apprendre chaque paire. Ils avaient le choix entre *aucune* stratégie, une stratégie de *répétition*, une stratégie *verbale* (une phrase ou une rime associant les deux mots), l'élaboration d'*images mentales* (images mentales incluant les items) et *autre* stratégie. Les options *aucune* et *autre* étaient rarement rapportées. La distribution des trois autres réponses dépendait du fait

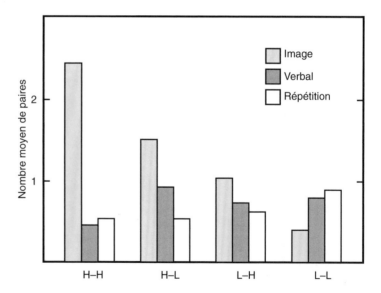

**Figure 7.4** *Nombre moyen de paires pour lesquelles les stratégies d'image mentale, verbales et de répétition ont été indiquées en fonction des valeurs tres imagées (T) ou peu imagées (P) des mots.*

Tiré de «Imagery versus Meaningfulness of Nouns in Paired-Associate Learning», de A. Paivio, P. E. Smythe, et J. C. Yuille, 1968, *Canadian Journal of Psychology, 22*, 427-441. Copyright © 1968 par la Canadian Psychological Association. Reproduit avec autorisation.

que la paire consistait soit en mots très imagés, soit en mots peu imagés (voir figure 7.4). L'utilisation d'images mentales était la plus fréquente pour les paires T-T et la plus rare pour les paires P-P. La ressemblance frappante entre l'histogramme représentant le rappel des mots (figure 7.3) et celui représentant l'utilisation d'images mentales (figure 7.4) suggère que l'image mentale est une stratégie d'apprentissage efficace.

La raison pour laquelle les images mentales sont efficaces, selon Paivio (1975), est qu'une image fournit un second type de code mnémonique, indépendant du code verbal. La théorie de Paivio est appelée la **théorie du double codage** parce qu'elle propose l'existence de deux codes mnémoniques indépendants, chacun d'eux pouvant conduire au rappel. Une personne qui a stocké à la fois le mot *chat* et l'image d'un chat peut se souvenir de l'item si elle retrouve l'image ou le mot.

> **Théorie du double codage**
>
> Théorie qui postule que la mémoire est améliorée lorsque les items peuvent être à la fois représentés par des codes mnémoniques visuels et verbaux.

Apparemment, les deux codes mnémoniques sont indépendants dans le sens où une personne peut oublier l'un des codes sans oublier l'autre (Paivio, 1975). Avoir deux codes mnémoniques pour représenter un item offre donc plus de chances de se rappeler celui-ci.

Une critique de la théorie du double encodage est que cela ne marche que dans les situations dans lesquelles les gens se centrent sur les **informations relationnelles**, telles que les associations entre items dans une tâche d'association (Marschark & Hunt, 1989). Dans l'expérience de Marschark et Hunt, les sujets évaluaient tout d'abord 12 paires de mots concrets et 12 paires de mots abstraits dans une tâche de jugement. Un groupe évaluait avec quelle facilité les deux mots de chaque paire pouvaient être combinés dans une unité intégrée. Lorsqu'il leur était demandé plus tard de rappeler les mots, ils se souvenaient significativement de plus de mots concrets que de mots abstraits. Il était demandé à un autre groupe d'ignorer le fait que les mots étaient présentés par paires et d'évaluer la facilité avec laquelle chacun de ces mots pouvait évoquer une image mentale. Dans ce groupe, les sujets ne se sont pas davantage rappelés les mots concrets que les mots abstraits, comme le laisserait supposer la théorie du double codage. L'attention portée au codage relationnel est également en accord avec la découverte qu'améliorer le rappel des noms de marques dépendait de l'élaboration d'une image *interactive* qui combinait le produit et le nom de la marque.

> **Information relationnelle**
>
> Information spécifiant la façon dont les concepts sont reliés.

Si Marschark et Hunt ont raison en postulant que le traitement relationnel est nécessaire pour que le caractère concret d'un item puisse être un avantage dans la mémorisation, alors la théorie du double codage présente un éventail restreint d'applications. Mais cet éventail limité demeure assez étendu, de nombreuses activités d'apprentissage nécessitant que nous apprenions des associations entre les items. Puisque les images mentales facilitent le rappel dans ces situations, il est tout naturel qu'elles jouent un rôle clé dans les techniques proposées pour améliorer la mémoire.

## STRATÉGIES MNÉMONIQUES

**Moyens mnémotechniques**

Stratégies qui améliorent la mémoire.

De temps à autre, un livre proposant des méthodes pour améliorer la mémoire paraît. Un tel livre est généralement écrit par une personne qui non seulement a utilisé des **moyens mnémotechniques** mais qui peut aussi les appliquer pour illustrer d'assez remarquables actes de mémoire. Par exemple, *The Memory Book*, de Lorayne et Lucas (1974), figura plusieurs semaines dans la liste des best-sellers.

Bien que les livres sur la mémoire abordent toujours plusieurs techniques pour améliorer celle-ci, ils mettent généralement l'accent sur les images mentales. L'auteur présente une stratégie mnémonique, dans laquelle les images mentales jouent généralement un rôle clef et affirme que l'utilisation de cette stratégie améliorera la rétention. Cette déclaration, cependant, est rarement authentifiée par des résultats vérifiés par l'expérience. Existe-t-il une preuve que la stratégie proposée est efficace ? Heureusement, de telles études paraissent dans les revues de psychologie. Nous allons à présent considérer certains de ces résultats.

### Comparaison de différentes stratégies d'association pour l'apprentissage

Les résultats obtenus par Paivio et al. (1968) suggèrent que les images mentales sont des stratégies particulièrement efficaces quand des images peuvent être élaborées pour représenter des mots. Cependant, contrairement à une expérience conduite par Bower et Winzenz (1970), leur étude n'a pas été conçue pour apprendre aux gens à utiliser une stratégie particulière. Dans cette dernière expérience, il était demandé aux sujets d'apprendre des paires de noms concrets associés. Quatre groupe de sujets ont été constitués, chacun recevant des consignes différentes sur la façon d'apprendre les associations. Dans la *condition de répétition*, les étudiants devaient se répéter chaque paire silencieusement. Dans la *condition de lecture de phrases*, les étudiants devaient lire à voix haute une phrase dans laquelle les deux mots d'une paire étaient écrits en majuscules figurant dans la phrase en tant que sujet et complément d'objet. Les expérimentateurs demandaient aux membres de ce groupe d'utiliser la phrase pour associer les deux noms critiques. Dans la *condition de production de phrases*, les étudiants devaient concevoir leur propre phrase pour relier les deux mots d'une façon intelligible. Dans la *con-*

*dition des images mentales*, les étudiants avaient à élaborer une image mentale qui combinait les deux mots sous une forme vraiment interactive. Ils étaient encouragés à trouver une image mentale aussi élaborée ou aussi bizarre qu'ils le souhaitaient.

Suite à une épreuve exploratoire portant sur chacune des 30 paires de mots, un test de rappel sur 15 paires et un test de reconnaissance sur les 15 autres étaient effectués. La reconnaissance de la bonne réponse était facile et les quatre stratégies utilisées ont conduit à un niveau de performance élevé. Cependant, le rappel des bonnes réponses a été plus difficile et a fait apparaître des différences d'efficacité entre les stratégies. Le nombre moyen des rappels exacts a été de 5.6 dans le groupe de répétition, de 8.2 dans le groupe de lecture de phrases, de 11.5 dans le groupe de production de phrases et de 13.1 dans celui des images mentales. Les données illustrent clairement que, bien que la répétition conduise à une certaine mémorisation, elle est moins efficace que les stratégies d'élaboration. La comparaison entre la condition des images mentales et celle de la production de phrases indique que l'élaboration visuelle s'est avérée plus efficace que l'élaboration sémantique. Bien que l'utilisation de noms concrets rende possible l'utilisation d'une image mentale, le fait que la production de phrase soit également une stratégie efficace suggère que cette technique pourrait être utilisée pour l'apprentissage de mots abstraits.

Une application spécifique de la stratégie des images mentales dans l'apprentissage des paires d'éléments associés est la mémorisation de noms associés aux visages. Je crois que presque tout le monde a éprouvé une fois ou l'autre des difficultés à mémoriser un nom. Beaucoup d'auteurs de livres sur la mémoire sont capables de réaliser une impressionnante démonstration au cours de laquelle ils répètent tous les noms des individus d'une assistance après les avoir entendus une seule fois seulement. La méthode utilisée par Lorayne consiste à convertir d'abord le nom en une image mentale, puis à associer cette dernière à une caractéristique marquée du visage de la personne. Par exemple, si M. Gordon a un nez imposant, l'image mentale peut être un cordon (*cordon* a une sonorité comparable à *Gordon*) pendant à la place de son nez. Bien que cette méthode puisse sembler quelque peu bizarre, elle s'est avérée concluante expérimentalement.

Un groupe de psychologues de Grande-Bretagne a découvert que les personnes auxquelles la stratégie avait été enseignée apprenaient significativement plus de noms que le groupe de contrôle qui n'avait pas reçu cet enseignement (P. E. Morris, S. Jones, & P. Hampson, 1978). Dans la tâche d'apprentissage, il fallait associer différents noms (sélectionnés de façon aléatoire dans un annuaire téléphonique) à chacune des 13 photographies d'hommes. Après une période d'étude de 10 sec. pour chaque item, le groupe des images mentales pouvait nommer correctement 10 photographies, par comparaison avec cinq seulement pour le groupe de contrôle. Les auteurs ont admis que l'utilisation d'une stratégie mnémonique nécessite un certain effort et que tout le monde n'est pas disposé à le faire pour apprendre des noms. Cependant, leurs résultats devraient encourager ceux qui se demandent si faire cet effort en vaut la peine.

**Images bizarres**

Images fantastiques ou inhabituelles.

Bien que la recherche ait prouvé que l'utilisation d'images mentales est efficace dans l'apprentissage des associations, on a également montré que les **images bizarres** ne sont pas toujours plus efficaces que les images tangibles. En fait, le degré d'interaction de l'image est le meilleur gage de son efficacité (Kroll, Schepeler, & Angin, 1986). Les images bizarres ne sont plus efficaces que les images tangibles que dans un nombre limité de situations, par exemple lorsque le caractère particulièrement distinctif des images bizarres peut augmenter leur mémorisation (McDaniel & Einstein, 1986).

## La méthode des mots-clefs et l'apprentissage d'un vocabulaire

**Mot-clef**

Mot concret qui sonne comme un mot abstrait de telle sorte qu'il peut être substitué au mot abstrait dans une image interactive.

L'utilisation d'images pour se rappeler un nom dépend évidemment de la facilité avec laquelle une image peut être élaborée à partir de ce nom. Pour certains noms, c'est assez facile, comme pour Dupont (élaborer l'image d'un pont) ou Lenoir (élaborer l'image de la couleur). D'autres noms, comme Gordon ou Detterman, peuvent nécessiter d'associer un nom concret au nom, pour ensuite élaborer une image du mot associé. Le mot associé, appelé **mot-clef**, doit avoir la même sonorité que le nom que l'on apprend. L'association de *cordon* avec Gordon constitue un exemple de la méthode des mots-clefs. *Cordon* est un mot-clef qui peut être utilisé pour élaborer une image. Les mots *debtor-man* (ndt : endetté-homme) peuvent être de bons mots-clefs pour Detterman en élaborant l'image de M. Detterman vêtu de haillons.

À ce stade de la présentation, vous pouvez éprouver encore quelques réticences concernant la méthode des mots-clefs. C'est certainement plus compliqué que la simple élaboration d'une image, parce que vous devez vous rappeler non seulement l'image mais aussi l'association entre le mot-clef et le nom pour vous rappeler correctement le nom original. M. Gordon peut ne pas apprécier se faire appeler M. Cordon et M. Detterman n'aimerait certainement pas être appelé M. Debtorman.

**Méthode des mots-clefs**

Stratégie mnémotechnique qui utilise des mots-clés pour améliorer la mémorisation de paires de mots associés.

Même si la **méthode des mots-clefs** nécessite deux étapes - apprendre l'association entre le nom et le mot-clef et élaborer une image du mot-clef- la méthode demeure très efficace. Une démonstration frappante de son efficacité est illustrée par une étude d'Atkinson et Raugh (1975) sur l'acquisition du vocabulaire russe.

La méthode des mots-clefs organise l'étude du vocabulaire en deux étapes. La première étape consiste à associer le mot étranger à un mot anglais, le mot-clef, qui sonne à peu près comme une partie du mot étranger. La seconde étape consiste à élaborer une image mentale du mot-clef qui interagit avec la traduction anglaise. Par exemple, le mot russe pour *immeuble* (zdanie) se prononce presque comme *zdawn-yeh*, en mettant l'accent sur la première syllabe. En utilisant *dawn* (ndt : aube) en tant que mot-clef, nous pouvons imaginer la lueur rose de l'aube se reflétant dans les fenêtres d'un immeuble.

**Tableau 7.1** *Échantillon de 20 mots russes et des mots-clefs qui leur sont associés*

| Russe | Mot-clef | Traduction |
|---|---|---|
| VNIMÁNIE | ?? | ATTENTION |
| DÉLO | ?? | AFFAIRE |
| ZÁPAD | ?? | OUEST |
| STRANÁ | ?? | PAYS |
| TOLPÁ | ?? | FOULE |
| LINKÓR | ?? | CUIRASSÉ |
| ROT | ?? | BOUCHE |
| GORÁ | ?? | MONTAGNE |
| DURÁK | ?? | IDIOT |
| ÓSEN | ?? | AUTOMNE |
| SÉVER | ?? | NORD |
| DYM | ?? | FUMÉE |
| SELÓ | ?? | VILLAGE |
| GOLOVÁ | ?? | TÊTE |
| USLÓVIE | ?? | CONDITION |
| DÉVUSHKA | ?? | FILLE |
| TJÓTJA | ?? | TANTE |
| PÓEZD | ?? | TRAIN |
| KROVÁT | ?? | LIT |
| CHELOVÉK | ?? | PERSONNE |

La sélection appropriée des mots-clefs est un important aspect de la méthode. Un bon mot-clef doit satisfaire aux critères suivants : il doit (1) sonner autant que possible comme une partie du mot étranger, (2) être différent des autres mots-clefs et (3) former facilement une image interactive avec la traduction anglaise. Le tableau 7.1 présente un échantillon de 20 mots russes et des mots-clefs qui leur sont associés. Pour vous exercer à utiliser cette méthode, vous pouvez essayer de créer une image mentale liant la première paire de mots.

Dans l'étude d'Atkinson et Raugh, les étudiants essayaient d'apprendre la traduction anglaise de 120 mots russes pendant 3 jours. Ils étaient divisés en deux groupes - le groupe «mots-clefs» et un groupe de contrôle. Les sujets du groupe «mots-clefs» apprenaient à utiliser la méthode des mots-clefs. Après avoir eu prononcé chaque mot russe, le mot-clef et sa traduction anglaise leur étaient montrés. La consigne était qu'ils devaient imaginer une image interactive liant le mot-clef et sa traduction anglaise ou imaginer une phrase les incorporant s'ils ne pouvaient en élaborer une image. Les mots-clefs n'étaient pas montrés aux sujets du groupe de contrôle et il leur était demandé d'apprendre la traduction comme ils le souhaitaient. Le groupe de contrôle ne recevait pas de consignes sur l'utilisation de mots-clefs ou d'images mentales.

Le jour suivant la session d'étude de trois jours, les étudiants des deux groupes étaient testés sur l'ensemble des 120 mots du vocabulaire. Les étudiants du groupe «mots-clefs» ont donné la traduction exacte de 72% des mots russes; les étudiants du groupe de contrôle n'ont fait de même que pour 46% des mots. Cette différence est particulièrement impressionnante si l'on considère que le russe a été choisi de façon à mieux tester la méthode des mots-clefs car la plupart des mots russes ont une prononciation assez différente des mots anglais. Beaucoup de gens trouvant que le vocabulaire russe est le plus difficile à apprendre, posséder une méthode qui puisse faciliter son apprentissage est un précieux atout. Atkinson et Raugh ont prévu d'utiliser la méthode des mots-clefs dans un logiciel d'apprentissage du vocabulaire conçu pour compléter les cours de russe. Les étudiants seraient libres d'étudier les mots de la façon qu'ils souhaitent mais bénéficieraient d'une option de demande de mots-clefs en appuyant sur une touche du clavier.

## La méthode des Loci

Jusqu'à présent, les méthodes mnémotechniques que nous avons abordées ont été appliquées dans la mémorisation d'items associés en paires, comme un nom avec un visage ou un mot anglais avec un mot russe. Un autre type de tâche mnémonique est l'**apprentissage sériel** qui consiste à mémoriser une séquence d'items dans leur bon ordre. Par exemple, si vous êtes en train de faire des courses, vous pouvez vouloir retenir une liste d'items dans l'ordre dans lequel vous allez les acheter.

**Apprentissage sériel**

Apprentissage d'items dans un ordre spécifié.

Une longue liste d'items peut être mémorisée en utilisant la **méthode des loci**, une technique inventée il y a plusieurs siècles. Autrefois, il était particulièrement important d'avoir une bonne mémoire car il n'y avait ni imprimerie ni papier pour écrire. L'art classique de la mémorisation a principalement été enseigné pour pouvoir délivrer de longs discours (Yates, 1966). Un professeur de rhétorique inconnu en a recueilli les principes dans le livre intitulé *Ad Herennium*, écrit autour de 86-82 avant J. C.. La première étape consiste à apprendre par cœur une série de loci, ou lieux - généralement les diverses pièces d'une maison telles que l'avant-cour, la salle de séjour, les chambres et les salons, y compris les statues et les autres ornements de chacune d'elles.

**Méthode des loci**

Moyen mnémotechnique pour apprendre l'ordre d'objets en les imaginant à un emplacement spécifique.

Les thèmes du discours sont ensuite traduits en images placées dans les différentes pièces dans l'ordre dans lequel ils seront traités. L'orateur s'imagine déambulant dans la maison dans un ordre précis, retrouvant chaque image au moment où il entre dans la pièce suivante. La méthode garantit que les thèmes seront retenus dans leur bon ordre, puisque l'ordre est déterminé par la série de pièces dans la maison.

La section sur la mémoire dans *Ad Herennium* faisait plus que simplement décrire la méthode des loci; elle donnait également une série de règles détaillées sur la manière dont la méthode devait être utilisée. Par exemple, il y avait des règles concernant la sélection des pièces :

Les lieux de mémoire ne doivent pas trop se ressembler l'un l'autre; par exemple, il n'est pas bon qu'il existe de trop nombreux espaces entre les colonnes, leur ressemblance pouvant entraîner des confusions. Elles doivent être d'une taille modérée, pas trop grandes, auquel cas les images placées dans celles-ci seraient floues, et pas trop petites car la disposition des images y serait surchargée. Elles ne doivent pas être trop lumineuses sinon les images y scintilleront et éblouiront; elles ne doivent pas non plus être trop sombres ou comporter trop d'ombres pour ne pas obscurcir les images. (Yates, 1966, p. 23 [*])

---

[*]  Extraits de *The Art of Memory*, de Dame Frances Yates. Copyright © 1966 par Frances A. Yates. Reproduit avec l'autorisation de The University of Chicago Press and Routledge.

Et des règles concernant la création des images :

Nous devons créer des images qui puissent rester longtemps en mémoire. Et nous n'y parviendrons que si nous établissons des similitudes aussi frappantes que possibles; si nous élaborons des images qui ne sont pas nombreuses ou vagues mais actives; si nous leur attribuons une beauté exceptionnelle ou une laideur singulière; si nous ornons certaines d'entre elles d'une couronne ou d'un manteau pourpre, de telle sorte que leur similitude soit moindre et qu'elles nous soient plus distinctes; ou que nous les dégradons un peu, soit en introduisant quelques taches de sang, soit en les salissant avec de la boue ou en les enduisant de peinture rouge, faisant ainsi que leur forme soit plus évidente, ou en attribuant des effets comiques à nos images, alors soyez sûrs que vous vous en souviendrez plus facilement. (Yates, 1966, p. 25)

Ces règles sont relativement étonnantes en deux aspects. Le premier porte sur la précision visuelle de ces images. La recommandation suivant laquelle les images doivent être d'une certaine taille pour être pleinement efficaces concorde avec la recherche contemporaine sur les images mentales (Kosslyn, 1975, Ball, & Reser, 1978). Par contre, conseiller que le lieu ne soit pas trop brillant ni trop sombre me semble assez inhabituel. Nos images reflètent-elles à ce point la réalité que l'éclairage soit un problème ? Les gens qui se basaient beaucoup sur les images mentales en formaient peut-être de si détaillées, de si précises que la nature de l'éclairage les préoccupait. Mon sentiment est que la plupart des gens forment des images mentales très schématiques, je vais essayer d'argumenter ce point de vue dans la prochaine section.

Le second aspect significatif de ces règles tient à leur tentative de réduire les interférences en créant des loci et des images clairement distincts.

L'importance de la distinction est toujours soulignée dans les théories contemporaines de la mémoire, comme nous l'avons vu dans le précédent chapitre. L'auteur de *Ad Herennium* recommandait que les loci soient suffisamment différents les uns des autres pour éviter d'être confondus. Cette consigne donne à penser que le stockage de plus d'une image dans une seule pièce interfère avec la récupération.

Crovitz (1971) a testé cette hypothèse auprès de jeunes étudiants de la Duke University en leur demandant d'apprendre une série de 32 mots anglais. Une autre série de 32 items (tels que *magasin de jouets, zoo, caserne de pompier, hôpital*) représentait les loci de la mémoire. Chacun des noms de lieux était écrit sur une carte placée sur la table de l'expérimentateur. Le nombre de cartes ou de lieux variait selon les groupes. Le groupe de contrôle n'a reçu ni consigne ni cartes. Six autres groupes ont reçu 1, 2, 4, 8, 16 ou 32 lieux, avec pour consigne d'imaginer chaque mot de la liste dans des lieux successifs. Les consignes précisaient que les sujets allaient entendre 32 mots et qu'ils auraient à stocker plus d'un mot par lieu s'ils possédaient moins de 32 cartes.

La figure 7.5 présente le pourcentage de mots rappelés dans le bon ordre en fonction du nombre de lieux. Le groupe chargé d'associer tous les mots à un seul lieu n'a pas significativement mieux réussi que le groupe de contrôle (0 lieux), dans lequel les sujets essayaient d'apprendre les mots sans utiliser la méthode des loci. Cependant, la performance s'améliore rapidement à mesure que le nombre de lieux augmente jusqu'à 16, suggérant que deux images peuvent être stockées dans chaque lieu sans produire d'interférences.

Stocker plus de deux images par lieu accroît la difficulté de retenir les mots, surtout en respectant le bon ordre. Cependant, il est important de noter que même quelques lieux ont conduit à un meilleur rappel que dans le groupe de contrôle et qu'utiliser beaucoup de lieux entraîne une amélioration substantielle du rappel.

Les recherches sur le rôle utile des images mentales dans l'apprentissage, en particulier le travail de Paivio dans les années 60, ont ravivé l'intérêt des psychologues à leur égard. Elles ont aussi

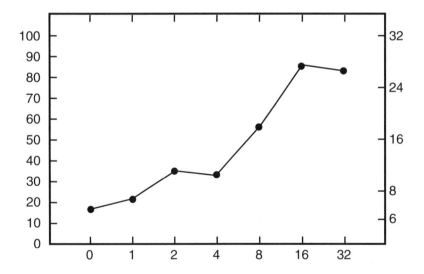

**Figure 7.5** *Rappel des items dans le bon ordre en fonction du nombre de lieux.*

Tiré de «The Capacity of Memory Loci in Artificial Memory», de H. F. Crovitz, 1971, *Psychonomic Science, 24*, 187-188. Copyright © 1971 par la Psychonomic Society, Inc. Reproduit avec autorisation.

attiré l'attention de ceux qui commencèrent à s'intéresser aux opérations cognitives appliquées par les individus à leurs images mentales. Pouvons-nous faire un balayage visuel des images mentales comme nous le faisons pour des images réelles ? Pouvons-nous manipuler des images mentales, à l'exemple des meubles dont nous opérons la rotation pour savoir si nous pouvons les faire passer par une porte ? Cette application du traitement des images mentales à un large éventail de tâches a entamé un débat entre les psychologues qui croyaient que ces images joueraient un rôle théorique majeur dans les théories psychologiques et ceux qui leur déniaient ce rôle. Dans la prochaine section, nous allons examiner les preuves de l'importance des images mentales en tant que données théoriques en expliquant comment nous réalisons de nombreuses tâches qui nécessitent un raisonnement dans l'espace.

## LE RÔLE DES IMAGES MENTALES DANS LES TÂCHES COGNITIVES

Bien que les psychologues se soient rarement posé la question de l'existence des images mentales, quelques-uns se sont interrogés sur leur utilité en tant que données explicatives. L'article le plus influent contestant l'utilité des images mentales dans les théories psychologiques a été écrit par Pylyshyn (1973). Pylyshin soutenait que c'était une erreur que de voir dans les images mentales des photographies sans support concret, semblables à des images dans la tête. Il défendait un point de vue alternatif où l'image mentale est davantage comparable à la description d'une scène qu'à sa photographie. L'intérêt accordé au caractère descriptif d'une image plutôt qu'à son caractère sensible constitue le thème central des **théories propositionnelles**.

**Théorie des propositions**

Théorie dans laquelle toute connaissance peut être exprimée par des propositions sémantiques, y compris les connaissances dans l'espace.

Kosslyn et Pomerantz (1977) pensaient comme Pylyshyn que les images sont interprétées et organisées mais ils soutenaient que bien souvent, nous traitons les images mentales de la même façon que l'information liée à la perception. En réponse à l'article de Pylyshyn, ils ont résumé cinq résultats expérimentaux qu'ils estimaient pouvoir être mieux interprétés à partir des images mentales qu'à partir des informations sensorielles. Deux de ces cinq résultats portaient sur le balayage visuel des images mentales, une tâche étudiée par Kosslyn et ses associés. Nous allons tout d'abord nous intéresser à une variable influençant le temps de balayage visuel - l'influence de la distance entre les objets. Nous examinerons ensuite les trois autres résultats, la correspondance visuelle, la rotation mentale et l'interférence sélective.

## Le balayage visuel des images mentales

De nombreuses explications des performances basées sur les images mentales présument qu'une image mentale est une représentation spatiale analogue à l'expérience de la vision d'un objet lors de la perception visuelle. Par conséquent, nombre des opérations utilisées dans l'analyse des formes visuelles sont également utilisées pour analyser les images mentales (Kosslyn & Pomerantz, 1977). L'une de ces opérations est le **balayage visuel**. L'analogie entre les images réelles et les images mentales suggère que le temps que prend le balayage visuel entre deux objets d'une image réelle devrait être fonction de la distance qui les sépare. Les résultats obtenus par Kosslyn, Ball et Reiser (1978) confirment cette thèse.

**Balayage visuel**

Déplacement de l'attention dans l'environnement visuel ou dans une image mentale

Une de leurs expériences incitait de jeunes étudiants de l'Université John Hopkins à apprendre l'emplacement exact d'objets présentés dans la figure 7.6. La carte était ensuite enlevée et l'on donnait

**Figure 7.6** *Carte fictive utilisée pour l'étude de l'influence des distances sur le temps de balayage visuel des images mentales.*

Tiré de «Visual Images Preserve Metric Spatial Information : Evidence from Studies of Image Scanning», de S. M. Kosslyn, T. M. Ball et B. J. Reiser, 1978, *Journal of Experimental Psychology : Human Perception and Performance, 4*, 47-60. Copyright © 1978 par l'American Psychological Association. Reproduit avec autorisation.

aux étudiants une série d'épreuves qui commençaient par le nom d'un objet. La tâche exigeait qu'ils élaborent une image mentale de la carte entière et qu'ils se focalisent sur le nom de l'objet.

Ensuite, les sujets entendaient le nom d'un second objet et balayaient visuellement la carte comme le leur demandait la consigne - en imaginant un point noir se déplaçant en ligne droite depuis le premier objet jusqu'au second. Lorsqu'ils avaient atteint le second objet, ils appuyaient sur un bouton qui arrêtait un chronomètre. Il existait 21 distances possibles entre les sept objets, la distance la plus longue étant neuf fois plus grande que la plus courte. Si la distance détermine le temps de balayage visuel, comme cela est présumé, le temps de réaction devrait être une fonction linéaire de la distance entre les deux emplacements. La figure 7.7 montre à quel point cette hypothèse a été vérifiée.

Ces résultats suggèrent que nous pouvons balayer visuellement des images mentales de la même façon que des images réelles. A noter par ailleurs que les sujets dans une tâche d'images mentales peuvent être capables de répondre adéquatement sans pour autant

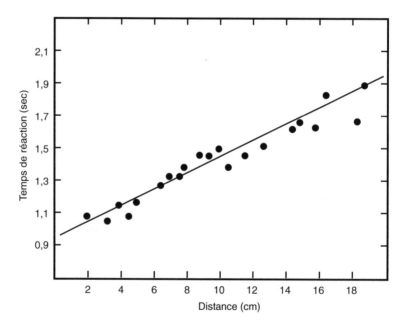

**Figure 7.7** Temps de balayage visuel entre toutes les paires d'emplacements pour une image mentale de la carte.

Tiré de «Visual Images Preserve Metric Spatial Information : Evidence from Studies of Image Scanning», de S. M. Kosslyn, T. M. Ball et B. J. Reiser, 1978, *Journal of Experimental Psychology : Human Perception and Performance, 4*, 47-60. Copyright © 1978 par l'American Psychological Association. Reproduit avec autorisation.

réellement utiliser de telles images (Pylyshyn, 1981; Itons-Peterson, 1983). Selon cette perspective, les sujets peuvent deviner ce que les expérimentateurs attendent et répondre de façon à satisfaire l'expérimentateur. Une étude de D. B. Mitchell et C. L. Richman (1980) a montré que les individus peuvent prédire avec précision de quelle façon la distance devrait influencer le temps de balayage visuel. Lorsque les expérimentateurs demandaient aux sujets de prédire leur temps de balayage visuel pour différentes paires d'objets de la figure 7.6, les temps de balayage visuel présumés augmentaient aussi de façon linéaire en fonction de la distance.

Il se peut donc que les sujets n'aient pas vraiment balayé visuellement leurs images mentales mais qu'ils ont simplement attendu avant d'appuyer sur le bouton à mesure que la distance entre deux objets augmentait.

Cette critique peut être évitée si l'issue de l'expérience ne peut être prédite. Reed, Hock et Lockhead (1983) ont fait l'hypothèse que les gens peuvent ne pas être capables de prédire comment l'apparence d'une forme influencera leur temps de balayage visuel. Par exemple, une des formes utilisées dans ces recherches était une ligne droite et l'autre une spirale. La vitesse avec laquelle les individus balayent visuellement ces formes dépendait de leur apparence. Une image mentale de la ligne droite était plus rapidement balayée que l'image d'une spirale. Cependant, les sujets ne sont pas parvenus à prédire dans quelle mesure ces différentes formes influenceraient le temps de balayage visuel. Parce qu'ils ne pouvaient présager de l'issue de l'expérience, leur temps de balayage visuel résultait vraiment du balayage visuel des différentes formes et non de leurs prédictions.

Bien que les données de certaines expériences sur les images mentales auraient pu être produites sans que les sujets n'utilisent de telles images, il est hautement improbable que les individus réalisent de nombreuses tâches dans l'espace sans recourir à elles. Finke (1980) cite des exemples spécifiques de tâches dans lesquelles l'issue attendue n'est pas évidente pour les sujets, en général parce qu'ils effectuent pour la première fois cette tâche. Considérons à présent quelques-unes des autres tâches qui nous amènent à faire la distinction entre les codes mnémoniques visuels et verbaux.

## Traitement séquentiel versus traitement parallèle

L'information préservée dans une image mentale et celle préservée dans un code verbal diffèrent en ce qu'une image mentale offre la possibilité d'associer en parallèle de l'information. Lorsque vous regardez les visages schématiques de la figure 7.8, vous pouvez percevoir simultanément beaucoup de caractéristiques de ces visages. Cependant, lorsque vous décrivez verbalement ces mêmes caractéristiques, vous ne pouvez avoir accès à toutes ces caractéristiques en même temps puisque le langage est séquentiel. Si vous aviez à faire cette description à quelqu'un par téléphone, vous seriez obligés de décider dans quel ordre vous allez décrire ces caractéristiques.

**Représentation parallèle**

Représentation de la connaissance dans laquelle plusieurs items peuvent être traités en même temps.

**Représentation séquentielle**

Représentation de la connaissance dans laquelle un seul item peut être traité à la fois.

La **représentation parallèle** de l'information dans l'espace et la **représentation séquentielle** de l'information verbale influencent la vitesse avec laquelle une personne peut déterminer si une forme perçue correspond à une forme mémorisée. Si la forme mémorisée est stockée sous la forme d'une image mentale, la correspondance devrait être rapide et ne devrait pratiquement pas être influencée par le nombre de caractéristiques qui doivent se correspondre. Si une forme est stockée sous la forme de sa description verbale, la correspondance devrait se faire plus lentement et devrait être influencée par le nombre de caractéristiques qui doivent être comparées.

Nielsen et Smith (1973) ont testé ces présupposés en montrant à des étudiants l'image d'un visage schématisé ou sa description verbale.

Dans les visages présentés, cinq caractéristiques -les oreilles, les sourcils, les yeux, le nez et la bouche- étaient de taille variable. Chacune des caractéristiques pouvaient avoir une de ces trois valeurs - grand, moyen et petit (voir figure 7.8). Après que les étudiants eurent étudié la description ou l'image durant 4 sec., le stimulus était supprimé. Puis, après un intervalle de temps de rétention de 4 ou 10 sec., les expérimentateurs présentaient un visage test et les étudiants devaient décider s'il correspondait au visage ou à la description proposée précédemment.

Pour tester l'hypothèse selon laquelle le nombre de caractéristiques aurait dû influencer le temps de réaction uniquement quand les individus avaient à comparer le visage test avec la description verbale, Nielsen et Smith ont fait varier de trois à cinq le nombre de caractéristiques pertinentes. Les étudiants savaient qu'ils pouvaient ignorer les oreilles et les sourcils lorsque trois caractéristiques pertinentes étaient présentées, parce que ces caractéristiques ne changeaient jamais, et qu'ils pouvaient ignorer les oreilles quand il s'agissait de quatre caractéristiques. Mais ils devaient comparer les cinq caractéristiques quand toutes les cinq étaient pertinentes. La figure 7.9 présente le temps nécessaire pour répondre que le visage test correspond soit au visage initial (tâche VV), soit à sa description (tâche DV). Les résultats présentés concernent ceux dont le temps de rétention était de 4 sec., mais le même genre de résultats a été obtenu avec 10 sec. Le temps de réponse indique que la correspondance

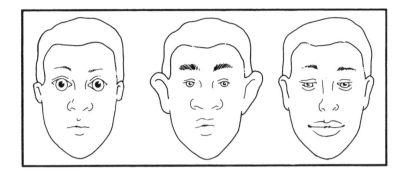

**Figure 7.8** Trois exemples de visages illustrant les différences de taille des caractéristiques.

Tiré de «Representation and Retrieval Processes in Short-Term Memory : Recognition and Recall of Faces», de E. E. Smith et G. D. Nielsen, 1970, *Journal of Experimental Psychology*, *85*, 397-405. Copyright © 1970 par l'American Psychological Association. Reproduit avec autorisation.

était relativement rapide et indépendante du nombre de caractéristiques pertinentes, uniquement lorsque l'item initial était une forme visuelle.

Les résultats impliquent que, quand une personne peut maintenir l'image mentale d'une forme dans la MCT, une seconde forme visuelle peut lui être rapidement comparée. C'est presque comme si l'individu superposait les deux formes et comparait toutes les caractéristiques simultanément. Lorsque les caractéristiques sont décrites verbalement, la correspondance exige une récupération séquentielle de l'information à partir de la description, telle que : grandes oreilles, petits sourcils, petits yeux, nez moyen et grande bouche.

Chacune des caractéristiques de la liste est comparée individuellement avec la caractéristique correspondante du visage test. Le temps de réponse augmente donc en fonction du nombre de caractéristiques pertinentes de la liste. Les courbes indexant les temps de réaction pour une tâche DV dans la figure 7.9 peuvent vous rappeler celles obtenues dans la tâche de balayage de la mémoire de Sternberg (1967b) - voir figure 4.10, chapitre 4. Cette similarité n'est pas surprenante puisque les deux tâches nécessitent que les individus fassent un balayage des items contenus dans la MCT. Le maintien d'une image mentale dans la tâche VV évite la formation d'une liste d'items séparés, en combinant chacune des caractéristiques de la liste en une seule forme. L'efficacité avec laquelle cette forme peut être comparée avec d'autres formes visuelles différencie de façon importante une image mentale d'une description verbale.

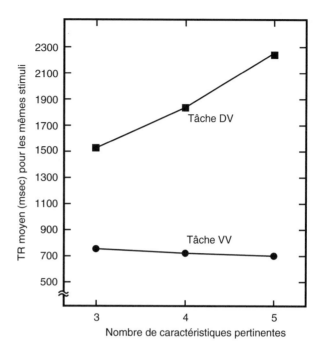

**Figure 7.9** *Temps de réaction moyen (TR) pour les bonnes réponses lorsque les stimuli étaient les mêmes, en fonction de la tâche et du nombre de caractéristiques pertinentes.*

Tiré de «Imaginal and Verbal Representations in Short-Term Recognition of Visual Forms», de G. D. Nielsen et E. E. Smith, 1973, *Journal of Experimental Psychology, 101*, 375-378. Copyright © 1973 par l'American Psychological Association. Reproduit avec autorisation.

## La rotation mentale

Décider que deux formes se correspondent devient plus difficile si leur orientation diffère. La tâche présentée dans la figure 7.10 nécessite d'évaluer si les deux formes de chaque paire sont les mêmes objets (Shepard & Metzler, 1971). Les paires A et B sont différentes quant à l'orientation de la même forme mais la paire C est composée de deux formes différentes. Pour déterminer si les deux formes sont identiques, il convient de procéder à la rotation mentale d'une des deux formes jusqu'à ce qu'elles aient la même orientation. Lorsque les formes ont la même orientation, il est alors plus facile de déterminer si elles se correspondent.

Les paires utilisées par Shepard et Metzler présentaient une différence d'orientation allant de 0 à 180 degrés avec des pas de variation de 20 degrés. La moitié des paires pouvaient subir une rotation

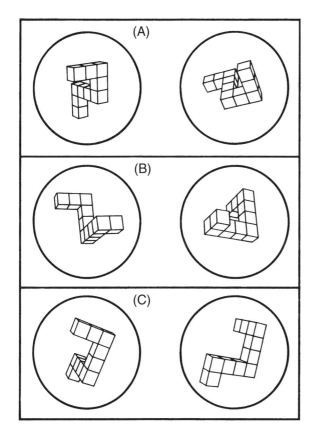

**Figure 7.10** *Exemples de paires de formes différant au plan de leur orientation.*

Tiré de «Mental Rotation of Three-Dimensional Objects», de R. N. Shepard et J. Metzler, 1971, *Science*, *171*, 701-703. Copyright © 1971 par l'American Association for the Advancement of Science. Reproduit avec autorisation.

de façon à ce que les deux formes se correspondent, l'autre moitié était composée d'images en miroir qui ne pouvaient se correspondre. La figure 7.11 montre que le temps nécessaire pour décider que les deux formes sont identiques augmentait de façon linéaire à mesure que le degré d'orientation les différenciant augmentait, suggérant ainsi que les sujets procédaient à une rotation mentale d'une des formes jusqu'à ce qu'elles aient la même orientation. Les auto-évaluations ont confirmé cette interprétation - les sujets rapportaient qu'ils imaginaient un objet sur lequel ils effectuaient une rotation jusqu'à ce qu'il soit orienté comme l'autre et qu'ils ne pouvaient procéder à la rotation de cette image mentale qu'à une certaine vitesse pour ne pas oublier sa structure.

Des résultats similaires apparaissent lorsque les gens ont à faire des jugements sur des formes familières. Cooper et Shepard (1973) ont présenté à des sujets des lettres de l'alphabet et leur ont demandé d'indiquer si la forme était une lettre normale (R) ou son image en miroir ( Я ). Les temps de réponse dépendaient du degré de rotation de la forme par rapport à sa position droite normale. Les temps de réponse ont été les plus courts lorsque la forme était droite et les plus longs lorsqu'elle était à l'envers (avec une rotation de 180 degrés). Cependant, les temps de réponse n'ont pas été en fonction linéaire de l'angle de rotation, comme cela avait été le cas pour les formes constituées de blocs.

Une augmentation de 60 degrés de la rotation accroît davantage le temps de réponse entre 120 et 180 degrés qu'entre 0 et 60 degrés.

Une explication plausible du fait que les lettres soient moins influencées que les blocs par un faible degré de rotation est que les lettres peuvent sembler droites malgré une légère rotation (Hock & Tromley, 1978). Certaines lettres (telles que *F*) peuvent subir une plus grande rotation que d'autres (telles que *G*) et paraître encore

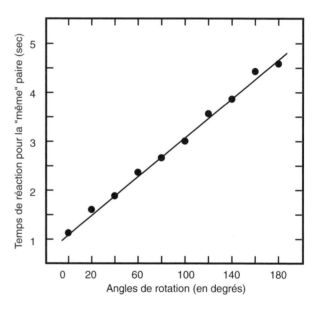

**Figure 7.11** *Temps de réaction pour décider que deux formes ont la même forme tri-dimensionnelle.*

Tiré de «Mental Rotation of Three-Dimensional Objects», de R. N. Shepard et J. Metzler, 1971, *Science, 171*, 701-703. Copyright © 1971 par l'American Association for the Advancement of Science. Reproduit avec autorisation.

droites. Hock et Tromley ont utilisé les caractéristiques physiques des lettres pour les classer en séries qui paraissent inclinées ou encore droites lorsqu'elles subissent une légère rotation. Les lettres «inclinées» ont produit des résultats très similaires à ceux obtenus avec diverses formes de blocs. Puisque ces lettres sont très sensibles à l'orientation, le temps de réponse pour décider si la lettre était normale ou à l'envers augmentait de façon linéaire en fonction du degré de sa rotation. Les lettres «droites» ont produit des résultats similaires à ceux obtenus par Cooper et Shepard. Puisque ces lettres étaient moins affectées par les faibles changements d'orientation, les temps de décision changeaient très peu pour de faibles angles de rotation.

La capacité d'imaginer le mouvement est évaluée dans les programmes d'entraînement sportif qui utilisent la répétition mentale comme technique. L'encart 7.1 décrit quelques-uns de ces programmes. Une caractéristique clef de la répétition mentale est la transformation d'une liste d'instructions en une image d'un mouvement continu. Il est cependant nécessaire d'évaluer le succès de cette technique par des recherches supplémentaires. Suinn (1983) offre un bon résumé de l'étude expérimentale des images mentales dans le sport.

## Interférence

Nous avons vu dans de précédents développements que l'interférence est la cause principale de l'oubli. La recherche sur la dissipation de l'interférence proactive (D. D. Wickens, 1972) a démontré que l'interférence peut être atténuée par le changement de catégorie sémantique. Elle peut l'être également par le fait d'un changement entre du matériel visuel et du matériel verbal, comme l'a montré une étude de Brooks (1968).

Dans la tâche visuelle de cette étude, le diagramme d'une lettre était présenté aux sujets (voir figure 7.12). La lettre était ensuite enlevée et les sujets devaient alors utiliser leur mémoire pour répondre par *oui* pour chaque angle de la lettre figurant en haut et en bas et par *non* pour chaque angle de la lettre figurant entre le haut et le bas. Dans l'exemple donné, les bonnes réponses en partant de l'astérisque et en allant dans le sens de la flèche sont *oui, oui, oui, non, non, non, non, non, non* et *oui*.

La tâche verbale dans l'expérimentation de Brook voulait que les individus répondent de façon affirmative à chaque mot d'une phrase étant un nom commun. Quand, par exemple, ils entendaient la phrase «Un oiseau dans une main n'est pas dans un buisson», ils devaient ensuite classer chaque mot en tant que nom ou non nom. Les bonnes réponses pour cet exemple sont *non, oui, non, non, oui, non, non, non, non, non* et *oui*.

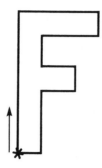

**Figure 7.12** *Diagramme d'une lettre.*

Tiré de «Spatial and Verbal Components of the Act of Recall», de L. R. Brooks, 1968, *Canadian Journal of Psychology, 22*, 349-368. Copyright © 1968 par la Canadian Psychological Association. Reproduit avec autorisation.

Brooks présumait que ses sujets se baseraient sur un code verbal pour maintenir la phrase en mémoire et sur une image mentale pour maintenir le diagramme en mémoire.

Si son hypothèse est exacte, il devrait être possible d'*interférer sélectivement* avec la performance en utilisant deux différentes méthodes. L'une nécessitait que les réponses soient données oralement, en disant oui ou non. Une réponse verbale devrait entraîner un conflit plus important lors du classement des mots de la phrase que lors du classement des angles du diagramme. L'autre méthode exigeait que le sujet pointe du doigt un Y (Yes) pour chaque réponse affirmative et un N (No) pour chaque réponse négative, en utilisant un diagramme tel que celui qui est présenté à la figure 7.13. Cette figure représente les bonnes réponses pour classer les mots dans la phrase servant d'exemple. Pointer la bonne lettre requiert une attention visuelle rigoureuse et devrait interférer davantage avec la tâche des diagrammes qu'avec celle des phrases.

La nature sélective de l'interférence est révélée par la moyenne des temps de réponse nécessaires pour réaliser chaque tâche. Classer les mots dans une phrase prenait plus de temps quand les individus donnaient une réponse verbale; classer les angles d'une lettre prenait plus de temps quand les sujets pointaient la bonne réponse. En d'autres termes, donner une réponse verbale interférait davantage avec la mémoire du matériel verbal (une phrase) qu'avec la mémoire d'un matériel visuel (un diagramme), et vice-versa.

La nature sélective de l'interférence sous une modalité particulière a des implications sur le nombre d'items qui peuvent être main-

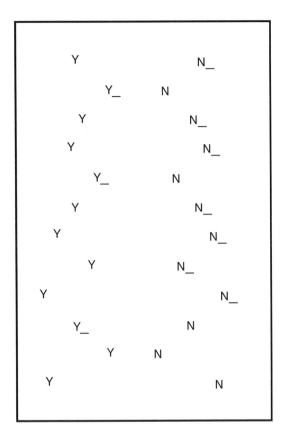

**Figure 7.13** *Un exemple d'une grille pour les réponses oui ou non dans le classement de mots dans une phrase. Les bonnes réponses sont soulignées.*

Tiré de «Spatial and Verbal Components of the Act of Recall», de L. R. Brooks, 1968, *Canadian Journal of Psychology, 22*, 349-368. Copyright © 1968 par la Canadian Psychological Association. Reproduit avec autorisation.

tenus dans la MCT. Lorsque nous avons passé en revue les résultats illustrant la capacité de la MCT dans le chapitre 4, nous avons abordé les recherches qui présentaient les items sous une même modalité, telle qu'une série de lettres dans une tâche d'empan mnésique ou différents seuils de luminosité dans une tâche de jugement absolu. Que se passerait-il si nous concevions une tâche d'empan mnésique dans laquelle certains items pourraient être retenus par l'utilisation d'un codage verbal et d'autres grâce à un codage visuel ?

Selon le modèle de la mémoire de travail de Baddeley (1992), l'information verbale devrait être maintenue dans la boucle articulatoire et l'information visuelle dans le système de traitement visuo-spatial (voir les pages **101-102 (à adapter)**). Si une telle variation atténue l'interférence, les personnes devraient être capables de se rappeler davantage d'items.

Une expérience conduite par deux psychologues hollandais (Sanders & Schroots, 1969) a révélé que l'empan mnésique d'une personne peut en fait être augmenté par l'utilisation de matériel sous deux modalités différentes. L'une était la modalité verbale classique produite en présentant une ligne de consonnes. L'autre était une modalité visuelle ou spatiale produite en montrant une séquence aléatoire de lumières sur un tableau lumineux bi-dimensionnel.

Dans la seconde condition, les sujets répondaient en désignant les ampoules du tableau lumineux dans l'ordre exact de leur illumination.

L'absence d'interférence entre les modalités suggère que les gens devraient être capables d'augmenter leur empan mnésique en stockant les consonnes sous la forme d'un code verbal et les lumières sous la forme d'un code visuel. En fait, le rappel était meilleur lorsqu'une séquence consistait en items verbaux et visuels. Par exemple, lorsqu'on demandait aux sujets de se rappeler une ligne de 11 consonnes, ils se rappelaient correctement 5.4 items en moyenne. Lorsqu'on leur demandait de se rappeler une ligne de 6 consonnes suivie d'une ligne de 5 positions spatiales, ils se rappelaient correctement 8.3 items en moyenne.

L'amélioration du rappel n'est pas due à la possibilité que les positions dans l'espace soient plus faciles à retenir que les consonnes, de précédentes recherches ayant montré qu'il est beaucoup plus difficile de se souvenir de telles positions. En fait, l'amélioration résulte davantage de l'absence relative d'interférence entre les codes visuels et verbaux. Ces résultats, ainsi que ceux obtenus par Brooks et beaucoup d'autres psychologues, montrent que l'utilisation de deux modalités différentes peut réduire l'interférence et améliorer la performance.

Cette recherche manifeste comment les images mentales peuvent être utilisées pour améliorer la performance dans bon nombre de tâches cognitives, y compris pour préserver les relations dans l'espace entre différentes parties d'une image, diminuer les temps de réaction du traitement de l'information dans l'espace et réduire l'interférence entre les codes visuels et verbaux. Nous allons à présent nous intéresser à d'autres preuves de l'utilisation des images mentales.

## ENCART 7.1

### LES IMAGES MENTALES AU SERVICE DE L'ENTRAÎNEMENT PHYSIQUE DES ATHLÈTES

CHARLES GARFIELD

« Je n'ai jamais frappé une balle, pas même en entraînement, sans en avoir une image mise au point de façon très précise dans ma tête. » - Jack Nicklaus, golfer.

Si vous apprenez les techniques de répétition mentale en utilisant votre imagination pour élaborer des images de votre propre performance, vous pouvez arriver à un niveau de performance optimal. Cette technique est l'instrument le plus efficace de tout l'arsenal des méthodes d'entraînement mental qu'utilisent les Soviétiques. Elle permet de développer une confiance en soi, d'accélérer les temps de réaction, d'améliorer la coordination et la précision des mouvements et vous conduit à un entraînement aux stratégies complexes avant de les exécuter.

La répétition mentale est bien connue par la plupart des athlètes. Mais la formalisation de cette technique et son utilisation systématique dans les programmes d'entraînement sportif, comme cela a été entrepris en Union Soviétique, sont assez récentes pour nous [article écrit en 1984]. Et alors que Russes et Allemands de l'Est se servent de cette technique dans le cadre des « entraînements mentaux » habituels pour optimiser leurs performances, aux États-Unis la répétition mentale a davantage été utilisée pour corriger plutôt qu'éviter les problèmes.

En quoi consiste exactement la répétition mentale ? Le psychologue soviétique Gregory Raiport, qui a participé à l'encadrement des équipes nationales russes de 1972 à 1976, a expliqué la façon dont est utilisée la répétition mentale pour améliorer l'entraînement des athlètes à l'Institut National de Recherche en Culture Physique de Moscou : au cours de leurs sessions de répétition mentale, il est enseigné aux athlètes russes « à s'imaginer ou à se visualiser en train de réaliser les différentes phases de l'épreuve », accomplissant ainsi un entraînement neuro-musculaire inestimable.

Dans la répétition mentale, les images mentales doivent inclure le mouvement.

Dans l'étude de l'influence de la répétition mentale chez 53 skieurs alpins, le psychologue sportif suédois Lars-Eric Unesthal a découvert que les résultats les plus positifs sont obtenus lorsque les athlètes élaborent des images mentales des actions plutôt que des postures statiques.

Pour beaucoup de gens commençant à appliquer la technique de la répétition mentale, il est très tentant de créer des « clichés » des positions qu'ils savent être, en principe, les bonnes positions. Ceci a pour effet de figer les images mentales, un peu comme quand la pellicule d'un film se coince dans le projecteur. Or, parce que le mouvement est l'essence même du sport, le mouvement et la réponse au changement de circonstances produit par ce mouvement, doivent être inclus dans la répétition.

Ainsi, Unesthal donnait ces consignes à ses athlètes : « Dites à votre corps ce qu'il a à faire en repassant le parcours dans votre tête - autrement dit, en vous imaginant en train de faire la descente. Puis, donnez l'impulsion à votre corps et laissez-le faire le reste. Votre tâche durant la descente sera de chanter, de fredonner ou de siffler un air. »

Selon Unesthal, un nombre important de mauvais résultats survient lorsque les athlètes élaborent des images mentales qui sont centrées sur des postures spécifiques, amenant ainsi subconsciemment leur corps à se fixer sur des positions particulières - même quand ils ont à réaliser des actions complexes qui nécessitent un changement constant de réponse face aux changements de circonstances.

Ces images mentales qu'élaborent les athlètes sont ce que le chercheur Karl Pribram de la Stanford University a appelé des hologrammes mentaux, des images mentales tri-dimensionnelles qui génèrent directement les impulsions nerveuses vers tous les muscles du corps qui seraient impliqués dans la réalisation d'une tâche. Tant que nous permettons à ces hologrammes de diriger nos mouvements - et le mot « mouvement » est ici un mot-clef - ces mouvements dans la vie réelle seront fluides, assurés et précis.

L'exemple suivant est celui que Unesthal présente comme exemple d'une répétition mentale qui nuit à la performance : « Concentrez-vous sur ce qui suit pendant que vous êtes en train de faire une descente : (a) bras en avant, légèrement inclinés, les avant-bras parallèles au sol; (b) entrée dans la courbe : abaissez-vous et baissez vos bâtons lorsque vous allez entamer la courbe; (c) travail de la verticalité : ne pivotez les skis que lorsque vous êtes dans la position la plus élevée; (d) la courbe : balancez votre hanche dans le sens de la pente et compensez à l'aide de la partie supérieure de votre corps alors que vous vous abaissez. »

L'exemple donné par Unesthal est subtil, et vous imaginez bien que si vous étiez en train de skier tout en essayant de vous rappeler cette longue liste d'instructions statiques, il vous faudrait beaucoup de concentration pour seulement y penser.

En incorporant le mouvement et le changement dans les images mentales, les athlètes peuvent alors libérer leur esprit et laisser leur corps prendre les choses en main. Une fois l'action commencée, les athlètes détournent délibérément leur attention pour des activités mentales telles que siffler ou fredonner. La conscience, les pensées délibérées cessent et les images mentales de l'action prennent automatiquement la direction des événements.

SOURCE : Tiré de « Mental Images Help Athletes Train their Bodies », de Charles Garfield, paru dans le *Sun-Sentinel*, Fort Lauderdale, 23 juillet 1984. Copyright © 1984 Charles Garfield. reproduit avec autorisation.

## Les preuves issues de la neuropsychologie

Depuis peu, les preuves issues de la neuropsychologie jouent un rôle de plus en plus important pour nous informer sur les tâches impliquant les images mentales. Farah (1988) fut l'une des premières psychologues à rassembler des preuves liant les images mentales à la perception visuelle. Elle a soutenu que les preuves apportées par la neuropsychologie pouvaient être divisées en deux vastes catégories : (1) les résultats indiquant que les images mentales utilisent les mêmes aires cérébrales que la vision et (2) les résultats montrant que des lésions cérébrales spécifiques détériorent les images mentales de la même façon qu'elles détériorent la vision.

Les preuves de l'utilisation d'une même aire cérébrale par la perception visuelle et par les images mentales sont dues à deux différentes méthodes de mesure de l'activité cérébrale, basées soit sur le flux sanguin cérébral, soit sur l'activité électrophysiologique. Le **flux sanguin cérébral** offre une mesure précise de l'activité cérébrale, un accroissement du flux sanguin en un lieu donné indiquant une augmentation de l'activité dans cette partie du cerveau. Les **potentiels évoqués endogènes** mesurent l'activité électrique du cerveau qui est synchronisée avec (et probablement relié au) le traitement d'un stimulus. Dans beaucoup de tâches dans lesquelles nous supposons que des images mentales sont impliquées, ces deux mesures indiquent un accroissement de l'activité cérébrale dans la partie du cerveau utilisée pour la perception visuelle - les lobes occipitaux, qui contiennent les aires primaires et secondaires du cortex visuel (Farah, 1988).

Roland et Friberg (1985) ont mesuré le flux sanguin cérébral alors que des sujets réalisaient l'une des trois tâches cognitives suivantes : calcul mental, balayage mnémonique d'un jingle musical et élaboration des images mentales d'une promenade dans leur voisinage. Ils ont noté une augmentation de l'activité dans le cortex

**Flux sanguin cérébral**

Mesure du flux sanguin pour localiser l'endroit où les opérations cognitives s'effectuent dans le cerveau.

**Potentiels évoqués endogènes**

Enregistrement des ondes cérébrales pour mesurer les opérations cognitives.

visuel pour la tâche d'images mentales mais pas pour le calcul mental ni pour la tâche de balayage mnémonique. Un résultat similaire a été obtenu dans une tâche d'images mentales plus simple (Goldenberg, Podreka, Steiner & Willmes, 1987). Différents groupes de sujets écoutaient des listes de mots concrets en tâchant de retenir ces mots, soit par une simple écoute, soit en élaborant une image mentale pour les représenter. Le rappel a été meilleur dans le groupe avec images mentales, comme le prévoyait la théorie du double codage de Paivio, et le flux sanguin a été plus important dans les lobes occipitaux avec l'élaboration d'images mentales. Une différence est également apparue concernant la distribution des potentiels évoqués endogènes cérébraux pour les mots concrets et abstraits, ce qui concorde avec la théorie du double codage (Kounios et Holcomb, 1994).

Les psychologues ont appris davantage encore sur les images mentales en étudiant le comportement des gens qui souffraient de lésions cérébrales (Farah, 1988). Grâce à de tels patients, nous avons appris par exemple qu'il existe une dissociation entre savoir ce qu'est un objet et connaître son emplacement. Les dommages causés à une partie du cortex visuel entraînent une détérioration de la capacité à reconnaître les stimuli visuels, alors que les dommages causés à une autre partie du cortex visuel conduisent à une détérioration de la capacité à indiquer la localisation des stimuli visuels dans l'espace. Ces aspects de conservation et de détérioration de la vision sont similaires pour les images mentales (Levine, Warach & Farah, 1985). Un patient présentant des difficultés d'identification des objets était incapable de dessiner ou de décrire l'aspect des objets familiers mémorisés; il était cependant capable de dessiner et de décrire avec beaucoup de détails les emplacements relatifs des différents points de repère de son voisinage, des villes des Etats-Unis et des meubles dans sa chambre d'hôpital. Un patient qui présentait des problèmes de localisation des objets était incapable d'utiliser sa mémoire pour exécuter correctement des tâches de localisation; il était en revanche capable de fournir des descriptions détaillées de l'apparence d'une variété d'objets.

Un autre exemple très frappant d'une incapacité de traitement parallèle de la perception visuelle et de l'élaboration des images mentales provient de l'étude de l'**insuffisance visuelle**. Les patients présentant une lésion du lobe pariétal droit ne réussissent généralement pas à percevoir des stimuli situés dans la partie gauche de leur champ visuel et ont le même problème lorsqu'ils visualisent des images mentales. Il a été demandé à deux patients souffrant d'insuffisance visuelle de regarder un célèbre square de Milan, en Italie, depuis un bon point de vue et de décrire ce qu'ils voyaient. Les deux patients ne sont pas parvenus à décrire les points de repères qui étaient situés sur

**Insuffisance visuelle**

Incapacité de répondre à une stimulation visuelle dans la partie du champ visuel qui se situe à l'opposé de la lésion cérébrale.

le côté gauche de la scène. On leur a ensuite demandé d'imaginer la scène à partir d'un point de vue situé sur le côté opposé du square. Les moitiés gauche et droite de la scène étaient donc inversées pour que l'on puisse vérifier si les patients pouvaient voir à présent les points de repère qu'ils n'avaient pas vus précédemment dans leur image mentale. Et c'est ce qui s'est produit : les descriptions des patients incluaient maintenant les points de repère qu'ils avaient précédemment omis, par contre ils ne parvenaient plus à décrire les points de repères qu'ils avaient pourtant précédemment vus.

Les résultats des études neurologiques des images mentales ont de plus en plus d'influence dans la construction des modèles cognitifs. Ceci est particulièrement vrai pour Kosslyn, l'une des références majeures dans l'étude empirique et théorique des images mentales. Les objectifs de Kosslyn (1991) visaient à expliquer comment chacun des différents sous-systèmes interagissait pour déterminer la performance dans diverses tâches d'images mentales. Son hypothèse clef était que les images mentales partagent des sous-systèmes de traitement avec la perception visuelle. Par exemple, il a émis l'idée qu'une image mentale est générée et ensuite maintenue dans une **zone visuelle tampon** en récupérant de l'information à partir de la MLT. Parce que la zone visuelle tampon contient classiquement plus d'informations qu'il peut y être traité, la **fenêtre d'attention** permet de choisir une région de la zone visuelle tampon pour effectuer un traitement détaillé.

Ainsi, les participants dans l'expérimentation de Kosslyn, Ball et Reiser (1978) pouvaient maintenir l'image mentale d'une île dans la zone visuelle tampon et utiliser la fenêtre d'attention pour se concentrer sur un objet particulier de l'île. Les opérations proposées pour ces sous-systèmes et d'autres sont étroitement liées aux résultats comportementaux et neurologiques du modèle de Kosslyn (1991).

## LES LIMITES DES IMAGES MENTALES

Dans ce chapitre, nous avons développé l'utilité des images mentales pour l'apprentissage et la performance dans les tâches de raisonnement dans l'espace. Vous avez peut-être trouvé cela étonnant. Si vous êtes comme moi, vous pouvez avoir l'impression que vous ne parvenez pas à élaborer réellement des images mentales et vous demander si même vous en utilisez. Laissez-moi vous donner une chance d'élaborer une image mentale en vous demandant : «Est-ce que l'étoile de David comprend un parallélogramme (une figure à quatre côtés dont les côtés opposés sont parallèles) ?» Essayez de former une image mentale de l'étoile de David et examinez-la pour répondre à la question. Beaucoup de gens éprouvent des difficultés à

**Zone visuelle tampon**

Composante du modèle de Kosslyn dans laquelle une image mentale élaborée est maintenue dans la MCT.

**Fenêtre d'attention**

Focalisation de l'attention sur une partie de la zone visuelle tampon dans le modèle de Kosslyn.

utiliser des images mentales pour identifier les parties d'une forme, même lorsqu'ils viennent de voir la forme (Reed & Johnson, 1975). Après avoir vu que de nombreux résultats témoignent de l'utilité des images mentales, il convient à présent que nous abordions leurs limites avant de clore le sujet.

## La mémoire des détails

Jusqu'à présent, notre propos s'est centré sur les avantages qu'offre l'utilisation des images mentales. Nous avons appris que la mémoire des images est meilleure que celle des mots, et que la mémoire des mots concrets est meilleure que celle des mots abstraits. Ces deux résultats font référence à la facilité avec laquelle une image mentale peut être élaborée pour représenter un mot concret ou une image. Nous avons également vu que les instructions visant la création d'images interactives facilitaient la mémorisation des noms de personnes, des mots de vocabulaire et les listes d'items. Si les images mentales peuvent nous permettre tout cela, en quoi sont elles limitées ?

Les tests dénotant une bonne mémoire du matériel visuel ne sont pas très convaincants. Les expériences de Shepard (1967) et Standing (1973), par exemple, utilisaient un test de la mémoire de reconnaissance dans lequel une personne décidait laquelle parmi deux images avait été précédemment présentée dans l'expérience. Bien que le résultat de ces études suggère que la mémoire visuelle contient d'abondantes informations, on ne connaît pas réellement la quantité d'informations stockées. Tout ce que nous savons, c'est que les gens retenaient suffisamment d'informations pour distinguer «l'ancienne» image de la nouvelle.

Nickerson et Adams (1979) ont étudié jusqu'à quel point et avec quelle précision les individus se rappellent de détails visuels en leur demandant de reconnaître un objet très courant, une pièce d'un penny américain. La figure 7.14 montre 15 dessins d'une pièce d'un penny dont un seul est correct. Si vous pouvez identifier le bon choix, vous aurez fait mieux que la majorité des participants à cette expérience. Bien qu'ils aient vu un penny de nombreuses fois, la plupart d'entre eux n'en ont jamais mémorisé les détails, probablement parce que ce n'est pas très utile dans la vie quotidienne. Les attributs de couleur ou de taille leur suffisent à distinguer rapidement un cent d'une autre pièce, ce qui rend superflu la mémorisation des autres détails. Si une nouvelle pièce est mise en circulation (comme le dollar à l'effigie de Susan B. Anthony) et qu'elle nécessite une plus grande attention aux détails pour la distinguer des autres, alors on enregistre une considérable résistance à son adoption.

Les études montrent que les gens sont assez sélectifs au plan des détails qu'ils conservent dans leurs images mentales. Nous allons commencer par une autre démonstration de votre capacité à manipuler des images mentales. Elaborez une image mentale de l'animal de la figure 7.15a. Examinez à présent votre image mentale, sans regarder le dessin dans le livre, et regardez si vous pouvez réinterpréter la figure pour y percevoir un animal différent. Y êtes-vous parvenus ?

Si vous n'y êtes pas arrivés, essayez de réinterpréter la figure du livre. Si votre expérience est comparable à celle des étudiants observés par Chambers et Reisberg (1985), vous devriez trouver qu'il est plus facile de réinterpréter l'image du livre que votre image mentale du dessin. En fait, dans l'une de leurs études, aucun des 15 étudiants sujets de l'expérience n'a pu réinterpréter son image mentale de la figure, mais tous les 15 ont pu réinterpréter un dessin de la figure.

Dans une étude ultérieure, Chambers et Reisberg (1992) ont examiné les raisons pour lesquelles les gens éprouvent des difficultés à réinterpréter leurs images mentales. Ils ont supposé que les individus ne conservent que les aspects les plus importants de l'image; dans le cas présent, la tête de l'animal (donc, la face avant de la tête). Ceux à qui la forme présentée dans la figure 7.15a faisait penser à un

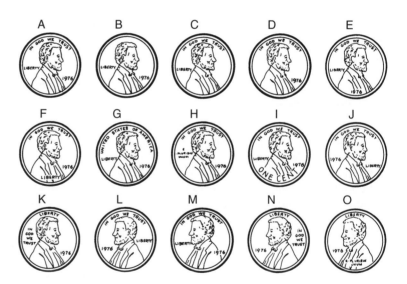

**Figure 7.14** Quinze dessins d'une pièce de un penny utilisés dans un test de mémoire de reconnaissance.

Tiré de «Long-Term Memory for a Common Object», de R. S. Nickerson et M. J. Adams, 1979, *Cognitive Psychology, 11*, 287-307. Copyright © 1979 par l'Acadamic Press, Inc. Reproduit avec autorisation.

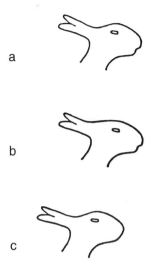

a

b

c

**Figure 7.15** (a) Une figure ambiguë de canard/lapin. (b) *Modification du bec du canard.* (c) *Modification du museau du lapin.*

Tiré de «What an Image Depicts Depends on What an Iamge Means», de D. Chambers et D. Reisberg, 1992, *Cognitive Psychology, 24*, 145-174. Copyright © 1992 par l'Academic Press, Inc. reproduit avec autorisation.

canard devaient donc avoir une image mentale détaillée du côté gauche de la forme et ceux à qui elle faisait penser à un lapin devaient avoir une image détaillée du côté droit de la forme. Les résultats d'un test de mémoire de reconnaissance ont confirmé cette hypothèse. On y demandait aux sujets d'indiquer si on leur avait montré la forme 7.15a (le bon choix) ou la forme 7.15b, dans laquelle une partie de la face du canard (le bec) avait été modifiée. Les gens qui ont reconnu la forme d'un canard ont obtenu un taux de réussite supérieur au choix aléatoire, alors que ceux qui avaient reconnu la forme d'un lapin ont eu un taux de réussite aléatoire.

Un résultat inverse a été obtenu lorsque les participants avaient à choisir entre la forme originale et une forme où la face du lapin (le museau) avait été modifiée, comme on le voit dans la figure 7.15c. Les gens qui avaient reconnu la forme d'un canard avaient à présent un taux de réussite aléatoire, tandis que ceux qui avaient reconnu un lapin dépassaient de façon significative le taux de réussite aléatoire. Les individus avaient donc des difficultés à réinterpréter la forme parce qu'ils négligeaient des détails importants pour la nouvelle interprétation.

Le fait que nous omettions certains détails dans nos images mentales résulte partiellement de notre incapacité à préserver une image détaillée dès que nous utilisons un code verbal. Les gens parviennent mieux à réinterpréter une image mentale de la figure ambiguë du canard/lapin s'ils sont incités à ne pas utiliser un code verbal lors de l'encodage initial de la figure. Brandimonte et Gerbino (1993) avaient demandé à un groupe de réaliser une tâche de suppression articulatoire (en fredonnant la-la-la) tandis qu'ils étaient en train de regarder la figure. Ces sujets ont mieux réussi à inverser leur image mentale de la forme que ceux qui regardaient la figure sans exécuter la tâche de suppression articulatoire. Les auteurs en ont conclu que les gens sont plus aptes à préserver les détails dans une image mentale s'ils sont forcés de se baser uniquement sur l'image.

Heureusement, les images mentales peuvent nous être utiles dans de nombreuses tâches, même si nous n'avons pas une mémoire détaillée de l'objet. Par exemple, la rétention des détails n'est généralement pas nécessaire lorsque nous utilisons des images mentales pour nous souvenir de mots. Votre image mentale d'une pièce de un cent n'a pas besoin d'être détaillée ni précise pour vous aider à vous rappeler le mot cent; il suffit qu'elle soit juste assez détaillée pour vous amener à vous souvenir du mot exact lorsque vous vous rappelez l'image. Les résultats expérimentaux ont montré que les gens qui réussissaient à se rappeler les noms d'images qu'ils avaient vues 2 semaines plus tôt n'élaboraient pas des images mentales plus détaillées que ceux qui se rappelaient beaucoup moins de noms (Bahrick & Boucher, 1968). Par exemple, les gens qui arrivaient à se souvenir qu'ils avaient vu une tasse ne se rappelaient pas forcément des nombreux détails de la tasse lors d'un test de reconnaissance comparable à celui qui est illustré par la figure 7.14. Les résultats ont suggéré que les gens utilisaient des images mentales pour aider leur rappel, mais qu'il était nécessaire de se rappeler seulement assez de détails d'un objet pour se rappeler son nom. Les images mentales peuvent donc être incomplètes si la tâche ne nécessite pas la mémorisation des détails.

Les études qui montrent les limites des images mentales font état d'une bonne et d'une mauvaise nouvelle. La mauvaise nouvelle est que l'utilisation des images mentales ne constitue pas la solution universelle pour améliorer les performances de la mémoire. La bonne nouvelle est que, même chez les personnes qui pensent avoir des images mentales de piètre qualité, ces dernières sont néanmoins d'une qualité suffisante pour réaliser les nombreuses tâches qui ne reposent pas sur les détails.

# Le contrôle de la réalité

Si nos images mentales des objets ou des événements étaient aussi précises et aussi détaillées que les vraies, alors nous serions incapables de faire la distinction entre événements réels et événements imaginaires. Les gens peuvent se souvenir d'informations à partir de deux sources fondamentales. Externes : les informations sont alors issues de la perception; internes : les informations proviennent alors de l'imagination ou de la pensée. La capacité à faire la distinction entre les sources internes et externes a été appelée le **contrôle de la réalité** par Johnson et Raye (1981).

Pour étudier comment les individus parviennent à distinguer les événements réels des événements imaginés, Johnson, Raye, Wang et Taylor (1979) ont présenté une série d'images d'objets usuels à un groupe de sujets. Au cours de l'expérience, les sujets voyaient l'image de chaque objet à deux, cinq ou huit reprises, et le nom de chaque objet à deux, cinq ou huit reprises. Chaque fois que le nom de l'objet apparaissait, ils avaient pour consigne de former une image mentale de l'objet. À la fin de cette épreuve, ils répondaient à un test impromptu dans lequel ils devaient évaluer combien de fois ils avaient vu chacune des images.

Si les individus réussissent à bien faire la distinction entre images vues et images imaginées, alors leur estimation du nombre de présentations de l'image d'un objet ne devrait pas être influencée par le nombre de fois où ils ont formé une image mentale de cet objet. Notez que, bien que la capacité d'élaborer avec précision des images mentales soit un avantage dans la plupart des tâches dans l'espace, dans cette tâche de discrimination particulière, un tel avantage deviendrait un handicap. Etant donné que les individus qui élaborent des images mentales détaillées pouvaient éprouver des difficultés à les discriminer des images réellement présentées, les expérimentateurs ont mesuré la capacité d'élaboration des images mentales des sujets en leur faisant passer un test d'évaluation de la qualité des images mentales.

La figure 7.16 présente leurs résultats. La partie de gauche présente les moyennes des estimations effectuées par les sujets élaborant des images mentales riches de détails; à droite, les moyennes des estimations faites par les sujets formant des images mentales pauvres en détails. Les étiquettes 8, 5 et 2, contiguës aux courbes représentent les estimations, indiquent le nombre de fois où l'image a été présentée. Notez que, même lorsqu'ils devaient distinguer les images mentales des images réelles, les sujets ont relativement bien réussi à estimer le nombre de fois qu'ils avaient vu les images. Mais les demandes d'élaboration des images mentales ont influencé leur

**Contrôle de la réalité**

Discrimination entre les événements réels et les événements imaginaires.

jugement - l'estimation de la fréquence de présentation d'un objet augmente à mesure qu'ils élaborent un plus grand nombre de fois une image mentale de cet objet. Une comparaison entre les parties gauche et droite de la figure 7.16 révèle que le nombre d'élaborations d'images mentales d'un objet a une plus grande influence sur les sujets formant des images mentales «riches» que sur ceux qui élaborent des images mentales pauvres. Comme prévu, les sujets qui élaborent des images mentales détaillées distinguent moins facilement les images mentales des images réelles.

Les résultats de Johnson et de ses collègues montrent que, bien que le nombre de formations d'images mentales ait eu une influence sur l'estimation de la fréquence de présentation des images, les jugements sont restés assez précis. Généralement, les personnes sont capables de se souvenir remarquablement bien de l'origine de l'information (externe versus interne). Quels types d'indices nous aident à faire cette distinction ?

Johnson et Raye (1981) ont proposé plusieurs types d'indices qui nous sont utiles. Premier type d'indices : l'*information sensorielle*.

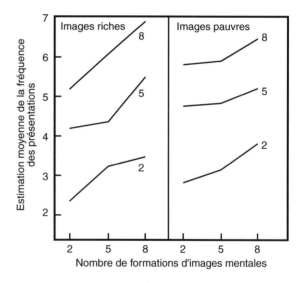

**Figure 7.16** *Estimation de la fréquence de présentation d'images en fonction du nombre de formations d'images mentales. Le nombre contigu à chaque ligne indique si l'image était présentée deux, cinq ou huit fois.*

Bien que la quantité d'informations sensorielles puisse varier d'un individu à l'autre, les événements perçus possèdent davantage de détails dans l'espace que les événements imaginés, comme l'indiquent les différences obtenues entre les individus qui élaborent des images mentales riches et ceux qui en élaborent des pauvres. Deuxième type d'indices : l'*information contextuelle*. Les événements liés à la perception se produisent dans un contexte externe qui contient d'autres informations. Nous avons vu dans les chapitres précédents que l'information contextuelle était importante pour le rappel de matériels et également pour nous aider à savoir si un événement est généré au plan interne ou externe.

Un troisième type d'indices pour permettre cette distinction est la mémoire des *opérations cognitives* requises pour élaborer l'image mentale. Si nous pouvons élaborer automatiquement une image mentale sans y consacrer beaucoup d'attention, nous n'aurons que peu de souvenir des opérations cognitives nécessaires à son élaboration. Les rêves qui se produisent durant notre sommeil sont de ce type. Ils semblent souvent très réalistes parce que nous ne sommes pas conscients de les générer, par contraste avec les rêves éveillés qui semblent moins réels parce que davantage influencés par un contrôle conscient.

## L'échec du contrôle de la réalité

Bien que les gens réussissent généralement à faire la part des choses, il existe des cas dans lesquels ils ne parviennent pas à différencier ce qui est imaginé de ce qui est réel. Un exemple qui a suscité récemment beaucoup d'intérêt est celui de savoir si des événements traumatiques, comme par exemple les abus sexuels sur les enfants, se sont réellement produits ou ont été imaginés, éventuellement parce qu'un thérapeute ou une autre personne faisant autorité en a émis l'hypothèse (voir encart 7.2). L'importance de ce sujet a fait l'objet d'un supplément thématique du journal *Applied Cognitive Psychology* où tous les articles abordaient ce problème.

L'article introductif plantait le décor avec ces premiers commentaires :

*« Il ne fait aucun doute que beaucoup d'enfants sont victimes d'abus sexuels, et c'est dramatique. De plus, ceux qui ont été abusés souffrent souvent de préjudices à long terme et doivent être aidés par des thérapeutes compétents. Bien que les chercheurs en cognition aient des points de vue différents sur les mécanismes sous-jacents de l'oubli (e.g., refoulement, dissociation ou oubli normal; voir Loftus, 1993; Singer, 1990), tous admettraient la possibilité que certaines victimes de ces abus sexuels ne s'en souviennent pas mais peuvent*

*recouvrer cette mémoire si on leur fournit des indices appropriés. Nous admettons ainsi que certains clients puissent recouvrer une mémoire précise de l'abus sexuel dont ils ont été victimes, enfants, au cours de thérapies précautionneuses, non directives et non suggestives. Mais il ne fait aucun doute dans nos esprits qu'une utilisation accrue de techniques telles que l'hypnose, l'interprétation des rêves et l'élaboration contrôlée des images mentales (telles qu'elles sont préconisées dans certains livres et par certains psychologues cliniciens, psychiatres, travailleurs en clinique sociale, thérapeutes et conseillers) peuvent entraîner la création d'une mémoire illusoire d'abus sexuels chez des gens qui n'en ont pas été victimes. Cela est tout aussi dramatique.».* (Lindsay & Read, 1994, pp. 281-282)

Lindsay et Read (1994) précisent que les recherches sur la mémoire ont identifié un certain nombre de facteurs qui augmentent la possibilité d'élaboration de faux souvenirs.

Parmi ces facteurs : un délai assez long entre l'événement et la tentative de le récupérer, la répétition de la suggestion que l'événement s'est réellement produit, l'autorité perçue chez la personne à l'origine des suggestions, l'aspect plausible des suggestions, la répétition mentale de l'événement imaginé et l'utilisation de l'hypnose ou de l'élaboration contrôlée des images mentales. Comme certains de ces facteurs interviennent nécessairement dans les thérapies, les praticiens doivent être d'autant plus attentifs au fait que l'utilisation de ces techniques peut augmenter le risque d'élaboration de mémoires illusoires.

La formation de ces faux souvenirs peut être particulièrement préjudiciable, parce qu'il n'existe pas de techniques sûres qui puissent être utilisées pas les experts pour faire la distinction entre les faux et les vrais souvenirs. Lindsay et Read ont épinglé le thème récurrent dans la littérature consacrée à ce sujet : les faux souvenirs peuvent sembler procurer des sensations, résonner comme des vrais et même être remplis des émotions fortes qui accompagnent les vrais souvenirs d'abus sexuels. Recouvrer le souvenir d'un abus sexuel serait terriblement traumatisant, même si l'événement remémoré ne s'est jamais produit.

**Hallucinations**

Événements imaginaires ou images mentales perçues comme étant réelles.

Autre exemple de l'échec du contrôle de la réalité, celui des **hallucinations** vécues par certains patients en psychiatrie. Les données disponibles suggèrent que les hallucinations résultent d'une détérioration de la capacité de faire la distinction entre les événements réels et imaginaires (Bentall, 1990). Les analyses de l'appréhension de la réalité chez les gens normaux devraient donc être une source utile d'informations pour les psychopathologistes intéressés par les hallucinations. Mais il est important de reconnaître que les personnes souffrant d'hallucinations n'ont pas n'importe quelles hallucinations. Le

## ENCART 7.2

### L'ERREUR DE CODAGE COMME ORIGINE DES FAUX SOUVENIRS

DANIEL GOLEMAN

Dans une réflexion scientifique sur la fragilité de la mémoire, neurologues et cognitivistes sont arrivés à un consensus sur les mécanismes mentaux qui encouragent l'élaboration des faux souvenirs.

Le premier candidat est « l'amnésie des sources », l'incapacité de se rappeler l'origine de la mémoire d'un événement donné. Selon les scientifiques, à partir du moment où la source d'une mémoire n'est pas retenue, les gens peuvent confondre un événement réel avec un événement simplement imaginé ou suggéré. La mémoire qui en résulte, bien qu'elle soit moins bonne, donne l'impression d'être authentique.

Le mois de mai a été un mois historique en ce qui concerne les faux souvenirs - pas moins de trois nouveaux livres ont paru sur le phénomène et sa contrepartie, la mémoire refoulée.

À la mi-mai, la Cour de justice de Napa, en Californie, a accordé 500 000 $ au père d'une femme qui l'avait accusé d'abus sexuel après avoir retrouvé la mémoire supposée d'un inceste infantile au cours d'une thérapie.

Le plaignant, Gary Ramon, a demandé 8 millions de dollars de dommages à l'encontre des thérapeutes de sa fille et du centre médical dans lequel ils travaillaient.

Un peu plus tôt dans le mois, un nouveau consensus scientifique sur les bases neurologiques et cognitives les plus probables des faux souvenirs avait émergé à partir d'une conférence sur ce thème qui s'était déroulée à Harvard Medical School.

Une part de la fragilité de la mémoire résulte de la façon dont l'esprit encode la mémoire, distribuant les différents aspects d'une expérience au travers de vastes parties du cerveau, ont expliqué de nombreux chercheurs...

Ceci signifie que la source d'une mémoire peut s'estomper avec le temps même quand la mémoire peut être retrouvée, indique Stephen Ceci, psychologue à la Cornell University...

Une partie des nouvelles preuves scientifiques de la vulnérabilité de la mémoire à l'influence de la suggestion provient des études dans lesquelles les faux souvenirs sont installés par le biais de manipulations expérimentales.

Bon nombre de ces études ont impliqué de jeunes enfants car ils sont particulièrement susceptibles d'élaborer des faux souvenirs. À la rencontre qui s'est déroulée à Harvard, Ceci a exposé une série d'expériences récentes, aucune n'ayant fait l'objet de publication, qui illustraient avec quelle surprenante facilité les enfants peuvent être convaincus qu'une chose s'est réellement passée alors qu'ils l'avaient seulement imaginée ou qu'elle leur avait été simplement suggérée.

Dans une étude effectuée l'année précédente auprès de 96 enfants d'âge préscolaire, Ceci a montré qu'en répétant des questions sur des événements qui ne se sont jamais produits, les enfants finissaient peu à peu par croire que les événements s'étaient réellement produits. Les faux souvenirs étaient si élaborés et si détaillés que des psychologues, pourtant spécialisés dans les techniques d'entretien avec les enfants pour les problèmes d'abus sexuels, se sont avérés incapables de déterminer quels souvenirs correspondaient à des faits réels.

Au cours de cette rencontre de Harvard, Ceci a présenté cinq autres études portant sur un total de 574 enfants d'âge préscolaire, toutes confirmant les résultats précédents. Dans ces études, après un délai de 10 semaines, 58% des enfants ont fait un compte rendu erroné d'au moins un des événements fictifs qui leur avaient été suggérés à maintes reprises, et un quart d'entre eux ont construit une histoire à partir de la plupart des faux événements. Trois de ces études doivent être publiées l'année prochaine, une dans *The Journal of Child Development*.

« Chaque fois que vous encouragez une personne à élaborer une image mentale, cela contribue à rendre cette image plus familière », commente Ceci. « Elles finissent par voir les images mentales comme étant une mémoire réelle, avec le même sentiment d'authenticité. Dans nos études, pour presque un quart d'entre eux, nous ne sommes pas parvenus à faire admettre aux enfants qu'il s'agissait d'un mensonge, même lorsque nous leur expliquions que nous avions demandé à leurs parents de nous aider à concocter ce faux souvenir. »

contenu de leurs hallucinations est probablement lié à la personnalité et aux angoisses des patients. La typologie des différentes hallucinations reflète presque parfaitement la variété des causes de la déficience de conscience de la réalité, le défi étant de trouver quelles causes correspondent à quelles expériences hallucinatoires (Bentall, 1990). La poursuite du travail théorique et empirique de Johnson et Raye devrait constituer un pont entre les psychologues cliniciens et cognitivistes dans leur étude des images mentales.

## RÉSUMÉ

L'utilité des images mentales dans l'apprentissage est prouvée par les recherches montrant que les gens se souviennent habituellement mieux des images que des mots concrets et des mots concrets mieux que des mots abstraits. Ces résultats correspondent au fait que les images mentales sont plus faciles à élaborer à partir d'images et le plus difficile à partir de mots abstraits. La mémorisation de paires d'items est facilitée par l'élaboration d'une image interactive qui combine les éléments de la paire. Le rappel des publicités, par exemple, était meilleur quand les gens voyaient une illustration qui combinait le nom de la marque avec une image du produit. La théorie du double codage explique l'utilité des images mentales dans le rappel en proposant qu'une image mentale fournit un code mnémonique supplémentaire, indépendant du code verbal. Un individu a ainsi deux fois plus de chances de se souvenir de l'item.

Le fait que les images mentales améliorent la mémoire est connu depuis des siècles et a conduit à l'utilisation d'images mentales dans bon nombre de stratégies mnémotechniques. Une étude comparant quatre stratégies -répétition mentale, lecture de phrases, élaboration de phrases et images mentales- a montré que ce sont les individus qui utilisent une stratégie d'élaboration d'images mentales qui se sont rappelé davantage de mots. Cependant, la stratégie d'élaboration des deux phrases entraînait néanmoins un meilleur rappel qu'une simple répétition mentale, suggérant que ces premières stratégies pouvaient faciliter la mémorisation des mots abstraits. Les images mentales peuvent également être utilisées pour apprendre le nom de personnes et un vocabulaire étranger, bien qu'il soit généralement nécessaire, en premier lieu, de traduire le nom ou le mot étranger en un mot concret comparable par la sonorité, lequel fera office de mot-clef. Une image mentale interactive est ensuite élaborée pour lier le mot-clef avec le visage d'une personne ou avec la traduction du mot étranger. La méthode des loci est une stratégie mnémotechnique qui peut être utilisée pour apprendre une séquence d'items, tels les thèmes essentiels d'un discours. L'individu choisit une structure physique familière, comme sa maison, et élabore une image interactive liant un mot ou un thème avec chaque endroit de la maison. L'ordre des sujets est préservé en disposant les thèmes dans les différentes pièces de la maison dans l'ordre où elles seront traversées. Les expériences évaluant l'efficacité des stratégies mnémotechniques ont généralement indiqué une spectaculaire amélioration des performances.

Divers résultats tendent à montrer que les images mentales sont importantes pour les tâches de raisonnement dans l'espace. Les images mentales conservent les relations dans l'espace entre les différents objets d'une scène ou les différentes caractéristiques d'une forme. Le temps nécessaire pour faire un balayage visuel entre deux objets d'une image mentale est donc fonction de la distance qui les sépare. Les images mentales permettent également de comparer simultanément toutes les caractéristiques de deux formes, lorsque nous essayons de faire correspondre l'image mentale d'une forme avec l'image mentale d'une autre. En revanche, les caractéristiques décrites verbalement ne peuvent être comparées en même temps, du fait de la nature séquentielle du langage. Lorsque nous comparons deux formes orientées différemment, une image mentale permet d'effectuer une rotation mentale de l'une jusqu'à ce qu'elle soit orientée comme l'autre. La distinction entre code verbal et code visuel est aussi suggérée par l'interférence sélective entre les deux codes. De plus, les études neurologiques fournissent des preuves de l'utilisation des images mentales. Les mesures électrophysiologiques et du flux sanguin de l'activité cérébrale montrent que les mêmes aires cérébrales sont activées dans la perception visuelle et lors de l'utilisation des images mentales. Les études sur les patients souffrant de lésions cérébrales ayant entraîné une déficience visuelle révèlent que la même déficience se manifeste lors des tâches d'images mentales.

Bien que les images mentales soient utiles dans les tâches d'apprentissage et dans les tâches de raisonnement dans l'espace, les images mentales de la plupart des gens semblent être limitées en précision et en détails.

Une expérience, qui demandait aux sujets de choisir le dessin représentant exactement une pièce de un cent parmi plusieurs alternatives, a montré que la plupart des gens faisaient un mauvais choix. L'absence de mémoire des détails est dû à une focalisation de l'attention sur les détails les plus importants uniquement, mais si l'on encourage les gens à se baser sur les images mentales, leur aptitude à les utiliser s'améliore. Heureusement, l'élaboration d'images mentales détaillées n'est pas systématiquement nécessaire. En fait, concernant les images mentales utilisées pour représenter des mots, il est à peine nécessaire de se rappeler l'image mentale pour se rappeler le mot. L'absence d'une information sensorielle détaillée dans les images mentales offre l'avantage de nous permettre de faire la distinction entre événements réellement perçus et événements imaginés (le contrôle de la réalité). La recherche centrée sur le contrôle de la réalité devrait contribuer à notre compréhension des hallucinations et des faux souvenirs élaborés à partir des suggestions d'une figure d'autorité.

## QUESTIONS DE RÉFLEXION

1. La citation du début évoque la difficulté à rendre opérationnelle l'image mentale en tant que donnée réelle. Est-ce que la réalité de l'image mentale est plus difficile à observer de façon directe que tout autre événement supposé mental ? Expliquez votre réponse.

2. Quels sont les opérations ou traitements qui ont été utilisés pour étudier les images mentales ?

3. Des critiques ont souligné que les résultats de Kosslyn sur le balayage mental pouvaient s'expliquer par les caractéristiques de la demande. Pensez-vous que Reed et al. ont réussi à éliminer cette possibilité ? Comment ?

4. Assurez-vous que vous savez ce que la notion de traitement parallèle recouvre. Pourquoi cela devrait-il procurer un avantage dans une tâche d'association ? En dehors de la vision, sous quelle autre modalité sensorielle un traitement parallèle est-il possible ?

5. Avez-vous déjà utilisé la répétition mentale dans une activité athlétique ou physique, ou entendu quelqu'un dire qu'il l'utilisait ? Dans quelles circonstances peut-elle nuire plutôt qu'aider à l'exercice de l'activité ? (*Indice* : pourquoi les skieurs apprennent-ils à chanter, à fredonner ou à siffler durant leurs courses ?)

6. Comment Paivio explique-t-il que l'utilisation de plus d'un seul code/modalité améliore généralement la mémorisation ? Quelle est la meilleure façon d'associer des mots et des images mentales ? Des mots avec d'autres mots ?

7. Si les principales stratégies mnémotechniques produisent des résultats extraordinaires, pourquoi les gens ne sont-ils pas de plus en plus nombreux à davantage les utiliser ? Est-ce qu'il vous arrive d'en utiliser ?

8. Quels sont les critères d'un «bon» mot-clef ? Choisissez trois mots d'une langue étrangère que vous avez apprise, ou quelques termes techniques peu familiers, et élaborez une liste de

bons mots-clefs pour chacun. Ecrivez chaque mot, son mot-clef et sa traduction.

9. Au vu de la méthode des loci, la psychologie cognitive moderne a-t-elle fait progresser nos connaissances depuis le premier siè-cle avant J.C. ? Dans quelle mesure, à la lumière de la perti-nence de la recherche moderne, l'auteur de *Ad Herennium* formulait-il de bons conseils ?

10. L'utilité des images mentales pour se représenter des choses dans la mémoire est-elle sans limites ?

## MOTS-CLEFS

*Le numéro de page entre parenthèses indique où le terme est traité dans ce chapitre*

Apprentissage sériel (235)

Balayage visuel (239)

Connaissance spatiale (220)

Connaissance verbale (220)

Contrôle de la réalité (259)

Dimension concret/abstrait (226)

Fenêtre d'attention (254)

Flux sanguin cérébral (252)

Hallucinations (262)

Illustration interactive (224)

Illustration non interactive (224)

Images bizarres (232)

Information relationnelle (229)

Insuffisance visuelle (253)

Méthode des loci (235)

Méthode des mots-clefs (232)

Mot-clef (232)

Moyens mnémotechniques (230)

Potentiels évoqués endogènes (252)

Représentation parallèle (242)

Représentation séquentielle (242)

Théorie des propositions (238)

Théorie du double codage (229)

Valeur d'association (226)

Valeur d'imagerie (226)

Zone visuelle tampon (254)

## LECTURES RECOMMANDÉES

Paivio (1971) présente l'ensemble du travail expérimental des années 60 qui a permis de rendre à la thématique des images men-tales une place centrale dans la psychologie expérimentale. Kosslyn (1983) nous offre une introduction très claire de la recherche portant sur l'élaboration et l'utilisation des images mentales. L'ouvrage publié par Sheikh (1983) se compose de plusieurs chapitres abordant une grande variété de sujets, notamment les implications cliniques des images mentales. Les différences individuelles dans l'utilisation des images mentales ont été étudiées par McLeod, Hunt et Mathews (1978). Les articles de J. R. Johnson (1978), Finke (1985), Kosslyn (1981), Pylyshyn (1981), et Shepard et Podgorny (1978) abordent la représentation de l'information dans les images mentales et la rela-tion entre images mentales et perception. De récents travaux ont fait le lien entre ce type de recherche et les fonctions spécialisées des hémisphères gauche et droit du cerveau (Kosslyn, 1987, 1991; Hellige, 1990). La recherche menée par Posner, Boies, Eichelman et Taylor (1969) a apporté les preuves du maintien des codes visuels dans la MCT. Cependant, leur conclusion que ces codes visuels sont rapidement remplacés par des codes verbaux a été contestée par Kroll et Parks (1978).

Des psychologues continuent à étudier les implications pratiques des images mentales, notamment leur utilisation en tant que moyen mnémotechnique (Bellezza, 1987; McCarty, 1980; Pressley, Levin, Hall, Miller & Berry, 1980), leur rôle dans l'acquisition des connaissances spatiales (Thorndyke & Stasz, 1980) et dans la résolution de problèmes (Hegarty, 1992). De plus, les recherches continuent sur les thèmes associés au contrôle de la réalité (R. E. Anderson, 1984; Bentall, 1990; Johnson, Hashtroudi & Lindsay, 1993).

## EN FRANÇAIS

Des textes posent les jalons historiques de l'importance accordée à l'imagerie mentale en psychologie (Blanc-Garin, 1974; Denis, 1979; Denis, 1994). On y trouvera : une présentation du modèle du double codage de Paivio (Denis, 1979, chap. 3); un résumé du débat opposant les imagistes aux propositionnalistes pendant quinze ans et un compromis possible entre ces deux positions, qui repose sur la similitude fonctionnelle entre l'imagerie et la perception (Denis, 1994, chap. 2). Une recension des résultats expérimentaux attestant la similitude fonctionnelle entre imagerie et perception est présentée dans un autre chapitre (Denis, 1994, chap.3) qui fait une large part aux travaux de Kosslyn. Les implications cliniques de l'imagerie sont quelquefois évoquées : les perturbations de l'imagerie suite à des lésions cérébrales (Baddeley, 1992, pp. 125-129); l'imagerie et la spécialisation des hémisphères droit et gauche du cerveau (Denis, 1994, pp. 91-96). Des revues (Bruyer, 1982 ; Denis et Charlot, 1992) permettent de faire le point sur l'identification des régions du système nerveux impliquées dans l'activité d'imagerie. L'ouvrage de Denis (1994) comprend des chapitres montrant certaines des implications pratiques de l'imagerie : compréhension du langage (chap. 4), compréhension et mémorisation de texte (chap. 7), résolution de problèmes et raisonnement (chap. 8).

Baddeley, A. (1992). *La mémoire humaine. Théorie et pratique.* Grenoble, P.U.G.

Blanc-Garin, F. (1974). Recherches récentes sur les images mentales : leur rôle dans les processus de traitement perceptif et cognitif. *Année Psychologique, 74,* 533-564.

Bruyer, R. (1982). Neuropsychologie de l'imagerie mentale. *Année Psychologique, 82*, 497-512.

Denis, M. (1979). *Les images mentales*. Paris, P.U.F.

Denis, M. (1994). *Image et cognition*. Paris, P.U.F.

Denis, M., Charlot, V. (1992). L'image mentale et ses images cérébrales. In P. Rossignol & R. Saban (Eds.), *L'image et la science* (p. 271-283). Paris, Editions du CHTS.

# 8

# La catégorisation

Commençons par ce qui semble être un paradoxe. Le monde des expériences de tout homme normal est composé d'un formidable ensemble de différents objets, événements, individus, impressions, tous discernables. Mais si nous devions utiliser l'ensemble de nos capacités pour relever les différences entre chaque chose et répondre à chaque événement comme s'il était unique, nous serions bien vite submergés par la complexité de notre environnement. La solution à cet apparent paradoxe - l'existence de capacités de discernement qui, pleinement utilisées, nous rendent esclaves de la singularité - repose sur la capacité de l'homme à catégoriser. Catégoriser, c'est rendre équivalentes différentes choses discernables, regrouper des objets et des événements dans des classes, et y répondre selon leur statut de membre d'une classe plutôt qu'en fonction de leur singularité. [*]

J. S. BRUNER, J. J. GOODNOW,
AND G. A. AUSTIN (1956)

---

[*] Extrait de *A Study of Thinking*, de J. S. Bruner, J. J. Goodnow et G. A. Austin. Copyright © 1956 par J. S. Bruner. Reproduit avec autorisation.

Ce chapitre et le suivant abordent les façons qu'ont les gens d'organiser la connaissance. Une manière de procéder consiste à faire des catégories. Celles-ci regroupent des objets ou événements qui nous semblent liés d'une manière ou d'une autre. Cette capacité d'organisation nous permet d'interagir avec l'environnement sans être dépassés par sa complexité. Bruner, Goodnow et Austin, dans leur livre faisant référence, *A Study of Thinking* -ndt : Une étude de la pensée- (1956), relèvent cinq propriétés de la catégorisation.

1. Catégoriser des objets «réduit la complexité de l'environnement»

   Les scientifiques ont estimé qu'il existe plus de 7 millions de couleurs différentes. Si nous réagissions en considérant chacune de celles-ci comme unique, il nous faudrait toute une vie rien que pour tenter d'apprendre leurs différents noms. Lorsque nous classons différents objets discernables comme s'ils étaient équivalents, nous agissons en fonction de leur appartenance à une classe plutôt qu'en les considérant comme des items uniques.

2. Catégoriser est «le moyen par lequel nous identifions les objets du monde.»

   Nous avons généralement l'impression de reconnaître une forme lorsque nous pouvons la classer dans une catégorie familière telle que *chien*, *chaise*, ou la lettre *A*.

3. La troisième proposition est la conséquence des deux premières, l'établissement de catégories «réduit le besoin d'un apprentissage continuel.». Il n'est pas nécessaire que nous recevions des informations sur les nouveaux objets si nous pouvons les classer ; nous pouvons utiliser notre connaissance des items des mêmes catégories pour répondre à ces nouveaux objets.

4. Catégoriser nous permet de «décider ce qui constitue une action appropriée».

   Une personne qui mange des champignons doit être capable de distinguer les variétés vénéneuses des comestibles. Manger une variété vénéneuse n'est évidemment pas une action appropriée.

5. Catégoriser «permet d'ordonner et de relier des classes d'objets et d'événements.». Bien que la classification soit en elle-même un moyen utile d'organiser la connaissance, les classes peuvent être subséquemment organisées selon des relations de subordination ou de supériorité. La catégorie *chaise*, par exemple, a pour subordonnée la classe *chaise haute*, et *mobilier* comme classe supérieure. Les trois catégories forment une hiérarchie dans laquelle *mobilier* contient *chaise* en tant que membre et *chaise* contient *chaise haute*.

Les psychologues ont utilisé plusieurs techniques expérimentales pour étudier la façon dont les gens classifient. La première section de ce chapitre décrit un procédé appelé **identification de concept**. Les catégories dans les tâches d'identification de concept comprennent habituellement des formes géométriques qui varient selon plusieurs dimensions évidentes - par exemple, la forme, la taille et la couleur. L'expérimentateur sélectionne une règle de définition du concept, et la tâche exige la découverte de la règle à partir de l'apprentissage des formes qui sont des exemples du concept. La règle peut être relativement simple, comme «Toutes les formes rouges sont des exemples», mais peut être plus complexe, comme «les formes rouges tout comme les petites formes sont des exemples du concept».

Malheureusement, bon nombre de catégories ne peuvent être discernées sur la base d'une simple règle. En général, nous pouvons distinguer la forme d'un chien de celle d'un chat, mais nous pouvons nous demander si l'utilisation d'une simple règle suffit pour faire cette distinction. La seconde section aborde quelques-unes des caractéristiques des catégories naturelles, ou du monde réel, et met en évidence la façon dont nous utilisons ces caractéristiques pour organiser la connaissance. Pour reconnaître les objets et réduire la nécessité d'un apprentissage continuel, nous devons être capables de classer un nouvel objet dans une catégorie familière. La section finale aborde cette façon de faire.

## L'IDENTIFICATION DU CONCEPT

### La découverte des règles logiques

Il est possible de procéder à une distinction de base entre deux catégories quand elles se distinguent par leurs valeurs selon une seule dimension. Par exemple, une règle relative au tri d'objets peut établir que les grands objets appartiennent à une catégorie et les petits objets à une autre. Cependant, les expérimentateurs n'utilisent pas systématiquement des concepts aussi simples et bien souvent ils ont étudié la façon dont les gens apprennent des concepts définis par des **règles logiques** nécessitant généralement deux dimensions, telles que la forme et la couleur. La figure 8.1 montre comment quatre règles logiques partagent les stimuli selon deux catégories. Notez que chacune des dimensions a trois attributs - *rouge* (en hachuré), *noir* et *blanc* pour la couleur et *carré*, *triangle*, et *cercle*, pour les formes. Les attributs *rouge* et *carré* spécifient le concept dans cet exemple.

La règle la plus facile à apprendre est la **règle conjonctive**. Puisque celle-ci utilise la relation logique *et*, le concept dans ce cas est

**Identification du concept**

Tâche qui nécessite la prise de décision qu'un item est un exemple du concept, les concepts étant habituellement définis par des règles logiques.

**Règles logiques**

Règles basées sur des relations logiques, telles que les règles conjonctive, disjonctive, conditionnelle et biconditionnelle.

**Règle conjonctive**

Règle qui utilise la relation logique *et* pour relier des attributs du stimulus, telle que *petit et carré*.

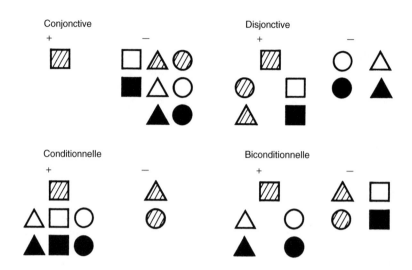

**Figure 8.1** *Exemples positifs et négatifs de quatre règles logiques - conjonctive, disjonctive, conditionnelle et biconditionnelle. Les attributs pertinents sont rouge (en hachuré) et carré.*

Tiré de «Knowing and Using Concepts», de L. E. Bourne, Jr., 1970, *Psychological Review*, 77, 546-556. Copyright © 1970 par l'American Psychological Association. Reproduit avec autorisation.

*rouge et carré.* Un stimulus est membre de cette catégorie si et seulement si les deux attributs sont présents. Le carré rouge est le seul stimulus qui satisfait à ces critères.

La **règle disjonctive** utilise la relation logique *ou*. Un stimulus est alors un exemple du concept s'il est rouge ou carré. Les trois stimuli rouges et les trois carrés sont tous à présent des exemples de ce concept.

La **règle conditionnelle** utilise les relations *si* et *alors* - par exemple, si le stimulus est rouge, alors il doit être un carré pour être un exemple. Une caractéristique de la règle conditionnelle qui peut sembler étrange est que tous les stimuli qui ne sont pas rouges sont des exemples positifs. Citons par analogie le cas suivant : vous travaillez dans un restaurant chic et vous avez à faire appliquer la règle qui veut que si un convive est un homme, il doit porter une cravate. Tous ceux qui ne sont pas des hommes peuvent être admis en dehors de cette restriction.

La **règle biconditionnelle** est nommée ainsi car c'est une règle conditionnelle qui s'applique dans deux directions. La règle biconditionnelle inclut la règle précédente : si le stimulus est rouge, alors il doit être un carré pour constituer un exemple. Mais elle s'applique

**Règle disjonctive**

Règle qui utilise la relation logique *ou* pour relier des attributs du stimulus, telle que *petit ou carré.*

**Règle conditionnelle**

Règle qui utilise les relations logiques *et, alors* pour relier des attributs du stimulus, telles que *si petit, alors carré.*

**Règle biconditionnelle**

Règle qui utilise la relation logique *si, alors* pour lier les attributs de stimulus dans les deux sens, comme (1) *si petit, alors carré* et (2) *si carré, alors petit.*

également dans le sens inverse : si le stimulus est un carré, alors il doit être rouge. Vous pouvez remarquer dans la figure 8.1 que la règle biconditionnelle exclut deux carrés de la catégorie positive qui ne l'étaient pas par la règle conditionnelle. Puisque la règle biconditionnelle s'applique dans les deux directions, un carré ne constitue pas un exemple de la catégorie, sauf s'il est rouge. La plus grande sélectivité de la règle biconditionnelle est également illustrée dans la précédente analogie. Outre les hommes qui ne portent pas de cravate, la règle biconditionnelle exclurait également les femmes portant une cravate. La règle inverse de *si homme, alors cravate* est la règle *si cravate, alors homme*.

Comme vous pouvez l'imaginer, apprendre correctement une règle conceptuelle peut être difficile. Une façon de se simplifier la tâche serait d'indiquer aux sujets les attributs pertinents à considérer. Cette tâche est appelée **apprentissage de règle** parce que, lorsque les gens sont informés des attributs pertinents à considérer, ils ont juste à apprendre la règle logique exacte (Haygood & Bourne, 1965).

Bourne, en 1970, a comparé la difficulté des quatre règles en concevant une expérience dans laquelle les sujets devaient résoudre une série de neuf problèmes d'apprentissage de règle. Les stimuli variaient selon quatre dimensions -couleur, forme, nombre et taille- mais avant chaque problème, l'expérimentateur précisait systématiquement les deux attributs pertinents à considérer.

Chaque problème nécessitait que la personne apprenne à classer les stimuli en tant qu'exemple positif ou négatif du concept. Les sujets recevaient un seul stimulus à la fois, faisaient leur classification, puis étaient informés de l'exactitude de leur réponse. On considérait qu'ils avaient résolu un problème lorsqu'ils pouvaient établir la règle ou qu'ils répondaient correctement un certain nombre de fois d'affilée.

La figure 8.2 présente les résultats. Il y a de grandes différences de niveaux de difficulté entre les quatre règles. Dans le premier problème, la règle conditionnelle nécessite près de deux fois plus d'essais pour être acquise qu'une règle conjonctive ou disjonctive, tandis que la règle biconditionnelle en nécessite trois fois plus. Cependant, avec la pratique, les individus deviennent tout à fait capables d'appliquer la règle conditionnelle et la règle biconditionnelle, et peuvent même parvenir à un niveau de performance pour la résolution de ces problèmes équivalant à celui des problèmes avec règle conjonctive et règle disjonctive.

Après avoir résolu six problèmes utilisant la même règle, tous les sujets résolvaient sans erreur les problèmes restants, quel que soit le niveau de difficulté de la règle.

**Apprentissage de règle**

Tâche d'identification de concept dans laquelle les sujets sont informés des attributs pertinents à considérer (comme *petit, carré*) mais ont à découvrir la règle logique.

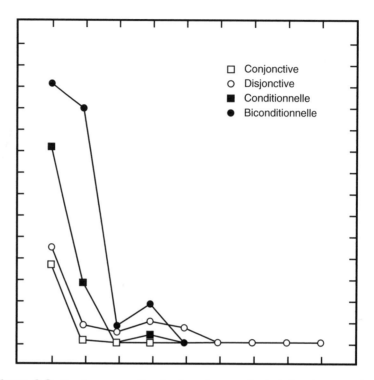

**Figure 8.2** *Nombre moyen d'essais nécessaires pour la résolution de quatre règles logiques - conjonctive, disjonctive, conditionnelle, biconditionnelle.*

Tiré de «Knowing and Using Concepts», de L. E. Bourne, Jr., 1970, Psychological Review, 77, 546-556. Copyright © 1970 par l'American Psychological Association. Reproduit avec autorisation.

## La découverte des attributs pertinents

**Apprentissage des attributs**

Tâche d'identification de concept dans laquelle les sujets sont informés de la règle logique (telle que la règle conjonctive) mais doivent découvrir les attributs pertinents à considérer.

Dans les problèmes d'apprentissage de règle, l'expérimentateur informait les sujets quant aux attributs pertinents à considérer mais ne leur disait pas quelle était la règle appropriée. Une variante du procédé -appelé **apprentissage des attributs**- consiste à énoncer la règle et à laisser les sujets découvrir les attributs appropriés (Haygood & Bourne, 1965). Le problème est résolu lorsqu'ils peuvent identifier de façon consistante les stimuli positifs ou négatifs du concept.

Les études sur l'apprentissage des attributs révèlent généralement que dans l'identification des attributs pertinents, l'efficacité dépend de la règle spécifiant le concept. L'ordre de difficulté des quatre règles est le même que dans les tâches d'apprentissage de règle : Les problèmes d'attribut basés sur la règle conjonctive sont les plus faciles, viennent ensuite ceux basés sur la règle disjonctive, puis ceux sur la règle conditionnelle et enfin ceux sur la règle biconditionnelle (Bourne, Ekstrand, Lovallo, Kellog, Hiew, & Yaroush, 1976).

Pour quelle raison le choix de règle influence-t-il la difficulté de la tâche, lorsque les participants sont informés de la règle avant chaque problème ? Bourne et ses collègues ont élaboré une **théorie des fréquences** pour rendre compte de ces résultats. La théorie des fréquences peut s'appliquer aux stimuli des catégories positives et négatives, mais les résultats indiquent que la catégorie positive est la plus importante (Bourne et al., 1976). Retournons aux catégories de la figure 8.1 pour voir comment la théorie des fréquences fonctionne lorsqu'elle est appliquée aux stimuli de la catégorie positive.

**Théorie des fréquences**

Théorie qui explique la facilité d'apprentissage des attributs par leur fréquence d'apparition dans les exemples positifs et négatifs du concept.

Il est facile d'identifier les attributs pertinents pour une règle conjonctive, parce que les attributs non pertinents (*noir* et *blanc* ou *cercle* et *triangle*) n'apparaissent jamais dans la catégorie positive. Les attributs pertinents apparaissent donc 100% du temps parce que tous les stimuli positifs sont rouges et carrés. Ce n'est pas aussi simple en ce qui concerne la règle disjonctive. La figure 8.1 montre que trois des cinq stimuli positifs sont rouges et trois des cinq stimuli positifs sont carrés. Les attributs pertinents apparaissent donc 60% du temps dans la catégorie positive. Avec la règle conditionnelle, un seul des sept stimuli positifs est rouge, et trois sur sept sont carrés. Les deux attributs pertinents apparaissent donc 29% du temps (la moyenne de 1/7 et de 3/7). Le pourcentage le plus faible est obtenu avec la règle biconditionnelle. Un seul des cinq stimuli positifs est rouge, et un seul est carré. Les deux attributs pertinents n'apparaissent donc que 20% du temps.

Vous avez peut-être remarqué que l'ordre de ces pourcentages correspond à l'ordre des niveaux de difficulté des tâches d'identification d'attributs. Les résultats suggèrent que les individus établissent des différences de fréquence entre les valeurs de chaque dimension. Lorsque les valeurs pertinentes (comme *rouge* et *carré*) apparaissent fréquemment dans la catégorie positive, il est assez facile d'identifier ces valeurs comme étant pertinentes.

Lorsque les attributs pertinents apparaissent plus rarement dans la catégorie positive, il devient plus difficile de les identifier comme étant pertinents. La théorie de la fréquence des attributs concorde avec plusieurs autres découvertes dans la littérature consacrée à l'identification de concepts. Nous retournerons à l'une de ces découvertes un peu plus loin dans ce chapitre, lorsque nous aborderons la théorie des fréquences des caractéristiques de la catégorisation.

## Critique du paradigme de l'identification de concept

Les psychologues cognitivistes n'adhèrent pas tous à la tâche d'identification de concept; certains ont critiqué son aspect très artificiel et sans rapport avec les tâches cognitives habituelles dans le monde réel. Cette critique ne signifie pas que nous soyons incapables de trouver une analogie entre les aptitudes nécessaires dans la tâche d'identification de concept et nécessaires dans d'autres tâches. Par exemple, pour apprendre la bonne règle dans une tâche d'identification de concept, les sujets doivent évaluer un certain nombre d'hypothèses. Notre incapacité à évaluer un grand nombre d'hypothèses simultanément n'est pas un fait établi uniquement dans les tâches d'identification de concept (Levine, 1966), il l'est aussi dans des tâches du monde réel telles que les diagnostics médicaux (Elstein, Shulman, & Sprafka, 1978). Comme les tâches dans le monde réel sont souvent assez différentes des tâches d'identification de concept, nous devons être très prudents lorsque nous procédons à une généralisation.

La critique principale du paradigme de l'identification de concept dénonce le fait que les catégories dans le monde réel ne sont pas semblables à celles étudiées en laboratoire. Ce qui n'est pas un argument nouveau. Le philosophe Wittgenstein (1953) suggérait que les membres d'une catégorie ne partagent pas nécessairement des attributs identiques. En fait, ils peuvent avoir un air de famille et les membres d'une catégorie avoir en commun quelques attributs avec les autres membres, mais il se peut qu'aucun ou seulement quelques attributs soient communs à tous les membres de la catégorie.

Bruner, Goodnow, et Austin (1956) reconnaissent également que la plupart des catégories du monde réel ne peuvent être distinguées sur base de règles logiques s'appliquant à tous les membres de la catégorie. Un des chapitres de leur livre abordait la catégorisation à l'aide d'indications de probabilité où les valeurs d'une dimension ne spécifient pas exclusivement une seule catégorie. Par exemple, 67% des avions dans une catégorie avaient une queue droite et 67% des avions d'une autre catégorie avaient la queue oblique. L'allure de la queue de l'avion est un indice de probabilité parce qu'il nous indique seulement la catégorie la plus probable d'avions mais non sa catégorie exacte.

Bien que Bruner, Goodnow et Austin aient rapporté quelques expériences de catégorisation à l'aide d'indices de probabilité, leur travail est essentiellement connu pour leur recherche utilisant le paradigme standard de l'identification de concept. Ce n'est que dans les années 70 que s'est produit un changement radical de la façon dont les psychologues voyaient les catégories du monde réel, quand Rosch et ses étudiants de l'University of California, à Berkeley, ont commencé à étudier les caractéristiques des catégories naturelles (Rosch, 1973). Une des caractéristiques des tâches d'identification de concept qui tracassait Rosch est que tous les membres du concept sont appréciés comme s'ils étaient équivalents.

Considérez les cinq exemples de la figure 8.1 qui respectent la règle disjonctive *rouge ou carré*. Ces cinq exemples positifs sont tous des membres équivalents, parce que tous satisfont à la règle. Par contre, les catégories naturelles ne sont pas composées de membres équivalents. Si nous donnions aux sujets différentes nuances de la couleur *rouge*, ils conviendraient que certaines nuances sont plus représentatives de la couleur que d'autres (un «vrai» rouge vs un rouge «cassé»).

Même les catégories mathématiques qui peuvent être définies sur la base de règles contiennent des exemples qui diffèrent dans la **représentativité** de leurs membres. Par exemple, une règle peut être utilisée pour déterminer si un nombre est pair ou impair. Les gens sont donc susceptibles de convenir que les nombres pairs peuvent être identifiés par définition (Malt, 1990). Ils sont également d'accord que cela n'a pas de sens d'évaluer les nombres pairs selon leur degré d'appartenance à la catégorie (Armstrong, Gleitman, & Gleitman, 1983). Néanmoins, les gens évaluent certains nombres pairs (tels que 4) comme étant de meilleurs membres que d'autres (tels que 106).

**Représentativité**

Mesure de l'aspect typique de l'item en tant que membre d'une catégorie.

Une autre caractéristique des catégories naturelles est qu'elles peuvent être composées de **dimensions permanentes** plutôt que de dimensions discrètes (Rosch, 1973). Les couleurs, par exemple, varient selon un continuum dans lequel le rouge devient graduellement orange et l'orange devient graduellement jaune. Les catégories naturelles ont également une **organisation hiérarchique** - de grandes catégories en contiennent souvent de plus petites. Ces caractéristiques des catégories naturelles ont d'importantes implications sur la façon dont nous utilisons les catégories pour organiser la connaissance. La prochaine section aborde ces implications.

**Dimensions permanentes**

Attributs qui peuvent prendre n'importe quelle valeur le long d'une dimension permanente.

**Organisation hiérarchique**

Stratégie d'organisation dans laquelle de grandes catégories sont divisées en catégories plus petites.

## LES CATÉGORIES NATURELLES

Comme nous l'avons vu, les catégories du monde réel, ou naturelles, se caractérisent par le fait d'être hiérarchisées : certaines catégories en contiennent d'autres. Par exemple, la catégorie *mobilier* comprend les chaises, et la catégorie *chaises* contient les *fauteuils*. Chacun de ces niveaux contient une variété d'objets, mais cette variété décroît à mesure que la catégorie se restreint. Il existe plusieurs sortes de meubles (lits, sofas, tables, chaises), un peu moins de chaises (fauteuils, chaises de salle à manger, chaises hautes) et encore moins de différentes sortes de fauteuils. La première partie de cette section s'intéresse à la façon dont l'organisation hiérarchique des catégories influence notre comportement.

Une autre caractéristique des catégories naturelles est que certains membres semblent être plus représentatifs de leur catégorie que d'autres. Nous convenons tous que les chaises font partie du mobilier, mais que dire du piano ? Les chemises sont certainement de bons exemples de vêtements, mais que penser d'un collier ? La seconde partie de cette section examine les implications dues au fait que tous les membres d'une catégorie ne la représentent pas de façon équivalente.

## L'organisation hiérarchique des catégories

**Catégories supérieures**

Grandes catégories du sommet de la hiérarchie, telles que mobilier, outils et véhicules.

Rosch et ses collègues ont étudié l'organisation hiérarchique des catégories en utilisant les trois niveaux présentés dans le tableau 8.1 (Rosch, Mervis, Gray, Johnsen, & Boyes-Bream, 1976). Les plus grandes des catégories sont les **catégories supérieures**, telles que

**Tableau 8.1** *Exemples de catégories supérieures, basiques et subordonnées*

| Supérieure | Niveau de base | Subordonnées | |
|---|---|---|---|
| Instruments de musique | Guitare Piano Batterie | Guitare folk Piano à queue Caisse claire | Guitare classique Piano droit Grosse caisse |
| Fruits | Pomme Pêche Raisin | Pomme golden Pêche jaune Muscat | Pomme grany Pêche blanche Chasselas |
| Outils | Marteau Scie Tournevis | Marteau de tapissier Scie à bois Tournevis plat | Maillet Scie circulaire Cruciforme |
| Vêtements | Pantalon Chaussette Chemise | Jean Socquettes Chemisier | Pantalon en toile Bas Chemisette |
| Mobilier | Table Lampe Chaise | Table de cuisine Lampe à pied Chaise de cuisine | Table de salle à manger Lampe de chevet Fauteuil |
| Véhicules | Voiture Autobus Camion | Voiture de sport Bus de ville Camionette | Berline Bus de voyage Semi-remorque |

Source : Traduit d'après « Basic Objects in Natural Categories », de E. Rosch, C. B. Mervis, W. D. Gray, D. M. Johnsen, et P. Boyes-Braem, 1976, *Cognitive Psychology, 8*, 382-440. Copyright © 1976 par l'Academic Press, Inc. Reproduit avec autorisation.

*instruments de musique.* Elles contiennent les **catégories du niveau de base** (telles que *batterie*), qui en retour contiennent les **catégories subordonnées** (telles que *grosse caisse*). Le plus important des trois niveaux, selon Rosch, est le niveau de base, parce que les catégories du niveau de base sont les plus différenciées et les plus importantes dans le langage et sont donc celles que nous apprenons en premier lieu.

La différenciation des catégories peut être mesurée en déterminant à quel point les membres d'une catégorie partagent des attributs mais ont des attributs différents de ceux des membres d'une autre catégorie. Au niveau supérieur, la difficulté tient au fait que les membres partagent peu d'attributs. Par exemple, le mobilier comprend des items qui ont peu d'attributs en commun, tels que *table*, *lampe*, et *chaise*.

Au niveau subordonné, la difficulté tient au fait que les membres partagent beaucoup d'attributs avec les membres de catégories subordonnées similaires. Par exemple, une table de cuisine a beaucoup d'attributs communs avec une table de salle à manger. Le niveau intermédiaire de catégorisation -le niveau de base- évite ces deux extrêmes. Les membres de la catégorie du niveau de base, tels que *chaise*, ne partagent pas seulement bon nombre d'attributs mais possèdent des attributs qui diffèrent de ceux des membres des autres catégories du niveau de base, tels que *lampe* et *table*.

La différenciation des catégories a été mise en évidence par une étude dans laquelle les sujets devaient faire la liste des attributs des objets aux différents niveaux de la hiérarchie (Rosch et al., 1976). Certains individus notaient les attributs de la catégorie supérieure (comme instruments de musique, fruits, outils, vêtements); d'autres, les attributs des objets du niveau de base (tels que guitare, pomme, marteau, pantalons); et d'autres encore, les attributs des objets de la catégorie subordonnée (guitare classique, pomme Golden, marteau de tapissier, jean).

Les expérimentateurs ont analysé les données en identifiant les attributs dont les gens convenaient qu'ils étaient associés à la catégorie spécifiée. Le tableau 8.2 présente le nombre moyen d'attributs partagés à chaque niveau de la hiérarchie. Le nombre d'attributs communs pour chaque catégorie s'accroît de la catégorie supérieure à la catégorie subordonnée. Les membres de la catégorie supérieure en ont très peu en comparaison de ceux du niveau de base. Cependant, l'augmentation d'attributs entre le niveau de base et le niveau subordonné est très faible. Les différences entre niveaux peuvent être illustrées par les trois exemples présentés dans le tableau 8.3. Seuls deux attributs ont été notés pour la catégorie supérieure *vêtements - ceux que nous portons habituellement* et *ceux que nous portons pour nous protéger du froid.*

**Catégories du niveau de base**

Catégories intermédiaires du milieu de la hiérarchie, comme les tables, scies et camions.

**Catégories subordonnées**

Petites catégories du bas de la hiérarchie, telles que lampe de chevet, cruciforme et camionette.

**Tableau 8.2** Nombre d'attributs en commun à chaque niveau hiérarchique

| Catégorie | Valeurs brutes | | | Valeurs modifiées par les juges | | |
|---|---|---|---|---|---|---|
| | Supérieure | Niveau de base | Subordonnée | Supérieure | Niveau de base | Subordonnée |
| Instruments de musique | 1 | 6.0 | 8.5 | 1 | 8.3 | 8.7 |
| Fruits | 7 | 12.3 | 14.7 | 3 | 8.3 | 9.5 |
| Outils | 3 | 8.3 | 9.7 | 3 | 8.7 | 9.2 |
| Vêtements | 3 | 10.0 | 12.0 | 2 | 8.3 | 9.7 |
| Mobilier | 3 | 9.0 | 10.3 | 0 | 7.0 | 7.8 |
| Véhicules | 4 | 8.7 | 11.2 | 1 | 11.7 | 16.8 |

SOURCE : Tiré de « Basic Objects in Natural Categories », de E. Rosch, C. B. Mervis, W. D. gray, D. M. Johnsen, et P. Boyes-Braem, 1976, *Cognitive Psychology, 8*, 382-440. Copyright © 1976 par l'Academic Press, Inc. Reproduit avec autorisation.

*Note* : Les valeurs brutes concernent les attributs répertoriés par les sujets. Ces valeurs ont été modifiées lorsque les sept juges trouvaient qu'un autre niveau hiérachique était plus approprié (colonne des valeurs modifiées par les juges).

**Tableau 8.3** Exemples d'attributs partagés aux différents niveaux hiérarchiques

| **Outils** | **Vêtements** | **Mobilier** |
|---|---|---|
| Pour construire | Portés habituellement | Pas d'attributs |
| Pour réparer | Pour se protéger du froid | |
| En métal | | **Chaise** |
| | **Pantalons** | Les pieds |
| **Scie** | Pour les jambes | L'assise |
| Manche | Les boutons | Le dossier |
| Les dents | Les passants | Les accoudoirs |
| La lame | Les poches | Confortable |
| Le tranchant | Le tissu | Quatre pieds |
| Coupe | Deux jambes | En bois |
| Le fil de la lame | | Permet aux gens de s'asseoir |
| Le manche en bois | **Jeans** | |
| | Bleu | **Chaise de cuisine** |
| **Scie circulaire** | | Rien en supplément |
| Utilisée dans la construction | **Pantalon en toile** | |
| | Confortable | **Fauteuils** |
| **Scie à bois** | Extensible | Grand |
| Rien en supplément | | Mou |
| | | Coussin |

SOURCE : Tiré de « Basic Objects in Natural Categories », de E. Rosch, C. B. Mervis, W. D. gray, D. M. Johnsen, et P. Boyes-Braem, 1976, *Cognitive Psychology, 8*, 382-440. Copyright © 1976 par l'Academic Press, Inc. Reproduit avec autorisation.

Deux attributs identiques, auxquels six autres s'ajoutent, ont été répertoriés pour le niveau de base de la catégorie *pantalons*. Les pantalons sont *pour les jambes,* ont *des boutons, des passants, des poches, deux jambes* et sont en *tissu.* Un attribut supplémentaire a été noté pour la catégorie subordonnée *Jeans - bleu -* et deux autres pour les *pantalons en toile - confortable* et *extensible.* Notez que, bien que les items dans la catégorie subordonnée partagent légèrement plus d'attributs que ceux des catégories du niveau de base, il existe un important chevauchement des attributs dans les catégories subordonnées. Bien que jeans et pantalons en toile diffèrent de quelques attributs, ils en partagent néanmoins beaucoup, lesquels facilitent davantage la distinction entre pantalons et chemises qu'entre jeans et pantalons en toile.

Rosch a testé son hypothèse que la catégorisation est la plus rapide au niveau de base en demandant aux sujets de vérifier l'identité d'un objet à chacun des trois niveaux de la hiérarchie. Par exemple, avant que leur soit montrée l'image d'un fauteuil, il était demandé : (1) aux sujets auxquels étaient attribués des termes issus des catégories supérieures, si l'objet faisait partie du mobilier; (2) à ceux qui avaient des termes issus des catégories du niveau de base, si l'objet était une chaise; et (3) à ceux disposant de termes issus des catégories subordonnées, si l'objet était un fauteuil. Le temps de vérification le plus court a été obtenu avec le groupe qui vérifiait les objets au niveau de base (Rosch et al., 1976).

Rosch a suggéré que les individus commencent par identifier les objets au niveau de base et les classent ensuite au niveau supérieur en faisant une inférence (une chaise est un élément du mobilier), ou les classent au niveau subordonné en recherchant les caractéristiques distinctives (dans le cas présent, les caractéristiques différenciant un fauteuil des autres chaises).

Par ailleurs, Rosch a envisagé la possibilité que des experts puissent être très prompts à exécuter des classifications subordonnées dans leur domaine d'expertise. Par exemple, un vendeur en ameublement peut être capable de classer un fauteuil en tant que *fauteuil* aussi vite qu'il pourrait le classer en tant que *chaise.* Une étude récente a confirmé cette hypothèse (Tanaka & Taylor, 1991). On demandait à des experts canins et à des experts en oisellerie, recrutés dans des organisations locales, d'identifier des photos couleur de chiens et d'oiseaux au niveau supérieur (*animal*), au niveau de base (*chien* ou *oiseau*), ou au niveau subordonné (*beagle* ou *moineau*). Les résultats ont reflété ceux de Rosch et ses collègues (1976) lorsque les experts canins classifiaient les oiseaux et les experts en oisellerie les chiens : les classifications étaient les plus rapides au niveau de base. Cependant, les résultats étaient différents lorsque les experts canins classifiaient les chiens et les experts en oisellerie les oiseaux. Leurs classifications au niveau subordonné étaient aussi rapides qu'au niveau de base. Les experts étaient tellement aptes à faire la distinction entre différentes races de chiens, ou différentes espèces d'oiseaux, qu'ils pouvaient identifier la race du chien ou l'espèce de l'oiseau aussi vite qu'ils pouvaient reconnaître que l'image était celle d'un chien ou d'un oiseau.

Les théories des prototypes reposent sur une autre caractéristique des catégories particulièrement importante : la forme des objets dans une catégorie. Le **prototype** d'une catégorie est habituellement défini comme étant la «moyenne» des formes de la catégorie. Il représente la tendance principale de celle-ci. Mais est-ce vraiment pertinent de parler de forme moyenne des catégories du monde réel ? La réponse dépend du niveau hiérarchique auquel nous nous référons.

**Prototype**

Item typique d'une catégorie qui est utilisé pour représenter celle-ci.

Les objets dans la figure 8.3 représentent les catégories du niveau de base, et les quatre objets de chaque ligne appartiennent à la même catégorie supérieure. Rosch et ses collègues ont trouvé que les gens ne réussissaient pas bien à identifier la forme moyenne de deux différents objets du niveau de base appartenant à la même catégorie supérieure. Par exemple, la forme moyenne d'une table et d'une chaise ne ressemblerait ni à une table ni à une chaise mais à quelque chose d'intermédiaire qu'il serait bien difficile d'identifier. Ces résul-

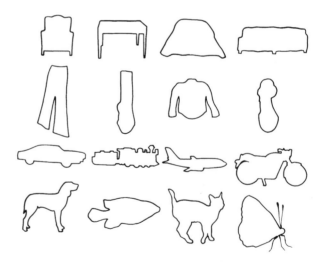

**Figure 8.3** *Exemples des contours d'images représentant des catégories du niveau de base. Les images de chaque ligne appartiennent à la même catégorie supérieure.*

Tiré de «Basic Objects in Natural Categories», de E. Rosch, C. B. Mervis, W. D. gray, D. M. Johnsen, et P. Boyes-Braem, 1976, Cognitive Psychology, 8, 382-440. Copyright © 1976 par l'Academic Press, Inc. Reproduit avec autorisation.

tats ne sont pas surprenants si nous essayons d'imaginer à quoi pourrait bien ressembler l'objet «moyen» pour les catégories supérieures telles que *mobilier, vêtements, véhicules* et *animaux*. Nous pouvons penser à de bons exemples pour chacune des catégories, mais ce n'est pas la même chose qu'établir la forme moyenne de tous ces exemples.

Le concept de l'exemple moyen prend du sens lorsque nous pensons aux objets du niveau de base. Bien que la forme moyenne des meubles ne puisse être raisonnablement envisagée, la forme moyenne d'une chaise est cependant un concept plus plausible. En fait, les gens étaient assez précis dans l'identification de la forme moyenne de deux objets issus du niveau de base de la même catégorie - par exemple, la forme moyenne de deux chaises ressemble encore à une chaise, et la forme moyenne de deux chemises à une chemise.

Les objets des niveaux de base sont suffisamment similaires pour que leur forme moyenne soit identifiable. La création d'une forme moyenne pour représenter une catégorie est donc possible au niveau de base (et au niveau subordonné, où les formes des objets de la même catégorie sont encore plus similaires) mais impossible au niveau supérieur.

## Typicalité et traits de famille

Jusqu'à présent, nous avons insisté sur la comparaison entre catégories selon différents niveaux de généralité. Rosch et ses collègues ont soutenu que le niveau intermédiaire de généralité -le niveau de base- est le plus important. C'est le niveau le plus général auquel un prototype, ou une image concrète, peut être élaboré pour représenter l'ensemble de la catégorie. C'est également le niveau auquel les catégories sont le plus différenciées parce que les membres des catégories de base partagent beaucoup d'attributs entre eux et peu avec les membres des autres catégories.

Nous allons maintenant déplacer notre centre d'intérêt vers la comparaison entre les membres d'une même catégorie. Les psychologues utilisent le terme de **typicalité** pour indiquer à quel point les membres d'une catégorie représentent celle-ci.

**Typicalité**

Mesure du degré auquel un membre d'une catégorie représente cette catégorie.

Par exemple, les gens conviennent tous que les chaises, les sofas et les tables sont de bons exemples de mobilier; que les voitures, les camions et les autobus sont de bons exemples de véhicules; et que les oranges, les pommes et les bananes sont de bons exemples de fruits. Le tableau 8.4 présente une liste de 20 membres de six catégories supérieures, ordonnés du plus typique au moins typique à partir des classements effectués par les sujets.

Bien qu'un tel ordonnancement puisse nous sembler évident, les raisons pour lesquelles cet ordre existe ne sont pas claires. Pourquoi la voiture est-elle un bon exemple et l'ascenseur un moindre exemple de véhicule ? Les deux servent pourtant à transporter les gens et les marchandises. Rosch et Mervis (1975) ont fait l'hypothèse que les bons membres partagent beaucoup d'attributs avec les autres membres de la catégorie et peu avec les membres des autres catégories. Notez que Rosch, pour comparer la typicalité des membres au sein d'une catégorie, applique la même hypothèse qu'elle a utilisée afin de comparer les catégories supérieures, basiques et subordonnées entre elles, .

Rosch et Mervis ont testé leur hypothèse en demandant aux sujets de faire la liste des attributs de chacun des membres des catégories présentées dans le tableau 8.4. Par exemple, pour une bicyclette, les sujets peuvent relever qu'elle a deux roues, des pédales et un guidon; qu'elle permet de se déplacer; et qu'elle n'utilise pas d'essence. Pour tester l'hypothèse que les bons exemples des catégories devraient partager beaucoup d'attributs avec les autre membres de la catégorie, il est nécessaire de calculer une mesure des **traits de famille** de chaque item en considérant combien de membres partagent chaque attribut de l'item. Prenons un exemple spécifique. Puisque dans le cas d'une voiture, les roues font partie de ses attributs, nous devrons compter les véhicules qui ont également des roues. Puisqu'une voiture a un pare-brise, il nous faudra également compter tous les membres qui ont un pare-brise. Pour chaque attribut, le score varie de 1 à 20, dépendant du nombre de membres possédant cet attribut parmi les vingt présentés dans le tableau 8.4. Le score de traits de famille pour chaque membre est obtenu en additionnant les scores obtenus pour chacun des attributs de ce membre. Si 14 membres d'une catégorie ont des roues et 11 des pare-brise, le nombre de traits de famille serait de 25 pour une voiture si elle ne présentait que ces deux attributs. Le vrai score est bien entendu beaucoup plus élevé, puisque nous devons également additionner les scores de tous les autres attributs établis pour une voiture. Les résultats ont montré que les bons représentants d'une catégorie ont des scores de traits de famille élevés. Pour les six catégories supérieures présentées dans le tableau 8.4, les corrélations entre les deux variables oscillaient entre .84 (pour les *légumes*) et .94 (pour les *armes*).

Une autre façon de comprendre ces résultats consiste à comparer le nombre d'attributs partagés par les cinq exemples les plus typiques et par les cinq exemples les moins typiques au sein de chaque catégorie. Les cinq véhicules les plus typiques sont *voiture*, *camion*, *autobus*, *moto* et *train*. Ils partagent beaucoup d'attributs, ayant beaucoup de parties communes; dans l'expérience, les sujets ont été

**Traits de famille**

Mesure de la fréquence avec laquelle les attributs d'un membre d'une catégorie sont partagés avec les autres membres de la catégorie.

**Tableau 8.4** Typicalité des membres de six catégories supérieures

| Item | Mobilier | Véhicules | Fruits | Armes | Légumes | Vêtements |
|------|----------|-----------|--------|-------|---------|-----------|
| | | | | **Catégories** | | |
| 1 | Chaise | Voiture | Orange | Pistolet | Pois | Pantalons |
| 2 | Canapé | Camion | Pomme | Couteau | Carotte | Chemise |
| 3 | Table | Autobus | Banane | Épée | Haricot vert | Robe |
| 4 | Commode | Moto | Pêche | Bombe | Épinards | Jupe |
| 5 | Bureau | Train | Poire | Grenade | Broccoli | Veste |
| 6 | Lit | Tramway | Abricot | Lance | Asperge | Manteau |
| 7 | Bibliothèque | Bicyclette | Prune | Canon | Maïs | Pull |
| 8 | Tabouret | Avion | Raisin | Arc et flèche | Chou-fleur | Culotte |
| 9 | Lampe | Bateau | Fraise | Matraque | Chou de Bruxelles | Chaussettes |
| 10 | Piano | Tracteur | Pamplemousse | Tank | Laitue | Pyjama |
| 11 | Coussin | Chariot | Ananas | Gaz lacrymogène | Betterave | Maillot de bain |
| 12 | Miroir | Fauteuil roulant | Myrtille | Fouet | Tomate | Chaussure |
| 13 | Tapis | Tank | Citron | Pic à glace | Haricot rouge | Gilet |
| 14 | Radio | Radeau | Pastèque | Poings | Aubergine | Cravate |
| 15 | Cuisinière | Luge | Melon | Missile | Oignon | Moufles |
| 16 | Pendule | Cheval | Grenade | Poison | Pomme de terre | Chapeau |
| 17 | Tableau | Ballon dirigeable | Datte | Ciseaux | Patate douce | Tablier |
| 18 | Penderie | Patins à roulettes | Noix de coco | Mots | Champignon | Sac à main |
| 19 | Vase | Brouette | Tomate | Pied | Citrouille | Montre |
| 20 | Téléphone | Ascenseur | Olive | Tournevis | Riz | Collier |

Source : Traduit de « Family Resemblances : Studies in the Internal Structure of Categories », de E. Rosch et C. B. Mervis, 1975, *Cognitive Psychology, 7,* 573-605. Copyright © 1975 par l'Academic Press, Inc. Reproduit ave autorisation.

capables d'identifier 36 attributs qui appartenaient à tous les cinq. Pour les cinq exemples les moins typiques -*cheval, ballon dirigeable, patins à roulettes, brouette* et *ascenseur* - les sujets n'ont identifié que deux attributs communs à tous (peut-être qu'ils peuvent transporter des gens et qu'ils permettent un déplacement).

Les résultats ont été similaires pour les cinq autres catégories supérieures.

Le fait que ces membres, typiques d'une catégorie, ont tendance à partager des attributs avec les autres membres est également vrai pour les catégories du niveau de base. Vous avez peut-être remarqué que les exemples de catégories supérieures présentées au tableau 8.4 sont des catégories du niveau de base. Rosch et Mervis (1975) ont sélectionné six de ces exemples (*voiture, camion, avion, chaise, table, lampe*) pour tester la même hypothèse, selon laquelle les membres les plus typiques des catégories du niveau de base devraient partager plus d'attributs avec les autres membres qu'avec les membres les moins typiques de leur catégorie. Pour chacune des six catégories, les expérimentateurs ont sélectionné 15 images, du meilleur exemple au plus mauvais. Puis ils ont demandé à des groupes de jeunes étudiants d'estimer à quel point chaque image représente l'idée qu'ils se font de la catégorie. Comme nous l'avons trouvé pour les catégories supérieures, il y a eu une forte corrélation entre la typicalité d'un membre d'une catégorie et le nombre d'attributs partagés.

Bien que le nombre de traits de famille soit utile pour présumer de la typicalité des membres dans les catégories taxinomiques communes, telles qu'énumérées dans le tableau 8.4, il ne permet cependant pas de prédire la typicalité pour des catégories élaborées selon des objectifs (Barsalou, 1985). Les **catégories élaborées selon des objectifs** consistent en exemples qui répondent à un objectif, tels que «les cadeaux d'anniversaire qu'on a plaisir à recevoir.». Selon les classements effectués par les sujets, les bons exemples de cadeaux d'anniversaire sont les vêtements, la fête, les bijoux, le repas, la montre, un gâteau et une carte. Notez que ces exemples sont dissemblables entre eux et ne partagent pas beaucoup d'attributs. Barsalou a calculé les scores de traits de famille des membres de catégories élaborées selon des objectifs et a conclu que ces scores ne permettaient pas de prédire la typicalité de ces exemples.

Un tel résultat s'explique par le fait que les membres de catégories élaborées selon des objectifs sont sélectionnés sur la base d'un principe les sous-tendant plutôt que sur celle des attributs partagés (Murphy & Medin, 1985). En outre, lorsque nous choisissons des activités de week-end, nous considérons les événements qui nous

**Catégories élaborées selon des objectifs**

Catégories dont les membres sont sélectionnés pour répondre à un objectif spécifié.

plaisent; lorsque nous sélectionnons les choses que nous emporterions avec nous lors de l'incendie de notre maison, nous considérons ce à quoi nous attribuons de la valeur et que nous jugeons irremplaçable, comme les enfants et les documents importants. Bien que la similarité des attributs détermine la façon dont nous formons bon nombre de catégories, Medin soutient que nous avons besoin d'en savoir davantage sur ces principes sous-jacents pour avoir une meilleure compréhension de la catégorisation.

Pour les catégories élaborées selon des objectifs, un principe sous-jacent consiste à déterminer jusqu'à quel point les membres répondent bien à ceux-ci. Barsalou (1991) a montré que les catégories élaborées selon des objectifs sont organisées autour d'**idéaux**, et les membres les plus typiques de la catégorie sont ceux qui répondent le mieux aux objectifs. Pour la catégorie *aliments à manger lors d'un régime*, le nombre idéal de calories est zéro, par conséquent moins un produit a de calories, plus il satisfait à l'objectif de perdre du poids. Ceux d'entre nous qui ont déjà essayé de faire un régime réalisent probablement que nous avons généralement plus d'un objectif à satisfaire. Nous devons donc tenter de sélectionner les aliments qui ont le moins de calories, qui sont les plus nutritifs et ont le meilleur goût, pour répondre aux multiples objectifs qui sont de perdre du poids, rester en bonne santé et prendre du plaisir à manger.

**Idéaux**

Valeurs élaborées et attribuées selon des objectifs, qui se rapportent au but d'une catégorie.

## La perception des personnes

La structure des catégories naturelles, telle que l'organisation hiérarchique et la typicalité, est également pertinente pour la manière dont nous classons les gens (Cantor & Mischel, 1979). Une catégorie supérieure, par exemple, pourrait inclure les personnes engagées activement dans une croyance ou une cause particulière. Cette catégorie peut être divisée entre dévotion religieuse et activisme social. Les religieux peuvent être divisés ensuite selon leur religion particulière et les activistes sociaux selon les causes particulières pour lesquelles ils militent. Le travail de Cantor et Mischel suit en parallèle celui de Rosch et ses collègues, en examinant le nombre d'attributs partagés aux différents niveaux de la hiérarchie des personnes.

Comme nous l'avons vu au début de ce chapitre, la catégorisation nous permet de créer une vision commode du monde, mais elle a aussi des désavantages qui peuvent être particulièrement gênants lorsque les membres d'une catégorie sont des individus. L'exagération de la similarité au sein d'un groupe par la création de **stéréotypes** peut avoir pour conséquence, non seulement l'adoption d'hypothèses erronées concernant les autres, mais elle peut aussi rendre plus difficile le souvenir d'éléments qui infirment ces stéréotypes (Cantor &

**Stéréotypes**

Valeurs d'attributs supposées être représentatives des catégories sociales.

Genero, 1986). Dans ce processus d'organisation du monde en catégories, les gens peuvent percevoir les individus de la même catégorie sociale comme remarquablement similaires et ceux des autres catégories sociales comme remarquablement différents. Il est maladroit, une fois qu'une personne est catégorisée, d'exagérer la similarité entre individus de cette catégorie, de ne pas tenir compte des indices non conformes et de se focaliser sur les stéréotypes de la catégorie.

La nécessité de faire une distinction entre les individus est particulièrement importante quand les catégories sont créées à partir de diagnostics cliniques. Les exemples de catégories utilisées dans ces diagnostics incluent la psychose fonctionnelle, la schizophrénie paranoïaque et le désordre affectif. Des attributs associés à chacune de ces catégories sont utilisés dans le diagnostic. Par exemple, les attributs qui caractérisent la schizophrénie paranoïaque incluent le délire de persécution, l'hostilité, la suspicion, l'angoisse de morcellement, le délire de grandeur, les hallucinations, l'autisme, le trouble affectif, la projection, la rigidité dans la gestion du stress. Les différences de typicalité apparaissent parce que les patients les plus typiques présentent la plupart des attributs associés à une catégorie particulière du diagnostic, tandis que les patients les moins typiques ne présentent seulement que quelques-uns de ces attributs (Cantor, Smith, French, & Mezzich, 1980).

Le manuel de diagnostic de l'Association Américaine de Psychiatrie permet une distinction entre les différentes catégories en énumérant un grand nombre de caractéristiques, certaines apparaissant dans plus d'une catégorie (Cantor et al., 1980). Cette approche de la classification a plusieurs implications.

Par contraste avec l'approche où chaque catégorie est définie par plusieurs caractéristiques uniques, la démarche recommandée permet d'établir un traitement pour le patient qui tient compte du chevauchement des symptômes au travers des différents troubles. Il encourage également les cliniciens à tenir compte de la diversité parmi les patients qui font l'objet d'un même diagnostic et à réagir adéquatement aux différences individuelles.

## La perte des connaissances catégorielles

Une autre source d'informations sur la façon dont les catégories influencent l'organisation sémantique dans la MLT est la perte sélective de connaissance suite à certaines lésions cérébrales. Dans la plupart des cas, de telles amnésies semblent être liées à des modalités spécifiques telles qu'une mauvaise reconnaissance des formes visuelles ou auditives. Dans certains cas, cependant, la lésion cérébrale entraîne une perte de catégories spécifiques de la connaissance, comme chez les individus qui ont perdu toute connaissance sur les choses vivantes, ou d'autres sur les choses inertes.

Dans le premier rapport sur ce type d'amnésie, Warrington et Shallice (1984) ont décrit quatre patients qui parvenaient moins bien à identifier les choses vivantes (animaux et plantes) que les choses inertes (objets inanimés). Tous les quatre se remettaient d'une encéphalite herpétique et avaient souffert de lésions bilatérales à leurs lobes temporaux. Le tableau 8.5 présente les résultats de deux patients qui ont été étudiés en détail. Le haut du tableau présente les résultats d'une tâche d'identification d'image dans laquelle il leur était demandé d'identifier par un nom ou par une description l'objet vu sur une photo couleur. Il ont été capables d'identifier la plupart des objets inertes mais pratiquement aucune chose vivante.

La même chose se produisait lorsqu'il leur était demandé de fournir des définitions à partir de l'audition des noms de ces mêmes items (identification du mot prononcé). Les exemples de leurs définitions sont présentés au bas du tableau.

L'interprétation la plus simple de ces découvertes est que les choses vivantes et inertes représentent deux catégories différentes dans la mémoire sémantique. Mais Warrington et Shallice ont proposé une interprétation différente. Si les choses vivantes sont essentiellement distinguées sur la base de caractéristiques visuelles et les choses inertes sur la base de caractéristiques fonctionnelles, alors la perte sélective peut davantage concerner la distinction visuel-fonctionnel que la distinction vivant-inerte. L'incapacité à identifier et à définir les choses vivantes, comme cela est illustré dans le tableau 8.5, peut donc être causée par la perte sélective des attributs visuels des objets. Les patients peuvent se souvenir de l'usage d'un bureau (une caractéristique fonctionnelle) mais oublier à quoi ressemble un léopard.

L'hypothèse que les caractéristiques visuelles jouent un rôle prédominant dans notre connaissance des objets vivants et les caractéristiques fonctionnelles un rôle prédominant pour les objets inertes a été testée directement dans une expérience de Farah et McClelland (1991). Dans leur expérience, ils ont compilé une liste de choses vivantes et inertes utilisées par Warrington et Shallice (1984) et ont demandé aux sujets de souligner les caractéristiques visuelles et fonctionnelles qui affectent chacun des objets.

Bien que les caractéristiques visuelles soient sélectionnées plus souvent que les caractéristiques fonctionnelles pour les objets vivants comme pour les inertes, les caractéristiques visuelles étaient davantage accentuées pour les objets vivants. Ce résultat suggérerait que la perte des caractéristiques visuelles altérerait bien plus l'identification des objets vivants que celle des objets inertes.

**Tableau 8.5** *Performances de deux patients atteints d'une détérioration des connaissances sur les choses vivantes lors de différentes tâches de mémoire sémantique*

| Cas | Chose vivante | Chose Inerte |
|-----|---------------|--------------|
| | Identification d'image | |
| **JBR** | 6% | 90% |
| **SBY** | 0% | 75% |
| | Identification du mot prononcé | |
| **JBR** | 8% | 79% |
| **SBY** | 0% | 52% |
| | Exemples de définitions | |
| **JBR** | Perroquet : sais pas<br>Jonquille : plante<br>Escargot : un animal insecte<br>Anguille : pas bien<br>Autruche : inhabituel | Tente : abri pour séjourner dehors<br>Cartable : petite valise utilisée par les élèves pour transporter des papiers<br>Boussole : instrument indiquant la direction dans laquelle nous allons<br>Torche : lampe de poche |
| **SBY** | Canard : un animal<br>Guêpe : oiseau qui vole<br>Perce-neige : détritus<br>Houx : ce que vous buvez<br>Araignée : une personne qui cherche des choses, il était une araignée pour son pays ou dans sa région | Brouette : objet utilisé pour transporter du matériel<br>Serviette : matériel utilisé pour sécher les gens<br>Sous-marin : bateau qui va sous la mer<br>Parapluie : objet utilisé pour se protéger quand il pleut |

SOURCE : Traduit de « A Computational Model of Semantic Memory Impairment : Modality Specificity and Emergent Category Specificity », de M. J. farah et J ; L. McClelland, 1991, *Journal of Experimental Psychology : General*, *120*, 339-357. Copyright © 1991 par l'American Psychological Association. Reproduit avec autorisation.

Farah et McClelland ont testé cette hypothèse en construisant un modèle de réseau neuronal basé sur les principes généraux des réseaux neuronaux traités à la fin du chapitre 2. Dans leur réseau, les choses vivantes étaient représentées par une moyenne de 16.1 caractéristiques visuelles et 2.1 caractéristiques fonctionnelles, les choses inertes par une moyenne de 9.4 caractéristiques visuelles et 6.7 caractéristiques fonctionnelles. La proportion des caractéristiques visuelles par rapport aux caractéristiques fonctionnelles pour les objets vivants et inertes est basée sur la fréquence relative avec laquelle les sujets sélectionnaient les caractéristiques visuelles et fonctionnelles dans l'expérience.

L'étape suivante consistait à apprendre au modèle à associer correctement noms et objets en adaptant les poids du réseau neuronal suite aux rétroactions de correction qui étaient données après chaque épreuve d'apprentissage.

Après avoir appris au réseau à répondre parfaitement, celui-ci était «altéré» par l'élimination de 0, 20, 40, 60, 80 ou 100% des caractéristiques visuelles. La figure 8.4 présente la capacité du réseau à associer correctement noms et images selon le pourcentage de détérioration des caractéristiques visuelles dans sa mémoire. Comme prévu, la perte de l'information visuelle dans le réseau limite énormément la capacité du modèle à identifier les choses vivantes, sans pour autant produire un grand déficit dans sa capacité à identifier les choses inertes. Notons que la perte complète (100%) d'informations visuelles produit des résultats très proches de ceux qui ont été obtenus dans le cas des problèmes adressés aux deux patients, dans le tableau 8.5.

Le réseau parvenait à identifier 73% de choses inertes contre 5% de choses vivantes.

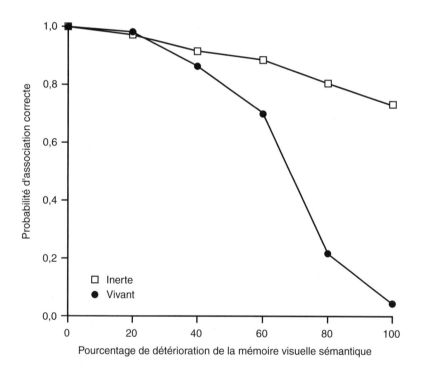

**Figure 8.4** *Probabilité d'association correcte des noms et des images pour des choses vivantes et inertes suite à différents pourcentages de détérioration des caractéristiques visuelles dans un réseau neuronal.*

Tiré de «A Computional Model of Semantic Memory Impairment : Modality Specificity and Emergent Category Specificity», de M. J. farah et J; L. McClelland, 1991, *Journal of Experimental Psychology : General, 120*, 339-357. Copyright © 1991 par l'American Psychological Association. Reproduit avec autorisation.

Farah et McClelland ont également utilisé leur réseau pour produire des résultats opposés en éliminant de façon aléatoire les caractéristiques fonctionnelles. L'élimination des caractéristiques fonctionnelles a entraîné un déficit dans les capacités du réseau à identifier les choses inertes sans altérer l'identification des choses vivantes. Le réseau pouvait encore identifier toutes les choses vivantes (en utilisant les caractéristiques visuelles) même si les caractéristiques fonctionnelles étaient toutes éliminées. Bien qu'évidemment ce résultat ne reflète pas la performance des deux patients présentée dans le tableau 8.5, il simule néanmoins la performance de patients qui présenteraient une détérioration des connaissances sur les choses inertes.

Les stratégies qu'utilisent les gens pour classifier les objets constituent une thématique omniprésente en psychologie cognitive. Que ce soit le jeune enfant ou l'adulte atteint d'une lésion cérébrale qui essaye de décider si l'animal présenté est un chien ou un chat, ou le clinicien expérimenté qui cherche à déterminer si son patient est un schizophrène paranoïde ou un schizophrène indifférencié chronique, tous sont confrontés à des problèmes de catégorisation. Dans la prochaine section, nous allons examiner différents modèles représentant la façon dont les gens prennent ces décisions. Vous ne serez pas étonnés d'apprendre que de telles caractéristiques jouent un important rôle dans tous ces modèles. Nous considérerons en premier lieu les formes liées à la perception, telles que les visages schématisés et nous aborderons plus tard la perception des personnes où les caractéristiques (telles que le niveau académique ou le statut marital) sont plus abstraites.

## CATÉGORISER DE NOUVELLES FORMES

Au début de ce chapitre, nous avons appris que l'un des avantages des catégories est qu'elles nous permettent de reconnaître de nouveaux objets. Un jeune enfant qui rencontre un chien qu'il voit pour la première fois peut utiliser les connaissances déjà acquises sur les chiens pour identifier ce chien. En l'absence de cette capacité de classifier les nouveaux objets, il serait nécessaire de décliner à l'enfant l'identité de tout objet nouveau.

Les gens réussissent relativement bien à faire des classifications au niveau de la perception, et les psychologues sont naturellement très intéressés par la façon dont ils procèdent. Les caractéristiques des catégories naturelles peuvent nous en fournir une indication. Une des caractéristiques est que certains membres des catégories sont plus prototypiques, ou plus représentatifs de la catégorie que d'autres. Les gens peuvent donc créer une forme, ou un prototype,

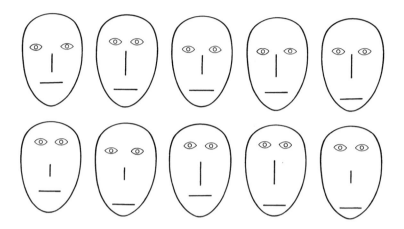

**Figure 8.5** Exemple d'une tâche de catégorisation perceptuelle. Les cinq visages du haut représentent la catégorie 1 et les cinq du bas la catégorie 2.

Tiré de «Perceptual vs. Conceptual Categorization», par S. K. Reed et M. P. Friedman, 1973, *Memory & Cognition*, *1*, 157-163. Copyright © 1973 par la Psychonomic Society, Inc. Reproduit avec autorisation.

qu'ils pensent être très représentatifs de la catégorie et l'utiliser pour classifier les autres formes. Le modèle basé sur cette stratégie s'appelle *modèle du prototype*. Une autre caractéristique des membres d'une catégorie est qu'ils partagent des caractéristiques ou attributs. Les gens peuvent donc classer une nouvelle forme en déterminant combien de caractéristiques correspondent à celles des formes de la catégorie. Le modèle basé sur cette stratégie est appelé *modèle de la fréquence des caractéristiques*.

Les deux modèles peuvent être illustrés en se référant aux exemples de la figure 8.5, tirés d'une de mes expériences (Reed, 1972). Si vous étiez l'un des sujets de l'expérience, je vous dirais d'abord que la série de visages du haut représente une catégorie et celle du bas une autre. Puis je vous demanderais d'étudier les deux catégories car vous devrez classer ensuite de nouveaux visages dans l'une des deux catégories. Dans mes expériences, les étudiants ont classé 20 à 25 nouveaux visages (visages ne correspondant à aucun des visages montrés dans la figure 8.5). La figure 8.6 présente trois nouveaux visages.

Le modèle de la fréquence des caractéristiques suggère que les gens associent les caractéristiques de la nouvelle forme aux caractéristiques des formes des deux catégories. Par exemple, les quatre caractéristiques de chaque nouveau visage (front, yeux, nez et bouche) seraient comparées avec celles des cinq visages de chacune des

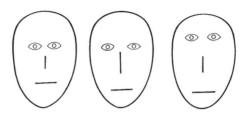

**Figure 8.6** *Exemples de nouveaux visages pour la figure 8.5. Le visage du milieu est le prototype de la catégorie 1 et celui de droite le prototype de la catégorie 2.*

Tiré de «Pattern Recognition and Categorization», de S. K. Reed, 1972, *Cognitive Psychology*, 3, 382-407. Copyright © 1972 par l'Academic Press, Inc. Reproduit avec autorisation.

catégories. La nouvelle forme est ensuite classée dans la catégorie qui permet le plus grand nombre de correspondances.

Le modèle du prototype propose que les individus créent une forme représentant le mieux chaque catégorie. Ce prototype est habituellement une forme représentant la moyenne de toutes les autres formes de la catégorie. Le prototype pour l'une ou l'autre série de visages de la figure 8.5 est la forme obtenue suite à la recherche des caractéristiques moyennes des cinq visages de cette catégorie. Elle a une taille moyenne de front, une séparation des yeux moyenne, une taille moyenne de nez et une taille moyenne de bouche. La forme du milieu dans la figure 8.6 est le prototype de la ligne de visages du haut et la forme de droite est le prototype de la ligne de visages du bas.

Nous allons à présent recenser les preuves qui étayent chacun de ces deux modèles, en commençant par le modèle du prototype.

## Le modèle du prototype

Le modèle du prototype fait l'hypothèse que celui qui perçoit crée un prototype pour représenter chaque catégorie et classifie une nouvelle forme en la comparant avec les prototypes des catégories, cherchant à quel prototype il est le plus ressemblant, et sélectionnant alors sa catégorie. Par exemple, si la nouvelle forme est plus semblable au prototype de la catégorie 1 qu'au prototype de n'importe quelle autre catégorie, elle sera alors classée dans la catégorie 1.

La règle du prototype a l'avantage de ne pas nécessiter beaucoup de comparaisons pour classifier une forme. Au lieu de comparer la nouvelle forme avec chaque forme d'une catégorie, il suffit de la comparer avec une seule forme de chaque catégorie - la plus représentative de chacune des catégories. À mesure que nous rencontrons davantage de formes dans une catégorie, il devient de plus en plus difficile de comparer une nouvelle forme avec chacun d'elles. La

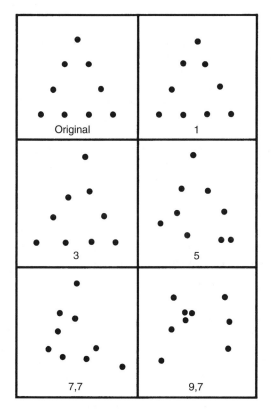

**Figure 8.7** *Déformations d'une forme prototypique (original) à différents niveaux de variabilité.*

Tiré de «Perceived Distance and the Classification of Distorted Patterns», de M. I. Posner, R. Goldsmtih, et K. E. Welton, 1967, *Journal of Experimental Psychology, 73*, 28-38 Copyright © 1967 par l'American Psychological Association. Reproduit avec autorisation.

stratégie du prototype est donc une stratégie économique puisqu'une seule comparaison est nécessaire pour chaque catégorie, quel que soit le nombre de formes qui la constituent.

Le première étude confirmant l'utilisation d'une stratégie de prototype dans la classification des formes fut celle de Posner et Keele (1968). Ces chercheurs ont créé quatre formes prototypiques - un triangle, la lettre *M*, la lettre *F* et une forme aléatoire. Chaque prototype était constitué de neuf points et pouvait être déformé si l'on faisait varier la position de ces points. La figure 8.7 montre différents degrés de déformation pour l'un des prototypes. Les nombres indiquent combien de points ont été déplacés, un nombre élevé entraînant une grande déformation.

Posner et Keele ont construit des déformations de chaque prototype à trois niveaux de variabilité : faible (Niveau 1), modérée (Niveau 5) et forte (Niveau 7.7). De jeunes étudiants de l'Université de l'Oregon ont étudié une liste de 12 formes, 3 pour chaque prototype (triangle, M, F, aléatoire). Les sujets du groupe 1 ont appris à classer trois déformations de faible variabilité de chaque prototype et ceux du groupe 5 ont appris à en classer trois, de variabilité modérée, pour chaque prototype. Notez bien que dans la figure 8.7, le prototype est encore assez évident au niveau 1 de déformation mais n'est plus aussi clair au niveau 5. Les sujets du groupe 1 devraient donc avoir une bien meilleure idée de ce à quoi ressemble le prototype que ceux du groupe 5.

Une fois les étudiants arrivés à classifier correctement les 12 formes dans les quatre catégories, ils devaient classer des formes de forte variabilité qu'ils n'avaient pas vues auparavant.

Dans cette expérience, la comparaison critique consiste à savoir si ce sont les sujets du groupe 1 ou ceux du groupe 5 qui réussiront le mieux à classer les nouvelles formes. Les sujets du groupe 1 devraient avoir une meilleure idée de ce à quoi ressemble le prototype mais ceux du groupe 5 devraient avoir, en revanche, une meilleure idée de l'ampleur avec laquelle les formes peuvent varier au sein d'une catégorie, puisqu'ils se sont entraînés avec des formes d'une plus grande variabilité. Ce sont les sujets du groupe 5 qui ont significativement mieux réussi à classifier les nouvelles formes hautement déformées. En d'autres termes, les sujets ont été davantage capables de reconnaître les formes hautement déformées quand ils avaient été entraînés avec des formes modérément déformées que quand ils avaient été entraînés avec des formes légèrement déformées. Il en résulte qu'augmenter la netteté d'un prototype en utilisant des formes légèrement déformées ne suffit plus lorsque les individus ont à classer des formes considérablement altérées; il est également nécessaire d'apprendre jusqu'à quel point les formes peuvent varier au sein d'une catégorie.

Bien que la meilleure performance des sujets du groupe 5 ait suggéré qu'être informé de la variabilité dans une catégorie pouvait être plus important que d'en connaître les prototypes, Posner et Keele ont également obtenu des résultats qui appuient l'utilisation d'une stratégie du prototype. Tout d'abord, ils ont trouvé que la capacité à classifier correctement une nouvelle forme dépendait du degré de similarité entre celle-ci et le prototype de la catégorie. Plus la nouvelle forme était proche d'un des prototypes, plus il était facile de la classer correctement. Ce résultat était prévisible si les gens avaient créé un prototype pour chacune des catégories. Deuxièmement, les étudiants entraînés avec les formes modérément déformées pouvaient ensuite parvenir à classer les prototypes des catégories, aussi bien que les formes qu'ils avaient étudiées lors de la session d'apprentissage. Rappelez-vous qu'ils n'avaient pas vu les prototypes préalablement, puisque toutes les formes lors de l'apprentissage étaient des déformations du prototype. Ce résultat suggère que même les sujets du groupe 5 pouvaient créer un prototype à partir des formes présentées lors de l'apprentissage.

Les résultats de cette étude ont suggéré que les gens pouvaient créer des prototypes pour représenter les catégories et les utiliser pour classifier les nouvelles formes. Cependant, il existe également des indications que les gens apprennent bien plus que les seuls prototypes des catégories, puisque la variabilité des formes au sein d'une catégorie influençait également leur performance dans la classification de nouvelles formes. Les découvertes de Posner et Keele constituent une importante contribution à l'étude de la façon dont les gens classifient les formes. Les recherches ultérieures d'autres chercheurs ont principalement porté sur la comparaison directe du modèle du prototype avec les autres modèles de catégorisation.

## La comparaison avec les modèles alternatifs

Les résultats obtenus par Posner et Keele (1968) étaient certainement cohérents avec le modèle du prototype, mais dans quelle mesure un modèle du prototype serait-il comparable avec d'autre modèles alternatifs ? J'ai commencé à m'intéresser à cette question au doctorat et j'ai décidé d'y consacrer ma thèse.

Il me semblait que les gens classent une forme dans une catégorie parce que cette forme est similaire à d'autres dans la catégorie. Pour mesurer la similarité, il suffit de montrer aux sujets des couples de formes et de leur demander d'estimer la similarité des deux formes de chaque paire. L'utilisation de la similarité pour catégoriser des formes peut être illustrée en ne considérant qu'une simple règle de classification appelée la **règle du plus proche voisin**. La règle du plus proche voisin établit qu'une personne classifierait une nouvelle forme en la comparant avec toutes les formes de chaque catégorie pour trouver la seule qui lui soit la plus similaire possible. La nouvelle forme est alors classée dans la catégorie qui permet la meilleure correspondance. Le problème avec cette règle du plus proche voisin est qu'elle oblige à comparer la forme critique avec toutes les formes des catégories mais ne se sert que d'une seule forme (celle qui est la plus similaire à la forme critique) comme base de décision. Si la forme la plus similaire n'est pas très représentative de sa catégorie, la décision peut être facilement erronée. Par exemple, un jeune enfant qui a pour

**Règle du plus proche voisin**

Stratégie de classification qui sélectionne la catégorie contenant l'item le plus similaire à l'item à classer.

compagnon un pékinois, peut classer les chats angoras avec les chiens parce que ces chats ressemblent davantage au pékinois qu'aux autres chats. L'erreur est due au fait que, bien que le pékinois soit un chien, il n'est pas vraiment très représentatif de la catégorie des chiens.

**Règle de la distance moyenne**

Stratégie de classification qui sélectionne la catégorie contenant les items qui ont la similarité moyenne la plus élevée pour l'item à classer.

Une meilleure règle, appelée **règle de la distance moyenne**, postule qu'une personne comparerait la nouvelle forme avec toutes les formes de chaque catégorie pour déterminer leur similarité moyenne. Si la similarité moyenne est la plus élevée pour les formes de la catégorie 1, la catégorie 1 sera sélectionnée; autrement, c'est la catégorie 2 qui le sera. La règle de la distance moyenne présente un avantage sur celle du plus proche voisin : elle se sert de toutes les formes des catégories comme base de décision au lieu d'une seule. Elle a néanmoins le désavantage d'obliger l'individu à calculer la similarité moyenne, outre l'obligation de comparer la nouvelle forme à toutes les formes des catégories.

**Règle du prototype**

Stratégie de classification qui sélectionne la catégorie dont le prototype est le plus similaire à l'item à classer.

Ces deux désavantages sont éliminés par la **règle du prototype**. Si une personne peut créer un prototype pour représenter chaque catégorie, une nouvelle forme n'a plus à être comparée qu'avec une seule autre forme. Selon la règle du prototype, une personne sélectionnerait la catégorie 1 si la nouvelle forme est davantage similaire au prototype de la catégorie 1 qu'à celui de la catégorie 2, et la catégorie 2 dans le cas inverse.

**Règle de la fréquence des caractéristiques**

Stratégie de classification qui sélectionne la catégorie qui a le plus de correspondances de caractéristiques avec l'item à classer.

Le dernier modèle que nous allons considérer diffère des trois premiers dans la mesure où il se sert des caractéristiques pour faire des prédictions. La **règle de la fréquence des caractéristiques** porte sur la correspondance des caractéristiques plutôt que sur la mesure de la similarité entre les formes. Elle s'intéresse aux caractéristiques de la nouvelle forme et compare le nombre de fois qu'elles correspondent exactement aux caractéristiques des formes de la catégorie. Considérez la forme de gauche de la figure 8.6. Elle présente un front large, des yeux rapprochés, un nez court et une bouche élevée. L'examen des deux catégories de la figure 8.5 révèle que les quatre visages de la catégorie 1 présentent un front large, un visage a les yeux rapprochés et un autre a une bouche élevée. Le nombre total des correspondances des caractéristiques avec la nouvelle forme est donc 6.

Par contre, quatre visages de la catégorie 2 ont les yeux rapprochés, trois ont un nez court et deux ont une bouche élevée. Puisque le nombre de correspondances est supérieur pour la catégorie 2, selon la règle de la fréquence des caractéristiques, la forme doit être classifiée dans la catégorie 2.

Vous avez peut-être remarqué que chacun des quatre modèles -proche voisin, distance moyenne, prototype et fréquence des caractéristiques- établit la façon dont une forme doit être classée. Puisque ces modèles utilisent différentes informations, ils diffèrent parfois dans leur sélection des catégories. Les modèles peuvent donc être utilisés pour faire des prévisions sur la façon dont les gens classifieront les formes. Par exemple, si le modèle du prototype s'avérait être celui qui prédit le mieux la façon dont les gens classent de nouvelles formes, cela signifierait qu'ils ont utilisé une stratégie de prototype. En fait, les résultats de mes études corroborent le modèle du prototype.

Les résultats ne prouvaient pas que tout le monde utilise une stratégie de prototype mais ils suggéraient que c'était la stratégie privilégiée. Cette suggestion a été confirmée en demandant aux sujets laquelle des quatre stratégies proposées dans le tableau 8.6 ils avaient utilisée. La majorité ont choisi la stratégie de prototype et très peu ont choisi les deux stratégies qui nécessitaient une comparaison des nouvelles formes (les visages projetés) avec toutes les autres.

Ces résultats particuliers résultent d'une expérimentation dans laquelle des étudiants de l'Université de Californie de Los Angeles (UCLA) avaient à classifier de nouvelles formes suite à l'apprentis-

**Tableau 8.6** *Pourcentage de sujets déclarant avoir utilisé chacune des stratégies de classification dans un apprentissage de catégorisation de forme*

| Stratégie | Pourcentage |
|---|---|
| **1. Prototype**<br>J'ai formé une image abstraite de ce à quoi pourrait ressembler un visage de la catégorie 1 et une image abstraite pour la catégorie 2. Puis j'ai comparé le visage projeté avec les deux images abstraites et ai choisi la catégorie qui offrait la plus grande correspondance. | 58 |
| **2. Proche voisin**<br>J'ai comparé le visage projeté avec tous les visages des deux catégories, cherchant le visage qui correspondrait le mieux au visage projeté. J'ai choisi ensuite la catégorie dans laquelle ce visage se trouvait. | 10 |
| **3. Fréquence des caractéristiques**<br>J'ai relevé chacune des caractéristiques du visage projeté et regardé combien de fois elles correspondaient exactement aux caractéristiques des visages de chaque catégorie. J'ai ensuite choisi la catégorie qui permettait le plus grand nombre de correspondances. | 28 |
| **4. Distance moyenne**<br>J'ai comparé le visage projeté avec chacun des cinq visages de la catégorie 1 et chacun des visages de la catégorie 2. J'ai ensuite choisi la catégorie dans laquelle les visages étaient plus semblables au visage projeté, basant ma décision sur l'ensemble des visages des deux catégories. | 4 |

SOURCE : Traduit de « Pattern Recognition and Categorization », de S. K. Reed, 1972, *Cognitive Psychology*, *3*, 382-407. Copyright © 1972 par l'Academic Press, Inc. Reproduit avec autorisation.

sage des deux catégories présentées dans la figure 8.5. Comparer la nouvelle forme avec toutes les formes des catégories deviendrait particulièrement difficile si les formes des catégories étaient stockées dans la mémoire plutôt que physiquement présentes. Cependant, les données ont confirmé le modèle du prototype, même lorsque toutes les formes étaient présentées simultanément, comme dans la figure 8.5 (Reed, 1972).

Avant que nous ne considérions d'autres recherches, une précision doit être apportée aux résultats précédents. Le meilleur modèle prévisionnel était celui du prototype dans lequel des poids différents, ou inflexions, sont attribués aux dimensions pour rendre compte du fait que certaines dimensions sont plus utiles que d'autres pour distinguer les catégories. Pour les deux catégories présentées dans la figure 8.5, les poids calculés pour refléter l'utilité des dimensions ont été de .46 pour le front (hauteur des yeux), .24 pour la séparation des yeux, .24 pour la longueur du nez et .06 pour la hauteur de la bouche. Les poids indiquent donc que le front est une bonne dimension pour distinguer les deux catégories et la bouche une mauvaise. La stratégie la plus populaire a consisté à comparer la similitude entre la nouvelle forme et les prototypes des deux catégories, en accordant plus d'attention à certaines dimensions qu'à d'autres lors de la comparaison. La découverte que les gens se centrent davantage sur certaines dimensions que sur d'autres concorde avec notre développement de la reconnaissance des formes (chapitre 2), dans lequel nous avons vu que la difficulté dans la discrimination des paires de lettres pouvait être analysée selon l'importance relative des dimensions des caractéristiques.

## Les limites du modèle du prototype

Une des limites des modèles du prototype est qu'ils sont difficiles à appliquer à des formes qui ne peuvent être représentées selon des dimensions stables. Les visages schématisés sont composés de caractéristiques qui varient compte tenu de dimensions cohérentes, telles que la distance entre les yeux ou la hauteur de la bouche, et permettent ainsi la création d'une forme moyenne, ou prototype, qui représente la catégorie. Cependant, tous les items ne consistent pas en caractéristiques variant selon des dimensions cohérentes. Considérons la tâche suivante, conçue par Hayes-Roth et Hayes-Roth (1977).

La tâche consistait à classer des individus selon leur appartenance au club 1, au club 2 ou à aucun des deux. La variation de trois caractéristiques influait sur la classification : âge, niveau d'instruction et statut marital. Chaque caractéristique pouvait prendre une valeur parmi quatre. L'âge pour les individus était de 30, 40, 50 ou 60 ans; le niveau d'instruction variait entre collège, lycée, école de commerce ou université; le statut marital pouvait être célibataire, marié, divorcé ou veuf. Les gens auraient beaucoup de difficulté à créer une personne moyenne représentant chacun des deux clubs. Il serait facile de calculer l'âge moyen mais établir une moyenne pour l'instruction ou le statut marital est bien plus problématique. Nous pouvons transformer les niveaux d'instruction en années de scolarisation, mais cela aurait pour conséquence de gommer la distinction entre école de commerce et université.

Définir un statut marital moyen est bien plus difficile encore.

L'intérêt de cet exemple est simplement de montrer que le type de stimuli qui est à classifier impose des contraintes sur les stratégies les plus faciles à utiliser. Hayes-Roth et Hayes-Roth ont trouvé qu'une version du modèle de la fréquence des caractéristiques était un bon indice de la façon dont les sujets classaient les gens dans les différents clubs. Le modèle le plus efficace comparait des combinaisons de caractéristiques en plus des caractéristiques individuelles. Par exemple, si une personne avait 30 ans et qu'elle était divorcée, le modèle examinait combien de personnes dans chacun des clubs avaient 30 ans et étaient divorcées, outre l'établissement des correspondances avec chacune des deux caractéristiques prises isolément. Neumann (1974) a également testé un modèle de la fréquence des caractéristiques qui établissait à la fois les correspondances des caractéristiques individuelles et celles des caractéristiques combinées. Une fois encore, le modèle a réussi à prévoir la façon dont les gens classifieraient des formes qui ne consistaient pas en dimensions stables.

Certaines formes ont des dimensions permanentes et des dimensions discrètes. L'encart 8.1 illustre comment la fréquence des caractéristiques et les moyennes des catégories ont été utilisées pour prédire l'allure de la future Miss Amérique. Les moyennes des différentes mensurations des précédentes gagnantes ont été utilisées pour déterminer la taille, le poids et les autres mensurations. D'autres données -le fait que les précédentes gagnantes avaient généralement les yeux verts, étaient diplômées en communication et faisaient du chant- ont été déterminées par la fréquence de ces caractéristiques chez les précédentes gagnantes.

En combinant la moyenne des catégories et la fréquence des caractéristiques, un statisticien est arrivé à prédire qui serait la gagnante du concours.

La théorie du prototype pose un autre problème : bien souvent, les gens possèdent quelques connaissances sur les exemples individuels

---

### ENCART 8.1

## L'ORDINATEUR NE S'EST PAS TROMPÉ EN SÉLECTIONNANT MISS MISSISSIPPI

SEATTLE - UN PROFESSEUR DE STATISTIQUES À LA RETRAITE A DÉCLARÉ DIMANCHE QU'IL N'AVAIT JAMAIS DOUTÉ QUE SUSAN AKIN DU MISSISSIPPI EMPORTERAIT LA COURSE AU TITRE DE MISS AMÉRIQUE.

« Jamais durant ces huit années de pronostic il n'y a eu de Miss Amérique qui fut aussi proche de la Miss Amérique idéale », nous déclare George Miller. « Elle s'en écarte très peu. »

Le seul handicap d'Akin pour gagner la couronne était ses yeux bleus, qui d'année en année sont devenus moins populaires que les yeux verts ou marrons, poursuit Miller, qui a enseigné les statistiques et le pronostic à la Northern Illinois University avant de déménager dans le Nord-Ouest, à la Seattle University, où il a enseigné l'année dernière.

Miller, 62 ans, a réussi à pronostiquer la gagnante avant les juges à quatre reprises sur sept - depuis qu'il a désigné une autre Miss Mississippi pour le couronnement de Miss 1979. Il a également pronostiqué avec précision les gagnantes en 1980 et 1983.

Miller ne calcule pas la couleur des cheveux ou l'apparence générale des concurrentes dans ses études statistiques. Ce qu'il utilise ce sont des faits et des chiffres qui peuvent être corrélés - tels que le talent, le poids, la taille, le niveau d'éducation et la dominante, et les mensurations physiques.

« Je ne considère pas la couleur des cheveux parce qu'un tiers des concurrentes sont blondes et qu'un tiers des gagnantes ont été des blondes », explique-t-il. « Et je ne regarde pas leur photographie parce qu'un photographe peut les mettre en valeur voire truquer les photographies. »

Miller déclare ainsi que « la Miss Amérique idéale » devrait mesurer 1 mètre 70, peser 52 kgs, avoir pour mensurations 89-58-89, être âgée de 21 ans, avoir des yeux verts, être étudiante en Deug avec la communication en dominante et chanter de la musique classique.

SOURCE : Tiré de « L'ordinateur ne s'est pas trompé en sélectionnant Miss Mississippi », paru dans le Sun-Sentinel de Fort Lauderdale, le 16 septembre 1985. Reproduit avec l'autorisation de l'Associated Press.

---

dans les catégories (Medin, 1989). Par exemple, dans l'expérience de Posner et Keele (1968) sur les formes constituées par des points, les sujets ont été influencés par la variabilité des exemples. Selon un modèle de l'influence proposé par Medin et Schaffer (1978), les gens stockent des exemples de formes des catégories dans la mémoire et classifient les nouvelles formes en les comparant avec les exemples qu'ils se remémorent. Plus la similitude entre une nouvelle forme et un exemple stocké dans la mémoire est grande, plus grande est la probabilité de se souvenir de cet exemple. Mais, contrairement aux modèles du plus proche voisin et de la distance moyenne, le modèle de Medin et Schaffer utilise des combinaisons de caractéristiques pour mesurer la similarité. Dans un test sur la manière dont les sujets utiliseraient des symptômes pour diagnostiquer des maladies fictives, Medin et ses collègues ont trouvé que les décisions des sujets étaient influencées par la combinaison des caractéristiques (Medin, Altom, Edelson & Freko, 1982).

D'autres théories qui soutiennent que les individus stockent des exemples individuels en mémoire ont permis de prédire correctement les classifications des sujets. Nosofsky (1991) a fait apprendre les visages schématisés présentés dans la figure 8.5 et a trouvé des éléments confirmant l'idée que les sujets avaient classé les visages critiques en les comparant aux exemples individuels. Ses résultats diffèrent de ceux trouvés par Reed (1972), parce qu'un modèle basé sur la mémoire des exemples prédisait mieux que le modèle du prototype la façon dont les sujets classifieraient les visages. Cependant, ces résultats étaient néanmoins similaires à ceux de Reed dans le sens où ils constataient que les gens accordent davantage d'attention aux caractéristiques qui sont les plus utiles pour faire la distinction entre les catégories.

En conclusion, une controverse demeure quant au modèle qui fournirait la meilleure explication de la façon dont les gens classifient les nouvelles formes. Les théories du prototype ne sont pas assez sensibles à la mémoire des exemples individuels que peuvent avoir les sujets. Par exemple, notre prototype de cuillère consiste probablement en une petite cuillère en métal mais il ne prend pas en compte notre connaissance de l'existence de grandes cuillères en bois. D'autre part, il semble peu réaliste que les gens puissent se rappeler tous les exemples d'une catégorie, tels que toutes les cuillères que nous avons pu rencontrer. Nous pourrions proposer qu'il existe des sous-genres de concepts distincts tels que *cuillère*, mais les modèles actuels du prototype ne permettent pas de savoir comment et quand de tels sous-genres sont créés (Medin, 1989). Voilà qui pourrait bien être un domaine de recherche à l'avenir prometteur !

## RÉSUMÉ

On peut organiser la connaissance au moyen de catégories, et de hiérarchies constituées par celles-ci. Les catégories réduisent la complexité de l'environnement et la nécessité d'un apprentissage constant, et nous permettent de reconnaître des objets, de répondre adéquatement, d'ordonner et d'établir des relations entre différentes classes d'événements.

Le paradigme d'identification du concept permet d'étudier la catégorisation. Les individus essaient d'apprendre une règle conceptuelle en recevant une rétroaction sur les exemples positifs et négatifs du concept. Les concepts définis par les règles logiques les plus faciles à apprendre sont ceux qui fonctionnent selon une règle conjonctive, suivis par ceux qui fonctionnent selon une règle disjonctive, puis selon une règle conditionnelle et enfin selon une règle biconditionnelle. Le même ordre de difficulté apparaît lorsque les sujets sont informés de la règle et qu'ils ont à identifier les attributs pertinents.

Les catégories naturelles, ou du monde réel, ne peuvent généralement pas être discernées par une simple règle. Elles sont fréquemment hiérarchisées - par exemple, les pantalons en toile sont inclus dans la catégorie *pantalons*, et les pantalons font partie de la catégorie *vêtements*. Rosch a soutenu que la plupart des classifications sont faites à un niveau intermédiaire appelé niveau de base - le niveau le plus général auquel un prototype peut être élaboré et auquel les catégories sont le plus différenciées. Les membres des catégories naturelles varient selon le degré de représentativité dans leur catégorie. Les oranges et les pommes sont de bons exemples de *fruits*, les noix de coco et les olives en sont considérés comme de mauvais exemples. Les attributs des bons exemples sont partagés avec les autres membres de la catégorie, exception faite des catégories élaborées selon des objectifs dans lesquelles la typicalité des membres est déterminée par le degré avec lequel ils satisfont à l'objectif. Les conceptions de l'organisation hiérarchique et de la typicalité des membres s'appliquent également à la perception des personnes.

Les deux théories qui présument que les gens utilisent une information abstraite pour classer les nouvelles formes sont les modèles du prototype et de la fréquence des caractéristiques. Selon le modèle du prototype, les gens créent des formes qui représentent au mieux les catégories et classifient ensuite les nouvelles formes en les comparant avec les prototypes des catégories. Le prototype est la tendance générale de la catégorie, formé en calculant la moyenne de toutes les formes d'une catégorie. Les théories du prototype ont réussi à prévoir la façon dont les gens classifient les formes liées à la perception, dont les valeurs des caractéristiques varient de façon permanente pour une dimension donnée. Par contre, le modèle de la fréquence des caractéristiques suggère que les gens classifient les formes en comparant le nombre de fois où les valeurs de ses caractéristiques correspondent à celles des caractéristiques des formes de la catégorie, puis sélectionnent la catégorie qui permet le plus grand nombre de correspondances. Les prévisions sont souvent améliorées en fonction des combinaisons des caractéristiques. La théorie de la fréquence des caractéristiques a permis de mieux prédire la façon dont les gens classifient des formes dont la valeur des caractéristiques ne variait pas de façon de façon permanente pour une dimension donnée. D'autres théories avancent que les gens se souviennent d'exemples spécifiques plutôt que d'informations abstraites.

# QUESTIONS DE RÉFLEXION

1. Bruner fut l'un des premiers psychologues américains à tenter d'étudier les «processus mentaux supérieurs». Il s'intéressa entre autres à l'éducation et à la créativité. Pouvez-vous expliquer la raison pour laquelle lui et ses collègues ont choisi d'utiliser dans leur recherche un procédé aussi aride et aussi simpliste que l'identification de concepts ?

2. Bon nombre de mots utilisés ici vous sont nouveaux et certainement abstraits. Pas de panique. Dans l'identification de concept, la tâche est comparable à un jeu de questions. Des formes sont montrées au sujet et il est informé que ce *sont* (positif) ou que ce *ne sont pas* (négatif) des exemples du concept à identifier. L'apprentissage de règle et l'apprentissage des attributs diffèrent selon ce que le sujet doit «rechercher». En quoi diffèrent-ils ?

3. Vérifiez que vous pouvez trouver des exemples spécifiques des termes suivants et que vous comprenez leurs relations : *dimension, attribut, caractéristique, classe, catégorie, catégorie subordonnée, catégorie supérieure, hiérarchie, conjonctive, disjonctive, conditionnel, biconditionnel, de probabilité, permanente, discrète.*

4. Comment la théorie de la fréquence des caractéristiques rend-elle compte des découvertes sur la difficulté de la tâche dans diverses tâches d'identification de concepts ?

5. Qu'est-ce qui fait qu'une catégorie basique est basique selon Rosch ? Autrement dit, quelles sont les caractéristiques d'une catégorie basique ? Comment savoir si une catégorie donnée est basique ou pas ?

6. En quoi l'expertise change-t-elle la capacité d'identifier rapidement des objets aux différents niveaux hiérarchiques ? Avez-vous un domaine d'expertise dans lequel vous pouvez faire de rapides identifications ?

7. Qu'est-ce qui fait d'un objet un «bon» membre de sa catégorie ? Qu'est-ce qu'un score de traits de famille ? En quoi diffèrent les catégories taxinomiques et élaborées selon des objectifs ?

8. Pour la plupart d'entre nous, les autres sont les «objets» de notre environnement les plus importants et les plus intéressants. Nous disons que chaque être humain est unique et pourtant nous continuons constamment à classer les gens. Est-ce bien ? mal ? ou les deux ? Pourquoi ?

9. Lorsque nous rencontrons un objet que nous n'avions jamais vu auparavant, comment décidons-nous de ce qu'il est (à quelle

classe appartient-il) ? Les modèles du prototype et de la fréquence des caractéristiques tentent tous deux de répondre à cette question. Est-ce que l'un ou l'autre y parviennent, selon vous ?

10.Pensez-vous qu'une personne bien informée puisse concevoir un programme informatique permettant de prédire le gagnant d'un concours ? Comment pourrait-il y arriver; quelles données utiliseriez-vous ? Rédigez votre réponse.

## MOTS-CLEFS

*Le numéro de page entre parenthèses indique où le terme est traité dans ce chapitre*

Apprentissage de règle (275)

Apprentissage des attributs (276)

Catégories du niveau de base (281)

Catégories élaborées selon des objectifs (288)

Catégories subordonnées (281)

Catégories supérieures (280)

Dimensions permanentes (279)

Idéaux (289)

Identification du concept (273)

Organisation hiérarchique (279)

Prototype (284)

Règle biconditionnelle (274)

Règle conditionnelle (274)

Règle conjonctive (273)

Règle de la distance moyenne (300)

Règle de la fréquence des caractéristiques (300)

Règle disjonctive (274)

Règle du plus proche voisin (299)

Règle du prototype (300)

Règles logiques (273)

Représentativité (279)

Stéréotypes (289)

Théorie des fréquences (277)

Traits de famille (286)

Typicalité (285)

## LECTURES RECOMMANDÉES

Komatsu (1992) et Medin (1989) font une recension récente de la littérature portant sur la catégorisation, complétant celles de Mervis et Rosch (1981) et de Medin et Smith (1984). Taylor et Crocker (1981) traitent du rôle de la catégorisation dans le traitement de l'information sociale et Widiger et Trull (1991) abordent le rôle de la catégorisation dans l'évaluation clinique. Martin et Caramazza (1980) cherchent à savoir si les sujets utilisent des règles logiques ou des relations de similarité pour classifier des visages schématisés. Kemler-Nelson (1984) a découvert que la mémorisation incidente de catégories favorise l'apprentissage basé sur la similarité générale, alors que la mémorisation intentionnelle favorise l'apprentissage des attributs. Quelques limites des modèles basés sur la similarité sont commentées par Murphy et Medin (1985). Homa (1984) passe également en revue les modèles de catégorisation et analyse comment des variables telles que la taille de la catégorie, la déformation et la rétroaction influencent la classification. J. M. Mandler et P. J. Bauer (1988) soutiennent que les catégories du niveau de base ne sont pas aussi importantes au point de vue développemental que ne le prétend la théorie de Rosch. Strauss (1979) a étudié l'abstraction du prototype chez l'enfant et l'adulte pour déterminer si c'est la théorie du prototype ou celle des fréquences des caractéristiques qui rendrait le mieux compte de ses résultats. Bien que toutes ces théories cherchent à expliquer comment nous extrayons l'information, certains chercheurs (Brooks, 1978; Jacoby & Brooks, 1984; Medin & Ross, 1989) prétendent que nous utilisons des exemples spécifiques plutôt qu'une information abstraite.

## EN FRANÇAIS

Les travaux de Piaget consacrés à la construction des opérations de classification et de sériation (Piaget et Inhelder, 1959) illustrent le recours à une approche logique de la catégorisation que l'on trouvera exposée par ailleurs (Bideau et Houdé, 1989, 1991). La première partie d'un ouvrage collectif (Dubois, 1991, pp. 31-100) présente les fondements psychologiques des travaux sur la catégorisation (catégories, prototypes et typicalité); pour des présentations complètes du modèle de Rosch, on se référera à Rosch (1976), Cordier et Dubois (1981). Le chapitre 1 (par Dubois) évalue, dix ans après, les travaux de Rosch et ses collaborateurs. Le chapitre 2 (par Bideau et Houdé) fait le point sur les travaux menés sur l'axe développemental. Le chapitre 3 (par Huteau) analyse comment les concepts de Rosch s'appliquent au traitement de l'information sociale. Le chapitre 4 (par Mazet) met l'accent sur le caractère finalisé de la catégorisation, à partir du classement de photographies de sites routiers par des conducteurs. La traduction de deux articles de Mandler et Johnson (1977, 1980) permet de voir le rôle joué par la catégorisation naturelle (catégorisation schématique) dans la compréhension de textes. Dans ses travaux sur la construction des opérations logico-mathématiques, Houdé (1992) étudie le développement des relations entre catégorisation logique et catégorisation schématique.

Bideau, J., Houdé, O. (1991). Catégorisation logique et prototypicalité : aspects développementaux. In D. Dubois (Ed.), *Sémantique et Cognition. Catégories, prototypes, typicalité* (pp. 55-69). Paris : Editions du CNRS.

Cordier, F. (1993). *Les représentations cognitives privilégiées. Typicalité et niveau de base.* Lille : P.U.L.

Cordier, F., Dubois, D. (1981). Typicalité et représentation cognitive. *Cahiers de psychologie cognitive,* 1, 299-333.

Dubois, D. (1982). Lexique et représentations préalables dans la compréhension de phrases. *Bulletin de Psychologie : Langage et Compréhension*, XXXV, 356, 601-606.

Dubois, D. (1991). Sémantique et cognition. Catégories, prototypes, typicalité. Paris : CNRS éditions.

Houdé, O. (1989). Le développement des catégorisations : «Capture» logique ou «capture» écologique des propriétés des objets ? *Année Psychologique, 89*, 87-123.

Houdé, O. (1992). *Catégorisation et développement cognitif.* Paris : P.U.F. Bideaud, J.,

Mandler, J.M., Johnson, N.S. (1977). A la recherche du conte perdu : structure de récit et rappel (Remembrance of things passed : story structure and recall. Cognitive Psychology, 9, 111-151). In G. Denhière, *Il était une fois... Compréhension et souvenir de récits* (pp. 185-230). Lille : PUL. 1984.

Mandler, J.M., Johnson, N.S. (1980). Un conte à deux structures : structure sous-jacente et structure de surface des récits (A tale of two structures : underlying and surface forms in stories. Poetics, 9, 51-86). In G. Denhière, *Il était une fois... Compréhension et souvenir de récits* (pp. 231-274). Lille : PUL. 1984.

Piaget, J., Inhelder, B. (1959). *La genèse des structures logiques élémentaires.* Neuchâtel : Delachaux et Niestlé.

Rosch, E. (1976). Classification d'objets du monde réel : Origines et représentations dans la cognition. *Bulletin de Psychologie : La mémoire sémantique,* 242-250.

# 9

# *L'organisation sémantique*

Un scientifique doit savoir organiser. On construit une science avec des faits de la même façon que l'on construit une maison avec des pierres; mais une accumulation de faits ne constitue pas plus une science qu'un tas de pierres une maison.

HENRI POINCARÉ

La nécessité d'organiser les connaissances est universelle – elle s'applique aussi bien à la littérature et à l'art qu'aux sciences. Imaginez que vous écriviez chacun des faits dont vous avez connaissance sur des cartes séparées et que quelqu'un batte les cartes et en fasse une pile gigantesque. Imaginez à présent qu'on vous demande dans quelle ville a été signée la Déclaration d'Indépendance des Etats-Unis et que vous deviez retrouver la bonne carte pour pouvoir répondre. Comment allez-vous faire pour retrouver cette carte ? Et pire encore, que feriez-vous si vous deviez rédiger une dissertation traitant de la Déclaration d'Indépendance ? Puisque toutes les cartes sont mélangées, trouver une bonne carte ne constituerait pas une indication permettant de localiser les autres cartes portant sur le même sujet.

Pour retrouver des informations liées dans la MLT, nous devons être capables d'organiser notre mémoire. La plus grande partie de cette organisation est sémantique - donc, basée sur le sens de l'information. Ericsson (1985) a soutenu que les gens qui avaient une mémoire exceptionnelle n'étaient pas génétiquement prédisposés à cela. En fait, ils ont acquis des capacités d'encodage et de récupération de l'information très efficaces grâce à une pratique intensive. Une façon particulièrement efficiente d'organiser l'information consiste à construire des hiérarchies. L'analyse faite par Ericsson et Polson (1988) de la façon dont un serveur peut se rappeler de l'ordre 20 menus complets, sans prendre aucune note, illustre à quel point la réorganisation de l'information en une hiérarchie peut être efficace. Nous verrons d'autres exemples de la manière dont l'organisation hiérarchique facilite le rappel dans la première section de ce chapitre.

Pour étudier l'organisation de la mémoire sémantique, il est d'usage de demander aux gens de répondre par vrai ou faux à des affirmations telles que «Un rouge-gorge est un oiseau» ou «Un canari est un immeuble.» Pour répondre à la question «Le rouge-gorge est-il un oiseau ?», nous devons considérer le sens de *rouge-gorge* et de *oiseau*. Le temps nécessaire pour répondre donne aux psychologues une indication sur l'organisation de l'information sémantique dans la MLT. La seconde section de ce chapitre décrit la façon dont les psychologues ont suivi cette démarche pour construire des modèles de la mémoire sémantique. Deux classes principales de modèles sont utilisées. Un des modèles postule que les individus comparent les caractéristiques des deux catégories pour établir leur relation. Par exemple, nous pourrions décider qu'un rouge-gorge est un oiseau en déterminant s'il possède bien les caractéristiques d'un oiseau. Ce modèle est comparable aux modèles de la catégorisation traités dans le chapitre précédent. L'autre modèle propose que la relation entre les deux catégories est stockée directement dans la mémoire sous la forme d'un **réseau sémantique** qui consiste en concepts connectés entre eux par des liens spécifiant leur relation.

La troisième section de ce chapitre illustre de quelle manière les réseaux sémantiques peuvent être appliqués aux tâches qui nécessitent d'intégrer des idées. Ici, l'hypothèse clef est l'idée d'une diffusion de l'activation. **Diffusion de l'activation** signifie que l'activation d'un concept peut conduire à l'activation des concepts liés, durant la diffusion de l'activation à travers le réseau.

Le nombre de connexions et leur organisation constituent alors d'importantes variables qui déterminent la vitesse avec laquelle les gens parviennent à retrouver l'information dans la MLT.

La quatrième section aborde les regroupements de connaissances organisés appelés *schémas*. Lors de mon survol rapide de l'histoire de la psychologie cognitive dans le chapitre 1, j'ai dit que le behaviorisme avait eu moins d'emprise sur la psychologie en Europe qu'aux Etats-Unis. Deux psychologues en particulier, Bartlett en Angleterre et Piaget en Suisse, ont rejeté l'idée que la connaissance consiste en un apprentissage des associations de nombreux couples stimulus-réponse, pour opter en faveur de l'idée que la connaissance consiste en de grandes structures schématiques. Ces idées se sont progressivement propagées jusqu'aux Etats-Unis et ont grandement influencé la recherche en psychologie cognitive. Nous commencerons dans ce chapitre par examiner les théories du schéma, puis nous les appliquerons aux théories de la compréhension, du raisonnement et de la résolution de problèmes dans les chapitres suivants.

**Réseau sémantique**

Théorie selon laquelle l'information sémantique est organisée dans la MLT en connectant des concepts entre eux.

**Diffusion de l'activation**

Construit théorique selon lequel l'activation se diffuse dans un réseau sémantique à partir d'un concept pour activer d'autres concepts liés.

## L'ORGANISATION HIÉRARCHIQUE

Nous avons vu, dans le chapitre précédent, des exemples de la façon dont une information est hiérarchiquement organisée et de quelle manière cette organisation hiérarchique peut influencer notre performance dans des tâches cognitives telles que le classement de formes visuelles. Par ailleurs, l'organisation hiérarchique peut également influencer la performance en facilitant le rappel d'informations sémantiques.

### Le rappel de l'information hiérarchisée

Une bonne organisation de la mémoire nous aide à retrouver l'information de façon systématique. J'ai commencé ce chapitre en vous demandant d'imaginer que vous aviez à récupérer une information dans une gigantesque pile de cartes. Si les informations contenues par les cartes étaient organisées de façon systématique, ce pourrait être une tâche raisonnable. Mais si l'information n'était pas organisée de façon systématique, la tâche deviendrait alors très difficile et votre niveau de performance ne serait pas génial.

Une analogie expérimentale de cette tâche a été conçue pour étudier les effets de l'organisation hiérarchique sur le rappel (Bower, Clark, Winzenz & Lesgold, 1969). Le matériel consistait en hiérarchies conceptuelles de mots, comme dans la figure 9.1. Les participants à cette expérience ont vu quatre hiérarchies, chacune contenant 28 mots. Un groupe de sujets, sous la condition « organisée », a étudié les quatre hiérarchies durant 1 min. chacune environ. Ils ont ensuite tenté de se rappeler les 112 mots dans l'ordre de leur choix. L'étude et les épreuves de rappel étaient effectuées à trois autres reprises. Dans la figure 9.2, la courbe du haut montre le niveau de performance de ce groupe - ils ont retenu 73 mots après le premier essai d'apprentissage et se sont rappelés les 112 mots à la troisième épreuve de rappel.

Un autre groupe de sujets, sous la condition «aléatoire», voyait les mêmes 112 mots insérés de façon aléatoire dans quatre hiérarchies. Par exemple, si les quatre hiérarchies consistaient en plantes, instruments, parties du corps et minéraux, chaque ensemble de 28 mots contiendrait des mots issus des quatre hiérarchies insérés de façon aléatoire dans une arborescence comparable à celle de la figure 9.1.

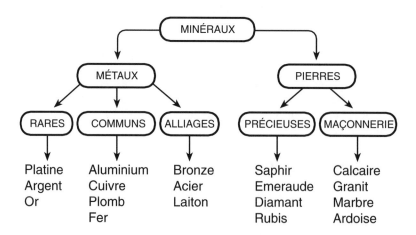

**Figure 9.1** *Organisation hiérarchique des minéraux.*

Tiré de «Organizational Factors in Memory», de G. H. Bower, 1970, Cognitive Psychology, 1, 18-46. Copyright © 1970 par l'Academic Press, Inc. Reproduit avec autorisation.

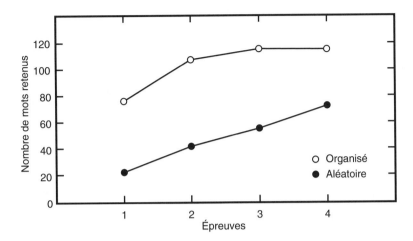

**Figure 9.2** *Nombre moyen de mots rappelés par les sujets sous les conditions «organisé» et «aléatoire».*

Tiré de «Organizational Factors in Memory», de G. H. Bower, 1970, *Cognitive Psychology, 1,* 18-46. Copyright © 1970 par l'Academic Press, Inc. Reproduit avec autorisation.

Le niveau de performance élevé dans la condition organisée est particulièrement impressionnant en comparaison de la performance sous la condition aléatoire. Après quatre épreuves d'apprentissage, le groupe aléatoire ne parvenait à se rappeler qu'un nombre de mots encore inférieur à celui du groupe organisé lors de la première épreuve de rappel (voir figure 9.2).

Bien entendu, les effets de l'organisation ne sont pas limités à l'organisation hiérarchique. Dans une autre expérience, Bower et ses collègue (1969) ont présenté à des sujets des mots associés reliés dans leur ensemble. Par exemple, les mots *pain, souris,* et *jaune* étaient liés au mot *fromage*; les mots *chat* et *piège* étaient liés au mot *souris*; et *soleil* et *papillon* étaient liés au mot *jaune*. Lorsque les mots associés étaient reliés dans leur ensemble, les individus se rappelaient davantage de mots que lorsque les mêmes mots étaient reliés de façon aléatoire (par exemple quand *pain* et *chat* étaient liés avec *jaune*). L'organisation sémantique du matériel améliore le rappel, même si cette organisation n'est pas hiérarchique. Cependant, la différence entre les conditions organisées et aléatoires était plus remarquable encore dans le cadre des organisations hiérarchiques, suggérant que celles-ci sont particulièrement efficaces.

## La taille des catégories

La figure 9.1 montre que dans la hiérarchie, chaque catégorie est divisée en catégories plus petites. Cette subdivision soulève la question de la taille des sous-catégories. L'avantage de regrouper des items peut être amoindri si les groupes sont trop petits. Toutefois, l'information pourrait être difficile à se remémorer ou à récupérer si les regroupements sont trop grands.

Dans le chapitre 4, nous avons appris que la capacité de la MCT peut être augmentée en créant des catégories consistant en plusieurs items stockés sous la forme d'une seule unité dans la MLT. Le regroupement des pièces d'échecs (Chase & Simon, 1973) est un exemple de la manière dont la catégorisation améliore le rappel dans une tâche de la MCT - la taille moyenne d'une catégorie pour un joueur expert du jeu d'échecs est de 2.5 pièces. Nous savons, à partir à la fois d'une étude (Charness, 1976) et de démonstrations (encart 9.1), que les joueurs experts du jeu d'échecs ont également une très bonne MLT de l'emplacement des pièces. Pour qu'une aussi bonne MLT puisse exister, il faut probablement que les plus petites catégories fassent partie d'une hiérarchie très large de l'emplacement des pièces.

Les psychologues ont utilisé plusieurs techniques pour étudier la façon dont les gens regroupent l'information. La taille estimée des regroupements dépend des procédés expérimentaux mais elle varie généralement de deux à cinq items. Chase et Ericsson (1979) ont démontré comment les regroupements peuvent améliorer le rappel en testant un seul sujet sur une période de 1 an. Le sujet a tout d'abord commencé avec un empan typique de 7 chiffres. Après 1 an de pratique, il pouvait se rappeler 70 chiffres. Les pauses lors de son rappel ont indiqué qu'il organisait les chiffres par groupes de 3 ou 4 mais jamais par groupes de plus de 5 chiffres. Puisque le sujet était un coureur de fond, il a initialement commencé par encoder bon nombre de groupes sous la forme de temps réalisés dans des épreuves de course à pied.

Par exemple, il a encodé 3492 sous la forme de 3.492, un temps proche du record du monde du mile. Il a également apporté des preuves de l'utilisation d'une organisation hiérarchique - il a combiné des chiffres dans de grands regroupements qui habituellement consistaient en trois groupements plus petits. Après avoir rappelé les trois premiers groupes de quatre chiffres chacun, il faisait une plus grande pause avant de rappeler les trois suivants. Il est intéressant de découvrir que la capacité de se rappeler des groupes de chiffres ne se généralisait pas pour autant aux lettres. Lorsqu'il était testé sur les lettres,

---

**ENCART 9.1**

### *À 75 ANS, LE MAÎTRE D'ÉCHECS EST TOUJOURS LE JOUEUR LE PLUS RAPIDE EN AVEUGLE*

---

Samedi, le maître d'échecs George Koltanowski a établi un nouveau record du monde à San Francisco - à 75 ans - en battant quatre adversaires en même temps sans jamais regarder les échiquiers.

Koltanowski, le joueur d'échecs éditeur de la *Chronique*, devient ainsi le joueur le plus âgé à réaliser ce que les joueurs d'échecs appellent une exhibition de parties simultanées en aveugle.

Ses quatre adversaires avaient la possibilité d'utiliser leur pleine capacité de joueur et d'utiliser les échiquiers lorsqu'ils exécutaient leurs mouvements en réponse à ceux du maître, alors que lui était assis dans un coin de son appartement avec les yeux bandés et les bras appuyés sur une télévision.

Le premier joueur a été maté en 13 mouvements et les trois autres se sont résignés peu après. Mike Duncan de San Mateo a résisté durant 26 mouvements avant de roquer du mauvais côté et de tomber dans le piège.

«Je savais que j'avais perdu», nous raconte Duncan, «mais c'est fascinant de savoir le moment où le vent commence à tourner.»

Koltanowski nous a dit qu'il était nerveux avant que l'exhibition ne commence, mais, dès que ses adversaires avaient gaffé, il s'adossait, plaisantait à l'occasion et grignotait des cookies.

«C'est comme au bon vieux temps», déclarait le maître, qui, en Écosse en 1937, prit 34 adversaires dans une exhibition de parties simultanées en aveugle, en gagna 24 et fit match nul dans les 10 autres.

«Je suis de retour sur le sentier de la guerre», ajouta-t-il. «Le mois prochain je vais jouer contre six à la fois.»

Sa femme, Leah, qui assista à l'exhibition mais ne sait pas jouer aux échecs, a souri lorsque nous lui avons demandé si Koltanowski se rappelait également des choses comme les courses à ramener à la maison.

«George ne se rappelle que ce qu'il veut bien se rappeler» répondit-elle.

SOURCE : Tiré de «À 75 ans, le maître d'échec est toujours le joueur le plus rapide en aveugle», paru dans le *San Francisco Chronicle*, 26 février 1979. Copyright © 1979 par le San Francisco Chronicle. reproduit avec autorisation.

---

son empan mnémonique revenait immédiatement autour de six consonnes.

Broadbent (1975) a également étudié les pauses dans le rappel pour déterminer comment les gens stockent l'information catégorisée dans la MLT. Il a demandé aux individus de nommer des émissions de télévision, des pays d'Europe, les sept nains et les couleurs de l'arc-en-ciel. Sur la base des pauses dans leur rappel et d'autres résultats expérimentaux, il a conclu que les gens forment habituellement des groupes de trois items.

Une des expériences qu'il rapporte est l'étude réalisée par Wickelgren (1964) sur la taille des groupes dans la répétition. Wickelgren enseignait aux gens comment regrouper une série de chiffres et leur demandait ensuite de répéter les chiffres de la série. Les consignes variaient selon le nombre et la taille des groupes. Le meilleur rappel était obtenu lorsque les chiffres étaient répartis en groupes comprenant trois ou quatre chiffres. Les numéros de téléphone, bien entendu, sont groupés de cette façon, ce qui les rend théoriquement plus faciles à retenir. Nous nous servons par ailleurs de virgules ou d'espaces pour diviser de longues séries de chiffres par groupes de trois.

L'organisation de l'information contenue dans un livre ou dans un journal est un bon exemple de la façon dont de petits groupes peuvent être formés dans de grandes hiérarchies. Detterman et Ramig (1978) ont rassemblé des paragraphes à partir de journaux, de romans et de chapitres de manuels. Ils ont découvert que le nombre moyen de phrases dans un paragraphe était de deux dans un journal, de trois dans un roman et de cinq pour les manuels. Ils ont ensuite donné des exemples de phrases aux participants et leur ont demandé de diviser chaque phrase selon ses principales parties. Les consignes ne spécifiaient pas ce qui était entendu par «parties principales», pas plus qu'il n'était indiqué combien ils devaient en trouver dans chacune des phrases. Les sujets ont identifié une moyenne de 2.4 parties par phrase. Il leur a été ensuite demandé de fractionner ces parties en morceaux aussi petits qu'ils le pouvaient. Les sujets ont divisé les parties principales en 3.6 parties en moyenne, chacune contenant 2.2 mots en moyenne. Chacun des mots contenait une moyenne de 2.3 syllabes, chacune contenant 2.6 phonèmes en moyenne. Ces données illustrent comment un paragraphe peut être partagé en catégories de plus en plus restreintes, chacune comprenant de 2 à 4 items.

La hiérarchie des paragraphes contenait un mélange d'unités objectives et subjectives. Les unités objectives -les phrases, les mots, les syllabes et les phonèmes- sont bien définies et peuvent être mesurées simplement d'après leur fréquence d'apparition. Les deux autres niveaux -les parties et sous-parties des phrases- ont été mesurés en demandant aux sujets de scinder une phrase selon ses parties. Bien sûr, il est probable que les unités grammaticales -noms, phrases, phrases verbales ou propositions- influençaient leur façon de procéder. Nous aborderons certaines de ces unités dans le prochain chapitre, sur le langage, lorsque nous étudierons comment les règles de grammaire peuvent nous fournir une description hiérarchique des phrases.

L'organisation hiérarchique pourrait même être étendue si nous avions pris l'exemple d'un livre et non d'un paragraphe. Ce livre, par exemple, a été écrit selon un plan hiérarchique. L'ouvrage est divisé en trois parties principales : (1) les étapes du traitement de l'information, (2) la représentation et l'organisation des connaissances et (3) les capacités cognitives complexes. Chaque partie contient quatre ou cinq chapitres, chacun comprenant trois ou quatre sections, chacune divisée en deux à quatre sous-sections. Je ne suis pas sûr que ce type d'organisation soit un avantage pour les lecteurs, mais c'est une organisation cohérente par rapport aux découvertes effectuées sur l'organisation hiérarchique et la taille des catégories.

Cela représente également une très grande hiérarchie si nous nous référons à la hiérarchie des paragraphes étudiée par Detterman et Ramig.

## La construction d'un réseau sémantique

La découverte que l'organisation aide le rappel a conduit à se demander comment apprendre aux individus à améliorer leur rétention en utilisant des stratégies organisationnelles efficaces. Construire un réseau sémantique est une façon d'organiser l'information. Les réseaux sémantiques montrent comment des concepts sont liés les uns aux autres. Les réseaux sont habituellement représentés par des diagrammes dans lesquels les concepts sont appelés **nœuds** et les lignes indiquant la relation entre deux concepts sont appelées **arcs**.

**Nœuds**
Format adopté pour représenter les concepts dans un réseau sémantique.

**Arcs**
Format adopté pour représenter les relations dans un réseau sémantique.

La figure 9.1, présentant l'organisation hiérarchique des minéraux, est un exemple de réseau sémantique dans lequel les arcs ne sont pas désignés. Les arcs, dans ce diagramme, témoignent uniquement d'une seule relation - qu'un minéral est du type d'un autre minéral, qui représente une catégorie plus vaste. Ainsi, le bronze est un type d'alliage, les alliages sont des types de métaux et les métaux sont des types de minéraux. C'est un bon début, mais la plupart des connaissances sont bien trop complexes pour être représentées par une seule relation.

La figure 9.3 présente plusieurs types de relations entre les concepts. Notez que cette information est également hiérarchique. Il existe deux types de relations hiérarchiques, *partie* (indiquée par un *p*) et *type* (indiquée par un *t*). La *partie* indique qu'un concept dans un nœud inférieur est une partie de concept d'un nœud supérieur. Le problème des blessures est envisagé selon deux parties : les types de blessures et le processus de cicatrisation. Le *type* indique qu'un concept dans un nœud inférieur est un exemple de la catégorie d'un nœud supérieur. Les blessures ouvertes et fermées sont des exemples de différents types de blessures. Cette relation catégorielle est la même qui lie les concepts minéraux dans la figure 9.1.

En supplément, l'information sur les blessures contient deux relations non hiérarchiques : les *caractéristiques* (indiquées par un *c*) et les *mène à* (indiquées par un *m*). Les *caractéristiques* sont les caractères ou les propriétés d'un concept. Une caractéristique des blessures ouvertes est que la peau est entaillée. La relation *mène à* spécifie qu'un concept mène à ou induit un autre concept. Cette relation est particulièrement utile pour décrire un processus séquentiel comme celui des trois phases de la cicatrisation.

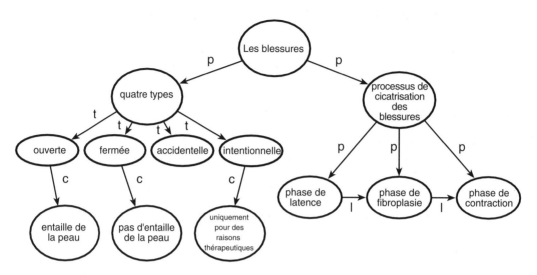

**Figure 9.3** *Partie d'un réseau sémantique qui représente l'information dans un cours pour infirmière.*

Tiré de «Evaluation of a Hierarchical Mapping Technique as an Aid to Prose Processing», de C. D. Holley, D. F. Dansereau, B. A. McDonald, J. C. Garland et K. W. Collins, 1979, *Contemporary Educational Psychology*, 4, 227-237. Copyright © 1979 par l'Academic Press, Inc. Reproduit avec autorisation.

L'efficacité des réseaux sémantiques a été étudiée de façon approfondie à la Texas Christian University. Dans une étude décrite par Holley et Dansereau (1984), les étudiants suivaient une formation à la construction de réseaux sémantiques de différents matériels. Ces étudiants et un groupe de contrôle devaient étudier un passage de 3000 mots extrait d'un traité scientifique de base sur lequel ils étaient ensuite testés. Les étudiants qui avaient élaboré des réseaux sémantiques de ce matériel ont significativement mieux réussi une épreuve de question-réponse et une dissertation portant sur ce passage que les étudiants du groupe de contrôle, mais pas une épreuve de questions à choix multiple.

Cette découverte concorde avec les résultats mentionnés à la fin du chapitre 6 sur le traitement approprié au transfert. Comme vous pouvez vous le rappeler, les étudiants qui s'attendaient à des questions ouvertes réussissaient mieux que les étudiants qui s'attendaient à des questions à choix multiple. Les scores élevés résultant des questions ouvertes sur la dissertation et des épreuves de question-réponse indiquent que la construction de réseaux sémantiques est une bonne méthode pour organiser les connaissances.

Pour faire de la construction de réseaux sémantiques une stratégie d'apprentissage efficace, nous avons besoin de davantage de données et d'un bon logiciel. Ceci pour, respectivement, voir quand la stratégie est efficace et construire de plus vastes réseaux. Le premier de ces besoins a fait l'objet d'une recherche à la Texas Christian University (Lambiotte, Dansereau, Cross & Reynolds, 1989). Ce groupe de chercheurs, qui s'intéressait aux réseaux produits par les étudiants, s'est tourné vers ceux, générés par des experts, qui varient selon le nombre de leurs dimensions, telles la quantité de matériel, le type de matériel et le niveau d'abstraction. À partir du moment où les chercheurs parviendront à une meilleure compréhension de ce qui contribue à l'efficacité d'un réseau, ils deviendront davantage capables d'explorer le potentiel éducatif de cette méthode.

Le second besoin, celui de logiciels informatiques efficaces, permet la construction de très grands réseaux impossibles à représenter sur papier. Un exemple en est le logiciel *SemNet* qui permet à ses usagers de construire de très importants réseaux sémantiques comme moyens d'étude des connaissances d'un domaine, tout en organisant celles-ci (Fisher, Faletti, Patterson, Thornton, Lipson & Spring, 1990).

Le plus grand réseau construit à ce jour consiste en 2500 concepts environ, extraits d'un cours d'introduction en biologie. Le programme SemNet permet à son usager de voir une petite partie du réseau sur l'écran de l'ordinateur. Si je souhaitais avoir des informations sur le *noyau* d'une cellule, il suffirait que je tape *noyau* pour voir ses relations aux autres concepts. L'ordinateur présenterait alors la partie du réseau dans laquelle *noyau* est un concept central reliés à d'autres concepts.

## VÉRIFICATION DES AFFIRMATIONS SÉMANTIQUES

La première partie de ce chapitre soulignait à quel point l'efficacité de l'organisation, particulièrement l'organisation hiérarchique, augmentait la *quantité* d'informations récupérables dans la MLT. L'organisation hiérarchique influence également le *temps* nécessaire à la récupération de cette information. Pour étudier l'organisation des connaissances sémantiques, il est d'usage de demander aux sujets de vérifier rapidement des affirmations sémantiques. L'expérimentateur peut présenter par exemple une affirmation telle que «Un oiseau est un animal» et demander au sujet de répondre par vrai ou faux aussi vite que possible. Le temps pris pour répondre à différents types d'affirmations fournit quelques indications sur l'organisation de la mémoire sémantique. Comme vous pouvez vous y attendre, l'organisation hiérarchique influence le temps nécessaire pour vérifier une affirmation sémantique.

La figure 9.4 présente une hiérarchie sur trois niveaux dans lesquels la catégorie la plus générale, *animal*, est divisée en deux sous-catégories - *oiseau* et *poisson*. Au bas de la hiérarchie figurent les exemples spécifiques d'oiseaux et de poissons, tels *canari* et *requin*. L'organisation hiérarchique influence le temps de classification, dans le sens où les gens peuvent généralement vérifier qu'un exemple appartient à une catégorie du niveau de base plus rapidement que son appartenance à une catégorie supérieure. Par exemple, ils peuvent déterminer qu'un canari est un oiseau plus rapidement qu'il est un animal. Les gens peuvent également classer plus rapidement des exemples plus typiques que d'autres. Il est plus facile de vérifier qu'un canari est un oiseau que d'opérer la même vérification pour une autruche.

De nombreuses théories ont été conçues pour rendre compte de ces résultats. Les plus connues sont le modèle du réseau hiérarchique de Collins et Quillian (1969, 1970) et le modèle de comparaison des caractéristiques de Smith, Shoben et Rips (1974). La distinction entre les deux modèles peut être brièvement résumée à l'aide du diagramme de la figure 9.5. Le **modèle de comparaison des caractéristiques** postule que les exemples sont classés en comparant les caractéristiques, ou attributs, des deux noms représentant le membre et la catégorie. Pour vérifier que le rouge-gorge est un oiseau, il faudrait alors comparer les caractéristiques d'un *rouge-gorge* avec celles d'un *oiseau*. Par contre, pour **le modèle du réseau hiérarchique**, l'information des catégories est directement stockée en mémoire grâce aux associations. La moitié droite de la figure 9.5 montre que *rouge-gorge* est associé avec *oiseau* et qu'*oiseau* est associé avec *animal*.

Pour pouvoir avancer cela, les deux théories nécessitent des hypothèses plus spécifiques. Nous allons maintenant examiner les forces et les faiblesses de ces hypothèses.

## Le modèle du réseau hiérarchique

La figure 9.4 montre comment l'information est stockée dans un modèle du réseau hiérarchique. Chaque mot du réseau est stocké avec une indication (les flèches) qui précise la façon dont il est relié aux autres mots du réseau. En suivant ces flèches, nous apprenons que l'*autruche* et le *canari* sont des exemples d'oiseaux et que les *oiseaux* et les *poissons* sont des exemples d'animaux. Nous apprenons également qu'un canari, une autruche, un requin et un saumon sont des animaux puisque les flèches connectent tous ces exemples avec la catégorie supérieure *animal*.

**Modèle de comparaison des caractéristiques**

Modèle selon lequel les items sont catégorisés en mettant en correspondance des caractéristiques des items aux caractéristiques des catégories.

**Modèle du réseau hiérarchique**

Modèle selon lequel les items sont catégorisés en utilisant les relations hiérarchiques spécifiées dans un réseau sémantique.

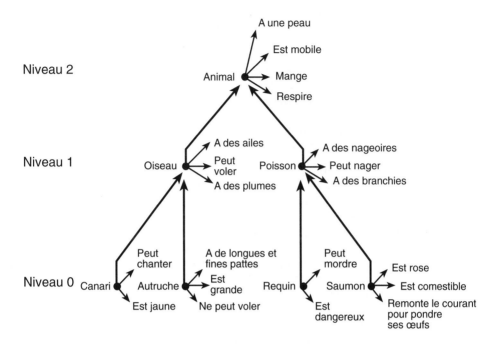

**Figure 9.4** *Exemple d'une structure mnémonique hiérarchiquement organisée.*

Tiré de «Retrieval Time from Semantic Memory», de A. M. Collins et M. R. Quillian, 1969, *Journal of Verbal Learning and Verbal Behavior, 8*, 240-248. Copryright © 1969 par l'Academic Press, Inc. Reproduit avec autorisation.

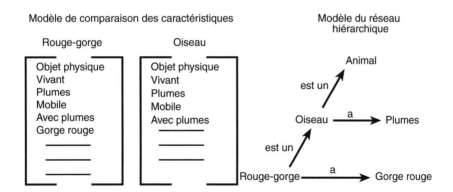

**Figure 9.5** *Distinction entre le modèle de comparaison des caractéristiques et le modèle du réseau hiérarchique.*

Tiré de «Theories of semantic Memories», de E. E. Smith, 1978, in *Handbook of Learning and Cognitive Processes*, Volume 6, édité par W. K. Estes. Copryright © 1978 par Lawrence Erlbaum Associates, Inc.. Reproduit avec autorisation.

Les flèches montrent également comment les caractéristiques sont stockées aux différents niveaux de la hiérarchie. Les caractéristiques qui sont vraies pour tous les animaux -telles que manger et respirer- sont stockées au niveau le plus élevé. Les caractéristiques qui s'appliquent aux catégories du niveau de base -telles que les oiseaux ont des ailes, peuvent voler et ont des plumes- sont stockées au niveau intermédiaire. Les propriétés stockées au niveau le plus bas sont vraies pour un membre particulier et pas pour tous les membres de la catégorie. C'est à ce niveau que nous savons qu'un canari est jaune et peut chanter.

Ce type de réseau offre l'avantage d'être un moyen économique de stocker de l'information, parce qu'ainsi l'information n'a pas besoin d'être répétée à chacun des trois niveaux. Il n'est pas nécessaire de préciser que manger et respirer sont des caractéristiques des oiseaux, des poissons, des canaris, des autruches, des requins et des saumons, puisque le réseau nous informe que tous sont des exemples d'animaux qui mangent et qui respirent. Néanmoins, cette économie de stockage a un coût : récupérer l'information qu'un canari mange nécessite deux inférences - premièrement, que le canari est un oiseau; deuxièmement, que l'oiseau est un animal. Autrement dit, il est nécessaire d'aller au niveau approprié dans la hiérarchie avant de pouvoir récupérer les caractéristiques stockées à ce niveau.

Bien que le modèle du réseau fut initialement développé pour stocker efficacement de l'information sur un ordinateur, il permet de faire bon nombre de prévisions intéressantes si nous l'utilisons en tant que modèle du fonctionnement de la mémoire humaine. Collins et Quillain (1969) ont utilisé ce modèle à cette fin en faisant deux hypothèses de base - que cela prend du temps pour passer d'un niveau à un autre dans la hiérarchie et qu'un temps supplémentaire est nécessaire s'il faut récupérer des caractéristiques stockées à l'un des différents niveaux. Collins et Quillain ont éprouvé leur modèle en demandant à des sujets de répondre le plus rapidement possible par vrai ou faux à des affirmations telles que «Un orme est une plante» ou «Un pin a des branches.» La première proposition est un exemple de questions sur les relations entre deux éléments - elle demande si une catégorie est membre d'une autre. La seconde phrase est une question sur les propriétés - elle demande quelles sont les caractéristiques des membres d'une catégorie.

Les temps moyens de réaction pour les six types d'affirmations sont présentés dans la figure 9.6. Un exemple spécifique illustre les différents points dans le graphique. Les trois points du bas - les temps de réponse pour les questions portant sur les relations - confirment que changer de niveaux dans le réseau prend du temps. Vérifier que «Un canari est un canari» n'exige pas de changement de niveau; «Un

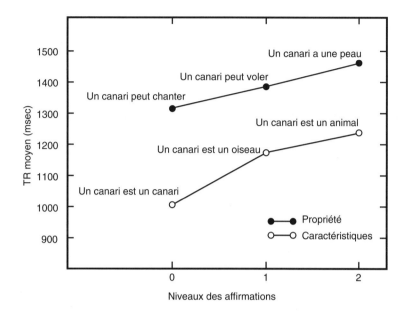

**Figure 9.6** *Temps de Réaction (TR) nécessaire pour vérifier les propositions concernant les caractéristiques des attributs et l'appartenance à une catégorie.*

Tiré de «Retrieval Time from Semantic Memory», de A. M. Collins et M. R. Quillian, 1969, *Journal of Verbal Learning and Verbal Behavior*, 8, 240-248. Copryright © 1969 par l'Academic Press, Inc. Reproduit avec autorisation.

canari est un oiseau» nécessite le passage à un autre niveau; et «Un canari est un animal» requiert deux changements de niveau. Le graphique montre que les temps de réponse dépendent du nombre de changements de niveaux.

Les trois points du haut indiquent que répondre à des questions portant sur les propriétés prend plus de temps. Ce résultat concorde avec l'hypothèse que le temps de réponse devrait augmenter en cas de nécessité de retrouver des caractéristiques stockées à l'un des niveaux de la hiérarchie. De plus, le niveau du réseau où se trouvent stockées les propriétés influence les temps de réponse. Le modèle du réseau suggère que l'information relative au chant est stockée au niveau le plus bas, celle sur le vol au niveau intermédiaire et celle sur la peau au niveau le plus élevé. Les données confirment cette hypothèse et donnent à penser que c'est ainsi que l'information portant sur les propriétés est stockée dans la mémoire humaine.

Une autre présomption intéressante basée sur le modèle du réseau porte sur la facilitation de la récupération dans la MLT (Collins

& Quillain, 1970). La facilitation apparaît lorsque la récupération est rendue plus aisée parce qu'une précédente question a nécessité la récupération d'une information similaire. Par exemple, il serait plus aisé de vérifier une propriété du canari si la question précédente portait également sur les canaris. Cependant, le modèle du réseau nous conduit à faire une hypothèse plus spécifique. Selon Collins et Quillain, le degré de facilitation devrait dépendre de la similarité des chemins au travers du réseau en vue de répondre à ces deux questions. Ce concept peut être illustré en considérant s'il serait plus facile de vérifier que «Un canari est un oiseau» après «Un canari peut voler» ou après «Un canari peut chanter.» La réponse est intuitivement évidente, mais le modèle du réseau prétend que «Un canari peut voler» devrait entraîner une plus grande facilitation, parce que la propriété *voler* est stockée au niveau de l'oiseau et que *chanter* est stocké au niveau du canari. Le même chemin n'est parcouru que si les deux questions nécessitent de récupérer une information au niveau de l'oiseau. Les données ont confirmé que l'ampleur de la facilitation sémantique dépend de l'utilisation du même chemin que pour la question précédente (Collins & quillain, 1970).

Les bonnes prévisions des temps de réaction de la figure 9.6 et celles qui concernent la facilitation sémantique constituent les impressionnants apports du modèle du réseau. Il existe cependant deux faits dont le modèle du réseau ne parvient pas à rendre compte sans hypothèses complémentaires. D'abord, il est possible de trouver des exemples pour lesquels le temps de vérification n'est pas fonction des niveaux de la hiérarchie. Par exemple, vérifier qu'un chimpanzé est un primate prend plus de temps que de vérifier qu'il est un animal. Le modèle du réseau prédirait l'inverse puisque *primate*, comme *oiseau* et *poisson*, se situe à un niveau plus bas dans la hiérarchie par rapport à *animal*. D'autre part, le modèle du réseau ne rend pas compte de l'**effet de typicalité** - le fait que les membres les plus typiques d'une catégorie sont plus faciles à classifier que d'autres. Il est plus facile de vérifier qu'un canari, plutôt qu'une autruche, est un oiseau. Cependant, puisque les deux se trouvent au niveau de *oiseau*, comme cela est illustré figure 9.4, le modèle ne prédit pas une telle différence dans les temps de réponse. Le modèle de comparaison des caractéristiques tente de corriger ces défauts par une formulation alternative.

**Effet de typicalité**

Les membres les plus typiques d'une catégorie sont classés plus rapidement que les moins typiques.

# Le modèle de comparaison des caractéristiques

Le modèle de comparaison des caractéristiques proposé par Smith, Shoben et Rips (1974) cherche à rendre compte des temps de classification à la manière du modèle du prototype. Selon ce dernier, la signification des mots peut être représentée dans la mémoire par une liste de caractéristiques et les classifications sont effectuées en comparant celles-ci plutôt qu'en examinant les arcs du réseau (voir figure 9.5).

Les caractéristiques peuvent être utilisées pour définir des catégories, mais elles varient en fonction de l'importance avec laquelle elles leur sont associées. Smith et ses collègues ont considéré que les plus essentielles sont les caractéristiques de définition et que les autres sont secondaires. Les **caractéristiques de définition** sont celles qu'une entité doit nécessairement posséder pour appartenir à une catégorie tandis que les **caractéristiques secondaires** affectent généralement les membres d'une catégorie mais ne sont pas obligatoirement requises pour y appartenir. Les caractéristiques de définition pour les oiseaux peuvent comprendre : être vivant, avoir des plumes et avoir des ailes; les caractéristiques secondaires peuvent inclure la capacité de voler et d'être d'une certaine taille. Les caractéristiques de définition étant plus essentielles, elles devraient jouer un rôle plus important dans le processus de classification.

**Caractéristiques de définition**

Caractéristiques nécessaires pour être membre d'une catégorie.

**Caractéristiques secondaires**

Caractéristiques habituellement présentes parmi les membres d'une catégorie mais qui ne sont pas obligatoires

Le modèle de comparaison des caractéristiques comporte deux étapes. La première consiste à comparer toutes les caractéristiques des deux concepts pour déterminer à quel point ils sont similaires. Par exemple, pour déterminer si un rouge-gorge est un oiseau, nous devrions comparer les caractéristiques d'un *rouge-gorge* avec celles d'un *oiseau*. Si les comparaisons révèlent que les deux concepts sont très similaires ou au contraire très dissemblables, nous pouvons répondre par vrai ou faux immédiatement. La seconde étape est nécessaire quand le degré de similarité se situe entre ces deux extrêmes. La réponse n'est plus évidente dans ce cas, aussi le modèle propose-t-il que nous examinions uniquement les caractéristiques de définition pour déterminer si l'exemple possède les caractéristiques requises par la catégorie. La distinction entre les deux étapes peut s'illustrer par ce qui se passe lorsque nous classons très rapidement grâce à la grande similarité de deux concepts ou que nous classons plus lentement après avoir évalué les critères d'appartenance à une catégorie.

Les exemples qui sont très similaires à ce concept devraient être classés immédiatement, sans considérer les caractéristiques de définition dans la seconde étape. La probabilité pour que la seconde étape soit nécessaire augmente à mesure que décroît la similarité entre le concept de la catégorie et l'exemple. Le modèle prédit donc que les membres les plus typiques d'une catégorie (tels que *canari*, *moineau* et *geai*) seraient plus rapidement classés que d'autres représentants moins typiques (tels que *poulet*, *oie* et *canard*), parce qu'évaluer les caractéristiques de définition lors de la seconde étape ralentirait la classification. Smith et ses collègues (1974) ont trouvé que les personnes pouvaient, en fait, classer des exemples typiques d'une catégorie plus vite que des exemples atypiques.

L'argument inverse s'applique aux fausses propositions telles que «Une chauve-souris est un oiseau». Une très grande similarité entre un exemple négatif et un concept d'une catégorie accroît la difficulté de rejeter l'exemple. Parce qu'une chauve-souris et un oiseau partagent beaucoup de caractéristiques, il est difficile d'arriver à une conclusion à la première étape de la comparaison des caractéristiques. Ceci augmente la probabilité qu'un individu évalue les caractéristiques de définition lors de la seconde étape. Par contre, deux entités dissemblables («Un crayon est un oiseau») partagent si peu de caractéristiques qu'une décision peut être prise immédiatement lors de la première étape.

Le modèle de comparaison des caractéristiques, contrairement au modèle du réseau hiérarchique, fournit une explication des raisons pour lesquelles les fausses propositions sont plus rapidement évaluées que les autres.

Un autre avantage du modèle de comparaison des caractéristiques est que, contrairement au modèle du réseau, il peut rendre compte de l'effet inversement proportionnel à la taille de la catégorie. L'**effet de la taille de la catégorie** fait référence au fait que les gens classent plus rapidement un membre dans une petite catégorie que dans une grande - par exemple, qu'un colley est un chien est vérifié plus vite que son identité d'animal. Le modèle du réseau concorde avec l'effet de la taille de la catégorie parce que la plus restreinte (*chien*) nécessite moins d'inférences que la plus vaste (*animal*). Puisque la catégorie la plus petite fait partie de la grande, elle apparaît plus bas dans la hiérarchie et sera donc atteinte plus rapidement. Il existe des cas, cependant, qui ne tiennent pas compte de la taille de la catégorie, leurs temps de classification étant plus rapides avec la catégorie la plus grande. Par exemple, les gens sont capables de vérifier plus rapidement que le whiskie est une boisson plutôt qu'un alcool, même si *boisson* est une catégorie plus vaste qu'*alcool*.

Le modèle de comparaison des caractéristiques peut rendre compte des transgressions de l'effet de la taille de la catégorie, parce que ses prévisions sont basées sur la similarité plutôt que sur cette taille. La raison pour laquelle il est plus aisé de vérifier qu'un élément appartient à une catégorie restreinte est que la similarité entre un

**Effet de la taille de la catégorie**

Les membres des catégories les plus petites sont plus rapidement classés que les membres de grandes catégories.

élément et notre propre concept de cette petite catégorie est plus grande qu'entre un élément et une vaste catégorie. Cependant, il existe des exceptions à cette règle. Parfois -comme l'ont montré Smith, Shoben et Rips- il existe une plus grande similarité entre un élément et la catégorie la plus vaste. Le modèle de comparaison des caractéristiques prévoit que dans ce cas les personnes seront davantage capables de classer rapidement dans la catégorie la plus vaste que dans la catégorie la plus restreinte. Les résultats des expériences confirment cette thèse (Smith et al., 1974).

Bien que le modèle de comparaison des caractéristiques rende compte à la fois des effets de la typicalité et de la taille des catégories, le modèle présente quelques points faibles. Examinons à présent ce que les critiques ont à dire sur ses limites.

***Les limites du modèle de comparaison des caractéristiques.*** Comme l'ont souligné ses concepteurs (Smith, 1978), ce modèle dépend des évaluations. Si les gens jugent un élément fort similaire à leur concept d'une catégorie, ils auront vite fait de vérifier son appartenance à cette catégorie. Les prévisions sur la typicalité et la taille de la catégorie reflètent le degré de similarité entre un membre et sa catégorie. Les prévisions faites par le modèle de comparaison des caractéristiques sont donc plutôt faibles. Son atout majeur est que l'alternative principale -le modèle du réseau- ne peut parvenir à ces prévisions qu'à condition d'utiliser tellement d'hypothèses complémentaires qu'elle pourrait alors présumer pratiquement n'importe quoi.

Une seconde critique du modèle de comparaison des caractéristiques porte sur le postulat que toutes nos classifications nécessitent des calculs - que nous utilisons les caractéristiques des concepts pour calculer leur degré de similarité. Le calcul est un élément essentiel dans les modèles de la catégorisation traités dans le précédent chapitre sur la classification des nouvelles formes. Mais à partir du moment où nous avons appris à associer des éléments à des catégories, est-il encore nécessaire d'utiliser les caractéristiques pour évaluer la similarité entre deux concepts ? Ne pouvons-nous pas plutôt utiliser les associations entre concepts, comme cela est suggéré par les partisans du modèle du réseau (Collins & Loftus, 1975) ? Si nous avons appris qu'un rouge-gorge est un oiseau, il semble plus facile d'utiliser cette information directement plutôt qu'évaluer la similarité entre *rouge-gorge* et *oiseau*. Le type d'information directement stockée en mémoire et ce qui est calculé sont au centre d'une problématique essentielle abordée par Smith (1978).

Une troisième critique du modèle réfute la prétendue nécessité de certaines caractéristiques : les caractéristiques de définition (Collins & Loftus, 1975; Rosch & Mervis, 1975; McCloskey & Glucksberg,

1979). Le modèle élude cette critique en suggérant que les caractéristiques définissent plus ou moins bien un élément ou une catégorie et que seules les caractéristiques qui les définissent le mieux sont évaluées lors de la seconde étape. Ceci implique, cependant, que les gens peuvent identifier les caractéristiques définissant le mieux les différentes catégories, or nous n'avons que peu d'éléments étayant une telle hypothèse. En fait, les résultats obtenus par Rosch et Mervis (1975) suggèrent plutôt l'inverse - la structure des catégories n'est pas basée sur des caractéristiques de définition présentées par tous les membres de la catégorie mais sur un grand éventail de caractéristiques qui ne sont vraies que pour certains de ses membres.

Bien qu'il puisse être difficile de spécifier les caractéristiques de définition pour certains concepts, tels que *fruit*, la distinction entre caractéristiques secondaires et caractéristiques de définition peut être utile pour expliquer comment les enfants apprennent d'autres concepts, comme celui de *voleur* par exemple. Considérez les deux descriptions suivantes :

> Un vieil homme louche, à l'air méchant, un revolver dans la poche, est venu un jour dans ta maison et a pris la télévision couleur parce que tes parents n'en voulaient plus et lui avaient dit qu'il pouvait la prendre. Est-ce que c'était un voleur ?

> Une dame très gentille et très gaie est venue vers toi et t'a embrassé. Plus tard, elle a enlevé le siège de tes toilettes, est partie avec ce siège sans permission et ne l'a jamais ramené. Est-ce que c'était une voleuse ?

La première description comporte les caractéristiques d'un voleur mais pas les caractéristiques de définition. La seconde description contient les caractéristiques de définition d'un voleur mais pas les caractéristiques secondaires. Une étude avec des enfants de maternelle, de cours élémentaire et de cours moyen, a montré qu'à mesure qu'ils grandissent, les enfants sont de plus en plus sensibles aux caractéristiques de définition (Keil & Batterman, 1984). Ils deviennent plus enclins à bien répondre que le vieil homme à l'air méchant n'est pas un voleur et qu'en revanche la dame gentille et gaie est une voleuse.

Les caractéristiques secondaires seraient donc directement observables et plus évidentes que les caractéristiques de définition (McNamara & Miller, 1989). Les caractéristiques secondaires telles que *l'air méchant* et *revolver* sont directement observables, alors que les caractéristiques de définition telles que *prendre sans permission* sont plus abstraites. Les jeunes enfants accordent initialement plus d'importance aux caractéristiques manifestes et apprennent progressivement à accorder davantage d'importance aux caractéristiques plus conceptuelles.

Pour conclure, le modèle de comparaison des caractéristiques présente quelques avantages sur le modèle hiérarchique, mais il possède également quelques limites. Il est plus prometteur pour les concepts dont nous estimons qu'ils ont des caractéristiques de définition (Malt, 1990), ainsi que pour les situations dans lesquelles nous utilisons les caractéristiques pour prendre des décisions (Keil & Batterman, 1984 ; McNamara & Miller, 1989). Disons en manière de compromis que pour évaluer un concept, nous utilisons selon le moment, soit les associations directes -les arcs du réseau sémantique-, soit les caractéristiques. Cette flexibilité est un élément constitutif de la théorie traitée dans la prochaine section.

## Le modèle de diffusion de l'activation

Nous avons relevé ci-dessus les points forts et les faiblesses du modèle du réseau et du modèle de comparaison des caractéristiques. Chacun a pu fournir une explication de certains aspects des données et n'a pu y parvenir pour d'autres. Dans un effort pour rendre compte de plus de résultats que l'un ou l'autre de ces modèles, Collins et Loftus ont emprunté des hypothèses aux deux modèles pour en construire un autre, doté d'une plus grande flexibilité.

Leur **modèle de diffusion de l'activation** (Collins & Loftus, 1975) est représentatif des modèles de réseau sémantique dans l'importance qu'il accorde aux concepts reliés par des arcs qui expriment leur relation. La figure 9.7 illustre comment une partie de la mémoire humaine peut être représentée dans un réseau quelque peu analogue aux réseaux neuronaux abordés dans les chapitres 2 et 8. Un changement par rapport au modèle de réseau hiérarchique : la longueur de chacun des arcs représente le degré de proximité sémantique entre deux concepts. Ainsi le concept *rouge* est-il plus étroitement lié aux autres couleurs et moins lié aux objets rouges. Notez que le modèle peut maintenant rendre compte de l'effet de typicalité, puisque les arcs représentent différents degrés de proximité sémantique. Les arcs les plus courts révèlent que les exemples les plus typiques de *voiture* et *autobus* sont plus étroitement liés à *véhicules* que *ambulance* et *camion de pompier*.

Le modèle de la diffusion de l'activation veut que, lorsqu'un concept est traité, l'activation se diffuse à travers le réseau mais que son efficience s'atténue au fur et à mesure de son éloignement. Par exemple, la présentation du mot *rouge* activerait fortement les concepts les plus proches tels que *orange* et *feu* et entraînerait une moindre activation de concepts tels que *coucher de soleil* ou *roses*. Le modèle pré-

**Modèle de la diffusion de l'activation**

Modèle qui prend en compte les temps de réponse en formulant des hypothèses sur la façon dont se diffuse l'activation dans un réseau sémantique.

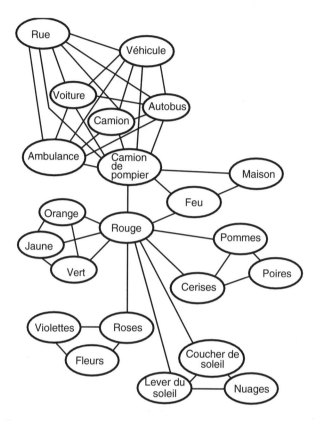

**Figure 9.7** *Exemple d'un modèle de diffusion de l'activation dans lequel la longueur de chacune des lignes (les arcs) représente le degré d'association entre deux concepts.*

Issu de «A Spreading Activation Theory of Semantic Processing», de A. M. Collins et E. F. Loftus, 1975, *Psychological Review, 82*,407-428. Copyright © 1975 par l'American Psychological Association. Reproduit avec permission.

voit donc l'effet de typicalité parce que les membres les plus typiques activeront la catégorie supérieure plus rapidement que les membres moins typiques - par exemple, *voiture* et *autobus* activeront *véhicule* plus rapidement que *ambulance* et *camion de pompier* ne le feraient.

Bien que ce modèle fournisse une métaphore bien commode, son succès dépend de sa possibilité de rendre compte des découvertes expérimentales. L'une d'entre elles est l'influence de la *prédisposition sémantique*. La **prédisposition** se produit lorsqu'une décision sur un concept facilite la prise de décision sur un autre concept. Un exemple de prédisposition peut être trouvé dans la tâche de décision

**Prédisposition**

Réduction du temps de traitement d'un concept dû à la présentation préalable d'une information qui lui est liée.

lexicale étudiée par Meyer et Schvaneveldt (1976), qui nécessitait que les sujets estiment si une série de lettres formait un mot. Certaines lettres en formaient un (*BEURRE*), et d'autres non (*NART*). Chaque épreuve consistait en un couple de séries de lettres, et la seconde série était présentée immédiatement après que les sujets eurent pris une décision concernant la première. Le résultat le plus intéressant s'est produit lorsque les deux séries constituaient des mots. Si les deux mots étaient sémantiquement liés, les gens vérifiaient plus rapidement que la deuxième série formait un mot que si les deux mots n'avaient aucun lien. Par exemple, les sujets vérifiaient plus vite que la série *BEURRE* constituait un mot si elle était précédée par *PAIN* que si elle était précédée par *INFIRMIÈRE*.

Le modèle de la diffusion de l'activation peut rendre compte de ces résultats parce qu'il suggère que la présentation d'un mot active les mots qui lui sont liés. *BEURRE* sera activé par *PAIN* mais pas par *INFIRMIÈRE*. L'activation du mot facilite son identification, entraînant des temps de réponse plus rapides.

Le modèle de la diffusion de l'activation (Ratcliff & McKoon, 1988) prête à controverse quant à savoir si l'activation se propage au-delà d'un seul nœud comme le présume le modèle. Bien que *PAIN* active le mot *BEURRE*, pourrait-il également activer un mot tel que *POPCORN* qui est associé à *BEURRE* mais pas à *PAIN* ? Selon le modèle, l'activation devrait se propager de *PAIN* à *BEURRE* puis à *POPCORN*, mais *POPCORN* devrait être moins activé que *BEURRE* puisque l'activation décroît à mesure de sa diffusion. Une recherche récente confirme l'hypothèse selon laquelle la diffusion de l'activation facilite l'identification des mots qui se situent à deux arcs du mot activé, mais que cette facilitation est plus faible que celle des mots directement liés au mot activé (McNamara, 1992).

Complémentaire à la représentation directe des relations sémantiques dans un réseau, le modèle de la diffusion de l'activation permet d'utiliser la correspondance des caractéristiques pour vérifier les propositions sémantiques. Il inclut donc à la fois les hypothèses du modèle du réseau hiérarchique et celles du modèle de comparaison des caractéristiques. Une façon d'établir qu'un *colvert* est un oiseau est de trouver des arcs supérieurs entre *colvert* et *canard* et entre *canard* et *oiseau*. Un autre procédé consiste à répertorier les propriétés communes dans notre concept de *colvert* et notre concept de l'*oiseau*. Collins et Loftus suggèrent que lorsque nous prenons une décision, nous considérons les indices obtenus à la fois à partir des comparaisons de caractéristiques et des arcs supérieurs.

Les modèles de réseau sémantique offrent l'avantage d'être extrêmement souples. Il est très facile d'intégrer de nombreuses hypothèses dans le modèle pour le rendre davantage cohérent avec toutes sortes de données. En contrepartie, cependant, il est très difficile de mettre le modèle à l'épreuve. Si un modèle devient tellement souple qu'il concorde avec la plupart des résultats des expériences, il perd de sa puissance prédictive.

Un modèle présente un bon niveau de prévision uniquement s'il peut prévoir certains événements qui n'auraient pas dû se produire. On peut alors évaluer le modèle en déterminant quels sont les événements qui auraient en fait dû se produire.

La tentation, pour ceux qui cherchent à développer les modèles de réseau sémantique, n'est pas seulement de profiter de leur souplesse mais aussi d'introduire quelques contraintes dans le modèle afin qu'il produise des prévisions intéressantes. De nos jours, lorsqu'un modèle de réseau ne parvient pas à faire les bonnes prévisions, ses concepteurs créent généralement quelques hypothèses complémentaires pour donner une plus grande flexibilité au modèle. En conséquence, les modèles révisés réussissent généralement là où les originaux avaient échoué, quoique de nombreux psychologues trouvent la révision moins satisfaisante. La révision du modèle de réseau hiérarchique de Collins et Loftus (1975) corrigeait les limites du modèle initial au détriment des prévisions précises qui faisaient du modèle de réseau hiérarchique l'une des plus intéressantes théories du réseau sémantique.

Ainsi leur modèle est-il très souple, mais les prévisions ne peuvent être faites qu'avec difficulté. Ceux qui ont critiqué ce modèle (par exemple Smith, 1978; McCloskey & Glucksberg, 1979) ont fait remarquer qu'avec autant d'hypothèses, il n'est pas surprenant qu'un tel modèle puisse rendre compte de nombreux résultats empiriques. Ils estiment que la principale faiblesse du modèle réside à la fois dans le nombre d'hypothèses proposées et dans son échec à faire des prévisions précises. En fait, ce modèle a été principalement développé pour montrer comment des hypothèses sont cohérentes avec des données existantes, plutôt que pour faire de nouvelles et intéressantes prévisions. Reste à savoir si les psychologues pourront concevoir des expériences qui mettront sérieusement ce modèle à l'épreuve.

# L'INTÉGRATION DES CONNAISSANCES

En dépit de leurs limites, les modèles de réseau sémantique intéressent beaucoup de personnes parce qu'ils sont suffisamment généraux pour fournir une base commune à la plupart des problématiques étudiées par les psychologues cognitivistes. Une de ces problématiques porte sur l'intégration des connaissances à partir de récits. Nous nous intéresserons en premier lieu à la façon dont a été utilisé un modèle de réseau sémantique appelé ACT pour expliquer la lente récupération des événements qui ont été difficiles à intégrer. Nous verrons ensuite comment ce modèle a été modifié pour rendre compte de la plus rapide récupération d'informations qui avaient été plus faciles à intégrer. Et, dans le chapitre 11, nous verrons ce qui arrive quand cette intégration est particulièrement facile parce que l'information offre des explications sur l'occurrence des événements.

## Le modèle ACT

La généralité des modèles de réseau sémantique est joliment illustrée par l'ACT. Anderson (1976) a conçu l'ACT pour l'appliquer à une grande variété de tâches cognitives, du balayage mental de la MCT jusqu'aux inférences les plus complexes.

Les hypothèses de base de l'ACT sont similaires à celles du modèle de la diffusion de l'activation - les connaissances sont stockées dans un réseau sémantique consistant en différents nœuds interconnectés et l'activation peut se diffuser à travers le réseau à partir des nœuds activés vers de nouveaux nœuds et d'autres chemins. Bien que les hypothèses de base des deux modèles soient les mêmes, Anderson applique l'ACT à de nombreuses tâches non considérées par Collins et Loftus (1975).

Bien des aspects de l'ACT sont trop techniques pour être abordés dans un livre d'introduction; nous considérerons la façon dont Anderson a appliqué ce modèle pour prédire la vitesse avec laquelle les gens peuvent retrouver des connaissances stockées. Dans le cas présent, les connaissances stockées étaient des informations que les sujets avaient apprises lors d'une expérience de récupération de faits. L'objectif, en leur demandant d'apprendre une information, était de pouvoir contrôler expérimentalement le nombre de relations entre les différents concepts. Le dispositif expérimental comprenait 26 phrases du type «Une [personne] est dans le [lieu]» (voir le tableau 9.1 pour quelques exemples). Un individu particulier et un lieu précis apparaissent dans 1, 2 ou 3 phrases; par exemple, le hippie apparaît dans trois phrases et le débutant dans une seule. Après que les sujets eurent pris connaissance de toute l'information contenue dans les phrases, on leur donnait des phrases tests auxquelles ils avaient pour consigne de répondre par vrai s'ils les avaient préalablement apprises et faux dans le cas contraire. Anderson s'intéressait à la vitesse avec laquelle les gens pouvaient répondre par vrai ou faux à chacune des phrases tests.

Le tableau 9.1 présente des exemples de ces phrases tests, chacune étant précédée par un couple de deux chiffres. Le premier chiffre indique le nombre de fois où la personne est apparue dans les phrases présentées préalablement.

Ainsi la phrase «Un hippie est dans la parc» est indiquée 3-3 parce que *hippie* est associé à trois lieux différents et que *parc* est associé à trois personnes différentes. Anderson a remarqué que les temps de réaction augmentent en fonction du nombre d'arcs connectés avec chaque nœud du concept *personne* et chaque nœud du concept *lieu* dans le réseau. Les sujets étaient relativement lents à vérifier une phrase telle que «Un hippie est dans le parc», parce que *hippie* et *parc* sont tous les deux liés à trois nœuds. À l'opposé, ils étaient plutôt rapides pour vérifier une phrase telle que «Un avocat est dans la cave» parce que *avocat* et *cave* ne sont liés que l'un à l'autre.

**Tableau 9.1** *Exemple de phrases utilisées dans l'étude de récupération de faits de Anderson (1976)*

| Objets à étudier | |
|---|---|
| | Vraies phrases tests |
| 1. Un hippie est dans le parc. | 3-3 Un hippie est dans le parc. |
| 2. Un hippie est à l'église. | 1-1 Un avocat est dans la cave. |
| 3. Un hippie est dans la banque. | 1-1 Une jeune fille est dans la banque. |
| 4. Un capitaine est dans le parc. | . |
| 5. Un capitaine est à l'église. | . |
| 6. Une jeune fille est dans la banque. | . |
| 7. Un pompier est dans le parc. | Fausses phrases tests |
| . | 3-1 Un hippie est dans la cave. |
| . | 1-2 Un avocat est dans le parc. |
| . | 1-1 Une jeune fille est dans la cave. |
| 26. Un avocat est dans la cave | 2-2 Un capitaine est dans la banque. |
| | . |
| | . |
| | . |

Pour vérifier «Un hippie est dans le parc», il est nécessaire de trouver un **chemin** dans le réseau qui joigne *hippie* et *parc*. Puisque l'expérience mesurait les temps de réponse, la question théorique est donc : en combien de temps le chemin est-il trouvé. La présentation de la phrase test «Un hippie est dans le parc» entraîne l'activation de *hippie* et *parc*. Le temps nécessaire pour parcourir le chemin qui relie *hippie* et *parc* dépend (1) de la vitesse de diffusion de l'activation à partir des deux concepts, (2) de la longueur du chemin joignant les deux concepts, et (3) des chemins alternatifs que l'activation peut prendre.

**Chemin**

Arc joignant deux concepts dans un réseau sémantique.

Lorsqu'un concept est activé, la vitesse de diffusion au travers du chemin approprié (l'arc joignant *hippie* et *parc*) est déterminée par la force du lien approprié par rapport à celle des autres arcs qui relient les concepts. Puisque le mot *hippie* apparaît à trois reprises au cours de l'expérience, il est relié à trois lieux (*parc*, *église*, et *banque*). Le mot *parc* est relié à trois personnes (*hippie*, *capitaine*, et *pompier*). L'augmentation du nombre de liens accroît le temps de recherche d'un chemin unissant deux concepts parce que la diffusion de l'activation est ralentie dans le chemin approprié. Par ailleurs, ACT présume que le temps de vérification devrait augmenter avec l'accroissement du nombre d'arcs entre chaque personne ou lieu. Le principe général selon lequel l'augmentation du nombre d'arcs ralentit la diffusion de l'activation au travers de chaque arc est appelé **effet fan**, parce que l'activation est divisée (fans out : ventilée) entre tous les arcs.

**Effet fan**

L'augmentation du nombre d'arcs connectés à un concept accroît le temps pour vérifier chacun d'eux.

En conclusion, ACT est un exemple du modèle de diffusion de l'activation, dans lequel l'activation se diffuse au travers du réseau sémantique. À chaque nœud du réseau, l'activation est divisée entre les différents arcs alternatifs selon leur force relative. Par conséquent, augmenter le nombre d'arcs ralentit la diffusion de l'activation.

## La modification de l'ACT

Les exemples de phrases présentés dans le tableau 9.1 ne sont pas faciles à intégrer. Elles ne composent pas une histoire; elles proposent simplement des relations arbitraires entre des personnes et des lieux. C'est peut-être pour cette raison que la récupération est si lente et dépend autant du nombre d'arcs unissant les concepts.

Considérons à nouveau l'hypothèse de l'ACT selon laquelle l'augmentation du nombre d'arcs à un concept ralentira le temps de récupération, parce que la diffusion de l'activation sera divisée entre tous les chemins alternatifs. Selon Smith, Adams et Schorr (1978), une telle hypothèse implique que la connaissance accrue d'un sujet devrait systématiquement conduire à augmenter la difficulté de répondre à des questions s'y rapportant. Pour résoudre cette prédiction contre-intuitive, ils ont cherché à savoir si l'intégration de nouvelles connaissances pouvait réduire l'interférence causée par les arcs additionnels.

Leur démarche était similaire à celle d'Anderson. Les sujets ont appris deux ou trois faits concernant une personne - par exemple, «Marty casse la bouteille» et «Marty n'a pas reporté son voyage.» Le troisième fait concernait un thème commun aux deux premiers, ou bien n'avait aucun rapport. «Marty a été choisi pour baptiser le bateau» offre un cadre thématique pour «Marty casse la bouteille» et «Marty n'a pas reporté son voyage», alors que «On a demandé à Marty de s'adresser à la foule» n'est pas clairement lié aux deux premiers faits. L'épreuve exigeait que les sujets déterminent rapidement si les phrases tests étaient apparues au cours de la session d'apprentissage. Lorsque les faits n'étaient pas liés, les sujets avaient besoin de plus de temps pour reconnaître une proposition s'ils avaient appris trois faits auparavant, que s'ils n'en avaient appris que deux. Ces résultats reproduisent ceux d'Anderson et concordent avec les prévisions de l'ACT. Lorsque le troisième fait intégrait les deux premiers, les sujets pouvaient reconnaître n'importe lequel des trois faits aussi rapidement que s'ils n'en avaient eu que deux à reconnaître. En d'autres termes, l'intégration permet de dépasser l'interférence potentielle due à la mémorisation d'une nouvelle information.

Cette expérience montre que l'augmentation du nombre d'arcs à un concept nœud ne ralentit pas nécessairement le temps de reconnaissance. Ce résultat est-il en nette contradiction avec l'ACT ? Dans le dernier chapitre de *Language, Memory and Thought* (1976) -- ndt : *Langage, Mémoire et Pensée* -- Anderson fait la réponse suivante :

> Concernant le caractère explicatif de l'ACT, nous ne pouvons pas sérieusement envisager qu'une seule expérience suffise à éliminer l'ACT. Si l'ACT fait des présupposés qui s'avèrent erronés, cette version de l'ACT doit être abandonnée mais je vais vous proposer une variante de la théorie qui entraîne une légère modification des hypothèses afin que celles-ci soient compatibles avec ces données. Ce serait facile, si la théorie était réduite à quelques hypothèses critiques pouvant faire l'objet d'études expérimentales simples. Cependant, les choses ne fonctionnent pas ainsi. La théorie de l'ACT est en butte à des attaques répétées qui obligent à la reformuler constamment, jusqu'au moment où elle devient ingérable à cause de tous ces rafistolages. (p. 532)

Anderson a tenu parole en formulant une légère variante de la théorie pour faire face à la controverse soulevée par Smith, Adams et

Schorr. Il a modifié la version de l'ACT en utilisant des **sous-nœuds** pour intégrer des éléments liés (Reder & Anderson, 1980). Dans la figure 9.8a, la représentation originelle de l'ACT, les quatre faits sont directement liés à Marty.

Dans la figure 9.8b, la représentation modifiée de l'ACT utilisant des sous-nœuds, seuls deux faits sont directement liés à Marty : il préparait des spaghettis et il participait au baptême d'un bateau. Les

**Sous-nœuds**

Nœuds qui relient des idées liées ensemble dans le réseau sémantique.

(a)

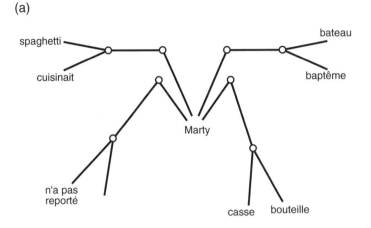

(b)

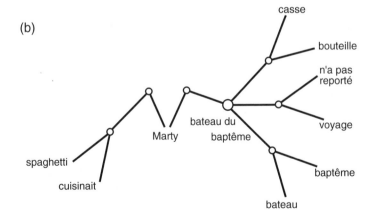

**Figure 9.8** *Deux représentations possibles de la mémoire des faits concernant Marty : (a) représentation de l'ACT, (b) représentation modifiée de l'ACT utilisant des sous-nœuds.*

Tiré de «Partial Resolution of the Paradox of Interference : The Role of Integrating Knowledge», de L. Reder et J. R. Anderson, 1980, *Cognitive Psychology, 12*, 447-472. Copyright © 1980 par l'Academic Press, Inc. Reproduit avec autorisation.

trois faits concernant le baptême du bateau sont tous connectés au même sous-nœud.

Reder et Anderson présument que, sous certaines conditions, les gens évaluent un fait selon l'idée de cohérence plutôt qu'en cherchant à se remémorer ce fait.

À la proposition test «Marty casse la bouteille», les gens répondent par l'affirmative parce que cette phrase est cohérente avec le thème du baptême du bateau par Marty. Dans ce cas, ils devraient répondre dès que l'activation parvient au sous-nœud «baptême du bateau», sans attendre qu'elle arrive aux faits qui lui sont connectés. Les temps de réponse devraient donc être influencés par le nombre de faits connectés au sous-nœud, comme l'ont trouvé Smith et al. (1978).

Néanmoins, l'intégration des faits à un sous-nœud commun ne permet pas toujours d'éliminer l'interférence. Le nombre de faits influence le temps de réponse dès lors qu'une personne doit examiner les faits spécifiques à ce sous-nœud. Imaginez que vous lisez des propositions se rapportant au baptême d'un bateau, certaines décrivant l'activité de Marty, alors que d'autres décrivent celle de James. Si à présent vous devez évaluer la proposition «Marty casse la bouteille», vous avez quelque difficulté à vous prononcer puisque les deux participaient au baptême du bateau. Evaluer cette proposition exige donc de retrouver les faits spécifiques associés à Marty. Les données recueillies par Reder et Anderson révèlent que même les faits intégrés peuvent interférer les uns avec les autres quand le sujet est contraint d'examiner des faits spécifiques et ne peut plus faire un jugement de cohérence globale.

Leurs découvertes suggèrent que l'intégration conduit à des décisions plus rapides lorsque seuls les sous-nœuds sont examinés et suffisent pour prendre ces décisions. Cette conclusion est également étayée par l'influence des réponses non pertinentes sur les temps de réponse. «Marty préparait des spaghettis» n'est pas un fait pertinent avec les activités de Marty liées au baptême du bateau. L'insertion de cette proposition retarde l'évaluation de celles qui se rapportent au baptême du bateau, parce que l'activation se diffuse également au travers des chemins inappropriés. Toutefois, des propositions supplémentaires concernant la préparation des spaghettis ne reporteront pas davantage les décisions relatives au baptême du bateau, parce que ces propositions peuvent être intégrées au sous-nœud *prépare des spaghetti* et que, dans ce cas, l'activation s'arrêtera dès ce sous-nœud inapproprié atteint.

Le modèle des sous-nœuds est un exemple d'une révision réussie de l'ACT pour qu'y soient intégrées de nouvelles découvertes.

L'hypothèse de base de l'ACT reste la même - l'activation se diffuse au travers des chemins du réseau sémantique. La révision consiste simplement à ajouter que l'activation peut s'arrêter à la hauteur d'un sous-nœud au lieu de se propager jusqu'aux faits intégrés connectés à ce sous-nœud.

## La théorie du schéma

Les réseaux sémantiques offrent un moyen pratique d'organiser les connaissances, mais leur intérêt est de montrer comment deux nœuds sont reliés, et non de montrer comment ces idées sont groupées pour former de plus grands domaines de connaissances. L'avantage du modèle des sous-nœuds est qu'il offre une façon de former de grands regroupements en groupant les idées reliées ensemble autour de sous-nœuds. Il existe cependant une théorie plus ancienne, plus achevée, pour représenter les regroupements de connaissances : la *théorie du schéma*.

Un **schéma** est un regroupement de connaissances qui représente une procédure générale, un objet, une configuration, un événement, une séquence d'événements ou une situation sociale (Thorndyke, 1984). La théorie du schéma se réfère à un ensemble de modèles qui présument que nous encodons de tels regroupements dans notre mémoire et que nous les utilisons pour comprendre et stocker nos expériences.

**Schéma**

Structure générale de connaissance qui fournit un cadre pour organiser des regroupements de connaissances.

Au cours du bref survol historique proposé au chapitre 1, j'ai mentionné le fait que durant la période où les psychologues américains étaient principalement influencés par les théories du stimulus-réponse, des psychologues tels que Bartlett en Ecosse et Piaget en Suisse prétendaient que le comportement était influencé par de grandes unités de connaissances organisées en schémas. Nous allons commencer par examiner la théorie de Bartlett, telle qu'analysée par Brewer et Nakamura (1984).

**La Théorie du Schéma de Bartlett.** Cette théorie (1932), développée par Bartlett dans son livre intitulé *Remembering -ndt : Se souvenir-*, a inspiré bon nombre de versions contemporaines de la théorie du schéma. Pour Bartlett, un schéma est une organisation active des expériences passées, à partir desquelles l'esprit extrait une structure cognitive générale qui représente de nombreuses instances particulières de ces expériences. Le livre de Bartlett consiste en une élaboration de la théorie du schéma et présente ses applications dans les résultats d'expériences sur la mémoire des figures, des images et des récits.

La théorie du schéma de Bartlett repose sur l'hypothèse, fondamentale, que toute nouvelle information interagit avec une ancienne information représentée dans le schéma. Cette interaction a été identifiée par Bartlett sur la base des erreurs faites par les sujets lors du rappel. Beaucoup de ces erreurs étaient plus régulières, plus significatives et plus conventionnelles que le matériel original, suggérant que le matériel avait été intégré dans des structures de connaissances antérieures.

Brewer et Nakamura (1984) soulignent qu'il existe plusieurs différences fondamentales entre la théorie du schéma et l'approche du stimulus-réponse en psychologie. Celles-ci comprennent :

1. *Atomique versus molaire*. La théorie du stimulus-réponse est atomique et basée sur de petites unités de connaissances (un seul stimulus). Un schéma est une unité plus grande, présentant la manière dont les connaissances sont combinées au sein de regroupements.

2. *Associationniste versus non associationniste*. Une théorie du stimulus-réponse nécessite d'apprendre l'association entre un stimulus et sa réponse. Un schéma fournit une structure de connaissances permettant d'interpréter et d'encoder les aspects d'une expérience particulière.

3. *Particularisme versus généralisme*. Une théorie du stimulus-réponse présente l'association entre un stimulus particulier et une réponse particulière. Un schéma est plus général et représente une variété d'instances particulières comme un prototype représente les instances particulières d'une catégorie.

4. *Passif versus actif*. L'association entre un stimulus et une réponse peut être apprise d'une façon passive. Invoquer un schéma est un processus plus actif dans lequel une expérience particulière est mise en correspondance avec le schéma qui s'ajuste au mieux à cette expérience.

Durant la vie de Bartlett, ses idées n'ont pas eu une grande influence sur les théories. Aux Etats-Unis, le behaviorisme et la psychologie du stimulus-réponse avaient une forte emprise sur toute construction théorique. En Grande-Bretagne, cette théorie a été plus sérieusement considérée mais au début des années 70, ses étudiants eux-mêmes pensaient qu'elle était erronée. Un important revirement s'est produit en 1975 lorsque plusieurs éminents scientifiques cognitivistes américains ont soutenu que les schémas sont nécessaires pour organiser les connaissances dans les domaines de l'intelligence artificielle, de la psychologie cognitive, de la linguistique et de l'étude des performances motrices. Ces théoriciens ont adopté la principale hypothèse de la théorie de Bartlett mais ils se sont montrés plus spécifiques concernant ce à quoi les structures de connaissances devaient ressembler. Nous allons maintenant examiner quelques-unes des contributions de ces dernières théories.

**La Théorie moderne du Schéma.** Deux des plus grands avocats de l'importance du schéma ont été Minsky (1975), pour la représentation des connaissances dans les programmes d'intelligence artificielle, et Rumelhart (1980) pour la représentation des connaissances en psychologie cognitive. Rumelhart soutenait que les schémas sont les blocs de construction de la cognition. Selon lui, une théorie du schéma est, à la base, relative à la façon dont les connaissances sont représentées et aux différentes manières dont cette représentation facilite leur utilisation. Les schémas sont utilisés pour interpréter les données sensorielles, récupérer l'information mémorisée, organiser l'action et résoudre des problèmes.

Les langages de programmation ont permis des analyses des schémas d'organisation plus détaillées qu'auparavant (Thorndyke, 1984), c'est l'une des principales contributions de l'intelligence artificielle. Bien que Bartlett eût souligné que les schémas sont organisés, il n'était pas toujours très explicite sur la nature de cette organisation. Nous pouvons penser à présent à un schéma comme au fournisseur du squelette d'une structure, lequel peut être découpé en fonction des propriétés détaillées d'une instance particulière.

Prenons l'exemple d'une démarche familière aux étudiants : s'inscrire aux cours. Quels types de connaissance devez-vous posséder avant de vous inscrire à un cours ? Vous voudriez probablement connaître les pré-requis, si ce cours nécessite des conditions particulières, combien de points il vous rapportera, quand et où se passent les cours et peut-être qui les enseigne. Grâce aux connaissances schématiques, c'est l'un de leurs avantages, nous pouvons parfois nous fier à une **connaissance par défaut** - c'est-à-dire à des valeurs comparables qui nous permettent de faire des prévisions intelligentes en l'absence de connaissances spécifiques. Si la plupart des cours magistraux, par exemple, offrent un même nombre de points, il vous faudra évaluer combien de points vous pourrez récolter dans un cours de psychologie cognitive avant de le prendre. Vous devez également savoir que les pré-requis sont les cours d'introduction à la psychologie générale, et même deviner si c'est la même personne qui donne ce cours habituellement.

**Connaissance par défaut**

Connaissance se rapportant aux valeurs des attributs les plus comparables dans un schéma.

J'ai signalé au début de cette section qu'un schéma peut représenter une grande variété de structures de connaissance : procédés, objets, configurations, événements, séquences d'événements ou situations sociales. Nous possédons des schémas pour résoudre différents types de problèmes, pour reconnaître les visages, pour faire les courses et former des stéréotypes sociaux. Les schémas sont particulièrement importants pour la compréhension de texte et pour la résolution de problèmes, nous examinerons plus loin leur influence sur ces capacités cognitives. Pour l'instant, nous allons examiner l'organisation d'un type particulier de structure schématique - notre connaissance des séquences d'événements. Nous profiterons ainsi de ce survol plutôt abstrait pour voir comment procèdent les psychologues cognitivistes quand ils font de la recherche sur l'organisation schématique.

**Script**

Connaissance de ce qui se passe lors des activités routinières.

**Les scripts : la représentation des séquences d'événements.** Une partie de nos connaissances schématiques sont organisées autour d'activités routinières - par exemple, aller au restaurant, aller chez le dentiste, changer un pneu crevé ou prendre un bus. Schank et Abelson (1977) ont utilisé le terme de **script** pour se référer à ce que nous savons sur les événements constitutifs d'une séquence, tels que les activités routinières. Par exemple, un script de restaurant spécifierait ce que nous savons sur le fait d'aller au restaurant. À un niveau très général, un script de restaurant comprend les rôles standards, les accessoires ou objets, les conditions habituelles et tout ce qui en résulte. Les conditions pour aller au restaurant sont : que le client ait faim et puisse payer son repas. Les accessoires sont : les tables et les chaises, le menu, la nourriture, l'addition, et de l'argent ou une carte bancaire. Les seconds rôles incluent les serveurs ou les serveuses, et parfois d'autres personnes tels que les barmans ou autre personnel de salle. Résultat : le client a moins d'argent mais n'a plus faim, alors que le propriétaire a plus d'argent. Entre le moment où le client entre et celui où il sort, il existe une séquence relativement standard d'événements qui comprend le choix d'une table, la lecture du menu, la commande, la prise du repas et le règlement de l'addition.

Puisqu'une telle séquence d'événements est relativement standard, une façon naturelle d'organiser les scripts est de le faire selon l'ordre chronologique dans lequel ces événements se produisent. Imaginez que vous avez un pneu crevé et que vous devez le changer. Votre mémoire peut consister en une séquence organisée d'actions, commençant par ce que vous devez faire en premier lieu et finissant par ce que vous allez faire en dernier. Ou encore, votre mémoire peut être organisée selon la centralité ou l'importance des événements, et vous penserez alors aux événements les plus importants en premier lieu, pour finir avec les moins importants. La figure 9.9 présente ces deux structures de mémoire.

La figure 9.9a présente une organisation dans laquelle certaines activités (telles qu'enlever le pneu crevé) sont plus centrales que d'autres (telles que ranger le cric). Les activités les plus centrales sont celles qui sont particulièrement importantes pour atteindre l'objectif. Si les activités étaient organisées selon leur centralité, les gens devraient être plus prompts à vérifier que les activités les plus centrales figurent dans le script. Vous avez peut-être remarqué que la

(a)

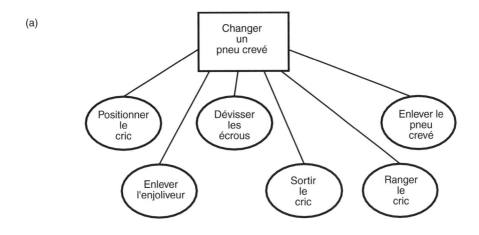

(b)

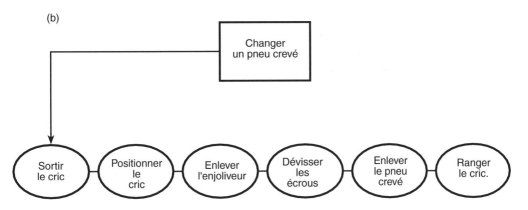

**Figure 9.9** Deux représentations d'une routine : (a) selon la centralité des activités la composant et (b) selon leur ordre séquentiel.

Tiré de «Memory for Routines», de J. A. Galambas et L. J. Rips, 1982, *Journal of Verbal Learning and Verbal Behavior, 21*, 260-281. Copyright © 1982 par l'Academic Press.

représentation dans la figure 9.9a est analogue au réseau sémantique proposé par Collins et Loftus (voir figure 9.6), les liens plus courts représentent cependant une forte association entre une activité et un script plutôt qu'une forte association entre un exemple et sa catégorie.

Une représentation alternative, présentée dans la figure 9.9b, consiste en activités organisées selon leur ordre séquentiel. Si les activités sont recomposées selon l'ordre dans lequel elles sont réalisées, les gens devraient être plus prompts à vérifier que les activités initiales font partie du script.

Galambos et Rips (1982) ont cherché à savoir quelle théorie était la plus appropriée, en demandant à des étudiants d'ordonner les activités de différents scripts, soit selon leur séquentialité chronologique, soit selon leur centralité. Ils ont ensuite montré à un autre groupe de sujets des paires d'items qui consistaient en un nom d'un script (changer un pneu crevé) associé à une activité (sortir le cric). Les étudiants avaient à indiquer le plus rapidement possible si l'activité était comprise dans le script. Les événements les plus centraux étaient vérifiés plus rapidement que les plus secondaires, mais les événements initiaux n'étaient pas plus rapidement vérifiés que des événements postérieurs. Les résultats confirment donc l'organisation présentée dans la figure 9.9a.

Cependant, cette conclusion a été remise en question par Barsalou et Sewell (1985) qui pensaient que l'ordre chronologique des événements est très important pour savoir comment les gens organisent leurs expériences. Ils pensaient que les résultats auraient été différents si leur approche expérimentale avait été différente. Au lieu de demander aux sujets de vérifier si une activité particulière faisait partie d'un script, ils leur ont donné 20 sec. pour nommer le plus d'activités possibles se rapportant à un script particulier, comme «faire la vaisselle». Il était demandé à un groupe de «trouver les actions, de la plus centrale à la plus lointaine», la centralité y étant définie en fonction de l'importance de l'action. À un autre groupe il était demandé de «trouver des actions, depuis la première jusqu'à la dernière. »

Ces chercheurs faisaient l'hypothèse suivante : si les événements sont organisés chronologiquement dans la mémoire, il sera plus aisé de nommer des événements dans leur ordre chronologique que par ordre décroissant d'importance. Leurs résultats ont légitimé cette hypothèse. Le nombre moyen d'actions trouvées en 20 sec. était de 8.17 lorsqu'elles étaient énumérées dans un ordre temporel, et de 6.10 lorsqu'elles étaient rapportées selon leur niveau d'importance. Ces résultats contradictoires indiqueraient que la centralité, tout comme l'ordre chronologique des événements, influencent notre façon d'utiliser notre mémoire. Les événements les plus centraux offrent un accès plus rapide au script, mais l'ordre chronologique des événements est utile pour retrouver tous les événements qui sont dans le script.

**Mémoire autobiographique**

Mémoire de nos propres expériences.

La recherche sur la **mémoire autobiographique** -la mémoire de nos expériences personnelles- va dans le sens de cette interprétation. Dans une expérience de S. J. Anderson et M. A. Conway (1993), les sujets citaient le premier souvenir autobiographique qui leur venait à l'esprit pour une période donnée. Ils devaient ensuite énumérer les détails relatifs à cet événement, tels que les activités, les impressions, les lieux, les gens et ainsi de suite. Certaines personnes avaient pour consigne de faire la liste des événements dans leur ordre d'apparition, selon un ordre chronologique, et d'autres avaient pour consigne de les répertorier selon leur centralité ou ordre d'importance. Significativement plus d'événements ont été rappelés dans leur ordre d'apparition que selon leur centralité, reproduisant ainsi les résultats obtenus par Barsalou et Sewell (1985).

Cependant, la centralité des événements était le facteur le plus important pour déterminer la vitesse à laquelle les gens pouvaient accéder à leurs souvenirs. Un des détails autobiographiques précédemment rapportés était intégré dans une liste proposée sur un écran d'ordinateur et le sujet répondait dès qu'il savait quel était le détail autobiographique.

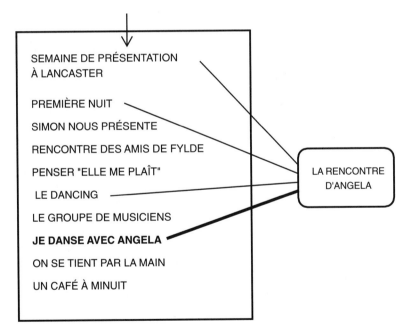

**Figure 9.10** *L'organisation des connaissances dans un souvenir autobiographique spécifique. Les items sont présentés dans leur ordre chronologique et sont initialement accessibles par les liens thématiques.*

Tiré de «Investigate the Structure of Autobiographical Memories», de S. J. Anderson et M. A. Conway, 1993, *Journal of Experimental Psychology : Learning, Memory, and Cognition, 19,* 1178-1196. Copyright © 1993 par l'American Psychological Association. Reproduit avec autorisation.

Les temps de réponse relatifs à un détail plus central étaient significativement plus courts que pour un détail initial ou final, lesquels ne différaient pas entre eux.

Ces résultats confirment la conclusion de Galambos et Rips (1982) : les détails les plus centraux offrent un accès plus immédiat au savoir contenu dans la MLT. Cependant, une fois que le souvenir (une série de détails spécifiques) est localisé, les autres détails peuvent être plus efficacement retrouvés grâce à une stratégie de recherche chronologiquement ordonnée. La figure 9.10 présente un exemple dans lequel un jeune homme se rappelle les circonstances de sa rencontre avec Angela. Les événements sont rapportés en fonction de leur ordre chronologique, lequel facilite la récupération de détails spécifiques, mais les lignes de connection indiquent les événements les plus centraux (tels que : danser avec Angela), qui offrent l'accès le plus rapide à cette expérience particulière.

## RÉSUMÉ

Les psychologues ont étudié la mémoire sémantique pour savoir comment les gens se servent du sens pour organiser l'information dans la MLT. Un moyen efficace pour organiser du matériel est l'utilisation de l'organisation hiérarchique, laquelle permet de diviser une grande catégorie en catégories de plus en plus petites. Des expériences ont montré que les gens peuvent rapidement apprendre des informations hiérarchiques, mais qu'ils ont beaucoup de difficultés à apprendre la même information lorsqu'elle est présentée de façon aléatoire. L'étude de la façon dont les gens récupèrent l'information révèle qu'ils regroupent habituellement les items par groupe de deux à cinq. Des groupes de cette taille peuvent former les bases d'une grande hiérarchie - par exemple, un paragraphe peut être divisé en phrases, les phrases en idées principales, les idées principales en groupes de mots plus restreints, les groupes de mots en mots, les mots en syllabes et les syllabes en phonèmes. La recherche sur la mémorisation de l'information contenue dans un texte a montré que la création d'un réseau sémantique pour représenter les relations entre les différents concepts améliore la performance atteinte dans les épreuves de dissertation et dans les tests de questions-réponses.

L'organisation hiérarchique des catégories influence la quantité de temps nécessaire pour vérifier les propositions concernant leurs membres. Vérifier l'appartenance à une catégorie au niveau de base prend généralement moins de temps qu'au niveau supérieur. Par exemple, il est plus facile de vérifier qu'un canari est un oiseau qu'un canari est un animal. Le modèle du réseau hiérarchique prédit ce résultat en supposant que l'information sémantique est organisée sous la forme d'une hiérarchie et que changer de niveau dans la hiérarchie nécessite du temps. Le modèle du réseau prédit également que le temps nécessaire à la vérification de la propriété d'un objet dépendra du niveau de la hiérarchie auquel elle est stockée. Cette hypothèse implique qu'il serait plus long de vérifier qu'un canari mange que de vérifier qu'un canari peut voler, parce que manger est stocké au niveau de l'animal et que voler est stocké au niveau de l'oiseau. Par contre, le modèle de comparaison des caractéristiques postule que les propositions sont vérifiées en utilisant les caractéristiques pour calculer la similarité entre deux concepts. Lorsqu'il existe un degré intermédiaire de similarité, les gens ne doivent utiliser que les caractéristiques les plus nécessaires, ou caractéristiques de définition de la catégorie. Le modèle de comparaison des caractéristiques prédit correctement que le temps de classification dépend plus de la similarité que de la taille de la catégorie et dépend également du degré où un exemple s'avère typique de sa catégorie. Les critiques du modèle de comparaison des caractéristiques portent sur sa dépendance aux calculs pour faire des prédictions, son incapacité à utiliser directement la mémoire des associations apprises, et sa distinction quelque peu artificielle entre caractéristiques de définition et caractéristiques secondaires.

Le modèle du réseau hiérarchique est un exemple de modèle de réseau sémantique dans lequel les concepts sont représentés par les nœuds du réseau et les relations par des arcs reliant les différents concepts. Le modèle de la diffusion de l'activation a été proposé pour corriger certaines limites du modèle de réseau hiérarchique. Sa principale hypothèse est que l'activation d'un concept provoque celle des concepts liés, qui se diffuse au travers des chemins du réseau. Un autre modèle de réseau, l'ACT, utilise la même hypothèse pour fournir un compte rendu théorique de bon nombre de résultats expérimentaux, notamment les différences de temps de réaction dans la récupération des faits. L'accroissement typique du temps de réaction provoqué par l'augmentation de faits non liés (l'effet *fan*) peut être évité si les faits sont tous correctement intégrés. L'avantage des modèles de réseau sémantique est qu'ils sont suffisamment généraux pour fournir une structure de base théorique susceptible d'intégrer une grande variété de résultats. Leur principal inconvénient est le nombre élevé d'hypothèses pouvant être faites, disqualifiant ces modèles quand il s'agit de faire des prévisions.

L'intégration de connaissances dans de grands regroupements est la première hypothèse de la théorie du schéma. L'intérêt porté aux structures schématiques a débuté avec le travail de Bartlett et de Piaget et a commencé à avoir un impact majeur sur les sciences cognitives au milieu des années 70. En opposition avec les couples stimulus-réponse, les structures schématiques sont molaires, non associationnistes, générales et actives. Elles offrent une structure en squelette qui peut s'adapter aux propriétés détaillées d'une instance particulière, en utilisant une connaissance par défaut lorsque l'information est manquante. Les scripts sont un type de schéma, consistant en séquences d'événements composant les activités routinières. L'ordre chronologique des événements est utile pour organiser le rappel, mais la centralité des événements détermine la vitesse à laquelle les gens peuvent accéder au script.

## QUESTIONS DE RÉFLEXION

Préparez-vous à faire face aux difficultés de ce chapitre. Puisque sa majeure partie porte sur des théories ou des modèles alternatifs, le niveau d'abstraction est nécessairement élevé. Consultez les illustrations des exemples spécifiques rapidement et souvent pour mieux visualiser le propos.

1. Que signifie *sémantique* ? *Hiérarchie* ?

2. Qu'est-ce qui prouve que l'organisation hiérarchique permet de se souvenir de plus de matériel et/ou de se le rappeler plus vite ? Etes-vous impressionné par un tel résultat ?

3. L'information sur la taille de la catégorie proposée ici reprend-elle le chiffre magique de Miller ? Quel est l'effet de la taille de la catégorie ?

4. Pouvez-vous établir les avantages et les inconvénients du modèle de réseau de Collins et Quillain ?

5. Le modèle de comparaison des caractéristiques vous semble-t-il plus utile ? Ou êtes-vous convaincu par ses critiques ?

6. Dans quel sens les modèles de réseau sémantique (de la diffusion de l'activation et l'ACT) sont-ils plus généraux que les modèles que nous venons de considérer ? Rédigez votre réponse.

7. Comment la théorie de la diffusion de l'activation rend-elle compte de l'effet de prédisposition sémantique et de l'effet de typicalité ?

8. D'après vous, les dernières modifications de l'ACT apportées par Anderson renforcent-elles la puissance de la théorie ? Va-t-il mieux y parvenir avec «l'effet *fan*» ?

9. Que faites-vous de la proposition selon laquelle «un modèle a une puissance prédictive uniquement s'il prédit que certains événements ne devraient pas se produire. On peut alors évaluer le modèle en déterminant quels événements devraient se produire en fait» ?

10. Pensez à un souvenir autobiographique. Ordonnez-en les événements spécifiques selon leur ordre chronologique et leur ordre d'importance. De quelle manière pensez-vous que ces deux caractéristiques influenceront votre rappel ?

## MOTS CLEFS

*Le numéro de page entre parenthèses indique où le terme est traité dans ce chapitre*

Arcs (319)

Caractéristiques de définition (327)

Caractéristiques secondaires (327)

Chemin (337)

Connaissance par défaut (343)

Diffusion de l'activation (313)

Effet de la taille de la catégorie (328)

Effet de typicalité (326)

Effet fan (337)

Mémoire autobiographique (346)

Modèle de comparaison des caractéristiques (322)

Modèle de la diffusion de l'activation (331)

Modèle du réseau hiérarchique (322)

Nœuds (319)

Prédisposition (332)

Réseau sémantique (313)

Schéma (341)

Script (344)

Sous-nœuds (339)

## LECTURES RECOMMANDÉES

Bower (1970) passe en revue la recherche sur les facteurs organisationnels de la mémoire dans le premier volume de *Cognitive Psychology*. Mandler (1967), l'un des premiers psychologues cognitivistes à étudier l'organisation hiérarchique de la mémoire, a fait l'hypothèse que chacun des niveaux de la hiérarchie contient environ cinq catégories. Nelson et Smith (1972) ont étudié l'acquisition et l'oubli d'informations hiérarchiquement organisées, alors que Goldberg (1986) a utilisé des techniques de calcul pour mesurer les niveaux hiérarchiques. Stevens et Coupe (1978) prétendent que la connaissance dans l'espace est également organisée hiérarchiquement; par exemple, la plupart des Américains pensent par erreur que San Diego, en Californie, se situe à l'ouest de Reno, dans le Nevada, parce que la plus grande partie de la Californie se trouve à l'ouest du Nevada. Rosch (1975) a utilisé la technique de la prédisposition pour étudier l'organisation des catégories sémantiques.

Ratcliff et McKoon (1988), ainsi que Neely et Keefe (1989), ont chacun proposé des théories alternatives à celle de la prédisposition pour rendre compte des résultats qui sont habituellement attribués à la diffusion de l'activation. Une recherche complémentaire sur l'intégration sémantique est rapportée par Reder et Ross (1983). J. R. Anderson (1983) décrit l'ACT, et un article de Chang (1986) évalue des modèles alternatifs de la mémoire sémantique. McNamara et

Miller (1989) et Malt (1990) nous livrent leurs réflexions sur l'approche des caractéristiques sémantiques pour décrire le sens des concepts. L'intégration d'objets dans des configurations spatiales est une autre forme d'intégration qui nous permet d'obtenir des temps de vérification rapides (Radransky et Zacks, 1991).

## EN FRANÇAIS

Lieury (1992, chap. 3) effectue une recension sur le rôle de l'organisation dans la mémoire. Evaluant la notion de prototype dans le cadre de la linguistique, Rastier (1991, chap. 7) traite des aspects hiérarchiques de la catégorisation. Des travaux sur les catégories sociales (Huteau, 1993) et sur les situations dans l'espace (Dubois, Mazet et Fleury, 1988) montrent l'existence de niveaux hiérarchiques de représentation mentale. Sur cet aspect, on consultera également un numéro spécial de la revue *Psychologie Française* consacré à la représentation (Ehrlich, 1985). Un chapitre de l'ouvrage de Baddeley (1993, chap. 8) introduit différents modèles de mémoire sémantique : recherche catégorielle, comparaison de traits et réseau sémantique. L'auteur y présente rapidement le modèle en réseau de Collins et Quillian (1969) et rapporte comment les niveaux hiérarchiques de cette organisation en réseau sont inférés sur la base du temps de réponse à des épreuves de vérification de phrases. Un modèle moins hiérarchique de mémoire sémantique est présenté dans l'ouvrage de Lindsay et Norman (1980, chap. 10). Une synthèse sur les représentations qui traite notamment des images mentales et des représentations lexicales et conceptuelles concrètes (Le Ny, 1994) présente les différentes techniques d'étude des représentations mentales. Le texte de Miller et Kintsch (1980) traite de la capacité de différents modèles à rendre compte des effets de niveau hiérarchiques dans la mémorisation de texte. Tiberghien et al. (1990, pp. 18-20) présentent les mécanismes fondamentaux du modèle ACT* d'Anderson (1983) et évoquent ses racines.

Baddeley, A. (1993). *La mémoire humaine. Théorie et pratique.* Grenoble : P.U.G.

Dubois, D., Mazet, C., Fleury, D. (1988). Catégorisation et interprétation de scènes visuelles. Le cas de l'environnement urbain et routier. *Psychologie Française*, n° spécial : La psychologie de l'environnement en France.

Ehrlich, S. (1985). Les représentations (numéro spécial). *Psychologie Française*, 3/4.

Huteau, M. (1993). Organisation catégorielle des objets sociaux. Portée et limites des conceptualisations de E. Rosch. In D. Dubois (ed.), *Sémantique et cognition. Catégories, prototypes, typicalité* (pp. 71-88). Paris : CNRS Editions.

Le Ny, J.F. Les représentations mentales. In M. Richelle, J. Requin & M. Robert (Eds.), *Traité de psychologie expérimentale* (Tome 2, pp. 183-223). Paris : P.U.F.

Lieury, A. (1992). *La mémoire. Résultats et théories.* Liège : Mardaga.

Lindsay, P.H., Norman, D.A. (1980). *Traitement de l'information et comportement humain : une introduction à la psychologie.* Montréal, Etudes vivantes.

Miller, J.R., Kintsch, W. (1980). Lisibilité et rappel de courts passages de prose : une analyse théorique (Readability and recall of short prose passages : A theoretical analysis. Journal of Experimental Psychology : Human Learning and Memory, 6, 335-354). In G. Denhière, *Il était une fois... Compréhension et souvenir de récits* (pp. 143-181). Lille : PUL. 1984.

Rastier, F. (1991). *Sémantique et recherches cognitives.* Paris : P.U.F.

Tiberghien, G., Mendelsohn, P., Ans, B., George, C. (1990). Contraintes structurales et fonctionnelles des systèmes de traitement. In J.F. Richard, C. Bonnet & R. Ghiglione (Eds.), *Traité de psychologie cognitive* (Tome 2, pp. 3-32). Paris : Dunod.

Troisième partie

# Les capacités cognitives supérieures

EXAM

# 10

# Le langage

Des mots différemment disposés donnent un sens différent, et une disposition différente des significations provoque différents effets.

PASCAL

Dans le chapitre précédent, notre réflexion sur la mémoire sémantique soulignait l'importance des associations entre les mots. Nous sommes maintenant prêts à considérer les modalités selon lesquelles les mots peuvent être combinés pour former des phrases. Il est théoriquement possible que cette combinaison repose sur les associations. Nous pouvons défendre l'idée que, parce que *rouge-gorge* est associé avec *oiseau*, ces mots peuvent être associés l'un et l'autre dans une phrase. Cette vision du langage pose cependant problème, parce qu'il existe tellement de manières de combiner les mots entre eux qu'il serait nécessaire d'apprendre un nombre infini d'associations pour former des phrases. Une autre théorie fait l'hypothèse que nous apprenons une **grammaire** - un système de règles capable de produire des phrases. Idéalement, les règles de grammaire devraient permettre de réaliser toutes les phrases d'une langue sans jamais produire une seule suite de mots qui ne soit pas une phrase.

**Grammaire**

Série de règles pour produire correctement des phrases dans une tâche de décision lexicale (10.W)langue.

Ceci nous amène à la définition du langage. Le **langage** est constitué d'un ensemble de symboles et de règles relatives à la combinaison de ces symboles, lesquels peuvent être utilisés pour réaliser une variété infinie de messages. Il existe trois aspects critiques dans cette définition. Premièrement, le langage est **symbolique** : nous utilisons des sons pour parler et des mots écrits pour représenter le monde qui nous entoure et communiquer. Les symboles sont arbitraires – il n'existe pas de relations implicites entre l'apparence ou la sonorité des mots et les objets qu'ils représentent. Deuxièmement, le langage est **générateur** : un nombre limité de mots peuvent être combinés selon une innombrable variété de façons pour générer un nombre infini de phrases. Troisièmement, le langage est **structuré** : en respectant les règles grammaticales, nous pouvons réaliser des phrases grammaticales.

**Langage**

Série de symboles et des règles qui les combinent, au moyen desquels nous pouvons exprimer une variété infinie de messages.

**Symbolique**

Utilisation de symboles, tels que les mots prononcés ou écrits, pour représenter des idées.

**Générateur**

Capacité de produire beaucoup de messages différents en combinant les symboles de différentes façons.

**Structuré**

Organisation imposée à une langue par ses règles de gram-

La figure 10.1 présente la structure hiérarchique de phrases. En haut de la hiérarchie se trouve la phrase qui peut être scindée en propositions selon les règles grammaticales. Les règles grammaticales permettent le découpage de la phrase de la figure 10.1 en une *proposition nominale* (*Les étrangers*) et une *proposition verbale* (*s'adressèrent à des joueurs*). Les propositions sont composées de mots, qui peuvent être scindés en **morphèmes** - la plus petite unité signifiante dans une langue. Dans le langage parlé, les morphèmes peuvent être découpés en *phonèmes* - les sons de base d'une langue.

**Morphèmes**

Les plus petites unités signifiantes dans une langue.

La section suivante offre un bref survol de ces trois aspects de la compréhension et de la production de phrases : grammaire, sens et sons.

## TROIS ASPECTS DU LANGAGE

### La grammaire

Dans les années 60, le travail du linguiste Noam Chomsky a eu une influence considérable sur le développement de la psychologie cognitive. Avant que Chomsky n'influence la psycholinguistique (l'étude psychologique du langage), les psychologues ont exploré la possibilité que les gens puissent apprendre une langue en apprenant les associations entre mots adjacents au sein d'une phrase.

Selon ce point de vue, nous apprenons à parler correctement grâce à un apprentissage d'associations de paires - chaque mot d'une phrase sert de stimulus pour le mot suivant. Dans la phrase *Le garçon frappe une balle* le mot *le* est un stimulus pour le mot *garçon* lui-même stimulus du mot *frappe*. Celui qui veut apprendre à parler une langue devra donc apprendre quels sont les mots susceptibles de se succéder dans une phrase.

Chomsky (1957) a démontré que la perspective associationniste du langage présentait plusieurs inconvénients. L'inconvénient majeur étant qu'il existe un nombre infini de phrases dans une langue. Il n'est donc pas raisonnable de spéculer que les gens pourraient apprendre une langue en apprenant les associations entre tous les mots adjacents possibles. Considérez le seul mot *le*. Il existe beaucoup, beaucoup de mots qui peuvent suivre *le*, et une personne peut ne jamais arriver à les apprendre tous. Lorsque vous considérez tous

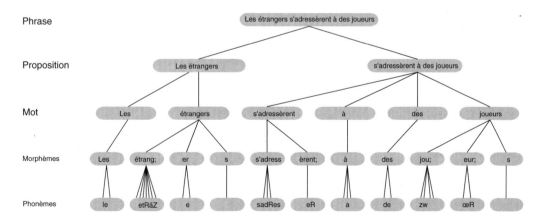

**Figure 10.1** *Exemple d'une phrase divisée en propositions, mots, morphèmes et phonèmes.*

Tiré de *Child Development : A Topical Approach*, de A. Clarke-Stewart, S. Friedman, et J. Koch, p. 417. Copyright © 1985 par John Wiley& Sons. Reproduit avec autorisation.

les mots possibles qui peuvent apparaître dans une phrase et tous les mots pouvant potentiellement suivre chaque mot, vous vous rendez bien compte que cela ne serait pas une façon très efficace d'apprendre à parler une langue. En outre, le point de vue associationniste ne rend pas compte des relations existant entre mots non adjacents. Par exemple, dans la phrase *Tous ceux qui disent ça mentent*, le pronom *tous* est grammaticalement lié au verbe *mentent*, mais cette relation n'est pas prise en compte si l'on ne considère que les relations entre mots adjacents. La perspective associationniste, en définitive, ignore la structure hiérarchique des phrase en proposant comment les gens apprennent à prononcer des phrases grammaticalement exactes.

La structure hiérarchique des phrases apparaît dans les diagrammes que vous avez peut-être construits à l'école. Beaucoup d'entre nous ont appris à découper les phrases en différentes parties.

Nous pouvons commencer par diviser une phrase en une proposition nominale et une proposition verbale, comme cela est présenté à la figure 10.1, puis diviser ces propositions en des unités plus petites qui révèlent la structure grammaticale de la phrase. Après ce rapide survol, intéressons-nous d'un peu plus près aux règles grammaticales et à leur relation à la hiérarchie de la figure 10.1.

## Le sens

Bien que je vienne de souligner l'importance de ses aspects grammaticaux, une phrase grammaticalement correcte n'est pas forcément porteuse de sens. Exemple, la célèbre phrase de Chomsky *Les idées vertes incolores dormaient furieusement*. Notez que cette phrase est grammaticalement correcte même si elle n'a aucun sens. L'effet inverse se produit également : nous pouvons arriver à nous faire comprendre sans pour autant construire des phrases grammaticalement correctes. Lorsque j'avais 15 ans, j'ai passé un été à travailler dans un collège en Allemagne en compagnie d'un étudiant suédois. Nous arrivions à communiquer relativement bien en allemand, bien que nous transgressions bon nombre de règles de la grammaire allemande.

**Aphasie de Broca**

Trouble du langage attribué à une lésion causée au niveau du lobe frontal de l'hémisphère gauche.

La distinction entre la syntaxe (grammaire) et la sémantique (sens) est également évidente dans les troubles du langage dus à des lésions cérébrales (Carrol, 1986). Un trouble connu sous le nom d'**aphasie de Broca** a été découvert et baptisé du nom du chirurgien français qui avait remarqué que certains patients parlaient avec hésitation, faisaient des phrases agrammaticales, suite à une embolie cérébrale ou à un accident (Broca, 1865). Ces patients présentaient une déficience typique de l'expression, laquelle se résumait à des mots isolés juxtaposés, comme l'illustre l'extrait suivant des propos tenus par un patient venu à l'hôpital pour des soins dentaires :

> *Oui... ah... lundi euh... papa et Peter H..., et papa... euh... hôpital... et ah... mercredi... mercredi, neuf heures... et oh... jeudi... dix heures, ah docteurs... deux... tous les docteurs... et euh... dents... oui.*
> (Goodglass & Geschwind, 1976, p. 408)

Cette incapacité à exprimer les relations grammaticales est habituellement décelée chez les individus qui ont souffert de lésions au niveau des régions frontales de l'hémisphère gauche du cerveau (une aire appelée *aire de Broca*, présentée dans la figure 10.2).

Quelques années après la découverte de Broca, un autre chirurgien, appelé Carl Wernicke, découvrait un autre type d'aphasie (Wernicke, 1874) qui résulte de dommages causés au lobe temporal de l'hémisphère gauche (voir Figure 10.2). Le discours associé à une **aphasie de Wernicke** est plus fluide et tient davantage compte des règles grammaticales mais n'offre pas davantage de contenu sémantique.

**Aphasie de Wernicke**

Trouble du langage attribué à une lésion causée au niveau du lobe temporal de l'hémisphère gauche.

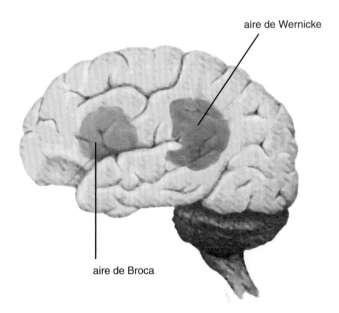

aire de Wernicke

aire de Broca

**Figure 10.2** Localisation des deux aires du langage dans l'hémisphère cérébral gauche.

Tiré de *Psyc2hology : Themes and Variations*, de Wayne Weiten. Copyright © 1995, 1992, 1989, par Brooks/Cole Publishing Company, une division de International Thomson Publishing Inc., Pacific Grove, CA 93950. Reproduit avec l'autorisation de l'éditeur.

> *Bien c'est... mère est partie elle travaille son travail là-bas pour être mieux, mais quand elle regarde dans l'autre partie. Une leur petite tuile dans son temps ici. Elle travaille une autre fois parce qu'elle commence, aussi...* (Goodglass & Geschwind, 1976, p. 410)

La difficulté avec le contenu sémantique des mots a été confirmée par des tests directs des relations sémantiques (Zurif, Caramazza, Meyerson & Galvin, 1974). Lorsqu'ils donnaient trois mots (tels que *mari, mère, requin*) et demandaient aux sujets quels étaient les plus similaires parmi les trois, ceux qui étaient atteints d'une aphasie de Wernicke réalisaient une performance beaucoup plus faible que ceux qui étaient atteints d'une aphasie de Broca.

Nous pouvons représenter le sens en décomposant les mots en morphèmes, les unités les plus petites porteuses de sens. Les morphèmes comprennent les radicaux, les préfixes et les suffixes. Le mot *inamicalement* se compose du radical *amicale*, du préfixe *in* et du suffixe *ment*. Notez que chacun de ces morphèmes induit un changement de sens. L'ajout de *ment* à *amicale* change l'adjectif en adverbe. Rajouter *in* à *amicalement* change le sens de l'adverbe.

D'autres exemples sont présentés dans la figure 10.1. Le mot *étrangers* se compose du radical *étrange* et des suffixes *er* et *s*. Le premier suffixe (er) convertit l'adjectif en nom, le second suffixe (s) change le nom singulier en pluriel. Le verbe *s'adressèrent* comprend le radical *s'adresse* et le suffixe *èrent*, qui change le temps de conjugaison du verbe. Chacun de ces morphèmes contribue au sens du mot complet.

Les morphèmes nous permettent de générer de nouveaux mots. Un jeune enfant qui ne connaît pas le pluriel d'*étranger*, mais qui sait que le pluriel d'un mot est souvent formé en ajoutant un *s* à la fin du nom commun, peut ainsi élaborer le mot *étrangers*.

S'il ne connaît pas le passé simple de *s'adresse*, mais qu'il sait que la forme des verbes conjugués à la troisième personne du pluriel du passé simple est généralement obtenue en ajoutant *èrent* à la fin, il peut former le mot *s'adressèrent*. Ces règles ne marchent pas toujours (le pluriel de *cheval* n'est pas *chevals*, la forme passé simple de *s'entretient* n'est pas *s'entretenèrent*.), mais il arrive que les enfants apprennent également les exceptions.

## La prononciation

Les symboles d'une langue comprennent à la fois des mots écrits et des mots prononcés. Cependant, comme nous l'avons vu dans le chapitre 4 lorsque nous avons abordé le codage acoustique dans la MCT, les mots écrits sont habituellement convertis en mots prononcés grâce aux subvocalisations. Ainsi les aspects acoustiques d'une langue sont-ils importants, même lorsque nous sommes confrontés aux mots écrits.

Avant que les enfants puissent comprendre des phrases écrites lors de leur apprentissage de la lecture, ils doivent comprendre les phrases dites. Le premier pas dans cette compréhension du langage parlé consiste à distinguer l'ensemble des sons de base (les phonèmes) de la langue. Cette habileté est remarquable chez les nouveaunés, capables de discriminer les phonèmes de nombreuses langues (Kuhl, 1993). Mais les nourrissons ont également besoin de répondre à la similarité des sons et de les catégoriser au sein de catégories phonétiques qui composent spécifiquement leur langue. Ceci ressemble au problème de reconnaissance des formes abordé au chapitre 2, lorsque nous avons souligné l'importance des formes visuelles. Tout comme il existe des variations dans l'écriture manuscrite des gens qui peuvent rendre difficile la reconnaissance des formes, il existe des variations dans la prononciation des mots qui peuvent rendre difficile leur identification.

Nous avons vu au chapitre 8 qu'une théorie du prototype dans la catégorisation prétend que les gens classent les formes en les comparant aux prototypes des catégories. Un récent travail de Kuhl (1993) indique que les prototypes sont importants dans la reconnaissance de la forme du langage parlé et que les enfants âgés de 6 mois ont déjà formé des prototypes représentant les phonèmes de leur langue. Les éléments attestant la formation des prototypes proviennent d'une recherche effectuée par Kuhl (1991) dans laquelle il démontrait que la capacité de discriminer un son au sein d'une même catégorie phonétique (comme si différentes personnes prononçaient le phonème *e*-long) est plus difficile lorsque le prototype de la catégorie est impliqué dans la discrimination. Les adultes et les enfants de 6 mois parviennent plus facilement à discriminer deux sons non prototypiques qu'un son prototypique d'un son non prototypique. Kuhl (1991) utilise la métaphore d'un «aimant de la perception» pour décrire cet effet. Le son prototypique *e*-long attire d'autres sons comparables, contribuant à rendre ces variations de sons plus semblables encore au prototype.

Cet «effet aimant» a plusieurs implications intéressantes. Premièrement, nous pouvons nous attendre à ce que les enfants deviennent de plus en plus habiles dans la discrimination des sons à mesure qu'ils grandissent. Faux - si les sons appartiennent à la même catégorie phonétique. Former des prototypes des différents phonèmes réduit la discrimination entre catégories phonétiques parce que les variantes du prototype finissent par ressembler davantage au prototype.

Notez cependant que cela devrait faciliter la reconnaissance des phonèmes.

Nous pouvons également nous attendre à ce que les enfants puissent mieux discriminer entre sons familiers de leur propre langue que parmi les sons non familiers d'une langue étrangère. Faux, encore une fois - si les sons appartiennent à la même catégorie phonétique. Par exemple, les enfants suédois de 6 mois se sont avérés plus aptes que leurs homologues américains à discriminer un son *e*-long prototypique d'autres sons *e*-long, quoiqu'il s'agissait d'un son non familier pour eux (Kuhl, Williams, Lacerda, Stevens & Lindblom, 1992). La raison en est que les enfants américains ont formé un son *e*-long prototypique et sont donc victimes de l'«effet aimant», alors que les enfants suédois n'ont pas formé de son *e*-long prototypique puisque ce son ne figure pas dans leur langue. Le résultat inverse se produit avec une voyelle qui existe en suédois mais pas en anglais. Les enfants américains étaient cette fois plus aptes à différencier cette voyelle du prototype de la catégorie.

En résumé, les enfants naissent avec la capacité de faire la distinction entre les phonèmes de bon nombre de langues mais apprennent la prononciation des différents sons prototypiques de leur langue. Une fois ces prototypes de prononciation des sons acquis, il devient de plus en plus difficile de différencier le prototype de ses variantes. En d'autres termes, les variations des phonèmes dues à des différences de prononciation ont une sonorité de plus en plus comparable. Ce qui amoindrit nos performances dans des tests de discrimination mais peut faciliter en revanche notre reconnaissance des propos tenus, puisque les phonèmes ressemblent davantage au prototype de leur catégorie.

## Les erreurs langagières

A mesure que les enfants grandissent, ils n'apprennent pas seulement à reconnaître une langue mais aussi à l'utiliser eux-mêmes. Cependant, même les adultes peuvent faire des erreurs lorsqu'ils parlent. Maintenant que nous avons passé en revue les aspects grammaticaux, sémantiques et phonétiques des phrases, nous pouvons regarder comment ces trois aspects du langage peuvent donner lieu à des erreurs lors de la production orale de phrases. Les erreurs langagières, ou **lapsus**, sont des déviations incontrôlées du discours prévu (Dell, 1986). La plus grande partie de ce que nous savons sur ces lapsus provient des analyses des erreurs entendues et relevées par les chercheurs. Bien que de telles méthodes puissent biaiser les résultats lors de leur collecte, il existe une telle régularité dans ces erreurs langagières qu'il est peu probable qu'elles soient le fait de manipulations systématiques des données.

**Lapsus**

Erreurs langagières.

L'utilité de l'organisation hiérarchique pour représenter les erreurs langagières, présentée dans la figure 10.1, est due au fait que les erreurs se produisent généralement au sein des différents niveaux hiérarchiques et non entre eux (Dell, 1986). Les erreurs peuvent donc être divisées en *erreurs de mot*, *erreurs de morphème* et *erreurs phonétiques*, selon la taille de l'unité linguistique impliquée dans l'erreur commise.

Les **erreurs d'interversion** sont celles qui se produisent le plus fréquemment dans ces unités linguistiques; elles consistent en l'inversion de deux unités linguistiques au sein de la phrase. Un exemple d'**interversion de mots** peut être illustré par une personne disant «J'écris une mère à ma lettre» au lieu de «J'écris une lettre à ma mère». Les mots intervertis sont des membres typiques de la même catégorie syntaxique, témoignant des contraintes que la grammaire impose au langage. Dans cet exemple, *mère* et *lettre* sont des noms communs. Les **interversions de morphèmes** consistent à dire «tranchement finée» à la place de «finement tranchée». Ici encore, les contraintes catégorielles s'exercent dans ces erreurs de morphèmes; dans notre exemple, les deux termes *tranch* et *fine* sont permutés alors que leurs suffixes *ment* et *ée* sont restés dans leur position d'origine. Tout comme les noms sont substitués par d'autres noms ou des verbes par d'autres verbes au niveau des mots, les permutations s'effectuent entre radicaux ou entre suffixes au niveau des morphèmes. Les **interversions de phonèmes** reviennent à dire « scibliographique bientifie» au lieu de «bibliographie scientifique». Une fois encore, il existe des contraintes catégorielles relatives aux interversions. Dans les erreurs phonétiques, les consonnes du début des mots sont interverties, tout comme le sont les phonèmes terminant les deux mots.

La suite de ce chapitre est axée sur les aspects syntaxiques et sémantiques du langage. La première section propose une brève description de deux types de règles grammaticales - les règles de structuration des phrases et les règles de transformation. La seconde section aborde l'influence du contexte sur la compréhension des phrases. La compréhension des phrases ambiguës constitue un domaine d'étude particulièrement intéressant, parce que nous devons résoudre cette ambiguïté pour comprendre les phrases. La section finale examine la distinction entre propositions explicites et implicites. Les découvertes sur la façon dont les gens arrivent à faire cette distinction offrent quelques applications dans la recherche sur la compréhension du langage, plus particulièrement dans l'évaluation des témoignages légaux et des slogans publicitaires.

**Erreurs d'interversion**

Erreurs dans lesquelles deux unités linguistiques sont permutées dans la prononciation d'une phrase.

**Interversions de mots**

Erreurs dans lesquelles deux mots sont permutés dans la prononciation d'une phrase.

**Interversions de morphèmes**

Erreurs dans lesquelles deux morphèmes sont permutés dans la prononciation d'une phrase.

**Interversions de phonèmes**

Erreurs dans lesquelles deux phonèmes sont permutés dans la prononciation d'une phrase.

## PSYCHOLOGIE ET GRAMMAIRE

### La structure grammaticale des phrases

Nous avons vu qu'une des alternatives pour représenter le langage autrement qu'en tant que série de mots, est de le représenter comme un système de règles. Par exemple, nous avons vu dans la figure 10.1 que nous pouvions diviser la phrase en proposition nominale et proposition verbale. Nous pouvons ensuite subdiviser la proposition verbale *s'adressèrent à des joueurs* en verbe -*s'adressèrent*- et en complément du verbe - *à des joueurs*. Les règles utilisées pour diviser une phrase selon ces parties grammaticales forment la **structure grammaticale des phrases** parce qu'elle révèlent comment nous pouvons scinder une phrase en propositions composées de groupes de mots.

**Grammaire de structuration des phrases**

Série de règles permettant de diviser une phrase en unités grammaticales.

Cette approche peut être illustrée par une règle très simple extraite d'une structure grammaticale de phrase (tableau 10.1).

Les règles sont exprimées par une flèche qui signifie *peut être réécrit sous la forme de*. Les symboles se réfèrent aux phrases (Ph), aux propositions nominales (PN), aux propositions verbales (PV) et aux déterminants (Det). Les premières règles établissent qu'une phrase peut être réécrite sous la forme d'une proposition nominale suivie d'une proposition verbale. La seconde règle indique qu'une phrase nominale peut être envisagée sous la forme d'un déterminant suivi par un nom. La troisième règle stipule qu'une proposition verbale peut se décomposer en un verbe suivi d'une proposition nominale. Ces trois dernières règles donnent des exemples de mots qui peuvent être remplacés par un déterminant, un nom commun ou un verbe.

Ces règles vous paraîtront plus familières si elles sont exprimées visuellement. La figure 10.3 présente comment elles peuvent être utilisées pour révéler la structure grammaticale d'une phrase. La phrase est tout d'abord réécrite sous la forme d'une proposition nominale suivie d'une proposition verbale (Règle 1). La règle 2 nous permet ensuite de réécrire la proposition nominale et la règle 3 de réécrire la proposition verbale. Puisque l'application de la règle 3 engendre une

**Tableau 10.1** *Exemples de règles de structuration des phrases*

| | |
|---|---|
| 1. Ph → PN + PV | 3. Det → *une, le* |
| 2. PN → Det + Nom | 4. Nom → *garçon, balle, bâton* |
| 3. PV → Verbe + PN | 5. Verbe → *frappe* |

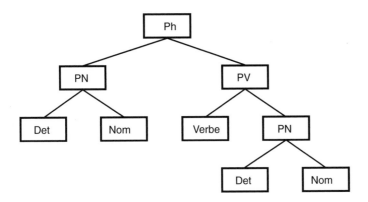

**Figure 10.3** Diagramme d'une phrase reposant sur les règles de structuration grammaticales du tableau 10.1.

autre proposition nominale, il est nécessaire d'appliquer une nouvelle fois la règle 2 pour réécrire cette seconde proposition nominale. En utilisant les règles du vocabulaire pour substituer des mots par des déterminants, des noms et des verbes, nous pouvons à présent former un petit nombre de phrases. Par exemple :

Le garçon frappe une balle.

Le bâton frappe le garçon.

Le bâton frappe une balle.

Bien que le nombre de phrases que nous puissions former en utilisant cette grammaire particulière soit assez limité, la grammaire illustre de quelle façon les phrases peuvent être générées grâce à l'application des règles. La création de règles supplémentaires, telles que l'insertion d'adjectifs dans une proposition nominale, devrait nous permettre de former une grande variété de phrases.

## La grammaire transformationnelle

Chomsky (1957) faisait remarquer la limite de la structure grammaticale des phrases, qui ne révèle pas comment une phrase peut être modifiée pour former une phrase comparable. Par exemple, comment pouvons-nous changer (1) une proposition active en une proposition passive, (2) une proposition positive en une négative et (3) une affirmation en une question ? Considérons la phrase *Le garçon frappe une balle*; le premier changement donne *Une balle est frappée par le garçon*; le second changement *Le garçon ne frappe pas une balle* et le troisième *Le garçon frappe-t-il une balle ?* Dans chaque cas, la modification *transforme* une phrase entière en une phrase comparable. Les règles de transformation ont donc une fonction différente des règles de structuration des phrases, qui révèlent leur structure grammaticale. Chomsky, cependant, a utilisé les règles de structuration des phrases pour élaborer sa grammaire transformationnelle, parce que les transformations sont basées sur la structure grammaticale des phrases.

Considérez la transformation de *Le garçon frappe une balle* en *Une balle est frappée par le garçon*. La règle de transformation dans ce cas est

PN1 + Verbe + PN2 ' PN2 + *est* + Verbe + *par* + PN1

La transformation modifie la position des deux propositions nominales et insère des mots additionnels dans la phrase passive. La phrase passive commence par la seconde proposition nominale (*une balle*) et finit par la première (*le garçon*). Il est également nécessaire d'ajouter les mots *est* et *par*. Notez que la règle de transformation montre comment une description de la structure d'une phrase passive peut être formée à partir de la description de la structure d'une phrase active.

**Grammaire transformationnelle**

Série de règles de transformation d'une phrase en une phrase comparable.

La **grammaire transformationnelle** proposée par Chomsky en 1957 fit progresser l'étude de la grammaire de structuration des phrases parce que, outre le fait de révéler la structure grammaticale, elle montrait comment les phrases pouvaient être transformées. Toutefois, Chomsky n'était pas entièrement satisfait par cette grammaire transformationnelle et, en 1965, il écrivit un second livre pour corriger certaines de ses vues. Les changements qu'il y apporta visaient principalement à permettre au sens de jouer un rôle beaucoup plus important dans la grammaire.

La grammaire de 1957 ne permettait pas de produire des phrases qui semblaient grammaticales sans pour autant avoir du sens. Ce point peut être illustré par l'ajout d'un autre verbe - *prit* - aux règles présentées dans la figure 10.3. Cet ajout nous permet de former de nouvelles phrases, telles que *Le garçon prit une balle* et *Une balle prit le garçon*.

Bien que ces deux phrases semblent grammaticales, la seconde n'a pas beaucoup de sens. La raison en est que le verbe *prit* requiert habituellement un sujet animé - quelqu'un de vivant et donc capable de prendre quelque chose. Chomsky a essayé de corriger ce point faible en formulant des contraintes concernant les mots qui peuvent être remplacés dans une phrase. Au lieu d'estimer que tous les verbes sont identiques, il a postulé que certains verbes nécessitaient des sujets animés. Cette restriction est basée sur le sens des mots.

Par ailleurs, la première version de la grammaire transformationnelle ne permettait pas toujours de faire la distinction entre les différents sens d'une **phrase ambiguë**, bien que nous puissions parfois y parvenir, certaines phrases ambiguës pouvant se distinguer à l'aide des règles de structuration des phrases. Considérez la phrase *They are flying planes*. Une interprétation considère *flying* comme faisant partie du verbe *are flying*, alors qu'une autre interprétation considère *flying* comme un adjectif dans la proposition nominale *flying planes* (ndt : première interprétation : *Ils pilotent des avions*; deuxième interprétation : *Ce sont des avions en train de voler*). Dans la première interprétation, *they* se réfère à des personnes qui pilotent des avions; dans le second cas, *they* se réfère aux avions. Une grammaire de la structuration des phrases peut permettre cette distinction, parce que chaque interprétation envisage une décomposition différente.

> **Phrases ambiguës**
>
> Phrases qui peuvent signifier plusieurs choses.

Cependant, il existe d'autres phrases ambiguës qui ne peuvent être distinguées sur la base des règles de structuration, parce que les deux interprétations suivent la même décomposition. Considérez la phrase *Flying planes can be dangerous* (ndt : *Piloter des avions peut être dangereux* ou *Les avions en vol peuvent être dangereux*). La phrase présente la même ambiguïté que précédemment. Les deux interprétations peuvent être révélées en paraphrasant sous le forme de *Flying planes is dangerous* ou *Flying planes are dangerous* (ndt : *Piloter des avions est dangereux* vs *Les avions en vol sont dangereux*). La première interprétation signifie que voler est dangereux pour le pilote; la deuxième, que ce sont les avions qui sont dangereux.

Néanmoins, dans les deux interprétations, *flying planes* est le sujet de la phrase, l'ambiguïté ne peut donc être résolue en utilisant les différentes règles de la structuration de phrases.

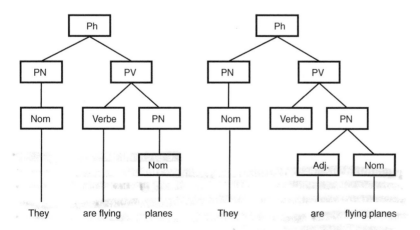

**Figure 10.4** Deux décompositions alternatives d'une phrase ambiguë.

**Structure de surface**

La structure d'une phrase prononcée.

**Structure profonde**

Le sens sous-jacent d'une phrase.

Chomsky (1965) a suggéré, pour résoudre cette ambiguïté, un niveau d'analyse qui représente directement le sens de la phrase. Il a donc modifié la grammaire transformationnelle afin qu'elle consiste en deux niveaux : la **structure de surface**, directement liée au sens entendu, et la **structure de profondeur**, directement liée au sens contenu dans la phrase. La seule façon de résoudre l'ambiguïté d'une phrase telle que *Flying planes can be dangerous* est de savoir lequel des deux niveaux est sous-entendu - piloter des avions est dangereux ou les avions sont eux-mêmes dangereux.

Les concepts qu'a introduits Chomsky ont eu un impact considérable sur le champ de la psycholinguistique naissante. Les psychologues qui s'intéressaient au langage ont étudié les implications de la grammaire transformationnelle sur les théories expliquant comment les gens comprennent des phrases et se les rappellent. Les études suivantes basées sur les phrases ambiguës illustrent le type de recherches qui ont résulté des idées de Chomsky.

## Les phrases ambiguës

La compréhension des phrases, comme la reconnaissance des formes, est une activité complexe que nous exécutons très bien. Les phrases ambiguës nous offrent quelques éclairages sur la façon dont les difficultés de compréhension peuvent survenir. Une technique d'étude de la compréhension consiste à mesurer la vitesse avec laquelle les gens peuvent compléter une phrase. Essayez de finir les trois phrases suivantes aussi vite que possible.

1. Although he was continually bothered by the cold...

   (ndt : Bien qu'il fût continuellement ennuyé par le froid – ou : le rhume)

2. Although Hannibal sent troops over a week ago...

   (ndt : Bien qu'Hannibal eût envoyé ses troupes plus d'une semaine auparavant – ou : eût envoyé là-bas ses troupes une semaine plus tôt)

3. Knowing that visiting relatives could be bothersome...

   (ndt : Sachant que rendre visite à des parents peut être ennuyeux – ou : Sachant que la visite de parents peut être ennuyeuse).

**Ambiguïté lexicale**

Polysémie d'un mot.

**Ambiguïté de surface**

Sens alternatifs d'une phrase qui peuvent être différenciés par différentes règles de structuration de phrase.

Chacune de ces trois phrases représente un type différent d'ambiguïté étudié par MacKay (1966). Le premier exemple présente une **ambiguïté lexicale (ou de mot)** parce que le mot *cold* fait aussi bien référence à la température qu'à la maladie. Le second exemple présente une **ambiguïté de surface** parce qu'elle repose sur un groupe de mots. Le mot *over* peut être considéré comme faisant partie de la proposition verbale (*sent troops over*) ou de la proposition subordonnée (*over a week ago*). Au plan linguistique, cette distinction peut être représentée par une règle de structuration de phrase parce que chaque interprétation présente une décomposition différente. Le troisième exemple présente une **ambiguïté implicite** parce que cette ambiguïté ne peut être résolue que si nous connaissons le sens implicite (la structure profonde) de la phrase. Notez que la phrase *visiting relatives* est ambiguë dans le même sens que *flying planes* dans l'exemple donné précédemment. Nous ne savons pas très bien qui sont les visiteurs et cette ambiguïté ne peut être résolue au niveau de la structure de phrase.

**Ambiguïté sous-jacente**

Sens alternatifs d'une phrase qui ne peuvent pas être différenciés par différentes règles de structuration de phrase.

Il est possible, bien entendu, que les gens puissent ne jamais s'être aperçus de ces ambiguïtés et avoir donc trouvé qu'il était aussi facile de compléter ces phrases que de compléter des phrases similaires non ambiguës. Les trois phrases suivantes présentent des variations non ambiguës de chacun des trois exemples. Le mot en italique est le seul mot changé.

1. Although he was continually bothered by the *headache*...

   (ndt : Bien qu'il fût continuellement gêné par le *mal de tête*)

2. Although Hannibal send troops *almost* a week ago...

   (ndt : Bien qu'Hannibal eût envoyé ses troupes *presque* une semaine plus tôt)

3. Knowing that visiting *some* relatives could be bothersome...

   (ndt : Sachant que rendre visite à *certains* parents peut être ennuyeux)

MacKay a étudié l'effet de l'ambiguïté sur le temps d'achèvement des phrases en donnant aux sujets, soit des variations ambiguës, soit des variations non ambiguës des mêmes phrases. La tâche consistait à compléter les phrases aussi vite que possible. Les ajouts devaient être courts, grammaticaux et liés au début de la phrase.

La figure 10.5 présente le temps moyen nécessaire pour compléter chacun des types de phrase. Aucune différence n'a été obtenue avec les phrases non ambiguës de contrôle, mais des différences apparaissent entre les trois types de phrases ambiguës - chacune d'elle prenait plus de temps pour être complétée que les phrases de contrôle.

Les sujets ont eu le moins de difficultés avec les ambiguïtés lexicales, un peu plus avec les ambiguïtés de surface et plus encore avec les ambiguïtés implicites. Les phrases qui contenaient plus d'une ambiguïté (ambiguïtés multiples) se sont avérées les plus difficiles à compléter. Ce qui est intéressant, c'est que très peu de sujets avaient

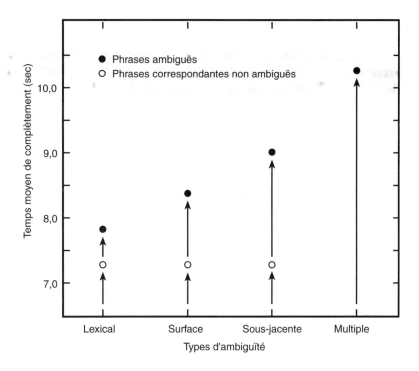

**Figure 10.5** *Temps de complètement de phrases ambiguës et non ambiguës.*

Tiré de «To End Ambiguous Sentences», de D. G. MacKay, 1966, *Perception & Psychophysics, 1,* 426-435. Copyright © 1966 par la Psychonomic Society. Reproduit avec autorisation.

remarqué les ambiguïtés, bien qu'ils aient significativement mis plus de temps pour compléter les phrases ambiguës.

Bien que les idées de Chomsky aient eu une grande influence dans le domaine de la psycholinguistique naissante, les recherches contemporaines sur le langage se sont davantage focalisées sur le sens que sur la grammaire (voir Lachman, Lachman & Butterfield, 1979, pour un compte rendu détaillé de cette évolution). Par exemple, les mots ambigus et les propositions nominales ambiguës nous semblent généralement peu ambigus quand nous les lisons dans une phrase, parce que leur sens est mis en lumière par des mots les précédant. Les phrases fournissent un contexte pour interpréter les mots. Dans la prochaine section, nous apprendrons comment ce contexte influence la compréhension.

# L'INFLUENCE DU CONTEXTE SUR LA COMPRÉHENSION

Le contexte influence de différentes manières notre compréhension de ce que nous lisons. La première porte sur la reconnaissance du mot. Nous avons tous déjà éprouvé des difficultés à reconnaître un mot écrit illisiblement et nous avons dû relire les mots et les phrases voisins pour nous aider à l'identifier. Par ailleurs, le contexte influence notre compréhension quand il s'agit de trouver le sens approprié d'un mot ambigu. Vous avez peut-être remarqué dans la section précédente le soin avec lequel MacKay (1966) a imaginé ses phrases ambiguës, de telle sorte que le contexte ne puisse procurer aucune aide. Lorsque les sujets lisaient l'élément de phrase *Although he was continually bothered by the cold*, *cold* pouvait se référer à l'état de santé de la personne ou à la température ambiante, mais habituellement les mots qui précèdent ou qui suivent un mot ambigu nous informent sur le sens à lui donner. Une troisième façon dont le contexte influence la compréhension porte sur la combinaison des mots pris individuellement pour former des unités de sens plus larges. Si nous lisons quelque chose sur les maisons incendiées, est-ce que nous combinons indépendamment les sens de l'adjectif (*incendiée*) et du nom commun (*maison*) pour former une image de maison incendiée, ou est-ce que l'adjectif modifie directement le sens du nom commun ? C'est à cette question, entre autres, que nous allons tenter de répondre dans cette section.

## Contexte et reconnaissance du mot

Bien que j'aie abordé la reconnaissance des mots dans le chapitre sur la reconnaissance des formes, j'ai privilégié l'effet de primauté du mot. Nous avons appris qu'une lettre est plus facile à reconnaître dans le contexte d'un mot que quand elle apparaît en tant que telle.

De la même façon, un mot est souvent plus facile à reconnaître quand il apparaît dans le contexte d'une phrase que lorsqu'il apparaît seul. Un exemple de la façon dont le contexte peut influencer la reconnaissance de mot est présenté dans la figure 10.6. Les deux phrases contiennent un mot physiquement identique, pourtant nous n'avons aucune difficulté à identifier le mot comme étant *went* (ndt : *went up* - ont gravi) dans la phrase du haut et *event* (ndt : événement) dans la phrase du bas.

Bien que pour la plupart d'entre nous, l'influence du contexte soit plus évidente lorsque nous avons fait l'effort d'identifier un mot, il influence également le temps de reconnaissance lorsque nous avons à identifier des mots assez rapidement. En général, le contexte est utile et accélère la reconnaissance, mais il peut également la ralentir, comme cela est illustré par les deux phrases suivantes : (1) *John kept his gym clothes in a locker.* (2) *John kept his gym clothes in a closet.* (ndt : 1 - John gardait ses affaires de sport dans un casier; 2 - John gardait ses affaires de sport dans un placard). Les mots *locker* (casier) et *closet* (placard) sont tous deux précédés d'un contexte adéquat, mais celui-ci crée une forte attente pour le mot *locker*. Les phrases qui créent une forte attente d'un mot particulier sont appelées **phrases à fortes contraintes**.

**Phrases à fortes contraintes**

Phrases qui induisent une forte attente pour un mot particulier.

Schwanenflugel et Shoben (1985) ont étudié l'influence des phrases à fortes contraintes sur le traitement des mots attendus (*locker*) et des mots imprévus (*closet*), en utilisant la **tâche de décision lexicale** dont nous avons déjà parlé dans le chapitre précédent. Après avoir lu des phrases présentant soit un contexte de fortes contraintes, soit un contexte neutre, les lecteurs avaient à décider si une série de lettres constituait un mot. Le contexte de fortes contraintes a facilité la reconnaissance du mot attendu mais a interféré avec la reconnaissance du mot imprévu. Les sujets étaient plus prompts à décider que *locker* constituait un mot lorsqu'ils étaient confrontés au contexte de fortes contraintes mais ils étaient plus prompts à décider que *closet* formait un mot lorsqu'ils étaient confrontés au contexte neutre, qui consistait en une ligne de X.

**Tâche de décision lexicale**

Tâche dans laquelle les sujets doivent décider si une série de lettres constitue un mot.

La phrase à fortes contraintes a provoqué une interférence dans ce dernier cas, parce que les gens s'attendaient à un mot particulier qui n'est pas apparu. Que se passerait-il si nos attentes de mots spécifiques n'étaient pas aussi fortes ? Schwanenflugel et Shoben ont cherché à répondre à cette question en incluant des **phrases à faibles contraintes** dans leur étude.

**Phrases à faibles contraintes**

Phrases induisant l'attente d'un large éventail de mots.

Les deux phrases suivantes en sont des exemples : (1) *The lady was a competent cook.* (2) *The lady was a competent chef.* (ndt : 1 - La dame était une cuisinière compétente ; 2 - La dame était un chef compétent). Ces phrases présentent de faibles contraintes parce

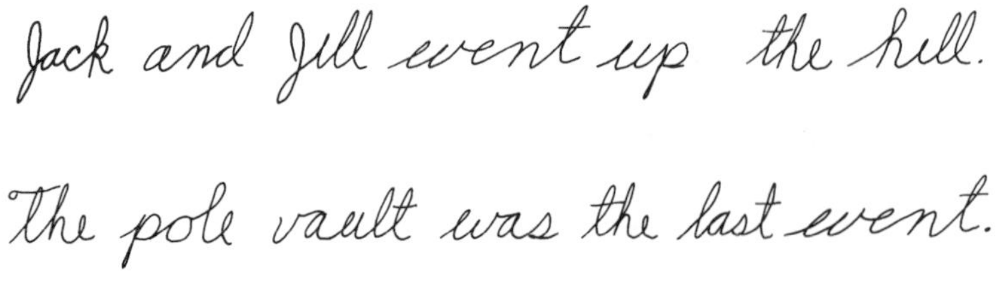

**Figure 10.6** Dépendance de la perception des lettres au contexte.

Tiré de «Toward an Interactive Model of Reading», de D. E. Rumelhart, 1977, in *Attention and Performance*, volume 6, édité par S. Dornic. Copyright © 1977 par Lawrence erlbaum Associates, Inc. Reproduit avec autorisation.

qu'une dame peut être compétente dans bien des domaines. Cependant, la première phrase contient un mot attendu, alors que la
seconde comprend un mot imprévu, une dame ayant plus de chance
de se faire appeler cuisinière que chef. Par contraste avec les phrases
à fortes contraintes, dans lesquelles un effet facilitateur considérable
se produit pour les mots attendus et une importante interférence pour
les mots imprévus, les phrases à faibles contraintes entraînent une
facilitation modérée pour les deux types de mots.

Schwanenflugel et Shoben rendent compte de cette découverte
en proposant une explication basée sur les **caractéristiques sémantiques**. Ils soutiennent que ce changement d'importance de la facilitation due aux contraintes des phrases peut se produire parce que les
sujets élaborent moins de caractéristiques et des caractéristiques
d'une portée plus générale pour les phrases à faibles contraintes que
pour celles à fortes contraintes. Dans l'exemple de faibles contraintes, *The lady was a competent* ————, le mot manquant est seulement contraint par des caractéristiques telles que [activité qualifiée]
et [quelque chose que les humains peuvent faire]. La facilitation peut
se produire pour tous les concepts qui présentent ces deux caractéristiques. Par contre, les phrases à fortes contraintes peuvent induire
une attente de concepts satisfaisant un ensemble plus détaillé de
caractéristiques. La phrase *John kept his gym clothes in a* ————
peut amener les lecteurs à générer un ensemble de caractéristiques
plus spécifiques d'un casier (*locker*), telles que [petit], [rectangu-
laire], [associé au sport], [où l'on peut mettre des vêtements] et [qui
se ferme]. Si la facilitation est restreinte à des concepts qui correspondent exactement à la description des caractéristiques, les phrases
à faibles contraintes faciliteront la reconnaissance de beaucoup plus
de mots que les phrases à fortes contraintes. Ainsi le mot *chef* satisferait aux deux caractéristiques sémantiques générées par la phrase
à faibles contraintes, alors que le mot *closet* (placard) ne satisferait
pas au plus grand éventail de caractéristiques spécifiques générées
par la phrase à fortes contraintes.

**Caractéristiques sémantiques**

Attributs représentant la signification d'un concept.

L'étude de Schwanenflugel et Shoben (1985) montre que le
contexte peut aussi bien avoir des effets négatifs que positifs. Un contexte de fortes contraintes peut ralentir les décisions lexicales concernant les mots imprévus. Cependant, lors de l'évaluation de telles
études, il faut prendre garde au fait que l'interférence contextuelle est
influencée par la méthodologie de recherche utilisée pour étudier les
effets contextuels. Un autre procédé couramment utilisé, au lieu des
tâches de décision lexicale, consiste à mesurer la rapidité avec
laquelle les individus peuvent nommer un mot qui suit un contexte.
Les études qui ont utilisé les deux procédés ont révélé que les effets
d'interférence sont davantage présents dans les tâches de décision

lexicale que dans les tâches de nomination (Stanovich & West, 1983). Voilà un important défi pour les psychologues cognitivistes : montrer comment la performance dans de telles tâches de nomination et de décision lexicale est liée à la compréhension qui se forme pendant la lecture normale (Seidenberg, Waters, Sanders & Langer, 1984).

## Contexte et ambiguïté sémantique

Après que les lecteurs ou les auditeurs ont identifié un mot, il leur reste encore à en sélectionner le sens adéquat lorsque ce mot peut en revêtir plusieurs. Nous avons vu précédemment que les psychologues aiment étudier la compréhension en incorporant des mots ambigus dans leurs phrases. Cependant, il est important de réaliser que les phrases ambiguës n'ont pas été simplement inventées par les psychologues pour étudier la compréhension du langage. Elles apparaissent fréquemment en dehors du laboratoire, comme par exemple dans les titres des journaux. Comprendre les titres des journaux est une plus grande gageure que de comprendre des phrases ordinaires, parce que bien souvent des contraintes d'espace obligent à enlever des mots utiles dans le titre. Voici quelques exemples de titres ambigus : Teacher Strikes Idle Kids (ndt : L'instituteur frappe les enfants paresseux - ou - Grèves des instituteurs, les enfants paressent) ; Pentagon Plans Swell Deficit (ndt : Les projets du Pentagone gonflent le déficit - ou - Le Pentagone prévoit un formidable déficit) et Executive Secretaries Touch Typist (ndt : Les secrétaires de direction se rapprochent des dactylos - ou - Les secrétaires de direction savent la dactylo). Chacun de ces titres a plusieurs sens. La plupart des gens font la même interprétation du sens sous-entendu, l'ambiguïté ralentit néanmoins leur compréhension. Comprendre un titre ambigu prend plus de temps que de comprendre l'une de ses interprétations non ambiguës (Perfetti, Beverly, Bell, Rodgers & Faux, 1987).

L'ambiguïté des titres de certains journaux est particulièrement gênante, dès lors que l'absence de contexte rend difficile leur interprétation. Le titre est la première phrase que nous lisons pour savoir de quoi parle un article. La raison pour laquelle bon nombre de phrases ambiguës ne le paraissent pas est que les phrases qui précèdent éclairent leur sens. Si je dis I am bothered by the cold (ndt : Je suis ennuyé par le froid - ou - un rhume), les phrases précédentes révèlent le sens sous-entendu. Nous sommes donc en droit de penser qu'un contexte bien défini facilite la compréhension de phrases ambiguës, aussi bien que celle des phrases non ambiguës. Une expérience conduite par Swinney et Hakes (1976) conforte cette hypothèse.

Dans cette expérience, les sujets devaient réaliser deux tâches simultanément alors qu'ils écoutaient des couples de phrases. Dans l'une des tâches, on leur demandait d'estimer à quel point les phrases de chaque paire avaient un sens proche. Cette tâche requérait que les sujets comprennent les phrases. Dans la seconde tâche, ils devaient appuyer sur un bouton dès qu'ils entendaient un mot commençant par un son particulier (un phonème). Cette expérience adoptait l'idée directrice selon laquelle les gens devraient être plus lents à répondre au phonème s'ils ont des difficultés à comprendre la phrase. Le couple de phrases suivant constitue un exemple typique de ces paires :

> Rumor had it that, for years, the government building has been plagued with problems. The man was not surprised when he found several «bugs» in the corner of his room. (Swinney & Hakes, 1976)

> La rumeur a couru, pendant plusieurs années, que l'immeuble du gouvernement connaissait beaucoup de problèmes. Cet homme ne fut pas surpris lorsqu'il trouva plusieurs micros (- ou - punaises) dans un coin de la pièce.

Le phonème cible, dans cet exemple, apparaît au début du mot *corner*, peu de temps après le mot ambigu *bugs*. Pour savoir si le mot ambigu ralentira la compréhension, et donc la détection du phonème, Swinney et Hakes ont comparé les performances réalisées avec les phrases ambiguës à celles des phrases de contrôle non ambiguës.

La version non ambiguë de l'exemple contenait le mot *insects* (ndt : insectes) à la place du mot *bugs*. Swinney et Hakes ont constaté que les sujets prenaient significativement plus de temps pour détecter le phonème lorsqu'il suivait un mot ambigu que quand il suivait un mot non ambigu. Ces résultats concordent avec ceux de Mac-Kays (1966) qui suggéraient que l'ambiguïté pouvait ralentir la compréhension.

Cependant, le mot ambigu apparaît parfois dans un contexte qui clarifie le sens dans lequel le mot est employé. Par exemple :

> Rumor had it that, for years, the government building has been plagued with problems. The man was not surprised when he found several spiders, roaches, and other «bugs» in the corner of his room. (Swinney & Hakes, 1976, p. 686)

> La rumeur a couru, pendant plusieurs années, que l'immeuble du gouvernement connaissait beaucoup de problèmes. Cet homme ne fut pas surpris lorsqu'il trouva plusieurs araignées, cafards et autres punaises dans un coin de la pièce.

Lorsque le contexte clarifiait le sens des mots ambigus, les gens pouvaient comprendre le mot ambigu *bugs* aussi bien que le mot non ambigu *insects*. Il ne subsistait plus de différences de temps de réponse au phonème cible.

Ces résultats nous donnent à penser qu'un seul sens du mot ambigu est activé quand le contexte indique le sens sous-entendu. Cette argumentation est intuitivement très attrayante, mais les récents résultats suggèrent qu'elle est erronée. Dans le chapitre précédent, nous avons vu que, lorsqu'on demandait à des sujets de déterminer si une série de lettres constituait un mot, leur décision était plus rapide lorsque le mot était précédé d'un mot lié au plan sémantique, tel que *pain* précédé de *beurre*. Si les gens considèrent un seul sens d'un mot ambigu, un mot tel que *bug* devrait faciliter aussi bien la reconnaissance du mot *ant* (ndt : fourmi) que du mot *spy* (ndt : espion), selon le sens qui est activé.

Swinney (1979) a testé cette hypothèse en remplaçant la tâche de détection des phonèmes par une tâche de décision lexicale. Il a expliqué aux sujets qu'une série de lettres allait apparaître sur un écran en même temps qu'ils entendraient des phrases, et qu'ils auraient alors à décider aussi vite que possible si chacune des séries de lettres formait un mot ou pas. Par contre, il n'a pas dit aux sujets que certaines des phrases et certains mots étaient liés. La série de lettres, qui apparaissait à l'écran dès que les sujets entendaient le mot ambigu, était soit contextuellement appropriée, soit inappropriée, soit sans aucun rapport avec le mot ambigu. Un mot contextuellement approprié apparu à l'écran, tel que *ant* (fourmi), correspondait au sens du mot ambigu suggéré par le contexte. Un mot contextuellement inapproprié, comme *spy* (espion), se rapportait au sens qui n'était pas suggéré par le contexte. Un mot sans aucun rapport, tel que *sew* (ndt : coudre), n'était relié à aucune des deux significations.

Si le contexte entraîne l'activation d'un seul sens, il devrait être plus aisé de reconnaître uniquement le mot contextuellement approprié (*ant*) -ndt : fourmi. Mais si les deux sens du mot ambigu sont activés, le mot contextuellement inapproprié (*spy*) -ndt : espion- devrait être lui aussi plus facile à identifier que le mot sans aucun rapport (*sew*) -ndt : coudre. Les résultats ont montré que lorsque le mot critique suivait immédiatement le mot ambigu, les mots contextuellement appropriés ou inappropriés étaient plus aisément reconnus que les mots sans rapport. Mais quand le mot critique apparaissait quatre syllabes après le mot ambigu (soit 750 à 1000 msec. plus tard), seule la reconnaissance du mot contextuellement approprié était facilitée.

Les résultats obtenus par Swinney suggèrent que, même si le contexte livre le sens adéquat, plusieurs sens d'un mot ambigu sont activés. Si un seul sens du mot *bugs* était activé par la phrase *He found several spiders, roaches, and other bugs* (ndt : Il trouva plusieurs araignées, cafards et autres punaises - ou - micros), il n'est pas évident qu'il soit aussi facile de répondre par *spy* (espion) que par *ant* (fourmi). Cependant, lorsque le mot critique apparaissait quatre syllabes après le mot ambigu, la reconnaissance du mot *ant* (fourmi) était facilitée. Il semble donc que, bien que les deux sens du mot ambigu soient momentanément activés, le contexte permette à l'auditeur de choisir rapidement le sens approprié. La sélection du sens approprié se produit suffisamment rapidement pour éviter l'interférence avec la tâche de détection du phonème. Comme vous pouvez vous en souvenir, peu de temps séparait le mot ambigu du phonème cible, mais cela suffisait pour résoudre l'ambiguïté lorsque le contexte était approprié. Un contexte approprié semble donc permettre à l'auditeur de choisir rapidement le sens adéquat d'un mot, plutôt qu'il n'évite l'activation de tous ses sens.

## Différences individuelles dans la résolution des ambiguïtés

Certaines personnes parviennent à mieux résoudre les ambiguïtés de sens que d'autres. En fait, les exemples que nous avons abordés jusqu'à présent portent sur la façon dont les bons lecteurs résolvent ces ambiguïtés. Avant de nous intéresser à ce qui se passe avec les lecteurs moins habiles, élaborons ce que nous venons d'apprendre en regardant un modèle représentant comment le contexte influence les interprétations d'un mot. La figure 10.7 représente le modèle proposé par Carpenter et Daneman (1981).

Le premier pas consiste à fixer et à encoder chaque mot de la phrase. L'encodage d'un mot activera un ou plusieurs concepts, qui sont récupérés dans la MCT si l'activation dépasse le seuil de base. Lorsqu'au moins un concept dépasse le seuil minimal d'activation, le lecteur tente de l'intégrer dans le texte précédent. Si le concept est compatible avec le contexte, comme l'interprétation de *bug* par insecte, il sera utilisé lors des traitements subséquents. Si le concept n'est pas compatible avec le contexte, comme l'interprétation de *bug* par micro, son niveau d'activation se détériorera rapidement.

Cela rend compte de ce qui se passe pour les bons lecteurs mais ne concerne pas les lecteurs moins habiles (Gernsbacher, 1993). Ceux-ci, en effet, n'arrivent pas à savoir rapidement laquelle des significations activées est la bonne. Comme les bons lecteurs, les différents sens d'un mot ambigu sont activés mais contrairement à ces derniers, ces sens demeurent encore activés 1 sec. après la confrontation avec le mot ambigu. Les lecteurs moins habiles sont donc moins aptes à **supprimer** le sens inapproprié.

**Supprimer**
Éliminer les sens inappropriés dans une phrase.

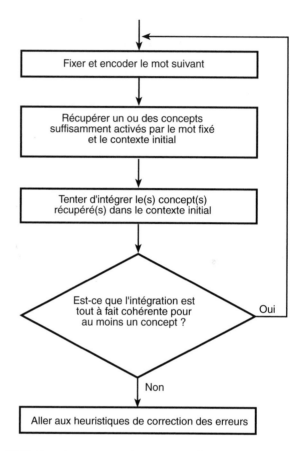

**Figure 10.7** Organigramme représentatnt les étapes d'encodage, d'activation, d'intégration et de correction des erreurs lors de la lecture.

Tiré de «Lexical retrieval and Error Recovery in Reading : A Model Based on Eye Fixations», de P. A. Carpenter et M. Daneman, 1981, *Journal of Verbal Learning and Verbal Behavior, 20,* 137-160. Copyright © 1981 par l'Academic Press, Inc. Reproduit avec autorisation.

Il serait plus simple pour tout le monde qu'un seul sens (le bon, bien sûr) soit initialement activé. Bien que l'activation semble positive lorsque le sens adéquat est évident, l'avantage de l'activation de multiples sens est de clarifier le contexte, qui ne se précise parfois qu'*après* l'apparition du mot ambigu. Dans ce cas, garder les différents sens activés dans la MCT jusqu'à ce que nous ayons suffisamment d'informations pour choisir le sens approprié devrait être un précieux avantage.

Essayez de trouver le mot ambigu dans la partie de phrase suivante : *Since Ken really like the boxer, he took a bus to the nea-*

*rest...* (ndt : Puisque Ken aime les boxers -ou les boxeurs-, il prit un bus pour le plus proche...). Si vous avez trouvé le mot ambigu, pouvez-vous résoudre l'ambiguïté en vous servant du contexte ? Le mot ambigu est *boxer*, et pour le moment nous n'avons pas assez d'informations pour savoir si Ken s'intéresse aux boxeurs ou aux chiens. Le reste de la phrase résout l'ambiguïté en nous informant que Ken a pris le bus pour acheter ce chien chez le vendeur d'animaux de compagnie le plus proche. Notez que, contrairement aux exemples précédents dans lesquels le contexte explicatif précédait le mot ambigu, dans le cas présent nous devons aller plus loin encore dans la lecture de la phrase qui suit le mot ambigu, pour qu'enfin le sens se précise.

La capacité des gens à exceller dans ce genre de situation est influencée par la capacité de leur mémoire de travail (Miyake, Just & Carpenter, 1994). Nous avons vu dans le chapitre 4 que la MCT est souvent utilisée en tant que mémoire de travail dans laquelle les gens stockent et traitent du matériel issu de la MCT. Dans l'exemple ci-dessus, nous voudrions garder actives dans la mémoire de travail les deux interprétations du mot *boxer* (ndt : boxer et boxeur), jusqu'à ce que nous ayons suffisamment d'informations pour nous permettre de choisir le bon sens. Les gens qui ont une grande **capacité de mémoire de travail** sont aptes à garder les deux interprétations actives pendant une période plus longue que ceux qui ont une capacité plus restreinte. Ces derniers ne sont capables de maintenir que l'interprétation la plus probable (l'interprétation dominante) et éprouvent donc des difficultés à résoudre l'ambiguïté de sens lorsque l'interprétation la moins probable s'avère être la bonne.

**Capacité de mémoire de travail**

Quantité d'informations qui peut être gardée active dans la mémoire de travail.

Parce que le mot *boxer* est plus susceptible de se référer au sportif qu'au chien, les gens qui ont une capacité de mémoire de travail restreinte auront des difficultés pour comprendre une phrase dans laquelle ils n'apprendront que bien plus loin qu'il s'agissait d'un chien. Dans ce cas, leur intégration échouera et ils devront utiliser les **heuristiques de correction des erreurs** de la figure 10.7. Par exemple, essayer de réinterpréter le mot incohérent, vérifier les mots précédents susceptibles d'avoir contribué aux difficultés rencontrées, lire davantage pour plus d'informations et élaborer l'apparente incohérence pour la rendre cohérente (peut-être que Ken a acheté un chien pour l'offrir au boxeur).

**Heuristiques de correction des erreurs**

Stratégies pour corriger les erreurs de compréhension.

En conclusion, les bons lecteurs sont ceux qui sont capables de garder initialement les deux interprétations d'un mot ambigu actives dans la mémoire de travail pour ensuite, dès que le contexte est suffisamment clair, choisir rapidement le sens approprié. Nous avons vu deux façons d'altérer la lecture.

Les lecteurs qui ont une capacité de mémoire de travail limitée sont moins aptes à y maintenir les différents sens lorsque le contexte explicatif ne se dévoile que plus tardivement, et les lecteurs moins habiles sont également moins aptes à supprimer rapidement le sens inapproprié quand le contexte devient clair.

## La compréhension des phrases nominales

La réflexion ci-dessus portait surtout sur la façon dont le contexte influence la compréhension d'un seul mot. Nous allons maintenant considérer une plus grande unité, une proposition nominale composée d'un adjectif et d'un nom commun. Thème important de l'étude de la façon dont les gens comprennent les groupes de mots tels que les phrases nominales : l'influence du sens de l'adjectif sur celui du nom commun. Lorsque nous entendons une proposition nominale telle que *burning house* (ndt : maison en feu), sélectionnons-nous le sens de *burning* (ndt : brûlant) et le sens de *house* (ndt : maison) indépendamment, pour ensuite les combiner ? Ou le sens de *house* est-il directement influencé par l'adjectif qui précède ? La compréhension devrait être facilitée si le sens de l'adjectif influence directement le sens du nom commun. Les faits suggèrent qu'il existe une influence directe pour les phrases nominales telles que *burning house*.

Potter et Faulconer (1979) ont utilisé une tâche de preuve par l'image pour étudier la compréhension des phrases nominales. (La figure 10.8 présente des exemples de phrases et d'images utilisées dans l'expérience). Les sujets écoutaient des phrases telles que *It was already getting late when the man first saw the burning house ahead of him* (ndt : Il était déjà trop tard lorsque l'homme vit pour la première fois la maison en feu devant lui). Immédiatement après le nom *house*, une image apparaissait représentant soit le nom commun seul (*house*), soit la phrase nominale (*burning house*). La tâche consistait à décider si l'objet présenté sur l'image avait été nommé dans la phrase. Lorsque l'adjectif n'était pas inclus dans la phrase nominale, les sujets se sont avérés plus rapides pour vérifier les images les plus typiques présentées à gauche dans la figure 10.8. Par exemple, quand les sujets entendaient la phrase *It was already getting late when the man first saw the house* (ndt : Il était déjà trop tard quand l'homme vit pour la première fois la maison), ils pouvaient vérifier l'image typique d'une maison plus vite que l'image d'une maison en feu. Ce résultat est analogue aux effets de typicalité traités dans le chapitre sur la catégorisation (chapitre 8). Puisque les images typiques sont plus représentatives de leur catégorie que les images modifiées, elles peuvent donc être vérifiées plus rapidement.

Plus intéressant encore, que se passe-t-il lorsque le nom est précédé de l'adjectif ? Si le sens du nom est sélectionné indépendamment de celui de l'adjectif, nous devons nous attendre à ce que l'image la plus typique soit vérifiée encore plus rapidement. En revanche, si le sens du nom commun est influencé par l'adjectif, l'image modifiée devrait être plus rapidement vérifiée. Les résultats ont appuyé la seconde des deux hypothèses alternatives - les sujets vérifiaient l'image modifiée plus rapidement que l'image typique,

It was already { burning / getting late } when the man first saw the {burning} house ahead of him.

"It's {dripping} on the table," Sally said, gesturing at the {dripping} candle that she had made.

Seeing it {drooping} in the yard, the Boy Scout wondered how many years the {drooping} flag had been used.

Although it was { low / borrowed }, Jill thought that the {low} table would be adequate.

\* ndt: Il était déjà trop tard quand l'homme vit pour la première fois la maison en feu devant lui
Elle brûlait déjà quand l'homme vit pour la première fois la maison devant lui
\* ndt: « Elle est sur la table », dit Sally en désignant les coulures de la bougie qu'elle avait faites
« Elle coule sur la table », dit Sally en désignant la bougie qu'elle avait faite.
\* ndt: En le regardant dans le jardin, le boy scout se demandait depuis combien de temps on se servait de ce drapeau fané.
En regardant son aspect fané dans le jardin, le boy-scout se demandait depuis combien de temps on se servait de ce drapeau.
\* ndt: Bien qu'il l'eût empruntée, Jill pensa que la table basse serait adéquate
Bien qu'elle soit basse, Jill pensa que la table serait adéquate.

**Figure 10.8** *Exemples de phrases et de preuves par l'image typique versus modifiée.*

Tiré de «Understanding noun Phrases», de M. C. Potter et B. A. Faulconer, 1979, *Journal of Verbal Learning and Verbal Behavior*, *18*, 509-521. Copyright © 1979 par l'Academic Press, Inc. Reproduit avec autorisation.

lorsque le nom commun était précédé de l'adjectif. Ces résultats ont été reproduits même quand la tâche ne nécessitait que la vérification du nom commun, les participants pouvaient donc avoir ignoré le sens de l'adjectif lorsqu'ils avaient pris leur décision.

Dans une autre version de cette expérience, l'information apportée par l'adjectif était située en début de phrase plutôt que juste avant le nom commun. Par exemple, les sujets entendaient la phrase *It was already burning when the man first saw the house ahead of him* (ndt : Elle brûlait déjà quand l'homme vit pour la première fois la maison devant lui). Sous cette condition, les temps de vérification étaient très similaires aux temps réalisés lorsque les adjectifs n'étaient pas présentés – les participants étaient plus prompts à vérifier l'image typique que l'image modifiée.

Il en résulte que l'adjectif influence la sélection du sens d'un nom commun lorsqu'il est placé juste avant, mais probablement pas si la même information est donnée plus tôt dans la phrase.

Bien que Potter et Faulconer aient constaté que l'adjectif qui précède immédiatement un nom commun modifie son sens, l'ampleur de l'influence était liée à la familiarité de la phrase nominale. Les images modifiées étaient plus rapidement vérifiées avec des phrases nominales familières, telles que *roasted turkey* (ndt : dinde rôtie), qu'avec des non familières, telles que *broken screwdriver* (ndt : tournevis cassé). De récentes découvertes ont montré que la typicalité, tout comme la pertinence de l'adjectif, contribuent à cette influence de la familiarité (Murphy, 1990). La **typicalité** peut s'illustrer par la distinction entre bière fraîche et bière chaude. Fraîche est un adjectif typique pour la bière alors que chaude est atypique. La **pertinence** peut s'illustrer en comparant la température d'une bière par rapport à celle d'une poubelle. Bien qu'une poubelle froide soit plus typique qu'une poubelle chaude, la température d'une poubelle ne constitue généralement pas une information pertinente.

Murphy a découvert que la pertinence avait une considérable influence sur le temps que prennent les gens pour décider qu'une phrase nominale a du sens. Les temps de réponse étaient plus rapides pour les phrases pertinentes (telles que la température de la bière) que pour les phrases non pertinentes (telles que la température de la poubelle). Les jugements étaient plus rapides avec les adjectifs typiques qu'avec les adjectifs atypiques, bien que cette différence n'ait pas été significative.

En résumé, ces études présentent plusieurs types d'influences exercées par le contexte sur la compréhension. Bien que le contexte facilite habituellement la reconnaissance des mots, il peut néanmoins interférer avec la reconnaissance de mot s'il crée une attente pour un

**Typicalité**

Ampleur avec laquelle une valeur (telle que grande, moyenne ou petite) est attendue lorsqu'un adjectif modifie un nom commun particulier.

**Pertinence**

Ampleur avec laquelle un adjectif (tel que la taille) modifie de façon significative un nom particulier.

mot particulier qui n'apparaît finalement pas. Il peut également aider les gens à choisir le sens approprié d'un mot ambigu, bien qu'une bonne qualité de lecture requiert de pouvoir maintenir de multiples sens dans la MCT, pour supprimer rapidement le sens inapproprié dès que le contexte a clarifié le sens sous-entendu. Un adjectif peut avoir un impact immédiat sur l'interprétation d'un nom qui le suit, bien que ce résultat dépende de la familiarité de la combinaison adjectif-nom commun.

## LES IMPLICATIONS DES PHRASES

Notre étude s'est bornée jusqu'à présent à considérer la façon dont les gens comprennent les phrases dans lesquelles l'information est directement proposée. Cependant, nous pouvons également utiliser le langage pour donner à penser quelque chose sans pour autant le dire ouvertement. Souvent, il suffit seulement de suggérer une action pour convaincre l'auditeur que l'action s'est effectivement produite. Par exemple, la phrase *The hungry python caught the mouse* (ndt : Le python affamé captura la souris) peut faire croire à l'auditeur que le python a mangé la souris, même si l'action n'est pas explicitement établie.

Les psychologues ont démontré que les gens sont influencés par ce que suggèrent les phrases, en montrant que des sujets reconnaissent par erreur des faits éventuels (Bransford, Barclay & Franks, 1972). Considérez la façon dont sont liées les deux phrases suivantes.

1a) Three turtles rested on a floating log, and a fish swam beneath them.

(ndt : Trois tortues se reposaient sur un rondin flottant, et un poisson nageait au-dessous d'elles)

1b) Three turtles rested on a floating log, and a fish swam beneath it.

(ndt : Trois tortues se reposaient sur un rondin flottant, et un poisson nageait au-dessous de lui)

La seconde phrase est impliquée par la première parce que le poisson nage au-dessous des tortues qui sont sur le rondin. Les gens ont donc reconnu par erreur la seconde phrase alors qu'ils avaient en fait lu la première.

Les fausses reconnaissances ne sont pas un problème quand la phrase présentée n'implique pas la phrase test, comme dans l'exemple suivant :

2a) Three turtles rested beside a floating log, and a fish swam beneath them.

(ndt : Trois tortues se reposaient à côté d'un rondin flottant, et un poisson nageait au-dessous d'elles)

2b) Three turtles rested beside a floating log, and a fish swam beneath it.

(ndt : Trois tortues se reposaient à côté d'un rondin flottant, et un poisson nageait au-dessous de lui)

Cette paire de phrases est identique à la première, excepté que le mot *beside* (à côté) remplace le mot *on* (sur). Parce que la première phrase n'implique plus que le poisson nage au-dessous du rondin, les personnes ont beaucoup moins tendance à faire une erreur de reconnaissance de la seconde phrase.

La découverte que les gens puissent ne pas distinguer les éventualités des propositions explicites peut avoir d'importantes conséquences. Par exemple, un consommateur peut être trompé par les suggestions d'une publicité, ou un jury peut être trompé par les non-dits d'un témoignage. Nous allons tout d'abord considérer les influences des non-dits des témoignages dans les tribunaux.

## Les témoignages dans les tribunaux

Poser des questions dirigées est une façon d'influencer les réponses d'un individu. Loftus a mis au point un procédé pour simuler ce qui pourrait se passer dans le cadre d'un témoignage oculaire (par exemple, Loftus, 1975). Le procédé consiste à projeter le petit film d'un accident de voiture à des sujets et de leur demander immédiatement après ce qui s'est passé dans le film. Dans une variante de l'expérience, les questions comportaient ou non une éventualité, par exemple : «Did you see a broken headlight ?» (ndt : «Avez-vous vu un phare cassé ?») ou «Did you see the broken headlight ?» (ndt : « Avez-vous vu le phare cassé ?). Le mot *the* (le) implique qu'il y avait un phare cassé, alors que le mot *a* (un) ne l'implique pas. Les résultats ont montré que les sujets à qui l'on posait des questions contenant le mot *the* (le/la) avaient davantage tendance à dire qu'ils avaient vu quelque chose, que cela soit effectivement apparu dans le film ou non, que ceux dont les questions contenaient le mot *a* (un/une).

Une autre expérience a révélé que la formulation d'une question peut affecter une estimation chiffrée. La question «A quelle vitesse roulaient les deux voitures lorsqu'elles se sont percutées ?» conduisait généralement à une estimation de la vitesse, plus élevée que lorsque *percutées* était remplacé par *entrées en collision, entrechoquées, touchées* ou *heurtées*. Ces résultats, combinés avec des résultats similaires recueillis suite à d'autres expériences réalisées par Loftus et ses collègues, montrent que les questions dirigées peuvent influencer les témoignages oculaires.

Les implications peuvent non seulement influencer les réponses du témoin mais aussi ce dont le jury se souviendra. Dans une autre expérience (Harris, 1978), les sujets écoutaient des témoignages lors d'audiences fictives et devaient ensuite répondre par vrai, faux ou indéterminé à diverses informations s'y rapportant. La moitié de ces propositions étaient directes (par exemple, «L'intrus s'échappa sans avoir pris d'argent»), et l'autre moitié contenait une suggestion («L'intrus était capable de s'échapper sans avoir pris d'argent»). L'item critique, l'intrus n'a pas pris d'argent, est vrai dans la proposition explicite mais a une valeur indéterminée dans la proposition contenant une implication.

Harris a constaté qu'il était plus probable que les gens répondent par vrai aux propositions explicites qu'aux propositions implicites. Cependant, les sujets avaient également tendance à accepter les propositions implicites - 64% ont répondu par vrai aux propositions qui n'étaient que des éventualités. Par ailleurs, les consignes visant à mettre en garde les sujets pour qu'ils ne confondent pas les faits explicites et les faits éventuels, n'ont pas réduit de façon significative le nombre de réponses « vrai » aux éventualités.

Le travail de Loftus et Harris devrait intéresser tous ceux qui travaillent dans le domaine juridique. Un juge peut immédiatement faire objection à une question dirigée, mais pas avant que les jurés aient entendu la question. Les injonctions du juge de ne pas tenir compte de certains éléments ne peuvent éviter que les jurés en tiennent compte au moment où ils prennent leurs décisions. Une utilisation plus subtile de la langue, comme utiliser le verbe *s'écraser contre* plutôt que le verbe *heurter*, peut même ne pas être perçue comme étant potentiellement trompeuse.

Harris a montré que la distinction entre les faits explicites et implicites peut même être encore plus difficile à faire dans un vrai tribunal que lors d'une expérience. Au cours de celle-ci, les sujets rendaient leur verdict immédiatement après avoir entendu 5 min. d'un simulacre de témoignage. Les membres d'un jury, en revanche, livrent leur décision finale après un délai beaucoup plus long et après avoir recueilli beaucoup plus d'informations. Il est donc important de clarifier immédiatement toute déclaration ambiguë, selon que l'information est explicite ou non. Si le témoin ne peut étayer une information de façon explicite -et donc être éventuellement passible de parjure-, le jury doit être attentif à la valeur réelle d'une telle information.

## Les slogans publicitaires

L'acceptation de faits suggérés est un thème aussi important dans la publicité que dans le domaine juridique. La Federal Trade Commission (ndt : l'équivalent du Bureau de Vérification de la Publicité) dénonce les publicités trompeuses mais identifier ce qui est trompeur dans une publicité est complexe. La décision peut s'avérer particulièrement difficile si une déclaration est seulement implicite. Considérez le slogan publicitaire suivant :

> En avez-vous assez de vous moucher et d'éternuer tout l'hiver ? Marre de ne jamais être en pleine forme ? Passez l'hiver entier sans un seul rhume. Prenez sans plus attendre Eradicold Pills.

Notez que le slogan ne dit pas ouvertement que grâce à Eradicold Pills, vous passerez tout l'hiver sans un seul rhume - ce n'est qu'implicite. Pour tester si les gens peuvent faire la distinction entre les slogans explicites ou implicites, Harris (1977) a présenté une série de 20 slogans imaginaires à des sujets, la moitié explicites et l'autre moitié implicites. Les sujets devaient se prononcer sur la nature des slogans publicitaires : faux, vrais ou indéterminés, sur la base des informations présentées. Certains sujets faisaient leur estimation juste après avoir entendu chaque slogan, d'autres une fois les 20 slogans proposés. De plus, des consignes données à la moitié des sujets les mettaient en garde : il ne fallait pas interpréter les slogans implicites comme étant explicites et on leur présentait un slogan implicite en guise d'exemple.

Les résultats ont montré que les sujets répondent par vrai significativement plus souvent aux assertions qu'aux suggestions. Par ailleurs, les consignes ont permis la réduction du nombre de suggestions perçues comme étant vraies. Bien que ces résultats soient encourageants, ils ne sont pas pour autant significatifs. Premièrement, même dans la condition la plus favorable au rejet des suggestions -le groupe mis en garde et répondant immédiatement après chaque slogan- les gens acceptaient comme vraies la moitié des propositions suggestives. Lorsque les jugements étaient reportés à la fin de la présentation des 20 slogans, les sujets acceptaient comme vraies autant de suggestions que de propositions explicites - même lorsqu'ils avaient été mis en garde.

Croire fondées des éventualités est un problème que l'on retrouve en dehors du laboratoire de psychologie. En fait, la proposition suggestive la plus fréquemment acceptée comme vérité dans l'étude de Harris (1977) était un emprunt, mot pour mot, à un vrai slogan. Un autre vrai slogan, créé après l'étude de Harris, a été transformé parce que les sociétés concurrentes s'étaient plaintes du fait de

## ENCART 10.1

### LES PUBLICITÉS D'AMERICAN EXPRESS CONTESTÉES

NEW YORK - LES SLOGANS PUBLICITAIRES DES SPOTS TÉLÉVISÉS POUR LES CHÈQUES DE VOYAGE AMERICAN EXPRESS « NE-PARTEZ-PAS-SANS-EUX » SONT DÉCRIÉS ET AMERICAN EXPRESS ENVISAGE DE LES REFAIRE.

Les concurrents disent que ces publicités prétendent de façon déloyale que ceux qui perdent leurs chèques de voyage ne peuvent être remboursés sauf s'ils sont émis par American Express.

Le journal d'information de NBC a rapporté que American Express est d'accord de changer ses slogans. L'acteur Karl Malden va refilmer la fin de la publicité, déclare la NBC, et précisera que tous les chèques de voyage sont remboursables, pas seulement ceux émis par American Express.

Collot Guerard du département des pratiques publicitaires au Federal Trade Commission's Bureau of Consumer Protection (ndt : Bureau de la Commission Fédérale des Marques et de la Protection des Consommateurs - l'équivalent du Bureau de Vérification des Publicités en France) a annoncé que l'agence « allait probablement regarder d'un peu plus près la publicité pour American Express. »

Décider qu'elle est trompeuse, nous déclare-t-elle, dépendra des réponses qu'ils fourniront à un grand nombre de questions, notamment : « Avec quelle facilité peut-on être remboursé auprès des autres émetteurs de chèques de voyage ? »

La campagne publicitaire télévisée de l'American Express présentée en juin montre des gens confrontés à une grande variété de situations. Ils perdent leurs chèques de voyage. Panique. Un coup de téléphone pour obtenir de l'aide. Mais les chèques n'étaient pas des American Express. Que faire ? La question reste sans réponse. À la fin, la voix de Karl Malden se fait entendre : « Chèques de voyage American Express. Ne partez pas sans eux. »

SOURCE : Tiré de « American Express Ads Challenged », paru dans le *San Francisco Chronicle*, 17 août 1979. Copyright © 1979 par l'Associated Press. Reproduit avec l'autorisation de Associated Press Newsfeatures.

ses implications déloyales à l'encontre de leur produit (voir encart 10.1). Ces plaintes ont conduit à une modification du slogan.

Dans le prochain chapitre, sur la compréhension de texte, nous continuerons à étudier le langage, mais dans la perspective d'une analyse plus poussée. Nous nous focaliserons moins sur les phrases en tant que telles et davantage sur la manière dont l'information est combinée au travers des phrases. Nous essaierons de déterminer quelles variables influencent la capacité des personnes à comprendre des paragraphes et à se rappeler ce qu'elles viennent de lire.

## RÉSUMÉ

Une des questions principales qui a fasciné les psychologues intéressés par le langage est de savoir comment les gens apprennent à dire des phrases grammaticalement correctes. Un point de vue initial suggérait que les enfants apprennent à associer les mots adjacents dans une phrase. Dans cette perspective, chaque mot sert de stimulus pour le mot qui le suit. Cette théorie comporte plusieurs inconvénients, le principal étant qu'un individu aurait alors à apprendre une infinité d'associations. Le point de vue alternatif est que les enfants apprennent une grammaire constituée de règles pour générer des phrases. La grammaire transformationnelle proposée par Chomsky a tellement stimulé la recherche que les psychologues ont étudié comment elle pourrait rendre compte de résultats d'expériences sur le langage.

Cette grammaire consiste en règles de structuration des phrases pour la description des parties constitutives d'une phrase (telles que proposition nominale et proposition verbale) et en règles de transformation pour modifier une phrase en une phrase comparable (telle qu'une phrase active en phrase passive).

Les psychologues ont parfois eu recours aux phrases ambiguës pour étudier la compréhension et ont découvert que cela prenait plus de temps de compléter une phrase ambiguë qu'une phrase non ambiguë. Apparemment, un contexte explicatif permet aux auditeurs de sélectionner rapidement le sens approprié d'un mot ambigu, bien que ses différents sens soient activés. Cependant, le contexte peut également provoquer des interférences s'il est trompeur ou si le mot attendu n'apparaît pas. Les différences individuelles dans la résolution des ambiguïtés sont dues aux différences de capacité des lecteurs à maintenir actifs les multiples sens des mots dans la MCT, jusqu'à ce que le contexte soit suffisamment clair, et à supprimer rapidement ensuite les sens inappropriés. L'étude de la façon dont les gens comprennent les phrases nominales indique que le sens d'un nom commun est influencé par l'adjectif placé juste avant (ndt : dans la langue anglaise). Les recherches portant sur la compréhension ont permis d'identifier la manière dont le contexte influence le sens des mots et ont soulevé la question de l'adéquation entre ces différentes tâches expérimentales et la compréhension lors d'une activité de lecture ordinaire.

La distinction entre assertions et suggestions est un aspect du langage qui a des applications pratiques directes. Une phrase qui ne fait que suggérer un événement peut avoir un impact aussi important que s'il s'agissait d'une phrase le relatant de façon explicite. Attirer l'attention des gens sur la distinction entre propositions explicite ou implicite est particulièrement important pour les témoignages dans le domaine judiciaire. Les recherches qui se servent de témoignages simulés ont montré que bien souvent les gens ne distinguent pas, ou ne se rappellent plus, quelle information était suggérée et laquelle était explicite. Des résultats similaires ont été recueillis à partir des slogans publicitaires.

# QUESTIONS DE RÉFLEXION

Arrivés au stade d'étudiants, nous sommes si habiles avec le langage qu'en général nous n'y pensons plus du tout. Si on ne vous a pas (ou pas encore) enseigné les parties constitutives des phrases, il est peut-être nécessaire que vous vous y intéressiez avant de vous plonger dans ce chapitre.

1. Vérifiez que vous comprenez bien le terme de *morphème* en pensant à plusieurs racines de mots dont l'ajout d'un préfixe ou d'un suffixe change le sens.

2. Qu'est-ce qu'une grammaire ? Dans quel sens savons-nous tous ce qu'est la grammaire française ?

3. Quels sont les domaines respectifs de la grammaire de structuration des phrases et de la grammaire transformationnelle ? À moins que les deux ne se disputent le même terrain ?

4. Il existe trois sortes de phrases ambiguës. Trouvez un nouvel exemple pour chacune.

5. Notez la variété des tâches expérimentales qui ont été utilisées pour étudier la compréhension du langage. Etes-vous déjà tombés sur l'une d'elles avant ce cours ?

6. Bon nombre de mots dont nous nous servons peuvent prendre des sens différents, mais la plupart du temps nous ne sommes pas conscients de cette ambiguïté. Pourquoi, alors, est-il si important de déterminer comment éliminer toute ambiguïté des mots dans une phrase ?

7. Il est intuitivement évident que le contexte facilite l'interprétation des mots, mais comment interfère-t-il avec l'interprétation ? Comment l'influence du contexte a-t-elle été expérimentalement étudiée ?

8. Elaborez des images mentales des couples d'adjectif-nom commun suivants : yellow submarine (sous-marin jaune), green whale (baleine verte), white cloud (nuage blanc) et blue house (maison bleue). Quelles sont les paires qui semblent produire une image où l'adjectif a immédiatement influencé votre image mentale du nom commun ? Pourquoi ?

9. Vérifiez que vous comprenez bien le sens de *impliquer* et de *implication* versus *assertion*. Testez-vous en inventant une phrase qui établit explicitement un événement ou un état des choses et changez-la de façon à ce qu'elle implique seulement la même chose. Rédigez ces phrases.

10. Puisque les témoignages en Justice et les slogans publicitaires peuvent être manipulés pour tromper, les enseignants devraient-ils mettre en garde les étudiants contre les propositions implicites ? Que pourrait-on faire d'autre face à ce problème ?

## MOTS-CLEFS

*Le numéro de page entre parenthèses indique où le terme est traité dans ce chapitre*

## LECTURES RECOMMANDÉES

Le livre de Lyons (1970) constitue une introduction simple aux contributions théoriques de Chomsky. Jenkins (1969) traite de l'influence des théories de la grammaire, de la même façon que les psychologues ont pensé l'acquisition du langage. Lachman, Lachman et Butterfield (1979) détaillent l'évolution d'une préoccupation syntaxique vers une préoccupation sémantique dans le domaine de la psycholinguistique. L'utilisation cohérente des informations, syntaxiques comme sémantiques, crée des structures parallèles et facilite la compréhension (Frazier, Taft, Roeper, Clifton & Ehrlich, 1984). Schvaneveldt, Meyer et Becker (1976) ont utilisé leur tâche de décision lexicale pour étudier l'influence du contexte sémantique sur la reconnaissance visuelle des mots. Blank et Foss (1978) ont étudié comment un contexte sémantique approprié facilite la compréhension des phrases. Gernsbacher et Faust (1991) montrent que l'aptitude à supprimer rapidement les sens inappropriés est importante dans une variété de tâches de compréhension. Les exemples sur la façon dont les sources de la connaissance interagissent pour déterminer la compréhension sont commentés par Bock (1982) et Salasoo et Pisoni (1985).

Il y a eu de nombreuses études sur la mémoire des phrases. Jarvella (1979) a passé en revue la littérature se rapportant à la mémoire immédiate des mots exacts d'une phrase. Bransford et Franks (1971) ont réalisé une étude classique sur l'intégration des idées dans les phrases, dans laquelle ils ont montré que les gens avaient de la difficulté à reconnaître les mots exacts d'une phrase parce qu'elle combinait les idées de plusieurs phrases liées. Kintsch et Bates (1977) ont étudié la mémoire de reconnaissance hors laboratoire en testant chez les étudiants leur mémoire des phrases données dans un cours magistral. Keenan, MacWhinney et Mayhew (1977) ont constaté que leurs collègues pouvaient souvent se souvenir des mots exacts de propositions qui avaient un contenu fortement émotionnel, alors qu'en principe seul le sens général des phrases est retenu (Sachs, 1967). Le chapitre de Foss (1988) dans l'*Annual Review of Psychology* comprend un survol de nombreuses études sur le langage.

## EN FRANÇAIS

Le chapitre 5 de l'ouvrage de Reuchlin (1991) contient une introduction facile à la contribution de Chomsky (pp. 288-294) et identifie trois périodes dans le développement de la psycholinguistique (pp. 295-306). Le chapitre de Vikis-Freibergs (1994) montre l'évolution diachronique du domaine de la psycholinguistique. Les différents thèmes traités dans ce chapitre (l'association verbale, la syntaxe et la séquentialité, la sémantique de la phrase, l'accès au lexique mental, le langage figuré et la métaphore, le texte et l'analyse du discours) permettent de saisir l'influence des théories grammaticales sur les conceptions psychologiques de l'acquisition du langage. Le chapitre de Morais (1994) présente les travaux sur la perception et le traitement des mots écrits. Concernant les mots présentés hors contexte, quatre grands problèmes sont traités : relation entre traitement des lettres et traitement des mots; structure des représentations orthographiques; influence des caractéristiques distinctives des mots sur l'identification de ceux-ci; relations entre différentes voies d'identification des mots. Les travaux relevant de l'influence du contexte (autre mot, phrase) sur l'identification de mots sont également commentés. Outre ces deux chapitres de synthèse, on pourra se référer : à l'ouvrage de Kolinsky, Morais et Segui (1991) pour des aspects concernant d'autres modalités de traitement du langage que la présentation visuelle; au chapitre 7 de l'ouvrage de Denis (1994) qui traite du rôle de l'image dans le traitement du langage. On consultera également l'ouvrage de Fayol (1997) qui vise à donner au lecteur une vision synthétique des acquis et méthodes dans le champ de la production verbale en général (orale ou écrite). En particulier : le chapitre 1 qui établit les ressemblances/différences entre les modalités orale et écrite de la production verbale; le chapitre 4 consacré à la production lexicale et syntaxique; le chapitre 5 entièrement consacré au contrôle et à la régulation de la production verbale.

Vikis-Freibergs, V. (1994). Psycholinguistique expérimentale. In M. Richelle, J. Requin & M. Robert (Eds.), *Traité de psychologie expérimentale* (Tome 2, pp. 333-387). Paris : P.U.F.

Moray, J. (1994). Perception et traitement du langage écrit. In M. Richelle, J. Requin & M. Robert (Eds.), *Traité de psychologie expérimentale* (Tome 2, pp. 271-331). Paris : P.U.F.

Kolinsky, R., Morais, J., Segui, J. (1991). *La reconnaissance des mots dans les différentes modalités sensorielles : études de psycho-linguistique cognitive.* Paris : P.U.F.

Fayol, M. (1997). *Des idées au texte. Psychologie cognitive de la production verbale, orale et écrite.* Paris : P.U.F.

Denis, M. (1994). *Image et cognition.* Paris : P.U.F.

Reuchlin, M. (1991). *Psychologie.* Paris : P.U.F.

# 11

# Compréhension et mémorisation d'un texte

La lecture d'un livre, ce devrait être comme une conversation entre l'auteur et vous.

MORTIMER ADLER ET CHARLES VAN DOREN

Difficile de privilégier une seule capacité cognitive, en terme d'importance, mais s'il faut faire un choix, la *compréhension* est l'heureuse élue. La plus grande partie de ce que nous apprenons dépend de notre capacité à comprendre du matériel écrit. Aussi la compréhension de l'écrit a-t-elle suscité un intérêt considérable chez les chercheurs.

Cet intérêt pour la compréhension a entraîné la réécriture des règlements et des consignes dont l'intelligibilité a été facilitée. L'étude de Charrow et Charrow (1979) est un bon exemple de tentative d'amélioration de consignes. Elle visait à faciliter la compréhension des consignes adressées aux jurés en identifiant les passages du document difficiles à saisir. L'encart 11.1 présente deux versions des consignes aux jurés. La première est la version originale; la seconde en est la version modifiée pour en faciliter la compréhension.

Charrow et Charrow ont testé la réussite de leurs modifications en demandant à des jurés potentiels de paraphraser les consignes. Après qu'ils les eurent entendues, ils essayaient de les retenir avec leurs propres mots. Les jurés qui avaient écouté les consignes modifiées y parvenaient mieux que ceux qui avaient écouté la version originale. Pour l'exemple présenté dans l'encart 11.1, la capacité de rappel a été améliorée d'environ 50%.

Les psychologues ont principalement utilisé deux mesures de la compréhension, nous en verrons des exemples respectifs dans ce chapitre. L'une est une mesure subjective. Les psychologues demandent aux gens d'indiquer sur une échelle avec quelle facilité ils pensent avoir compris une phrase, ou alors ils demandent aux gens d'appuyer sur un bouton dès qu'ils pensent avoir compris une phrase. La seconde mesure est le nombre d'idées que les gens peuvent se rappeler à partir d'un texte. Cette mesure fait l'hypothèse que quelqu'un qui a vraiment compris un texte doit être capable d'en rappeler plus d'idées que quelqu'un qui ne l'a pas compris.

Deux composantes importantes influencent la compréhension : le lecteur et le texte. Le lecteur arrive paré de connaissances précédemment acquises qui peuvent aider sa compréhension du texte en associant ce qui est lu et ce qui est su. La citation au début de ce chapitre -«La lecture d'un livre, ce devrait être comme une conversation entre l'auteur et vous»- reflète cette interaction entre le lecteur et l'auteur. Mais, contrairement à une conversation réelle, cette conversation-là ne se fait que dans un seul sens. Ce qui ajoute une charge de travail à l'auteur car il doit prévoir comment le lecteur peut répondre — pour anticiper les difficultés rencontrées par le lecteur et les réponses aux questions qu'il peut se poser.

---

### ENCART 11.1
### RENDRE COMPRÉHENSIBLE LE LANGAGE JURIDIQUE

#### Version originale

Vous ne devez pas considérer comme preuve tout fait exposé par l'avocat durant l'audience; cependant, lorsqu'un fait est stipulé par les avocats des différentes parties, ou pour tout fait admis par les avocats, vous devrez considérer ce fait comme étant prouvé de façon concluante comme la partie ou les parties qui ont fait ou admis cette stipulation.

Pour toute question à laquelle une objection est acceptée, vous ne devez pas spéculer sur la réponse potentielle qui aurait pu être adressée ni sur les raisons de l'objection.

Vous ne devez pas tenir compte de tout élément ou preuve apporté qui a été rejeté, ou de tout indice rejeté par la cour; tout ceci doit être traité comme si vous n'en avez jamais eu connaissance.

Vous ne devez jamais spéculer que toute insinuation suggérée par une question posée à un témoin est vraie. Une question ne constitue pas une preuve et doit être uniquement considérée comme donnant du sens à la réponse.

#### Version modifiée

Comme je l'ai déjà dit, votre travail consiste à décider parmi les faits lesquels constituent des preuves. Il y a cinq règles qui peuvent vous aider à décider de ce qui est ou de ce qui n'est pas une preuve.

1. *Les faits exposés par les avocats.* Normalement, tout fait présenté par les avocats ne constitue pas une preuve. Toutefois, si tous les avocats sont d'accord pour dire que telle ou telle chose est vraie, vous devez vous aussi l'accepter comme vraie.

2. *Rejet d'une preuve.* Parfois, lors de l'audience, des éléments de témoignages sont apportés en tant que preuves, mais je n'autorise pas à ce qu'ils soient considérés comme preuves. Puisqu'ils n'ont jamais constitué des preuves, vous ne devez pas en tenir compte.

3. *Réfutation d'indice.* Parfois, j'ordonne que certains éléments de preuves soient réfutés ou retirés. Puisqu'il n'y a plus de preuve, vous devez également les ignorer.

4. *Questions aux témoins.* En tant que telle, une question ne constitue pas une preuve. Une question peut uniquement être utilisée pour donner du sens à la réponse du témoin. Par ailleurs, si la question posée au témoin par l'avocat contient des insinuations, vous devez ignorer ces insinuations.

5. *Objections aux questions.* Si une question posée par un avocat est objectée, et que je ne permets pas au témoin de répondre à cette question, vous ne devez pas essayer de deviner la réponse qui aurait pu être faite. Vous ne devez pas non plus essayer de deviner pourquoi la question de l'avocat a été objectée.

SOURCE : Tiré de « Making Legal Language Understandable : A Psycholinguistic Study of Jury Instructions, » de R. P. Charrow et V. R. Charrow, 1979, *Columbia Law Review, 79*, 1306-1374. Reproduit avec l'autorisation des auteurs.

Les trois sections de ce chapitre sont respectivement centrées sur le lecteur, le texte et l'interaction entre lecteur et texte. La première section examine les influences des connaissances du lecteur sur sa compréhension et sa mémorisation des idées d'un texte. La seconde section porte sur la façon dont l'organisation des idées dans un texte affecte sa compréhension. La dernière section traite d'un modèle spécifique de la compréhension.

En plus de son succès théorique, ce modèle a augmenté notre capacité de mesurer et d'améliorer l'intelligibilité des textes.

# LES CONNAISSANCES ANTÉRIEURES DU LECTEUR

## Influence des connaissances antérieures sur la compréhension

Pour les psychologues intéressés par l'étude de la compréhension, préciser comment les gens utilisent leurs connaissances pour comprendre un nouvel objet ou un objet abstrait est primordial. L'influence des connaissances antérieures sur la compréhension et le rappel des idées a été brillamment illustrée par une étude de Bransford et Johnson (1973). Ils ont demandé aux sujets d'écouter la lecture d'un paragraphe, d'essayer de le comprendre et de s'en souvenir. Après qu'ils eurent écouté le paragraphe, les sujets indiquaient à quel point il était facile à comprendre et essayaient ensuite d'en rappeler le plus d'idées possible. Vous pouvez vous faire une idée de cette tâche en lisant une seule fois le passage suivant et en essayant de vous le rappeler.

> Si les ballons crevaient, le son ne pourrait plus être porté et tout serait donc trop éloigné de l'étage visé. Une fenêtre fermée empêcherait également la propagation du son, puisque la plupart des immeubles ont tendance à être bien isolés. Puisque toute l'opération repose sur une alimentation continue en électricité, une coupure au sein de l'installation électrique serait également problématique. Bien sûr, le type pourrait crier, mais la voix humaine n'est pas assez puissante pour porter le son aussi loin. Autre problème, une corde de l'instrument pourrait casser. Le message ne pourrait donc plus être accompagné. Il est clair qu'une situation plus propice impliquerait une moindre distance. Cela poserait moins de problèmes. Dans une situation de face à face, un minimum de choses pourraient tomber en panne. (p. 392)

Bransford et Johnson (1973) ont intentionnellement truffé ce passage de propositions abstraites ou non familières. Si vous avez jugé qu'il était difficile d'en retenir les idées, votre expérience a été analogue à celle des sujets qui ont participé à l'expérience. Ils ne se sont rappelés que 3.6 idées sur un maximum de 14. Les idées peuvent paraître moins abstraites si l'on présente aux sujets un contexte approprié, comme cela est illustré dans la figure 11.1. Est-ce que cette image vous permet de vous souvenir de davantage d'idées ?

Bransford et Johnson (1973) ont testé l'influence du contexte en comparant les résultats d'un groupe *sans contexte* avec deux autres groupes. Un groupe *contexte-avant* avait vu l'image avant de lire le passage. Ils se sont rappelés 8.0 idées, une amélioration substantielle par rapport au groupe *sans contexte*. Le groupe *contexte-après* a vu

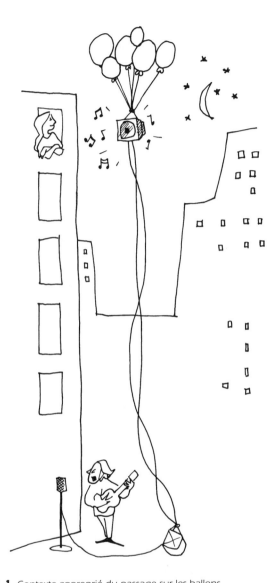

**Figure 11.1** *Contexte approprié du passage sur les ballons.*

Tiré de «Considerations of Some Problems of Comprehension» de J. D. Bransford et
M. K. Johnson, 1973, in *Visual Information Processing*, édité par W. G. Chase.
Copyright © 1973 par l'Academic Press, Inc. Reproduit avec autorisation.

l'image juste après avoir lu le passage. Ils en ont retenu 3.6 idées —
autant que le groupe *sans contexte*. Le contexte s'est avéré utile uniquement lorsque les sujets en étaient informés avant de lire.

Ces résultats suggèrent que le contexte ne se contente pas de fournir des indices sur ce qui peut être évoqué dans le passage. Si l'image offre des indices de récupération utiles, les gens qui la voient après avoir lu le passage se rappellent plus d'idées que le groupe qui ne la voit pas. Puisque le rappel a été amélioré uniquement quand les sujets avaient vu l'image avant de lire le passage, l'expérience suggère que le contexte améliore la compréhension, qui en retour améliore le rappel.

Les sujets du groupe contexte-avant ont trouvé le texte facile à comprendre, contrairement à ceux du contexte-après.

Lorsque les idées abstraites étaient difficiles à comprendre, elles étaient très rapidement oubliées, et fournir le contexte après le passage n'avait pas d'influence sur le rappel.

Le passage des ballons est un exemple d'un nouveau contexte puisque la plupart d'entre nous n'ont jamais été confrontés à cette situation particulière. Que se passerait-il si les gens lisaient un passage portant sur un événement familier qui pourrait activer le type de structures schématiques traité dans le chapitre 9 ? Mais même lire quelque chose à propos d'un événement familier n'est utile que si nous le reconnaissons. Considérez le passage suivant :

> La technique est relativement simple. D'abord, vous disposez les choses dans différents groupes. Bien entendu, vu leur nombre, une seule pile peut suffire. Si vous devez aller ailleurs par manque de facilité; c'est une prochaine étape; autrement vous être pratiquement prêt. Il est important de ne pas mettre trop de choses. Ceci dit, il vaut mieux faire trop peu de choses à la fois que beaucoup trop. Sur une courte période, cela ne semble pas trop important, mais des complications peuvent facilement apparaître. Une erreur peut également coûter cher. Au début, le processus complet peut paraître compliqué. Cependant, cela devient très rapidement une autre facette de la vie, tout simplement. Difficile d'imaginer que la nécessité de cette tâche puisse disparaître dans un avenir proche. Personne ne peut le prévoir. Une fois le processus achevé, nous disposons à nouveau les choses dans différents groupes. Puis, elles doivent être disposées à leur juste place. Elles doivent parfois être à nouveau utilisées, et le cycle entier doit alors être répété. Cependant, cela fait partie de la vie. (p. 400) [*]

Le paragraphe ci-dessus décrit un procédé très familier mais les idées sont présentées de façon si abstraite qu'il est difficile à reconnaître. Les gens qui ont lu ce passage avaient autant de problèmes

---

[*] Tiré de «Considerations of Some Problems of Comprehension» de J. D. Bransford et M. K. Johnson, 1973, in Visual Information Processing, édité par W. G. Chase. Copyright © 1973 par l'Academic Press, Inc. Reproduit avec autorisation.

pour se souvenir des idées que ceux qui avaient lu le passage des ballons — ils n'ont rappelé que 2.8 idées sur un maximum de 18. Un
groupe différent de sujets, informés après la lecture du passage que
celui-ci se référait au lessivage du linge, n'ont pas mieux fait; ils se
sont rappelé 2.7 idées. Mais les sujets qui avaient été informés avant
la lecture que le passage évoquait la corvée de la lessive se sont rappelés 5.8 idées. Ces résultats concordent avec ceux qui ont été obtenus pour le passage sur les ballons et indique que les connaissances
antérieures ne suffisent pas si les gens ne parviennent pas à reconnaître le contexte approprié. Bien que tout le monde soit familiarisé
avec la technique utilisée pour laver le linge, les gens n'ont pas
reconnu le processus parce que le passage était beaucoup trop abstrait. Fournir le contexte approprié avant le passage accroît donc la
compréhension et le rappel, comme cela s'est produit pour le passage des ballons.

## Influence des connaissances antérieures sur la récupération

L'échec du groupe contexte-après pour le rappel de plus d'idées que
le groupe sans-contexte est dû à la difficulté de compréhension du
matériel lorsque celui-ci n'apparaît pas dans un contexte clair. Les
résultats auraient pu cependant être différents si le matériel avait été
plus facile à comprendre. Bransford et Johnson (1973) ont suggéré
que si les gens comprennent d'emblée un texte et sont encouragés
ensuite à penser aux idées dans une nouvelle perspective, ils peuvent
se rappeler des idées qu'ils ne parvenaient pas à se rappeler selon
l'ancienne perspective.

Une étude de R. C. Anderson et J. W. Pichert (1978) confirme
l'hypothèse qu'un changement de perspective peut entraîner un rappel d'idées supplémentaires. Dans leur étude, les participants lisaient
un texte évoquant deux garçons en train de faire l'école buissonnière.
L'histoire racontait qu'ils allèrent dans la maison de l'un d'eux parce
qu'il n'y avait personne le jeudi. C'était une très jolie maison, avec un
jardin attrayant, en retrait de la route. Mais comme c'était une vieille
maison, elle avait quelques défauts — un toit qui fuit et un sous-sol
humide. Cette famille était assez riche et possédait des objets de
valeur comme des vélos dix-vitesses, une télévision couleur et une
collection de pièces rares. L'histoire complète contenait 72 idées, qui
avaient été précédemment évaluées selon leur degré d'importance
pour un cambrioleur ou un acheteur potentiel. Par exemple, un toit
fuyant et un sous-sol humide auraient de l'importance pour l'acheteur, alors que le fait qu'il y ait des objets de valeur et personne le
jeudi intéresserait un cambrioleur.

**Perspective**

Point de vue particulier.

Les sujets ont lu l'histoire en se mettant dans la peau de l'un ou l'autre et, après un bref délai, on leur a demandé de mettre par écrit tout ce dont ils pouvaient se souvenir. Après un autre bref délai, ils essayaient à nouveau de se rappeler les idées contenues dans l'histoire. La moitié le faisait en reprenant la même **perspective** et l'autre moitié en adoptant un nouveau point de vue. Les expérimentateurs disaient aux sujets qui obéissaient à la condition de même-perspective, que l'objet de l'étude était de déterminer si les gens pouvaient se rappeler, s'ils bénéficiaient d'une seconde chance, des éléments qu'ils pensaient avoir oubliés. Aux sujets souscrivant à la condition nouvelle-perspective, on disait que le but de l'étude était de déterminer si les gens parviendraient à se souvenir d'éléments qu'ils croyaient avoir oubliés s'ils adoptaient une nouvelle perspective.

Comme nous pouvions nous y attendre, la perspective influençait le type d'informations que les gens se rappelaient durant la première période de rappel. Le groupe qui adoptait le point de vue du cambrioleur se rappelait davantage d'informations propres au cambriolage et le groupe qui adoptait le point de vue de l'acheteur se souvenait de plus d'éléments concernant l'achat de la maison. Les résultats concernant la seconde tentative de rappel ont confirmé l'hypothèse qu'un changement de perspective peut entraîner le rappel d'informations supplémentaires. Le groupe qui avait changé de perspective s'est souvenu d'idées supplémentaires qui n'étaient importantes que dans cette nouvelle perspective — 7% d'idées en plus dans une expérience et 10 % de plus dans une autre. Par contre, le groupe qui n'avait pas changé de point de vue s'est rappelé légèrement moins d'informations dans le second essai.

Notez que ces résultats diffèrent de ceux de Bransford et Johnson (1973), dans le sens où le changement de perspective a favorisé la récupération des idées plutôt que leur compréhension. Comme l'histoire était facile à comprendre, la compréhension ne posait aucun problème; la difficulté était de se rappeler toutes les idées. Anderson et Pichert ont proposé trois explications potentielles de la raison pour laquelle un changement de perspective aide à la récupération. L'une est que les gens devinaient tout simplement les idées qu'ils ne se rappelaient pas vraiment mais qui étaient cohérentes avec la nouvelle perspective. Cependant, la probabilité de deviner une des idées contenues dans le texte est relativement faible. Une explication alternative suppose que les sujets ne rapportaient pas tout ce qu'ils avaient pu se rappeler, parce qu'ils pensaient que ce n'était pas important dans la perspective originale. Cependant, les consignes étaient néanmoins de rappeler toute l'information possible. La troisième possibilité était celle qu'Anderson et Pichert préféraient, parce qu'elle coïncidait davantage avec ce que les sujets disaient dans les interviews qui suivaient leur exercice. Beaucoup de sujets ont déclaré que la nouvelle perspective leur fournissait une stratégie pour rechercher dans leur mémoire. Ils utilisaient leurs connaissances concernant ce qui pourrait intéresser un acheteur ou un cambrioleur, pour retrouver les nouvelles informations qui n'étaient pas suggérées par la perspective originale.

## Influence des connaissances antérieures sur les fausses reconnaissances et les faux rappels

Les études qui précèdent confirment l'idée que les connaissances antérieures influencent, soit la compréhension, soit la récupération de l'information d'un texte. Les sujets qui pouvaient interpréter les idées abstraites en les associant à une sérénade ou à une lessive avaient été avantagés dans la compréhension et la rétention des idées. De plus, adopter une perspective particulière permet aux gens de retrouver davantage d'idées concrètes qu'ils avaient été initialement capables de comprendre.

Bien que les connaissances acquises facilitent habituellement la compréhension et le rappel, elles peuvent également induire en erreur. Lorsque nous venons d'apprendre quelque chose sur un sujet donné et que nous lisons davantage sur ce sujet par la suite, nous pouvons avoir quelques difficultés à faire la distinction entre ce que nous lisons et ce que nous savons déjà. Ceci peut créer un problème au cas où l'on nous demanderait de rappeler la source de l'information. Considérez le passage biographique suivant :

> Gérald Martin n'a eu de cesse de miner le gouvernement d'alors pour satisfaire ses ambitions politiques. Beaucoup de gens de son pays ont soutenu ses efforts. Les problèmes politiques contemporains ont relativement facilité la prise de pouvoir de Martin. Certains groupes sont restés loyaux envers l'ancien gouvernement et ont posé problème à Martin. Il a affronté ces groupes directement et les a réduits au silence. Il devint un dictateur impitoyable et incontrôlable. La conséquence ultime de son règne fut la chute de son pays. (Sulin & Dooling, 1974, p. 256)

Les gens qui ont lu ce passage ne devraient pas se référer à des personnages célèbres, puisque Gérald Martin est un personnage fictif. Il serait aisé, cependant, de modifier le passage en changeant le nom du dictateur. Dans une expérience imaginée par Sulin et Dooling (1974), la moitié des sujets ont lu l'extrait avec le nom de Gérald Martin et l'autre moitié avec le nom d'Adolf Hitler. Que ce soit 5 min. ou 1 semaine après avoir lu le passage, les sujets devaient passer un test de mémoire de reconnaissance qui consistait en sept phrases extraites du passage, mélangées avec sept autres phrases qui n'y figuraient pas. Les sujets devaient identifier les phrases extraites du passage.

Quatre des phrases qui ne figuraient pas dans le passage n'avaient aucun rapport (neutres), et les trois autres variaient selon l'importance de leur rapport avec le thème d'Hitler. La phrase avec un faible rapport au thème était : *C'était un homme intelligent mais dépourvu de toute bonté humaine.* La phrase qui entretenait un rapport intermédiaire était : *Il était obsédé par son désir de conquérir le monde.* La phrase qui avait un rapport étroit était : *Il détestait tout particulièrement les Juifs et les a donc persécutés.* La figure 11.2 présente la reconnaissance des phrases selon les deux intervalles de rétention. Avec l'intervalle de temps de rétention le plus court, il y avait quelques fausses reconnaissances, et les résultats n'étaient pas influencés par le fait que le passage porte sur un personnage célèbre (Hitler) ou un personnage fictif (Martin). Cependant, après 1 semaine, il était plus difficile pour les sujets qui avaient lu le passage sur Hitler de distinguer entre ce qui figurait dans le passage et ce qu'ils savaient déjà sur Hitler. Les fausses reconnaissances augmentaient également avec l'accroissement de l'intervalle de temps de rétention pour ceux qui avaient lu le passage mentionnant Martin, mais à un moindre degré.

L'information peut également être faussement reconnue ou rappelée lorsqu'elle correspond à notre connaissance de scripts. Comme nous l'avons vu dans le chapitre 9, un script représente notre mémoire d'une séquence organisée d'événements, comme cela se produit dans le cas d'un crime. Le faux rappel d'une telle information peut constituer un sérieux problème si les membres d'un jury se souviennent de façon erronée d'événements qu'ils associent avec le crime, mais qui dans le cas présent ne se sont jamais produits. Holst et Pezdek (1992) ont demandé à des sujets de faire la liste de tous les événements qui se produisent dans une séquence typique de vol à l'étalage, de vol dans une banque et lors d'un vol à l'arraché. Certains de ces événements étaient ensuite inclus dans l'enregistrement de la transcription d'un interrogatoire fictif où un procureur questionne le témoin d'un vol. Quatre des événements associés au vol (agir comme un client, aller vers le caissier, demander l'argent, menacer les gens) étaient établis par le témoin, mais quatre autres événements portant sur le vol n'étaient pas établis (repérer la magasin, sortir un revolver, prendre l'argent, prendre la fuite en voiture).

Les participants à l'expérience revenaient une semaine plus tard. On leur demandait alors de rapporter le plus d'actions possibles à partir des déclarations du témoin. Ils se sont rappelés 31% des événements donnés et ont rappelé de façon erronée 15% d'événements non objectifs, indiquant ainsi que leurs connaissances antérieures sur

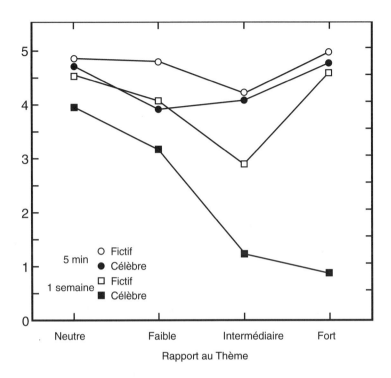

**Figure 11.2** *Performance de reconnaissance (score élevé = haute performance) d'une nouvelle information en fonction de son caractère principal, de son intervalle de rétention et de son rapport au thème.*

Tiré de «Intrusion of a Thematic Idea in Retention of Prose» de R. A. Sulin et D. J. Dooling, 1974, *Journal of Experimental Psychology, 103*, 255-262. Copyright © 1974 par l'American Psychological Association. Reproduit avec autorisation.

ce qui peut se passer lors d'un vol (tel que sortir un revolver) ont influencé leur rappel.

Lorsqu'une information trompeuse était introduite par un avocat, le rappel erroné d'événements non établis augmentait de 25%. Si le procureur suggérait que le voleur avait un revolver, les participants avaient donc davantage tendance à se rappeler que le voleur avait un revolver, même s'ils avaient pour consigne de ne se rappeler que les événements mentionnés par le témoin.

En résumé, les connaissances antérieures peuvent influencer la compréhension et le rappel d'un texte de plusieurs façons. Les connaissances antérieures peuvent rendre moins abstraites les idées qui le sont et les rendre plus aisées à comprendre. Elles peuvent également déterminer ce que nous mettons en évidence dans un texte et fournir une structure pour se rappeler des idées. Le prix à payer pour ces quelques avantages tient à la difficulté de localisation de l'origine des préjugés, à partir du moment où ce que nous lisons est intégré avec ce que nous savons. Dans la plupart des cas, le coût est relativement faible par rapport aux bénéfices, mais les connaissances antérieures peuvent avoir de sérieuses conséquences dans certains cas.

## L'ORGANISATION D'UN TEXTE

J'ai écrit au début de ce chapitre que les connaissances antérieures du lecteur, tout comme l'organisation des idées dans un texte, influencent la compréhension. Une grande partie des recherches sur la compréhension de texte portent sur la lecture de récits décrivant une séquence d'événements. Pour comprendre une histoire, nous devons organiser l'information à deux niveaux (Graesser, Singer & Trabasso, 1994). À un niveau, nous avons besoin d'établir une **cohérence globale** des principaux événements qui se produisent au cours de l'histoire. Nous avons besoin de suivre ce qui se passe concernant les personnages principaux (Albrecht & O'Brien, 1993) et les événements liés à la réalisation d'objectifs (Dopkins, Klin & Myers, 1993). À un niveau plus détaillé, nous devons établir une **cohérence locale** concernant les événements les plus récents de l'histoire. Nous avons besoin d'intégrer les idées que nous sommes en train de lire à celles qui les précédaient. Notre habileté à intégrer les idées aux niveaux global et local devrait être grandement influencée par la façon dont l'auteur a organisé le texte.

Nous allons commencer par nous intéresser aux différentes parties d'une histoire et au rôle important que les objectifs jouent dans l'organisation des principaux événements d'une histoire — la cohérence globale. Nous verrons ensuite de quelle manière les relations causales offrent le moyen d'organiser les événements autour de ces objectifs. Enfin, nous chercherons à savoir comment les lecteurs intègrent les détails d'une histoire pour établir une cohérence locale, en construisant un réseau sémantique très semblable à ceux que nous avons vus dans le chapitre 9.

## Structure d'un récit

Dans les narrations simples, la structure détermine l'organisation des événements. Nous pouvons étudier cette structure à un niveau très général, en définissant une histoire en fonction d'un cadre, d'un thème, d'une intrigue et d'un dénouement (Thorndyke, 1977). Le **cadre** offre une information sur le temps, le lieu et les principaux personnages. Le **thème** fournit le propos principal de l'histoire, bien souvent l'objectif que le personnage central cherche à réaliser. L'**intrigue** se compose d'une série d'actions que le personnage principal met en

---

**Cohérence globale**

Intégration des idées principales évoquées au cours d'un récit.

**Cohérence locale**

Intégration des idées au sein d'un contexte immédiat dans un texte.

**Cadre**

Temps et lieu dans lesquels les événements du récit se produisent.

**Thème**

Objectifs principaux des personnages d'un récit.

**Intrigue**

Séquence des événements liés à la réalisation des objectifs dans un récit.

œuvre pour essayer d'atteindre l'objectif. Il peut exister plusieurs sous-buts ou buts intermédiaires qui doivent être accomplis avant que l'objectif principal ne soit abordé. Le **dénouement** —l'issue finale de l'histoire— indique généralement si le personnage principal a réussi à réaliser son objectif. Chacune de ces composantes est évidente dans l'histoire suivante. (Les propositions sont numérotées pour faciliter le commentaire qui s'ensuit.)

**Dénouement**

Issue des événements de l'intrigue.

> (1) Circle Island est située au milieu de l'océan Atlantique, (2) au nord de Ronald Island. (3) Les activités principales dans l'île sont la culture et l'élevage. (4) Les terres de Circle Island sont bonnes mais (5) il y a peu de rivières, (6) d'où son manque d'eau. (7) L'île est dirigée de façon démocratique. (8) Tous les problèmes sont réglés par un vote majoritaire des insulaires. (9) Le conseil d'administration est un sénat (10) dont le travail est de réaliser les souhaits de la majorité. (11) Récemment, un scientifique de l'île a découvert une méthode peu onéreuse (12) pour convertir l'eau salée en eau douce. (13) Par la suite, les fermiers ont voulu (14) qu'un canal traversant l'île soit construit, (15) pour en utiliser l'eau (16) et ainsi cultiver la région située au centre de l'île. (17) Les fermiers ont donc monté une association pro-canal (18) et ont persuadé quelques sénateurs (19) de s'y adjoindre. (20) L'association pro-canal proposa au vote l'idée de la construction du canal. (21) Tous les insulaires votèrent. (22) La majorité ont voté en faveur de la construction du canal. (23) Le sénat, cependant, a décidé que (24) le canal proposé par les fermiers était écologiquement peu fiable. (25) Les sénateurs se sont mis d'accord (26) pour la construction d'un canal plus petit (27) de 60 cm de large et 30 cm de profondeur. (28) Après que la construction de ce petit canal eut commencé, (29) les insulaires découvrirent que (30) l'eau ne s'y écoulerait pas. (31) Le projet fut donc abandonné. (32) Les fermiers étaient en colère (33) du fait de l'échec du projet de canal. (34) La guerre civile paraissait inévitable. (Thorndyke, 1977, p. 80) [**]

Le cadre est défini par les dix premières propositions, qui nous informent sur le lieu et les personnages principaux. Les six propositions suivantes exposent le thème et introduisent l'objectif de la construction d'un canal traversant l'île. Les propositions 17 à 31 développent l'intrigue, laquelle décrit comment les insulaires ont essayé de réaliser leur objectif, qui fut cependant rejeté par le sénat. Les trois dernières propositions présentent l'issue finale ou dénouement.

---

La structure de ce récit est très apparente. Elle commence avec le cadre puis suivent le thème, l'intrigue et le dénouement. Pour évaluer à quel point la structure de l'objectif d'un récit est utile à sa compréhension, Thorndyke a modifié l'histoire pour qu'elle soit moins évidente. Une modification exposait le thème à la fin du récit, aussi les sujets ne pouvaient-ils découvrir l'objectif qu'une fois l'intrigue et le dénouement connus. Les sujets ne lisaient ou n'entendaient qu'une seule fois l'histoire et donc, quand ils trouvaient enfin l'information sur les objectifs, ils devaient alors l'utiliser pour interpréter ce qu'ils avaient précédemment lu concernant l'intrigue. La modification la plus importante consistait à supprimer entièrement les propositions concernant l'objectif. Les gens se rappelaient moins d'informations lorsque l'objectif arrivait à la fin de l'histoire, et encore moins lorsqu'il était supprimé.

L'importance que les gens accordent aux objectifs est directement illustrée par l'étude des scripts. Nous avons vu au chapitre 9 qu'une facette de l'organisation de nos connaissances est notre connaissance des activités ordinaires (les scripts). Bower, Black et Turner (1979) ont réalisé l'une des premières recherches sur la façon dont les connaissances qu'ont les gens de telles activités routinières les aident à comprendre et à se rappeler l'information contenue dans un texte.

Ces chercheurs ont d'abord mesuré à quel point les gens sont d'accord sur les différents événements qui se produisent au cours d'une activité ordinaire comme aller au restaurant, assister à un cours, se lever le matin, faire les courses ou lors d'une consultation médicale. Ils ont demandé aux sujets de faire la liste d'environ 20 actions ou événements qui se produisent durant chacune de ces activités. Le tableau 11.1 présente ces listes selon l'ordre dans lequel les événements sont habituellement mentionnés. Tous les événements présentés dans le tableau 11.1 ont été mentionnés par au moins 25% des sujets. Ces listes prouvent qu'il existe un large consensus concernant les actions qui se produisent lors de ces activités routinières.

Les événements typiques dans un script fournissent une structure pour la compréhension mais sont par eux-mêmes peu intéressants, dans la mesure où nous les connaissons déjà. Ce qui est habituellement intéressant est l'occurrence d'un événement lié au script mais inattendu. Par exemple, un client peut avoir besoin d'aide pour se faire traduire le menu en français, ou le serveur renverser la soupe sur le client. Schank et Abelson (1977) font référence à ces événements en parlant d'**obstacles**, parce qu'ils freinent la réalisation des objectifs principaux du script, comme passer la commande ou manger la soupe.

**Obstacles**

Événements qui retadent ou empêchent la réalisation d'un objectif.

Bower et ses collègues (1979) ont fait l'hypothèse que de telles interruptions devraient mieux être retenues que les événements routiniers des scripts présentés dans le tableau 11.1. Du point de vue du lecteur, ce sont les seuls «intérêts» de l'histoire. Ces chercheurs ont également fait l'hypothèse que les événements qui ne sont pas pertinents dans le script devraient être moins bien retenus que les événements routiniers du script. Par exemple, le caractère d'imprimerie du menu ou la couleur des cheveux de la serveuse ne sont pas des événements pertinents dans les objectifs de la commande du menu ou de la prise du repas.

Bower et ses collègues ont testé cette hypothèse en demandant aux sujets de lire six histoires basées sur les scripts associés aux activités suivantes : faire du café, assister à un cours, se lever le matin, voir un film, voir un médecin et aller au restaurant. Après avoir lu les six histoires et avoir effectué une tâche durant 10 min., les sujets essayaient de se rappeler les récits par écrit. Les résultats ont confirmé les présupposés : les sujets se rappelaient 53% des interruptions, 38% des actions du script et 32% des informations non pertinentes. Les interruptions empêchaient ou retardaient la réalisation de l'objectif du personnage principal, et c'est cet aspect de l'histoire que les gens se rappelaient le plus.

## Les relations causales

Lorsqu'un objectif fait partie d'une histoire, les gens l'utilisent pour organiser les actions décrites dans le récit. Les tentatives du personnage visant la réalisation de son objectif procèdent de l'établissement de relations causales parmi les différentes propositions d'un texte. Le travail de Trabasso et de ses étudiants à l'Université de Chicago (Trabasso & Speery, 1985; Trabasso & van den Broek, 1985) montre que ce sont ces relations causales qui sous-tendent ce que le lecteur juge important dans un texte.

Du point de vue formel, une **relation causale** est le lien entre un événement, *A*, estimé être la cause d'un autre événement, *B*, si l'absence de *A* implique l'absence de *B*. En d'autres mots, vous ne pouvez pas atteindre votre objectif si quelqu'un élimine les événements nécessaires à sa réalisation. Considérez l'objectif d'entrer dans votre maison. Vous ne pouvez pas y entrer sans ouvrir la porte, ce que vous ne pouvez pas faire sans la déverrouiller, ce qui n'est pas possible sans sortir les clefs. Ainsi les trois actions sont-elles liées de façon causale (nécessaire) pour réaliser l'objectif d'entrer dans votre maison.

**Relation causale**
Lien de dépendance d'un événement qui résulte de l'occurrence d'un autre événement.

Le nombre de relations causales liées à une proposition constitue une importante variable dans la détermination de l'importance à

**Tableau 11.1** Actions associées à différents événements

| Aller au restaurant | Assister à un cours | Se lever le matin | Faire les courses | Aller chez le médecin |
|---|---|---|---|---|
| Ouvrir la porte | PASSER LA PORTE | *Se réveiller* | ENTRER DANS LE | *Entrer dans le cabinet* |
| *Entrer* | *Chercher les amis* | Eteindre le réveil | MAGASIN | S'ENREGISTRER AUPRÈS |
| *Donner le nom* | CHERCHER UNE PLACE | Flâner dans le lit | PRENDRE UN CHARIOT | DE LA RÉCEPTIONNISTE |
| *de réservation* | S'ASSEOIR | S'étirer | Sortir la liste | S'ASSEOIR |
| Attendre d'être placé | Installer ses affaires | SE LEVER | Lire la liste | Attendre |
| Aller à la table | SORTIR SON BLOC-NOTE | Faire le lit | Prendre la première allée | Regarder les autres personnes |
| S'ASSEOIR | *Regarder les autres étudiants* | *Aller aux toilettes* | *Aller et venir dans les allées* | LIRE DES MAGAZINES |
| Commander les boissons | *Discuter* | Utiliser la salle de bain | CHOISIR LES ARTICLES | Appel du nom |
| Mettre la serviette sur | Regarder le professeur | *Prendre une douche* | Comparer les prix | Suivre l'infirmière |
| les genoux | ECOUTER LE PROFESSEUR | *Se laver le visage* | Mettre les articles dans le chariot | *Entrer dans la salle d'auscultation* |
| REGARDER LE MENU | PRENDRE DES NOTES | Se raser | Prendre de la viande | Se déshabiller |
| Discuter du menu | REGARDER L'HEURE | S'HABILLER | Chercher les articles oubliés | *S'asseoir sur la table* |
| PASSER LA COMMANDE | Poser des questions | Aller à la cuisine | Parler à d'autres clients | Parler avec l'infirmière |
| *Discuter* | Changer de position | Préparer le petit déjeuner | Aller aux caisses | EXAMENS DE BASES |
| Boire de l'eau | Rêvasser | PRENDRE LE PETIT | *Chercher une caisse rapide* | Attendre |
| *Manger une salade ou une* | Regarder les autres étudiants | DÉJEUNER | ATTENDRE DANS LA FILE | Le docteur entre |
| *soupe* | Prendre des notes en plus | SE BROSSER LES DENTS | *Mettre les articles sur le tapis* | Les salutations |
| Le repas est servi | *Fermer le bloc-note* | Lire le journal | Lire des magazines | Exposer ses problèmes au docteur |
| MANGER | *Ramasser ses affaires* | *Se peigner* | REGARDER LE CAISSIER | Le docteur pose des questions |
| Finir le repas | Se lever | *Prendre ses livres* | TAPER | EXAMEN DU DOCTEUR |
| *Commander les desserts* | Discuter | Se regarder dans un miroir | PAYER LE CAISSIER | Se rhabiller |
| *Manger les desserts* | PARTIR | Prendre le manteau | *Mettre les articles dans des sacs* | Prendre l'ordonnance |
| Demander l'addition | | QUITTER LA MAISON | Sortir les sacs des courses | Prendre un autre rendez-vous |
| L'addition est apportée | | | du chariot | QUITTER LE CABINET |
| PAYER L'ADDITION | | | Charger les sacs dans la voiture | |
| *Laisser le pourboire* | | | SORTIR DU MAGASIN | |
| Prendre les manteaux | | | | |
| PARTIR | | | | |

SOURCE : Tiré de « Scripts in Memory for Text, » de G. H. Bower, J. B. Black & T. J. Turner, 1979, *Cognitive Psychology, 11*, 177-220. Copyright © 1979 par Academic Press, Inc. Reproduit avec autorisation.

NOTE : Les items en majuscules ont été mentionnés par la plupart des sujets, ceux en italiques par un peu moins de sujets et ceux en minuscules par encore moins de sujets.

accorder aux propositions contenues dans un récit. Dans l'exemple précédent, entrer dans votre maison présente trois relations causales (sortir les clefs, déverrouiller la porte et ouvrir la porte), et déverrouiller la porte a une connexion causale (prendre les clefs). Trabasso et Sperry (1985) ont découvert que, lorsque les sujets indiquaient l'importance des événements dans des histoires, l'estimation de l'importance d'une action était directement mise en rapport avec le nombre de relations causales associées à cette action. Ce nombre de connections était également important pour déterminer ce que les gens pouvaient se rappeler d'une histoire et ce qu'ils incluaient dans un résumé (Trabasso & van den Boeck, 1985).

Les relations causales déterminent également à quelle vitesse les gens peuvent retrouver des informations extraites du texte. Lorsque nous avons considéré les modèles de la diffusion de l'activation dans le chapitre 9, nous avons appris que l'ajout d'arcs à un nœud du réseau ralentit le temps de récupération de l'information (l'effet *fan* mis en évidence par J. R. Anderson, 1976), sauf si cette information peut être intégrée à un sous-nœud (la condition de forte intégration de Reder & Anderson, 1980). L'intégration évite le ralentissement du temps de récupération de l'information ajoutée. Ce qui est remarquable à propos de l'addition de relations causales est que l'information ajoutée accélère vraiment les décisions concernant l'information contenue dans le texte (Myers, O'Brien, Balota & Toyofuku, 1984).

Ces psychologues ont suivi la procédure générale utilisée par Reder et Anderson (1980) mais se sont servis de faits causalement liés sous une condition de forte intégration. Les faits étaient présentés dans quatre paires de récits. Chaque paire partageait un thème commun — aller au match de base-ball, au restaurant, dans un bar ou aux courses.

Chaque histoire possédait trois versions, comme cela est présenté dans le tableau 11.2 pour la paire base-ball. Notez que, bien que la condition fan-3 contienne trois faits et la condition fan-6 en ait 6, les deux phrases tests (indiquées par des astérisques) étaient identiques dans chacune des conditions. Sous la condition de forte intégration, les deux phrases tests étaient précédées par des propositions causalement liées. Par exemple, le banquier devait attendre dans la file *parce qu'*il avait trouvé foule à l'achat des billets, et il a applaudi bruyamment *parce que* son équipe avait marqué. Dans la condition de faible intégration, les faits additionnels n'étaient pas liés de façon causale à la phrase test.

Myers et ses collègues ont découvert que les étudiants étaient en général plus prompts à décider que les phrases tests étaient vraies ou fausses s'ils avaient étudié six phrases fortement intégrées plutôt que trois propositions. Fournir des propositions causales additionnelles a

**Tableau 11.2** *Exemples de phrases utilisées dans l'étude de l'intégration*

### Fan 3

Le banquier

   est arrivé au stade de base-ball.
   a attendu dans une file.*
   a applaudi bruyamment.*

L'acteur

   est allé au match de base-ball.
   a vu le début du match de base-ball.*
   est rentré tôt chez lui.*

### Fan 6 : Forte intégration

Le banquier

   a décidé de voir un match de base-ball.
   est arrivé au stade de base-ball.
   a trouvé foule à l'achat des billets.

   a attendu dans une file.*
   est entré pour voir son équipe marquer.
   a applaudi bruyamment.*

L'acteur

   avait un ticket pour un match des Red Sox.
   est allé au match de base-ball
   s'est assis au moment où l'arbitre mettait la balle en jeu.
   a vu le début du match de base-ball.*
   a trouvé les premiers tours de battes ennuyants
   est rentré tôt chez lui.*

### Fan 6 : Faible intégration

Le banquier

   a décidé de voir un match de base-ball.
   est arrivé au stade de base-ball.
   a acheté un fanion en souvenir.
   a attendu dans une file.*
   s'est assis près de l'abri de la première base.
   a applaudi bruyamment.*

L'acteur

   avait un ticket pour un match des Red Sox.
   est allé au match de base-ball
   a acheté un hot dog à un vendeur.
   a vu le début du match de base-ball.*
   a regardé le programme.
   est rentré tôt chez lui.*

SOURCE : Tiré de « Memory Search without Interference : The Role of Integration, » de J. L. Myers, E. J. O'Brien, D. A. Balota & M. L. Toyofuku, 1984, *Cognitive Psychology, 16,* 217-242. Copyright © 1984 par Academic Press, Inc. Reproduit avec autorisation.
NOTE : Les exemples Fan-3 comprennent 3 faits et les exemples Fan-6 en contiennent 6. Les phrases tests sont indiquées par les astérisques.

donc facilité la récupération de l'information dans la mémoire. Cependant, l'effet *fan* s'est produit normalement avec les six propositions causales faiblement intégrées; donc, sous la condition de faible intégration, les étudiants répondent beaucoup plus lentement s'ils ont lu six faits que s'ils en ont lu seulement trois.

Les expériences qui montrent l'importance des objectifs et des relations causales dans les textes démontrent que les deux contribuent à la cohérence globale d'un texte. Cependant, les lecteurs ont également besoin de comprendre les détails et d'établir des cohérences locales en liant les idées contenues dans une phrase à celles qui les précédent immédiatement. Avant de considérer un modèle de la compréhension, nous avons besoin de savoir comment l'organisation des idées dans un texte détermine leur degré d'intégration par les lecteurs.

Les réponses aux trois questions suivantes déterminent généralelement la facilité d'intégration.

1. L'idée présente peut-elle être mise en relation avec des idées exprimées auparavant ?
2. Ces idées liées sont-elles encore disponibles dans la MCT ?
3. Est-il nécessaire de faire des inférences pour établir cette relation ?

## L'intégration des détails

Etablir une cohérence locale en intégrant les détails d'une phrase est un pari difficile lorsque les idées dans une phrase ne sont pas liées à des idées exprimées dans des phrases précédentes. Le fait que les idées contenues dans une phrase soient données auparavant ou soient nouvelles détermine considérablement la difficulté de compréhension. La facilité avec laquelle les nouvelles idées peuvent être liées aux anciennes est illustrée par les deux séries de phrases du tableau 11.3 (Kieras, 1978). Les deux exemples contiennent les sept mêmes phrases présentées dans des ordre différents. La lettre qui précède chaque phrase indique si l'information contenue dans la phrase était déjà donnée (d) ou nouvelle (n). La phrase est qualifiée de *donnée* si elle comprend au moins un nom commun déjà apparu dans de précédentes phrases. Le premier exemple contient une seule phrase nouvelle; toutes les phrases à l'exception de la première se réfèrent à des informations données auparavant. Le deuxième exemple contient quatre phrases nouvelles qui ne font aucune référence à des informations antérieures. Kieras a prévu que les idées dans le

**Tableau 11.3** *Exemples des ordres de présentation illustrant le statut donné (d) ou nouveau (n) de chaque phrase*

| Exemple 1 | Exemple 2 |
|---|---|
| n - Les fourmis ont mangé la gelée. | n - La cuisine était impeccable |
| d - Les fourmis étaient affamées. | n - La table était en bois. |
| d - Les fourmis étaient dans la cuisine. | n - Les fourmis étaient affamées. |
| d - La cuisine était impeccable. | d - Les fourmis étaient dans la cuisine. |
| d - La gelée était au raisin. | n - La gelée était au raisin. |
| d - La gelée était sur la table. | d - La gelée était sur la table. |
| d - La table était en bois. | d - Les fourmis ont mangé le gelée. |

SOURCE : Tiré de « Good and Bad Structure in Simple Paragraphs : Effects on Apparent Theme, Reading Time, and Recall, » de D. E. Kieras, 1978, *Journal of Verbal Learning and Verbal Behavior, 17*, 13-28. Copyright © 1978 par Academic Press, Inc. Reproduit avec autorisation.

premier exemple devraient être plus faciles à intégrer et à rappeler que celles du second exemple. Les résultats lui ont donné raison.

Le fait que l'intégration utilise des idées qui sont actives dans la MCT constitue un deuxième facteur déterminant dans la difficulté de compréhension. Vous avez peut-être remarqué que toutes les phrases données dans l'exemple 1, à l'exception d'une seule, répétaient un nom commun extrait de la phrase précédente.

La seule exception -*La gelée était au raisin*- répète un nom commun (*gelée*) extrait d'une phrase apparue quatre phrases plus tôt. Cette phrase peut être plus difficile à intégrer aux précédentes, parce que l'information donnée ne doit plus être dans la MCT, une situation qui nécessite une recherche dans la MLT pour retrouver la première phrase. Les résultats suggèrent en fait que la compréhension est influencée par le fait que la précédente information soit encore active dans la MCT ou qu'il faille la récupérer dans la MLT (Lesgold, Roth & Curtis, 1979).

Les phrases suivantes (tirées de Lesgold, Roth & Curtis, 1979) devraient être faciles à intégrer, parce que la première contient une information pertinente qui devrait être encore disponible dans la MCT lorsque le lecteur arrive à la deuxième.

1. Un épais nuage de fumée flottait au-dessus de la forêt. La forêt était en feu. (p. 294)

   Insérons à présent deux phrases qui font varier le thème et qui rendent moins probable que l'information sur la fumée au-dessus de la forêt soit encore dans la MCT lorsque le lecteur est informé du feu.

2. Un épais nuage de fumée noire flottait au-dessus de la forêt. En jetant un coup d'œil de biais, Carol pouvait voir une abeille qui volait autour du siège arrière. Les deux enfants sautaient tout autour mais n'ont pas essayé de libérer l'insecte. La forêt était en feu. (p. 295)

   L'information ajoutée n'a aucun rapport avec le feu de forêt et devrait rendre la compréhension de la dernière phrase encore plus difficile que dans le cas 1. Considérons à présent l'insertion de deux phrases pertinentes par rapport au thème initial.

3. Un épais nuage de fumée flottait au-dessus de la forêt. La fumée était épaisse et noire, et commençait à envahir le ciel pourtant dégagé. Devant elle, Carol pouvait voir un ranger demandant au trafic de ralentir. La forêt était en feu. (p. 295)

Les deux phrases ajoutées étoffent le thème initial, aidant le lecteur à garder l'information du nuage de fumée noire active dans la MCT. Lesgold et ses collègues ont prévu qu'il faudrait moins de

**Tableau 11.4** *Exemples d'informations associées et dissociées*

| Cadre | Warren a passé l'après-midi à faire du shopping dans le magasin. |
|---|---|
| Critique (associée) | Il prit sa *valise* et alla voir les écharpes. |
| Critique (dissociée) | Il posa sa *valise* et alla voir les écharpes. |
| Phrase lien | Il a fait du shopping toute la journée. |
| Phrase test | Il pensait qu'elle était trop lourde à porter. |

SOURCE : Tiré de « Mental Models Contribute to Foregrounding during Text Comprehension, » de A. M. Glenberg, M. Meyer & K. Lindem, 1987, *Journal of Memory and Language, 26*, 69-83, Tableau 4. Copyright © 1987 par Academic Press, Inc. Reproduit avec autorisation.

temps pour comprendre la dernière phrase dans le cas 3 que dans le cas 2. Les résultats leur ont donné raison.

Une façon moins directe de garder l'information active dans la MCT est de l'associer avec une autre information qui continue à être soulignée dans le texte (Glenberg, Meyer & Lindem, 1987). Ceci est illustré par les phrases du tableau 11.4. La première phrase du paragraphe fixe le cadre et est suivie par une des deux phrases critiques. Certains sujets ont lu Warren prit sa valise (la condition associée) et d'autres que Warren posa sa valise (la condition dissociée). La phrase faisant le lien ne fait référence qu'à Warren mais la phrase test comprend un pronom (elle) qui se réfère à la valise.

Les sujets qui avaient eu pour consigne de lire le matériel avec beaucoup d'attention pour bien le comprendre, ont mis significativement moins de temps pour lire la phrase test sous la condition associée.

Glenberg et ses collègues ont supposé que les lecteurs construisaient un **modèle mental** de la situation décrite dans un texte, qui leur permettait de maintenir l'information portant sur l'acteur principal. Le modèle mental inclut ces objets qui sont associés dans l'espace à l'acteur principal - par exemple, une image mentale de Warren portant sa valise. Si le texte continue à faire référence à cette personne, alors les objets associés à cette personne sont également gardés actifs dans la MCT, même s'ils ne sont plus mentionnés. Les sujets étaient donc plus prompts à interpréter la phrase test lorsque la valise était associée à Warren dans l'espace, que quand elle en était dissociée.

**Modèle mental**

Représentation mentale d'une situation par une personne.

Un troisième déterminant de la difficulté de compréhension concerne le fait que les idées soient directement liées l'une à l'autre ou qu'elles soient liées par une **inférence** (Haviland et Clark, 1974). Cette distinction peut être illustrée par les paires de phrases suivantes :

**Inférence**

Utilisation d'un raisonnement pour établir des relations dans un texte quand ces dernières ne sont pas clairement établies.

1. Ed was given an alligator for his birthday. The alligator was his favorite present.
   (ndt : Un alligator a été donné à Ed pour son anniversaire. L'alligator fut son cadeau préféré.)

2. Ed was given a lot of things for his birthday. The alligator was his favorite present.
   (ndt : On a donné beaucoup de choses à Ed pour son anniversaire. L'alligator fut son cadeau préféré.)

Dans les deux cas, la première phrase fournit le contexte approprié pour la seconde mais dans le premier cas, il est clair que Ed a reçu un alligator pour son anniversaire. La seconde requiert une inférence selon laquelle l'une des choses reçues par Ed était un alligator.

Les participants à l'étude de Haviland et Clark voyaient des paires de phrases dans un tachystoscope. Après avoir lu la première phrase, ils appuyaient sur un bouton pour voir la seconde. Lorsqu'ils pensaient avoir compris la seconde phrase, ils appuyaient sur un autre bouton, lequel stoppait un chronomètre qui mesurait le temps d'exposition de la seconde phrase.

Comme l'avaient prévu Haviland et Clark, lorsque la même idée (telle que l'alligator) était mentionnée dans les deux phrases, cela a pris moins de temps pour comprendre la seconde phrase que lorsque la relation entre les deux nécessitait une inférence.

En résumé, selon ces études, un grand nombre de variables influencent la compréhension. Toutes ces variables reflètent la facilité avec laquelle ce que la personne lit est intégré à ce qu'elle vient de lire. Une variable tient à la possibilité qu'a le lecteur de lier l'acquisition d'une nouvelle information avec les idées précédemment exprimées dans le texte. La recherche de Kieras (1978) a montré qu'il était plus facile de se rappeler les idées d'un texte si les phrases faisaient référence à de précédentes informations que si elles ne contenaient que de nouvelles informations. Une seconde variable tient au fait que les idées exprimées auparavant sont, ou toujours actives dans la MCT, ou doivent être récupérées dans la MLT. La compréhension est plus facile lorsque les idées liées sont encore actives dans la MCT (Lesgold et al., 1979; Glenberg et al., 1987). Troisième variable : soit l'acquisition d'une nouvelle information est directement reliée à de précédentes informations, soit le lecteur doit inférer la relation. Les inférences ralentissent la compréhension (Haviland & Clark, 1974). Une théorie de la compréhension devrait intégrer ces trois variables.

# LE MODÈLE DE LA COMPRÉHENSION DE KINTSCH

Les deux premières sections de ce chapitre proposaient une recension des recherches sur deux très importantes composantes de la compréhension : les connaissances antérieures du lecteur et l'organisation des idées dans le texte. La section finale décrit les tentatives des psychologues pour développer des modèles détaillés de la compréhension de texte. Parce que la compréhension d'un texte nécessite l'intégration des idées contenues dans le texte, un modèle de la compréhension de texte nécessite l'établissement d'hypothèses sur la façon dont cette compréhension s'effectue.

## Les hypothèses du traitement

Un modèle développé par Kintsch de l'Université du Colorado durant près de 20 ans (1979, 1994) nous a fourni la théorie la plus intelligible de la compréhension de texte. Parce que ce modèle est assez complexe, je ne donnerai qu'un bref résumé de ses principales hypothèses, en accordant une attention particulière à celles qui sont liées à de précédentes études. Dans ce modèle, il y a deux entrées, le lecteur et le texte, les deux étant nécessaires pour comprendre la compréhension. Les connaissances et les objectifs du lecteur influencent la manière dont celui-ci détermine ce qui est pertinent, formule des attentes et infère des faits qui ne sont pas directement établis dans le texte. Le texte lui-même est représenté dans le modèle par des propositions. Les **propositions** divisent le texte en unités porteuses de sens, lesquelles sont disposées dans un réseau similaire aux réseaux sémantiques traités dans le chapitre 9.

**Propositions**

Généralement, ensemble de mots porteurs de sens.

Les caractéristiques générales du modèle peuvent être illustrées par ce simple exemple (Kintsch, 1979). Considérez le texte suivant :

> La tribu des Swazi était en guerre avec une tribu voisine à propos d'un désaccord concernant le bétail. Parmi les guerriers il y avait deux hommes qui n'étaient pas mariés, Kakra et son plus jeune frère Gum. Kakra fut tué au cours d'une bataille. (p. 6)

Le modèle spécifie les règles pour diviser le texte en propositions, mais nous ne nous préoccuperons pas des détails de ces règles. Nous considérerons les groupes de mots qui correspondent approximativement aux propositions. La figure 11.3 montre de quelle façon la première phrase est divisée en groupes de mots et comment ces groupes sont liés dans le réseau. La proposition *était en guerre avec* est la proposition la plus importante, à laquelle se joignent les autres. Le nombre de propositions qui peuvent être gardées actives dans la MCT est un important paramètre dans le modèle. Puisque la MCT a

Analyse de la cohérence: Cycle 1

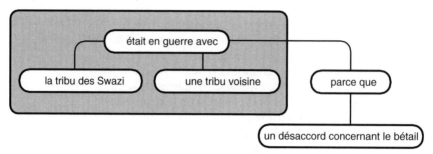

**Figure 11.3** *Analyse de la première phrase dans l'exemple des Swazi.*

Analyse de la cohérence: Cycle II

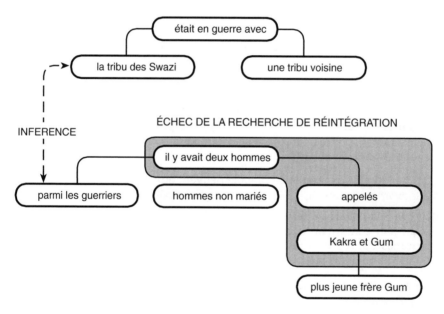

**Figure 11.4** *Analyse de la seconde phrase dans l'exemple des Swazi*

une capacité limitée, seules quelques propositions peuvent être maintenues actives; notre exemple présume que la limite de capacité est de trois propositions, comme cela est indiqué par les propositions encerclées dans la figure. Les propositions décrivant les projets et les objectifs des personnages ont plus de probabilité d'être sélectionnées (Fletcher, 1986).

La figure 11.4 présente les propositions de la seconde phrase et les propositions de la première phrase encore actives dans la MCT. Le lecteur essaie en premier lieu de connecter les nouvelles propositions avec les anciennes dans la MCT, mais les mots de le seconde phrase n'ont pas beaucoup de rapports avec les mots de la première. Le lecteur détermine ensuite si les nouvelles propositions peuvent être liées à des propositions contenues dans la MLT. Kintsch suggère que cette recherche dans la MLT, qu'il appelle **recherche de réinté-gration**, est l'un des facteurs qui contribuent à rendre un texte difficile à lire. Si l'information dans un texte peut être liée à des idées encore actives dans la MCT, la compréhension est plus facile que si le lecteur doit commencer par rechercher une ancienne information dans la MLT pour ensuite la réintégrer dans la MCT où elle est amalgamée avec la nouvelle information. Cette hypothèse est en accord avec les résultats obtenus par Lesgold et ses collègues (1979) et par Glenberg et ses collègues (1987).

**Recherche de réintégration**

Recherche de mots dans la MLT pour les placer dans la MCT où ils peuvent être utilisés pour être intégrés dans un texte

La recherche de réintégration échoue également avec cet exemple, parce qu'il n'y a pas de concepts qui soient communs aux deux premières phrases. Le modèle doit donc construire un nouveau réseau plutôt que de faire des ajouts à l'ancien. Une inférence peut également être faite à ce moment-là pour relier les deux réseaux. L'inférence précise que les guerriers mentionnés dans la seconde phrase sont des membres de la tribu des Swazi. Cette inférence sem-ble raisonnable mais l'objectif n'est pas exprimé de façon directe. Le modèle de Kintsch postule que les inférences, tout comme la recher-che de réintégration, ralentissent le lecteur et rendent la compréhen-sion plus difficile. Des résultats confirment cette hypothèse (par exemple, Haviland & Clark, 1974).

Le modèle sélectionne une nouvelle fois trois propositions de la seconde phrase pour les maintenir actives dans la MCT. La figure 11.4 montre que ces trois sélections précisent le nom des deux hom-mes. La troisième phrase -*Kakra fut tué au cours d'une bataille*- est facilement reliable à l'information précédente, parce que l'informa-tion concernant Kakra est encore disponible dans la MCT. La nou-velle information peut donc être directement ajoutée au réseau sans avoir besoin de procéder à une recherche dans la MLT ou de faire une inférence.

Cet exemple peut vous donner une idée approximative de la façon dont le modèle travaille. La thèse principale en est que l'infor-mation nouvelle peut être plus facilement comprise lorsqu'elle peut être assimilée avec l'information que le lecteur a déjà intégrée. Le plus simple est le cas où la nouvelle information peut être liée à une information encore active dans la MCT. Si elle ne peut être reliée, la recherche de réintégration tente de lier la nouvelle information à des propositions stockées dans la MLT. Si la recherche de réintégration échoue, un nouveau réseau doit être constitué, résultant de la mémoire des idées qui ne sont pas très bien intégrées. Il en résulterait un plus faible rappel, comme cela a été montré par Kieras (1978) lorsque les nouvelles phrases ne pouvaient être reliées aux phrases précédentes. L'intégration des idées peut parfois être réalisée à l'aide d'inférences, mais leur besoin contribue également à la difficulté d'un texte.

## Prévoir l'intelligibilité

Le modèle de Kintsch est suffisamment complet pour permettre des prévisions sur le niveau d'intelligibilité de différents types de textes. Prévoir l'intelligibilité est très utile dans la vie pratique. Les concepteurs de manuels scolaires veulent être certains que leurs produits peuvent être compris par les étudiants qui les lisent. Un de mes anciens professeurs écrivit un jour un chapitre de *The Mind*, un livre de la série Time-Life. Son chapitre a nécessité neuf révisions avant de satisfaire les éditeurs de Time-Life. Bien qu'il fût bon écrivain et qu'il maîtrisât son sujet, il n'avait pas l'habitude d'écrire pour des lycéens – les lecteurs potentiels ciblés par la série.

**Formules d'intelligibilité**

Formules qui utilisent des variables telles que la fréquence des mots et la longueur des phrases pour prévoir l'intelligibilité d'un texte.

On a effectué beaucoup de tentatives pour prédire l'intelligibilité. Selon Kintsch et Vipond (1979), les premières formules sont apparues dans les années 20. Il existe aujourd'hui près de 50 **formules d'intelligibilité**, la plupart comprenant des variantes de mots et de phrases (mots non familiers et phrases longues contribuent généralement à accroître la difficulté d'un texte). Ce qui manque aux formules, cependant, est une bonne méthode pour mesurer l'organisation de texte. Si quelqu'un plaçait tous les mots dans un ordre confus au sein d'une phrase, la phrase serait très difficile à comprendre, mais la plupart des formules resteraient valables parce qu'elles ne considèrent ni l'ordre des mots dans une phrase ni même l'ordre des phrases dans un paragraphe. Ces formules sont donc limitées, du fait qu'elles ne sont pas fondées sur une théorie de la compréhension du texte.

**Intelligibilité**

Nombre de propositions rappelées divisé par le temps de lecture.

La théorie développée par Kintsch a déjà contribué à dépasser la plupart de ces limites en fournissant un compte rendu de la façon dont les aptitudes du lecteur à traiter l'information interagissent avec l'organisation du texte. Kintsch a défini l'**intelligibilité** comme étant le nombre de propositions rappelées, divisé par le temps de lecture. Cette mesure prend en compte à la fois le rappel et le temps de lecture, parce qu'il est facile d'améliorer l'une de ces mesures au bénéfice de l'autre.

Kintsch a utilisé son modèle, avec d'autres mesures plus traditionnelles, pour prévoir l'intelligibilité de paragraphes. Les deux meilleurs indices de l'intelligibilité étaient la fréquence des mots et le nombre de recherches de réintégration.

La première mesure se retrouve dans la plupart des formules de l'intelligibilité. Comme nous pouvons nous y attendre, l'utilisation de mots communs, lesquels apparaissent fréquemment dans une langue, améliore la compréhension. La seconde mesure -le nombre de recherches de réintégration- est calculée à partir du modèle de Kintsch. L'application du modèle détermine combien de fois une personne doit procéder à une recherche dans la MLT pour relier une nouvelle information à une ancienne. Une recherche de réintégration est nécessaire uniquement quand une nouvelle information ne peut être liée à des propositions présentes dans la MCT. Une autre mesure théorique améliorant la prévision de l'intelligibilité est le nombre d'inférences nécessaires. Une inférence est nécessaire même lorsqu'un concept n'est pas directement répété - par exemple, quand *guerre* était mentionné dans la première phrase et *guerriers* dans la seconde. Kintsch a constaté que le nombre d'inférences influençait l'intelligibilité, mais pas autant que la fréquence des mots et le nombre de recherches de réintégration. Cependant, dans ce cas les inférences étaient relativement faciles à faire; leur influence peut néanmoins augmenter lorsqu'elles sont plus difficiles à réaliser.

Des inférences plus difficiles sont souvent nécessaires lors de lecture de matériel académique, tel que des récits historiques relatant les guerres de Corée et du Viêt-nam. Les études utilisant ce type de matériel ont montré que, plus il fallait faire d'inférences pour lier les idées, pire était le rappel de ces idées (Britton, Van Dusen, Glynn & Hemphill, 1990). Les événements historiques sont moins aptes à s'ajuster à la structuration habituelle des fictions, rendant les inférences encore plus difficiles à faire. D'autres programmes de recherche portent aussi sur le recueil de données pour distinguer les inférences qui sont immédiates et automatiques et celles qui nécessitent des connaissances spécifiques chez le lecteur (McKoon & Ratcliff, 1990; Swinney & Osterhout, 1990).

En résumé, les résultats montrent qu'une théorie de la compréhension peut contribuer à prévoir l'intelligibilité. La mesure avec laquelle les idées sont liées avec d'autres, dans un texte, détermine les mesures théoriques - le nombre de recherches de réintégration et le nombre d'inférences. Ces mesures n'étaient pas intégrées dans les mesures classiques de l'intelligibilité. Le modèle de Kintsch offre également un cadre pour considérer l'interaction entre le lecteur et le texte. Ce modèle implique que l'intelligibilité est déterminée non seulement par le texte mais qu'elle résulte aussi de l'interaction entre un lecteur particulier et un texte particulier (Kintsch & Vipond, 1979). Par exemple, une recherche de réintégration est requise uniquement quand une nouvelle information ne peut être reliée à une information présente dans la MCT. Une personne qui peut maintenir beaucoup de propositions dans sa MCT a donc l'avantage de moins recourir aux recherches de réintégration qu'une personne dont la capacité de la MCT est plus limitée. Il existe plusieurs façons d'intégrer l'effet bénéfique des connaissances antérieures dans le modèle. Les connaissances antérieures peuvent améliorer le nombre de propositions maintenues dans la MCT du fait de leur plus grande familiarité. Elles peuvent également faciliter la réalisation d'inférences pour lier ensemble différents concepts du texte. Nous allons explorer cette possibilité dans la prochaine section.

## L'intégration des connaissances antérieures

Nous avons commencé ce chapitre en nous intéressant à la façon dont les acquis d'une personne influencent sa compréhension d'un texte. Pouvons-nous «représenter» ces connaissances antérieures et les incorporer dans le modèle de la compréhension de Kintsch ? Au congrès annuel de l'Association des Psychologues Américains, Kintsch (1994), lors d'une conférence en tant que personnalité invitée, a eu l'occasion de présenter ses plus récentes recherches, la plupart se focalisant sur le rôle que jouent les connaissances antérieures dans la mémorisation d'un texte.

Jusqu'à présent, nous nous sommes centrés sur la représentation des relations sémantiques d'un texte, en intégrant les propositions au sein d'un réseau sémantique. Mais il existe aussi un autre niveau de compréhension, plus profond, appelé *modèle situationnel* par Kintsch. Le **modèle situationnel** est construit à partir de la combinaison de connaissances antérieures et de l'information extraite du texte; il permet d'avoir une compréhension plus profonde de la situation décrite dans le texte.

**Modèle situationnel**

Intégration des connaissances antérieures et de l'information extraite d'un texte pour élaborer une compréhension de la situation décrite dans ce texte.

La figure 11.5 présente un fragment de texte composé de deux phrases : *Lorsqu'un bébé présente une déficience du septum, le sang ne peut débarrasser les poumons d'une quantité suffisante de dioxyde de carbone. D'où le fait qu'il présente une coloration violette.* Le modèle situationnel, dans ce cas, est représenté par un diagramme.

Il montre qu'à cause de la déficience du septum, le sang rouge transportant l'oxygène est mélangé avec le sang violet transportant le dioxyde de carbone. Une partie du sang violet circule donc dans le corps sans s'être chargé d'oxygène dans les poumons. Notez que la plus grande partie de l'information dans ce modèle situationnel est dérivée des connaissances du lecteur concernant le système circulatoire, plutôt que dérivée directement à partir du texte.

Le niveau de compréhension le plus profond représenté par le modèle situationnel peut également être représenté par des réseaux sémantiques dont nous avons parlé précédemment. Dans ce cas, le modèle d'un réseau sémantique se composerait de propositions dérivées à la fois du texte et des connaissances antérieures du lecteur. Les propositions concernant la déficience du septum, la couleur du sang et l'excès de dioxyde de carbone sont extraites du texte mais d'autres propositions, telles que le mélange du sang, dépendent d'inférences basées sur les connaissances antérieures.

Dans la section précédente, nous avons commenté la possibilité que les inférences aient davantage d'influence sur l'intelligibilité d'un matériel académique que sur l'intelligibilité de fictions parce que le matériel académique est plus ardu. Une étude de Britton et Gulgoz (1991) démontre la façon dont le modèle de Kintsch peut s'appliquer

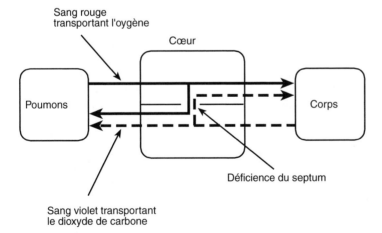

**Figure 11.5** *Diagramme d'un modèle situationnel pour le fragment de texte.*

Tiré de «Text Comprehension, Memory, and Learning,» de W. Kintsch, 1994, *American Psychologist, 49*, 294-303. Copryright © 1994 par l'American Psychological Association. Reproduit avec autorisation.

pour améliorer l'intelligibilité, en permettant de réécrire le matériel académique pour réduire la nécessité de procéder à des inférences. Ils ont utilisé le modèle pour voir où les inférences étaient nécessaires dans un passage relatant la guerre aérienne au Nord Viêt-nam. Ils en ont trouvé 40 et ont révisé ensuite le texte en insérant les inférences dans le passage, de sorte que les lecteurs n'avaient plus à les élaborer. Par exemple, l'information entre parenthèses était insérée dans le passage original, ainsi le lecteur n'avait-il plus à inférer la relation entre le titre et la première phrase.

Guerre Aérienne au Nord (Viêt-nam)

Durant l'hiver 1964, les Américains de Saigon et Washington ont commencé par se focaliser sur Hanoi (capitale du Nord Viêt-nam), source de problèmes continus dans le Sud.

L'insertion empêche l'élaboration d'une inférence, parce que la révision permet d'établir un lien direct entre le titre et la première phrase. Les deux contiennent à présent le terme *Nord Viêt-nam.*

Britton et Gulgoz ont utilisé la même mesure de l'intelligibilité que Kintsch et ont trouvé que leur passage révisé avait un score d'intelligibilité plus élevé que l'original. Les sujets qui avaient lu la version originale se rappelaient 3.44 propositions par minute de temps de lecture, et ceux qui avaient lu la révision se souvenait de 5.24 propositions par minute de temps de lecture. Les chercheurs ont suggéré que, en règle générale, les écrivains n'incluent pas ce matériel supplémentaire, parce que leur grande connaissance du sujet facilite leurs inférences.

Il existe cependant une intéressante réserve à propos de l'idée qu'un bon texte ne devrait pas nécessiter d'inférences. Kintsch (1994) a décrit une étude dans laquelle les chercheurs réécrivaient le passage portant sur le cœur déficient, en ajoutant des explications et des élaborations aux niveaux local et global. Comme l'ont constaté Britton et Guilgoz (1991), les sujets qui avaient lu le texte révisé se rappelaient davantage de propositions que ceux qui avaient lu le texte original. Cependant, en ce qui concerne les questions de résolution de problèmes, la performance a interagi avec les connaissances du lecteur. Ceux qui disposaient d'une moindre connaissance réussissaient mieux dans ces épreuves avec un texte élaboré, contrairement à ceux qui, disposant de davantage de connaissances, réussissaient mieux avec le texte original.

Les raisons pour lesquelles les étudiants possédant moins de connaissances sur le sujet réussissaient mieux avec un texte élaboré sont assez évidentes. Ils manquaient de connaissances pour élaborer des inférences à partir du texte original et l'ont donc moins bien compris. Mais alors pour quelles raisons les lecteurs présentant un bon niveau de connaissances réussissaient-ils mieux à résoudre les problèmes lorsqu'ils avaient été confrontés au texte original ? Il est probable que ce texte les motivait davantage, nécessitant une réflexion plus profonde et l'élaboration d'inférences - qu'ils pouvaient faire grâce à leurs connaissances antérieures. Notez que cette explication concorde avec le traitement des devinettes orienté sur les faits versus orienté sur la problématique, dont nous avons discuté dans la section sur le traitement approprié au transfert du chapitre 6. Le traitement orienté sur la problématique engendre une plus grande réflexion et prépare mieux les gens à répondre aux questions ultérieures portant sur les devinettes.

Comme nous l'avons établi précédemment, l'interaction entre les champs de la psychologie et de l'éducation était très manifeste au début de ce siècle mais s'est progressivement réduite durant les décennies suivantes, à mesure que les psychologues ont commencé à étudier du matériel simple et somme toute assez artificiel. La proportion des activités de recherches centrées sur les capacités complexes, comme la compréhension, suggère que l'interaction entre ces deux domaines s'accroît. Dans les deux prochains chapitres, nous étudierons une autre capacité complexe qui a suscité un grand intérêt chez les psychologues et les éducateurs - la résolution de problèmes.

## RÉSUMÉ

Les psychologues étudient la compréhension en cherchant comment les connaissances antérieures des individus et les caractéristiques de leur traitement de l'information interagissent avec l'organisation des idées dans un texte. L'importance des connaissances antérieures est évidente lorsque les gens ont à comprendre des idées très abstraites. Un contexte porteur de sens améliore le rappel si le contexte est donné avant que les individus ne lisent le matériel abstrait. Il est nécessaire d'améliorer la compréhension pour améliorer le rappel. Le rappel d'idées plus concrètes peut être amélioré en fournissant un contexte après que les gens ont lu le texte, à condition que le contexte entraîne un changement de perspective. Les connaissances concernant les activités quotidiennes peuvent être représentées par des scripts qui décrivent les événements les plus communs associés à ces activités.

Les scripts influencent ce à quoi une personne accorde de l'importance lors de la lecture d'un texte. Les connaissances antérieures rendent parfois difficile, malheureusement, la distinction entre le matériel lu récemment et les connaissances antérieures concernant le sujet.

La compréhension est déterminée non seulement par ce qu'une personne sait déjà mais aussi par l'organisation des idées dans un texte. La structure globale des récits comprend le cadre, le thème, l'intrigue et le dénouement. Le thème offre le centre d'intérêt général de l'histoire et consiste bien souvent en un objectif que le personnage principal cherche à atteindre. La compréhension est meilleure lorsque le thème précède l'intrigue; elle est moindre lorsque le thème suit l'intrigue et plus mauvaise encore lorsque le thème est absent. Les propositions qui ont un impact positif ou négatif sur la réalisation d'un objectif sont jugées plus importantes et sont mieux retenues. Les relations causales sont également utiles pour faciliter une rapide récupération de l'information.

Un modèle de la compréhension de texte doit rendre compte de la façon dont le lecteur tente de lier les idées du texte aux idées préconçues. La compréhension est la plus facile quand les idées peuvent être reliées aux idées encore disponibles dans la MCT. Si de telles relations n'y sont pas trouvées, le lecteur peut alors les rechercher dans la MLT. Si elles ne figurent pas davantage dans la MLT, alors le nouveau matériel doit être stocké séparément plutôt qu'intégré à l'ancien matériel. Des relations peuvent parfois être trouvées en élaborant des inférences, mais ces dernières ralentissent la compréhension par rapport à la répétition directe des mêmes concepts.

Un modèle de la compréhension proposé par Kintsch a plutôt bien réussi à prévoir et à améliorer l'intelligibilité. Le modèle peut rendre compte de l'organisation de texte en considérant combien de recherches dans la MLT et d'inférences ont été nécessaires. Ces paramètres comprennent le nombre de propositions traitées au même moment, la probabilité de stockage d'une proposition dans la MLT et le nombre de propositions qui peuvent être maintenues actives dans la MCT. Outre qu'il améliore les précédentes formules de l'intelligibilité, le modèle fournit un cadre théorique pour étudier comment les caractéristiques individuelles du traitement de l'information interagissent avec l'organisation du texte pour influencer sa compréhension. En particulier, les connaissances antérieures du lecteur déterminent sa facilité à élaborer des inférences, le succès consécutif dans le rappel et l'utilisation de l'information extraite du texte pour résoudre des problèmes.

# QUESTIONS DE RÉFLEXION

1. Qu'est-ce qu'une paraphrase ? Si une personne peut produire la paraphrase de quelque chose qu'elle a lu, qu'est-ce que cela nous enseigne ?

2. Pourquoi les connaissances antérieures du lecteur concernant le contexte sont-elles particulièrement importantes pour comprendre les idées abstraites ?

3. Anderson et Pichert répertorient trois explications potentielles de la preuve qu'un changement de perspective aide au rappel d'une histoire. Pouvez-vous penser à une autre raison pour laquelle d'autres explications n'ont pas eu la faveur de Anderson et Pichert ?

4. Dans quelle mesure cela fait-il une différence de pouvoir se rappeler l'origine de ce que vous avez lu (la source de l'information) ? Pouvez-vous penser à une situation de la vie réelle dans laquelle cela pourrait arriver ?

5. En utilisant toutes les composantes décrites dans les «scripts», écrivez le bref script d'une activité ordinaire non mentionnée dans ce livre. Avez-vous rencontré un quelconque problème pour y parvenir ?

6. Quels types d'écarts par rapport au script standard sont-ils plus susceptibles d'être retenus ? Pensez aux mariages auxquels vous avez assisté, par exemple. Est-ce que ce dont vous vous souvenez le mieux est en accord avec ce que Bower et les autres ont supposé quant au type d'information qui devrait être rappelé ?

7. Considérez les notions de base concernant la structure des récits. Avez-vous déjà entendu un jeune enfant répéter une histoire ? Qu'est-ce qui manque habituellement dans le compte rendu des jeunes enfants et contribue ainsi à les rendre difficiles à suivre ?

8. Diverses études portant sur l'intégration des idées qui ont mené au modèle de la compréhension de Kintsch utilisaient avec précaution du matériel artificiel. Quelles étaient les variables que les chercheurs tentaient de manipuler ? Ces variables influencent-elles réellement la compréhension d'un texte ? Pourquoi ou pourquoi pas ?

9. La présentation du modèle de Kintsch est nécessairement abstraite et donc difficile à comprendre. Persévérez dans vos recherches de réintégration ! Essayez de voir si vous ne pouvez pas l'utiliser pour traiter un nouvel exemple de texte issu d'un autre cours. Quels sont les facteurs qui sont inclus dans le

modèle de Kintsch ? Comment le *lecteur* entre-t-il dans ce modèle ?

10. Pourquoi la définition de l'intelligibilité donnée par Kintsch comprend-elle deux facteurs ? Qu'a-t-il trouvé comme meilleurs indices de l'intelligibilité ? Comment vous serviriez-vous des idées de ce modèle pour améliorer votre écriture ?

## MOTS-CLEFS

*Le numéro de page entre parenthèses indique où le terme est traité dans ce chapitre*

Cadre (406)

Cohérence globale (406)

Cohérence locale (406)

Dénouement (407)

Formules d'intelligibilité (420)

Inférence (415)

Intelligibilité (420)

Intrigue (406)

Modèle mental (415)

Modèle situationnel (422)

Obstacles (408)

Perspective (402)

Propositions (417)

Recherche de réintégration (419)

Relation causale (409)

Thème (406)

## LECTURES RECOMMANDÉES

Reder (1980) et N. L. Stein et T. Trabasso (1982) résument les recherches réalisées sur la compréhension et la rétention de la prose. Just et Carpenter (1980), Kieras (1983) et Haberlandt et Graesser (1985) ont proposé des modèles détaillés pour déterminer le temps de traitement de différentes composantes de la lecture.

D'autres ont étudié l'influence des connaissances antérieures du lecteur sur la mémorisation de l'information d'un texte (Chiesi, Spilich & Voss, 1979 ; Spilich, Vesoder, Chiesi & Voss, 1979). Alba et Hasher (1983), Brewer et Nakamura (1982) et Graesser et Nakamura (1982) traitent de l'impact des schémas sur la compréhension et la mémoire; Sharkey et Mitchell (1985) et Walter et Yekovitch (1987) décrivent la façon dont les scripts sont utilisés dans la lecture. Les travaux récents sur les inférences et la compréhension de texte sont résumés au sein d'un ensemble de chapitres d'un livre édité par Graesser et Bower (1990) et dans un article de Graesser, Singer et Trabasso (1994). Le modèle développé par Kintsch et ses associés est commenté dans des articles de Kintsch et Van Dijk (1978), J. R. Miller et W. Kintsch (1980), Van Dijk et Kintsch (1983), Keenan, Baillet et Brown (1984) et Kintsch (1994). La psychologie de la lecture est traitée dans un livre de Just et Carpenter (1987).

# EN FRANÇAIS

Un numéro spécial du *Bulletin de Psychologie* porte sur 'Langage et Compréhension' (Le Ny & Kintsch, 1982). Denhière (1984) traduit une collection de textes majeurs sur la compréhension et la mémorisation de prose. Après une introduction à l'étude psychologique du traitement du texte, le lecteur accède ainsi directement aux modèles psychologiques du traitement du texte; on trouve notamment une série d'articles analysant le modèle développé par Kintsch et ses collaborateurs (Miller et Kintsh, 1980; Van Dijk, 1977; Van Dijk, 1978). La bibliographie thématique très documentée proposée à la fin de l'ouvrage permet de repérer des textes en français sur des thèmes précis tels que les temps de traitement, les inférences. Signalons également deux ouvrages plus récents qui font une plus large place aux conceptions connexionnistes du traitement du langage (Denhière et Baudet, 1992; Fayol, 1997). La psychologie de la lecture est traitée dans l'ouvrage de Fayol et al. (1992). L'article de Beauregarde (1981) expose des critères d'évaluation des modèles du processus de lecture.

Denhière, G. (1984). *Il était une fois... Compréhension et souvenir de récits*. Lille : P.U.L.

Denhière, G., Baudet, S. (1992). *Lecture. Compréhension de texte et science cognitive*. Paris : P.U.F.

Fayol, M. (1997). *Des idées au texte. Psychologie cognitive de la production verbale, orale et écrite*. Paris : P.U.F.

Fayol, M., Gombert, J.E., Lecocq, P., Sprenger-Charolles, L., Zagar, D. (1992*). Psychologie cognitive de la lecture*. Paris : P.U.F.

Kintsch, W., Van Dijk, T.A. (1978). Vers un modèle de la compréhension et de la production de textes (Toward a model of text comprehension and production. Psychological Review, 85, 5, 363-394). In G. Denhière (Ed.), *Il était une fois... Compréhension et souvenir de récits* (pp. 85-182). Lille : P.U.L. 1984.

Van Dijk, T.A. (1977). Macrostructures sémantiques et cadres de connaissances dans la compréhension du discours (Semantic macro-structures and knowledge frames in discourse comprehension. In M.A. Just & P.A. Carpenter (Eds.), Cognitive processes in comprehension (pp. 3-32). Hillsdale, N.J. : Lawrence Erlbaum Associates). In G. Denhière (Ed*.), Il était une fois... Compréhension et souvenir de récits* (p. 49-84). Lille : P.U.L. 1984.

Miller, J.R., Kintsch, W. (1980). Lisibilité et rappel de courts passages de prose : une analyse théorique (Readability and recall of short prose passages : A theoretical analysis. Journal of Experimental Psychology : Human Learning and Memory, 6(4), 335-354). In

G. Denhière (Ed.), *Il était une fois… Compréhension et souvenir de récits* (p. 143-181). Lille : P.U.L. 1984.

Beauregarde, R. de (1981). Critères d'évaluation des modèles du processus de lecture (Design criteria for process models of reading. Reading Research Quaterly, 2, 261-315). In G. Denhière (Ed.), *Il était une fois… Compréhension et souvenir de récits* (p. 315-379). Lille : P.U.L. 1984.

Le Ny, J.F., Kintsch, W. (1982). Bulletin de Psychologie, numéro spécial «Langage et compréhension».

# 12

# La résolution
# de problèmes

Résoudre un problème, c'est trouver une issue
face à une difficulté, une façon de dépasser un
obstacle, parvenir à atteindre un but qui n'était
pas immédiatement compréhensible. La résolution de problèmes, tel est l'accomplissement
spécifique de l'intelligence, et l'intelligence est
un don particulier du genre humain. Résoudre
des problèmes peut être considéré comme
l'activité la plus caractéristique de l'être
humain.

GEORGE POLYA (1962)

Les humains ne sont pas les seules créatures capables de résoudre des problèmes, toutefois voir dans la résolution de problèmes l'activité la plus caractéristique de l'humain, comme le fait Polya dans la citation ouvrant ce chapitre, en souligne l'importance dans le développement de la civilisation. Ce chapitre et le suivant abordent la résolution de problèmes et se centrent sur les récents progrès réalisés dans notre tentative de comprendre comment les gens y parviennent. Ce chapitre établit les éléments de base d'une théorie de la résolution de problèmes. La première section contient des exemples de différents types de problèmes. Les psychologues se sont demandé si les compétences en matière de résolution de problèmes sont universelles. D'un point de vue extrême, on peut répondre que les capacités sont très générales et qu'une personne qui excelle dans la résolution d'un type de problème devrait agir de même dans la résolution d'autres types de problèmes. À l'opposé de cette position, il y a l'idée que les capacités sont très spécifiques et qu'une personne qui réussit bien dans la résolution d'un type de problème peut s'avérer peu apte à résoudre des problèmes d'autre nature. La proposition faite dans la première section se situe entre ces deux extrêmes. La classification proposée identifie trois types généraux de problèmes sur la base des aptitudes requises pour les résoudre.

La seconde section décrit les caractéristiques générales d'une théorie de la résolution de problèmes proposée par Newell et Simon (1972). La théorie décrit comment la résolution de problèmes est influencée par (1) les capacités individuelles de traitement de l'information déterminées par la MCT et la MLT, (2) la structure du problème et son influence sur la recherche d'une solution et (3) l'efficacité des différentes stratégies et sources d'information. La troisième section traite de stratégies générales telles que l'utilisation de buts secondaires, les analogies et les diagrammes.

Les problèmes traités dans ce chapitre sont principalement des casse-tête. Vous trouvez peut-être étonnant que les psychologues se soient intéressés aux casse-tête - n'aurait-il pas été plus judicieux d'étudier les types de problèmes auxquels sont confrontés les individus à l'école ou au travail ? Le choix d'étudier plutôt des problèmes tels que les anagrammes et les complètements de séries présentés dans le tableau 12.1 se justifie, entre autres, par leur apparition très fréquente dans les tests d'intelligence. Si nous voulons comprendre ce que les tests d'intelligence mesurent réellement, nous devons davantage nous intéresser aux aptitudes spécifiques requises pour répondre à de telles questions (Carpenter, Just & Shell, 1990). Lorsqu'ils étudient les casse-tête, par ailleurs, les psychologues peuvent être rassurés sur les différences de scolarité entre les individus; tous devraient avoir un niveau de «chance» plus équitable avec les casse-tête qu'avec des problèmes tirés d'un livre. Cependant, les psychologues ont aussi commencé à s'intéresser davantage aux problèmes scolaires, ce que nous verrons au prochain chapitre. Heureusement, la plupart des sujets abordés dans ce chapitre seront encore pertinents lorsque nous analyserons, plus loin, comment les connaissances antérieures et l'expertise influencent la résolution de problème.

**Tableau 12.1** *Exemples de problèmes*

**A. Analogie**

Quel mot complète ces analogies ?
Marchand : Vend : : Client : ...
Avocat : Client : : Docteur : ...

**B. Problème des cordes**

Deux cordes sont suspendues à un plafond mais sont trop éloignées l'une de l'autre pour permettre à quelqu'un d'en prendre une et de marcher jusqu'à l'autre en la tenant. Sur le sol se trouvent une boîte d'allumettes, un tournevis et quelques morceaux de coton. De quelle façon les cordes peuvent-elles être liées ensemble ?

**C. Missionnaires et cannibales**

Cinq missionnaires et cinq cannibales qui doivent traverser une rivière trouvent un bateau, mais le bateau est si petit qu'il ne peut prendre que trois personnes à son bord. Si les missionnaires sont en nombre inférieur par rapport aux cannibales, dans le bateau ou sur n'importe quelle rive, ils seront mangés. Trouvez la plus simple manière de les faire traverser tous en préservant leur vie. À chaque traversée, une personne au moins doit se trouver dans le bateau.

**D. Les jarres d'eau**

Vous disposez de deux jarres, une de 8 litres et une de 5 litres. Comment pouvez-vous obtenir 2 litres d'eau ?

**E. Anagramme**

Réarrangez les lettres de chaque ligne pour faire un mot.
EIBER
KEROJ

**F. Complètement de séries**

Quel chiffre ou lettre suit chacune des séries ?
1 2 8 3 4 6 5 6 ————
*A B M C D M* ————

# LA CLASSIFICATION DES PROBLÈMES

Toute tentative pour améliorer les capacités de résolution de problèmes soulève la question des capacités requises par ces différents types de problèmes. Les étudiants apprennent à résoudre des problèmes statistiques au cours de statistiques et des problèmes de chimie au cours de chimie.

Ont-ils acquis une quelconque aptitude générale, au cours de statistiques, qui puisse contribuer à ce qu'ils résolvent mieux des problèmes de chimie, ou est-ce que les problèmes propres à chaque cours nécessitent un éventail de capacités différentes ? Il serait plus facile de répondre à cette question si nous pouvions classifier les problèmes en fonction des compétences requises pour les résoudre.

Le tableau 12.1 présente des problèmes qui ont été étudiés par les psychologues. Vous comprendrez mieux ce chapitre si vous essayez de résoudre ces problèmes avant de poursuivre votre lecture. Essayez ensuite de les classer selon les aptitudes nécessaires à leur résolution. Nous examinerons une méthode de classification qui propose une répartition des six problèmes en trois catégories.

La classification proposée est basée sur les types de capacités psychologiques générales et sur les connaissances requises pour résoudre différents problèmes (Greeno, 1978).

Greeno a suggéré l'existence de trois types de problèmes : *les problèmes d'arrangement, les problèmes d'induction de structures* et *les problèmes de transformation*. Cette classification ne signifie pas que nous serons capables de classer tous les problèmes dans l'une de ces trois catégories. Elle fournit plutôt trois types idéaux pour déterminer si un problème donné nécessite essentiellement un réarrangement, l'induction de structures, une transformation ou une combinaison de ces trois capacités. Nous allons considérer à présent chacun des types pour voir en quoi ils diffèrent.

## Le réarrangement

**Problèmes d'arrangement**

Problème qui nécessite de réarranger des éléments pour satisfaire un critère spécifié.

**Anagramme**

Problème qui nécessite de réarranger une série de lettres pour former un mot.

Dans les **problèmes d'arrangement**, des objets doivent être réarrangés en satisfaisant à certains critères pour que le problème soit résolu. Ces objets peuvent être réarrangés de nombreuses façons mais peu, voire un seul parmi tous les réarrangements possibles constitue une solution. Un excellent exemple est le réarrangement de lettres d'un **anagramme** pour former un mot, les lettres de *KEJOR* pour écrire *JOKER* et *EIBER* pour écrire *BIÈRE*. Résoudre un problème d'arrangement implique souvent beaucoup d'essais et d'erreurs durant lesquels des solutions partielles sont élaborées et évaluées. Greeno a soutenu que les capacités nécessaires pour résoudre les problèmes d'arrangement incluent les suivantes :

1. *La facilité dans la production de possibilités.* Une souplesse est requise pour générer beaucoup de solutions partielles et abandonner celles qui semblent peu prometteuses.

2. *La récupération de formes de solution.* L'aptitude à retrouver des mots dans la mémoire devrait être liée à l'habileté à résoudre des anagrammes.

3. *La connaissance des principes contraignant la recherche.* Savoir la fréquence relative avec laquelle des lettres apparaissent ensemble devrait contribuer à guider la recherche. Par exemple, puisque la paire *JR* est une combinaison improbable, elle doit être évitée lors de l'élaboration des solutions partielles.

Les psychologues de la Gestalt se sont particulièrement intéressés à la façon dont les gens résolvent les problèmes d'arrangement. La psychologie de la Gestalt, qui a commencé avec l'étude de la perception, s'est centrée sur la structure des formes et a, par conséquent, analysé la résolution de problèmes dans cette perspective. Bon nombre de tâches Gestalt nécessitaient le réarrangement d'objets pour que soit trouvée la relation exacte entre leurs différentes parties.

Un exemple bien connu est le problème décrit par Kohler (1925) dans son livre *The Mentality of Apes* (ndt : *L'Esprit des Grands Singes*). Kolher a suspendu des fruits tout en haut d'une cage pour savoir si un chimpanzé ou un autre grand singe pouvait trouver une solution pour les atteindre. La cage comprenait plusieurs bâtons et caisses. La solution dépendait de la découverte d'une bonne façon de réarranger les objets - par exemple, se mettre debout sur une caisse et se servir du bâton pour faire tomber les fruits. Selon l'analyse Gestalt, résoudre ce problème nécessite la réorganisation des objets dans une nouvelle structure.

Les psychologues de la Gestalt ont constaté que la découverte de la bonne organisation survenait généralement comme un flash. L'**insight** est la découverte soudaine de la bonne solution suite à une période de tentatives infructueuses essentiellement basées sur des essais-erreurs.

**Insight**

Découverte soudaine d'une solution suite à des tentatives infructueuses de résolution d'un problème.

Le facteur clef distinguant l'insight d'autres formes de découverte tient à la soudaineté de la solution. Par comparaison avec les solutions atteintes au moyen d'un plan rigoureux et au travers d'une série de petits pas progressifs, les solutions basées sur l'insight semblent survenir comme «un flash lumineux».

Des preuves attestent que le bon réarrangement de divers éléments se produit souvent assez soudainement (Metcalfe, 1986b).

Metcalfe a donné des anagrammes à résoudre à des sujets, tels que *ssoia*, *pmuae* et *ttuan*. Au cours de leur recherche de solutions aux anagrammes, on leur demandait d'indiquer s'ils étaient proches de la résolution du problème sur une échelle allant de 1 à 10. Toutes les 10 sec., un clap retentissait et les sujets devaient alors enregistrer leur évaluation. Ces scores sont demeurés très faibles jusqu'à la découverte de la solution, signifiant ainsi que la bonne réponse apparaît soudainement. Par contre, les problèmes de transformation sont habituellement résolus au travers d'une séquence ordonnée de bons paliers, dans laquelle les individus progressent graduellement vers la solution (Metclafe, 1986b).

**Rigidité fonctionnelle**

Tendance à utiliser un objet d'une façon classique.

La **rigidité fonctionnelle** - tendance à percevoir un objet uniquement en fonction de son usage le plus courant - est un facteur qui rend difficile la découverte du bon réarrangement. Le problème des bougies étudié par Duncker (1945) illustre comment la rigidité fonctionnelle peut influencer la performance. L'objectif est de placer trois petites bougies à hauteur des yeux sur une porte. Parmi les autres objets situés sur une table à proximité figurent quelques punaises et trois petites boîtes de la taille d'une boîte d'allumettes. Dans un cas, les boîtes étaient remplies au moyen des bougies, des punaises et des

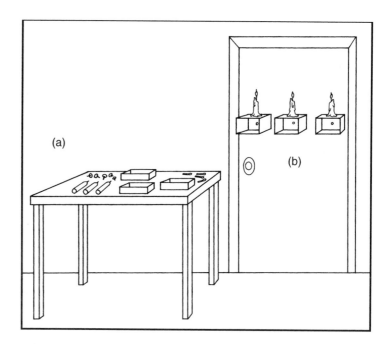

**Figure 12.1** *Le problème des bougies - état initial (a) et état-but (b).*

---

**ENCART 12.1**

## DEUX ASTUCIEUX DÉTENUS S'ÉVADENT

SALINAS (AP)

---

Deux astucieux détenus ont utilisé un tuyau de douche, un drap et une prise électrique murale pour faire fondre une vitre incassable et s'échapper de la nouvelle prison du Comté de Montorey, nous ont appris des policiers mercredi.

L'adjoint du sheriff nous a raconté que les deux détenus se sont échappés dans la nuit de mardi après s'être servis d'un chalumeau de fortune pour réduire en bouillie une partie de la fenêtre de la cellule.

Le lieutenant Ted Brown nous a raconté que les détenus avaient enveloppé un drap autour d'un tuyau de douche aplati et connecté l'engin à l'installation électrique en le branchant à une prise murale.

Le truc s'est mis à chauffer et les détenus l'ont pressé contre la fenêtre jusqu'à ce que son rebord fonde.

Ensuite ils ont cassé un pied du lit, l'ont placé dans le trou laissé par la brûlure, s'en sont servi de levier pour fracturer la fenêtre et faire le grand saut vers la liberté, nous a expliqué Brown.

---

SOURCE : Tiré de « Pair of Crafty Inmates Melt Way Out of Jail, » apparu dans le *Los Angeles Times*, 6 janvier 1978. Copyright © 1978 par Associated Press. reproduit avec l'autorisation de Associated Press Newsfeatures.

allumettes, dans l'autre cas elles étaient vides. La solution consistait à placer les boîtes sur la porte, de façon à ce qu'elles servent de plateforme pour les bougies (Figure 12.1). La plupart des sujets ont résolu le problème quand les boîtes étaient vides (Duncker, 1945; Adamson, 1952). L'utilisation des boîtes comme contenants plutôt que comme plates-formes était plus grande lorsqu'elles contenaient les objets, il était donc plus difficile de leur trouver une nouvelle fonction.

Le problème des cordes du tableau 12.1 nécessite de découvrir une nouvelle utilisation pour un outil. Le tournevis est attaché à l'une des cordes pour faire un pendule qui peut se balancer jusqu'à l'autre corde. Les meilleurs exemples de dépassement de la rigidité fonctionnelle, en dehors du laboratoire, se trouvent dans les tentatives des prisonniers pour s'évader des prisons. Puisque les outils ne sont pas directement disponibles dans une prison, les prisonniers doivent utiliser des éléments qui sont, eux, disponibles. L'encart 12.1 décrit l'effort d'ingéniosité de deux prisonniers pour découvrir de nouvelles utilisations à des objets communs.

## L'induction de structures

Les problèmes d'arrangement nécessitent le réarrangement d'objets afin de forger une nouvelle relation entre eux. Dans les problèmes d'**induction de structures**, par contre, la relation est établie et le problème est de la découvrir. Certains objet sont donnés et la tâche est

**Problème d'induction de structures**

Problème qui nécessite de trouver une forme parmi un ensemble de relations fixées.

**Extrapolation de séries**

Problème qui nécessite de trouver une forme parmi une séquence d'items pour continuer la séquence sous une forme identique.

**Problème d'analogie**

Problème à quatre termes qui nécessite de trouver la réponse qui complète la relation: *A* est à *B* ce que *C* est à *D*.

de découvrir comment ils sont liés. Par exemple, les problèmes d'**extrapolation de séries** consistent en une série telle que 1 2 8 3 4 6 5 6. La tâche est de découvrir le prochain élément de la série. Notez qu'il y a deux séries dans l'exemple. L'une est la série ascendante 1 2 3 4 5 6; l'autre est la série descendante 8, 6, . La bonne réponse est donc 4. De même, la réponse pour la série de lettres dans le tableau 12.1 est *E*.

Un autre exemple d'induction de structures est le **problème d'analogie** comme Marchand : Vend : Client : Achète. Les consignes doivent indiquer que l'analogie peut être vraie ou fausse, ou que le dernier mot peut être remplacé par un blanc, avec pour consigne de le combler à l'aide du mot qui semble compléter au mieux l'analogie.

Le raisonnement analogique est d'un intérêt tout particulier du fait de son utilisation dans des tests d'intelligence. Le Miller Analogies Tests, couramment utilisé pour l'admission en maîtrise, est exclusivement composé d'analogies verbales. D'autres tests d'aptitudes, tels que le Graduate Record Exam (GRE) et le Scholastic Aptitude Test (SAT), incluent des analogies entre différents items des tests.

Les processus psychologiques en œuvre dans la résolution d'un problème d'analogie ou d'extrapolation de séries impliquent d'identifier des relations parmi les éléments et d'ajuster ces relations dans une forme (Greeno, 1978). L'importance de la découverte des relations entre les termes d'une analogie est illustrée dans un modèle proposé par R. J. Sternberg (1977). Il existe quatre processus dans le modèle de Sternberg : l'*encodage*, l'*inférence*, la *mise en correspondance* et l'*application*. Considérez le problème : *Washington est à 1 ce que Lincoln est à 10 ou 5*. La tâche consiste à choisir entre 10 ou 5 pour compléter l'analogie. Le processus d'*encodage* identifie les attributs des mots qui pourraient être importants dans l'établissement de relations. Le premier terme, *Washington*, peut être identifié en tant que président, effigie d'un billet de 1$ ou héros de guerre. Le processus d'*inférence* établit la validité des relations entre les deux premiers termes. Washington a été le premier président des Etats-Unis et son effigie apparaît sur les billets de 1$ - deux relations possibles entre Washington et 1. Le processus de *mise en correspondance* établit les relations entre le premier et le troisième terme. Washington et Lincoln ont été tous deux des présidents et leurs effigies apparaissent sur des billets de banque, ces deux possibilités demeurent des bases potentielles de l'analogie. Le processus d'*application* tente d'établir une relation entre Lincoln et 10 ou 5, analogue à celle entre Washington et 1. Puisque Lincoln fut le 16e président des Etats-Unis, aucune des deux réponses ne correspond à la relation présidentielle. Cependant, l'effigie de Lincoln figure sur les billets de 5$, le choix de 5 concorde donc avec la relation monétaire. Cet exemple révèle l'importance de la découverte des relations. Supposez que nous ayons considéré uniquement la relation présidentielle. Si nous n'avions pas su que Lincoln avait été le 16e président, nous aurions probablement pensé qu'il avait été le 10e plutôt que le 5e, et nous aurions donc choisi la mauvaise réponse.

Sternberg a mesuré avec quelle rapidité les étudiants étaient capables de répondre à différents types de problèmes, pour estimer combien de temps il fallait pour compléter chacun des quatre processus - encodage, inférence, mise en correspondance et application. Sa recherche cherchait à étudier comment ces différents temps varient selon les individus et à faire correspondre ces temps avec d'autres mesures des performances intellectuelles.

Sternberg et Gadner (1983) ont examiné si des éléments communs sont impliqués dans trois tâches de raisonnement différentes qui nécessitaient des inductions de structures (complètement de séries, analogie et classification). Ils ont combiné les trois composantes principales du raisonnement -inférence, mise en correspondance et application- pour former une seule variable du raisonnement, laquelle était corrélée de façon significative au travers des différentes tâches. En d'autres mots, les étudiants qui étaient rapides dans le raisonnement pour un type de tâche d'induction étaient également rapides lors des autres tâches d'induction. Ces résultats indiquent que des aptitudes communes sont impliquées lors de l'induction de structures au travers de différentes tâches, comme cela est évoqué dans la taxonomie de Greeno (1978).

Le *Raven Progressive Matrices Test* (Raven, 1962) est un test particulièrement stimulant qui requiert l'induction de relations abstraites. Chaque problème consiste en une matrice de 3 x 3 dans laquelle la case du bas à droite est vide. Les consignes : regarder les lignes, puis les colonnes, pour déterminer les règles qui peuvent être utilisées pour générer la forme manquante. Vous pouvez essayer de résoudre l'un de ces problèmes en déterminant laquelle des huit alternatives de la figure 12.2 est la forme manquante.

Au début, les sujets essaient de faire correspondre les rectangles, les courbes et les droites au travers des lignes, mais il n'existe pas de correspondances exactes. Par exemple, les deux courbes verticales de la première ligne ne se retrouvent ni dans la seconde ni dans la troisième ligne. Nombres et formes sont tous deux pertinents, parce que chaque ligne contient une, deux ou trois formes verticales représentant chacune des trois formes possibles, et une, deux ou trois formes horizontales représentant chacune des trois formes possibles.

Le nombre manquant dans la ligne du bas est trois pour la forme horizontale et la forme horizontale manquante est le rectangle vide.

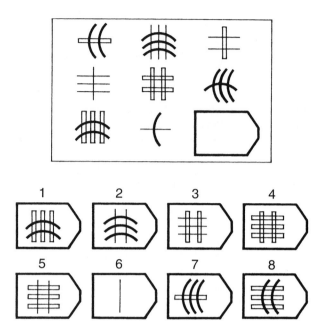

**Figure 12.2** *Une question test basée sur le Raven Progressive Matrices Test.*

Tiré de «What One Intelligence Test Measures : A Theoritical Account of the Processing in the Raven Progressive Matrices Test,» de P. A. Carpenter, M. A. Just et P. Shell, 1990, *Psychological Review, 97*, 404-431. Copyright © 1990 par l'American Psychological Association. Reproduit avec autorisation.

Le nombre manquant pour la forme verticale est deux et les formes manquantes sont les droites. La bonne alternative est donc 5. Un score élevé dans ce test dépend principalement de la capacité d'induire des relations abstraites et de la capacité de gérer beaucoup de comparaisons dans la mémoire de travail (Carpenter et al., 1990).

## Les problèmes de transformation

**Problème
de transformation**

Problème qui nécessite de changer un état initial grâce à une séquence d'opérations jusqu'à ce qu'il corresponde à l'état-but.

Les **problèmes de transformation** consistent en un état initial, un état-but et une séquence d'opérations permettant de changer l'état initial en état-but. Les problèmes de transformation diffèrent des problèmes d'induction de structure et d'arrangement en fournissant l'état-but plutôt qu'en demandant aux candidats à la résolution de le produire. Un problème d'anagramme demande de trouver le mot qui résout l'anagramme et le problème des bougies de Duncker nécessite de découvrir le bon réarrangement des éléments qui supportent les bougies. Par contre, un problème de transformation tel que celui des missionnaires et des cannibales propose un état-but.

Le *problème des missionnaires et des cannibales* exige leur transport de l'autre côté de la rivière, avec la contrainte que les cannibales ne doivent jamais être plus nombreux que les missionnaires, dans le bateau comme sur l'une ou l'autre des berges de la rivière. Dans une version de ce problème, l'état initial consiste en cinq missionnaires, cinq cannibales et un bateau qui ne peut contenir que trois personnes à la fois, et tous partent de la rive gauche de la rivière. L'état-but consiste à ce que les dix personnes et le bateau se retrouvent sur la rive droite. L'opération consiste en allers-retours entre les deux berges de la rivière par une à trois personnes. Le problème peut être résolu en 11 mouvements mais les gens ont habituellement besoin de 20 à 30 mouvements pour trouver la solution.

Selon Greeno (1978), résoudre des problèmes de transformation nécessite principalement des capacités de planification basées sur une méthode appelée *analyse fins et moyens*. Puisqu'un état-but est donné dans un problème de transformation, le sujet doit comparer l'état actuel du problème avec l'état-but. L'**analyse fins et moyens** nécessite d'identifier les différences qui existent entre l'état actuel et l'état-but et de sélectionner les opérations qui réduiront ces différences.

**Analyse fins et moyens**

Stratégie qui peut être utilisée pour résoudre des problèmes de transformation en éliminant des différences entre l'état initial et l'état-but.

Les problèmes que nous considérerons dans la suite du chapitre sont pour la plupart des problèmes de transformation. Cela nous donnera l'occasion d'étudier l'analyse fins et moyens et les stratégies de planification alternatives. Une grande partie du savoir des psychologues sur la façon dont les gens résolvent ces problèmes provient du travail pionnier de Newell et Simon à la Carnegie Mellon University. Nous ferons un survol des principaux aspects de leur théorie sur la résolution de problèmes chez l'humain, avant de nous intéresser aux applications de leurs idées à des problèmes particuliers.

## LA THÉORIE DE NEWELL ET SIMON

### Objectifs et méthode

Le développement initial de la théorie de Newell et Simon a été décrit dans un article intitulé «Elements of a Theory of Human Problem Solving» (Newell, Shaw et Simon, 1958b) -ndt : «Eléments d'une théorie de la résolution de problème chez l'humain»- lequel, comme nous l'avons vu précédemment, a eu une considérable influence sur le développement de la théorie du traitement de l'information. L'article décrivait les deux premières années d'un projet qui impliquait la programmation d'un ordinateur pour résoudre des problèmes. Le projet avait pour objectif, en fait, de voir comment la programmation de l'ordinateur pouvait contribuer à une théorie de la résolution de problèmes chez l'humain. Dans un premier temps, on a utilisé tous les indices disponibles concernant la résolution de problème chez l'humain, pour programmer des traitements comparables. La seconde étape a consisté à recueillir des données détaillées sur la façon dont les humains résolvent les mêmes problèmes que l'ordinateur. Le programme pouvait ensuite être modifié pour fournir une meilleur approximation du comportement humain. Une fois que la simulation de la performance dans une tâche particulière était opérationnelle, les chercheurs pouvaient alors examiner un large éventail de tâches, tenter d'utiliser le même ensemble d'éléments du traitement de l'information et concevoir leur organisation dans tous les **programmes de simulation**. Un objectif à long terme consistait à envisager des implications tirées de ces théories qui permettraient d'améliorer les performances humaines.

**Programmes de simulation**

Programmes informatiques qui tentent de reproduire les opérations utilisées par les humains pour réaliser une variété de tâches.

Pourquoi l'ordinateur joue-t-il un rôle central dans la construction théorique ? Newell et Simon (1971) font remarquer que la plupart de nos pensées sont inobservables. La nature secrète de la pensée peut donner l'illusion qu'elle est magique ou mystérieuse, conduisant alors à de vagues théories qui obscurcissent plus qu'elles n'éclairent. L'avantage des programmes informatiques est que des termes tels que *mémoire* et *stratégie* peuvent y être définis dans des instructions établies de façon précise. De plus, la condition même du fonctionnement des programmes -autrement dit, leur capacité de résoudre un problème- offre la garantie qu'aucune étape n'a été laissée sans spécification. Un bon programme fournit une **mesure de la compétence** - un test qui indique si les étapes du programme sont suffisantes pour résoudre le problème. Cependant, le fait qu'un programme marche ne garantit pas qu'une personne résoudrait le problème de la même façon; il demeure nécessaire de procéder à des observations détaillées de la manière dont les gens résolvent les problèmes et modifient le programme pour stimuler leur comportement.

**Mesure de la compétence**

Preuve que les instructions dans un programme informatique sont capables de résoudre un problème.

Pour obtenir des détails sur la façon dont les gens résolvent les problèmes, Newell et Simon (1972) ont essentiellement recueilli des **protocoles verbaux** auprès de leurs sujets. Ils ont demandé à leurs sujets de rapporter verbalement toute pensée pendant qu'ils réfléchissaient au problème. Souvent, les propositions verbales fournissaient suffisamment de détails pour concevoir un programme informatique de simulation résolvant le problème de la même façon que les gens.

**Protocoles verbaux**

Enregistrement des processus de pensée verbalisés.

La méthode de recueil des protocoles verbaux et de conception des programmes de simulation n'a pas été largement adoptée par les autres chercheurs, bien que cette approche soit progressivement de plus en plus attrayante. Le fait que cette méthode nécessite beaucoup de travail de la part des chercheurs est assez dissuasif. Les chercheurs n'ont donc généralement étudié que quelques sujets, en présumant qu'ils étaient représentatifs dans leur façon de résoudre des problèmes.

Par ailleurs, la méthode génère beaucoup de résultats détaillés et il n'est malheureusement pas toujours évident de les résumer en relevant le plus important. Cependant, ne pas recueillir de protocoles verbaux peut se solder par une perte précieuse d'informations, puisque le comportement d'un sujet peut ne révéler que très peu de choses sur sa pensée.

Bien que la méthode utilisée par Newell et Simon n'ait pas été largement adoptée, leur théorie de la résolution de problèmes a eu un impact considérable sur ce que les psychologues pensent du traitement humain de l'information en général et de la façon de résoudre des problèmes en particulier. Cette théorie offre un cadre général de spécification des caractéristiques du traitement de l'information, de la structure des problèmes et des différentes sources de savoir interagissant pour influencer le comportement.

## Les hypothèses théoriques

L'identification des caractéristiques de base du traitement de l'information qui influencent la résolution de problèmes est un élément important dans la théorie de Newell et Simon. Ces caractéristiques sont les mêmes que celles que nous avons traitées dans les précédents chapitres - la performance dans une tâche de résolution de problèmes est influencée par la capacité de la MCT, le temps de stockage et le temps de récupération dans la MCT et la MLT. La capacité limitée de la MCT impose une contrainte au nombre d'opérations séquentielles qui peuvent être réalisées mentalement. Bien que la plupart des gens puissent multiplier $17 \times 8$ sans papier ni crayon, multiplier $17 \times 56$ est beaucoup plus difficile, parce que le nombre d'opérations requises (multiplier $17 \times 8$ et le résultat $\times 7$, stocker les résultats, les aligner et les additionner) peut dépasser les limites de la MCT. La mémoire à long terme ne comporte pas ces limites de capacité, mais entrer une nouvelle information dans la MLT prend du temps. Cela peut accroître la difficulté de se rappeler les étapes successives utilisés pour résoudre un problème et nous amener à répéter des étapes erronées. Ainsi, la capacité limitée de la MCT, tout comme le temps requis pour stocker une nouvelle information dans la MLT, peuvent considérablement influencer l'efficacité d'une personne dans la résolution d'un problème. Le modèle de simulation proposé par Atwood et Polson (1976) démontre brillamment ce point; nous reviendrons sur ce modèle un peu plus loin.

La théorie de Newell et Simon (1971) se centre non seulement sur les personnes mais aussi sur les tâches. La nature séquentielle de nombreux problèmes soulève la question des options disponibles à chaque étape de la résolution du problème. S'il existe de nombreux choix et que seuls quelques-uns mènent à la solution, le problème peut s'avérer fort difficile. Cependant, si nous avons une bonne méthode permettant de résoudre le problème et que nous pouvons donc ignorer les chemins sans issue, le nombre de chemins infructueux aura peu d'effet sur la performance. Simon et Newell illustrent ce point en se référant au problème DONALD + GERALD = ROBERT.

Le problème est de substituer chacune des dix différentes lettres utilisées par un chiffre allant de 0 à 9 pour satisfaire la contrainte que la substitution respecte les règles de l'addition.

L'indice est que $D = 5$. Donc, $T = 0$ et une retenue de 1 doit être portée dans la colonne de gauche. Bien que le nombre de possibilités soit très grand (il y a 362 880 façons d'assigner 9 chiffres à 9 lettres), en suivant les règles de l'arithmétique et en utilisant le cumul des informations (tel que $R$ doit être impair), il est possible d'explorer relativement peu de choix possibles. Vous pouvez le vérifiez par vous-même en essayant de résoudre ce problème. Ce qui est important, donc, ce n'est pas le nombre de mauvais chemins mais l'efficacité avec laquelle on peut découvrir un plan qui les évite. Pour reprendre l'analogie de Newell et Simon, nous n'avons pas besoin de nous pré-occuper de la taille de la meule de foin si nous voulons en identifier une petite partie dans laquelle nous serons presque sûrs de trouver l'épingle.

Le nombre de choix possibles pour résoudre ce problème cryptoarithmétique ne paraît pas très important au vu du nombre de choix lors d'une partie d'échecs. L'encart 12.2 décrit un programme informatique appelé Deep Thought qui peut analyser 700 000 positions possibles par seconde et planifier l'anticipation de 5 à 20 mouvements dans une partie d'échecs.

Une telle puissance de traitement s'est pourtant révélée incapable de battre le champion du monde Garri Kasparov. Son expertise lui a permis d'évaluer un nombre limité de mouvements gagnants.

**Espace-problème**

Ensemble de choix auxquels est confronté un sujet à chaque étape de la résolution d'un problème.

Newell et Simon utilisent la notion d'**espace-problème** pour se référer aux choix auxquels est confronté un sujet lors de sa résolution de problèmes. Le problème lui-même détermine le nombre de choix et de chemins possibles qui peuvent être pris pour trouver une solution mais le sujet doit, lui, déterminer lesquels il va explorer. Parmi les sources d'information qui influencent la façon dont une personne construit un espace-problème figurent :

## ENCART 12.2

### L'ORDINATEUR CHAMPION D'ÉCHECS N'ARRIVE PAS À ÉGALER LE MEILLEUR DES HUMAINS, LE GRAND MAÎTRE KASPAROV

ASSOCIATED PRESS

NEW YORK — Ce fut un combat entre deux champions d'échecs — un vivant parlant franchement, connu pour siroter du tonic pendant les parties, l'autre tranquillement installé sur un bureau, prenant un autre type de jus.

Le champion du monde d'échecs Garri Kasparov, qui n'a pas perdu en tournoi depuis 1981, a rencontré hier Deep Thought, le gagnant du Championnat du Monde des Ordinateurs Joueurs d'Échecs, pour une partie en deux manches.

L'humain a gagné la première partie en 2 heures lorsque l'ordinateur a été retiré suite au 52$^e$ mouvement de Kasparov. Il a gagné la deuxième manche en 2 heures lorsque l'ordinateur a abandonné après 37 mouvements.

«Je m'y attendais» nous a dit Kasparov. «C'est un bon joueur, mais dépourvu du sens de l'emplacement et manquant d'expérience.»

Kasparov nous a raconté qu'après la première manche il a vite réalisé qu'il gagnerait lorsqu'il s'est aperçu que l'ordinateur négligeait des opportunités tactiques et qu'il n'était pas capable d'analyser toutes les décisions du champion.

«Peu importe la nature de l'adversaire assis face à moi» nous explique Kasparov, qui vit dans la ville Soviétique de Baku, en Azerbaïdjan. «Si un ordinateur peut gagner, alors bien sûr, je dois le défier pour préserver l'humanité.»

Murray Campbell, qui a aidé à la conception de l'ordinateur à la Carnegie-Mellon University de Pittsburgh, nous a dit qu'il est apparu durant la première manche qu'il y avait erreur de programmation de l'ordinateur.

«Il ne tenait pas compte des bons mouvements» a-t-il raconté à l'issue de la première manche. «Cela ne lui donnait pas la chance de montrer son meilleur style de jeu.»

Le commentateur Shelby Lyman, qui a participé à l'organisation de la rencontre, a déclaré avant qu'elle ne commence que Deep Thought était «assurément le premier ordinateur joueur d'échecs capable d'inquiéter et de battre le champion du monde.»

Deep Thought, créé par cinq étudiants doctorants de Carnegie-Mellon, peut analyser 700 000 positions possibles par seconde et anticiper de 5 à 20 mouvements, tout comme discerner les implications de chaque mouvement.

Deep Thought évalue les millions de positions possibles sur l'échiquier engendrées pour chaque séquence de cinq mouvements qu'il conçoit.

L'ordinateur n'a pas eu à voyager pour cette rencontre; il est resté à Pittsburgh et transmettait ses mouvements par ligne téléphonique au terminal situé à New York.

Feng-Hsiung Hsu, qui a conçu le ventre en silicone de l'ordinateur, nous déclare qu'il ne le qualifierait pas d'intelligent. «Il ne s'agit que d'applications mathématiques,» nous a-t-il dit. «Lorsque des humains jouent aux échecs, ils utilisent leur intelligence. Lorsque les machines jouent aux échecs, elle ne font que des calculs.»

En novembre dernier, Deep Thought a battu le Danois Bent Larsen — c'était la première fois qu'un ordinateur battait un grand maître dans un tournoi. Larsen est le 96$^e$ joueur mondial et a un score de 2580 dans une classification établie par la Fédération Internationale de Jeu d'Échecs sur la base des performances des joueurs dans les différents tournois.

En comparaison, le score de l'ordinateur selon la Fédération Américaine du Jeu d'Échec est de 2250; la Fédération Internationale du Jeu d'Échecs place Kasparov à 2775. Un débutant se place normalement à 1200.

Kasparov a déclaré que l'ordinateur était «plein d'agressivité» mais que son «esprit était trop rigide et trop primitif.»

«Les échecs ne se limitent pas à des calculs. Cela dépasse même la logique. Vous devez vous servir de votre imagination, de vos intuitions et d'un certain type de prévisions» a poursuivi Kasparov.

Mais il a également dit que l'ordinateur avait quelques avantages. «Nous pouvons perdre l'espoir, l'ordinateur ne perd jamais espoir.»

SOURCE : Tiré de «Computer Chess Champ No Match for Humans'Best, Grandmaster Kasparov,» paru dans le *San Diego Union*, le 23 octobre 1989. Copyright © 1989 par Associated Press. Reproduit avec autorisation.

1. Les consignes qui donnent une description de la tâche et peuvent contenir des informations utiles.
2. Les expériences antérieures avec le même type de tâches ou des tâches très similaires.
3. Les expériences antérieures avec des tâches analogues.
4. Les plans stockés dans la MLT généralisables à un grand éventail de tâches.
5. L'information accumulée durant la résolution du problème.

Intéressons-nous maintenant d'un peu plus près à ces sources d'information qui influencent la résolution de problèmes. Nous allons commencer par montrer comment l'analyse fins et moyens peut être utilisée pour résoudre des problèmes de transformation.

## L'analyse fins et moyens

L'utilisation de l'analyse fins et moyens est illustrée par un programme informatique appelé General Problem Solver (Ernst & Newell, 1969). Ce programme consiste en processus généraux pouvant s'appliquer à une grande variété de problèmes. L'un des processus, pour résoudre un problème de transformation, consiste à sélectionner des opérateurs qui livrent un état du problème proche de l'état-but. Les **opérateurs** sont les changements autorisés qui peuvent être effectués pour résoudre le problème, tels que les déplacements de missionnaires et de cannibales dans le bateau. Se rapprocher du but est accompli en essayant de réduire les différences entre la situation actuelle du problème et l'état-but. Pour suivre ce processus, il faut communiquer au General Problem Solver (GPS) les différences qui existent entre les différents états du problème et les opérateurs qui sont capables d'éliminer ces différences. Un **tableau de connexions** combine ces deux ensembles d'information en montrant quelles différences peuvent être éliminées par chacun des opérateurs. Ces opérateurs particuliers et ces différences seront, bien entendu, variables selon les problèmes, mais la stratégie générale de consultation du tableau de connexions pour déterminer quels opérateurs sont utiles pour réduire les différences reste la même quel que soit le problème.

Dans la plupart des cas, les principes utilisés pour construire GPS offrent un modèle raisonnable de la façon dont les gens tentent de résoudre des problèmes de transformation. En fait, GPS a été utilisé plus particulièrement comme modèle de la performance humaine lors d'une tâche de transformation de symboles étudiée par Newell et Simon (1972). Le problème était similaire aux types de dérivations auxquels les étudiants sont généralement confrontés dans leur cours d'introduction à la logique. Une situation initiale, un ensemble de

**Opérateurs**

Actions qui sont sélectionnées pour résoudre les problèmes.

**Tableau de connexions**

Tableau qui lie les différences d'états d'un problème aux opérateurs qui éliminent ces différences.

12 règles de transformation et un état-but étaient donnés aux étudiants. La tâche consistait à se servir des règles de transformation de l'état initial pour produire l'état-but. Newell et Simon ont identifié six différences qui distinguaient les propositions logiques. Le tableau de connexions spécifiait lesquelles d'entre ces différences pouvaient être changées par chacune des 12 règles de transformation.

Par exemple, il pouvait être demandé à un étudiant de prouver que, si $A$ implique $B(A \subset B)$, alors l'absence de $B$ implique l'absence de $A(-B \supset -A)$. Notez qu'il y a deux types de différences qui distinguent l'état initial $(A \supset B)$ de l'état-but $(-B \supset -A)$. Premièrement, les deux expressions diffèrent de signe - il y a un signe négatif placé devant le $A$ et le $B$ dans l'état-but. Deuxièmement, les positions du $A$ et du $B$ ont changé dans l'état-but. Les étudiants pouvaient utiliser une analyse fins et moyens pour résoudre ce problème, en appliquant des règles de transformation qui changeaient soit le signe, soit la position des symboles.

Newell et Simon (1972) ont demandé à leurs sujets de verbaliser leurs stratégies à mesure qu'ils tentaient de résoudre des problèmes de transformation de symboles. Les solutions des étudiants et les protocoles verbaux ont révélé que bien des aspects de leur pensée étaient similaires aux aspects de l'analyse fins et moyens utilisée dans le General Problem Solver.

## Mémoire et résolution de problèmes

Les programmes informatiques, tel le General Problem Solver, fournissent une bonne idée de la façon dont les gens peuvent résoudre des problèmes. Cependant, la prudence s'impose quand nous nous servons d'un programme qui n'a pas été conçu initialement pour simuler la pensée humaine. Comme je l'ai dit plus tôt, un élément important de la théorie de Newell et Simon est l'identification des caractéristiques de base de la mémoire humaine qui influencent la résolution de problème. Bien que la capacité limitée de la MCT et le temps requis pour stocker une nouvelle information dans la MLT puissent limiter notre progression vers une expertise dans la résolution de problèmes, ce ne sont généralement pas des problèmes pour les ordinateurs.

L'utilisation de la mémoire durant la résolution de problèmes est élégamment illustrée dans un modèle de résolution du problème des jarres d'eau (Atwood & Polson, 1976). Le problème des jarres d'eau (voir tableau 12.1) présente un espace de recherche relativement restreint et bien défini, rendant plausible une prévision détaillée de la manière dont les gens chercheront la solution. Dans une version de ce problème, il y a trois jarres et le but est de distribuer équitablement l'eau dans les deux jarres les plus grandes. Au départ, seule la plus grande est pleine et les deux autres sont vides. Par exemple, dans le problème (8, 5, 3), les jarres peuvent contenir 8, 5 ou 3 litres d'eau. Le but est alors de diviser 8 litres d'eau de façon équivalente entre les jarres de 8 et 5 litres.

D'après le modèle de Atwood et Polson, les sujets essaieront de résoudre ce problème en utilisant une heuristique fins et moyens. Cependant, l'analyse fins et moyens ne marche pas toujours très bien dans le cadre du problème des jarres d'eau; en fait, la solution du problème (8, 5, 3) nécessite plusieurs transgressions de la stratégie fins et moyens. Un autre problème -où les jarres contiennent 24, 21 et 3 litres- présente un espace de recherche similaire mais peut être résolu sans transgresser la stratégie fins et moyens. Si les gens utilisaient une telle stratégie, ils trouveraient le dernier problème plus facile que le premier. Les résultats obtenus par Atwood et Polson ont confirmé cette hypothèse. Les gens avaient besoin de deux fois plus de mouvements pour résoudre le problème (8, 5, 3), même s'il était possible de résoudre les deux problèmes dans le même nombre de mouvements.

La façon optimale de se servir d'une stratégie fins et moyens serait d'évaluer tous les mouvements possibles et de sélectionner celui qui minimise la contradiction entre l'état résultant et l'état-but. Cependant, la capacité de la MCT impose une limite au nombre de mouvements qui peuvent être simultanément évalués et comparés. Le modèle suggère donc que les gens chercheront simplement un bon mouvement plutôt que le meilleur systématiquement.

Si la différence entre l'état intermédiaire et l'état-but est trop importante, la probabilité de procéder au mouvement prévu dépend de l'évaluation du sujet concernant l'effet de son action sur l'état du problème. En général, il est utile de se rappeler les différents états du problème préalablement atteints pour ne pas avoir à y revenir. Le retour aux anciens états signifie généralement que nous avons procédé à un aller-retour et que nous nous sommes éloignés de l'état-but. Le retour est particulièrement préjudiciable dans les problèmes étudiés par Atwood et Polson, parce qu'en exécutant un mauvais mouvement il est possible de rebrousser tout le chemin parcouru jusqu'aux états initiaux.

Pour rendre compte de la façon dont les gens ont progressé dans l'espace de recherche, Atwood et Polson ont estimé que la probabilité d'un mouvement vers un ancien état du problème est de .20, la probabilité d'un mouvement vers un nouvel état du problème est de .60, la probabilité de se rappeler les états précédemment obtenus est de .90 et le nombre de mouvements pouvant être évalués dans la MCT est de trois. Ces valeurs révèlent que les gens font de préférence des mouvements vers de nouveaux états plutôt que de revenir aux anciens. Elles révèlent également que les gens sont capables de reconnaître des anciens états avec une assez bonne précision. L'estimation selon laquelle seuls trois mouvements peuvent être comparés dans la MCT concorde avec les estimations précédentes de la capacité de la MCT puisque, pour chaque mouvement, le sujet doit se rappeler non seulement le mouvement mais aussi le degré avec lequel l'état résultant diffère de l'état-but.

Si le sujet ne sélectionne pas de mouvements lors de l'étape décrite ci-dessus, le modèle spécifie d'autres critères pour en faire le choix. Cependant, les caractéristiques essentielles du modèle sont évidentes dans ce bref résumé : premièrement, il y a utilisation d'une stratégie fins et moyens pour évaluer la progression vers le but. Si un problème peut être résolu en diminuant graduellement les différences entre l'état actuel et l'état-but, les gens le résolvent en moins de mouvements que s'ils sont forcés d'exécuter des mouvements transgressant la stratégie fins et moyens. Deuxièmement, la capacité de la MCT impose une limite au nombre de mouvements qui peuvent être évalués. Même si vous possédez une stratégie parfaite qui vous a permis de sélectionner systématiquement le meilleur mouvement à chaque étape, vous ne trouverez pas forcément la solution la plus rapide si vous ne pouvez pas évaluer tous les mouvements à chaque point de décision. Par exemple, s'il y avait quatre mouvements possibles mais que vous n'avez pu en évaluer que trois compte tenu de la capacité limitée de la MCT, le meilleur peut être justement celui que vous n'avez pas évalué.

La découverte de Atwood et Polson que les gens ont davantage tendance à faire un mouvement qui conduit à un nouvel état du problème concorde avec l'idée qu'il est généralement plus avantageux de faire un mouvement vers de nouveaux états que de retourner aux anciens. Cependant, un ancien état peut sembler neuf si le sujet ne s'en souvient pas. Il est donc fort utile de se souvenir des états précédemment obtenus lors de la résolution d'un problème, en stockant ces informations dans la MLT. Atwood et Polson rapportent que les gens réussissaient assez bien à stocker de telles informations lors de leur résolution du problème des jarres d'eau.

## LES STRATÉGIES GÉNÉRALES

L'analyse fins et moyens est un exemple de stratégie générale. Une connaissance des stratégies générales de résolution des problèmes peut être particulièrement utile, parce qu'elles s'appliquent à de nombreux types de problèmes. Pour cette raison, des livres comme celui de Wickelgren (1974) concernant la façon dont on résout les problèmes portent sur les stratégies générales, telles former des sous-buts ou raisonner de façon rétroactive.

Des stratégies telles que l'utilisation d'une analyse fins et moyens, la formation de sous-buts et le raisonnement rétroactif sont appelées **heuristiques** parce qu'elles permettent souvent de réussir mais ne garantissent pas la réussite. Par contre, un **algorithme** est un processus d'étapes successives qui garantit l'accès à une solution si l'on respecte les étapes. Les règles de la multiplication constituent un algorithme, parce qu'une bonne réponse est garantie si la personne suit correctement ces règles. Nous allons tout d'abord considérer trois heuristiques générales -la formation de sous-buts, l'utilisation d'analogies et la construction de diagrammes- puis nous évaluerons leur utilité potentielle et leurs limites en tant que stratégies générales.

## Les sous-buts

Une heuristique couramment suggérée pour résoudre des problèmes consiste à diviser le problème en plusieurs parties - donc, de formuler des sous-buts. Les **sous-buts** sont des états intermédiaires du problème entre l'état initial et l'état-but; idéalement, ils se trouvent sur le chemin de la solution. Certains problèmes ont des sous-buts assez évidents et les recherches ont montré que les gens s'en servent. Considérez le casse-tête appelé la Tour de Hanoï (voir figure 12.3). Ce casse-tête consiste en trois tiges et en un ensemble d'anneaux de tailles variables. L'état initial présente tous les anneaux enfilés sur la tige A dans un ordre décroissant. Le but est de bouger la pile d'anneaux, un par un, jusqu'à la tige C, sans jamais placer un anneau de grande taille sur un anneau de taille inférieure. Un sous-but raisonnable est de placer le plus grand anneau à la tige C. Mais comment faut-il commencer pour accomplir ce sous-but ? La réponse n'est pas évidente et les gens font souvent le mauvais choix. Mais à mesure qu'ils exécutent d'autres mouvements et se rapprochent de la réalisation du sous-but, les bons mouvements deviennent plus clairs et les erreurs diminuent (Egan et Greeno, 1974).

L'utilisation de sous-buts peut faciliter la résolution d'un problème, parce que savoir qu'un état intermédiaire du problème se trouve sur le chemin de la solution permet d'éviter de chercher sur des chemins infructueux. La figure 12.4 présente un espace de recherche qui contient 16 chemins, d'une longueur de quatre pas chacun. Un seul chemin se termine par l'état-but. Si l'on nous donne un état sous-but que nous savons accessible en deux étapes, nous pouvons alors trouver le sous-but en cherchant uniquement selon quatre chemins, chacun comportant deux étapes. L'espace de recherche a été réduit de 16 chemins de quatre étapes à 8 chemins

**Heuristiques**

Stratégies qui sont souvent utiles, mais pas systématiquement, pour résoudre des problèmes.

**Algorithme**

Ensemble de règles qui permettent de résoudre un problème lorsqu'elles sont correctement suivies.

**Sous-but**

But qui constitue la résolution d'une partie d'un problème.

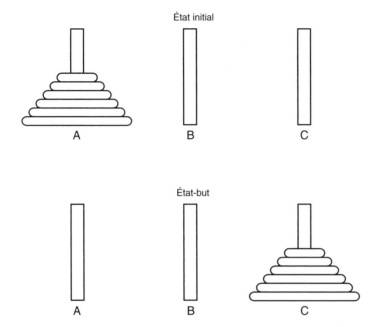

**Figure 12.3** Le casse-tête de la Tour de Hanoï

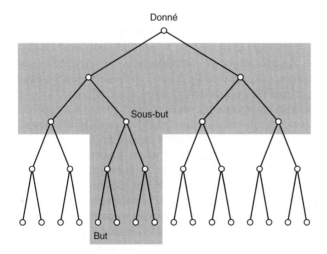

**Figure 12.4** Espace de recherche. La connaissance d'un sous-but limite la recherche à l'aire ombrée.

Tiré de *How to Solve Problems*, de W. A. Wickelgren. Copyright © 1974 par W. H. Freeman and Company. Reproduit avec autorisation.

de deux étapes, tel que cela est représenté par la surface ombrée de la figure 12.4.

Former des sous-buts est souvent utile mais cela ne garantit pas que la solution soit pour autant plus facile à trouver. Il existe plusieurs limites qu'il faut garder à l'esprit lorsque nous utilisons cette méthode. Premièrement, les états intermédiaires du problème qui nous seront utiles ne sont pas toujours évidents, parce que certains problèmes ne présentent pas de sous-buts évidents. Deuxièmement, trouver un sous-but peut créer une confusion sur ce qu'il convient de faire ensuite. Hayes (1966) a découvert que donner un sous-but à des sujets peut les aider à résoudre la partie du problème précédant le sous-but. Cependant, certains problèmes prennent alors plus de temps, une fois le sous-but atteint.

Exemple de problème dans lequel un sous-but a amélioré la performance, celui (décrit dans le tableau 12.1) qui consistait à transporter cinq missionnaires et cinq cannibales de l'autre côté d'une rivière avec un bateau ne pouvant contenir que trois personnes à la fois. On demandait simplement à un groupe d'étudiants, le groupe de contrôle, de résoudre le problème. À un autre groupe, le groupe «sous-but», on disait que pour résoudre le problème, ils devaient trouver un état dans lequel trois cannibales se trouvaient seuls de l'autre côté de la rivière et sans bateau. Les étudiants du groupe de contrôle avaient besoin de 30 mouvements en moyenne pour résoudre le problème, contre 20 seulement chez les étudiants du groupe sous-but.

Pour tenter de comprendre pourquoi le sous-but est aussi efficace, Simon et moi avons développé un modèle de simulation de la façon dont les étudiants des deux groupes exploraient l'espace de recherche. Le but du modèle était de prévoir, pour tous les mouvements autorisés, le nombre de fois en moyenne que les étudiants de chaque groupe feraient un mouvement particulier. Nous pensions que les étudiants suivraient une *stratégie fins et moyens* grâce à laquelle ils déplaceraient le plus de monde possible de l'autre côté de la rivière pour en ramener le moins possible. Un modèle basé sur la stratégie fins et moyens parvenait assez bien à prévoir leurs choix, mais certains de leurs mouvements ne suivaient pas cette stratégie. Les transgressions de la stratégie fins et moyens peuvent être prises en compte en proposant que les gens suivent une *stratégie d'équilibration*, qui tente de produire un nombre équivalent de missionnaires et de cannibales de chaque côté de la rivière. La stratégie d'équilibration aide à éviter des mouvements non autorisés, parce que les cannibales ne doivent jamais être plus nombreux que les missionnaires, dans la mesure où le nombre de missionnaires et de cannibales reste équivalent sur chaque rive. L'ennui avec la stratégie d'équilibration est qu'elle tend à éloigner les gens de la solution et à les conduire sur des chemins infructueux. Après avoir analysé les mouvements effectués par les deux groupes, nous avons constaté que le groupe sousbut était plus enclin à suivre une stratégie fins et moyens et que le groupe de contrôle avait davantage tendance à suivre la stratégie moins efficace de l'équilibration.

Le fait que le sous-but -trois cannibales et pas de missionnairesoit un état non équilibré conduit probablement de façon intuitive les étudiants du groupe sous-but à ne pas poursuivre la stratégie d'équilibration.

Comme cela a été mentionné précédemment, dans une stratégie de sous-but il n'est pas toujours évident de savoir ce quí constitue un bon sous-but. Les enseignants peuvent donc aider les étudiants en soulignant de façon explicite les sous-buts, comme l'a démontré Catrambone (1995). On montrait à des étudiants comment résoudre un problème qui nécessitait de trouver une fréquence totale à l'un des sous-buts. Lorsque cette étape était appelée de façon explicite *Fréquence Totale*, les étudiants parvenaient mieux à transférer ce qu'ils avaient appris vers d'autres problèmes de probabilité qui nécessitaient de trouver une fréquence totale. Les problèmes de transfert nécessitaient une méthode différente pour calculer la fréquence totale, il ne suffisait donc pas d'appliquer machinalement les mêmes étapes que dans l'exemple du problème. Apprendre nécessitait la compréhension de l'exemple et nommer de façon explicite un sousbut améliorait la compréhension.

## L'analogie

L'analogie est une autre des heuristiques majeures utilisées pour résoudre des problèmes. L'**analogie** requiert que le sujet utilise la solution d'un problème similaire pour résoudre le problème auquel il est confronté. La réussite de l'utilisation d'une analogie dépend de la reconnaissance de la similarité entre deux problèmes et du rappel de la solution du problème analogue. Puisque le rappel d'une solution est nécessaire, l'analogie dépend plus de la MLT que d'une stratégie fins et moyens ou d'une stratégie des sous-buts.

**Analogie**

Similarité de solution, pour résoudre un problème à partir de la solution à un problème comparable.

Examinons maintenant une autre version du problème des missionnaires et des cannibales, appelé le problème des maris jaloux :

> Trois maris jaloux et leurs épouses, qui doivent traverser une rivière, trouvent un bateau. Cependant, le bateau est trop petit et il ne peut pas prendre plus de deux personnes à son bord. Trouver le moyen le plus simple de traverser qui permettra aux six personnes de traverser de telle sorte qu'aucune femme n'est laissée en compagnie du mari d'une autre femme en l'absence de son propre mari. Tous

les passagers du bateau débarquent avant la prochaine traversée et il doit y avoir au moins une personne dans le bateau à chaque traversée.

Le problème des maris jaloux et celui des missionnaires et des cannibales sont similaires parce que la solution de l'un peut être utilisée pour résoudre l'autre. Quelqu'un qui connaît la solution du problème des missionnaires et des cannibales peut résoudre le problème des maris jaloux en (1) substituant les maris aux missionnaires, (2) en substituant les épouses aux cannibales et (3) en associant les couples lorsque les hommes et les femmes sont sur la même rive. Si les gens peuvent utiliser une analogie pour résoudre les problèmes, il devrait être plus aisé de résoudre n'importe quel problème à partir du moment où une personne a déjà résolu un problème analogue. Cependant, les résultats de l'expérience ont indiqué que les gens n'ont pas été plus aptes à résoudre ce problème s'ils avaient déjà résolu l'autre (Reed, Ernst & Banerji, 1974). Pourquoi ?

Il se peut que les gens ne connaissent pas la relation entre les deux problèmes. Dans une seconde expérience, l'expérimentateur encourageait les sujets à se servir de leur solution au premier problème pour résoudre le second, en les informant que les *maris* correspondaient aux *missionnaires* et les *épouses* aux *cannibales*. L'information sur la façon dont les problèmes étaient liés aidait les sujets à résoudre le problème des missionnaires et des cannibales mais ne les aidait pas à résoudre le problème des maris jaloux.

Ces résultats montrent qu'une bonne utilisation de l'analogie ne paraît pas aussi facile que nous le pensions. Même si les consignes révèlent la relation exacte entre les deux problèmes, la solution de l'un ne garantit pas qu'il sera plus facile de résoudre l'autre. Un tel constat s'explique du fait qu'il est difficile de se rappeler la bonne solution lorsqu'elle consiste en une longue séquence de mouvements. Cette hypothèse suggère que l'utilisation de l'analogie devrait être plus efficace lorsqu'il est facile de se souvenir de la solution.

Les problèmes étudiés par les psychologues de la Gestalt pouvaient généralement être résolus en quelques étapes. Par exemple, le problème de la caisse et du bâton (Kohler, 1925) et celui des bougies (Duncker, 1945) que nous avons vus plus haut. Un autre problème étudié par Duncker (1945) fut celui de la tumeur ou du rayonnement. Le tableau 12.2 décrit ce problème et une solution. La solution nécessite de diviser les rayons afin qu'ils n'aient une grande intensité que lorsqu'ils convergent sur la tumeur. Bien que cela soit une solution astucieuse, Duncker n'a trouvé que très peu de sujets résolvant le problème de cette façon.

Gick et Holyoak (1980) ont cherché à savoir si davantage de gens découvriraient la solution de la dispersion en étant précédemment confrontés à une solution analogue. Leurs sujets ont lu l'histoire

**Tableau 12.2** Résumé de l'histoire de l'attaque-dispersion et d'une solution correspondante pour le problème du rayonnement

---

**L'histoire de l'attaque-dispersion**

Une forteresse était située au centre du pays.

De nombreuses routes rayonnaient à partir de la forteresse.

Un général a voulu prendre la forteresse avec son armée.

Le général voulait éviter que les mines sur la route ne détruisent son armée et que les villages avoisinants ne soient saccagés.

Il en résulte que l'armée entière ne pouvait attaquer la forteresse à partir d'une seule route.

Cependant, l'intégralité de l'armée était nécessaire pour prendre la forteresse.

Ainsi, une attaque perpétrée par un petit groupe ne suffirait pas.

Le général a donc divisé son armée en plusieurs petits groupes.

Il a positionné ces petits groupes sur différentes routes.

Ces petits groupes ont simultanément convergé vers la forteresse.

De cette façon, l'armée put prendre la forteresse.

**Le problème du rayonnement et de la solution de dispersion[a]**

Un tumeur a été localisée à l'intérieur du corps d'un patient.

Un docteur voulait détruire la tumeur avec des rayons.

Le docteur voulait empêcher les rayons de détruire également les tissus sains.

Il en résulte que les rayons de forte intensité ne pouvaient pas être appliqués à la tumeur à partir d'un seul chemin.

Cependant, des rayons de forte intensité étaient nécessaires pour détruire la tumeur.

Donc, appliquer un rayon de faible intensité n'y parviendrait pas.

*Le docteur a donc divisé les rayons en plusieurs de faible intensité.*

*Il a positionné les rayons de faible intensité à de multiples endroits autour du corps du patient.*

*Les rayons de faible intensité convergeaient de façon simultanée vers la tumeur.*

*De cette façon les rayons ont pu détruire la tumeur.*

---

Source : Tiré de « Analogical Problem Solving, » de M. L. Gick et K. Holyoak, 1980, *Cognitive Psychology, 12*, 306-355. Copyright © 1980 par l'Academic Press, Inc. Reproduit avec autorisation.

[a]Les propositions en italique résument la solution cible de la dispersion.

de l'attaque-dispersion avant d'essayer de résoudre le problème des radiations. L'histoire de l'attaque-dispersion décrivait une solution à un problème militaire dans lequel l'armée devait être divisée pour ensuite converger vers une forteresse. Les consignes indiquaient que la première histoire pouvait fournir des indices aux sujets pour la résolution du problème du rayonnement. Les résultats ont montré que la plupart des participants se sont servis de cette analogie. Plus de la moitié de ceux qui avaient lu l'histoire ont inclus la solution de la dispersion parmi les différentes solutions proposées, en comparaison des 8% de ceux qui n'avaient pas lu l'histoire avant de résoudre le problème du rayonnement. Mais quand Gick et Holyoak omettaient l'indice à utiliser dans l'histoire, le nombre de solutions de dispersion diminuait fortement. Leurs résultats ont ainsi montré que les gens pouvaient générer une solution analogue quand ils y étaient incités mais qu'ils ne reconnaissaient pas spontanément la similarité entre les deux problèmes.

L'incapacité des gens à remarquer spontanément la relation entre des problèmes analogues a conduit les psychologues à faire des analogies plus évidentes. Une des raisons pour lesquelles les analogies ne sont pas toujours évidentes est que, bien qu'elles préservent les relations entre les concepts d'un problème, les concepts eux-mêmes diffèrent (Gentner, 1983).

Ce point est illustré dans le tableau 12.3 pour le problème militaire et le problème du rayonnement. Bien que les concepts (armée et forteresse, rayons et tumeur) diffèrent entre les deux problèmes, la solution préserve les relations de scission et de convergence. La similarité des deux solutions est représentée au bas du tableau par le schéma de convergence, dans lequel les concepts sont décrits de façon plus générale. Les solutions aux deux problèmes nécessitent de diviser une grande force pour que des forces amoindries puissent être appliquées de façon simultanée au travers de multiples chemins.

Gick et Holyoak (1983) ont découvert que les gens avaient davantage tendance à former ce schéma général s'ils avaient lu et comparé les deux histoires analogues avant d'essayer de résoudre le problème du rayonnement. Par exemple, certains étudiants ont lu l'histoire militaire et l'histoire d'un incendie et de son encerclement par de nombreuses petites lances d'incendie projetant de la mousse pour l'éteindre.

Les étudiants qui avaient décrit la relation entre ces deux histoires étaient plus enclins à penser à la solution de convergence dans le problème du rayonnement que les étudiants qui avaient lu une seule histoire analogue. La création du *schéma de convergence* nécessite que les gens comparent deux histoires analogues, lesquelles leur font penser à la solution en termes généraux. Lire les deux histoires

analogues sans les comparer n'est d'aucune utilité (Catrambone &
Holyoak, 1989).

La création d'un schéma général, tel que le schéma de convergence, aurait l'avantage d'aider davantage les sujets à reconnaître
que le problème de rayonnement constitue un exemple d'un schéma
général, plutôt qu'à identifier la relation qu'il a avec ce problème

**Tableau 12.3** Correspondances entre le problème militaire, le problème du
rayonnement et le schéma de convergence

---

**Problème militaire**

État initial

> But : Utiliser l'armée pour prendre la forteresse.

> Ressources : Une armée suffisament grande.

> Contrainte : Impossibilité d'envoyer l'intégralité de l'armée par une seule
> route.

Plan de solution : Envoyer simultanément des petits groupes au travers de
multiples routes.

Issue : La forteresse est prise par l'armée.

**Problème du rayonnement**

État initial

> But : Utiliser des rayons pour détruire une tumeur.

> Ressources : Des rayons suffisamment puissants.

> Contrainte : Impossibilité d'administrer les rayons de forte intensité à par-
> tir d'une seule source.

Plan de solution : Administrer simultanément des rayons de faible intensité à
partir de multiples sources.

Issue : La tumeur est détruite par les rayons.

**Schéma de convergence**

État initial

> But : Utiliser une force pour vaincre une cible centrale.

> Ressources : Une force suffisamment puissante.

> Contrainte : Impossibilité d'appliquer la force dans son intégralité par un
> seul chemin.

Plan de solution : Appliquer simultanément des forces plus faibles à partir de
multiples sources.

Issue : La cible centrale est vaincue par la force.

---

SOURCE : Tiré de « Schema Induction and Analogical Transfer, » de M. L. Gick et K. Holyoak, 1983, *Cognitive Psychology, 15*, 1-38. Copyright © 1983 par Academic Press, Inc. Reproduit avec autorisation.

particulier. Mais les psychologues continuent à chercher jusqu'à quel point les gens créent un schéma général au lieu de se rappeler un problème particulier comme base analogique (Ross, 1984). Suite à une très vaste recension de la littérature sur l'analogie, Reeves et Weisberg (1994) ont conclu qu'il existe suffisamment de preuves pour montrer que nous utilisons à la fois des problèmes spécifiques et des schémas plus abstraits dans le raisonnement analogique.

Une théorie prometteuse présume que nous commençons par utiliser la solution à des problèmes spécifiques, mais à mesure que nous appliquons une solution spécifique à d'autres problèmes, nous élaborons des schémas plus abstraits (Ross & Kennedy, 1990). Nous verrons dans le chapitre suivant que la formation de ces schémas abstraits est un élément important dans l'acquisition d'une expertise.

## Les diagrammes

Dernier exemple des stratégies générales utilisées pour résoudre des problèmes : la construction de diagrammes. Les diagrammes nous aident à nous représenter les problèmes d'une manière qui nous permet de rechercher efficacement une solution. L'importance de la représentation est illustrée par le fait que deux problèmes aux solutions identiques mais aux contenus historiques différents (**problèmes isomorphes**) peuvent différer considérablement dans leur résolution. Une histoire peut obliger le sujet à se représenter le problème d'une façon qui facilite l'émergence d'une solution et une autre peut susciter une représentation qui nuit à la découverte d'une solution. Ainsi, une personne qui résout les deux problèmes peut ne pas s'apercevoir de leur similarité (Hayes & Simon, 1977).

**Problèmes isomorphes**

Problèmes qui ont des contenus différents mais des solutions identiques.

Carroll, Thomas et Malhotra (1980) ont étudié le rôle de la représentation dans la conception organisationnelle en créant deux problèmes isomorphes. La *version dans l'espace* pose le problème de l'agencement d'un bureau d'affaires pour sept employés. Chaque employé est assigné à un bureau donnant sur un couloir, qui va du hall d'entrée où se trouve la réception jusqu'à un local d'archivage à l'autre bout. On demandait aux sujets de placer des employés compatibles autour du même couloir, ceux qui avaient le plus de prestige devant se trouver le plus près possible du hall d'entrée. L'un des objectifs était de réduire le nombre de couloirs.

Les problèmes de ce type sont habituellement faciles à résoudre grâce à l'utilisation d'un diagramme tel que celui de la figure 12.5. Le haut du diagramme représente le hall d'entrée reliant la réception et le local d'archivage. Les colonnes représentent les couloirs. Exemples de contraintes qui sont satisfaites par la disposition dans la figure

12.5 : A utilise les archives moins souvent que C, B et C sont compatibles et C a plus de prestige que B.

La *version temporelle* de l'isomorphe présente des contraintes équivalentes, mais celles-ci sont imposées à un processus de fabrication qui a consisté en sept étapes. Les colonnes de la figure 12.5 peuvent être utilisées à présent pour représenter des variations dans le travail plutôt que des couloirs. La dimension horizontale représente le temps, et la dimension verticale les priorités. Les sujets avaient pour consigne d'assigner des étapes à une même équipe de travail si les étapes utilisaient les mêmes ressources. Certaines étapes devaient être assignées aux équipes qui travaillaient avant d'autres, et certaines étapes étaient prioritaires sur d'autres pour une même équipe de travail. Les exemples de contraintes satisfaites par la disposition dans la figure 12.5 sont : l'étape A se produit avant l'étape C, les étapes B et C utilisent les mêmes ressources, et l'étape C est prioritaire sur l'étape B.

Notez que la distance au local d'archivage dans la version dans l'espace correspond au temps dans la version temporelle, que les archives correspondent à l'utilisation des mêmes ressources et que le prestige correspond à la priorité.

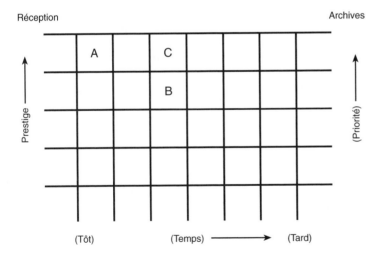

**Figure 12.5** Représentation graphique du problème organisationnel. *Les termes entre parenthèses accompagnaient la version temporelle.*

Tiré de «Presentation and Representation in Design Problem Solving,» de J. M. Carroll, J. C. Thomas et A. Malhotra, 1980, *British Journal of Psychology, 71*, 143-153. Copyright © 1980 par la British Psychological society. Reproduit avec autorisation.

Les sujets qui travaillaient sur la version temporelle recevaient 19 contraintes correspondant aux 19 contraintes données aux sujets qui travaillaient sur la version dans l'espace. Les sujets n'avaient pas pour consigne d'utiliser un diagramme; ils étaient libres de choisir leur propre méthode pour résoudre le problème. La performance a été mesurée par le nombre de contraintes satisfaites dans l'organisation proposée. L'importance de la représentation est illustrée par la découverte que les sujets ont mieux réussi avec l'isomorphie dans l'espace, même si les deux problèmes présentaient des contraintes équivalentes. Les sujets auxquels l'isomorphie dans l'espace avait été attribuée, non seulement satisfaisaient plus de contraintes mais complétaient aussi plus rapidement leur projet. Les 17 sujets confrontés à la tâche dans l'espace utilisaient un croquis du bureau d'affaires pour formuler leur conception, alors que seuls 2 sujets sur 18 dans la tâche temporelle utilisaient une représentation graphique.

Pour déterminer si la représentation graphique facilitait le problème pour le groupe dans l'espace, les expérimentateurs ont procédé à une deuxième expérience dans laquelle les deux groupes avaient pour consigne d'utiliser la matrice présentée dans la figure 12.5. Cette fois, il n'y eut aucune différence significative entre les deux groupes, que ce soit au niveau des scores ou au niveau du temps mis pour trouver la solution.

Les différences obtenues dans la première expérience paraissent donc avoir été causées par les effets facilitateurs de la représentation graphique du problème. L'utilité de la représentation graphique a été évidente dans la tâche dans l'espace et les étudiants l'ont donc spontanément adoptée. Elle n'était pas aussi évidente dans la tâche temporelle. La performance dans les deux tâches est devenue équivalente uniquement lorsqu'il était demandé aux deux groupes d'utiliser une représentation graphique.

Ces résultats soulèvent l'intéressante question de savoir si les étudiants pouvaient utiliser une analogie pour améliorer leur performance dans une tâche temporelle, dans le cas où ils avaient travaillé tout d'abord sur une tâche spatiale. L'utilisation spontanée d'un graphique pour résoudre la tâche dans l'espace pouvait alors être transférée sur la tâche temporelle. Si les étudiants reconnaissaient l'analogie entre les deux tâches, l'expérimentateur n'aurait pas besoin de leur dire de se servir d'une procédure graphique dans la tâche temporelle. Malheureusement, les recherches initiales concernant cette question indiquent que le transfert spontané de méthodes générales pour la résolution de problèmes est aussi difficile que le transfert spontané de solutions spécifiques dans la résolution de problèmes.

## Transfert représentationnel

Novick (1990) fait référence au transfert de méthodes générales pour la résolution de problèmes en le qualifiant de *représentationnel* pour le distinguer des *transferts analogiques* de solutions spécifiques. Dans un **transfert analogique,** nous nous intéressons au transfert d'une solution spécifique, telle que l'utilisation d'une solution au problème militaire pour résoudre le problème du rayonnement. Dans un **transfert représentationnel,** nous nous intéressons au transfert d'une méthode générale d'un problème à un autre, telle que l'utilisation d'un *diagramme matriciel*, comme dans la figure 12.5, une fois qu'un exemple de son utilisation dans la résolution d'un autre problème est montré.

**Transfert analogique**

Utilisation d'une même solution pour résoudre deux problèmes.

**Transfert représentationnel**

Utilisation d'un même format (telle qu'une matrice) pour résoudre deux problèmes.

Novick a commencé par s'intéresser à l'étude du transfert représentationnel après avoir remarqué que bien que de nombreux psychologues étudiassent le transfert de solutions spécifiques, aucun ne semblait étudier le transfert de représentations. Les diagrammes, en particulier, nous aident à représenter les structures sous-jacentes de beaucoup de problèmes. Parce que les sujets confrontés à des problèmes, bien souvent, ne construisent pas de diagrammes appropriés pour les représenter, Novick et Hmelo (1994) ont étudié si les étudiants transféreraient l'utilisation d'un diagramme approprié d'un problème à un autre, qui présente une solution différente mais qui peut être résolu en se servant du même diagramme.

La figure 12.6 montre trois différents types de diagrammes. Les deux premiers devraient vous être familiers si vous avez lu les chapitres précédents de ce livre. Un *réseau* consiste en nœuds connectés par des arcs. Dans un exemple de problème, un couple doit planifier un voyage impliquant de visiter des îles (les nœuds) reliées par des ponts (les arcs). Le problème test nécessitait d'arriver à comprendre quels couples de gens (les nœuds) se serreraient les mains (les arcs) dans un cocktail. L'exemple choisi pour la *hiérarchie* était un problème de catégorisation dans lequel une mère essayait de grouper les mots que connaissait son jeune enfant dans diverses catégories (animaux de zoo, animaux de ferme, animaux de compagnie), comme dans la hiérarchie sémantique présentée dans la figure 9.1 (page 314).

Le test consistait à représenter les différents chemins possibles d'un rat dans un labyrinthe - voyez la hiérarchie de l'espace de recherche présentée dans la figure 12.4. L'exemple pris pour la *représentation en parties-ensemble* consistait en un problème d'appartenance d'un ensemble dans lequel le sujet avait à déterminer le nombre d'enfants qui collectionnaient seulement des cailloux, le nombre d'enfants qui ne collectionnaient que des coquillages et le

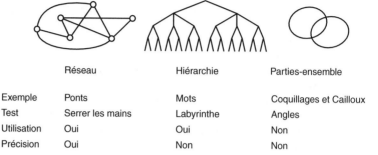

|  | Réseau | Hiérarchie | Parties-ensemble |
|---|---|---|---|
| Exemple | Ponts | Mots | Coquillages et Cailloux |
| Test | Serrer les mains | Labyrinthe | Angles |
| Utilisation | Oui | Oui | Non |
| Précision | Oui | Non | Non |

**Figure 12.6** *Transfert représentationnel de représentations en réseau, hiérarchique et de parties-ensemble.*

Tiré de «Transferring Symbolic Representations across Non-isomorphic Problems» de L. R. Novick et C. E. Hmelo, 1944, *Journal of Experimental Psychology : Learning, Memory, and Cognition, 20,* 1296-1321. Reproduit avec autorisation.

**Diagrammes de Venn**

Diagramme qui présente un ensemble de relations (telles que des chevauchements) parmi des catégories.

nombre de ceux qui collectionnaient les deux. Ces problèmes peuvent être représentés par les **diagrammes de Venn** présentés dans la figure 12.6. Le test était un problème de géométrie dans lequel les angles de deux droites sécantes pouvaient être représentés aussi bien en tant que parties qu'en tant qu'ensemble.

Novick et Hmelo (1994) ont comparé la capacité des étudiants à résoudre les problèmes sous trois conditions : dans la condition de contrôle, les sujets n'avaient vu aucun exemple au préalable; dans la condition de non indice, un exemple pertinent leur avait été montré mais sans que cela leur soit dit, et dans la condition avec indice ils avaient vu un exemple pertinent et en avaient été informés. L'absence complète de transfert spontané s'est manifestée par l'absence de différences entre le groupe de contrôle et le groupe non indice. Lorsque les sujets n'étaient pas informés de l'utilité potentielle de l'exemple étudié précédemment, les sujets ne changeaient pas leurs représentations et amélioraient leur performance.

Les résultats pour le groupe avec indice variaient selon les trois représentations. La représentation en réseau a été la plus fructueuse. Les étudiants auxquels on disait d'utiliser l'exemple pertinent (dans le problème des ponts) avaient davantage tendance à utiliser une représentation en réseau pour résoudre le problème de serrer les mains et y parvenaient mieux. Les résultats ont été mitigés concernant l'utilisation de la représentation hiérarchique - davantage de gens utilisaient une hiérarchie pour résoudre le problème du labyrinthe mais cela n'améliorait pas leur réussite.

Il se peut que les gens qui ne dessinaient pas habituellement une hiérarchie dessinaient généralement un labyrinthe, et dessiner un labyrinthe était aussi utile que dessiner une hiérarchie pour représenter le labyrinthe. Le problème des parties-ensemble a été le moins bien réussi - ni la fréquence d'utilisation ni la précision n'ont amélioré la résolution du problème de géométrie. Les étudiants n'étaient pas capables d'identifier les correspondances entre les coquillages et cailloux de l'exemple et les angles dans le problème de géométrie. La figure 12.6 résume ces résultats.

Vous avez peut-être remarqué qu'il existe quelques similarités entre ces résultats initiaux sur le transfert représentationnel et les résultats concernant le transfert analogique. Le transfert spontané, que ce soit d'une solution spécifique ou d'une méthode générale, s'est avéré relativement rare du fait de la difficulté de remarquer la similarité entre deux problèmes aux descriptions physiques différentes, tels que les problèmes d'attaque-dispersion et de rayonnement (Gick & Holyoak, 1983) ou les problèmes de ponts et de poignées de mains (Novick & Hmelo, 1994). Deuxièmement, même quand on conseille aux sujets de se servir de problèmes analogues, le transfert d'une solution particulière dépend de la facilité avec laquelle ils peuvent trouver des correspondances entre les éléments d'un problème et les éléments de l'autre (Gentner, 1983; Reed, 1993). C'est également ce qui a limité le transfert de la méthode des parties-ensemble, à partir du problème des coquillages et cailloux vers le problème géométrique. Une différence entre le transfert analogique et le transfert représentationnel tient au fait que la réussite du transfert d'une représentation ne garantit pas une plus grande chance de résoudre le problème si la représentation transférée n'est pas une version améliorée de la représentation normalement utilisée pour résoudre le problème. Ceci est illustré par la découverte que le fait d'encourager les sujets à se représenter le labyrinthe sous la forme d'une hiérarchie n'entraînait pas plus de solutions exactes.

En conclusion, la recherche sur les stratégies générales démontre que des stratégies telles que la formation de sous-buts, se servir d'analogies et construire des diagrammes peuvent être utiles. Cependant, le défi est de savoir quand et comment il faut appliquer chacune de ces stratégies. L'utilisation réussie des stratégies peut donc dépendre d'une certaine expertise dans le domaine de la résolution de problèmes. En particulier, bon nombre des problèmes auxquels nous sommes confrontés dans une classe nécessitent des connaissances sur le sujet si l'on veut les résoudre. Ainsi, les connaissances en la matière et les stratégies générales doivent être apprises par le sujet s'il veut devenir compétent dans la résolution de problèmes (Glaser, 1984). Le prochain chapitre aborde l'acquisition de l'expertise dans la résolution de problèmes scolaires et souligne les différences entre novices et experts.

## RÉSUMÉ

Parce qu'il existe de nombreux types de problèmes, la construction d'une théorie de la résolution de problème serait plus aisée si nous étions capables de les classer en fonction des aptitudes nécessaires à leur résolution.

Une méthode de classification permet de distinguer les problèmes d'arrangement, les problèmes d'induction de structure et les problèmes de transformation. Les problèmes d'arrangement nécessitent que le sujet réarrange les éléments d'un problème selon certains critères. Les anagrammes sont de bons exemples de ce type de problèmes parce que les lettres doivent être réarrangées pour composer un mot. Dans les problèmes d'induction de structure, certains éléments sont donnés et la tâche consiste alors à découvrir comment ceux-ci sont liés. L'analogie et le complètement de série sont des exemples de ce type de problème. Les problèmes de transformation présentent un état initial, un état-but et des opérations changeant l'état initial en état-but. Bon nombre de casse-tête sont de ce type, tout comme le sont le problème des missionnaires et des cannibales, celui de la Tour de Hanoï et celui des jarres d'eau.

Ce que savent les psychologues sur la façon dont les gens résolvent des problèmes provient en grande partie des travaux pionniers de Newell et Simon. Leur théorie spécifie comment les caractéristiques de base du traitement humain de l'information, l'espace de recherche et les différentes stratégies influencent la résolution de problème. La performance dans une tâche est influencée par la capacité de la MCT, le temps de stockage et le temps de récupération dans la MCT et la MLT. Elle est également influencée par l'espace de recherche, qui détermine le nombre de mouvements autorisés disponibles à chaque pas de la résolution d'un problème. Newell et Simon se sont appuyés sur des modèles de simulation informatique et des protocoles verbaux pour tester et développer bon nombre de détails de leur théorie.

La mémoire influence la résolution de problèmes de plusieurs façons. La mémoire à court terme est nécessaire pour évaluer des choix alternatifs à chaque étape de la recherche d'une solution. La mémoire est également nécessaire pour stocker de l'information sur les états du problème déjà rencontrés, sur les diverses hypothèses précédemment évaluées et sur les opérateurs déjà sélectionnés. L'important rôle de la mémoire dans la résolution de problèmes est révélé dans un modèle qui simule la façon dont les gens résolvent le problème des jarres d'eau.

Les quatre stratégies générales de résolution de problèmes sont : l'analyse fins et moyens, les sous-buts, l'analogie et les diagrammes. Ces stratégies sont appelées heuristiques parce que, bien qu'elles soient souvent utiles, aucune ne garantit l'accès à une solution. La stratégie fins et moyens établit que le sujet devra sélectionner les opérateurs qui réduisent la différence entre l'état actuel du problème et l'état-but. Un tableau des connexions montre quelles différences peuvent être éliminées par chacun des opérateurs. La connaissance de sous-buts est un avantage parce qu'elle réduit la taille de l'espace de recherche. Une simulation détaillée de la façon dont les gens résolvent le problème des missionnaires et des cannibales a révélé qu'un sous-but leur permettait d'éviter les mouvements infructueux en sélectionnant une meilleure stratégie que celle habituellement choisie. Se servir d'une solution analogue est souvent utile mais les gens peuvent ne pas s'apercevoir de l'analogie potentielle. Les diagrammes peuvent être bénéfiques dans des tâches de conception mais, comme dans le cas de l'analogie, il n'est pas facile de transférer spontanément une bonne représentation d'un problème à un autre.

## QUESTIONS DE RÉFLEXION

1. Quels sont les problèmes qui vous paraissent les plus difficiles ? Pouvez-vous repérer les sources de la difficulté ? Lesquels sont les plus faciles pour vous ? Pouvez-vous nous dire pourquoi ? Comme on le demande dans votre texte, essayez de classer les six problèmes selon les aptitudes nécessaires pour les résoudre.

2. Qu'est-ce que la plupart des problèmes de votre texte ont en commun avec les items standardisés des tests d'intelligence ?

3. Pourquoi la psychologie de la Gestalt s'intéresse-t-elle aux problèmes d'arrangement ? À quelle étape de la résolution d'un problème peut-on s'écrier «Eurêka!» ?

4. Les enfants (et certains adultes) sont fascinés par les aventures du genre de celle de Robinson Crusoé. Vous est-il arrivé de vous trouver dans une situation qui nécessite que vous surmontiez votre rigidité fonctionnelle ? Qu'avez-vous fait ?

5. Quelles sont les caractéristiques des analogies qui les placent dans la catégorie des problèmes d'induction ? Construisez votre propre analogie pour démontrer que vous avez compris le problème de Sternberg. Rédigez votre analogie.

6. Pensez à certains problèmes réels qui sont clairement des problèmes de transformation. Est-ce que connaître l'état-but les rend plus faciles ?

7. Comment Newell et Simon utilisent-ils un ordinateur pour construire leur théorie de la résolution de problème chez l'humain ? Quels avantages confère-t-il ?

8. Le problème de l'espace est-il uniquement déterminé par la tâche donnée ? De quelle façon une personne entre-t-elle dans la théorie de Newell et Simon ?

9. Quels rôles jouent les «opérateurs» dans la construction d'un «tableau de connexions», dans l'analyse fins et moyens d'un problème de transformation ? De quelle façon la mémoire entre-t-elle dans ce tableau ?

10. Dans quelle mesure les gens arrivent-ils à reconnaître un problème isomorphe ? À partir de vos connaissances des recherches sur les stratégies générales de résolution de problèmes, vous semblerait-il judicieux d'enseigner de telles heuristiques aux écoliers ? Pourquoi ou pourquoi pas ?

## MOTS-CLEFS

*Le numéro de page entre parenthèses indique où le terme est traité dans ce chapitre*

## LECTURES RECOMMANDÉES

Les chapitres sur la pensée de Greeno et Simon (1988) et sur la résolution de problèmes de VanLehn (1989) fournissent un large résumé des travaux sur le raisonnement et la résolution de problèmes. Le travail classique de l'influence des groupements dans la résolution de problèmes a été conduit par Luchins (1942) dans une étude utilisant le problème des jarres d'eau. Le modèle de Atwood-

Polson, initialement développé pour le problème des jarres d'eau, a été étendu par Jeffries, Polson, Razran et Atwood (1977) pour décrire la performance dans le problème des missionnaires et des cannibales.

Les modèles du traitement de l'information ont également été développés pour rendre compte de la performance dans le problème des bougies de Duncker (Weisberg & Suls, 1973), dans les problèmes d'*insight* (Metcalfe, 1986a) et dans les problèmes d'analogies géométriques (Mulholland, Pellegrino & Glaser, 1980). Les livres de Vosniadou et Ortony (1989), de Detterman et Sternberg (1993) comprennent plusieurs chapitres traitant de l'utilisation de solutions analogues. De plus, Reeves et Weisberg (1994) ont écrit une très importante revue de la littérature sur le transfert analogique. Ericsson et Simon (1980) ont analysé de façon critique le rôle des rapports verbaux dans la construction des théories et soutiennent que les rapports verbaux peuvent être très utiles s'ils sont traités comme les autres types de données. Simon (1983) traite de la distinction entre rechercher et raisonner.

Dans le développement des modèles du traitement de l'information, il existe un intérêt grandissant pour la façon dont les gens répondent aux questions des tests d'intelligence. Cet intérêt s'est accompagné de l'étude des différences individuelles dans la résolution de problèmes. Les articles de Hunt et Lansman (1975) et de Pellegrino et Glaser (1979) offre un panorama des travaux dans ce domaine. Un livre édité par Sternberg et Detterman (1979) contient de nombreux et intéressants chapitres sur l'interaction grandissante entre les tests d'intelligence et la psychologie cognitive. Le livre de Sternberg (1985) est particulièrement recommandé.

## EN FRANÇAIS

La compréhension de texte a été considérée comme une facette de la résolution de problèmes (Black et Bower, 1980). Un chapitre sur le raisonnement, la résolution de problèmes et le contrôle de l'activité (Amalberti et al., 1995) propose une vue d'ensemble du travail sur le raisonnement et la résolution de problèmes. Ce chapitre contient notamment la présentation des problèmes classiques comme celui des jarres, ou le problème des quatre cartes. Dans l'ouvrage de référence de Richard (1990), plusieurs chapitres peuvent être particulièrement recommandés. Le chapitre 3 analyse comment s'opère la construction des interprétations; voir également Richard (1984, 1985). Le chapitre 7 distingue les types d'inférences mises en jeu lors de la résolution de problèmes sur la base de leurs conditions de déclenchement. Les chapitres 9 et 11 présentent des exemples de modélisation de la résolution de problèmes et un exemple d'analyse d'un protocole individuel recueilli lors de la résolution d'un problème à transformation d'états. Plusieurs articles traitent des conditions d'utilisation des protocoles verbaux (e.g. Caverni, 1988; Hoc, 1984). Divers textes traitent de l'utilisation de solutions analogues lors de la résolution de problèmes de physique (Cauzinille-Marmèche, Mathieu et Weil-Barais, 1986; Gineste, 1984). Un chapitre du *Traité de psychologie cognitive* est spécialement consacré au raisonnement analogique (Nguyen-Xuan, 1990). Les modélisations en termes de règles de production (Nguyen-Xuan et Richard, 1986; Richard, 1990, p. 324-331) montrent comment les modèles de traitement de l'information peuvent être utilisés pour rendre compte de la résolution de problèmes. Concernant les aspects développementaux des méthodes de résolution de problèmes, on peut consulter les sections 3 et 4 d'un chapitre du *Cours de psychologie* (Crépault et al., 1995).

Amalberti, R., Bastien, C., Ghiglione, R., Politzer, G., Richard, J.F. (1995). Raisonnement, résolution de problèmes et contrôle de l'activité. In R. Ghiglione & J.F. Richard (Eds.), *Cours de Psychologie* (Tome 6, p. 311-438). Paris : Dunod.

Black, J.B., Bower, G.H. (1980). La compréhension de récits considérée comme une activité de résolution de problèmes (Story understanding as problem-solving. Poetics, Special Issue, Story Comprehension, T.A. Van Dijk (ed), 9(1/3), 223-250). ). In G. Denhière (Ed.), *Il était une fois... Compréhension et souvenir de récits* (p. 275-311). Lille : P.U.L. 1984.

Cauzinille-Marmèche, E., Mathieu, J., Weil-Barais, A. (1986). Raisonnement analogique et résolution de problèmes. *Année Psychologique, 85*, 49-72.

Caverni, J.P. (1988). La verbalisation comme source d'observables pour l'étude du fonctionnement cognitif. In J.P. Caverni, C. Bastien, P. Mendelsohn & G. Tiberghien (Eds.), *Psychologie cognitive. Modèles et méthodes*. Grenoble : P.U.G.

Crépault, J., Fontaine, A.-M., Jarrige, C., Nguyen-Xuan, A., Netchine-Grynberg, S., Eimerl, K. (1995). Développement des processus intellectuels. In R. Ghiglione & J.F. Richard (Eds.), *Cours de psychologie* (Tome 6, p. 3-180). Paris : Dunod.

Gineste, M.D. (1984). Les analogies : modèles pour l'appréhension de nouvelles connaissances. *Année Psychologique, 84*, 387-397.

Hoc, J.M. (1984). La verbalisation provoquée pour l'étude du fonctionnement cognitif. In J.F. Richard (Ed.), Résoudre des problèmes au laboratoire, à l'école, au travail. *Psychologie Française, 3/4*. Paris : Colin.

Nguyen-Xuan, A. (1990). Le raisonnement analogique. In J.F. Richard, C. Bonnet & G. Tiberghien (Eds.), *Traité de psychologie cognitive* (Tome 2). Paris : Dunod.

Richard, J.F. (1984). La construction de la représentation du problème. In J.F. Richard (Ed.), Résoudre des problèmes au laboratoire, à l'école, au travail (p. 226-230*). Psychologie Française, 3/4.* Paris : Colin.

Richard, J.F. (1985). La représentation du problème. In S. Ehrlich (Ed.), Les représentations (p. 277-284). *Psychologie Française, 3/4.* Paris : Colin.

Richard, J.F. (1990). *Les activités mentales. Comprendre, raisonner, trouver des solutions.* Paris : Colin.

# 13
# Expertise et créativité

Il est étrange que nous trouvions normal que les étudiants apprennent, alors qu'il est rare que nous leur enseignions quoi que ce soit sur le fait même d'apprendre. Nous nous attendons à ce que les étudiants résolvent des problèmes, alors même que nous ne leur avons que rarement appris ce qu'est résoudre un problème. Et de même, nous demandons à nos étudiants de retenir une quantité importante de choses mais il est rare que nous leur enseignions l'art de la mémorisation. Il est temps que nous comblions cette lacune, il est temps que nous développions les disciplines appliquées de l'apprentissage, de la résolution de problèmes et de la mémorisation. Nous avons besoin de développer les principes de base concernant les façons d'apprendre, de mémoriser, de résoudre des problèmes, pour ensuite élaborer des cours appliqués et ainsi établir la place de ces méthodes au sein des cursus académiques. [*]

DON NORMAN (1980)

[*]  Extrait de «Cognitive Engineering and Education» de D. A. Norman in *Problem Solving and Education : Issues in Teaching and Research*, édité par D. T. Tuma et F. Reif. Copyright © 1980 par Lawrence Erlbaum Associates, Inc. Reproduit avec autorisation.

**Connaissances spécifiques
à un domaine**

Connaissances portant sur un
sujet spécifique, tel que les
échecs ou la physique.

Un casse-tête tel que le problème des missionnaires et des cannibales diffère d'un problème de cours visant à trouver la concentration d'une substance dans une mixture, parce que nous avons besoin de connaissances spécifiques dans ce domaine pour résoudre ce dernier problème. Les **connaissances spécifiques à un domaine** sont les connaissances relatives à un sujet particulier. La plupart des gens peuvent résoudre la version standard du problème des missionnaires et des cannibales (trois missionnaires, trois cannibales) sans aucune autre expérience préalable, mais peu sont capables de résoudre un problème de mélange de substances sans avoir quelques notions d'algèbre. Ce chapitre porte sur l'accès à une expertise, grâce à l'apprentissage de connaissances spécifiques qui nous permettent d'exceller dans un domaine particulier.

Une thématique centrale dans l'enseignement de la résolution de problèmes concerne le va-et-vient entre l'enseignement des stratégies générales traitées dans le chapitre précédent et l'enseignement des savoirs propres à la matière qui sont nécessaires pour résoudre les problèmes dans ces cours (Glaser, 1984; Polson & Jeffries, 1985). Comme le soutiennent Polson et Jeffries, les bonnes réponses à cette importante question pratique dépendent d'une meilleure compréhension théorique de la façon dont les gens de différents niveaux de capacité tentent de résoudre des problèmes.

La citation introductive à ce chapitre présente le défi posé à la psychologie cognitive, selon Don Norman, dans son effort d'améliorer son enseignement. Norman (1980) recommande quatre paliers :

1. Comprendre suffisamment la psychologie de la mémorisation ou de la résolution de problèmes pour que des techniques appliquées soient développées.

2. Développer de telles méthodes appliquées et les cours magistraux qui s'y rapportent, pour qu'elles facilitent les capacités générales dans la résolution de problèmes et les capacités mémorielles de nos étudiants.

3. Aborder deux façons d'utiliser ce savoir:

   a) En développant des cours de méthodes d'apprentissage, de mémorisation et de résolution de problèmes, pour offrir ainsi d'importants outils cognitifs aux étudiants.

   b) En développant de meilleurs systèmes d'enseignement pour les cours habituels et en se servant du développement des nouvelles technologies et des nouvelles techniques issues des sciences cognitives pour faire de l'enseignement interactif et intelligent une réalité.

4. Démontrer l'efficacité de ces techniques et susciter suffisamment d'attrait chez les professionnels comme chez n'importe

qui, pour que non seulement cela leur soit enseigné mais, plus encore, fasse l'objet de recherches.

Ce chapitre porte sur la manière d'acquérir et d'utiliser des savoirs dans un domaine particulier en vue de résoudre des problèmes dans ce domaine. Nous nous intéresserons à l'influence des connaissances acquises sur la résolution de problèmes dans la première section. Nous examinerons comment la familiarité influence la performance dans plusieurs tâches de raisonnement, notamment l'évaluation des propositions logiques, l'estimation des réponses aux problèmes de mélanges de substances et la classification de problèmes selon leur structure mathématique.

Les connaissances acquises influencent la façon dont les gens résolvent des problèmes de transformation plus complexes nécessitant une séquence d'étapes progressives. La seconde section aborde le passage d'une utilisation de procédés de recherche généraux à l'utilisation de techniques plus spécifiques à un domaine à mesure que le sujet acquiert une expertise. La troisième section explore la relation entre l'expertise dans la résolution de problèmes assez routiniers et la production de solutions créatives. De récents travaux en sciences cognitives suggèrent qu'une meilleure compréhension de l'expertise conduirait également à une meilleure compréhension de la créativité.

## LES CONNAISSANCES ANTÉRIEURES

Le chapitre sur la compréhension de texte citait plusieurs exemples de la façon dont les connaissances antérieures du lecteur influencent sa compréhension. Un exemple particulièrement frappant est l'étude de Bransford et Johnson (1973) dans laquelle il était extrêmement difficile pour les lecteurs de comprendre des idées abstraites tant qu'ils ne pouvaient les relier à des expériences familières telles que faire une lessive. Le même argument s'applique au raisonnement et à la résolution de problèmes. Une tâche qui comprend un contenu abstrait ou non-familier peut se révéler très difficile en comparaison de la même tâche présentée avec un contenu familier. Ce point est illustré en faisant varier le contenu d'une tâche de raisonnement logique appelée **la tâche de sélection de Wason**.

### Connaissances antérieures et raisonnements logiques

Imaginez que quatre cartes vous soient présentées. Sur chacune figure un *D*, un *K*, un 3 ou un 7 (figure 13.1). L'expérimentateur vous montre que chaque carte a une lettre sur une face et un chiffre sur

**Tâche de sélection de Wason**

Tâche de raisonnement qui nécessite de décider quelles cartes parmi quatre proposées devraient être retournées pour évaluer une règle conditionnelle.

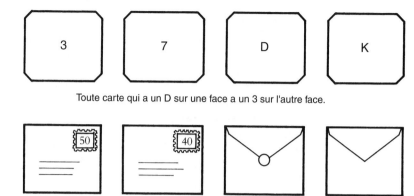

Toute carte qui a un D sur une face a un 3 sur l'autre face.

Si une lettre est cachetée, alors elle a un timbre de 50 pences.

**Figure 13.1** *Le problème de la sélection des quatres cartes.*

l'autre et vous demande ensuite quelles cartes il conviendrait de retourner pour déterminer si la proposition *Toute carte qui a un D sur une face a un 3 sur l'autre face* est vraie. Essayez de répondre à cette question avant de poursuivre votre lecture.

Cette expérience, connue sous le nom de la tâche de sélection de Wason, a été analysée par Wason et Johnson-Laird (1972). Elle représente un exemple de tâche de raisonnement conditionnel. La bonne réponse est que vous devriez retourner les cartes sur lesquelles figure un *D* ou un 7. Le choix du *D* est assez évident — la règle serait fausse si sur l'autre face de la carte ne se trouvait pas un 3. La règle serait également fausse si vous retourniez les cartes sur lesquelles figure un 7 et que vous trouviez un *D*. Il n'est pas nécessaire de retourner les cartes présentant un 3, c'est une erreur habituellement commise. La règle ne spécifie pas ce que l'on doit trouver sur l'autre face des cartes sur lesquelles figure un 3; elle spécifie uniquement ce qui devrait se trouver sur l'autre face des cartes présentant un *D*. Par exemple, trouver un *K* sur l'autre face d'une carte sur laquelle figure un 3 ne falsifierait pas pour autant la règle.

Les expériences faites en utilisant cette tâche révèlent que les implications d'une règle conditionnelle ne sont pas très claires pour la plupart des gens. Les résultats combinés de quatre expériences ont montré que seuls 5 sujets sur 128 ont fait le bon choix de ne retourner que les deux bonnes cartes (Wason & Shapiro, 1971).

Le choix le plus courant a été de retourner les deux cartes mentionnées par la règle — la lettre *D* et le chiffre 3 dans l'exemple ci-dessus.

Selon Wason et Johnson-Laird (1972), les gens font des erreurs parce qu'ils cherchent des informations permettant de vérifier la règle plutôt que des informations permettant de la falsifier. Seules ces dernières informations sont nécessaires. Retourner la carte sur la laquelle figure un 3 vérifierait la règle si un *D* était trouvé sur l'autre face, mais il n'est pas logiquement nécessaire de retourner cette carte puisque la règle ne spécifie pas ce qui devrait se trouver sur l'autre face. Il est nécessaire en revanche de retourner la carte sur laquelle figure un 7, mais les gens ne s'intéressent pas à cette carte parce qu'ils ne recherchent pas une façon de réfuter la règle.

Wason et Shapiro (1971) ont fait l'hypothèse que la faible performance dans cette tâche était en partie due à l'aspect abstrait du matériel. D'après eux, l'utilisation d'éléments plus concrets liés aux savoirs quotidiens faciliterait la tâche. Les règles concrètes empruntaient la forme de : *Chaque fois que je vais à Manchester j'y vais en voiture*. Les quatre cartes proposaient deux destinations (Manchester et Leeds) et deux modalités de transport (voiture et train). Une face de la carte spécifiait la destination et l'autre le moyen de transport. Sur 16 sujets britanniques, lors de l'utilisation d'un matériel concret 10 ont choisi les deux bonnes cartes (Manchester et train) par rapport aux 2 sur 16 lorsque le matériel utilisé était abstrait.

Encore plus intéressante comme tâche concrète est la tâche de tri des lettres utilisée par Johnson-Laird, Legrenzi et Legrenzi (1972). Les sujets étaient britanniques et à ce moment-là cela coûtait plus cher d'envoyer une lettre cachetée qu'une lettre non cachetée. Il était demandé aux sujets dans la condition concrète d'imaginer qu'ils travaillaient dans un bureau de poste. Leur travail consistait à s'assurer que les lettres étaient conformes à chacune de ces règles : (1) *Si une lettre est cachetée, alors elle doit être affranchie à 50 pences*, et (2) *Une lettre n'est cachetée que si elle est affranchie à 50 pences*.

Deux lettres étaient face cachée, révélant si l'enveloppe était cachetée ou non, et deux lettres présentaient la face, révélant si elles étaient affranchies à 40 ou 50 pences (voir figure 13.1). Aux sujets sous la condition symbolique il était demandé de tester deux règles abstraites impliquant des lettres avec un *A* ou un *D* sur une face et un 3 ou un 5 sur l'autre. Sous la condition concrète, 17 sujets sur 24 ont fait les bons choix pour les deux règles par rapport à aucun des 24 sujets sous la condition symbolique.

Pourquoi les gens améliorent-ils leur performance quand on leur fournit une information plus concrète ? Deviennent-ils meilleurs au niveau de leur façon de raisonner ou se rappellent-ils des expériences particulières qui leur permettent de se passer de raisonner ? La recherche réalisée par Griggs et Cox (1982) suggérait au départ que cette dernière explication était la plus appropriée. Ils ont testé des étudiants de DEUG de l'Université de Floride à l'aide d'une version modifiée de la tâche des lettres et ont constaté que les étudiants avaient aussi peu réussi avec la tâche concrète qu'avec la tâche abstraite. Selon Griggs et Cox, les bonnes performances rapportées par Johnson et ses collègues pouvaient s'expliquer par le fait que les sujets britanniques connaissent bien les règles postales et leurs contre-exemples. Les sujets américains, par contre, n'avaient pas cette expérience au plan individuel, expérience qu'ils auraient pu retrouver dans leur mémoire, parce que les tarifs d'affranchissement d'une lettre cachetée ou pas sont les mêmes aux États-Unis.

**Explication par la récupération mnémonique**

Hypothèse selon laquelle les gens résolvent des problèmes de raisonnement dans des situations familières en récupérant dans leur mémoire des exemples spécifiques.

Pour tester l'**explication par la récupération mnémonique** concernant la supériorité des matériels concrets, Griggs et Cox (1982) ont donné une règle familière à leurs sujets : *Si une personne boit de la bière, alors cette personne doit être âgée de plus de 19 ans.* Cette règle était la loi dans l'état de Floride lorsque l'étude a été effectuée. De plus, 76% des sujets ont indiqué plus tard qu'ils avaient transgressé cette loi plus d'une fois et 97 % des individus pouvaient se rappeler des exemples dans lesquels quelqu'un d'autre transgressait la loi sur l'autorisation de consommation d'alcool. Avec les quatre cartes où était écrit BOIRE DE LA BIÈRE, BOIRE DU COCA, 16 ANS et 22 ANS, 29 sujets sur 40 ont fait les bons choix pour découvrir les transgressions à la loi sur la consommation d'alcool (BOIRE UNE BIÈRE, 16 ANS), alors qu'aucun des 40 sujets n'est parvenu à faire la bonne sélection avec la version abstraite (*Si une carte présente un A sur une face, alors un 3 doit figurer sur son autre face*).

**Schémas de raisonnements pragmatiques**

Structures de connaissances organisées utilisées pour évaluer des situations pratiques telles que chercher à obtenir une permission ou remplir une obligation.

**Schéma de permission**

Connaissance du fait que procéder à une action (telle qu'entrer dans un pays) nécessite de remplir une condition prérequise (telle qu'être vacciné).

**Schéma d'obligation**

Connaissance du fait que procéder à une action (telle que payer une pension) est nécessaire si un prérequis (tel qu'être à la retraite) est rempli.

Une perspective plus récente, cependant, est plus encourageante quant à nos capacités de raisonnement que l'explication par la récupération mnémonique proposée par Griggs et Cox. Selon ce point de vue, nous possédons des **schémas de raisonnements pragmatiques** qui constituent des structures de connaissances générales qui nous permettent de raisonner par rapport à une variété de situations qui peuvent être interprétées par les schémas (Cheng, Holyoak, Nisbett & Oliver, 1986). Deux exemples de schémas de raisonnements pragmatique : le **schéma de permission** et le **schéma d'obligation**. Les étudiants ont bien réussi la tâche avec la loi sur l'âge légal de consommation d'alcool, pas uniquement en raison de leur familiarité avec la consommation d'alcool, mais parce qu'ils ont une compréhension plus générale de l'idée de permission. Une permission nécessite qu'une condition soit satisfaite (être suffisament âgé) avant de procéder à une action (boire de la bière).

Selon cette hypothèse, les gens devraient parvenir à évaluer les propositions de permission dans des situations qui pourtant ne leur sont pas familières. Imaginez que vous êtes engagé pour faire respecter la règle : *Si un passager souhaite entrer dans un pays, alors il ou elle doit être vacciné(e) contre le choléra.* Quatre cartes vous sont présentées : PASSAGER A SOUHAITE ENTRER DANS LE PAYS, PASSAGER B NE SOUHAITE PAS ENTRER DANS LE PAYS, PASSAGER C A ÉTÉ VACCINÉ, PASSAGER D N'A PAS ÉTÉ VACCINÉ. Quelles cartes devrez-vous retourner pour obtenir le plus d'informations possible pour appliquer la règle ?

Les gens devraient également parvenir à bien raisonner dans des situations impliquant une obligation, telle que : *Si un mineur contracte un cancer du poumon, alors la compagnie minière doit lui payer une pension d'invalidité.* Une obligation veut qu'une action (payer une pension d'invalidité) soit effectuée si une certaine condition (avoir un cancer du poumon) est satisfaite. Les recherches appuient l'hypothèse que les gens parviennent mieux à évaluer les propositions conditionnelles se rapportant aux permissions et aux obligations que celles concernant des relations arbitraires (Cheng et al., 1986). Ainsi, la réponse à la question du précédent paragraphe est qu'il est nécessaire de rechercher davantage d'informations sur les passagers A et D en retournant ces cartes.

## Appliquer les connaissances antérieures aux problèmes non familiers

Idéalement, nous aimerions que les étudiants perçoivent de quelle façon les tâches non familières sont liées aux tâches familières. Ils pourraient alors appliquer leurs connaissances antérieures pour résoudre ces problèmes peu courants. Malheureusement, comme nous l'avons vu dans le chapitre précédent, les gens trouvent qu'il est difficile de remarquer spontanément une analogie entre deux problèmes (Reed, Ernst & Banerji, 1974 ; Gick & Holyoak, 1980).

Cette difficulté à s'apercevoir de l'existence d'une analogie peut apparaître même lorsque les étudiants ont l'habitude des problèmes analogiques. Une des expériences sur le raisonnement concernant les règlements postaux a été conçue pour déterminer si un niveau élevé de performance avec la règle postale pouvait être transféré sur une règle plus abstraite (Johnson-Laird et al., 1972). Chaque sujet passait deux épreuves avec une règle familière et deux autres avec une règle abstraite. Conformément aux précédents résultats, dans cette expérience, 22 sujets britanniques sur 24 ont fait le bon choix au moins une fois quand il s'agissait de la règle familière. Cependant, même s'ils effectuaient leur sélection pour la règle abstraite immédiatement après leur choix avec la règle familière, il n'y avait pas de transfert significatif des connaissances familières aux non familières. Seuls 7 sujets sur 24 ont fait au moins un bon choix pour le matériel abstrait.

Johnson-Laird (1989) a suggéré deux raisons pour lesquelles il n'y a pas de transfert entre une tâche familière et une non familière. Premièrement, comme on l'a dit dans le chapitre précédent, souvent les gens ne parviennent pas à remarquer des analogies entre deux problèmes parce qu'ils présentent des concepts très différents.

Pour s'apercevoir de l'analogie entre les règles de : *Si une lettre est cachetée, alors elle doit être affranchie à 50 pences* et : *Si une lettre a un A sur une face, alors elle doit avoir un 2 sur l'autre face*, il est nécessaire de voir la correspondance entre *avoir un A* et *être cacheté* et *avoir un 2* et *être affranchie à 50 pences*. Deuxièmement, même la version abstraite de la tâche doit sembler facile aux sujets et ainsi leur permettre de répondre rapidement sans avoir à chercher l'analogie.

Le fait de ne pas arriver à remarquer spontanément une analogie utile est décourageant dans une perspective d'enseignement, mais la recherche sur les problèmes de casse-tête a montré que bien souvent les étudiants étaient capables d'appliquer une analogie lorsqu'ils étaient informés de la pertinence d'une telle démarche. Les étudiants peuvent parvenir à raisonner sur des problèmes complexes, non familiers, si leurs enseignants leur montrent à quels problèmes plus familiers ils ressemblent. En fait, Reed et Evans (1987) ont constaté que les étudiants étaient généralement capables d'utiliser une analogie familière pour bien effectuer une tâche complexe, non familière, si on leur demandait d'utiliser une analogie. La tâche non familière consistait à évaluer la concentration d'une solution acide composée à partir du mélange de deux autres solutions acides. Le tableau 13.1 présente quelques-unes des questions tests et quelques-uns des principes qui étaient inclus pour aider les étudiants à faire des estimations précises. Avant de poursuivre votre lecture, lisez ces principes et essayez de répondre aux questions tests.

Nous avons trouvé ces principes assez utiles mais les estimations des étudiants n'ont pas été aussi précises que nous l'espérions. Nous avons donc essayé d'utiliser une analogie plus familière. Nous avons expliqué les principes en faisant référence à la température plutôt qu'à la concentration d'un mélange. Par exemple, le premier principe établissait ainsi :

> Si deux solutions sont mélangées, la température du mélange fera la moyenne entre les températures des deux solutions. Par exemple, si une solution à 25 °C est mélangée à une solution à 45 °C, la concentration du mélange aura entre 25 °C et 45 °C.

Nous avions fait l'hypothèse que les principes seraient plus faciles à comprendre si on les associait à une situation plus familière. Les étudiants peuvent ignorer que la concentration d'un mélange fait la moyenne des concentrations de ses deux composants, mais ils

**Tableau 13.1** Principes d'évaluation de la concentration d'un mélange

---

*Lisez les principes suivants et essayez ensuite de répondre aux questions tests.*

Trois principes peuvent vous aider à fournir une meilleure estimation. Essayez de les suivre lorsque vous faites vos estimations. Nous illustrerons ces principes grâce à un exemple qui combine une solution acide à 25 % à une solution acide à 45 % pour faire un mélange de 10 pintes (*ndt : 1 pinte = 0.57 litre*).

1. Si deux solutions sont mélangées, la concentration du mélange fera la moyenne entre les concentrations des deux solutions. Par exemple, si une solution à 25 % est mélangée à une solution à 45 %, la concentration du mélange aura entre 25 % et 45 %.

2. La concentration du mélange augmente à mesure que la proportion de la solution la plus concentrée augmente. Par exemple, un mélange se composant de 6 pintes d'une solution à 45 % et de 4 pintes d'une solution à 25 % aura une concentration plus élevée qu'un mélange consistant en 4 pintes d'une solution à 45 % et 6 pintes d'une solution à 25 %.

3. Des modifications identiques dans la proportion des deux solutions produit des modifications similaires dans la concentration du mélange. Par exemple, pour faire 10 pintes de mélange, augmenter la quantité de solution à 45 % de 2 à 3 pintes provoque la même augmentation dans la concentration du mélange qu'augmenter la quantité de la solution à 45 % de 7 à 8 pintes.

*Questions tests*

Estimer la concentration du mélange quand :

1. 1 pinte d'une concentration à 20 % a été mélangée à 9 pintes d'une concentration à 75 %.

2. 3 pintes d'une concentration à 20 % ont été mélangées à 7 pintes d'une concentration à 75 %.

3. 5 pintes d'une concentration à 20 % ont été mélangées à 5 pintes d'une concentration à 75 %.

4. 7 pintes d'une concentration à 20 % ont été mélangées à 3 pintes d'une concentration à 75 %.

5. 9 pintes d'une concentration à 20 % ont été mélangées à 1 pinte d'une concentration à 75 %.

---

devraient savoir que la température d'un mélange fait la moyenne des températures de ses deux composants. Les résultats ont concordé avec nos hypothèses. Les étudiants ont fourni d'assez bonnes estimations de la température du mélange avant de lire les principes et ont donné des estimations de la température très précises une fois les principes lus. Ils ont également fourni de très bonnes estimations des *concentrations* de mélanges si nous avions préalablement expliqué les principes en terme de température et que nous leur avions précisé que ce sont les mêmes principes qui s'appliquent pour estimer la concentration de mélanges. La façon la plus directe d'expliquer les principes en terme de concentration, comme cela est présenté dans le tableau 13.1, s'est avérée moins efficace pour la production d'estimations précises des concentrations.

## Les différences individuelles dans les connaissances antérieures

Les études précédentes ont montré comment un contenu familier améliore la capacité des individus à bien effectuer une tâche de raisonnement. Les réponses aux problèmes de raisonnement logique comme aux problèmes de mélanges étaient plus précises lorsque les problèmes présentaient un contenu familier. Cependant, nous avons également vu qu'il peut être difficile de transférer un savoir entre deux problèmes qui ont des contenus fort différents sans que les gens soient informés de façon explicite que les deux problèmes peuvent être résolus en suivant le même processus. Mais, à mesure que les sujets deviennent compétents dans la résolution de problèmes et de plus en plus experts dans un domaine particulier, ils deviennent de plus en plus capables de voir de quelle façon deux problèmes sont liés, même s'ils présentent des contenus différents. Donc, ils deviennent plus forts dans la classification des problèmes en fonction de leur solution et moins influençables par la présentation spécifique des contenus. Une étude de Silver (1981) fut l'une des premières à démontrer ce point.

Silver a demandé à des collégiens de grouper des problèmes «mathématiquement liés» et d'expliquer les bases de leur catégorisation. Il a utilisé 16 problèmes qui pouvaient être représentés par une matrice de 4 × 4.

Les quatre problèmes à chaque ligne horizontale étaient mathématiquement liés et le même procédé mathématique pouvait donc être utilisé pour les résoudre. Les quatre problèmes dans les colonnes proposaient des contenus similaires mais nécessitaient des procédés de résolution différents. (Les deux premiers problèmes dans le tableau 13.2 sont mathématiquement liés, puisque le même procédé est utilisé pour les résoudre. Le troisième problème présente le même contenu que le premier mais nécessite un procédé mathématique différent.)

Bien que Silver ait demandé à ses étudiants de classer les problèmes mathématiquement liés, les collégiens qui avaient des difficultés pour percevoir la structure mathématique des problèmes pouvaient se servir du contenu comme base de classification. Pour déterminer s'il existe une relation entre la capacité à classer des problèmes et la capacité de les résoudre, il était demandé aux élèves de résoudre 12 des 16 problèmes une fois leur classification faite. Silver a ensuite classé les élèves selon qu'ils étaient très, moyennement ou peu capables de résoudre des problèmes.

**Tableau 13.2** Un problème et ses problèmes liés

| | |
|---|---|
| *Énoncé du Problème* | Un fermier compte les poules et les lapins de sa basse-cour. Il compte un total de 50 têtes et de 140 pattes. Combien de poules et de lapins a-t-il ? |
| *Structure liée* | Bill a une collection de 20 pièces qui se compose entièrement de pièces de 10 cents et de pièces de 25 cents. Si la collection représente un total de $4.10, combien de pièces de chaque sorte composent la collection. |
| *Contenu lié* | Un fermier compte les poules et les lapins de sa basse-cour. Il compte six poulaillers avec quatre poules chacun, deux poulaillers avec trois poules chacun, cinq cages avec six lapins chacune et trois cages avec quatre lapins chacune. Combien de poules et de lapins le fermier possède-t-il ? |

SOURCE : Tiré de « Recall of Mathematical Problem Information : Solving Related Problems, » de E. A. Silver, 1981, *Journal for Research in Mathematics Education*, *12*, 54-64. Copyright © 1981.

Ceux qui réussissaient le mieux formaient des catégories de problèmes sur la base de leur structure mathématique alors que ceux qui étaient les moins aptes à résoudre des problèmes formaient des catégories en se servant des contenus. Les bons, en se basant sur la structure mathématique des problèmes, formaient 3.1 catégories en moyenne alors que les moyens n'en formaient que 1.8 et les plus faibles 0.4. Une tendance inverse apparaissait avec les contenus. Les individus qui étaient les moins bons dans la résolution de problèmes formaient en moyenne 2.3 catégories en se basant sur les contenus alors qu'en comparaison les moyens n'en formaient que 0.6 et les meilleurs 0.1.

Des résultats similaires furent obtenus quand on demanda aux étudiants de rappeler des informations sur le contenu des problèmes. Les sujets qui excellaient dans la résolution de problèmes étaient capables de se rappeler des informations concernant leur structure mathématique. Ceux qui étaient les plus faibles dans la résolution de problèmes se rappelaient rarement une telle information, même si les solutions étaient évoquées avant qu'ils ne fassent le rappel. Cependant, ils pouvaient souvent se rappeler de détails portant sur le contenu et mieux que ceux qui excellaient à résoudre les problèmes. Il semble donc que les différences individuelles dans la résolution des problèmes mathématiques tiennent en premier lieu à la capacité de catégoriser les problèmes selon la procédure mathématique requise pour les résoudre.

Les différences d'aptitude dans la catégorisation des problèmes selon leur structure mathématique distinguent également les novices des experts dans les cours plus avancés. Chi, Glaser et Rees (1982) ont demandé à huit novices et huit experts de trier 24 problèmes de physique dans des catégories basées sur la similarité de leurs solutions. Les novices étaient des étudiants de DEUG qui venaient de terminer leurs cours de physique. Les experts étaient des étudiants doctorants du département de physique. Chaque groupe a formé approximativement le même nombre de catégories mais les problèmes figurant dans ces catégories différaient dans les deux groupes. Les novices avaient tendance à catégoriser les problèmes sur la base de leurs objets communs, problèmes de ressort ou problèmes de plans inclinés, par exemple. En revanche, les experts étaient enclins à catégoriser les problèmes sur la base des principes de physique qui pouvaient être appliqués pour les résoudre, tels que la loi de la conservation de l'énergie ou la seconde loi de Newton ($F = MA$). Ainsi, comme dans l'expérience de Silver (1981) avec ses étudiants, ceux qui étaient les meilleurs dans la résolution de problèmes étaient également les plus sensibles à la structure formelle du problème.

## ACQUÉRIR UNE EXPERTISE

Les études précédentes ont montré de quelle façon les connaissances antérieures influençaient la performance dans plusieurs sortes de tâches de raisonnement, notamment l'évaluation des propositions logiques, l'estimation des réponses aux problèmes de mélanges et la classification des problèmes selon leur structure mathématique. Les connaissances antérieures influencent également la façon dont les gens résolvent des problèmes complexes de transformation, qui nécessitent de construire une séquence d'étapes pour résoudre les problèmes. Les premiers modèles de résolution de problèmes (Newell & Simon, 1972) soulignent généralement l'importance de la recherche de procédures générales qui utilisent des heuristiques telles que l'analyse fins et moyens pour guider la résolution. Des modèles plus récents indiquent que, avec de l'entraînement, les étudiants peuvent apprendre des solutions spécifiques qui remplacent les heuristiques générales moins efficaces (Gick, 1986). Cette distinction entre l'application d'une solution apprise et la recherche d'une solution est illustrée dans la figure 13.2.

### La recherche versus la mise en œuvre

La figure 13.2 présente les trois principales étapes de la résolution de problèmes (Gick, 1986). Pour résoudre un problème, le sujet tente dans un premier temps de se construire une représentation de celui-

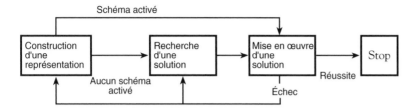

**Figure 13.2** *Diagramme schématique du processus de résolution des problèmes*

Tiré de «Problem-Solving Strategies,» de M. L. Gick, 1986, *Educational Psychologist, 21*, 99-120, Fig. 1. Copyright © 1986 par Lawrence Erlbaum Associates, Inc. Reproduit avec autorisation.

ci en établissant des connexions avec ses connaissances antérieures. Certaines caractéristiques du problème peuvent activer un schéma de résolution de problèmes si le sujet trouve une connexion avec les savoirs antérieurs. Comme nous l'avons vu dans le chapitre 9, un *schéma* est un ensemble de connaissances organisées et, dans le cas présent, un regroupement des savoirs se rapportant à un type particulier de problème. Il contient des informations concernant les buts du problème, ses contraintes et les procédures d'accès à une solution adéquate. Si l'activation du schéma se produit lors de la construction de la représentation du problème, le sujet peut alors procéder directement à la troisième étape et à la mise en œuvre de la solution. Il n'est pas vraiment utile de rechercher une solution parce que les procédures appropriées pour la résolution sont activées par la reconnaissance d'un type particulier de problème.

Je suis devenu assez compétent dans la reconnaissance de nombreux types de problèmes d'algèbre parce que j'ai étudié ce genre de problèmes au cours de mes recherches. Lorsque je lis l'énoncé d'un problème d'algèbre, en général je le reconnais rapidement en tant que type familier de problème et je peux immédiatement concevoir une équation pour le résoudre. Mais de temps en temps, il arrive que je sois confronté à un problème non familier qui requiert davantage de réflexion. Il faut que je recherche une solution, ce qui correspond à la seconde étape dans la figure 13.2.

Pour rechercher une solution il est nécessaire de se servir de **stratégies générales** comme celles que nous avons vues dans le chapitre précédent. L'analyse fins et moyens en est une, dans laquelle le sujet tente de réduire les différences entre l'état actuel du problème et l'état-but. Une deuxième stratégie générale consiste à rechercher un problème analogue pouvant fournir une solution utile. Une troisième stratégie générale consiste à planifier l'accès à une solution en découpant le problème en sous-buts.

**Stratégies générales**

Stratégies (heuristiques) s'appliquant à de nombreuses situations mais qui ne résultent pas systématiquement en une solution.

Cependant, Gick (1986) souligne que les stratégies générales peuvent nécessiter des connaissances spécifiques.

Par exemple, la planification implique que le sujet ne considère pas simplement une étape à la fois mais qu'il prévoie les étapes suivantes. Ceci, bien sûr, n'est pas possible lorsqu'une personne est confrontée pour la première fois à un problème. La planification n'a pas suscité un intérêt prépondérant dans la recherche portant sur les casse-tête parce que les gens n'ont généralement pas de connaissances détaillées de la façon dont ces problèmes peuvent être résolus. Les modèles efficients de la résolution des casse-tête ont donc été basés sur des stratégies générales telles que l'analyse fins et moyens (Atwood & Polson, 1976; Simon & Reed, 1976).

L'écriture des programmes informatiques est un bon exemple de tâche pouvant être accomplie de façon plus efficace grâce à la planification (Atwood, Polson, Jeffries & Ramsey, 1978). Dans cette expérience, les sujets étaient trois programmeurs expérimentés qui différaient selon la connaissance qu'ils avaient de la tâche qui leur était assignée. La tâche consistait à écrire un programme qui accepterait comme input le texte d'un livre et produirait comme output un index des termes spécifiés et les numéros des pages auxquelles ils apparaissaient. Les résultats ont montré que les sujets différaient selon la mesure dans laquelle ils suivaient la procédure de planification. Les protocoles des trois sujets présentaient des différences notables au niveau de la qualité, de l'achèvement et de l'organisation de leurs connaissances. Les connaissances du premier étaient suffisamment développées pour lui permettre la construction d'un plan pour élaborer l'index. Le savoir du second sujet était moins étendu et des retours en arrière étaient nécessaires pour corriger ses défauts de conception. Les connaissances du troisième sujet étaient développées dans ce domaine, au point qu'il était capable de retrouver la plupart des procédures directement dans sa mémoire et avait donc moins besoin que les autres de planifier. La planification serait donc davantage le fait de ceux qui ont suffisamment de connaissances pour adopter une approche systématique de la tâche mais qui ne sont pas capables de retrouver directement une solution dans leur mémoire.

Nous pouvons faire le lien entre ces résultats et la figure 13.2 en comparant à quel point chacun des programmeurs a recours à une stratégie de recherche pour résoudre le problème. Le premier programmeur, qui a utilisé une planification, possède des connaissances partielles concernant la tâche. Celle-ci activait un schéma de conception d'index de livre, mais les connaissances de ce schéma n'étaient pas suffisamment détaillées pour produire la solution complète. Une certaine exploration et une recherche, guidées par les connaissances partielles, étaient donc nécessaires. Le deuxième programmeur a réalisé la tâche principalement en cherchant une solution sans recourir à un plan. Le troisième programmeur pouvait résoudre le problème simplement en mettant en œuvre la solution à partir de la connaissance détaillée du schéma de résolution de ce type particulier de problème.

## Élaborer une solution

La transition entre l'adoption d'une stratégie générale et l'application d'une solution spécifique est particulièrement évidente dans l'étude de la façon dont les gens résolvent des problèmes de physique.

Ces problèmes exigent de calculer la valeur d'une variable inconnue en utilisant plusieurs équations. Le tableau 13.3 en présente un exemple. Avant de poursuivre votre lecture, déterminez de quelle façon vous utiliseriez les équations proposées à la suite du problème pour calculer la distance qu'a parcouru le marteau de la machine à planter des poteaux.

Les recherches portant sur la façon dont les gens résolvent ces problèmes révèlent que les novices sont plus enclins à se servir d'une stratégie de recherche générale basée sur l'analyse fins et moyens alors que les experts ont tendance à utiliser une **stratégie prospective** en se référant aux équations dans l'ordre de leur utilisation (Larkin, McDermott, Simon & Simon, 1980). Parce que l'objectif est de trouver la valeur d'une variable inconnue, la stratégie fins et moyens cherche une équation contenant la variable inconnue. L'inconnue est *la distance* dans le problème proposé en exemple, le novice essaiera donc de se servir de l'équation 1 pour calculer la distance en multipliant la vitesse par le temps. La valeur pour le temps (3.7 sec) est établie dans le problème mais la valeur de la vitesse ne l'est pas (30.4 m/sec étant la vitesse finale). Le novice cherchera ensuite une équation lui permettant de calculer la vitesse. Cette valeur est calculée à

**Stratégie prospective**

Sélection des informations pertinentes pour résoudre un problème selon l'ordre dans lequel elles devraient être utilisées dans la solution.

**Tableau 13.3** Un problème de déplacement

*Problème*

Le marteau d'une machine à planter des poteaux met 3.7 sec pour percuter le poteau. Il heurte le poteau à la vitesse de 30.4 m/sec. À quelle hauteur est soulevé le marteau servant à percuter ?

*Équations*

1. Distance = vitesse x temps

2. Vitesse = .5 x vitesse finale

3. Vitesse finale = accélération x temps

partir de l'équation 2 et est ensuite substituée dans l'équation 1 pour résoudre le problème.

Notez que le novice se réfère aux équations dans l'ordre inverse où elles doivent être utilisées. Il s'est d'abord référé à l'équation 1 parce qu'elle contenait la variable inconnue, mais il est obligé de calculer la valeur dans l'équation 2 avant de résoudre l'équation 1. Par contre, l'expert se réfère aux équations dans l'ordre de leur utilisation. Un expert ira immédiatement à l'équation 2, calculera la vitesse et la substituera ensuite dans l'équation 1. L'expert a appris la bonne séquence des étapes du calcul et n'a donc pas besoin de chercher une solution. Rechercher une solution devrait prendre de plus en plus de temps à mesure que le nombre d'équations augmente. Ainsi, si le problème donné en exemple proposait la vitesse d'accélération plutôt que la vitesse finale, il serait alors nécessaire d'utiliser les trois équations.

Les recherches ont montré que les étudiants passent d'une stratégie fins et moyens à une stratégie prospective à mesure qu'ils deviennent de plus en plus expérimentés dans la résolution de problèmes. Sweller, Mawer et Ward (1983) ont donné à des étudiants une série de 25 problèmes de déplacement tels que celui qui est présenté dans le tableau 13.3. Le nombre de solutions en moyenne basées sur une stratégie fins et moyens déclinait de façon significative de 3.9 lors des 5 premiers problèmes à 2.2 pour les 5 derniers.

Selon Sweller, bien que la stratégie fins et moyens soit efficace pour parvenir au but, c'est en revanche une stratégie inefficace pour apprendre la séquence des étapes de calcul nécessaires pour résoudre le problème. En éliminant les différences entre l'état actuel du problèms et l'état-but, le sujet peut rapidement arriver au but mais ne peut se rappeler la séquence des étapes de calcul utilisées. Se souvenir des étapes est difficile parce que l'attention du sujet est centrée sur la réduction des différences. De plus, réduire les différences nécessite une part relativement importante de capacités cognitives (comme nous l'avons vu dans le chapitre précédent) qui est en conséquence indisponible pour mémoriser la solution (Sweller, 1988).

Pour encourager les étudiants à apprendre la bonne séquence d'étapes, une solution consiste à ignorer le but en leur demandant de résoudre autant de variables qu'ils le peuvent plutôt que de résoudre une variable particulière. Si l'on demandait aux étudiants de se servir des équations 1 et 2 du tableau 13.3 pour résoudre autant de variables qu'ils le pouvaient, ils résoudraient tout d'abord la vitesse dans l'équation 2 et ensuite substitueraient cette valeur dans l'équation 1 pour trouver la distance. Cette approche encourage les étudiants à utiliser une stratégie prospective et à éliminer ainsi les demandes de capacité de la stratégie fins et moyens qui rend difficile la mémorisation de la bonne séquence d'étapes.

Une étude réalisée avec 20 lycéens a démontré le succès de cette approche (Sweller et al., 1983). Une condition avec but (*Trouver la distance*) était assignée à dix des étudiants et une conditon sans but (*Calculer le plus grand nombre de variables possible*) aux dix autres. Après s'être entraînés à la résolution de problèmes, les étudiants ont résolu deux problèmes tests qui présentaient un but spécifique. Neuf des dix étudiants du groupe sans but ont résolu les problèmes tests en utilisant une stratégie prospective, mais un seul des dix étudiants du groupe avec but a résolu les problèmes grâce à une stratégie prospective. La stratégie prospective a aidé les étudiants sans but à réduire leur recherche en se servant de moins d'étapes pour résoudre les problèmes tests.

## Combiner théorie et enseignement

Nous avons commencé ce chapitre avec une citation de Don Norman qui invitait les psychologues cognitivistes à formuler des théories susceptibles d'aider les gens à améliorer leur mémoire et à mieux résoudre les problèmes. L'étude de Sweller démontre que la théorie psychologique traitant des demandes de capacité de la stratégie fins et moyens a été utile pour modifier l'enseignement et améliorer la résolution de problèmes. Mais l'effort le plus systématique proposant l'utilisation des théories cognitives pour améliorer l'enseignement est le travail de John Anderson et de ses collègues à Carnegie-Mellon University (Anderson, Boyle & Reiser, 1985). Leur travail s'est centré sur la conception de systèmes intelligents de tutorat pour l'enseignement de la géométrie au lycée et du langage de programmation LISP.

Ces systèmes sont basés sur les principes d'apprentissge de l'ACT\*, une version plus récente des théories de l'ACT décrites dans le chapitre 9.

L'ACT\* consiste en un ensemble d'hypothèses concernant à la fois les connaissances déclaratives et les connaissances procédurales. Les hypothèses se rapportant aux **connaissances déclaratives** mettent l'accent sur la représentation et l'organisation de l'information factuelle. Nous nous sommes intéressés à cet aspect de l'ACT dans le chapitre 9 lorsque nous avons traité des réseaux sémantiques. Les hypothèses traitant des **connaissances procédurales** mettent l'accent sur la manière dont nous nous servons de ces connaissances pour accomplir diverses tâches. Les hypothèses procédurales de la théorie sont particulièrement pertinentes pour enseigner les compétences cognitives.

**Connaissances déclaratives**

Connaissances des informations factuelles.

**Connaissances procédurales**

Connaissances qui lient les actions aux buts.

**Règle de production**

Règle conditionnelle qui spécifie la condition prérequise pour accomplir une action.

La composante procédurale de la théorie consiste en un ensemble de règles (habituellement désignées sous le terme de **règles de production**) qui spécifie quelles actions peuvent être effectuées sous un ensemble particulier de conditions. Une règle de production consiste donc en deux parties — d'une part une condition et d'autre part une action. L'action est réalisée si la condition est satisfaite. Un exemple de règle de production est la suivante :

SI le but est de former le pluriel d'un nom commun,
ALORS il faut ajouter un s à ce nom commun.

Notez que la condition précise un but et que l'action indique un chemin pour accomplir cet objectif.

Les règles de production fournissent les bases de construction d'un logiciel d'assistance qui apprend aux étudiants comment programmer dans un langage de programmation appelé LISP. Les hypothèses principales sous-tendant la construction de l'assistant LISP incluent les suivantes (Anderson, 1990).

1. *Règles de production.* Une aptitude telle que programmer peut être décomposée en un ensemble de règles de production.

2. *Complexité des compétences.* Il existe des centaines de règles de production qu'il est nécessaire d'apprendre pour acquérir une aptitude complexe. Cette hypothèse concorde avec l'idée des connaissances spécifiques d'un domaine.

3. *Organisation hiérarchique du but.* Toute production est organisée selon une structure hiérarchisée du but. La partie condition de la production spécifie donc un but, comme c'était le cas pour la production du pluriel des noms communs.

4. *Origines déclaratives des connaissances.* Toute connaissance débute avec une représentation déclarative, généralement acquise par instruction ou par l'exemple. Avant que les gens ne tentent de résoudre des problèmes, ils doivent apprendre comment les résoudre.

5. *Compilation des connaissances procédurales.* Il ne suffit pas qu'on nous dise comment résoudre des problèmes pour savoir le faire. Nous devons convertir cette connaissance déclarative en procédures efficaces pour résoudre des problèmes spécifiques.

Le logiciel d'assistance LISP consiste en 1200 règles de production qui modélisent les performances d'un étudiant face aux problèmes de programmation. Il recouvre tous les concepts de base du LISP présentés durant un semestre entier de cours à la Carnegie-Mellon University. Il est relativement efficace. Les étudiants qui ont travaillé sur des problèmes avec le logiciel d'assistance LISP ont significativement mieux réussi aux examens que ceux qui n'avaient pas travaillé avec lui.

Ce succès est encourageant, mais le travail se poursuit afin d'améliorer les modèles théoriques qui peuvent être appliqués à la conception de logiciels d'assistance efficaces. Une des limites de l'ACT* en tant que modèle de résolution de problèmes est qu'il ne fournit pas une bonne explication de la façon dont les gens utilisent des analogies pour résoudre les problèmes. Anderson et Thompson (1989) rapportent que les recherches sur la manière dont les étudiants conçoivent des programmes informatiques et résolvent des problèmes mathématiques ont révélé qu'ils se référaient souvent aux exemples de leurs manuels. L'objectif de Anderson et Thompson est donc de construire une théorie qui utilise des systèmes de production pour représenter la façon dont les gens se servent des exemples pour résoudre des problèmes. L'intégration de ces nouvelles idées théoriques sur l'analogie dans leurs programmes d'enseignement devrait davantage consolider la relation entre les théories cognitives et l'enseignement par assistance informatique.

## LA CRÉATIVITÉ

L'expertise implique que les individus parviennent à bien résoudre les problèmes issus de leur domaine d'expertise mais ne signifie pas nécessairement qu'ils soient créatifs. Nous pensons que ceux qui trouvent une solution créative aux problèmes ne se contentent pas simplement de les résoudre. La **créativité** implique que les solutions ne soient pas simplement bonnes mais également novatrices et utiles. Nous pouvons même adresser une mention spéciale aux solutions créatives dans la mesure où nous pouvons croire qu'elles sont le fruit d'un processus mystérieux qui requiert les capacités d'un génie. Cependant, de récents travaux réalisés par des cognitivistes suggèrent que la créativité serait moins mystérieuse que nous le pensions. En fait, deux livres récents suggèrent même que nous pouvons appliquer ce que nous savions déjà sur l'expertise pour expliquer ce qu'est la créativité.

**Créativité**

Création d'une production ou d'une solution novatrice et utile.

Un livre, intitulé *Creativity : Beyond the Myth of Genius* (ndt : Créativité : Au delà du Mythe du Génie), de Weisberg (1993) prétend que bien que l'influence des idées créatives soit extraordinaire, les processus de pensée qui les génèrent ne le sont pas :

> Bon nombre des productions créatives sont vraiment extraordinaires. Elles sont rares; elles sont parfois le résultat d'une vie entière de dur labeur; elles peuvent répondre à des questions qui ont laissé les gens perplexes pendant des siècles; elles peuvent avoir des influences allant au-delà des espérances de leurs créateurs. Parce que la production créative est considérée comme extraordinaire, on croit souvent qu'elle résulte d'un cheminement tout aussi extraordinaire mais ce n'est pas nécessairement le cas. Une réalisation créa-

tive peut être extraordinaire en raison de son influence plutôt qu'en raison de la façon dont elle a été produite. (p. 10)

L'idée du «mythe du génie» de Weisberg est en partie basée sur son analyse des individus créatifs dont les découvertes lui ont donné l'impression qu'elles pouvaient être expliquées par des processus mentaux ordinaires. La pensée ordinaire procède des réalisations passées, mais elle y parvient par une lente accumulation de nouveaux éléments d'information. Elles ne sont pas le fruit d'un sursaut soudain ou d'une illumination inconsciente. Weisberg utilise des études de cas pour illustrer que la découverte de la structure de l'ADN par Crick et Watson, l'invention de l'avion par les frères Wright ou la conception d'un nouveau style pictural par Picasso procèdent d'un processus qui se développe à partir de précédents travaux.

Mes sentiments (développé dans l'encart 13) à l'égard du point de vue de Weisberg sont quelque peu mitigés en raison de mon admiration envers les grands créateurs. Il est possible que la solution à cet antagonisme entre mon immense admiration pour le travail créatif et le désir d'expliquer leur genèse se trouve dans la préface du livre de

## ENCART 13.1
### MON POINT DE VUE SUR LA CRÉATIVITÉ

Je dois admettre que mes sentiments sont mitigés concernant l'idée que bien souvent la créativité se résume à une bonne résolution de problèmes. En tant que psychologue dont les recherches se sont centrées sur la résolution de problèmes, je trouve qu'il est gratifiant que ce que nous savons sur la résolution de problèmes ait pu nous aider à comprendre ce qu'est la créativité. D'autre part, j'ai toujours porté une si grande estime aux créatifs que je ne suis pas sûr de vouloir abandonner le «mythe du génie.» Lorsque je suis arrivé à La Jolla, en Californie, en 1981, j'ai été impressionné par le nombre de créateurs qui y avaient vécu ou y vivaient encore. Dans le domaine de la psychologie, il y avait Carl Rogers, fondateur de la thérapie centrée sur le patient et du mouvement du potentiel humain. Il avait reçu comme distinction le premier Distinguished Professional Award et le Distinguished Scientific Award de l'American Psychological Association. J'ai failli l'entendre lorsque j'étais étudiant à l'University of Wisconsin. Sur le chemin me conduisant à sa conférence, un étudiant m'a

demandé si j'étais au courant que le Président Kennedy avait été assassiné. La conférence fut annulée et je n'ai plus jamais eu l'occasion de l'entendre.

En biologie il y avait Jonas Salk, l'inventeur du vaccin contre la polio, qui a construit le Salk Institute à La Jolla. Un de ses membres, Francis Crick, est le co-découvreur de la structure de l'ADN, une des plus grandes découvertes en biologie figurant souvent dans les ouvrages portant sur la créativité. En commerce, il y avait Ray Kroc, qui a conçu une des chaînes de restauration rapide les plus rentables du monde (MacDonald's). Mais mon favori parmi les résidents était Ted Geisel, plus connu sous son pseudonyme, Dr. Seuss (ndt : célèbre auteur de livres pour enfant). J'espérais qu'un jour je pourrais le rencontrer et suivre son vieux modèle de Cadillac dont la plaque personnalisée est GRINCH (ndt : un de ses personnages). Je regarderais sa voiture avec la même satisfaction qu'éprouve un touriste à Hollywood lorsqu'il vient de voir une star de cinéma.

Boden (1990), *The Creative Mind, Myths and Mechanisms* (ndt : L'Esprit créatif, mythes et mécanismes). Pour Boden, la créativité n'est pas mystérieuse et peut s'expliquer par des concepts de calcul utilisés en intelligence artificielle. Donner des explications, déclare-t-il, devrait nous permettre d'apprécier davantage la richesse de la pensée créative qu'avant — car si notre sentiment de mystère est dissipé, notre sentiment de merveilleux ne devrait pas l'être.

## L'influence de la contrainte des exemples

Bien que Weisberg (1993) pense que les découvertes novatrices peuvent souvent être expliquées par des processus mentaux ordinaires, il admet que les grands créateurs peuvent être exceptionnels à bien des égards. Les créateurs sont non seulement des experts dans leur domaine mais sont également dotés d'une grande motivation. Contrairement aux études biographiques de la créativité, les études en laboratoire ont généralement étudié les performances des étudiants dans des tâches qui ne nécessitent pas beaucoup d'expertise. Bien que cela puisse empêcher une généralisation à la pensée créative des experts, les résultats sont néanmoins intéressants.

La conception de ces études expérimentales procède de l'extension de paradigmes de recherches précédents en psychologie cognitive, modifiés pour souligner l'aspect novateur des créations. Prenez le cas de l'utilisation d'exemples. Les exemples sont importants dans la résolution de problèmes — ils fournissent les sources des analogies dans la résolution de problèmes analogiques et sont importants pour l'apprentissage des règles de production dans l'ACT*. Ils peuvent également être sources d'idées créatives, mais il existe une différence subtile entre la façon de se servir des exemples lors d'une résolution de problèmes routiniers et lors de l'élaboration de solutions créatives. Lorsque nous recherchons un problème analogue pour résoudre un problème routinier, nous essayons de maximaliser la similarité entre l'exemple et le problème test pour minimiser les différences entre les deux solutions. Lorsque nous utilisons un exemple pour produire quelque chose de créatif, nous voulons modifier cet exemple pour engendrer une production ou une solution novatrice.

Si nous n'y prenons pas garde, les exemples peuvent avoir une influence contraignante sur la créativité. Ceci est illustré dans une tâche où les gens reçoivent les consignes suivantes :

> Imaginez qu'une planète semblable à la Terre existe quelque part dans l'univers. Elle est inhabitée. Votre tâche consiste à concevoir de nouvelles créatures pour peupler la planète. Durant les 20 minutes qui vous sont imparties, dessinez le plus de créatures nouvelles et différentes possibles de la façon la plus créative que vous puissiez.

Les copies de créature disparues ou vivant sur Terre ne sont pas autorisées. Faire un dessin de face et un autre de profil de chaque créature. (S. M. Smith, T. B. Ward & J. S. Schumacher, 1993, p. 839)

À un groupe, on présenterait ensuite les trois exemples de la figure 13.3 avant de commencer la tâche. Leur travail a été comparé à celui d'un groupe de contrôle qui avait reçu les mêmes consignes

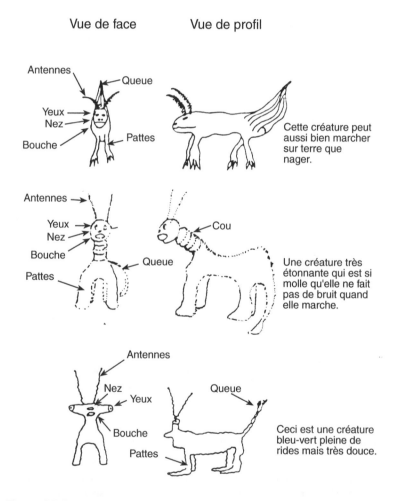

**Figure 13.3** *Exemples de créatures, avec leurs caractéristiques et leurs descriptions.*

Tiré de «Constraining Effects of Examples in Creative Generation Task,» de S. M. Smith, T. B. Ward et J. S. Schumacher, 1993, *Memory & Cognition, 21,* 837-845. Copyright © 1993 par la Psychonomic Society, Inc. reproduit avec autorisation.

mais n'avait pas vu les exemples. Les exemples auraient-ils un effet facilitateur, comme cela est avéré dans beaucoup d'études, ou au contraire étoufferaient-ils la créativité en conduisant les participants à générer de «nouveaux» animaux qui ressembleraient étroitement aux exemples ? Malheureusement, les exemples limitent les productions.

Le groupe avec exemples avait significativement tendance à dessiner des créatures qui avaient quatre pattes, des antennes et une queue comme dans les exemples. Les mêmes résultats ont été obtenus lorsque les étudiants avaient pour consigne de créer de nouveaux jouets. Les consignes pour que les productions diffèrent des exemples avaient peu d'effet — les sujets étaient quand même conditionnés par les exemples.

Tout en rédigeant cette section, j'ai regardé dans quelle mesure les annonces portant sur les nouveaux produits dans mon quotidien local ressemblaient aux anciennes.

On y vantait un petit portefeuille dans lequel on pouvait mettre les cartes de crédit tandis que les billets étaient attachés à l'extérieur. Comme ce portefeuille ne se repliait pas, il était moins volumineux et pouvait être mis dans la poche d'une chemise ou d'une veste plutôt que dans la poche du pantalon. Modification suffisamment importante pour lui assurer un certain succès. L'autre produit faisait référence aux scènes de plage de la Californie du sud où il est courant de voir des surfeurs utiliser une serviette pour envelopper leur taille et changer leurs vêtements mouillés par des shorts secs. Cette nouveauté était en fait une nouvelle utilisation d'un ancien produit et consistait en une sorte de jupe dont la ceinture était une bande élastique pour remplacer la serviette. Dans ce cas, le nouveau produit ressemblait étroitement à l'ancien. Les surfeurs ont déclaré qu'ils préféraient tenter leur chance avec une serviette plutôt que de porter une jupe.

## Inventer des produits grâce à l'imagerie

L'étude de Finke (1990) représente un autre exemple de nouveaux programmes de recherche sur la créativité, qui s'est développé à partir de précédents paradigmes de la psychologie cognitive. Finke a été l'un des principaux artisans de la théorie de l'imagerie mentale et il s'est servi de son expertise dans ce domaine pour étendre les paradigmes de l'imagerie à l'étude de la créativité. Les écrits de Shepard (1988) et d'autres ont montré que bon nombre de découvertes scientifiques célèbres dépendent de l'imagerie. Einstein, entre autres, a confié que la conception de ses expériences reposait sur l'imagerie. Imaginer les conséquences d'un voyage à la vitesse de la lumière l'a aidé à formuler sa théorie de la relativité. Faraday a déclaré avoir visualisé les lignes de force des champs électriques et magnétiques conduisant à la théorie moderne des champs électromagnétiques. Kekule a rapporté que sa découverte de la structure moléculaire du benzène s'est produite après qu'il eut rêvé d'un serpent se mordant la queue.

Finke (1990) a développé les précédentes études sur la synthèse visuelle des formes artificielles (telles que celles de Palmer, 1977) pour déterminer si les gens pouvaient combiner visuellement des éléments de base pour créer des produits nouveaux et utiles. Les parties d'objets consistaient en formes de base telles qu'une sphère, une demi-sphère, un cube, un cône, un cylindre, un bloc rectangulaire, du fil de fer, un tube, une agrafe, un carré, un crochet, des roues, un anneau et une poignée (ce qui est quelque peu semblable aux geons de la théorie de la reconnaissance des formes de Biederman [1985] traitée dans le chapitre 2). Après que l'expérimentateur ou le sujet eut choisi trois éléments, les sujets avaient pour consigne de fermer les yeux et d'imaginer comment combiner ces éléments pour en faire un objet ou un engin utilisable. Ils devaient se servir des trois éléments mais pouvaient faire varier leur taille, leur position et leur orientation. Les objets créés devaient appartenir à l'une de ces huit catégories : ameublement, objets personnels, véhicules, instruments scientifiques, appareils ménagers, outils ou ustensiles, armes et jouets ou jeux.

Des juges évaluaient ensuite les objets créés selon leur utilisation pratique et leur originalité sur une échelle de 5 points. Un critère strict était utilisé — le score moyen d'utilisation pratique devait être au moins de 4.5 pour que l'objet soit classé comme utilisable et le score moyen d'originalité devait être au moins de 4.0 pour être classé comme original.

Sous une condition, on permettait aux sujets de choisir eux-mêmes les éléments mais on leur disait à quelle catégorie leur invention devait appartenir (telle que celle des appareils ménagers). Sous une autre condition, on leur permettait d'inventer un objet appartenant à n'importe laquelle des catégories mais on leur disait quels éléments utiliser (tels qu'une demi-sphère, des roues et un crochet). Sous la condition la plus restrictive on leur disait à la fois la catégorie d'appartenance et les éléments à utiliser (comme se servir d'une demi-sphère, des roues et d'un crochet pour construire un appareil ménager). Bien que le nombre d'inventions évaluées comme utilisables fût à peu près le même sous les trois conditions, la condition la plus restrictive a produit le plus grand nombre d'inventions créatives jugées à la fois utilisables et originales. Plus la tâche était restrictive, plus il était difficile de penser à un objet qui satisfaisait à tous les critères et était semblable aux objets existants.

Il existe cependant une condition encore plus restrictive qu'assigner à la fois catégories et éléments. Dans une autre expérience, des éléments étaient également donnés aux sujets, mais ils ne découvraient les catégories qu'*après* avoir assemblé leur objet. Finke

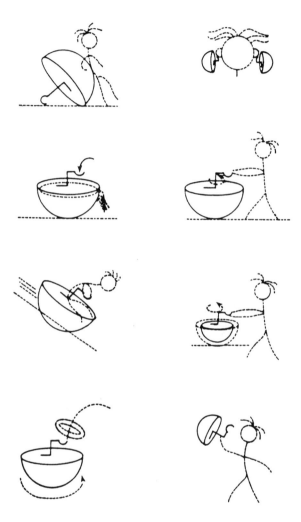

**Figure 13.4** Multiples interprétations d'une seule forme préinventive (composée à partir d'une demi-sphère, d'une agrafe et d'un crochet). Les interprétations sont une chaise longue (ameublement), des boucles d'oreilles (objets personnels), une balance à eau (instruments scientifiques), une essoreuse (appareils ménagers), une luge (véhicule), un presse-purée (ustensiles), un support tournant pour anneaux (jouets) et un bouclier (armes).

Tiré de *Creative Imagery : Discoveries and Inventions in Visualization*, de R. A. Finke, Fig. 7.24. Copyright © 1990 par Lawrence Erlbaum Associates, Inc. Reproduit avec autorisation.

**Formes préinventives**

Objets créés avant qu'en soit déterminée l'utilité.

**Stratégie de génération**

Stratégie de production de formes préinventives.

**Stratégie d'exploration**

Stratégie pour déterminer comment utiliser une forme préinventive.

(1990) fait référence à ces objets en parlant de **formes préinventives** parce que leur utilisation ne peut être identifiée qu'après que l'objet est construit. La figure 13.4 montre comment des formes préinventives composées à partir d'une demi-sphère, d'une agrafe et d'un crochet peuvent être utilisées dans chacune des huit catégories. Les résultats ont démontré que c'était la condition la plus favorable à des inventions créatives.

Cependant, même sous les conditions les moins contraignantes, beaucoup de sujets ont déclaré qu'ils avaient préféré utiliser en premier lieu une **stratégie générative**, imaginant toutes les combinaisons d'éléments intéressantes, puis une **stratégie d'exploration** au cours de laquelle ils cherchaient à quoi pourrait bien servir l'objet inventé. Finke, Ward et Smith (1992) décrivent ces deux phases dans leur modèle Geneplore (Generation-exploration — ndt : Génération-exploration) présenté dans la figure 13.5.

Durant la phase initiale, l'inventeur forme des structures préinventives qui sont explorées et interprétées pendant la seconde phase. Les structures préinventives sont les précurseurs du produit final et pourraient être générées, régénérées et modifiées durant tout le cycle de l'invention. Finke, Ward et Smith (1992) remarquent que les gens accordent plus d'importance à la génération des structures préinventives et ne pensent qu'ensuite aux utilisations possibles. Notez que ceci est en contradiction avec l'ordre habituel qui consiste à com-

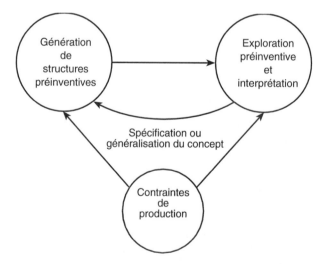

**Figure 13.5** Les structures fondamentales du modèle Geneplore (Génération-exploration).

Tiré de *Creative Cognition : Theory, Research, and Applications,* de R. A. Finke, T. B. Ward et S. M. Smith. Copyright © 1992 par MIT Press. Reproduit avec autorisationl.

mencer par penser à une utilisation particulière — un portefeuille adapté aux poches de chemises ou un vêtement permettant de se changer sur la plage — et à chercher ensuite à inventer quelque chose qui pourrait accomplir cet objectif. Il existe ici une intéressante analogie entre la stratégie adoptée et la condition sans but de la recherche de Sweller, Mawer et Ward (1983) dans laquelle les sujets bénéficiaient d'une phase intiale de libre exploration de l'objectif. Mais il reste à savoir jusqu'à quel point cette approche permet de concevoir des produits créatifs.

Avant de conclure, il convient de réfléchir à nouveau aux différentes approches de la créativité, biographiques ou de laboratoire.

**Figure 13.6** Le Emerald-Shapery Center, San Diego.

Existe-t-il une similarité entre la façon dont des étudiants conçoivent un produit lors d'une brève expérience en psychologie et celle des experts créant des produits dans leur profession ? Je pense qu'il existe quelques similarités. Laissez-moi vous décrire ces similarités en prenant pour exemple une réalisation que j'admire à la fois pour sa beauté et sa fonctionnalité, le Emerald-Shapery Center de San Diego : huit tours à six côtés combinées pour former de plus grandes tours (figure 13.6).

Au-delà de leur attrait esthétique, les formes hexagonales présentent des avantages à la fois pour la construction et pour la qualité des espaces intérieurs. Toutes les façades du building sont de la même taille, permettant ainsi une économie de construction grâce à la standardisation des différents éléments.

De plus, cela permet d'augmenter la surface vitrée par mètre carré par rapport aux buildings rectangulaires plus conventionnels. Chaque pièce ouvre sur des fenêtres, donnant l'impression d'un environnement plus spacieux que ne le suggèrent les dimensions réelles.

Comme cela a été souligné précédemment dans des études biographiques (Weisberg, 1993) et dans la recherche de S. M. Smith, T. B. Ward et J. S. Schumacher (1993), les idées créatives sont habituellement élaborées à partir de précédents exemples. Les concepteurs du Emerald-Shapery Center ont élaboré les idées de base de leur réalisation en adoptant la philosophie de Frank Lloyd Wright : une bonne architecture résulte bien souvent de l'étude de la nature. En particulier, bon nombre de cristaux ont une structure hexagonale et c'est ce qui a motivé le choix des éléments. Une tour hexagonale fut le point de départ, mais les architectes ont trouvé qu'il était encore nécessaire de combiner différentes tours pour donner à l'ensemble une esthétique et un avantage fonctionnel. Concevoir des objets à partir de leurs parties fut bien entendu au cœur de la recherche de Finke (1990) et je pressens que les phases génératives — exploratoires du modèle Geneplore fournissent un cadre adéquat pour étudier ce processus.

Lorsque je regarde le chemin parcouru par la psychologie cognitive, j'aime identifier les principales avancées de chaque décennie au cours de la brève histoire du domaine. En ce qui concerne la résolution de problèmes, les années 70 représentent l'expansion des travaux portant sur la façon dont les gens utilisent des heuristiques générales pour résoudre les problèmes dans l'espace. Les années 80 ont été les témoins des recherches portant sur les raisons pour lesquelles acquérir des connaissances spécifiques à un domaine est nécessaire pour devenir un expert. Les années 90 ont relancé l'étude de la créativité par les psychologues cognitivistes et devraient contribuer à apporter de nouveaux éclairages sur cet important sujet.

# RÉSUMÉ

Notre capacité à raisonner et à résoudre des problèmes est influencée par la familiarité du matériel. Par exemple, faire une bonne évaluation de l'implication d'une règle logique dépend du fait que le contenu sémantique de la règle est soit abstrait (*Si une carte présente un D sur une face, alors elle doit avoir un 3 sur l'autre face*) ou familier (*Si une personne boit de la bière, alors cette personne doit avoir plus de 19 ans*). Les réponses sont plus précises avec des contenus familiers qu'avec des contenus non familiers, et montrer aux étudiants dans quelle mesure une tâche non-familière est isomorphe à une tâche familière peut considérablement améliorer la performance dans la tâche non familière. À mesure que les étudiants acquièrent une expertise, ils deviennent davantage capables d'identifier la structure formelle des problèmes et sont moins influencés par le contenu de l'énoncé.

Acquérir une expertise résulte également d'un changement de stratégies dans la façon dont les étudiants résolvent les problèmes de transformation. Les novices s'appuient sur des stratégies de recherche générale telles que l'analyse fins et moyens pour résoudre des équations dans des problèmes de physique. Quant aux experts, ils utilisent une stratégie prospective parce qu'ils ont appris le bon ordre d'utilisation des équations. Se servir d'une analyse fins et moyens peut interférer avec l'apprentissage de la bonne séquence des opérations, vu les capacités cognitives nécessaires à son application.

Demander aux étudiants de résoudre une variété de variables inconnues plutôt qu'une seule variable spécifique leur évite d'utiliser une stratégie fins et moyens et facilite leur mémorisation de la bonne séquence d'opérations. Cependant, le programme le plus complet pour utiliser des théories cognitives dans le but d'améliorer l'enseignement implique l'application des principes de l'ACT* pour aider les étudiants à apprendre à programmer en LISP et à résoudre des problèmes de géométrie.

Les premiers résultats sont à présent intégrés dans une théorie cognitive de la créativité. Ils suggèrent que la créativité n'est peut-être pas si mystérieuse que ça et qu'elle se résume simplement à une bonne résolution de problèmes. Cependant, une grosse différence entre les solutions standard et les solutions créatives tient au caractère novateur de ces dernières. Ce qui signifie que nos solutions peuvent ne pas être influencées par des exemples antérieurs. L'imagerie mentale a joué un rôle important dans certaines découvertes créatives et est à présent analysée en demandant aux gens de créer des produits en assemblant mentalement divers éléments. Limiter le nombre d'éléments que les individus peuvent utiliser et le nombre de catégories auxquelles ils doivent appartenir accroît la difficulté de la tâche mais le produit a plus de chances d'être novateur. Les phases successives de la génération et de l'exploration dans le développement des idées sont reproduites dans le modèle du Geneplore.

## QUESTIONS DE RÉFLEXION

1. De quel côté penchez-vous dans le passage portant sur le temps qui devrait être imparti à l'enseignement des stratégies de résolution de problèmes versus l'enseignement de la matière ? Pensez-vous que votre parcours d'étudiant aurait été plus productif si vous aviez eu un cours sur le raisonnement et la résolution de problèmes ? Quelles sont les recherches qui ont abordé cette question ?

2. La plupart des preuves résultant d'expériences sur le raisonnement logique nous donnent l'impression de ne pas être très intelligentes. Est-ce là une assez bonne caractérisation ou existe-t-il une autre explication plausible ?

3. Le chapitre sur l'organisation sémantique (chapitre 9) proposait une liste des diverses caractéristiques des schémas. Est-ce que les schémas de permission et d'obligation proposés par Cheng et ses collègues possèdent ces caractéristiques ?

4. Reed et Evans (1987) ont réussi à apprendre à des étudiants les principes du mélange de solutions acides en se servant d'une analogie de mélange de quantités variables d'eau à différentes températures. Pensez à un domaine non familier que vous êtes davantage capables de comprendre en utilisant une analogie prise dans un domaine familier. Expliquez votre raisonnement.

5. Un certain nombre d'étudiants de votre promotion viennent d'achever un cours de méthodologie statistique alors que d'autres non. Si c'est le cas, vous pourriez comparer les estimations données par les deux groupes à de simples mesures telles que la tendance générale et la dispersion des poids des étudiants de votre promotion. Pourriez-vous prévoir une différence dans leur précision ? Pourquoi ou pourquoi pas ?

6. Appliquez la schématisation proposée par Gick (1986) aux processus de résolution de problèmes, présentés dans la figure 13.2, pour préjuger de votre propre performance dans ces circonstances : choisissez deux contenus de domaines spécifiques dans lesquels vous avez des niveaux d'expertise très différents et concevez une question test pour chacun d'eux. Comment allez-vous procéder pour tenter de résoudre chacun des problèmes ?

7. En quoi la stratégie prospective diffère-t-elle de l'analyse fins et moyens ? Quelle stratégie dépend de l'activation du schéma ?

8. Depuis le début, la psychologie scientifique aux États-Unis a témoigné d'un penchant pour l'étude du «fonctionnement de l'esprit.» Pouvez-vous trouver un cas pour lequel l'ACT* est approprié dans cette tradition ? Tentez votre chance au niveau d'application le plus basique en rédigeant une ou deux règles de production de grammaire qui pourraient être programmées dans un logiciel d'assistance à l'apprentissage du français.

9. Weisberg déclare que la créativité peut être expliquée par les théories actuelles de la résolution de problèmes. Quelle relation voyez-vous entre la créativité et les théories de la résolution de problèmes ?

10. Pour quelles raisons pensez-vous que la créativité est stimulée dès lors que la catégorie fonctionnelle de l'objet inventé est dévoilée aux sujets *après* qu'ils l'ont réalisé ? Ce résultat est-il lié à la découverte que les exemples familiers sont des contraintes à notre capacité d'inventer de nouveaux exemples ?

## MOTS-CLEFS

*Le numéro de page entre parenthèses indique où le terme est traité dans ce chapitre*

Connaissances déclaratives (487)

Connaissances procédurales (487)

Connaissances spécifiques à un domaine (472)

Créativité (489)

Explication par la récupération mnémonique (476)

Formes préinventives (496)

Règle de production (488)

Schéma d'obligation (476)

Schéma de permission (476)

Schémas de raisonnements pragmatiques (476)

Stratégie d'exploration (496)

Stratégie de génération (496)

Stratégie prospective (485)

Stratégies générales (483)

Tâche de sélection de Wason (473)

## LECTURES RECOMMANDÉES

Galotti (1989) compare le raisonnement formel et les raisonnements dans la vie quotidienne, et Kuhn (1989) fait une revue des recherches sur le raisonnement scientifique. Holyoak et Spellman (1993) résument la plupart des idées actuelles sur la pensée. Paige et Simon (1966) et Hinsley, Hayes et Simon (1977) traitent des processus cognitifs dans la résolution des problèmes d'algèbre. L'influence du sens dans la résolution des équations d'algèbre a été étudiée par Mayer et Greeno (1975) et Kieras et Greeno (1975).

Mayer et Greeno (1972) ont également étudié en quoi les différentes techniques d'enseignement influencent ce que l'individu apprend des formules mathématiques appelées «théorèmes binomiaux». Plus récemment, la construction de preuves en géométrie (Lewis & Anderson, 1985) et les problèmes en sciences sociales (Voss, Greene, Post & Penner, 1983) ont également été étudiés. Les différences entre experts et novices continuent à être une thématique de recherche populaire dans des domaines tels que la physique (Larkin, McDermott, Simon & Simon, 1980) et la programmation informatique (Adelson, 1984). Une série en deux volumes, *Thinking and Learning Skills* — ndt : Les capacités de réflexion et d'apprentissage — (Segal, Chipman & Glaser, 1985; Chipman, Segal & Glaser, 1985) contient de nombreux chapitres intéressants. Les livres de Roskos-Ewoldsen, Intons-Peterson & Anderson (1993) et de Finke (1990) développent le matériel présenté dans la dernière section de ce chapitre.

## EN FRANÇAIS

Le chapitre 7 de l'ouvrage de Richard (1990) propose des analyses concernant les raisonnements en situation; ces raisonnements caractérisent les tâches dont la finalité n'est pas de produire des inférences mais plutôt de comprendre, de résoudre un problème, de trouver la cause d'un incident. Un numéro spécial de la revue *Psychologie Française* traite de l'expertise dans diverses situations (Caverni, 1988). Des éléments plus détaillés relatifs à l'expertise peuvent être trouvés par ailleurs, dans la programmation informatique (Hoc, 1987), le développement de processus industriels (Hoc, 1991), la conduite automobile (Pailhous, 1970). Getz (1996) consacre un ouvrage entier au thème de l'expertise aux échecs. Wisser et Falzon (1988) présentent une étude dans laquelle l'expertise concerne une activité de conception. On peut également se référer à deux types de modélisations largement utilisés dans les travaux sur l'expertise : les modélisations des activités de résolution de problèmes (Bastien, 1988), les modélisations des activités de décision et de jugement (Gonzalez, 1988).

Bastien, C. (1988). Les modèles en résolution de problèmes. In J.P. Caverni, C. Bastien, P. Mendelsohn et G. Tiberghien (Eds.), *Psychologie cognitive : modèles et méthodes*. Grenoble : P.U.G.

Caverni, J.P. (1988). *Psychologie Française*, numéro spécial «Psychologie de l'expertise», 33/3.

Getz, I. (1996). *L'expertise aux échecs*. Paris : P.U.F.

Gonzalez, M. (1988). Sur la caractérisation des processus cognitifs dans les modèles de jugement. In J.P. Caverni, C. Bastien,

P. Mendelsohn et G. Tiberghien (Eds.), *Psychologie cognitive : modèles et méthodes*. Grenoble : P.U.G.

Hoc, J.M. (1987). *Psychologie cognitive de la planification*. Grenoble : P.U.G.

Hoc, J.M. (1991). Effet de l'expertise des opérateurs et de la complexité de la situation dans la conduite d'un processus continu à long délai de réponse : le haut fourneau, *Le Travail Humain, 54*, 225-249.

Pailhous, J. (1970) *La représentation de l'espace urbain : l'exemple du chauffeur de taxi*. Paris : P.U.F.

Richard, J.F. (1990). *Les activités mentales. Comprendre, raisonner, trouver des solutions*. Paris : Colin.

# 14

# La prise de décision

---

*Je ne peux, par manque de prémisses, vous conseiller ce que vous devez décider mais si vous le souhaitez, je peux vous dire comment le faire... Ma méthode consiste à diviser par une ligne une feuille de papier en deux colonnes; j'écris en haut de l'une Pour et en haut de l'autre Contre. Puis, après deux ou trois jours de réflexion, j'inscris les points essentiels des différentes raisons qui, à différents moments, vont à l'encontre ou dans le sens des mesures. Lorsqu'enfin je peux toutes les considérer d'un seul coup d'œil, j'essaye d'estimer leur poids respectif... [pour] savoir de quel côté penche la balance... Et, si le poids des raisons ne peut pas être apprécié avec la précision des quantités algébriques, lorsque chacune est ainsi considérée séparément et comparativement aux autres, mais que l'ensemble du problème est étalé devant moi, je pense que je peux néanmoins avoir un meilleur jugement et être moins susceptible de faire un faux pas; en fait, j'ai tiré pas mal d'avantages de ce genre d'équation, qui pourrait être appelée équation morale ou de prudence algébrique.*

BENJAMIN FRANKLIN (1772-1887)

Chaque jour, nous prenons de nombreuses décisions. La plupart d'entre elles sont relativement peu importantes - que manger au petit déjeuner, par exemple. D'autres -choisir une voiture, une maison ou un travail- sont plus importantes. Prendre une décision est souvent difficile, parce que chacune des possibilités présente habituellement plusieurs aspects et il est rare que la meilleure surpasse de loin toutes les autres. Une façon de simplifier les processus de décision consiste à n'accentuer qu'un seul critère. L'encart 14.1 illustre cette approche. Les Morrisons ont évalué bien des aspects avant d'acheter une maison mais ils firent finalement leur choix en ne se basant que sur un seul critère : la qualité de l'école du quartier. Bien que cela soit d'une importance considérable pour des parents dont les enfants sont scolarisés, les Morrisons ont accordé une place démesurée à ce critère; la qualité des différentes écoles était fort équivalente.

La première section de ce chapitre décrit des modèles représentant la façon dont les gens procèdent à un choix dans un ensemble de propositions. Les exemples proposés incluent le choix d'un menu, d'une maison ou d'une voiture. Ces modèles ne considèrent pas les facteurs d'improbabilité parce qu'ils supposent qu'une personne connaît les critères pertinents tels que, dans le cas de l'achat d'une voiture, le prix, la consommation et les équipements optionnels. Les deux sections suivantes portent sur des exemples de prises de risque dans la décision - dans lesquels la prise de décision passe par une considération des probabilités. Nous examinerons tout d'abord comment les individus font des estimations des probabilités, ainsi que les différentes façons dont ils révisent ces estimations lorsqu'ils reçoivent une nouvelle information. Nous considérerons ensuite comment les gens utilisent ces estimations pour prendre des décisions. L'étude de la prise de décision a été influencée par des modèles normatifs et des modèles descriptifs. Les **modèles normatifs** précisent ce qu'une personne devrait faire. Ils fournissent généralement une norme qui permet de comparer à quel point les décisions réelles correspondent aux décisions standard. Les **modèles descriptifs** cherchent à décrire comment les gens parviennent réellement à une décision. La relation entre les modèles normatifs et descriptifs est un sujet permanent dans ce débat de la prise de risque dans les décisions. La dernière section du chapitre traite des décisions dans le domaine médical et des décisions basées sur l'action en tant qu'exemples de capacités complexes. Le commentaire illustre la façon dont les modèles psychologiques peuvent être utilisés pour décrire chacune de ces aptitudes.

**Modèles normatifs**

Modèles qui décrivent ce que les gens devraient faire.

**Modèles descriptifs**

Modèles qui décrivent ce que les gens font réellement.

# FAIRE UN CHOIX

## Les modèles compensatoires

L'une des raisons pour lesquelles les décisions peuvent être difficiles à prendre est que les différentes possibilités peuvent avoir plusieurs qualités. Si l'une des qualités n'est pas très intéressante, l'individu peut décider d'éliminer cette possibilité ou de continuer à la considérer en raison de l'importance accordée à ses autres qualités. Par exemple, une personne peut acheter une voiture pour sa faible consommation, plutôt qu'une grosse voiture au grand confort de conduite et à l'habitacle spacieux.

Les modèles de prises de décision qui permettent aux qualités intéressantes de compenser les autres sont appelés **modèles compensatoires**. Le conseil de Benjamin Franklin cité au début de ce

**Modèle compensatoire**

Stratégie qui permet aux attributs positifs de compenser les négatifs.

---

### ENCART 14.1

### LA MAISON DE RÊVE DÉLAISSÉE POUR L'ÉCOLE

KATHY O'TOOLE
AUTEUR EN SCIENCES DE L'ÉDUCATION

Mike et Patty ont décidé cette fois d'acheter la maison de leur rêve — neuve, avec des moquettes de la couleur qu'ils veulent, un coin cheminée dans le salon et une cuisine avec suffisamment d'espace pour y prendre le petit déjeuner.

Les Morrisons, arrivés depuis peu du sud de la Californie avec deux enfants d'âge préscolaire, ont trouvé la maison de leur rêve dans un quartier récent de San Ramon.

Mais ils ne l'ont pas achetée.

Il manquait une seule qualité à la maison. Elle n'était pas à proximité de l'école primaire où les enfants ont les scores aux tests d'évaluation les plus élevés du District Scolaire de San Ramon.

À la place, les Morrisons ont acheté une maison plus chère à Walnut Creek, de plain-pied alors que cela ne leur plaît pas et avec une couleur de moquette qu'ils n'aiment pas.

Ils ont pris leur décision en se basant sur une information donnée par Sherry Schiff, agent immobilier à San Ramon

Valley, concernant le score moyen aux tests d'évaluation dans les différentes écoles.

La prise de décision des Morrisons illustre bien comment les parents peuvent parfois considérer de petites différences pour décider quelle maison acheter.

Lors des derniers tests de lecture passés en mai, les élèves de CE 2 de l'école à proximité de la maison achetée par les Morrisons ont eu un score supérieur à 91 % des écoles de l'État. Dans l'école située à proximité de la maison qu'ils préféraient, les élèves de CE 2 ont eu un score supérieur à 84 % des écoles de l'État.

Les Morrisons et leur agent immobilier ont joué un jeu statistique absurde, rivaliser avec plusieurs experts des tests des districts scolaires de East Bay et du Département d'Éducation de l'État.

Les scores aux tests des deux écoles comparées étaient si proches, disent les experts, qu'ils ne pouvaient permettre aux parents de savoir dans quelle école leur enfant aurait le mieux réussi.

SOURCE : Tiré de « *Dream Home Bypassed for School*, » de Kathy O'Toole, paru dans le *Oakland Tribune*. Copyright © 1979 par le Oakland Tribune. Reproduit avec autorisation.

chapitre concorde avec le modèle compensatoire, puisque Franklin combinait le pour et le contre de chaque option.

**Modèle de sommation**

Stratégie dans laquelle les valeurs des attributs sont additionnées pour donner un score à chacune des alternatives.

Le **modèle de sommation** est un type de modèle compensatoire. Il combine les qualités intéressantes et inintéressantes pour parvenir à un score total pour chacune des possibilités. Considérez le cas de John Smith. John a vécu dans un internat durant trois années consécutives. C'est à présent sa dernière année de lycée et il sent qu'il est temps pour lui de jouir de la liberté qu'un appartement peut offrir. Il a trouvé deux appartements intéressants et doit à présent faire un choix. John décide de suivre le conseil de Benjamin Franklin et fait une liste systématique des avantages et désavantages de chacun.

Tout d'abord, il a fait la liste des qualités pouvant influencer sa décision et il les a évaluées ensuite sur une échelle allant de -3 (impression très négative) à +3 (impression très positive). Voici ses scores :

|  | Appartement A | Appartement B |
|---|---|---|
| Loyer | +1 | +2 |
| Nuisances sonores | -2 | +3 |
| Distance du campus | +3 | -1 |
| Propreté | +2 | +2 |
|  | +4 | +6 |

Les sommes des scores des différentes qualités des deux appartements révèlent que l'appartement B, dont le total est le plus élevé, est le meilleur choix pour John.

Il existe deux façons de modifier la règle d'addition pouvant modifier les résultats. Premièrement, dans cet exemple, les quatre qualités ont un poids équivalent. Si certaines sont plus importantes pour John que d'autres, il portera davantage attention à celles-ci lors de la prise de décision. Par exemple, il accordera plus d'importance à la distance par rapport au campus s'il vit sous un climat froid et qu'il doit s'y rendre à pied. Si ces variables sont deux fois plus importantes que les autres, il pourrait alors multiplier leurs scores par 2 pour donner une plus grande importance à ces critères. Le total des scores serait alors de 7 pour l'appartement A et 5 pour l'appartement B. Deuxièmement, additionner les scores des quatre qualités ne rend pas compte de la façon dont celles-ci peuvent interagir. Bien que l'appartement A soit le plus bruyant, il est si proche du campus que la bibliothèque serait un bon endroit pour étudier. Le niveau de nuisance sonore de l'appartement n'est donc pas aussi déterminant que s'il était le seul endroit où pouvoir étudier. Le faible score pour le niveau de nuisance sonore serait alors probablement modifié pour prendre en compte l'interaction entre ce critère et la distance par rapport au campus.

Un modèle très similaire au modèle de sommation s'intitule **modèle de sommations des différences**. Ce dernier permet de comparer deux alternatives en totalisant les différences de valeur de chaque qualité. Ces valeurs sont présentées ci-dessous. La troisième colonne présente les valeurs obtenues en soustrayant les valeurs de la seconde colonne à celles de la première..

**Modèle de sommations des différences**

Une statégie qui compare deux alternatives en totalisant les différences de valeur de chaque attribut.

|  | Appartement A | Appartement B | Différence |
|---|---|---|---|
| Loyer | +1 | +2 | -1 |
| Nuisances sonores | -2 | +3 | -5 |
| Distance du campus | +3 | -1 | +4 |
| Propreté | +2 | +2 | +0 |
|  | +4 | +6 | -2 |

La somme totale des différences est -2, ce qui signifie que l'appartement A est moins intéressant que l'appartement B de 2 unités. Le modèle de sommation implique la même conclusion - la somme des scores pour l'appartement A est inférieure de 2 unités à la somme des scores pour l'appartement B.

Bien que le modèle de sommation et le modèle de sommation des différences arrivent à la même conclusion, la recherche d'informations y est différente. Le modèle de sommation évalue toutes les qualités d'une possibilité avant de considérer la suivante. Le modèle de sommation des différences compare les deux choix qualité par qualité. S'il existe plus de deux possibilités, chacune est comparée avec la meilleure des possibilités déjà évaluées.

Le modèle de sommation et le modèle de la sommation des différences représentent de bons procédés pour évaluer les alternatives. Tous deux évaluent des alternatives de toutes les qualités et permettent aux valeurs attractives de compenser celles qui ne le sont pas. Ces modèles peuvent être utilisés pour prendre des décisions plus pragmatiques, comme l'illustre l'encart 14.2. Cet encart décrit un modèle de sommation dans lequel des points relatifs à la quantité d'informations fournies sont attribués à six qualités. La décision de poursuivre une enquête est basée sur la somme des points.

Bien que Benjamin Franklin nous ait donné un bon conseil, nous pouvons nous demander si nous le suivons réellement. Les exemples montrent que le modèle de sommation offre une méthode pour la prise de décision mais sommes-nous vraiment systématiques dans notre façon de prendre des décisions ? Combien de fois prenons-nous le temps de procéder au genre de calcul requis par ces modèles ? D'autres modèles peuvent peut-être mieux décrire la façon réelle dont nous prenons des décisions. L'alternative au modèle compensatoire est le **modèle non compensatoire**, dans lequel les qualités qui ne sont pas intéressantes conduisent à l'élimination des alternatives.

## Modèles non compensatoires

Si nous ne procédons pas par calculs, alors comment prenons-nous nos décisions ? A. Tversky (1972) a constaté que nous faisons des choix en éliminant progressivement les possibilités les moins intéressantes. Sa théorie s'appelle **élimination par aspect** parce qu'elle postule que l'élimination est basée sur une évaluation séquentielle des qualités, ou aspects, des choix. Si les qualités d'un choix possible ne satisfont pas à un critère minimal, celui-ci est éliminé de l'ensemble des alternatives.

Considérez Mme Green, qui cherche une voiture. Si Mme Green dispose seulement de 9 000$, elle peut déjà éliminer toutes les voitures qui coûtent plus de 9 000$. Elle peut également s'intéresser à la consommation et éliminer les voitures qui consomment plus d'un gallon par 25 miles (ndt : environ 10 litres au cent). En continuant à sélectionner des qualités et à rejetant celles qui ne satisfont pas à un critère minimal, elle éliminera progressivement diverses possibilités pour aboutir à la seule qui correspondra à tous ses critères.

Le choix final, basé sur cette technique, dépend de l'ordre dans lequel les différents critères sont évalués. Si le prix de la voiture est l'un des derniers critères de Mme Green, elle peut avoir éliminé de son processus décisionnel toutes les voitures coûtant moins de 9 000$ - situation qui n'est pas à envisager si elle n'a que 9 000$ à dépenser.

Le modèle suggère donc que les qualités diffèrent selon leur importance et que la probabilité du choix d'un critère dépend de son importance. Si le prix est un critère très important, il a une grande chance d'être sélectionné tôt dans la séquence.

Le modèle d'élimination par aspects a l'avantage de ne pas nécessiter de calculs. Le sujet sélectionne simplement un critère en fonction d'une probabilité qui dépend de l'importance qu'il lui accorde. Il détermine ensuite si une possibilité satisfait à ce critère minimal de qualité et élimine celles qui ne correspondent pas à ce critère.

**Modèle non compensatoire**

Une stratégie qui rejette des alternatives qui possèdent des attributs négatifs sans que soient considérés les attributs positifs.

**Elimination par aspect**

Stratégie qui évalue un attribut à la fois et rejette les alternatives dont les valeurs des attributs ne parviennent pas à satisfaire un critère minimal.

**ENCART 14.2**

## UN RAPPORT PERMET À LA POLICE DE PRÉVOIR QUELLES ENQUÊTES SUR LES CAMBRIOLAGES PEUVENT ÊTRE RÉSOLUES

WASHINGTON (AP) — Une récente étude indique que la police peut prévoir de façon fiable les enquêtes sur les cambriolages qui peuvent être résolues et recommande d'arrêter l'enquête dans les cas où il est peu probable qu'elle conduise à une arrestation.

Ce rapport, révélé hier lors du Police Executive Research Forum, explique «les caractéristiques des différents cas de cambriolage, l'arrêt des enquêtes, détermine le score global de succès ou d'échec dans les enquêtes sur les cambriolages.»

Le FBI a rapporté qu'en 1978 il y avait eu 3.1 millions de cambriolages mais que moins d'un sur cinq avait conduit à une arrestation. C'est le délit le plus courant aux États-Unis.

L'étude recommande aux départements de police de considérer six éléments clefs de l'enquête préliminaire pour décider de la poursuite de l'enquête.

Le forum, une organisation nationale des directions des polices nationales et locales, s'est servi du personnel de police de 26 villes, notamment Toledo, pour tester un système d'évaluation initialement développé en 1972 par le Stanford Research Institute...

Les six éléments et les valeurs numériques qui leur sont assignées étaient :

La police arrive sur les lieux : 5 points si la police arrive moins d'une heure après le délit; un point pour une arrivée entre 1 et 12 heures après le délit; trois dixièmes entre 12 et 24 heures; aucun point pour toute intervention au-delà de 24 heures après le délit.

Sept points pour le rapport d'un témoin.

Un point si c'est un policier qui découvre le délit.

Sept points pour les empreintes utilisables d'un étranger aux lieux.

Neuf points pour le nom ou la description d'un suspect.

Un dixième de point pour la description d'un véhicule suspect sur les lieux.

Aucun point pour toute autre information.

Si le rapport préliminaire avait un total de 10 points ou moins, l'étude prévoit que la poursuite de l'enquête ne conduira pas à une arrestation, il ne prévoyait une arrestation que si le total dépassait 10 points.

En analysant les résultats de 12 001 enquêtes sur des cambriolages, le forum a trouvé que cette méthode d'attribution de poids aux différents facteurs était précise à 85 % dans sa prévision des cas pouvant conduire à une arrestation, à une mise en accusation et à des poursuites.

Si l'on suit la procédure proposée par le forum, dans 86.7 % des cas de cambriolage les enquêtes ne seraient pas poursuivies.

SOURCE : Tiré de «Report Says Police Can Predict Wich Bulgaries Can Be Solved,» paru dans le *Plain Dealer*, Cleveland, Ohio, le 28 janvier 1980. Copyright © 1980 par Associated Press. Reproduit avec l'autorisation de Associated Press Newsfeatures.

Le **modèle conjonctif** -une version de l'élimination par aspects- requiert que toutes les qualités d'un choix possible satisfassent à un critère minimal pour être sélectionnées. Il diffère de l'élimination par aspects en prétendant que les gens finissent d'évaluer une possibilité avant d'en considérer une autre. Le premier choix qui satisfait tous les critères minimums est sélectionné. Le modèle conjonctif est un exemple de ce que Simon a nommé (1957) **recherche satisfaisante.** Simon a prétendu que les limites de notre capacité à évaluer de nombreuses possibilités nous empêchent souvent de sélectionner la meilleure. En fait, nous avons davantage tendance à opter pour une

**Modèle conjonctif**

Une stratégie qui évalue une alternative à la fois en la rejetant si la valeur d'un des attributs de cette alternative ne satisfait pas au critère minimal.

**Recherche satisfaisante.**

Une stratégie qui suit le modèle conjonctif et donc choisit la première alternative qui satisfait au critère minimal.

bonne possibilité - qui satisfait donc à tous les critères minimums. D'autres contraintes, comme les limites de temps ou de disponibilité peuvent également nous inciter à choisir une bonne alternative plutôt qu'à rechercher la meilleure. Par exemple, nous pouvons tout simplement en avoir assez de chercher un appartement, ou craindre qu'un appartement qui nous plaisait ne soit loué depuis, et donc choisir la possibilité qui se présente plutôt que de continuer à chercher mieux.

## Choisir une stratégie

Les quatre modèles abordés diffèrent par la façon dont les gens cherchent l'information. Payne (1976) s'est servi de cette différence pour concevoir un processus qui fait comprendre quelles stratégies les gens utilisent. Il a présenté des informations décrivant les caractéristiques d'appartements telles que le loyer, la propreté, le niveau de nuisance sonore et la distance par rapport au campus. L'information décrivant chaque appartement était inscrite au dos des cartes qui devaient être retournées pour en connaître la valeur (voir figure 14.1). Les sujets étaient autorisés à retourner autant de cartes qu'ils le souhaitaient pour prendre leur décision. L'ordre dans lequel ils retournaient les cartes révélerait ainsi la façon dont ils cherchaient l'information.

Payne a pu obtenir d'autres informations sur la façon dont les gens arrivaient à leur décision en leur demandant de formuler à voix haute leurs pensées à mesure qu'ils évaluaient les informations sur les cartes.

Payne ne s'attendait pas à ce que tout le monde adopte la même stratégie de recherche d'information. Ses attentes étaient influencées par les recherches sur la résolution de problèmes qui montraient comment les individus adaptaient leurs stratégies aux exigences de la tâche. Ce qui caractérise les stratégies dans la résolution de problèmes est le maintien, par les sujets, des exigences de la tâche dans certaines limites. Payne a soutenu que les heuristiques utilisées devraient également être adaptées aux demandes de traitement de

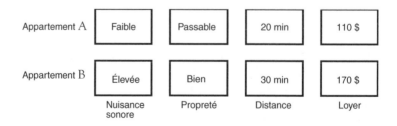

**Figure 14.1** Tâche de recherche d'information utilisée par Payne

l'information de la tâche. Ce point de vue implique que les sujets devraient changer de stratégies lorsque les demandes changent en fonction de la tâche.

Les résultats obtenus par Payne ont validé ses hypothèses. Des tâches variées différant selon le nombre de leurs alternatives (2, 4, 8 ou 12) et de leurs dimensions (4, 8 ou 12) ont été données à des étudiants. Le résultat principal fut que les étudiants changeaient de stratégie à mesure que le nombre d'alternatives diminuait. Les stratégies de recherche et les protocoles verbaux ont révélé que, lorsqu'on leur demandait d'évaluer de nombreuses alternatives, les sujets réduisaient la complexité de la tâche en adoptant une démarche conjonctive ou d'élimination par aspect pour éliminer rapidement certaines possibilités. Lorsqu'il ne reste plus que quelques possibilités dans l'éventail des choix, le sujet peut alors adopter une démarche nécessitant une plus grande mobilisation cognitive -telle que la stratégie de sommation ou la stratégie de sommation des différences- pour faire une évaluation finale et choisir.

Ci-dessous les extraits d'un protocole illustrant le modèle d'élimination par aspect pour réduire le nombre des alternatives.

> Je vais examiner l'impression que me donne le propriétaire. Pour H, ça va. Pour D, elle est mauvaise. Pour B, ça va et pour A, elle est bonne. Pour L, le propriétaire me fait mauvaise impression. Pour K, elle est mauvaise. Pour J, elle est bonne et pour I, elle est mauvaise... Etant donné que c'est important pour moi... Je ne vais donc pas aller vivre là où le propriétaire me fait mauvaise impression. (Payne, 1976, p. 379)

Le sujet n'a pas réexaminé les alternatives D, I, K et L par la suite.

Par comparaison avec ce protocole, voici un extrait illustrant l'utilisation d'un modèle de sommation des différences permettant de comparer l'alternative.

> O. K., nous avons un A et un B. Regardons tout d'abord le loyer pour chacun d'eux. Le loyer de A s'élève à 170$ et celui de B à 140$. 170$, c'est un peu plus cher mais il est peut-être moins bruyant. Examinons donc le niveau de nuisance sonore de A. Il est faible. Regardons celui de B. Il est élevé. Je ne peux tout de même pas étudier convenablement dans un endroit bruyant. Je me pose maintenant la question de savoir si cela vaut la peine de dépenser 30$ de plus par mois pour pouvoir étudier dans mon appartement. (p. 378)

Les deux protocoles révèlent comment une valeur, faible eu égard à l'une des données, provoque l'élimination de la possibilité concernée dans le modèle de l'élimination par aspect. Cependant, lorsque le modèle de sommation des différences est utilisé, une possibilité présentant une valeur faible relative à une dimension peut néanmoins rester sélectionnée si elle présente des valeurs élevées affectant d'autres points de vue; dans l'exemple ci-dessus, la décision exige de déterminer si un faible loyer peut compenser un niveau de nuisance sonore élevé.

Les stratégies de sommation et de sommation des différences ont des exigences cognitives parce que le sujet doit calculer des valeurs pour se représenter l'intérêt de chaque possibilité. Bien qu'elles permettent une évaluation rigoureuse de chaque alternative, leur plus grande complexité peut conduire à des décisions qui ne sont pas meilleures que celles prises en adoptant une stratégie plus simple, comme la stratégie d'élimination par aspect.

Une manière de différencier les stratégies consiste à entraîner plusieurs groupes de sujets à prendre des décisions en suivant une stratégie particulière et à évaluer ensuite la qualité de leurs décisions. Paquette et Kida (1988) ont utilisé cette méthode pour comparer l'efficacité relative des stratégies de sommation, de sommation des différences, d'élimination par aspect et les stratégies mixtes. Les stratégies mixtes, basées sur la découverte de Payne selon laquelle les gens changent de stratégie, commençaient par la stratégie d'élimination par aspect, suivie par la stratégie de sommation lorsque le nombre de possibilités était réduit à trois.

Les sujets étaient 48 professionnels dotés d'une bonne expérience de l'évaluation des données financières des entreprises. On leur fournissait de telles données et ils devaient choisir parmi elles celle qui était la mieux cotée en bourse en suivant la stratégie enseignée durant les sessions d'entraînement. Ainsi les expérimentateurs pouvaient-ils ensuite évaluer la précision des sélections, puisqu'ils connaissaient la cotation de chaque entreprise. Ils n'ont trouvé aucune différence notable en terme de précision entre les quatre stratégies mais la plus simple, la stratégie d'élimination par aspect, nécessitait significativement moins de temps pour aboutir à une décision que les stratégies mobilisant davantage de capacités cognitives, comme la stratégie de sommation ou de sommation des différences. Pour cette tâche particulière, la stratégie d'élimination par aspect s'est révélée de loin la plus efficace.

## ESTIMER LES PROBABILITÉS

Passons à présent à un problème bien plus complexe : prendre des décisions sous des conditions d'incertitude. Il existait une certaine incertitude dans les exemples précédents. Bien qu'un appartement n'ait pas tendance à changer, son niveau de nuisance sonore peut varier avec le changement de voisins. Dans les exemples de la suite

---

**ENCART 14.3**

**QUESTIONS SUR LES PROBABILITÉS SUBJECTIVES**

---

1. Combien de villes commençant par la lettre *F* pensez-vous pouvoir vous rappeler ? Donnez votre estimation avant d'énumérer les villes.

2. Existe-t-il plus de mots en français commençant par la lettre *Q* qu'ayant un *Q* comme troisième lettre ?

3. Quelle maladie cause probablement davantage de décès — le cancer du sein ou le diabète ?

4. Si une famille a trois garçons (G) et trois filles (F), quelle est la séquence de naissance la plus probable — G G G F F F ou G F F G F G ?

5. Avez-vous plus de chance de trouver 60 garçons dans un échantillon aléatoire de 100 enfants ou 600 garçons dans un échantillon aléatoire de 1000 enfants ?

---

de ce chapitre, l'**incertitude** est le principal facteur traité. Elle impose aux sujets d'estimer la probabilité d'un événement, parce qu'ils ignorent ce qui va se produire.

**Incertitude**

Absence de connaissance des événements qui vont se produire.

Kanheman et Tversky (1972,1973; Tversky et Kanheman; 1973) ont montré que l'estimation des probabilités est basée sur des *heuristiques* qui permettent parfois de faire une estimation raisonnable, bien que le contraire se produise souvent. Deux de ces heuristiques sont l'accessibilité et la représentativité. Avant de poursuivre cette lecture, répondez aux questions de l'encart 14.3 pour déterminer la façon dont vous pourriez utiliser ces heuristiques.

## Accessibilité

L'**heuristique de disponibilité** suggère que nous évaluons la probabilité d'un événement d'après la facilité avec laquelle des informations pertinentes nous viennent à l'esprit (A. Trevsky & D. Kanheman, 1973). Par exemple, nous pouvons évaluer le taux de divorce dans une communauté en nous rappelant les divorces parmi nos connaissances. Lorsque l'accessibilité des informations est fortement corrélée avec les fréquences réelles, les estimations devraient être précises. Mais au delà des fréquences réelles, il existe d'autres facteurs susceptibles d'influencer l'accessibilité et d'entraîner des biais systématiques.

**Heuristique de disponibilité**

Facilité avec laquelle des exemples peuvent être rappelés pour aider à l'estimation d'une probabilité .

Dans la première expérience conduite par Tversky et Kanheman (1973), les sujets devaient composer des mots à partir des neuf lettres qui leur étaient proposées. Ils avaient 7 sec. pour estimer le nombre de mots qu'ils pensaient pouvoir réaliser en 2 min. En moyenne, le nombre de mots américains réellement constitués variait de 1.3 (pour les lettres *XUZONLCJM*) à 22.4 (pour *TAPCERHOBO*). La corrélation entre les estimations et le nombre de mots produits sur un ensemble de 16 problèmes a été de .96.

Dans une autre expérience, on demandait aux sujets d'estimer le nombre d'éléments d'une catégorie qu'ils pourraient se rappeler en 2 min. En moyenne, le nombre d'éléments rappelés variait de 4.1 (noms de villes commençant par la lettre *F*) à 23.7 (nombre d'animaux à quatre pattes). La corrélation entre les estimations et la production a été de .93 pour un ensemble de 16 problèmes. Cette corrélation élevée entre l'estimation et la production a révélé que les sujets étaient assez précis dans leurs estimations de l'accessibilité relative des éléments de différentes conditions.

Cependant, certains exemples peuvent être plus difficiles à récupérer dans notre mémoire, même s'ils se produisent fréquemment. Selon l'hypothèse de l'accessibilité, dans ce cas la fréquence sera sous-estimée. Imaginez un ensemble de mots choisis au hasard dans un texte en anglais. Est-ce qu'il est plus probable que ces mots commencent par un *K* ou que *K* en soit la troisième lettre ? L'hypothèse de l'accessibilité suggère que les gens répondent à cette question en estimant la facilité avec laquelle ils peuvent se souvenir d'exemples de chacune des catégories. Puisqu'il est plus facile de penser à des mots qui commencent par une certaine lettre, les réponses seront biaisées, les sujets étant plus enclins à répondre qu'il existe plus de mots commençant par un *K* que de mots ayant un *K* pour troisième lettre.

Le ratio moyen pour chacune des cinq lettres présentées indiquait deux fois plus de mots commençant par cette lettre. Ces estimations furent obtenues en dépit du fait que ces lettres étaient réellement plus fréquentes en troisième position dans les mots.

Slovic, Fischhoff et Lichenstein (1976) ont utilisé l'hypothèse de l'accessibilité pour rendre compte de la façon dont les gens estiment la probabilité relative de 41 causes de décès -maladies, accidents, homicide, suicide et risques naturels- combinées en 106 paires. Un grand échantillon de lycéens a estimé lequel des deux termes était probablement responsable du plus grand nombre de décès; le tableau 14.1 montre que leurs réponses concordaient souvent avec les fréquences relatives des deux événements. L'étude des événements qui ont entraîné le plus d'erreurs offre un moyen indirect pour vérifier l'hypothèse que l'accessibilité fausse l'estimation des probabilités, en particulier à cause de l'influence des médias.

La fréquence des accidents, des cancers, du botulisme et des tornades –bénéficiant tous d'une large couverture médiatique- a été très surestimée. L'asthme et le diabète, objets de beaucoup moins d'attention de la part des médias, ont été sous-estimés. De même, l'événement spectaculaire d'un incendie -qui cause souvent de nombreuses victimes et bénéficie d'une grande couverture médiatique- a

**Tableau 14.1** Estimations des fréquences relatives des paires d'événements mortels choisis

| Peu probable | Très probable | Ratio réel[a] | Pourcentage de discriminations exactes |
|---|---|---|---|
| Asthme | Accident dû aux armes | 1.20 | 80 |
| Cancer du sein | Diabète | 1.25 | 23 |
| Cancer du poumon | Cancer de l'estomac | 1.25 | 25 |
| Leucémie | Emphysème | 1.49 | 47 |
| Embolie | Tous les cancers | 1.57 | 83 |
| Tous les accidents | Embolie | 1.85 | 20 |
| Grossesse | Appendicite | 2.00 | 17 |
| Tuberculose | Incendie et flammes | 2.00 | 81 |
| Emphysème | Tous les accidents | 5.19 | 88 |
| Polio | Tornade | 5.30 | 71 |
| Noyade | Suicide | 9.60 | 70 |
| Tous les accidents | Toutes les maladies | 15.50 | 57 |
| Diabètes | Malaises cardiaques | 18.90 | 97 |
| Tornade | Asthme | 20.90 | 42 |
| Syphilis | Homicide | 46.00 | 86 |
| Botulisme | Foudroiement | 52.00 | 37 |
| Inondation | Homicide | 92.00 | 91 |
| Syphilis | Diabète | 95.00 | 64 |
| Botulisme | Asthme | 920.00 | 59 |
| Hypothermie | Tous les cancers | 982.00 | 95 |
| Botulisme | Emphysème | 10 600.00 | 86 |

SOURCE : Tiré de « Cognitive Processes and Social Risk Taking, » de P. Solvic, B. Fischhoff et S. Lichenstein, 1976, in *Cognition and Social Behavior*, édité par J. S. Carroll et J. W. Payne. Copyright © 1976 par Lawrence Erlabaum Associates, Inc. Reproduit par autorisation.

[a]1.20 signifie 1.20 :1, et ainsi de suite.

été perçu comme bien plus fréquent que la moins spectaculaire noyade, même s'ils sont causes de décès selon une fréquence approximativement équivalente.

Un effet plus sélectif de l'accessibilité sur les estimations de probabilité est illustré par l'étude de l'influence de l'humeur sur les estimations. Les émotions peuvent avoir un impact substantiel sur le type d'informations que les gens récupèrent dans la MLT. Une bonne humeur augmente la probabilité de se souvenir d'événements positifs et une mauvaise humeur d'événements négatifs (Blaney, 1986). Un plus grand accès aux événements positifs devrait augmenter nos estimations selon lesquelles un événement positif pourrait se produire dans le futur et un plus grand accès aux souvenirs négatifs devrait accroître nos estimations de la probabilité d'apparition d'un événement négatif.

Wright et Bower (1992) ont testé ces hypothèses auprès de sujets en les mettant de bonne ou de mauvaise humeur par hypnose. Ces sujets ont ensuite estimé la probabilité d'occurrence de 24 événements, certains étant positifs (*J'obtiendrai une récompense honorifique ou un prix durant l'année qui vient*) et d'autres négatifs (*Je ferai un grave accident dans les 5 années à venir*). Les résultats ont concordé avec la prévision de l'hypothèse de l'accessibilité. L'estimation moyenne de l'occurrence d'un événement positif a été de .52 pour les sujets de bonne de humeur et de .38 pour les sujets de mauvaise humeur. L'estimation moyenne de l'occurrence d'un événement négatif a été de .52 pour les sujets de mauvaise humeur et de .37 pour les autres. Notez que ces résultats présentent un défi pour les thérapeutes : il est peut-être nécessaire d'agir sur la mauvaise humeur de quelqu'un avant de tenter de le convaincre que l'avenir sera meilleur.

## Représentativité

La représentativité est une autre heuristique dont nous nous servons pour estimer des probabilités. Vous avez peut-être utilisé cette heuristique pour répondre à la question 4 de l'encart 14.3. La question était : *Si une famille a trois garçons (G) et trois filles (F), quelle est la séquence des naissances la plus probable - G G G F F F ou G F F G F G ?* Dans l'étude de Kanheman et Tversky (1972), les sujets ont estimé que la séquence des naissances des garçons et filles dans l'ordre G F F G F G était plus probable que dans l'ordre G G G F F F, même si les deux séquences ont la même probabilité. La séquence trois garçons suivis de trois filles semble trop ordonnée pour être le fruit d'un processus aléatoire.

Cette tendance à choisir les séquences non ordonnées comme étant les plus probables peut s'expliquer par l'heuristique de la représentativité (Kanheman & Tversky, 1972). Les questions de probabilité ont généralement cette forme : (1) Quelle est la probabilité que

cet objet A appartienne à la catégorie B ? ou (2) Quelle est la probabilité que le processus B engendre l'événement A ?

Les gens répondent généralement à de telles questions en évaluant à quel point A est **représentatif** de B - donc le degré de ressemblance de A avec B. Lorsque A est très semblable à B, la probabilité
pour que A soit issu de B est considérée comme élevée. Lorsque A
ne ressemble pas trop à B, la probabilité pour que A soit issu de B est
jugée faible.

**Représentativité**

Degré avec lequel un
événement est typique d'une
plus grande catégorie d'événements.

L'ordre de naissance des garçons et des filles devrait avoir une
forme aléatoire. Une caractéristique majeure de cette apparence
aléatoire est son absence de formes systématiques. Selon l'heuristique de la représentativité, les gens estimeraient que les événements
ordonnés ont une faible probabilité d'occurrence s'ils pensent que les
événements sont générés par un processus aléatoire. Bien qu'il y ait
beaucoup de successions de naissances de garçons et de filles qui
soient non ordonnées, une séquence particulièrement dépourvue
d'ordre (telle que G F F G F G) est aussi difficile à obtenir qu'une
séquence très ordonnée (telle que G G G F F F).

Les décisions se basant uniquement sur la représentativité
négligent malheureusement d'autres informations pourtant pertinentes, comme la *taille de l'échantillon*. Par exemple, la probabilité de
trouver 600 garçons dans un échantillon de 1000 bébés était perçue
comme équivalente à la découverte de 60 garçons dans un échantillon de 100, même si cette dernière proposition a un taux de probabilité plus élevé. Les sujets n'ont vu aucune différence entre les deux
cas en raison de leur similarité dans les proportions obtenues (.6) et
les proportions attendues (.5). Cependant, les statisticiens nous
enseignent qu'il est plus facile d'arriver à faire des distinctions dans
de petits échantillons que dans des grands.

L'heuristique de la représentativité peut également entraîner des
erreurs d'estimation lorsque nous négligeons les probabilités en
basant entièrement notre décision sur la similarité entre un exemple
et un concept (Kanheman & Tversky, 1973). Imaginez qu'une équipe
de psychologues ait fait passer des tests de personnalité à 30 ingénieurs et 70 avocats. Puis je vous propose la description suivante, au
hasard parmi les 100 profils :

> Jack a 45 ans, est marié et a quatre enfants. Il est plutôt conserva-
> teur, rigoureux et ambitieux. Il ne s'intéresse ni à la politique ni aux
> problèmes sociaux et consacre son temps libre à de nombreux hob-
> bies, notamment la menuiserie, la pêche et les casse-tête mathéma-
> tiques. La probabilité pour que Jack soit l'un des 30 ingénieurs de
> l'échantillon de 100 individus est de ------- %.

Imaginez maintenant que vous possédiez la même description mais qu'on vous ait dit que 70 des 100 descriptions provenaient d'ingénieurs. *Quelle est la probabilité pour que Jack soit l'un des 70 ingénieurs dans l'échantillon de 100 ?* L'estimation moyenne fut la même dans les deux questions. Les sujets ont estimé que la probabilité pour que Jack soit un ingénieur et de .9, ce qui montre que la description de sa personnalité correspondait beaucoup plus à leur concept d'un ingénieur qu'à celui d'un avocat.

Mais il faut remarquer qu'il existait une différence entre les deux cas - dans le premier, il y avait 30 ingénieurs dans un échantillon de 100 individus, dans le second il s'agissait de 70 ingénieurs dans un échantillon de 100. La probabilité pour que Jack soit un ingénieur est influencée par la proportion des ingénieurs dans l'échantillon (appelée **probabilité a priori**) et par la description de la personnalité. Nous utiliserions ces descriptions de la personnalité pour réviser les probabilités *a priori* au lieu de les ignorer complètement.

**Probabilité a priori**

Probabilité qu'un événement se produise avant d'obtenir des indices supplémentaires concernant son occurrence.

J'ai dit dans le chapitre sur la résolution de problèmes que les heuristiques sont souvent utiles mais ne garantissent pas l'exactitude du résultat. De même, les heuristiques de disponibilité et de représentativité peuvent nous induire en erreur si nous ne considérons pas des informations importantes telles que la façon dont les médias influencent l'heuristique de la représentativité et comment les probabilités *a priori* et la taille de l'échantillon l'influencent. Nous pouvons apprendre à donner des estimations plus précises si nous apprenons quelles sont les variables qui peuvent les influencer.

## VALEUR ATTENDUE

Estimer avec précision les probabilités est important pour la prise de décision mais cette capacité ne suffit pas pour prendre les bonnes décisions. Considérez une situation dans laquelle les intérêts pétroliers américains au Moyen-Orient sont menacés. La réaction à une telle situation dépendra en partie de la probabilité que la menace soit réelle. Mais la réaction dépend également de la perception des conséquences des différentes initiatives que pourrait prendre le gouvernement américain. Par exemple, il pourrait réagir en renforçant les forces militaires au Moyen-Orient. Cette initiative, comme les autres éventualités, présente des avantages et des inconvénients. Il est donc nécessaire, lors des prises de décision, d'estimer la probabilité des événements et les conséquences des différentes actions.

Lorsque nous avons considéré les différents modèles de choix dans la première section de ce chapitre, nous avons assigné des valeurs aux différentes dimensions de chaque possibilité dans l'éventail des choix. Il faut également octroyer des valeurs à la prise de risque dans la décision, mais nous devons en outre combiner les valeurs des différentes conséquences avec les probabilités qu'elles se produisent. Un processus normatif pour combiner des probabilités et des valeurs est la **valeur attendue**. Comme les autres modèles normatifs, la valeur attendue fournit un standard de référence servant de base de comparaison aux psychologues pour apprécier les façons dont les gens prennent des décisions. Les psychologues font généralement cette comparaison en concevant des situations de **jeu de hasard** assez simples dans lesquelles ils peuvent informer les sujets des probabilités (de gagner ou de perdre) et des valeurs (gains et pertes). La valeur attendue est la quantité moyenne d'argent que les gens peuvent s'attendre à gagner ou à perdre chaque fois qu'ils décident de jouer. Voyons à présent comment cela se calcule.

**Valeur attendue**

Valeur moyenne déterminée en combinant les valeurs des événements avec leur probabilité d'occurrence.

**Jeux de hasard en duplex**

Jeu de hasard dans lequel la probabilité de gagner est attribuée indépendamment de la probabilité de perdre.

## Calculer la valeur attendue

La valeur attendue est calculée en multipliant la valeur de chaque conséquence possible par sa probabilité et en ajoutant les produits. Son utilisation peut être illustrée par un simple jeu de hasard. Je vous offre l'occasion de participer à un jeu et vous devrez décider s'il est avantageux pour vous de jouer. Je vais lancer un dé non pipé. Si un 6 sort, vous gagnez 5$. Pour tout autre chiffre, vous ne gagnez rien. Chaque partie coûte 1$. Voulez-vous jouer ?

La valeur attendue vous permet d'estimer la quantité moyenne d'argent que vous pouvez espérer gagner ou perdre chaque fois que le dé est lancé. Vous pouvez calculer cette somme si vous connaissez la probabilité de gagner, $P(G)$; la somme à gagner $V(G)$; la probabilité de perdre, $P(P)$ et la somme à perdre $V(P)$. Substituer ces valeurs dans l'équation ci-dessous :

$$\text{Valeur attendue} = P(G) \times V(G) + P(P) \times V(P)$$
$$= \frac{1}{6} \times 4\$ + \frac{5}{6} \times -1\$$$
$$= -\frac{1}{6}\$$$

La probabilité de gagner est de 1/6, et la somme à gagner est de 4$ (5$ moins le droit de jouer de 1$). La probabilité de perdre est de 5/6 et la somme à perdre de 1$. La valeur attendue pour ce jeu est de -1/6$, ce qui signifie que vous perdrez en moyenne 17 cents à chaque partie. Une décision basée sur un modèle normatif serait de jouer lorsque la valeur attendue est positive et de ne pas jouer si elle est négative.

Mais la valeur attendue en tant que modèle descriptif ne peut pas présumer d'un comportement de façon systématique. Les casinos sont remplis de gens qui jouent à des jeux de hasard dont la valeur attendue est négative. Les gens continuent à se payer des assurances malgré leurs valeurs attendues négatives. Puisque les compagnies d'assurances remboursent moins d'argent que la somme totale collectée, celui qui contracte une assurance peut s'attendre à perdre de l'argent. Bien que contracter une assurance puisse se justifier par le fait qu'elle offre une protection contre les revers financiers importants.

## L'utilité subjective attendue

Deux changements ont été entrepris pour rendre la valeur attendue plus descriptive des comportements réels (Payne, 1973). La première modification a consisté à remplacer la valeur d'une conséquence par son utilité. L'**utilité** est la valeur subjective d'une conséquence, soit la valeur que le sujet accorde au résultat. Si les gens aiment le jeu de hasard, l'acte de jouer a une utilité en dehors du gain ou de la perte potentielle d'argent.

**Utilité**

Valeur subjective accordée par celui qui prend une décision.

Si vous aimez gagner de l'argent et que vous vous moquez d'en perdre, vous pouvez formuler une valeur attendue positive pour le jeu décrit précédemment. Si l'utilité de gagner -$U(P)$- est 6$ plutôt que 4$ et l'utilité de perdre -$U(P)$- reste 1$, la valeur attendue serait plutôt positive que négative.

$$\text{Valeur attendue} = P(G) \times U(G) + P(P) \times U(P)$$

$$= \frac{1}{6} \times 6\$ + \frac{5}{6} \times -1\$$$

$$= \frac{1}{6}\$$$

Le modèle de l'utilité attendue peut également expliquer pourquoi les gens contractent des assurances si l'on considère qu'ils accordent plus d'importance à la perte d'une somme importante en une seule fois qu'au coût annuel plus réduit de l'assurance.

Une autre raison pour laquelle les valeurs subjectives d'utilité sont importantes est que bien souvent nous ne savons pas quelle valeur objective attribuer à un événement. Ce point est illustré dans l'encart 14.4 qui aborde le difficile problème de la valeur financière que l'on doit accorder à une vie humaine.

Pour savoir si le bénéfice de la mise en place d'un dispositif de sauvetage de vies humaines excédera son coût, il est nécessaire d'estimer le nombre de vies qui seront sauvées et quel est le prix d'une vie.

Une deuxième modification dans le modèle de l'utilité attendue a consisté à le rendre plus descriptif en remplaçant les probabilités

## ENCART 14.4

## QUE LE GOUVERNEMENT FIXE LE PRIX MOYEN D'UNE VIE HUMAINE !

KNIGHT-RIDDER NEWS SERVICE

WASHINGTON, DC — Quel est le coût d'une vie ? A Washington, cela dépend à qui vous le demandez.

À la U.S. Consumer Product Safety Commission — ndt : commission de protection des consommateurs — une vie humaine est évaluée à la coquette somme de 2 millions de dollars. Mais pour l'Environmental Protection Agency, notre prix est quatre fois plus élevé, alors que la Nuclear Regulatory Commission — ndt : commission de contrôle des risques nucléaires — coupe la poire en deux en le fixant à 5 millions de dollars.

Le prix d'une vie est la pièce centrale de nombreux jeux d'analyses des coûts/bénéfices en vogue à Washington — un duel de statistiques qui néglige trop souvent l'importance de la santé et de la sécurité, disent certains esprits critiques.

Les juges fédéraux se servent généralement de tels chiffres pour justifier les décisions prises dans les problèmes de vie et de mort — est-ce que lors d'un voyage en avion votre enfant est installé dans un siège adapté, quel est le niveau de pollution de l'air que vous respirez et est-ce que l'endroit où vous travaillez se conforme aux normes de sécurité. Le montant compensatoire est fixé en fonction des vies qui auraient pu être sauvées exprimées en dollars.

Le milieu des économistes et d'autres observateurs défendent l'idée que fixer un prix aux individus est une mesure nécessaire dans le domaine des méga-déficits.

« Ils doivent pouvoir se compenser » soutient Marvin Fell, un économiste chevronné des U.S. Coast Guard (ndt : garde-côtes) fédéraux. « Si cela coûte 50 millions de $ pour sauver une seule vie humaine, est-ce que cela en vaut la peine, alors qu'une pareille somme pourrait être consacrée à la recherche sur le SIDA ou sur des vaccins ? »

Même les partisans les plus farouches de la fixation d'un prix à la vie humaine admettent que le gouvernement doit peser les coûts et bénéfices dans la prise d'une décision concernant le choix de la valeur définitive d'une taxe.

Mais, soutiennent-ils, toute analyse des coûts et bénéfices doit se baser sur une valeur standard de la vie humaine — et ne pas refléter la seule perte de vies humaines mais également le coût exorbitant d'une prise en charge médicale des blessures et de son moins tangible impact sur la qualité de vie.

L'analyse des coûts et bénéfices, utilisée tout d'abord pour justifier la construction d'un barrage au siècle dernier, a provoqué un débat houleux dans les années 80 lors de la campagne de déréglementation menée par Ronald Reagan. Appliquant l'Ordre Exécutif 12 291 du 17 février 1981, toutes les agences fédérales se sont mises à peser les coûts et bénéfices avant d'écrire de nouveaux règlements.

Selon cette logique, les bénéfices doivent être plus importants que les coûts. Ainsi, une procédure de sauvetage coûtant 100 millions de $ n'est envisageable que si elle permet de sauver 20 vies évaluées à 5 millions de $ chacune ou 50 vies à 2 millions de $.

Par exemple, suite à la mort en 1978 de 51 ouvriers dans l'effondrement de leur échafaudage pendant la construction d'une centrale à Willow Island, West Virginia, la Occupational Safety and Health Administration (ndt : administration de la santé et de la protection dans le travail) a proposé de nouvelles règles de sécurité aux agences qui disaient en substance qu'en moyenne le nombre de vie sauvée serait de 23 par an pour un coût industriel de 27.3 millions de $.

Puisque OSHA évaluait une vie à 3.5 millions de $, cette réglementation dépassait de beaucoup le test des coûts et bénéfices. Mais l'Office of Management and Budget (ndt : ministère des finances et du budget), le garde-fou des règlements administratifs, a opté pour un nouveau prix de la vie d'un travailleur dans la construction — 1 million de $, selon ses propres recherches — ce qui a retardé la mise en place des règlements pour des années.

SOURCE : Tiré de « Critics Want Government to Put a Standard Price on Human Life, » paru dans le *San Diego Union*, 14 juillet 1990. Reproduit avec l'autorisation de Knight-Ridder Newspapers.

par des **probabilités subjectives.** Lorsque les individus devant prendre une décision ne connaissent pas les probabilités réelles, ils doivent se servir de probabilités subjectives, de ce qu'ils croient être la valeur des probabilités réelles. Comme nous l'avons appris dans la section précédente, les probabilités subjectives diffèrent bien souvent des probabilités réelles. En plus des biais possibles occasionnés par les heuristiques de disponibilité et de représentativité, l'énoncé ou le dispositif d'une tâche de décision peut influencer les probabilités subjectives. A. Tversky et D. Kanheman (1981) utilisent le terme de **base de décision** pour se référer à la conception des sujets à propos des actions, des conséquences et des contingences associées à un choix particulier.

L'exemple suivant montre comment la formulation de l'énoncé du problème influence la base de décision adoptée par le sujet (Dunegan, 1993). Les sujets étaient 128 membres d'une entreprise multinationale qui développe des systèmes d'ingénierie de haute technologie. Ces sujets ont lu un scénario dans lequel une équipe réclamait 100 000$ supplémentaires pour un projet commencé plusieurs mois auparavant.

Tout le monde a lu le même scénario, identique à l'exception de la dernière phrase. Pour la moitié des participants, la dernière phrase était : *Parmi les projets déjà soutenus par cette équipe, 30 sur les 50 derniers ont été des réussites* (une base positive). L'autre moitié a lu : *Parmi les projets déjà soutenus par cette équipe, 20 sur les 50 derniers ont été des échecs* (une base négative). Notez que la probabilité pour que la réalisation d'un projet soit une réussite est de .6 dans les deux cas, mais la base positive mentionne un taux de réussite de 60 % alors que la base négative indique un taux d'échec de 40 %. Les sujets qui avaient eu une base positive ont attribué significativement plus d'argent au projet que ceux se basant sur une donnée négative. De tels résultats indiquent que nous devrions être plus précis dans la prévision des décisions si nous utilisons leurs probabilités subjectives plutôt que les probabilités réelles.

L'**utilité subjective attendue** est calculée de la même façon que la valeur attendue, mais les probabilités réelles sont remplacées par les probabilités subjectives (*PS*) et les valeurs par les utilités. La probabilité subjective de chaque conséquence est multipliée par son utilité et les produits sont ajoutés.

Utilité subjective attendue = $PS(G)$ x $U(G)$ + $PS(P)$ x$U(P)$

En remplaçant les probabilités réelles par des probabilités subjectives et les valeurs par les utilités, le modèle de l'utilité subjective attendue base ses prévisions sur les informations subjectives. Il devrait donc être plus sensible que le modèle de la valeur attendue dans la qualité de ses prévisions concernant les décisions des indivi-dus. Cependant, comme le modèle de la valeur attendue, il postule que les sujets accordent une même importance aux quatre termes — $U(G)$, $PS(G)$, $U(P)$ et $PS(P)$. Cela implique aussi que les gens doivent procéder à un calcul, puisqu'il faut multiplier l'utilité des événements par leurs probabilités subjectives.

## Les modèles du traitement de l'information

Nous avons appris précédemment que les processus de décision tels que l'élimination par aspect ou la règle conjonctive simplifient la prise de décision en permettant à l'individu d'éliminer des possibilités sans avoir à faire de calculs. Quand nous cherchons à évaluer l'intérêt d'un jeu de hasard, les gens ont tendance à considérer leur probabilité de gain, la nature du gain, la probabilité de perdre et le montant de la perte. Mais ils peuvent trouver qu'il est difficile de calculer mentale-ment la valeur attendue ou même d'accorder un même poids aux quatre **dimensions de risque** impliquées par le modèle.

**Dimensions de risque**

Les composantes d'un jeu de hasard telles que la probabilité de gagner ou le montant de la perte.

Slovic et Lichenstein (1968) ont testé l'hypothèse selon laquelle les gens sont plus influencés par certaines dimensions que d'autres. Ils ont évalué l'intérêt porté aux jeux de hasard par différents sujets en se servant d'un type particulier de jeu de hasard illustré dans la figure 14.2. Le jeu de hasard en duplex nécessite que le sujet fasse tourner deux disques. Le premier détermine ce qui peut être gagné et le second ce qui peut être perdu. Il y a trois conséquences possibles pour le jeu présenté dans la figure 14.2 : gagner 1$ et en perdre 4 (perte nette de 3$), gagner 1$ et ne rien perdre, ne rien gagner et ne rien perdre ou ne rien gagner et perdre 4$.

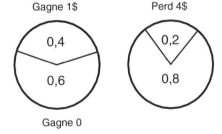

**Figure 14.2** *Exemple d'un jeu de hasard en duplex où P(G) = .4, V(G) = 1$, P(P) = .2 et V(P) = 4$.*

Tiré de «Relative Importance of Probabilities and Payoffs in Risk Taking,» de P. Slovic et S. Lichenstein, 1968, *Journal of Experimental Psychology,* 78 (3, Pt 2). Copyright © 1968 par l'American Psychological Association. Reproduit avec autorisation.

Slovic et Lichenstein ont utilisé les jeux de hasard en duplex pour modifier la probabilité de gagner et la probabilité de perdre de façon indépendante. Ceci n'est pas possible avec les jeux de hasard ordinaires (représentés par un seul disque) parce que la probabilité de gagner est égale à 1 moins la probabilité de perdre. Si les deux probabilités ne peuvent varier de façon indépendante, alors il n'est pas possible de déterminer si les sujets sont davantage influencés par la probabilité de gagner ou celle de perdre.

Slovic et Lichenstein ont utilisé deux méthode pour évaluer l'attrait des jeux de hasard. Une méthode consistait simplement en une échelle de score qui variait de -5 (grande préférence pour ne pas jouer) à +5 (grande préférence pour jouer). La seconde méthode nécessitait que les sujets indiquent la plus grosse somme d'argent qu'ils seraient prêts à donner à l'expérimentateur pour pouvoir jouer (pour les jeux de hasard attrayants) ou pour ne pas jouer (pour les jeux de hasard non attrayants). Dans les deux cas, Slovic et Lichenstein ont corrélé l'intérêt suscité par les jeux avec les quatre dimensions de risque. Les corrélations devaient être approximativement égales si les gens accordaient la même importance aux quatre dimensions. Les résultats ont montré qu'il y avait de grandes différences dans les corrélations. La plus forte corrélation pour un sujet était, en moyenne, deux fois plus élevée que la plus faible. Les réponses de la plupart des sujets ont été déterminées par une ou deux dimensions de risque et étaient insensibles aux changements de valeurs dans les dimensions moins importantes.

Les données ont également révélé que la dimension particulière à laquelle les sujets accordaient le plus d'importance variait selon les sujets et que la dimension la plus importante était influencée par le fait que le sujet répondait par une valeur numérique ou une valeur monétaire.

Le tableau 14.2 montre que, quand les sujets utilisaient une échelle numérique, la probabilité de gagner était considérée comme la plus importante des dimensions par 50% des sujets. Lorsque les sujets répondaient en terme de somme d'argent qu'ils seraient prêts à payer à l'expérimentateur (l'offre), la somme à perdre était la dimension la plus importante pour 53% des sujets. Autrement dit, l'échelle utilisée pour recueillir les réponses influence la façon d'évaluer un jeu de hasard. Lorsque les réponses étaient exprimées en terme d'argent, les sujets portaient davantage d'attention à la dimension financière -$V(P)$- que lorsque les réponses étaient des valeurs numériques.

Les modèles normatifs ne parviennent à expliquer ni pourquoi les gens accordent une importance différente aux différentes dimensions de risque ni pourquoi la dimension la plus importante est influencée par l'échelle de réponse. Si les gens ne se conforment pas aux modèles normatifs, la mesure de l'intérêt relatif suscité par les jeux de hasard diffère-t-elle de la mesure déterminée par la valeur attendue ? La corrélation moyenne entre les scores des sujets et la valeur attendue a été de .79 pour les valeurs numériques et de .80 pour les valeurs financières. Ces corrélations indiquent que le modèle de la valeur attendue est suffisamment précis dans sa prévision des scores, même si les sujets portent davantage d'attention à certaines dimensions plutôt qu'à d'autres. Bien que les modèles basés sur la valeur attendue soient souvent utiles pour prévoir des réponses, les résultats tels qu'ils ont été obtenus par Slovic et Lichenstein contribuent à révéler la manière dont les sujets simplifient la tâche et comment leur décision s'écarte de la valeur attendue.

Pour résumer, les modèles de la valeur attendue sont d'assez bons indicateurs de certaines décisions, même s'ils ne sont pas parfaits. Ces prévisions peuvent souvent être améliorées lorsque les utilités sont substituées aux valeurs et les probabilités subjectives aux probabilités réelles. Il devrait également être possible d'augmenter la précision des modèles en prenant en compte le fait que les gens peuvent accorder plus d'importance à certaines dimensions du risque qu'à d'autres.

## APPLICATIONS

Jusqu'à présent, nous nous sommes centrés sur l'examen de la prise de décision dans des expériences de laboratoire simples mais bien contrôlées. Les psychologues cognitivistes, bien entendu, souhaitent que leurs théories soient utiles dans le monde réel et la prise de décision ne fait pas exception. Dans cette section de conclusion, nous allons aborder la façon dont certaines de ces idées ont été appliquées dans des situations beaucoup plus complexes. La première section s'intéresse à la manière dont les médecins établissent un diagnostic.

**Tableau 14.2** *Pourcentage de sujets pour lesquels une dimension de risque donnée était la plus importante*

| | Dimensions de risque | | | |
|---|---|---|---|---|
| | *P(G)* | *V(G)* | *P(P)* | *V(P)* |
| Groupe numérique | 50 | 9 | 15 | 26 |
| Groupe de l'offre | 18 | 19 | 10 | 53 |

SOURCE : Tirél de « Relative Importance of Probabilities and Payoffs in Risk Taking, » de P. Slovic et S. Lichenstein, 1968, *Journal of Experimental Psychology, 78* (3, Pt 2). Copyright © 1968 par l'American Psychological Association. Reproduit avec autorisation.

La seconde section présente des points de vue contemporains sur ce que font les gens quand ils doivent prendre une série de décisions rapides sans avoir le temps d'y réfléchir. La troisième section décrit un modèle de la prise de décision basé sur le schéma utilisé pour intégrer certaines des recherches décrites dans ce chapitre.

## Le diagnostic médical

Le diagnostic médical est un excellent exemple d'une aptitude complexe que nous pouvons associer à bon nombre de sujets abordés dans ce chapitre. *Medical Problem Solving* (Elstein, Shulman et Sprafka, 1978) est un ouvrage qui résume les résultats d'une importante étude sur la façon dont les médecins établissent des diagnostics. C'est un livre important, non seulement vu la gravité de la prise de décision dans le domaine médical, mais aussi parce que les résultats sont traités à l'aide de modèles du traitement de l'information et de modèles normatifs de la prise de décision.

Elstein et ses collègues rapportent une série d'expériences utilisant diverses méthodologies. Dans certaines expériences, des acteurs jouaient le rôle de patients; dans d'autres, une simple description écrite des symptômes était utilisée. Dans certaines, les médecins pouvaient demander l'information qu'ils voulaient; dans d'autres, l'information était présentée dans un ordre préétabli. Dans certaines, c'est ce que le médecin faisait qui était étudié; dans d'autres, on tentait d'entraîner les étudiants en médecine à améliorer leur prise de décision.

Je ne résumerai les résultats que d'une seule expérience qui utilisait une simulation très fidèle pour créer une situation se rapprochant fortement du monde réel d'un médecin. Les acteurs du département théâtre de la Michigan State University étaient rigoureusement entraînés à simuler les patients. Les cas simulés étaient basés sur des enregistrements cliniques réels et présentaient des problèmes qu'un interne en médecine générale est supposé rencontrer dans un hôpital. Chaque médecin pouvait décider de la quantité d'informations à recueillir, notamment les résultats (simulés) des analyses en laboratoire. Les médecins savaient que les cas étaient simulés mais la plupart des 24 docteurs qui ont participé à ces simulations les ont trouvé convaincants.

Les interactions entre médecins et patients étaient enregistrées sur un magnétoscope. Les médecins avaient pour consigne de penser à voix haute durant l'interaction et de commenter ce qu'ils apprenaient ou ce qu'ils allaient faire et pourquoi. Une information supplémentaire était recueillie après la session, lorsque l'expérimentateur questionnait chaque médecin tandis qu'ils visionnaient l'enregistrement vidéo.

Les expériences de simulation proposaient trois cas, tous joués par des étudiants. Dans le premier cas, une femme se plaignait de trois choses - une extrême fatigue et une envie de dormir excessive, un faible appétit et des maux de tête sévères. Son récit précisait plus loin qu'elle avait des frissons et de la fièvre depuis 5 jours environ. Les informations qui pouvaient également être obtenues à partir d'un examen physique signalaient un gonflement des amygdales et un teint jaunâtre.

Le tableau 14.3 présente les hypothèses les plus fréquentes concernant ce cas et le nombre de médecins qui ont considéré chacune d'elles durant les différentes étapes de l'examen. Les hypothèses initiales sont d'ordre général - une infection, par exemple. De

**Tableau 14.3** Hypothèses considérées lors des différentes étapes du diagnostic

| Hypothèses[a] | Total à tout moment | Hypothèses initiales | Au quart du diagnostic | À la moitié du diagnostic | Lors du diagnostic final |
|---|---|---|---|---|---|
| Infection[b] | 21 | 14 | 15 | 19 | 5 |
| Mononucléose infectieuse | 20 | 2 | 9 | 15 | 20 |
| Infection hépathique | 18 | 5 | 9 | 11 | 5 |
| Anémie hémolytique | 17 | | | | |
| Anémie sphérocytaire | 10 | | | | 8 |
| Maladie virale ou infection virale des voies respiratoires | 8 | | 4 | 6 | 1 |
| Méningite | 7 | | 5 | 4 | 0 |
| Anémie | 6 | | | 3 | |
| Grippe | 4 | | 3 | 1 | 0 |
| Encéphalite | 4 | | 2 | 3 | 0 |
| Leucémie | 4 | | | 1 | 0 |
| Lymphome | 4 | | 0 | 0 | 1 |

SOURCE : Tiré de *Medical Problem Solving* de A. S. Elstein, L. S. Shulman et S. A. Sprafka, 1978, Cambridge, MA : Harvard University Press. Copyright © 1978 par le President and Fellows of Harvard College. Reproduit avec autorisation des éditeurs.

[a] Douze hypothèses autres que celles figurant dans la liste ont également été considérées par un ou deux sujets à un moment ou un autre du problème.

[b] Comprend les états fébriles aigus, les maladies virales, les infections bactériennes et les infections virales des voies respiratoires

toutes les expériences de simulation, la découverte principale fut que les médecins émettaient rapidement des hypothèses au cours de l'examen, avant d'avoir beaucoup d'informations. Le nombre de médecins ayant formulé une hypothèse durant les 5 premières minutes a été de 20 (sur 24) dans la simulation 1, de 18 dans la simulation 2 et de 23 dans la simulation 3. Le processus de récolte des données peut être comparé à une recherche dans un vaste espace de recherche. Si les médecins se contentaient de recueillir des données de façon non systématique jusqu'à ce qu'une solution émerge, l'espace de recherche serait tellement vaste que le diagnostic ne pourrait jamais être établi dans un temps raisonnable.

Élaborer des hypothèses tôt dans la séquence guide l'acquisition de données supplémentaires et limite ainsi la recherche en vérifiant et en modifiant les hypothèses envisagées à chaque moment. Le tableau 14.3 révèle que le nombre de médecins qui ont fait l'hypothèse de la mononucléose augmente à mesure de l'obtention de données supplémentaires.

Le nombre d'hypothèses considérées à chaque moment était très cohérent; la moyenne variait entre deux et quatre. Pour les trois simulations, le nombre moyen d'hypothèses considérées à chaque moment restait relativement constant au cours des différentes phases de l'examen, signifiant ainsi que lorsqu'une hypothèse est rejetée, elle est remplacée par une autre ou par la reformulation de l'hypothèse rejetée. Il est probable que ces hypothèses servent de guide pour organiser les données dans la MCT, puisque leur nombre, compris entre deux et quatre, concorde avec le nombre de catégories de matériel complexe qui peut être retenu en même temps dans la mémoire (Simon, 1974).

Un point crucial de l'étude était la façon dont les médecins combinent l'information pour former des hypothèses. La recherche par Elstein et ses collègues d'un modèle qui décrit ce que les médecins font plutôt que ce qu'ils sont supposés faire, a commencé par l'observation du fait que dans tous les protocoles, les médecins étaient capables d'ordonner les hypothèses mais incapables de donner des estimations de leur probabilité.

Cependant, pour chaque hypothèse, les médecins ont spontanément classé les indices selon qu'ils les considéraient comme positifs, négatifs ou sans pertinence. Un simple modèle additif (dans lequel les indices interprétés comme éléments de confirmation de l'hypothèse étaient notés : +1, les indices négatifs l'infirmant : -1 et les indices sans pertinence : 0) suffirait alors pour prévoir l'hypothèse sélectionnée. Notez que ce procédé est identique à celui de Benjamin Franklin. Bien qu'il soit possible d'utiliser des probabilités dans les diagnostics médicaux, les médecins adoptent apparemment une démarche bien plus simple pour évaluer leurs hypothèses. Cette démarche évite la mobilisation de capacités cognitives pour estimer les probabilités initiales des maladies, et évite de réviser ces probabilités sur la base de preuves.

C'est en raison de ces exigences cognitives dans les prises de décision complexes que les gens ont parfois recours à l'utilisation d'**aides à la décision** qui leur permettent d'améliorer leurs décisions. Par exemple, il peut être utile pour un médecin de pouvoir bénéficier d'un logiciel d'assistance à l'établissement des diagnostics. Un exemple en est donné dans l'encart 14.5. D'autres recherches devraient

**Aide à la décision**

Outil aidant les gens à prendre de meilleures décisions.

## ENCART 14.5

### L'ORDINATEUR PERSONNEL AIDE AU DIAGNOSTIC DES MALADIES

WILLIAM HARWOOD
UNITED PRESS INTERNATIONAL

GAINESVILLE — Un informaticien et un médecin ont uni leurs forces pour élaborer un système novateur économisant du temps et de l'argent qui permet aux médecins de vérifier leurs diagnostics grâce à un ordinateur personnel peu onéreux.

Contrairement aux autres systèmes de diagnostic en développement qui nécessitaient des moyens informatiques plus coûteux, ce logiciel conçu à l'University of Florida peut fonctionner sur des ordinateurs personnels IBM ou sur tout autre ordinateur compatible.

Les médecins tout comme les hôpitaux pourraient ainsi utiliser le même ordinateur pour conserver des informations administratives et des informations sur les patients. «Un de nos objectifs était de tenter de développer un logiciel qui serait tellement peu onéreux que les médecins pourraient se le procurer à titre personnel» explique Douglas Dankel, un informaticien de l'Université de Floride qui travaille avec Julian Russo, médecin à St. Petersburg, au développement du logiciel.

La plupart des logiciels de données médicales de base sont conçus pour imiter le processus de recherche d'un diagnostic d'un médecin en analysant toutes les données disponibles. Dans l'utilisation du logiciel Florida, les médecins proposeraient un diagnostic et se serviraient ensuite de l'ordinateur pour le confirmer.

Une fois le programme chargé, l'ordinateur demande le nom du patient et son numéro d'identification. Il demande ensuite à l'utilisateur d'entrer le poids du patient, sa taille, sa température, sa race, son sexe et si le docteur a déjà posé un diagnostic préliminaire.

«Ensuite le logiciel passe au travers d'une série de questions, par lesquelles il tente de circonscrire les critères principaux qui doivent être satisfaits pour que le patient souffre de cette maladie particulière» poursuit Dankel.

Le médecin peut répondre oui, non ou inconnu. Il peut également demander à l'ordinateur pour quelles raisons il veut avoir telle ou telle information et recevoir la réponse.

«Si le médecin répond par oui, tous les critères sont satisfaits, le logiciel informe le médecin qu'il a une confirmation de la maladie et si un traitement est justifié, alors il proposera un traitement au médecin.»

Si le docteur ne répond pas aux critères principaux, parce que par exemple les analyses du labo n'ont pas encore été faites, l'ordinateur posera alors des questions plus détaillées.

Le progamme donne ensuite la probabilité que le patient soit atteint de cette maladie et précise les analyses en laboratoire supplémentaires qui semblent être «nécessaires», conclut Daniel.

Le programme final suggérera également d'autres diagnostics.

SOURCE : Tiré de «Personal Computer Help Diagnoses Illness,» de William Harwoo, paru dans le *Sun-Sentinel*, Fort Lauderdale, 17 mai 1985. Copyright © 1985 par United Press International. Reproduit avec l'autorisation de Associated Press.

nous aider à décider de quelle façon l'homme et l'ordinateur pour-raient travailler de concert pour prendre les plus importantes déci-sions (voir Kleinmuntz [1990] pour un récent résumé sur l'efficacité des outils d'aide à la prise de décision).

## La prise de décision basée sur l'action

Plus tôt dans ce chapitre, nous avons examiné une première recher-che de Payne (1976) qui indiquait que les sujets, lors d'une prise de décision, adaptaient leurs stratégies aux demandes de la tâche en choisissant une stratégie plus simple quand la complexité de la tâche augmentait.

Ce travail s'est poursuivi et a été récemment résumé dans un livre intitulé *The Adaptative Decision Maker* -ndt : L'adaptation aux prises de décision- (Payne, Bettman & Johnson, 1993), dans lequel les auteurs soutiennent que les sujets sont guidés par des objectifs opposés lors de la prise de décision : maximiser la précision tout en minimisant l'effort, ce qui les oblige à accorder davantage d'intérêt à différentes stratégies selon les situations.

Les individus qui prennent les décisions les plus adaptées sont ceux qui sont les plus aptes à trouver un bon équilibre entre la préci-sion et l'effort. Si par exemple, au fil du temps, le traitement devient moins important, les sujets simplifient leurs stratégies de décision.

Le précédent exemple d'une prise de décision dans le domaine médical présentait une situation dans laquelle les médecins avaient le luxe du temps. Ils pouvaient procéder à un examen rigoureux du patient et attendre les résultats des analyses du laboratoire avant d'établir un diagnostic. Mais que dire alors sur les médecins qui tra-vaillent en urgence et sont confrontés à des situations où quelqu'un est entre la vie et la mort ? Le temps n'est plus un luxe et des déci-sions doivent être rapidement prises avant que la vie ne s'échappe.

Il existe un autre scénario qui requiert une série de décisions rapides (Orasanu & Connolly, 1993). Une équipe de pompiers arrive au pied d'un immeuble de quatre étages où un incendie a été signalé. Le chef envoie son équipe au premier et au deuxième étages pour éteindre le feu mais ceux-ci lui signalent que le feu s'est déjà propagé au-delà du second étage. Observant la fumée qui s'échappe de l'avant-toit, le chef appelle une seconde équipe. Il demande également de suspendre les tentatives d'éteindre le feu et de dégager les gens coincés dans l'immeuble.

Ce scénario est tiré du premier chapitre d'un livre intitulé *Deci-sion Making in Action : Models and Methods* -ndt : La prise de déci-sion dans l'action : modèles et méthodes- (Klein, Orasanu,

Calderwood & Zsambok, 1993). L'ouvrage défend la thèse selon laquelle les modèles et méthodes traditionnels pour étudier la prise de décision ne parviennent pas vraiment à expliquer ce que font les gens dans de pareils cas d'urgence. C'est parce que l'approche traditionnelle ne s'est centrée que sur un type particulier de prise de décisions – la **décision événementielle**. Il s'agit d'une situation dans laquelle le sujet évalue un ensemble d'alternatives en fonction de critères stables, puis évalue les poids respectifs de ces derniers et les combine pour faire le meilleur choix. La plupart des tâches que nous avons considérées précédemment, comme choisir l'appartement le plus intéressant, sont de bons exemples de décisions événementielles.

**Décision événementielle**

Une seule décision dans une situation changeante plutôt qu'une séquence de décisions.

Les situations d'urgence, par contre, se distinguent des tâches plus traditionnelles considérées jusqu'à présent. Elles se caractérisent comme décrit ci-dessous :

1. Les situations d'urgence confrontent généralement l'individu à des *problèmes de déficience structurelle* vis à vis desquels il doit exécuter un certain travail mental pour pouvoir générer des hypothèses sur ce qui se passe. Le chef des pompiers ne savait pratiquement rien sur l'étendue du feu lorsqu'il est arrivé sur les lieux.

2. Les prises de décision se produisent dans un *environnement dynamique incertain*. Les informations sur ce qui se passe sont souvent incomplètes, ambiguës et/ou de piètre qualité. L'environnement peut aussi rapidement changer, comme un petit feu qui devient soudain un grand brasier.

3. Il peut y avoir des *buts changeants ou en concurrence*. Les buts dans le scénario ci-dessus incluraient sauver l'immeuble, ses occupants et l'équipe de pompiers.
Ces buts peuvent changer à mesure que l'incendie s'étend, de sauver l'immeuble à sauver ses occupants, puis à sauver l'équipe.

4. Répondre aux situations d'urgence exige de réagir à une séquence d'événements plutôt qu'à un seul. Ce qui engendre des *boucles d'action/rétroaction* dans lesquelles le sujet doit réagir aux conséquences de chaque action avant de déterminer l'action suivante.

5. Bien souvent il existe une *pression du temps*. Le manque de temps conduira généralement à une production de stratégies de raisonnement moins compliquées, et probablement à un niveau de stress élevé.

6. Les urgences présentent des *enjeux de taille*. Il va de soi qu'il est capital d'éviter toute erreur dans les situations où la vie est en jeu.

7. Souvent, de *multiples acteurs* sont impliqués. Bien qu'en général la responsabilité incombe à une seule personne, le responsable interagit avec d'autres pour résoudre le problème.

8. Des *buts organisationnels* guident la prise de décision. Contrairement à nos décisions individuelles dans la vie quotidienne, le personnel médical ou les pompiers sont guidés dans leur organisation par des règles établies par d'autres.

**Décision déclenchée par la reconnaissance –ndt: - Recognition-primed decision**

Décision prise rapidement après la reconnaissance d'une situation.

Un des modèles les plus connus de la façon dont les gens prennent des décisions dans de telles situations est le modèle de la **recognition-primed decision (RPD)** -ndt : décision déclenchée par la reconnaissance- proposé par Klein. Le postulat en est que les personnes qui prennent ce genre de décisions sont en principe très expérimentées. Elles sont donc capables de répondre plus rapidement que les sujets inexpérimentés testés en laboratoire. Il existe bien entendu un parallèle entre cette différence et celle entre expert et novice que nous avons abordée dans les deux précédents chapitres traitant de la résolution de problèmes.

Au départ, Klein a élaboré le modèle RPD après avoir demandé aux chefs d'équipes de pompiers comment ils prenaient les décisions. Plutôt qu'évaluer de nombreuses alternatives, ils ont rapporté qu'ils se servaient des expériences passées pour générer et immédiatement modifier les plans en fonction des changements éventuels. Ce modèle est "*déclenché par la reconnaissance*" en raison de l'importance accordée à l'identification et à l'évaluation de la situation. Une fois le problème identifié, les individus expérimentés peuvent facilement trouver un ensemble d'actions adéquates aussi rapidement qu'ils les envisagent, plutôt que de considérer de multiples options.

Notez qu'il existe plusieurs raisons pour lesquelles c'est une bonne stratégie dans ces circonstances. D'abord, l'expertise permet à l'individu d'éviter de considérer de multiples alternatives qui ont peu de chances de marcher. Deuxièmement, il n'y pas suffisamment de temps pour permettre une considération minutieuse de nombreuses options. Troisièmement, Klein constate, comme Simon plusieurs années auparavant, que l'individu se contente généralement de trouver une série d'actions *satisfaisantes*, sans chercher la stratégie la meilleure. Tout ceci contribue à les faire répondre plus vite.

Je souhaite conclure en vous présentant un cadre schématique général de la prise de décision qui a été développé pour rendre compte d'études plus classiques (sur les décisions événementielles). Toutefois, ce cadre est suffisamment large pour que nous puissions l'utiliser pour comparer différents modèles de la prise de décision, notamment le modèle RPD.

Il a été développé pour rendre compte des décisions importantes que nous avons tous à prendre dans nos vies, nous allons donc nous intéresser à cette application particulière avant de le comparer à d'autres applications.

## Une structure schématique

Pour obtenir une représentation plus complète de la façon dont les gens prennent des décisions majeures au cours de leurs vies, nous avons besoin d'en savoir davantage sur leurs croyances et leurs valeurs, leurs projets et leurs objectifs, et sur leurs évaluations des décisions prises précédemment. Cette section présente un cadre général basé sur un schéma considérant ces différents sujets.

Nous avons appris précédemment comment l'organisation des structures de connaissances dans la MLT influence nos performances lors de tâches complexes telles que la compréhension d'un texte et la résolution de problèmes. De tels ensembles de connaissances, ou *schémas*, influencent également notre manière de prendre des décisions. L. R. Beach et T. R. Mitchell (1990; Mitchell & Beach, 1990) décrivent une théorie de la prise de décision influencée par les découvertes de Payne (1976) mais qui fournit un cadre plus général quant à la façon dont les gens prennent des décisions importantes.

Leur théorie consiste en structures de connaissances appelées *représentations*. Ces représentations ne sont pas des images mentales ou sensorielles mais des images de soi et des buts que l'on souhaiterait atteindre. Ces représentations influencent notre manière de prendre des décisions et de contrôler le progrès réalisé. Beach et Mitchell l'ont appelée **théorie des représentations** à cause de l'influence importante des représentations sur nos décisions.

La figure 14.3 présente les principales composantes de la théorie des représentations, dont trois types de représentation qui guident nos décisions. La **représentation des valeurs** se rapporte aux croyances et aux valeurs fondamentales guidant l'individu. Elle comprend des principes qui influencent la sélection des buts et des actions nécessaires à leur réalisation. Les buts font partie de la **représentation de la trajectoire**, laquelle porte sur les projets futurs des individus - les points de repère à atteindre durant le cours d'une vie idéale. Ces buts peuvent aussi bien être des événements concrets, tels qu'arriver à exercer un métier particulier, ou des buts abstraits, tels que devenir plus autonome. La **représentation de la stratégie** consiste en plans choisis pour parvenir aux buts. Un plan est constitué d'une séquence d'actions qui sont les composantes d'une activité globale telle que trouver un travail, éviter les faillites ou être un bon parent.

**Théorie des représentations**

Cadre général pour modéliser les décisions en considérant les valeurs, les projets et les objectifs futurs d'une personne.

**Représentation des valeurs**

Les croyances et les valeurs fondamentales d'une personne.

**Représentation de la trajectoire**

Les projets et les buts envisagés dans sa vie par une personne.

**Représentation de la stratégie**

Les plans pour réaliser ces objectifs.

Comme l'illustre la figure 14.3, la représentation influence deux types généraux de décisions - les décisions d'adoption et les décisions de progrès. Les **décisions d'adoption** impliquent la sélection d'une suite particulière d'actions. La compatibilité, tout comme le profit des alternatives, détermine laquelle est choisie. La **compatibilité** mesure jusqu'à quel point chacune des possibilités est cohérente avec nos représentations. S'il existe trop d'inadéquations, la possibilité est rejetée. Le critère de compatibilité est non compensatoire - les aspects compatibles d'une possibilité ne compensent pas les aspects incompatibles.

Elle est donc comparable à l'élimination par aspect et aux règles de décision conjonctives (décrites dans une précédente section).

**Décision d'adoption**

Sélection initiale d'une suite d'actions.

**Compatibilité**

Cohérence d'une suite d'actions avec les croyances et les valeurs d'une personne.

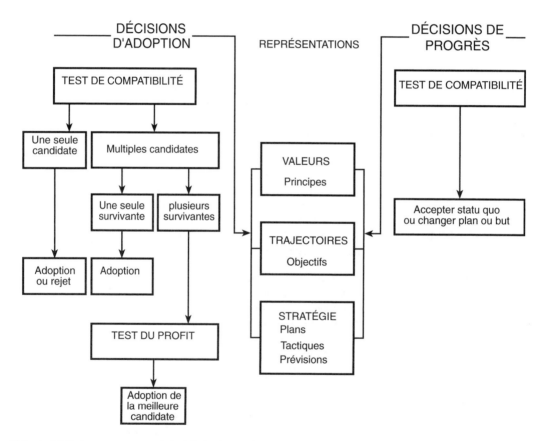

**Figure 14.3** Les composantes de la théorie des représentations.

Tiré de «Image Theory : A Behavioral Theory of Decision Making in Organizations,» de L. R. Beach et T. R. Mitchell, 1990, in *Research in Organizational Behavior, vol. 12*, 1-41, édité par B. Straw et L. L. Cunnings. Copyright © 1990 par JAI Press Inc. Reproduit avec autorisation.

Si plus d'une possibilité est compatible avec les buts et les valeurs d'une personne, celle-ci tente alors de choisir la meilleure en utilisant le critère de profit. Le **profit** est plus difficile à évaluer que la compatibilité parce que la sélection du meilleur choix nécessite de multiples estimations de chacune des possibilités, de résumer ces estimations, de les retenir et de les comparer au total des scores. La stratégie de sommation, décrite dans la précédente section, est un bon exemple de ce type de stratégie de décision. Dans ce cas, le score résumant chaque alternative est la somme des scores assignés à chacune des dimensions.

**Profit**

Evaluation d'alternatives compatibles pour en choisir la meilleure.

Un second type de décision est appelé **décision de progrès**. Les décisions de progrès se produisent lorsque nous évaluons si la série d'actions sélectionnées a permis un progrès satisfaisant dans la réalisation de nos buts. Si nous pressentons que poursuivre cette suite d'actions provoquera de trop importantes contradictions avec le but visé, nous remplaçons le plan d'actions existant par un nouveau.

**Décision de progrès**

Réévaluation d'une décision intiale pour déterminer si la suite d'actions choisie peut être poursuivie

Imaginez que, après avoir obtenu votre diplôme, vous ayez la chance de recevoir plusieurs propositions de travail. Selon la théorie des représentations, vous évaluerez en premier lieu quels travaux sont compatibles avec vos valeurs fondamentales et vos croyances (représentation de la valeur). Si vous accordez de la valeur à l'argent, vous pouvez rejeter certaines propositions parce que le salaire de départ est insuffisant. Vous pouvez également considérer quel travail vous permettra une progression rapide, si l'un de vos objectifs est d'atteindre rapidement un poste de direction (représentation de trajectoire). Evaluer la probabilité d'une promotion peut être plus aisé si vous avez un plan de carrière particulier pour réaliser ce but (représentation de la stratégie).

La théorie des représentations prévoit que vous utiliserez tout d'abord une stratégie non compensatoire pour déterminer quel emploi, parmi ceux qui vous sont proposés, est compatible avec vos valeurs et objectifs. Puis vous utiliserez une stratégie plus complexe (dite du profit) pour calculer avec précision l'intérêt global qu'offre chacune des alternatives restantes et pour sélectionner la meilleure. Enfin, vous chercherez probablement à savoir si vous avez effectué un progrès satisfaisant dans la réalisation de vos buts, tel qu'un progrès dans l'organisation, par exemple. Des progrès insuffisants peuvent vous conduire à considérer d'autres offres d'emploi.

J'ai indiqué au début de cette section que Beach et Mitchell furent influencés par les recherches de Payne et qu'il n'était donc pas surprenant que l'on trouve des cohérences entre la théorie des représentations et les découvertes de Payne. En particulier, l'importance accordée à une stratégie non compensatoire (compatibilité), suivie d'une stratégie plus complexe (de profit), est en accord avec la découverte de Payne selon laquelle les sujets, pour faire leur choix final, utilisaient une stratégie non compensatoire très simple, pour réduire le nombre d'alternatives, suivie d'une stratégie compensatoire plus complexe. Mais la théorie des représentations place la prise de décision dans un cadre schématique plus vaste que dans les précédentes théories de la prise de décisions. Premièrement, un rôle important est attribué aux principes fondamentaux et aux croyances. Deuxièmement, objectifs et plans deviennent le noyau central de la prise de décision. Cette hypothèse évoque l'existence de similarités entre la prise de décisions et la résolution de problèmes dans lesquelles buts et plans ont la même importance. Troisièmement, la théorie des représentations permet le contrôle de nos décisions, et donc le maintien ou le remplacement des décisions précédentes sur la base de leur succès ou de leur échec.

Parvenir à poser un diagnostic médical peut également être plus facile grâce à ce cadre. Rappelez-vous que le nombre d'hypothèses considérées par les médecins variait généralement entre deux et quatre dans l'étude de Elstein. Nous pouvons penser que ces hypothèses étaient celles qui avaient franchi le cap du test de compatibilité, l'application de règles de décision non compensatoires.

Ces hypothèses prometteuses sont ensuite évaluées à l'aide d'une stratégie de règle compensatoire de sommation durant le test de profit. Les décisions de progrès pourraient être étudiées en cherchant comment les médecins évaluent la réussite de leur traitement lors des visites suivantes de leur patient. Si le patient ne réalise aucun progrès, un nouveau diagnostic est posé et un nouveau traitement pourra s'avérer nécessaire.

Nous pouvons également essayer d'insérer le modèle RPD dans ce cadre général. Notez que dans la figure 14.3, le test de compatibilité peut provoquer la sélection d'une seule possibilité, ce qui se passe dans le cadre du modèle RPD. Cette possibilité peut aussi bien être adoptée que rejetée en utilisant une stratégie non compensatoire (satisfaisante), telle que celles qui sont proposées dans le modèle conjonctif. Parce que le modèle RPD décrit la prise de décision chez les experts, les actions alternatives sont ordonnées et donc la première envisagée sera généralement adoptée. Cependant, étant donné que l'ordre est basé sur la réussite des actions alternatives, l'action choisie sera normalement le bon choix. Notez que le sujet ne se sert pas de stratégies compensatoires pour évaluer les multiples possibilités dans le modèle RPD. Mais les décisions de progrès sont extrêmement importantes dans ce modèle, parce que la rétroaction immédiate est utilisée pour évaluer si l'action choisie convient. Par contre, les décisions de progrès sont plus longues dans les situations de décision événementielle, telles qu'évaluer si un client est content de sa nouvelle voiture ou si un patient se remet de sa maladie.

Les décisions de progrès sont également plus lentes dans l'évaluation de la réussite des modèles et des théories en psychologie cognitive, et les psychologues cognitivistes doivent continuer à rechercher les meilleures, compte tenu des échos qu'ils reçoivent de leurs travaux. Ce fut un grand plaisir que de partager ces recherches avec vous tout au long de cet ouvrage.

## RÉSUMÉ

Prendre des décisions demande habituellement d'évaluer au moins deux possibilités qui diffèrent dans le nombre de leurs atouts. Faire un choix incite le sujet à combiner cette information pour élaborer une évaluation globale de chaque possibilité. L'étude de la façon dont les gens recherchent l'information fournit des indications sur les stratégies de décision.

Quatre des modèles de décision les plus populaires peuvent être distingués selon que les gens comparent les qualités des choix, critère par critère ou choix par choix, ou que la décision est compensatoire ou non. Dans le modèle de l'élimination par aspect, les possibilités sont comparées en fonction de leurs qualités et la décision est non compensatoire. Le modèle conjonctif est comparable mais ne considère qu'une possibilité à la fois; la première possibilité qui satisfait le critère minimal pour chaque qualité est choisie. Les modèles de sommation et de sommation des différences sont tous deux compensatoires parce qu'ils permettent à des qualités positives de compenser les attributs négatifs. Le modèle de sommation attribue un score numérique à chacune des qualités et fait la somme des scores pour déterminer l'intérêt relatif de chacune des possibilités.

Le modèle de sommation des différences compare les possibilités qualité par qualité et détermine la différence entre les scores pour chaque qualité; la somme totale des différences détermine quelle possibilité est la plus intéressante.

Les recherches sur la façon dont les gens sélectionnent une stratégie de décision ont montré que le choix d'une stratégie dépend des caractéristiques de la tâche. Les individus avaient davantage tendance à utiliser une stratégie non compensatoire telle que celle de l'élimination par aspect lorsqu'il existait de nombreuses possibilités et une stratégie compensatoire telle que le modèle de sommation quand il y en avait peu. Bien que les stratégies compensatoires soient plus minutieuses que les stratégies non compensatoires, elles sont néanmoins plus difficiles à utiliser. Une étude portant sur l'efficacité avec laquelle des professionnels pouvaient sélectionner la société le mieux cotée en bourse a montré que l'élimination par aspect était la stratégie la plus efficace. Elle produisait le même niveau de précision dans les résultats que les stratégies de sommation et de sommation des différences mais avec des décisions beaucoup plus rapides.

La prise de risque dans la décision fait référence aux décisions qui ont un rapport avec l'incertitude -par exemple, évaluer les dangers potentiels d'un réacteur nucléaire, contracter une assurance ou poser un diagnostic médical. Pour prendre de bonnes décisions, il est nécessaire de faire des estimations plus précises des probabilités. Les estimations des probabilités sont souvent basés sur des heuristiques qui parfois permettent de faire de bonnes estimations, mais pas souvent. Deux heuristiques sont l'accessibilité et la représentativité. L'heuristique de disponibilité suggère que nous évaluons la probabilité d'un événement en estimant la facilité avec laquelle ces instances peuvent être rappelées. L'heuristique de la représentativité postule que la probabilité d'un événement est estimée en évaluant à quel point il est similaire aux propriétés essentielles de sa population.

La valeur attendue est un procédé normatif permettant de prendre des décisions. Elle est calculée en multipliant la valeur des événements par leur probabilité d'occurrence et en additionnant les produits. L'utilité subjective attendue est une version modifiée de ce procédé dans lequel les valeurs subjectives (les utilités) remplacent les valeurs, et les probabilités subjectives remplacent les probabilités réelles. Le modèle de la valeur attendue peut être encore modifié pour donner la possibilité aux gens d'accorder plus d'importance à certaines composantes du modèle qu'à d'autres.

Les médecins se servent de plusieurs heuristiques pour simplifier la tâche de diagnostic des problèmes médicaux. Ils élaborent des hypothèses tôt dans leur diagnostic pour guider leur récolte de données. Ils semblent utiliser un simple modèle de sommation pour combiner les données, ajoutant le nombre d'indices positifs et leur soustrayant le nombre d'indices négatifs. Cette approche délibérément lente n'est plus possible dans les cas d'urgence. Dans les prises de décisions basées sur l'action, il est nécessaire de trouver rapidement une suite d'actions plutôt que d'évaluer une simple décision événementielle. Le modèle de la décision déclenchée par la reconnaissance (RPD) suggère que le sujet évalue rapidement la situation, se sert de son expertise pour évaluer une seule suite d'actions et évalue pratiquement immédiatement une rétroaction pour déterminer si cette action convient.

Une théorie du schéma de la prise de décision fournit un large cadre pour comparer le modèle RPD avec des modèles plus classiques. La théorie postule que les gens utilisent d'abord une stratégie non compensatoire pour éliminer les possibilités qui ne sont pas suffisamment compatibles avec leurs valeurs et leurs objectifs. Les choix restant possibles sont ensuite minutieusement évalués à l'aide d'une stratégie plus complexe. Cette stratégie est appelée théorie des représentations parce que trois types de représentations influencent les décisions : la représentation de la valeur (croyances et valeurs fondamentales), la représentation de la trajectoire (buts futurs et programme), et la représentation de la stratégie (plans pour réaliser les objectifs). Les décisions de progrès évaluent si les décisions précédentes ont entraîné des progrès satisfaisants dans la réalisation des buts. Le modèle RPD diffère des précédents par la grande importance qu'il accorde à la manière dont les experts peuvent utiliser une stratégie non compensatoire pour faire le bon choix durant l'étape initiale. De rapides rétroactions permettent ensuite aux décisions de progrès d'évaluer si les actions choisies conviennent.

## QUESTIONS DE RÉFLEXION

1. En quoi se distinguent les modèles normatif et descriptif ? Quelle est l'utilité de chacun d'eux ?

2. Essayez de penser aux vrais choix de vie que vous avez dû faire. Par exemple, lors du choix de votre futur lycée, avez-vous utilisé un modèle compensatoire ou un modèle non compensatoire ? Avez-vous utilisé ce même procédé dans toutes les décisions dont vous vous souvenez ?

3. En présumant qu'une recherche d'information est impliquée, Payne a astucieusement divisé le procédé d'étude des prises de décisions. Comment fonctionnait-elle et qu'a-t-il découvert ?

4. Où est le «risque» dans les décisions avec incertitude – par comparaison avec les autres prises de décision ?

5. Si les probabilités des événements ou des conséquences des actions sont inconnues, comment les gens font-ils pour estimer la probabilité d'une occurrence ? Sommes-nous suffisamment habiles pour le faire ?

6. Quelle est la relation entre la taille de l'échantillon et la précision des estimations de la probabilité des événements dans la population d'où il est extrait ?

7. Pourquoi supposez-vous alors que si peu de gens semblent calculer les utilités subjectives attendues, et encore moins des valeurs attendues ? Les loteries resteraient-elles lucratives s'ils le faisaient ?

8. Pouvez-vous penser à des exemples spécifiques dans lesquels votre humeur a pu influencer votre estimation des probabilités ?

Pensez à une expérience que vous pourriez élaborer pour explorer la façon dont l'humeur peut influencer la prise de décisions.

9. Citez quelques différences entre la prise de décisions en situation d'urgence et la prise de décisions en l'absence de contraintes de temps ?

10. Apprécieriez-vous qu'un médecin se serve d'un ordinateur pour l'aider à poser le diagnostic de votre maladie ? Quels pourraient être les avantages d'un logiciel tel que celui qui est présenté dans l'encart 14.5 ? Si vous étiez médecin, comment procéderiez-vous pour décider de vous en acheter un ?

## MOTS-CLEFS

*Le numéro de page entre parenthèses indique où le terme est traité dans ce chapitre*

Aide à la décision (531)

Base de décision (524)

Compatibilité (536)

Décision d'adoption (536)

Décision de progrès (537)

Décision déclenchée par la reconnaissance (534)

Décision événementielle (533)

des différences (509)

Dimensions de risque (525)

Élimination par aspects (510)

Heuristique de disponibilité (515)

Incertitude (515)

Jeux de hasard en duplex (521)

Modèle compensatoire (507)

Modèle conjonctif (511)

Modèle de sommations

Modèle non compensatoire (510)

Modèles de sommation (508)

Modèles descriptifs (506)

Modèles normatifs (506)

Probabilité a priori (520)

Probabilités subjectives (524)

Profit (537)

Recherche satisfaisante. (511)

Représentation de la stratégie (535)

Représentation de la trajectoire (535)

Représentation des valeurs (535)

Représentativité (519)

Théorie des représentations (535)

Utilité (522)

Utilité subjective attendue (524)

Valeur attendue (521)

## LECTURES RECOMMANDÉES

Un article de Payne, Bettman et Johnson (1992) résume les recherches récentes sur la prise de décisions. Un modèle statistique qui a influencé bon nombre d'études en la matière est la régression linéaire multiple. Dawes (1979) a évalué le succès d'une telle approche et Hammond (1971) recommandait l'utilisation d'un modèle linéaire et des rétroactions guidées par ordinateur pour améliorer la performance dans les tâches de prise de décisions. Le développement de la valeur attendue en tant que modèle psychologique a été traité par Payne (1973). Frish et Clemen (1994) font un survol critique récent de cette approche. B. H. Beach (1975) a recensé les études sur les applications des modèles Bayesiens aux décisions prises dans les domaines militaire, économique et médical. D'autres applications comprennent l'étude de la prise de décisions d'une carrière professionnelle (Pitz & Harren, 1980), d'un jury (Penrod & Hastie, 1980) et dans le domaine médical (Fox, 1980). Les recherches sur les biais heuristiques dans les décisions avec prise de risques sont décrites par Kahneman et Tversky (1984) et par Fischloff et Bar-Hillel (1984). *Decision Making in Action : Models and Methods*, édité par Klein, Orasanu, Calderwood & Zsambok (1993) contient plusieurs chapitres sur la prise de multiples décisions basées sur l'action durant une brève période.

## EN FRANÇAIS

Dans le *Traité de psychologie expérimentale*, le chapitre sur les décisions (Bresson, 1972) retrace l'émergence, en psychologie, de préoccupations concernant l'étude mathématique des choix d'actions en fonction des conséquences probables des actions possibles. Gonzalez (1988) présente les modélisations dans le champ de la décision et du jugement. On consultera également deux chapitres du *Traité de psychologie cognitive*. Le chapitre 3 (Caverni, Nguyen-Xuan, Hoc, Politzer, 1990) contient notamment une présentation des activités de jugement, structurée à la fois par le type de jugement et par le type de modèle. Concernant les jugements évaluatifs, les modèles sont distingués en fonction du caractère unidimensionnel ou multidimensionnel de l'activité de jugement. Pour ce qui est des jugements prédictifs, comme les jeux, le cadre probabiliste de la théorie de la décision est présenté, ainsi que les différentes facettes étudiées par Tversky et ses collaborateurs (ancrage-ajustement, disponibilité, représentativité). Le chapitre 5 (Nguyen-Xuan, Richard et Hoc, 1990) traite, entre autres, du rôle des théories décisionnelles dans l'explication du passage de l'intention à l'action; les théories de l'attribution, la théorie de l'action et le modèle de Dörner sur la régulation temporelle des activités y sont aussi présentés. La modélisation des règles de décision joue un rôle important dans la modélisation des activités finalisées (Richard, 1990, chap. 11).

Bresson, F. (1972). Les décisions. In P. Fraisse et J. Piaget (Eds.) *Traité de psychologie expérimentale* (Vol. VIII, p. 239-324). Paris : P.U.F.

Caverni, J.P., Nguyen-Xuan, A., Hoc, J.M., Politzer, G. (1990). Raisonnements formels et raisonnements en situation. In J.F. Richard, C. Bonnet & R. Ghiglione (Eds.), *Traité de psychologie cognitive* (Tome 2-Le traitement de l'information symbolique, p. 103-165). Paris : Dunod.

Gonzalez, M. (1988). Sur la caractérisation des processus cognitifs dans les modèles de jugement. In J.P. Caverni, C. Bastien, P. Mendelsohn et G. Tiberghien (Eds.), *Psychologie cognitive : modèles et méthodes*. Grenoble : P.U.G.

Nguyen-Xuan, A., Richard, J.F., Hoc, J.M. (1990). Le contrôle de l'activité. In J.F. Richard, C. Bonnet & R. Ghiglione (Eds.), *Traité de psychologie cognitive* (Tome 2 - Le traitement de l'information symbolique, p. 207-245). Paris : Dunod.

Richard, J.F. (1990). *Les activités mentales. Comprendre, raisonner, trouver des solutions*. Paris : Colin.

# Glossaire

**Acquisition centrée sur le fait.** Encodage du matériel de telle sorte qu'il souligne la connaissance du fait sans souligner son application.

**Acquisition centrée sur le problème.** Encodage du matériel de telle sorte qu'il soit utile à la résolution d'un problème subséquent.

**Acquisition de connaissances.** Stockage de l'information dans la MLT.

**Activation.** Etat physiologique qui influence la distribution des ressources mentales dans différentes tâches.

**Aide à la décision.** Outil aidant à prendre de meilleures décisions.

**Algorithme.** Ensemble de règles qui permettent de résoudre un problème lorsqu'elles sont correctement suivies.

**Altération lexicale.** Substitution d'un mot par un autre de sens similaire dans une phrase.

**Altération sémantique.** Changement de l'ordre des mots dans une phrase, qui entraîne son changement de sens.

**Ambiguïté de surface.** Double sens d'une phrase qui peut être élucidé par différentes règles de structuration de phrase.

**Ambiguïté lexicale.** Polysémie d'un mot.

**Ambiguïté sous-jacente.** Double sens d'une phrase qui ne peut pas être élucidé par différentes règles de structuration de phrase.

**Anagramme.** Problème qui nécessite de réarranger une série de lettres pour former un mot.

**Analogie.** Similarité de solution, pour résoudre un problème à partir de la solution à un problème comparable.

**Analyse fins et moyens.** Stratégie qui peut être utilisée pour résoudre des problèmes de transformation en éliminant des différences entre l'état initial et l'état-but.

**Analyse par regroupement hiérarchique.** Analyse qui sépare et/ou regroupe des formes dans des catégories de formes similaires en divisant les plus larges en catégories de plus en plus restreintes.

**Aphasie de Broca.** Trouble du langage attribué à une lésion causée au niveau du lobe frontal de l'hémisphère gauche.

**Aphasie de Wernicke.** Trouble du langage attribué à une lésion causée au niveau du lobe temporal de l'hémisphère gauche.

**Apprentissage de règle.** Tâche d'identification de concept dans laquelle les sujets sont informés des attributs pertinents à considérer (comme *petit*, *carré*) mais ont à découvrir la règle logique.

**Apprentissage des attributs.** Tâche d'identification de concept dans laquelle les sujets sont informés de la règle logique (telle que la règle conjonctive) mais doivent découvrir les attributs pertinents à considérer.

**Apprentissage involontaire.** Apprentissage qui se produit lorsque nous ne faisons pas consciemment d'efforts pour apprendre.

**Apprentissage par mémorisation.** Apprentissage par répétition plutôt qu'au moyen de la compréhension.

**Apprentissage sériel.** Apprentissage d'items dans un ordre spécifié.

**Arcs.** Format adopté pour représenter les relations dans un réseau sémantique.

**Associations primaires.** Associations fortes entre différents mots comme instrument de mesure de l'association.

**Atténuation.** Diminution de la perception de l'intensité d'un message lorsque le sujet n'y prête pas attention.

**Autodétermination.** Détermination des items par les participants d'une expérience et non par l'expérimentateur.

**Autorépétition de maintien.** Répétition qui maintient l'information active dans la MCT.

**Balayage.** Comparaison séquentielle d'un item critique avec les items de la MCT pour déterminer s'il existe une correspondance.

**Balayage visuel.** Déplacement de l'attention dans l'environnement visuel ou dans une image mentale.

**Base de décision.** Conception de la situation de prise de décision par le sujet.

**Bêta (ß).** Position du critère de réponse dans un test de reconnaissance mnémonique qui détermine si un item est estimé ancien ou nouveau.

**Boucle phonologique (ou articulatoire).** Composante du modèle de la mémoire de travail de Baddeley qui maintient et manipule l'information acoustique.

**Cadre.** Temps et lieu dans lesquels les événements du récit se produisent.

**Canal perceptuel à capacité limitée.** L'étape de la reconnaissance des formes dans le modèle de Broadbent qui est protégée par le filtre (l'attention) d'une éventuelle surcharge d'informations provenant de la perception.

**Capacité de mémoire de travail.** Quantité d'informations qui peut être gardée active dans la mémoire de travail.

**Caractéristique distinctive.** Caractéristique présente dans une forme, mais absente dans une autre, qui facilite la discrimination des deux formes.

**Caractéristiques de définition.** Caractéristiques nécessaires pour être membre d'une catégorie.

**Caractéristiques secondaires.** Caractéristiques habituellement présentes parmi les membres d'une catégorie mais qui ne sont pas obligatoires.

**Caractéristiques sémantiques.** Attributs représentant la signification d'un concept.

**Caricature.** Exagération des caractéristiques distinctives rendant une forme encore plus distinctive.

**Catégories.** Regroupement d'items stockés en tant qu'unités dans la mémoire à long terme.

**Catégories du niveau de base.** Catégories du milieu de la hiérarchie, à l'exemple des tables, scies et camions.

**Catégories élaborées selon des objectifs.** Catégories dont les membres sont sélectionnés pour répondre à un objectif spécifié.

**Catégories subordonnées.** Petites catégories du bas de la hiérarchie, telles que lampe de chevet, tournevis cruciforme et camionnette.

**Catégories supérieures.** Grandes catégories du sommet de la hiérarchie, telles que mobilier, outils et véhicules.

**Chemin.** Arc joignant deux concepts dans un réseau sémantique.

**Codage.** Elaboration sémantique de l'information qui rend celle-ci plus facile à récupérer.

**Codage phonétique.** Code mnémonique qui souligne la prononciation du stimulus.

**Codage sémantique.** Code mnémonique qui souligne la signification du stimulus.

**Codage structural.** Code mnémonique qui souligne la structure physique du stimulus.

**Codes acoustiques.** Codes mnémoniques basés sur le son d'un stimulus.

**Codes mnémoniques.** Format (physique, phonétique, sémantique) d'une information encodée dans la mémoire.

**Codes sémantiques.** Codes mnémoniques basés sur la signification d'un stimulus.

**Cohérence globale.** Intégration des idées principales évoquées au cours d'un récit.

**Cohérence locale.** Intégration des idées au sein d'un contexte immédiat dans un texte.

**Compatibilité.** Effet de cohérence d'une suite d'actions avec les croyances et les valeurs d'une personne.

**Composante de balayage visuel.** Dans le modèle de Sperling, composante de l'attention qui détermine ce qui est reconnu dans le stockage d'informations visuelles.

**Concentration.** Effort mental investi dans une ou plusieurs tâches.

**Confusion perceptuelle.** Mesure de la fréquence avec laquelle deux formes sont erronément considérées comme identiques.

**Confusions acoustiques.** Erreurs qui présentent une sonorité comparable à la bonne réponse.

**Connaissance par défaut** Connaissance se rapportant aux valeurs des attributs les plus comparables dans un schéma.

**Connaissance dans l'espace.** Connaissance des relations dans l'espace qui peuvent être stockées sous la forme d'images.

**Connaissance verbale.** Connaissance exprimée sous la forme du langage.

**Connaissances déclaratives.** Connaissances des informations factuelles.

**Connaissances procédurales.** Connaissances qui lient les actions aux buts.

**Connaissances spécifiques à un domaine.** Connaissances portant sur un sujet spécifique, tel que les échecs ou la physique.

**Connexions d'excitation.** Réactions aux indices positifs d'un concept, comme dans le cas où une ligne verticale renforce la probabilité qu'une lettre puisse être un *K*.

**Connexions d'inhibition.** Réactions aux indices négatifs d'un concept, comme dans le cas où une ligne verticale renforce la probabilité qu'une lettre ne puisse pas être un *C*.

**Contrôle de la réalité.** Distinction entre les événements réels et les événements imaginaires.

**Créativité.** Création d'une production ou d'une solution novatrice et utile.

**d prime (d').** Mesure de la précision dans un test de reconnaissance mnémonique basée sur la capacité de faire la différence entre de nouveaux et d'anciens items.

**Décision d'adoption.** Sélection initiale d'une suite d'actions.

**Décision de progrès.** Réévaluation d'une décision initiale pour déterminer si la suite d'actions choisie peut être poursuivie.

**Décision déclenchée par la reconnaissance.** — ndt — **Recognition-primed decision** Décision prise rapidement après la reconnaissance d'une situation.

**Décision événementielle.** Décision prise dans une situation changeante, seule plutôt que sous la forme d'une séquence de décisions.

**Dénouement.** Issue de l'intrigue.

**Diagrammes de Venn.** Diagramme qui présente un ensemble de relations (telles que des chevauchements) parmi des catégories.

**Diffusion de l'activation.** Construit théorique qui propose que l'activation se diffuse dans un réseau sémantique à partir d'un concept pour activer d'autres concepts liés.

**Dimension concret/abstrait.** Mesure dans laquelle un concept peut être représenté par une image.

**Dimensions permanentes.** Attributs qui peuvent prendre n'importe quelle valeur en fonction d'une dimension stable.

**Dimensions de risque.** Composantes d'un jeu de hasard telles que la probabilité de gagner ou le montant de la perte.

**Discrimination émotionnelle.** Items provoquant une réaction émotionnelle intense.

**Discrimination orthographique.** Mots minuscules présentant une composition inhabituelle.

**Discrimination primaire.** Item se distinguant des autres items dans le contexte immédiat.

**Discrimination secondaire.** Item discriminatoire des items stockés dans la MLT.

**Dispositions stables.** Qui influencent l'orientation de l'attention de façon involontaire.

**Dissipation de l'interférence proactive.** Réduction de l'interférence proactive obtenue en augmentant la dissimilarité entre l'information et les objets précédents.

**Distribution des ressources.** Partage d'une quantité limitée de ressources entre différentes tâches.

**Distribution des traitements parallèles.** Collecte simultanée de l'information à différentes sources, combinées pour arriver à une décision.

**Effet contextuel.** Influence du contexte environnemental pour la reconnaissance des formes.

**Effet de la position sérielle.** Capacité de mieux se rappeler les mots du début et de la fin d'une liste que les mots intermédiaires.

**Effet de la taille de la catégorie.** Les membres des catégories les plus petites sont plus rapidement classés que les membres de grandes catégories.

**Effet de primauté.** Meilleur rappel des mots du début d'une liste.

**Effet de primauté du mot.** Le fait que la précision de la reconnaissance d'une lettre est meilleure quand la lettre fait partie d'un mot que quand elle est présentée isolément ou dans un mot inexistant.

**Effet de récence.** Meilleur rappel des mots de la fin d'une liste.

**Effet de typicalité.** Les membres les plus typiques d'une catégorie sont classés plus rapidement que les membres moins typiques de la même catégorie.

**Effet fan.** L'augmentation du nombre d'arcs connectés à un concept accroît le temps de vérification de chacun d'eux.

**Effet Stroop.** Découverte qu'il est plus long de nommer le nom de la couleur de l'encre utilisée pour écrire un mot lorsque ce mot est le nom d'une couleur et que les réponses sont donc en compétition (par exemple, comme pour le mot *rouge* écrit en bleu).

**Effort mental.** Quantité d'énergie mentale exigée pour la réalisation d'une tâche.

**Elaboration imprécise.** Fait de fournir ou générer du matériel supplémentaire non lié au matériel à mémoriser.

**Elaboration précise.** Fait de fournir ou générer du matériel supplémentaire clairement associé au matériel à mémoriser.

**Elimination par aspect.** Stratégie qui évalue une qualité à la fois et rejette les possibilités dont les valeurs des qualités ne parviennent pas à satisfaire à un critère minimal.

**Empan mnémonique auditif.** Nombre d'items rappelés à partir de la MCT suite à la présentation auditive d'items.

**Empan mnésique.** Nombre exact d'items que les individus peuvent immédiatement se rappeler à partir d'une séquence d'items.

**Encodage.** Création d'un code visuel ou verbal à partir d'un item critique, de façon qu'il puisse être comparé avec les codes mnémoniques des items stockés dans la MCT.

**Entrevue cognitive.** Utilisation des techniques de rappel cognitif pour améliorer les souvenirs.

**Erreurs d'interversion.** Erreurs dans lesquelles deux unités linguistiques sont permutées dans la prononciation d'une phrase.

**Espace-problème.** Ensemble de choix auxquels est confronté un sujet à chaque étape de la résolution d'un problème.

**Etape de sélection.** Etape qui suit la reconnaissance des formes et qui détermine de quelle information un individu pourra tenter de se souvenir.

**Etudes naturalistes.** Etudes de l'impression d'avoir un mot sur le bout de la langue, où le sujet enregistre ces événements à mesure qu'ils se produisent, hors des conditions de laboratoire.

**Explication par la récupération mnémonique.** Proposition que les gens résolvent des problèmes de raisonnement dans des situations familières en récupérant dans leur mémoire des exemples spécifiques.

**Extrapolation de séries.** Problème qui nécessite de trouver une forme parmi une séquence d'items pour continuer la séquence sous une forme identique.

**Familiarité.** Estimation du degré de familiarité d'un item dans un contexte particulier.

**Fausse alerte.** Rappel erroné, de la part d'un observateur, d'un signal dans une tâche de détection de signaux ou d'un item qui n'avait pas été présenté dans une tâche sur la mémoire de reconnaissance.

**Fenêtre d'attention.** Focalisation de l'attention sur une partie de la zone visuelle tampon dans le modèle de Kosslyn.

**Filtre.** Partie de l'attention dans laquelle certaines informations liées à la perception sont bloquées (filtrées) et non reconnues, alors que d'autres informations reçoivent de l'attention et sont par conséquent reconnues.

**Flashes de mémoire.** Mémoires d'événements importants qui entraînent une réaction émotionnelle.

**Flux sanguin cérébral.** Mesure du flux sanguin pour localiser l'endroit où les opérations cognitives s'effectuent dans le cerveau.

**Formes préinventives.** Objets créés avant qu'en soit déterminée l'utilité.

**Formules d'intelligibilité.** Formules qui utilisent des variables telles que la fréquence des mots et la longueur des phrases pour prévoir l'intelligibilité d'un texte.

**Générateur.** Capacité de produire beaucoup de messages différents en combinant les symboles de différentes façons.

**Geons.** Volumes élémentaires tridimensionnels qui peuvent être combinés pour constituer diverses formes tridimensionnelles

**Gradient.** Mesure de l'évolution du temps de réponse en fonction du changement d'unité sur l'axe des abscisses (longueur de la séquence mnémonique).

**Grammaire de structuration des phrases.** Série de règles permettant de diviser une phrase en unités grammaticales.

**Grammaire.** Série de règles pour produire correctement des phrases dans une tâche de décision lexicale (10.W)langue.

**Grammaire transformationnelle.** Série de règles de transformation d'une phrase en une phrase comparable.

**Hallucinations.** Evénements imaginaires ou images mentales perçues comme étant réelles.

**Heuristique de disponibilité.** Facilité avec laquelle des exemples peuvent être rappelés pour aider à l'estimation d'une probabilité.

**Heuristiques de correction des erreurs.** Stratégies pour corriger les erreurs de compréhension.

**Heuristiques.** Stratégies qui sont souvent utiles, mais pas systématiquement, pour résoudre des problèmes.

**Idéaux.** Valeurs élaborées et attribuées selon des objectifs, qui se rapportent au but d'une catégorie.

**Identification du concept.** Tâche qui nécessite la prise de décision qu'un item est un exemple du concept, les concepts étant habituellement définis par des règles logiques.

**Illustration interactive.** Illustration dans laquelle les concepts clefs interagissent.

**Illustration non interactive.** Illustration dans laquelle les concepts clefs n'interagissent pas.

**Image mentale.** Création d'images mentales pour rendre l'objet à apprendre plus facile à rappeler.

**Imagerie par résonance magnétique.** Technique de diagnostic utilisant des champs magnétiques et leurs images informatisées pour localiser l'activité mentale dans le cerveau.

**Images bizarres.** Images fantastiques ou inhabituelles.

**Incertitude.** Absence de connaissance des événements qui vont se produire.

**Inférence.** Etablissement raisonné des relations dans un texte quand ces dernières ne sont pas clairement établies.

**Information interne.** Information générée par les pensées d'une personne par opposition aux **infor**mations externes qui sont issues de l'environnement.

**Information relationnelle.** Information spécifiant la façon dont les concepts sont reliés.

**Insight.** Découverte soudaine d'une solution suite à des tentatives infructueuses de résolution d'un problème.

**Insuffisance visuelle.** Incapacité de répondre à une stimulation visuelle dans la partie du champ visuel qui se situe à l'opposé de la lésion cérébrale.

**Intelligence artificielle.** Etude des procédés de programmation informatique d'ordinateurs capables de réaliser des tâches nécessitant de l'intelligence.

**Intelligibilité.** Nombre de propositions rappelées, divisé par le temps de lecture.

**Intentions momentanées.** Décisions conscientes de distribuer notre attention vers certaines tâches particulières ou certains aspects de l'environnement.

**Interférence proactive.** Oubli dont la cause est une interférence avec un objet rencontré avant l'apprentissage.

**Interférence rétroactive.** Oubli dont la cause est une interférence avec un objet rencontré après l'apprentissage.

**Intervalle interstimulus.** Quantité de temps s'écoulant entre la fin d'un stimulus et le début d'un autre.

**Interversions de morphèmes.** Erreurs dans lesquelles deux morphèmes sont permutés dans la prononciation d'une phrase.

**Interversions de mots.** Erreurs dans lesquelles deux mots sont permutés dans la prononciation d'une phrase.

**Interversions de phonèmes.** Erreurs dans lesquelles deux phonèmes sont permutés dans la prononciation d'une phrase.

**Intrigue.** Séquence des événements liés à la réalisation des objectifs dans un récit.

**Item discriminatoire.** Item différant selon l'apparence ou le sens des autres items.

**Jeu de hasard en duplex.** Jeu de hasard dans lequel la probabilité de gagner est indépendante de la probabilité de perdre.

**Langage.** Série de symboles et des règles qui les combinent, au moyen desquels nous pouvons exprimer une variété infinie de messages.

**Lapsus.** Erreur langagière inconsciente.

**Le traitement humain de l'information.** Approche psychologique qui tend à identifier ce qui se produit au cours des différentes étapes (attention, perception, mémoire à court terme) du traitement de l'information.

**Les théories structurales de la reconnaissance des formes.** Théories qui analysent la façon dont les caractéristiques d'une forme sont jointes les unes aux autres.

**Mémoire à court terme (MCT).** Partie de la mémoire ayant une capacité limitée de 20 à 30 sec. en l'absence d'attention volontaire envers son contenu.

**Mémoire à long terme (MLT).** Partie de la mémoire sans limite de capacité et préservant l'information pendant une durée variant de quelques minutes à une vie entière.

**Mémoire autobiographique.** Mémoire de nos propres expériences.

**Mémoire de reconnaissance.** Rappel d'un item précédemment apparu dans un contexte spécifique.

**Mémoire de travail.** Utilisation de la MCT comme lieu de stockage de l'information nécessaire à la réalisation d'une tâche particulière.

**Mémoire dépendante de l'affect.** Mémoire améliorée, du fait que les gens sont testés dans des conditions qui recréent l'état affectif dans lequel ils apprenaient le matériel.

**Mémoire épisodique.** Mémoire d'événements particuliers, incluant quand et où ils se sont produits.

**Mémoire explicite.** Mémoire évaluée par les tests directs de la mémoire (voir ci-dessus).

**Mémoire implicite.** Mémoire évaluée par les tests indirects de la mémoire (voir ci-dessus).

**Mémoire procédurale.** Mémoire des actions, des compétences et des savoirs opératoires.

**Mémoire sémantique.** Mémoire des savoirs généraux qui ne sont pas associés à un contexte particulier.

**Mémorisation incidente.** Tâche dans laquelle les sujets doivent estimer des stimuli sans savoir qu'ils seront testés par la suite sur la rétention de ces stimuli.

**Mesure de la compétence.** Preuve que les instructions dans un programme informatique sont capables de résoudre un problème.

**Méthode des loci.** Moyen mnémotechnique pour apprendre l'ordre d'objets en les imaginant à un emplacement spécifique.

**Méthode des mots clefs.** Stratégie mnémotechnique qui utilise des mots clés pour améliorer la mémorisation de paires de mots associés.

**Modèle compensatoire.** Stratégie qui permet aux attributs positifs de compenser les négatifs.

**Modèle conjonctif.** Stratégie qui évalue une possibilité à la fois, en la rejetant si la valeur d'un des attributs de cette alternative ne satisfait pas au critère minimal.

**Modèle d'activation interactive.** Théorie qui propose que la connaissance des caractéristiques et celle des mots se combinent pour fournir une information sur l'identité des lettres composant un mot.

**Modèle de comparaison des caractéristiques.** Modèle qui suggère que les items sont catégorisés en mettant en correspondance leurs caractéristiques et les caractéristiques des catégories.

**Modèle de la diffusion de l'activation.** Modèle qui prend en compte les temps de réponse en formulant des hypothèses sur la façon dont se diffuse l'activation dans un réseau sémantique.

**Modèle de réseau neuronal.** Théorie qui utilise le réseau neuronal en tant que métaphore dans laquelle les concepts nœuds sont liés à d'autres concepts par le biais des connexions d'inhibition et d'excitation.

**Modèle de sommations des différences.** Stratégie qui compare deux possibilités en totalisant les différences de valeur de chaque qualité.

**Modèle du réseau hiérarchique.** Modèle qui propose que les items sont catégorisés en utilisant les relations hiérarchiques spécifiées dans un réseau sémantique.

**Modèle filtre.** Proposition qu'un phénomène d'entonnoir se produit avant la reconnaissance des formes et que c'est l'attention qui détermine quelle information peut accéder à l'étape de la reconnaissance des formes.

**Modèle mental.** Représentation mentale d'une situation.

**Modèle non compensatoire** Stratégie qui rejette des possibilités qui possèdent des attributs négatifs sans que soient considérés les attributs positifs.

**Modèle situationnel.** Intégration des connaissances antérieures et de l'information extraite d'un texte pour élaborer une compréhension de la situation décrite dans ce texte.

**Modèles de sommation.** Stratégies dans lesquelles les valeurs des attributs sont additionnées pour donner un score à chacune des alternatives.

**Modèles descriptifs.** Modèles qui décrivent ce que les gens font réellement.

**Modèles normatifs.** Modèles qui décrivent ce que les gens devraient faire.

**Morphèmes.** Les plus petites unités signifiantes dans une langue.

**Mot sur le bout de la langue (MBL).** Etat de récupération dans lequel une personne sent qu'elle sait l'information mais ne parvient pas à la récupérer immédiatement.

**Mot-clef.** Mot concret qui sonne comme un mot abstrait, de sorte qu'il peut être substitué au mot abstrait dans une image interactive.

**Moyens mnémotechniques.** Stratégies qui améliorent la mémoire.

**Neurosciences cognitives.** Etude de la relation entre les processus cognitifs et l'activité cérébrale.

**Nœud.** Format utilisé pour représenter les concepts dans un réseau sémantique.

**Obstacles.** Evénements qui retardent ou empêchent la réalisation d'un objectif.

**Omission.** Oubli d'un observateur qui ne parvient pas à se rappeler le signal dans une tâche de détection de signaux ou un item déjà présenté dans une tâche sur la mémoire de reconnaissance.

**Opérateurs.** Actions sélectionnées pour résoudre les problèmes.

**Organisation hiérarchique.** Stratégie d'organisation dans laquelle de grandes catégories sont divisées en catégories plus petites.

**Paradigme de la détection.** Processus dans lequel un observateur doit spécifier laquelle de deux formes cibles est présente dans un dispositif présentant un ensemble de formes.

**Paraphrase.** Utilisation de mots différents pour exprimer les mêmes idées d'une phrase.

**Perspective.** Point de vue particulier.

**Pertinence.** Ampleur avec laquelle un adjectif (tel que la taille) modifie de façon significative un nom particulier.

**Phonèmes.** Sons de base d'une langue qui sont combinés pour former un langage parlé.

**Phrases à faibles contraintes.** Phrases induisant l'attente d'un large éventail de mots.

**Phrases à fortes contraintes.** Phrases qui induisent une forte attente pour un mot particulier.

**Phrases ambiguës.** Phrases qui peuvent signifier plusieurs choses.

**Plan.** Série d'opérations ordonnée sequentiellement pour la réalisation d'une tâche.

**Potentiels évoqués endogènes.** Enregistrement des ondes cérébrales pour mesurer les opérations cognitives.

**Potentiels évoqués par les événements.** Technique de diagnostic qui utilise des électrodes placées sur le cuir chevelu pour mesurer la durée des ondes cérébrales pendant la réalisation de tâches mentales.

**Pourcentage de regroupement.** Pourcentage du nombre de fois où un mot d'une paire d'association primaire est suivi par l'autre mot dans le libre rappel des mots.

**Prédisposition.** Réduction du temps de traitement d'un concept dû à la présentation préalable d'une information qui lui est liée.

**Principe d'encodage spécifique.** Théorie qui postule que l'efficacité des indices de récupération dépend de l'importance de sa relation avec l'encodage initial de l'item.

**Probabilité a priori.** Probabilité qu'un événement se produise avant d'obtenir des indices supplémentaires concernant son occurrence.

**Probabilités subjectives.** Probabilités estimés sur la base de représentations subjectives de la part de celui qui prend la décision.

**Problème d'analogie.** Problème à quatre termes qui nécessite de trouver la réponse qui complète la relation : A est à B ce que C est à D.

**Problème d'induction de structures.** Problème qui nécessite de trouver une forme parmi un ensemble de relations fixées.

**Problème de transformation.** Problème qui nécessite de changer un état initial grâce à une séquence d'opérations, jusqu'à ce qu'il corresponde à l'état-but.

**Problème d'arrangement.** Problème qui nécessite de réarranger des éléments pour satisfaire un critère spécifié.

**Problèmes isomorphes.** Problèmes qui ont des contenus différents mais des solutions identiques.

**Procédé de compte rendu global.** Tâche où il est demandé aux sujets de rappeler tout ce qu'ils voient lors d'une présentation d'items.

**Procédé de compte rendu partiel.** Tâche où il est demandé aux sujets de ne rappeler que certains items de la présentation d'un ensemble d'items.

**Processus de contrôle.** Stratégies qui déterminent de quelle façon l'information est traitée.

**Profit.** Evaluation d'alternatives compatibles permettant de choisir la meilleure.

**Profondeur de traitement.** Théorie qui suggère que les traitements les plus "élaborés" (sémantiques) améliorent la mémoire.

**Programmes de simulation.** Programmes informatiques qui tentent de reproduire les opérations utilisées par les personnes pour réaliser une variété de tâches.

**Propositions.** Généralement, ensemble de mots porteurs de sens.

**Protocoles verbaux.** Enregistrement des processus de pensée verbalisés.

**Prototype.** Item typique d'une catégorie qui est utilisé pour représenter la catégorie.

**Psychologie cognitive.** Etude des opérations mentales permettant aux personnes d'acquérir et d'utiliser des connaissances.

**Rappel guidé.** Rappel qui se produit avec des indications ou des indices, tels que ceux fournis par les questions posées durant une tâche de jugement

**Rappel non guidé.** Rappel qui se produit en l'absence d'indications ou d'indices fournis par l'expérimentateur.

**Recherche ciblée.** Recherche qui s'arrête dès que l'item critique correspond bien à l'un des items de la séquence mnémonique.

**Recherche de réintégration.** Recherche de mots dans la MLT permettant de les placer dans la MCT où ils peuvent être utilisés pour être intégrés dans un texte

**Recherche exhaustive.** Recherche qui continue jusqu'à ce que l'item critique ait été comparé à tous ceux de la séquence mnémonique.

**Recherche satisfaisante.** Stratégie qui suit le modèle conjonctif et donc choisit la première possibilité qui satisfait le critère minimal.

**Reconnaissance des formes.** Etape de la perception durant laquelle un stimulus est identifié.

**Récupérations spontanées.** Récupérations qui se produisent sans avoir à faire d'efforts conscients pour se rappeler une information.

**Registre d'information sensorielle.** Partie de la mémoire capable de maintenir l'information sensorielle non analysée pendant une fraction de seconde, fournissant ainsi au sujet la possibilité d'une analyse supplémentaire une fois la stimulation physique terminée.

**Registre d'information sensorielle.** Partie de la mémoire qui maintient des informations non analysées pendant une fraction de seconde, offrant l'opportunité d'effectuer des analyses additionnelles après la disparition physique du stimulus.

**Règle biconditionnelle.** Règle qui utilise la relation logique *si, alors* pour lier les attributs stimulus dans les deux sens, comme (1) *si petit, alors carré* et (2) *si carré, alors petit*.

**Règle conditionnelle.** Règle qui utilise les relations logiques *et, alors* pour relier des attributs du stimulus, telles que *si petit, alors carré*.

**Règle conjonctive.** Règle qui utilise la relation logique *et* pour relier des attributs du stimulus, telle que *petit et carré*.

**Règle de la distance moyenne.** Stratégie de classification qui sélectionne la catégorie contenant les items qui ont la similarité moyenne la plus élevée pour l'item à classer.

**Règle de la fréquence des caractéristiques.** Stratégie de classification qui sélectionne la catégorie qui a le plus de correspondances de caractéristiques avec l'item à classer.

**Règle de production.** Règle conditionnelle qui spécifie la condition prérequise pour accomplir une action.

**Règle disjonctive.** Règle qui utilise la relation logique *ou* pour relier des attributs du stimulus, telle que *petit ou carré*.

**Règle du plus proche voisin.** Stratégie de classification qui sélectionne la catégorie contenant l'item le plus similaire à l'item à classer.

**Règle du prototype.** Stratégie de classification qui sélectionne la catégorie dont le prototype est le plus similaire à l'item à classer.

**Règles d'activation.** Règles qui déterminent comment les connections d'excitation et d'inhibition se combinent pour déterminer l'activation totale d'un concept.

**Règles logiques.** Règles basées sur des relations logiques, telles que les règles conjonctive, disjonctive, conditionnelle et biconditionnelle.

**Relation causale.** Lien de dépendance d'un événement, dès lors qu'il résulte de l'occurrence d'un autre événement.

**Répétition.** Répétition verbale de l'information pour la garder active dans la MCT ou pour la transférer dans la MLT.

**Représentation de la stratégie.** Plans pour réaliser ces objectifs.

**Représentation de la trajectoire.** Projets d'avenir et buts poursuivis dans la vie par une personne.

**Représentation des valeurs.** Croyances et valeurs fondamentales aux yeux d'une personne.

**Représentation parallèle.** Représentation de la connaissance dans laquelle plus d'un item peut être traitéen même temps.

**Représentation séquentielle.** Représentation de la connaissance dans laquelle un seul item peut être traité à la fois.

**Représentativité.** Mesure de l'aspect typique de l'item en tant que membre d'une catégorie.

**Réseau sémantique.** Théorie qui suggère que l'information sémantique est organisée dans la MLT en connectant des concepts entre eux.

**Rigidité fonctionnelle.** Tendance à utiliser un objet d'une façon classique.

**Schéma d'obligation.** Connaissance du fait que procéder à une action (telle que payer une pension) est nécessaire si un prérequis (tel qu'être à la retraite) est rempli.

**Schéma de permission.** Connaissance du fait que procéder à une action (telle qu'entrer dans un pays) nécessite de remplir une condition prérequise (telle qu'être vacciné).

**Schéma.** Structure générale de connaissances qui fournit un cadre pour organiser des regroupements de connaissances.

**Schéma.** Forme non analysée qui est comparée avec d'autres formes en utilisant le taux de recouvrement comme mesure de la similarité.

**Schémas de raisonnements pragmatiques.** Structures de connaissances organisées utilisées pour évaluer des situations pratiques telles que chercher à obtenir une permission ou remplir une obligation.

**Sciences cognitives.** Effort interdisciplinaire pour étudier la cognition au travers de domaines tels que la psychologie, la philosophie, l'intelligence artificielle, les neurosciences, la linguistique et l'anthropologie.

**Script.** Connaissance de ce qui se passe lors des activités routinières.

**Sélectivité.** Aspects sélectifs de l'attention - nous prêtons attention à certains aspects de l'environnement et nous en ignorons d'autres.

**Séquence mnémonique.** Séquence d'items dans la MCT qui peut être comparée avec l'item critique pour déterminer si celui-ci y est effectivement stocké.

**Seuil d'activation.** Quantité minimale d'activation nécessaire pour la prise de conscience d'un stimulus.

**Situation d'écoute dichotique.** Situation expérimentale dans laquelle on demande aux sujets de répéter à haute voix, au fur et à mesure de l'audition d'un message.

**Sous-but.** But qui constitue la résolution d'une partie d'un problème.

**Sous-nœuds.** Nœuds qui relient des idées liées ensemble dans le réseau sémantique.

**Stéréotypes.** Valeurs d'attributs supposées être représentatives des catégories sociales.

**Stimulus-Réponse (S-R).** Approche qui souligne l'association entre un stimulus et une réponse, sans identifier les opérations mentales qui produisent cette réponse.

**Stockage de l'information auditive.** Dans le modèle de Sperling, l'opération qui maintient l'information verbale dans la MCT tout au long de la répétition.

**Stockage de l'information visuelle (SIV).** Registre d'information sensorielle qui maintient l'information visuelle durant approximativement un quart de seconde.

**Stratégie d'apprentissage contrôlé.** Stratégie dans laquelle celui qui apprend décide quels sont les items à étudier durant les épreuves d'apprentissage.

**Stratégie d'exploration.** Stratégie pour déterminer comment utiliser une forme préinventive.

**Stratégie de génération.** Stratégie de production de formes préinventives.

**Stratégie prospective.** Sélection des informations pertinentes pour résoudre un problème selon l'ordre dans lequel elles devraient être utilisées dans la solution.

**Stratégie sensible aux réponses.** Stratégie générée par un ordinateur qui utilise les réponses précédentes de celui qui apprend, pour décider quels sont les items qui doivent être présentés durant les épreuves d'apprentissage.

**Stratégies de récupération.** Stratégies pour se rappeler les informations contenues dans la MLT.

**Stratégies générales.** Stratégies (heuristiques) s'appliquant à de nombreuses situations mais qui ne produisent pas systématiquement de solution.

**Structure de surface.** Structure d'une phrase prononcée.

**Structure profonde.** Sens sous-jacent d'une phrase.

**Structuré.** Organisation imposée à une langue par ses règles de grammaire.

**Subvocalisation.** Monologue silencieux.

**Supprimer.** Eliminer les sens inappropriés dans une phrase.

**Symbolique.** Utilisation de symboles, tels que les mots prononcés ou écrits, pour représenter des idées.

**Système de traitement visuo-spatial.** Composante du modèle de la mémoire de travail de Baddeley qui maintient et manipule l'information visuelle/spatiale.

**Système exécutif central.** Composante du modèle de la mémoire de travail de Baddeley qui gère l'utilisation de la mémoire de travail.

**Tableau de connexions.** Tableau qui lie les différences d'états d'un problème aux opérateurs qui éliminent ces différences.

**Tâche de décision lexicale.** Tâche dans laquelle les sujets doivent décider si une série de lettres constitue un mot.

**Tâche de détection d'un signal.** Tâche qui demande aux observateurs de rapporter si un signal a été émis.

**Tâche de jugement absolu.** Tâche qui consiste à identifier des stimuli variant le long d'un unique continuum sensoriel.

**Tâche de sélection de Wason.** Tâche de raisonnement qui nécessite de décider quelles cartes parmi quatre cartes proposées devraient être retournées pour évaluer une règle conditionnelle.

**Tâche orientée.** Consignes données pour focaliser l'attention sur un aspect particulier (physique, phonétique, sémantique) d'un stimulus.

**Tâche subsidiaire.** Tâche qui mesure habituellement la vitesse de réaction des gens face à une stimulus ponctuel et qui permet d'évaluer la demande de ressources nécessaires pour la réalisation de la tâche primaire.

**Tachystoscope.** Boîte présentant des stimuli visuels durant un temps déterminé et selon un certain niveau d'illumination.

**Tests de mémoire directs.** Tests dans lesquels on demande aux gens de se rappeler ou de reconnaître les événements passés.

**Tests de mémoire indirects.** Tests où les événements passés ne sont pas l'objet de demandes explicites mais sont néanmoins influencés par la mémoire des événements passés.

**Thème.** Objectif principal des personnages d'un récit.

**Théorie de l'interférence.** Proposition soutenant que l'oubli se produit parce que d'autres objets interfèrent avec l'information dans la mémoire.

**Théorie de la détérioration.** Proposition soutenant que l'information est spontanément perdue au cours du temps, même en l'absence de l'interférence d'autres objets.

**Théorie des fréquences.** Théorie qui explique la facilité d'apprentissage des attributs par la fréquence d'apparition de ceux-ci dans les exemples positifs et négatifs du concept.

**Théorie des propositions.** Théorie dans laquelle toute connaissance peut être exprimée par des propositions sémantiques, y compris les connaissances dans l'espace.

**Théorie des représentations.** Cadre général pour modéliser les décisions en considérant les valeurs, les projets et les objectifs futurs d'une personne.

**Théorie du double codage.** Théorie qui postule que la mémoire est améliorée lorsque les items peuvent être à la fois représentés par des codes mnémoniques visuels et verbaux.

**Théorie multimodale.** Théorie qui propose que les intentions des personnes et les demandes de la tâche déterminent l'étape du traitement de l'information au niveau de laquelle cette dernière sera sélectionnée.

**Théories de l'entonnoir.** Théories qui tentent d'expliquer comment les individus sélectionnent l'information quand une étape du traitement de l'information devient surchargée d'un trop-plein d'informations.

**Théories des caractéristiques.** Théories de la reconnaissance des formes qui propose leur description selon leurs parties ou caractéristiques.

**Théories des ressources attentionnelles.** Théories qui proposent qu'il existe une quantité limitée d'effort mental qui peut être distribuée à travers diverses tâches, de sorte que le nombre de tâches qui peuvent être réalisées en même temps est limité.

**Tomographie par émission de positrons.** Technique de diagnostic qui utilise des marqueurs radioactifs pour étudier l'activité cérébrale en mesurant la quantité de flux sanguin dans les différentes parties du cerveau.

**Traitement approprié au transfert.** Encodage du matériel sous une forme liée à la façon dont le matériel sera ultérieurement utilisé.

**Traitement automatique.** Réalisation des opérations mentales nécessitant très peu d'effort.

**Traitement discriminatoire.** Création d'un code mnémonique qui rend la mémorisation plus discriminatoire des autres mémorisations.

**Traitement parallèle.** Exécution de plus d'une opération à la fois, comme regarder une œuvre d'art et en même temps participer à une conversation.

**Traitement sériel.** Lorsque nous ne pouvons exécuter qu'une opération à la fois, comme prononcer un mot à la fois.

**Traitements contraints au plan conceptuel.** Traitements qui sont influencés par les stratégies d'une personne.

**Traitements contraints par les données.** Traitements qui sont influencés par le matériel.

**Traits de famille.** Mesure de la fréquence avec laquelle les attributs d'un membre d'une catégorie sont partagés avec les autres membres de la catégorie.

**Transfert analogique.** Utilisation d'une même solution pour résoudre deux problèmes.

**Transfert représentationnel.** Utilisation d'un même format (telle qu'une matrice) pour résoudre deux problèmes.

**Typicalité.** Ampleur avec laquelle une valeur (telle que grande, moyenne ou petite) est attendue lorsqu'un adjectif modifie un nom commun particulier.

**Typicalité.** Mesure du degré avec lequel un membre d'une catégorie représente cette catégorie.

**Utilité subjective attendue.** Modification de la valeur attendue qui se sert d'utilités et de probabilités subjectives à la place des valeurs et des probabilités réelles.

**Utilité.** Valeur subjective accordée par celui qui prend une décision.

**Valeur attendue.** Valeur moyenne déterminée en combinant les valeurs des événements avec leur probabilité d'occurrence.

**Valeur d'association.** Nombre d'associations verbales générées pour un concept.

**Valeur d'imagerie.** Valeur exprimant la facilité avec laquelle un concept peut être élaboré sous la forme d'une image mentale.

**Zone visuelle tampon.** Composante du modèle de Kosslyn dans laquelle une image mentale élaborée est maintenue dans la MCT.

Lectures complémentaires
en langue française

# Bibliographie commentée

PATRICE TERRIER
*Psychologue Consultant*

# SOMMAIRE

# I. MÉTHODE DE TRAVAIL

## 1. Lectures recommandées
## (par Reed, pp. 17-18, chapitre 1)

Le premier chapitre du livre de Eysenck et Keane (1990) propose un compte rendu plus élaboré des idées exprimées dans ce chapitre. Une première formulation des propositions de l'approche du traitement de l'information est donnée par Haber (1969). Le livre de Lachman, Lachman et Butterfield (1979) sur la psychologie cognitive comprend une excellente discussion de la façon dont les autres disciplines – telles que le behaviorisme, l'apprentissage verbal, l'ingénierie humaine, la théorie de l'information, et la linguistique – ont contribué au paradigme du traitement de l'information. Un panorama des modèles de traitement de l'information plus récent et plus fouillé est détaillé par Massaro et Cowan (1993). Un intéressant article de Roediger (1980) discute de la façon dont les gens utilisent des analogies familières pour les aider dans leur compréhension de la mémoire. Roediger débute par la comparaison d'Aristote et Platon entre la mémoire et une tablette de cire, et termine par l'analogie avec l'ordinateur qui est actuellement très prisée. Les lecteurs intéressés par les autres influences théoriques majeures qui ont contribué à l'histoire de la psychologie sont invités à lire le livre de Heidbreder (1961). Ce livre contient des chapitres sur la psychologie préscientifique, le début de la psychologie scientifique, la psychologie selon William James, le fonctionnalisme, le behaviorisme, la psychologie dynamique, la Gestalt psychologie, et la psychanalyse. Gardner (1985) propose un très agréable compte rendu de l'évolution de la psychologie cognitive. Hoffman et Deffenbacher (1992) proposent un compte rendu très détaillé de la psychologie cognitive appliquée. Les articles de Hunt (1989) et Simon et Kaplan (1989) fournissent un excellent survol des sciences cognitives. L'article de Simon et Kaplan constitue le premier chapitre d'un livre remarquable *Les Fondements des Sciences Cognitives* (Posner, 1989).

## 2. Méthode utilisée pour constituer
## les lectures en français

La méthode de travail a consisté à regrouper les lectures recommandées par Reed en fonction du motif pour lequel la lecture était conseillée (parties soulignées dans le texte ci-dessous). On aboutit à un certain nombre de points (numérotés) correspondant soit à une seule référence soit à plusieurs références que propose Reed. Par exemple, le point numéroté 8 ici consiste pour Reed à proposer deux références pour le même motif (une excellente revue sur les sciences cognitives). Je considère donc qu'il s'agit d'un seul point. Les éléments bibliographiques suggérés en français pour chaque point, quand ils peuvent être trouvés pour chaque motif précis, sont signalés sous chaque point (•). Ci-dessous le détail des références proposées par Reed, et des références correspondantes que je propose pour le chapitre 1. Je m'emploie ensuite à formater ces références en les rédigeant de telle sorte que l'on obtienne un petit texte, semblable au texte contenu sous la rubrique lectures recommandées dans le texte de Reed (cf. section précédente). Le texte obtenu pour le chapitre 1 est présenté dans la section 3.

1. Eysenck, M. W., Keane, M. T. (1990). *Cognitive Psychology : A student's handbook*. Hove, England : Erlbaum. <u>Chapitre I qui propose un état plus élaboré des idées du chapitre.</u>

2. Haber, R.N. (1969). Introduction. In R.N. Haber (Ed.), *Information processing approaches to visual perception*. New York : Holt, Rinerhart & Winston. <u>Un énoncé plus ancien des hypothèses de l'approche du traitement de l'information dans la perception.</u>

   • Fortin, C., Rousseau, R. (1989). *Psychologie cognitive : une approche de traitement de l'information*. Chapitre 1.

3. Lachman, R., Lachman, J.L., Butterfield, E.C. (1979). *Cognitive psychology and information processing : an introduction*. Hillsdale, NJ : Erlbaum. <u>Une excellente discussion sur la façon dont d'autres disciplines comme le behaviorisme, l'apprentissage verbal, l'ingénierie humaine, la théorie de l'information, la linguistique ont contribué au paradigme du traitement de l'information.</u>

   • Dupuy, J.P. (1994). *Aux origines des sciences cognitives*. Éditions la Découverte, Paris (188 pp.). Les fameuses « Conférences Macy » servent de support pour l'analyse. Comment la cybernétique est aux origines des sciences cognitives. En particulier chapitre 5 (120-156) : « les thèmes cybernétiques : information, totalisation, complexité ».

   • Chapitre 1 du Fortin & Rousseau : Lackman *et al.* présentaient la logique de la méthode d'analyse soustractive de Donders, qui est l'une des premières tentatives d'analyse des étapes de traitement à l'aide du TR. Le chapitre I de Fortin & Rousseau reprend précisément l'exposé de Lachman *et al.*

- Chapitre 4 de S. Dehaene (1997). *Le cerveau en action. Imagerie cérébrale fonctionnelle en psychologie cognitive.* Paris, P.U.F.

  Le chapitre 4 discute les méthodes soustractives en psychologie et leur articulation avec les méthodes d'imagerie.

4. Massaro, D.W., Cowan, N. (1993). Information processing models : microscopes of the mind. *Annual Review of Psychology*, 44, 383-425. <u>Une revue plus récente (et avancée) des modèles du traitement de l'information.</u>

5. Roediger, H.L. (1980). Memory metaphors in cognitive psychology. *Memory & Cognition*, 8, 231-246. <u>Un papier intéressant sur la façon dont les gens utilisent des analogies pour les aider à comprendre la mémoire. Débute avec Platon et Aristote et leur conception de la mémoire comme une *Vax Tablet* et termine par l'analogie avec l'ordinateur sur laquelle on met aujourd'hui l'accent.</u>

- Mc Culloch, W.S. (1949). The Brain as a Computing Machine. Electrical Engineering, LXVIII, 492-497. Trad. fr. in A. Pélissier & A. Tête, *Sciences Cognitives. Textes fondateurs* (1943-1950) (pp. 189-214). 1995, PUF.

6. Hiedbreder, E. (1961). *Seven psychologies.* New York : Appleton-Century-Crofts. <u>Ceux qui s'intéressent à la façon dont d'autres approches théoriques majeures ont influencé l'histoire de la psychologie peuvent lire Heidbreder qui discute :</u>

  a) la psychologie préscientifique

  b) le début de la psychologie scientifique

  c) la psychologie de William James

  d) le fonctionnalisme

  e) la psychologie de la forme

  f) la psychanalyse.

- Fraisse, P. (1988). *Pour la psychologie scientifique : histoire, théorie et pratique.* Pierre Mardaga, Liège, 382 pp. Avec en particulier 3 textes :

- Il y a trois psychologies (pp. 125-137). Initialement paru dans *Bulletin de Psychologie*, 1983, XXXVII, 225-270.

- Henri Pierron : instaurateur de la psychologie scientifique (pp. 112-124). Initialement paru dans *Bulletin de Psychologie*, 1982, XXXVII, 280-284.

- Modèles pour une histoire de la psychologie (pp. 87-100). Initialement paru dans *Bulletin de Psychologie*, 1968-1969, XXII, 9-13.

7. Gardner, H. (1985). *The mind's new science : A history of the cognitive revolution.* New York : Basic Books. <u>Un état clair de la psychologie cognitive.</u>

   - Andler, D. (1987). « Une nouvelle science de l'esprit ». *Le Débat*, N° 47, 5-25.
   - Chapitre I (introduction) de Vignaux, G. (1992). *Les sciences cognitives. Une introduction.* Éditions la Découverte, Paris.

8. Hunt, E. (1989). Cognitive Science : Definition, status, and questions. *Annual Review of Psychology*, 40, 603-629.

   Simon, H.A., Kaplan, C.A. (1989). Foundations of cognitive science. In M.I. Posner (Ed.), *Foundations of cognitive science.* Cambridge, MA : MIT Press. <u>Une revue excellente sur les sciences cognitives.</u>

   - Andler, D. (1989). Sciences cognitives. *Encyclopaedia Universalis*, 6, 65-74.
   - Vignaux, G. (1992). *Les sciences cognitives. Une introduction.* Éditions la Découverte, Paris.
   - Hofstader, D., Dennett, D. (Eds) (1981). *The Mind's I.* Basic Books, New York. (Trad. fr. : *Vues de l'esprit*, InterEditions, Paris).
   - Prigogine, I., Stengers, I. (1979). *La nouvelle alliance.* Gallimard, Paris.
   - Hofstader, D. (1979). Gödel, *Escher, Bach : an Eternal Golden Braid.* New York : Basic Books. Traduction francaise : Hofstadter, D. (1985) *Gödel, Escher, Bach : les Brins d'une Guirlande Éternelle.* Paris : InterEditions.

Le travail de mise en correspondance étant effectué, je procède à la rédaction d'un petit texte qui, autant que possible, se réfère à ce qu'exprime l'auteur en langue anglaise. Le résultat du travail effectué pour le chapitre I est présenté dans la section suivante.

## 3. Lectures recommandées (en langue française, pour le chapitre 1)

L'ouvrage de référence désormais classique de Linday et Norman (1980) et plus récemment l'ouvrage de Fortin et Rousseau (1989) proposent une introduction d'ensemble à la psychologie cognitive sous l'angle du paradigme du traitement de l'information. Pour la contribution de différents courants et disciplines cognitives au développement du paradigme du traitement de l'information on peut consulter : l'ouvrage de Dupuis (1994), une analyse des origines des sciences cognitives fondée sur les fameuses « Conférences Macy ». En particulier, le chapitre 5 (pp. 120-156) qui traite de quelques thèmes cybernétiques centraux : information, totalisation, complexité ; le chapitre 1 de l'ouvrage de Fortin et Rousseau (1989) qui reprend précisément l'exposé de Lachman *et al.* (1979) sur la logique de la méthode d'analyse soustractive de Donders, l'une des premières tentatives d'analyse des étapes de traitement de l'information à l'aide du temps de réaction ; mais aussi le chapitre 4 de l'ouvrage de Dehaene (1997) qui propose une discussion actualisée des méthodes soustractives et présente leur articulation avec les techniques d'imagerie cérébrale. Pour le rôle de l'ordinateur comme analogue du fonctionnement cognitif humain, on se référera à la traduction d'un texte fondateur de McCulloch, « The brain as a computer machine » (McCulloch, 1949, in Pélissier et Tête, 1995, pp. 189-214). Le lecteur intéressé par les courants théoriques majeurs qui ont contribué à l'histoire de la psychologie et leur influence sur le développement de la psychologie scientifique est invité à lire l'ouvrage de Fraisse (1988). On recommandera plus particulièrement trois textes de cet ouvrage initialement publiés par Fraisse dans le *Bulletin de Psychologie* : Il y a trois psychologies (pp. 125-137. Initialement paru dans *Bulletin de Psychologie*, 1983, XXXVII, 225-270) ; Henri Pierron : instaurateur de la psychologie scientifique (pp. 112-124. Initialement paru dans *Bulletin de Psychologie*, 1982, XXXVII, 280-284) ; Modèles pour une histoire de la psychologie (pp. 87-100. Initialement paru dans *Bulletin de Psychologie*, 1968-1969, XXII, 9-13). En référence au compte rendu de Gardner (1985) sur l'évolution de la psychologie cognitive, on peut consulter le texte d'Andler (1987) qui porte un titre similaire, le chapitre I de l'ouvrage de Vignaux (1992). D'excellentes revues sur les sciences cognitives sont disponibles : le texte d'Andler (1989) dans *Encyclopedia Universalis* ; l'ouvrage de Vignaux (1992) ; la traduction de l'ouvrage de Hofstader et Dennett (1981) ; l'ouvrage de Prigogine et Stengers (1979).

Andler, D. (1987). Une nouvelle science de l'esprit. *Le Débat*, 47, 5-25.

Andler, D. (1989). Sciences cognitives. *Encyclopaedia Universalis*, 6, 65-74.

Dehaene, S. (1997). *Le cerveau en action. Imagerie cérébrale fonctionnelle en psychologie cognitive.* Paris : P.U.F.

Dupuy, J.P. (1994). *Aux origines des sciences cognitives.* Paris : Éditions la Découverte.

Fortin, C., Rousseau, R. (1989). *Psychologie cognitive : une approche de traitement de l'information.* Montréal : Presses de l'Université du Québec.

Fraisse, P. (1988). *Pour la psychologie scientifique : histoire, théorie et pratique.* Liège : Mardaga.

Hofstader, D., Dennett, D. (1981). *The Mind's I.* Basic Books, New York. (Trad. fr. : *Vues de l'esprit.* 1987. Paris : InterEditions).

Lindsay, P.H., Norman, D.A. (1980). *Traitement de l'information et comportement humain. Une introduction à la psychologie.* Montréal : Études vivantes.

Pélissier, A., Tête, A. (1995). *Sciences Cognitives. Textes fondateurs* (1943-1950). Paris : P.U.F.

Prigogine, I., Stengers, I. (1979). *La nouvelle alliance.* Paris : Gallimard.

Vignaux, G. (1992). *Les sciences cognitives. Une introduction.* Paris : Éditions la Découverte.

## II. LECTURES RECOMMANDÉES

## Chapitre 1. Introduction

L'ouvrage de référence désormais classique de Linday et Norman (1980) et plus récemment l'ouvrage de Fortin et Rousseau (1989) proposent une introduction d'ensemble à la psychologie cognitive sous l'angle du paradigme du traitement de l'information. Pour la contribution de différents courants et disciplines cognitives au développement du paradigme du traitement de l'information on peut consulter : l'ouvrage de Dupuis (1994), une analyse des origines des sciences cognitives fondée sur les fameuses « Conférences Macy ». En particulier, le chapitre 5 (pp. 120-156) qui traite de quelques thèmes cybernétiques centraux : information, totalisation, complexité ; le chapitre 1 de l'ouvrage de Fortin et Rousseau (1989) qui reprend précisément l'exposé de Lachman *et al.* (1979) sur la logique de la méthode d'analyse soustractive de Donders, l'une des premières tentatives d'analyse des étapes de traitement de l'information à l'aide du temps de réaction ; mais aussi le chapitre 4 de l'ouvrage de Dehaene (1997) qui propose une discussion actualisée des méthodes soustractives et présente leur articulation avec les techniques d'imagerie cérébrale. Pour le rôle de l'ordinateur comme analogue du fonctionnement cognitif humain, on se référera à la traduction d'un texte fondateur de McCulloch, « The brain as a computer machine » (McCulloch, 1949, in Pélissier et Tête, 1995, pp. 189-214). Le lecteur intéressé par les courants théoriques majeurs qui ont contribué à l'histoire de la psychologie et leur influence sur le développement de la psychologie scientifique est invité à lire l'ouvrage de Fraisse (1988). On recommandera plus particulièrement trois textes de cet ouvrage initialement publiés par Fraisse dans le *Bulletin de Psychologie* : Il y a trois psychologies (pp. 125-137. Initialement paru dans Bulletin de Psychologie, 1983, XXXVII, 225-270) ; Henri Pierron : instaurateur de la psychologie scientifique (pp. 112-124. Initialement paru dans *Bulletin de Psychologie*, 1982, XXXVII, 280-284) ; Modèles pour une histoire de la psychologie (pp. 87-100. Initialement paru dans *Bulletin de Psychologie*, 1968-1969, XXII, 9-13). En référence au compte rendu de Gardner (1985) sur l'évolution de la psychologie cognitive, on peut consulter le texte d'Andler (1987) qui porte un titre similaire, le chapitre 1 de l'ouvrage de Vignaux (1992). D'excellentes revues sur les sciences cognitives sont disponibles : le texte d'Andler (1989) dans *Encyclopedia Universalis* ; l'ouvrage de Vignaux (1992) ; la traduction de l'ouvrage de Hofstader et Dennett (1981) ; l'ouvrage de Prigogine et Stengers (1979).

Andler, D. (1987). « Une nouvelle science de l'esprit ». *Le Débat,* 47, 5-25.

Andler, D. (1989). Sciences cognitives. *Encyclopaedia Universalis,* 6, 65-74.

Dehaene, S. (1997). *Le cerveau en action. Imagerie cérébrale fonctionnelle en psychologie cognitive.* Paris : P.U.F.

Dupuy, J.P. (1994). *Aux origines des sciences cognitives.* Paris : Éditions la Découverte.

Fortin, C., Rousseau, R. (1989). *Psychologie cognitive : une approche de traitement de l'information.* Montréal : Presses de l'Université du Québec.

Fraisse, P. (1988). *Pour la psychologie scientifique : histoire, théorie et pratique.* Liège : Mardaga.

Hofstader, D., Dennett, D. (1981). *The Mind's I.* Basic Books, New York. (Trad. fr. : *Vues de l'esprit.* 1987. Paris : InterEditions).

Lindsay, P.H., Norman, D.A. (1980). *Traitement de l'information et comportement humain. Une introduction à la psychologie.* Montréal : Études vivantes.

Pélissier, A., Tête, A. (1995). *Sciences Cognitives. Textes fondateurs (1943-1950).* Paris : P.U.F.

Prigogine, I., Stengers, I. (1979). *La nouvelle alliance.* Paris : Gallimard.

Vignaux, G. (1992). *Les sciences cognitives. Une introduction.* Paris : Éditions la Découverte.

## *Chapitre 2. La reconnaissance des formes*

Quelques chapitres d'ouvrages ou de traités fournissent une revue des travaux liés à la perception et à la représentation : dans le tome 5 du *Cours de psychologie* (Ghiglione et Richard, 1995), le chapitre 3 (par Bonnet) qui évoque le rôle des aspects représentatifs dans la perception pour la reconnaissance d'objets et événements, pour la perception de l'espace ; dans le tome 1 du *Traité de psychologie expérimentale* (Richelle, Requin et Robert, 1994), la section II/4 intitulée « Vision » (par Imbert et de Schonen) et plus particulièrement la partie « perception des objets » (pp. 384-421) ; l'ouvrage de Denis (1989), et plus particulièrement le chapitre 3, « Propriétés des images visuelles ». Les processus perceptifs fondés sur les détecteurs de traits sont évoqués dans le tome 1 du *Traité de psychologie expéri-*

*mentale* (Richelle *et al.*, 1994), dans la section II/1 intitulée « Mécanismes généraux de la perception » (par Delorme). L'approche structurale de Garner (1974) pour rendre compte de la perception des objets a été exposée dans le texte « Perception analytique et globale » initialement publié dans la revue *L'Année Psychologique* par Berger (1992). Ce texte, qui expose puis critique l'approche de Garner sur la base de nombreux travaux postérieurs, est également reproduit dans l'ouvrage de Le Ny et Gineste (1995). Le rôle du travail de Gibson sur le développement des théories et modèles de la perception peut être approché en consultant l'article de Vurpillot (1967), son chapitre intitulé « La perception de l'espace » (Vurpillot, 1963), ou encore l'ouvrage de Bruce et Green (1993). Pour une revue actualisée du rôle des descriptions structurelles sur l'analyse de formes comme sur l'efficacité de la récupération mnésique, on renverra à l'ouvrage de Schacter et Tulving (1996). Et plus particulièrement au chapitre 8 dans lequel Schacter fait une revue des résultats récents montrant le rôle des traitements perceptifs sur la récupération mnésique. Dans ce même chapitre, ainsi que dans le tome I du *Traité de psychologie expérimentale* (Requin, Richelle et Robert, 1994, tome 1, p. 393) on trouvera quelques indications sur des modèles de la perception des formes à trois dimensions. Le stockage de l'information visuelle est discuté : dans le tome I du *Traité de Psychologie expérimentale* (Richelle, Requin et Robert, 1994), section II/4 (par Imbert et de Schonen), partie « neurobiologie de la perception » (pp. 347-382) ; dans le chapitre 3 (par Bonnet) du tome 5 du *Cours de psychologie* (Ghiglione et Richard, 1995). Pour une présentation des modèles de la reconnaissance de mots, outre l'article de Segui et Beauvilain (1988), l'ouvrage édité par Kolinsly, Morais et Segui (1991) constituera une ressource centrale. En premier lieu, cet ouvrage offre une présentation actualisée des modèles de reconnaissance de mots, ce qui permet de saisir l'évolution des modèles depuis ceux de Paap *et al.* (1982) et de Rumelhart et McClelland (1982). En second lieu, la reconnaissance de mots y est traitée sous l'angle de différentes modalités sensorielles et non plus seulement sous l'angle de la modalité visuelle comme c'est le cas ici. La partie modalités auditives de l'ouvrage (pp. 7-95) contient un texte de U.H. Fauenfelder, « La reconnaissance de mots parlés » (pp. 7-36) qui compare quatre modèles de la reconnaissance de mots (Cohort 1, par Marlsen-Wilson et Welsh, 1978 ; cohort 2 par Waren et Marlsen-Wilson, 1987 ; TRACE par McClelland et Elman, 1986 ; LAFS par Klatt, 1980, 1989). La partie modalités visuelles (pp. 99-304) contient un texte de J. Segui, « La reconnaissance visuelle des mots » (pp. 99-117) qui présente les traits majeurs des modèles de Paap *et al.* (1982), de

Rumelhart et McClelland, 1982, ainsi que des résultats empiriques récents visant à tester des hypothèses de ces modèles. Toujours dans la partie modalités visuelles, le texte de A. Content, « La reconnaissance de mots écrits. Approche connexioniste », permet de voir l'influence des modèles de réseaux de neurones sur les modèles de la reconnaissance de mots. Pour d'autres champs de la reconnaissance de « patterns », tels que la reconnaissance de parole : la partie modalités auditives de l'ouvrage de Kolinsky *et al.* (1991, pp. 7-95) ; le chapitre « L'audition » (par Botte) dans le tome 1 du *Traité de psychologie cognitive* (Bonnet, Ghiglione et Richard, 1989) ; la partie II/3, « Audition : physiologie, perception et cognition » (par McAdams), dans le tome I du *Traité de psychologie expérimentale* (Richelle, Requin et Robert, 1994). Pour ce qui est de la reconnaissance de visages, un champ en développement, l'ouvrage de Bruyer (1987) propose un condensé des modèles disponibles sur la reconnaissance de visages, avec une mise en perspective historique ; plus récemment, l'édition d'un numéro spécial de la revue *Psychologie Française* (Tiberghien et Renault, 1994) consacré à ce thème, avec notamment un article de Bruyer (1994) qui comporte une bibliographie de 97 titres. Sur la reconnaissance de scènes ou encore sur la reconnaissance de cartes, plans, on pourra consulter le chapitre 3 de l'ouvrage de Ghiglione et Richard (1995). En termes d'introduction claire à l'influence des réseaux de neurones sur les théories cognitives : l'ouvrage de Bonnet, Hoc et Tiberghien (1986) ; un texte de Tiberghien (1986) ; sans oublier le texte de A. Content, dans l'ouvrage de Kolinsky *et al.* (1991), qui articule approche connexionniste et reconnaissance de mots.

Berger, C. (1992). Perception analytique et globale. *L'Année Psychologique,* 92, 105-136. (Texte reproduit dans l'ouvrage de Le Ny, J.F., Gineste, M.D. (1995). *La psychologie. Textes essentiels* (pp. 120-136). Paris : Larousse).

Bonnet, C., Hoc, J.M., Tiberghien, G. (1986). *Psychologie, Intelligence Artificielle et Automatique.* Bruxelles : Mardaga.

Bonnet, C., Ghiglione, R., Richard, J.F. (1989). *Traité de psychologie cognitive. Tome 1.* Paris : Dunod.

Bruce, V. & Green, P. (1993). *La perception visuelle : Physiologie, psychologie et écologie.* Grenoble : P.U.G.

Bruyer, R. (1987). *Les mécanismes de la reconnaissance de visages.* Grenoble : P.U.G.

Bruyer, R. (1994). La reconnaissance de visages. Quoi de neuf ? *Psychologie Française,* 39 (3/4), 245-258.

Denis, M. (1994/1989). *Image et cognition.* Paris : P.U.F.

Ghiglione, R., Richard, J.F. (1995). *Cours de psychologie. Tome 5.* Paris : Dunod.

Kolinsky, R., Morais, J., Segui, J. (1991). *La reconnaissance de mots dans les différentes modalités sensorielles.* Paris : P.U.F.

Tiberghien, G., Renault, B. (1994). La reconnaissance de visages. *Psychologie Française*, 39, 3/4. Paris : Colin.

Richelle, M., Requin, J., Robert, M. (1994). *Traité de psychologie expérimentale. Tome 1.* Paris : P.U.F.

Richelle, M., Requin, J., Robert, M. (1994). *Traité de psychologie expérimentale. Tome 6.* Paris : P.U.F.

Schacter, D. L., Tulving, E. (1996). *Memory systems 1994.* Cambridge : MIT Press. (Trad. fr, *Systèmes de mémoire chez l'animal et chez l'homme.* 1996, Marseille : Solal).

Segui, J., Beauvilain, C. (1988). Modularité et automaticité dans le traitement du langage : l'exemple du lexique. In P. Perruchet (Ed.), *Les automatismes cognitifs* (pp. 13-25). Bruxelles : Margada.

Tiberghien, G. (1986). Psychologie cognitive, sciences de la cognition et technologie de la connaissance. In J.L. Le Moigne (Ed.), *Intelligence des mécanismes, Mécanismes de l'Intelligence.* Paris : Fayard.

Vurpillot, E. (1963). La perception de l'espace. In P. Fraisse & J. Piaget (Eds.), *Traité de psychologie expérimentale. Volume 6.* Paris : P.U.F.

Vurpillot, E. (1967). Quelques théories et modèles de la perception. *Bulletin de Psychologie,* 20 (8/9), 18-22.

## *Chapitre 3. L'attention*

L'ouvrage de Richard (1980), le chapitre de Coquery (1994), et plus récemment l'ouvrage de Camus (1996), constituent des références incontournables qui permettront de retrouver les différents travaux évoqués ici. En particulier l'ouvrage de Camus (1996) qui présente l'intérêt de structurer l'examen des processus attentionnels en fonction d'une théorie récente dans laquelle les processus attentionnels sont regroupés en un système : sélection de l'information, ressources attentionnelles, contrôle de la réponse et de l'activité, attention soutenue. Cette structuration permet de mieux comprendre l'articulation entre des thèmes souvent examinés de façon séparée par le passé. Autre trait intéressant de cet ouvrage : l'intégration d'un chapitre sur le développement des processus attentionnels et d'un chapitre sur la pathologie et la neuropsychologie de l'attention. Dans les lignes qui

suivent, on verra que la plupart des lectures en langue anglaise conseillées pour ce chapitre sont accessibles à partir de cet ouvrage.

Camus (1996) présente le modèle de Kahneman (1973) dans la
première section de son chapitre 4 (pp. 56-61). Il intègre les revues
désormais classiques sur l'attention de Johnston et Dark (1986), Shiffrin (1988), ou encore de Wickens et ses collaborateurs. Les travaux
de Neisser et Becklen (1975) sur l'attention sélective effectués à partir
d'une tâche visuelle analogue aux tâches d'écoute dichotique y sont
également évoqués. Mais c'est l'attention auditive qui est le domaine
de prédilection de Camus. En conséquence, sur l'attention visuelle, on
peut alors consulter l'ouvrage de Lecas (1992). Dans un ouvrage consacré aux automatismes cognitifs, Camus (1988) rend accessible en
langue française les deux articles princeps de Schneider et Shiffrin
(1977 ; Shiffrin & Schneider, 1977) qui présentaient à la fois le
modèle et les données empiriques sur le développement des traitements automatiques. La conception de Logan (1988), qui milite pour
une conception de l'automatisation en termes de connaissances en
mémoire est exposée par Camus (1996, chapitre 5, pp. 90-92). Elle
pourra être mise en relation avec l'analyse critique de l'automaticité
proposée par Perruchet (1988). On verra également dans ce même
ouvrage que si la proposition de Hirst, Spelke, Reaves, Caharack, et
Neisser (1980) sur la manière dont les gens peuvent accomplir deux
tâches complexes simultanées est importante, c'est parce qu'elle
rompt avec le thème des ressources attentionnelles pour ouvrir sur la
perspective des ressources cognitives (Camus, 1996, chapitre 4,
pp. 76-77). Le travail de Navon et Gopher (1979) ainsi que d'autres
travaux ultérieurs sur le partage de l'attention sont évoqués et comparés au modèle de Kahneman (Camus, 1996, chap. 4, pp. 59-61). Le
terme de conscience est le terme indexé le plus fréquemment dans
l'ouvrage (Camus, 1996). Douze renvois au terme de conscience permettent d'évaluer le rôle de la conscience dans différents modèles des
processus attentionnels. Le modèle d'intégration de traits de Treisman
et Gelade (Treisman & Gelade, 1980 ; Treisman & Schmidt, 1982) est
présenté au chapitre 4 (Camus, 1996, chap. 4., pp. 84-85).

Camus, J.F. (1988). La distinction entre les processus contrôlés et
les processus automatiques chez Schneider et Shiffrin. In
P. Perruchet (Ed.), *Les automatismes cognitifs* (pp. 55-80).
Bruxelles : Mardaga.

Camus, J.F. (1996). La *psychologie cognitive de l'attention*. Paris :
Armand Colin.

Coquery, J.M. (1994). Processus attentionnels. In M. Richelle,
J. Requin et M. Robert, *Traité de psychologie expérimentale*
(Tome 1, pp. 219-283). Paris : P.U.F.

Lecas, J.C. (1992). *L'attention visuelle.* Bruxelles : Mardaga.

Perruchet, P. (1 988). Une analyse critique du concept d'automaticité. In P. Perruchet (Ed.), *Les automatismes cognitifs* (pp. 27-54). Bruxelles : Mardaga.

Richard, J.F. (1980). *L'attention.* Paris : P.U.F.

## Chapitre 4. La mémoire à court terme

Pour une revue des recherches sur la mémoire qui fourniront un résumé de recherches récentes : l'ouvrage de Schacter et Tulving (1996) qui contient notamment un chapitre actualisé sur la mémoire de travail (Baddeley, 1996), l'ouvrage de Baddeley (1993). Avec l'ouvrage de Baddeley (1993) on disposera d'informations la fois sur les aspects théoriques et pratiques de la mémoire. Le chapitre 8 de l'ouvrage de Lindsay et Norman (1980), qui fournit une vue d'ensemble des propriétés des trois systèmes de mémoire classiquement distingués (RIS, MCT, MLT), présente le rôle de la répétition mentale et propose des exercices simples montrant que l'autorépétition mentale est comparable à celle du discours normal, ou encore que l'autorépétition visuelle est plus rapide que l'autorépétition acoustique. Des arguments sur la non-équivalence de la MCT et de la Mémoire de Travail peuvent être trouvés dans l'article de Ehrlich et Delafoy (1990). Mais doit-on diviser la mémoire de travail en sous-systèmes (Baddeley, 1993, 1996) ? La revue de questions de Monnier et Roulin (1994) permettra d'évaluer de façon critique la division de la mémoire de travail en sous-systèmes.

Baddeley, A. (1993). *La mémoire humaine : théorie et pratique.* Grenoble : P.U.G.

Baddeley, A. (1996). La mémoire de travail : interface entre mémoire et cognition. In D. L. Schacter & E. Tulving (Éds.), *Systèmes de mémoire chez l'animal et chez l'homme* (pp. 343-357). Marseille : Solal.

Ehrlich, M.F., Delafoy, M. (1990). La mémoire de travail : structure, fonctionnement, capacité. *l'Année Psychologique,* 90(3), 403-427.

Lindsay, P.H., Norman, D.A. (1980). *Traitement de l'information et comportement humain. Une introduction à la psychologie.* Montréal : Éditions Études Vivantes.

Monnier, C., Roulin, J.L. (1994). À la recherche du calepin visuospatial en mémoire de travail, *L'Année Psychologique,* 3, 425-460.

Schacter, D. L., Tulving, E. (1996). *Memory systems 1994.* Cambridge : MIT Press. (Trad. fr., *Systèmes de mémoire chez l'animal et chez l'homme.* 1996, Marseille : Solal).

## Chapitre 5. La mémoire à long terme

L'ouvrage de Schacter et Tulving (1996) discute abondamment de la MLT. On y verra que les recherches récentes postulent l'existence de divisions dans la mémoire à long terme ; ceci en relation avec les différences observées entre tests explicites et implicites de mémoire. Mais on prendra soin de comparer ces conceptions multi-systèmes avec des interprétations plus unitaires du fonctionnement de la mémoire (Nicolas, 1993). De façon plus générale, outre les références du chapitre précédent, d'autres ressources permettent de discuter autant de la mémoire à court terme que de la mémoire à long terme : les chapitres de la deuxième partie de l'ouvrage de Fortin et Rousseau (1989), le chapitre 2 de l'ouvrage de Reuchlin (1977/1991), le chapitre 3 de l'ouvrage de Weill-Barais (1993), les ouvrages de Lieury (1992, 1993). Un ouvrage collectif (Bonnet, Hoc et Tiberghien, 1986) permet de comparer les conceptions sur le fonctionnement de la mémoire selon différents axes d'étude (psychologie, intelligence artifielle et automatique). Dans la deuxième partie de cet ouvrage, l'influence qu'ont eue les conceptions informatiques sur les théories psychologiques de la mémoire est exposée (par Hoc), les conceptions du souvenir et de la représentation en psychologie et en intelligence artificielle sont comparées (par Brouillet).

Baddeley, A. (1993). *La mémoire humaine : théorie et pratique.* Grenoble : P.U.G.

Bonnet, C., Hoc, J.M., Tiberghien, G. (1986). *Psychologie, intelligence artificielle et automatique.* Bruxelles : Mardaga.

Lieury, A. (1992). *La mémoire. Résultats et théories.* Liège : Mardaga.

Lieury, A. (1993). *La mémoire du cerveau à l'école.* Paris : Flammarion.

Nicolas, S. (1993). Existe-t-il une ou plusieurs mémoires permanentes ? *L'Année Psychologique*, 93, 113-141.

Reuchlin, M. (1977/1991). *Psychologie.* Paris : P.U.F.

Schacter, D. L., Tulving, E. (1996). *Memory systems.* Cambridge : MIT Press. (Trad. fr, *Systèmes de mémoire chez l'animal et chez l'homme.* 1996, Marseille : Solal).

## Chapitre 6. La profondeur du traitement

Deux revues de questions de Giboin (1978, 1979) offrent une analyse poussée du concept de profondeur du traitement, examinent son impact ainsi que les conceptions alternatives qui ont pu lui être opposées au cours des années 1970. Dans son évaluation critique du concept de profondeur du traitement, Baddeley (1993, pp. 177-l90) discute brièvement le succès des applications du concept de profondeur du traitement à la reconnaissance de visages, aux déficits mnésiques constatés avec le vieillissement ou les amnésies. Il discute plus longuement la question de l'efficacité relative de la répétition constructive et de l'autorépétition de maintien. Dans différentes présentations de son modèle de la mémoire de travail (Baddeley, 1993, 1996) le même auteur expose comment la répétition peut avoir un effet sur l'apprentissage à long terme : des résultats qui suggèrent que la boucle phonologique ou boucle articulatoire (assurant le maintien de l'information verbale en mémoire de travail) joue un rôle important dans l'apprentissage du langage sont présentés. Johnson (Johnson & Chalfonte, 1994) présente et illustre un modèle modulaire de la mémoire dans lequel les événements peuvent créer des entrées multiples dans un système sensoriel, perceptif, et réflexif. D'autres chapitres de ce même ouvrage proposent des taxonomies complexes de la mémoire. Dans la première section du chapitre 2 du *Cours de psychologie*, Fayol *et al.* (1995, p. 199) évoquent le fait qu'un événement peut donner lieu à des encodages multiples et rapportent à ce sujet des résultats concernant la mémorisation d'images et de visages. L'ouvrage de Martins (1993) traite du rôle des facteurs affectifs sur la mémorisation de textes. Le chapitre 4 (pp. 107-122) est ici plus particulièrement intéressant en relation avec le principe d'encodage spécifique : il discute à la fois le rôle de la congruence entre l'état affectif du sujet au moment de la lecture de textes et la tonalité du texte, et le rôle de la congruence entre l'état affectif du sujet au moment où il lit un texte et le moment où il doit restituer le texte. Kirouac (1994) propose un aperçu plus général de l'étude des relations entre émotion et cognition.

Baddeley, A. (1993). *La mémoire humaine. Théorie et pratique.* Grenoble, P.U.G.

Baddeley, A. (1996). La mémoire de travail : interface entre mémoire et cognition. In D.L. Schacter & E. Tulving (Éds.), *Systèmes de mémoire chez l'animal et chez l'homme* (pp. 343-357). Marseille, Solal.

Fayot, M., Ghiglione, R., Kekenbosh, C., Lieury, A., Richard, J.F. (1995). Mémoire, apprentissage et langage. In R. Ghiglione et J.F.

Richard (Éds.), *Cours de Psychologie* (Tome 6, pp. 185-310). Paris, Dunod.

Giboin, A. (1978). Mémoire épisodique, mémoire sémantique et niveaux de traitement. *Année Psychologique*, 78, 203-232.

Giboin, A. (1979). Le principe de traitement ou principe de profondeur. *Année Psychologique*, 79, 623-655.

Johnson, M.K., Chalfonte, B.L. (1994). Liaisons entre souvenirs complexes : rôle de la réactivation et de l'hippocampe. In D.L. Schacter & E. Tulving (Eds.), *Systèmes de mémoire chez l'animal et chez l'homme* (pp. 305-341). Marseille, Solal.

Kirouac, G. (1994). Les émotions. In M. Richelle, J. Requin, M. Robert (Éds.), *Traité de Psychologie Expérimentale* (Tome 2, pp. 3-44). Paris, P.U.F.

Martins, D. (1993). *Les facteurs affectifs dans la compréhension et la mémorisation de textes.* Paris, P.U.F.

## Chapitre 7. *Les images visuelles*

Des textes posent les jalons historiques de l'importance accordée à l'imagerie mentale en psychologie (Blanc-Garin, 1974 ; Denis, 1979 ; Denis, 1994). On y trouvera : une présentation du modèle du double codage de Paivio (Denis, 1979, chap. 3) ; un résumé du débat opposant les imagistes aux propositionalistes sur quinze années et un compromis possible entre ces deux positions qui repose sur la similitude fonctionnelle entre l'imagerie et la perception (Denis, 1994, chap. 2). Une revue des résultats expérimentaux attestant la similitude fonctionnelle entre imagerie et perception est présentée dans un autre chapitre (Denis, 1994, chap. 3) qui fait une large part aux travaux de Kosslyn. Les implications cliniques de l'imagerie sont quelquefois évoquées : les perturbations de l'imagerie suite à des lésions cérébrales (Baddeley, 1993, pp. 125-129) ; l'imagerie et la spécialisation des hémisphères droite et gauche du cerveau (Denis, 1994, pp. 91-96). Des revues (Bruyer, 1982 ; Denis et Charlot, 1992) permettent de faire le point sur l'identification des régions du système nerveux impliquées dans l'activité d'imagerie. L'ouvrage de Denis (1994) comprend des chapitres montrant certaines des implications pratiques de l'imagerie : compréhension du langage (chap. 4), compréhension et mémorisation de texte (chap. 7), résolution de problème et raisonnement (chap. 8).

Baddeley, A. (1993). *La mémoire humaine. Théorie et pratique.* Grenoble, P.U.G.

Blanc-Garin, F. (1974). Recherches récentes sur les images mentales : leur rôle dans les processus de traitement perceptif et cognitif. *Année Psychologique,* 74, 533-564.

Bruyer, R. (1982). Neuropsychologie de l'imagerie mentale. *Année Psychologique,* 82, 497-512.

Denis, M. (1979). *Les images mentales.* Paris, P.U.F.

Denis, M. (1994). *Image et cognition.* Paris, P.U.F.

Denis, M., Charlot, V. (1992). L'image mentale et ses images cérébrales. In P. Rossignol & R. Saban (Éds.), *L'image et la science* (pp. 271-283). Paris, Éditions du CHTS.

## *Chapitre 8. Catégorisation*

Les travaux de Piaget consacrés à la construction des opérations de classification et de sériation (Piaget et Inhelder, 1959) illustrent le recours à une approche logique de la catégorisation que l'on trouvera exposée par ailleurs (Bideau et Houdé, 1989, 1991). La première partie d'un ouvrage collectif (Dubois, 1991, pp. 31-100) présente les fondements psychologiques des travaux sur la catégorisation (catégories, prototypes et typicalité) ; pour des présentations complètes du modèle de Rosch, on se référera à Rosch (1976), Cordier et Dubois (1981). Le chapitre 1 (par Dubois) évalue, dix ans après, les travaux de Rosch et ses collaborateurs. Le chapitre 2 (par Bideau et Houdé) fait le point sur les travaux menés sur l'axe développemental. Le chapitre 3 (par Huteau) discute comment les concepts de Rosch s'appliquent au traitement de l'information sociale. Le chapitre 4 (par Mazet) met l'accent sur le caractère finalisé de la catégorisation, à partir du classement de photographies de sites routiers par des conducteurs. La traduction de deux articles de Mandler et Johnson (1984a, 1984b) permet de voir le rôle joué par la catégorisation naturelle (catégorisation schématique) dans la compréhension de textes. Dans ses travaux sur la construction des opérations logico-mathématiques, Houdé (1992) étudie le développement des relations entre catégorisation logique et catégorisation schématique.

Bideau, J., Houdé, O. (1991). Catégorisation logique et prototypicalité : aspects développementaux. In D. Dubois (Éd.), *Sémantique et Cognition. Catégories, prototypes, typicalité* (pp. 55-69). Paris : Éditions du CNRS.

Bideaud, J., Houdé, O. (1989). Le développement des catégorisations : « Capture » logique ou « capture » écologique des propriétés des objets ? *Année Psychologique*, 89, 87-123.

Cordier, F. (1993). *Les représentations cognitives privilégiées. Typicalité et niveau de base*. Lille : P.U.L.

Cordier, F., Dubois, D. (1981). Typicalité et représentation cognitive. *Cahiers de psychologie cognitive*, 1, 299-333.

Dubois, D. (1982). Lexique et représentations préalables dans la compréhension de phrases. *Bulletin de Psychologie : Langage et Compréhension*, XXXV, 356, 601-606.

Dubois, D. (1991). *Sémantique et cognition. Catégories, prototypes, typicalité*. Paris : CNRS éditions.

Houdé, O. (1992). *Catégorisation et développement cognitif*. Paris : P.U.F.

Mandler, J.M., Johnson, N.S. (1984a). À la recherche du conte perdu : structure de récit et rappel (Remembrance of things passed : story structure and recall. *Cognitive Psychology*, 9, 111-151). In G. Denhière, *Il était une fois… Compréhension et souvenir de récits* (pp. 185-230). Lille : P.U.L.

Mandler, J.M., Johnson, N.S. (1984b). Un conte à deux structures : structure sous-jacente et structure de surface des récits (A tale of two structures : underlying and surface forms in stories. *Poetics*, 9, 51-86). In G. Denhière, *Il était une fois… Compréhension et souvenir de récits* (pp. 231-274). Lille : P.U.L.

Piaget, J., Inhelder, B. (1959). *La genèse des structures logiques élémentaires*. Neuchâtel : Delachaux et Niestlé.

Rosch, E. (1976). Classification d'objets du monde réel : Origines et représentations dans la cognition. *Bulletin de Psychologie : La mémoire sémantique*, 242-250.

## *Chapitre 9. Organisation sémantique*

Lieury (1992, chap. 3) effectue une revue sur le rôle de l'organisation en mémoire. Évaluant la notion de prototype dans le cadre de la linguistique, Rastier (1991, chap. 7) discute des aspects hiérarchiques de la catégorisation. Des travaux sur les catégories sociales (Huteau, 1993) et sur les situations spatiales (Dubois, Mazet et Fleury, 1987) montrent l'existence de niveaux hiérarchiques de représentation mentale. Sur cet aspect on consultera également un numéro spécial de la revue *Psychologie Française* consacré à la représentation

(Ehrlich, 1985). Un chapitre de l'ouvrage de Baddeley (1993, chap. 8) introduit différents modèles de mémoire sémantique : recherche catégorielle, comparaison de traits et réseau sémantique. L'auteur y présente rapidement le modèle en réseau de Collins et Quillian (1969) et rapporte comment les niveaux hiérarchiques de cette organisation en réseau sont inférés sur la base du temps de réponse à des épreuves de vérification de phrases. Un modèle moins hiérarchique de mémoire sémantique est présenté dans l'ouvrage de Lindsay et Norman (1980, chap. 10). Dans une revue plus complète sur les représentations, qui traite notamment des images mentales et des représentations lexicales et conceptuelles concrètes, Le Ny (1994) présente les différentes techniques d'étude des représentations mentales. Le texte de Miller et Kintsch (1980) discute la capacité de différents modèles à rendre compte des effets de niveaux hiérarchiques dans la mémorisation de texte. Tiberghien *et al.* (1990, pp. 18-20) présentent les mécanismes fondamentaux du modèle d'Anderson (1983) et évoquent les racines du modèle.

Baddeley, A. (1993). *La mémoire humaine. Théorie et pratique.* Grenoble : P.U.G.

Dubois, D., Mazet, C., Fleury, D. (1987). Catégorisation et interprétation de scènes visuelles. Le cas de l'environnement urbain et routier. In C. Levy-Leboyer & Y. Bernard (Éds.), La psychologie de l'environnement en France (pp. 85-95). *Psychologie Française,* 32, 1/2. Paris : Colin.

Ehrlich, S. (1985). Les représentations. *Psychologie Française,* 30, 3/4. Paris : Colin.

Huteau, M. (1993). Organisation catégorielle des objets sociaux. Portée et limites des conceptualisations de E. Rosch. In D. Dubois (Ed.), *Sémantique et cognition. Catégories, prototypes, typicalité* (pp. 71-88). Paris : CNRS Éditions.

Le Ny, J.F. Les représentations mentales. In M. Richelle, J. Requin & M. Robert (Éds.), *Traité de psychologie expérimentale* (Tome 2, pp. 183-223). Paris : P.U.F.

Lieury, A. (1992). *La mémoire. Résultats et théories.* Liège : Mardaga.

Lindsay, P.H., Norman, D.A. (1980). *Traitement de l'information et comportement humain : une introduction à la psychologie.* Montréal, Études vivantes.

Rastier, F. (1991). *Sémantique et recherches cognitives.* Paris : P.U.F.

Tiberghien, G., Mendelsohn, P., Ans, B., George, C. (1990). Contraintes structurales et fonctionnelles des systèmes de traitement. In J.F. Richard, C. Bonnet & R. Ghiglione (Éds.), *Traité de psychologie cognitive* (Tome 2, pp. 3-32). Paris : Dunod.

## Chapitre 10. Langage

Le chapitre 5 de l'ouvrage de Reuchlin (1991) contient une introduction facile à la contribution de Chomsky (pp. 288-294) et identifie trois périodes du développement de la psycholinguistique (pp. 295-306). Le chapitre de Vikis-Freibergs (1994) montre l'évolution diachronique du domaine de la psycholinguistique. Les différents thèmes traités dans ce chapitre (l'association verbale, la syntaxe et la séquentialité, la sémantique de la phrase, l'accès au lexique mental, le langage figuré et la métaphore, le texte et l'analyse du discours) permettent de saisir l'influence des théories grammaticales sur les conceptions psychologiques de l'acquisition du langage. Le chapitre de Morais (1994) présente les travaux sur la perception et le traitement des mots écrits. Concernant les mots présentés hors contexte, quatre grands problèmes sont traités : relation entre traitement des lettres et traitement des mots ; structure des représentations orthographiques ; influence des caractéristiques distinctives des mots sur l'identification de ceux-ci ; relations entre différentes voies d'identification des mots. Les travaux relevant de l'influence du contexte (autre mot, phrase), sur l'identification de mots sont également discutés. Outre ces deux chapitres de synthèse, on pourra se référer : à l'ouvrage de Kolinsky, Morais et Segui (1991) pour des aspects concernant d'autres modalités de traitement du langage que la présentation visuelle ; au chapitre 7 de l'ouvrage de Denis (1994) qui traite du rôle de l'image dans le traitement du langage. On consultera également l'ouvrage de Fayol (1997) qui vise à donner au lecteur une vision synthétique des acquis et méthodes dans le champ de la production verbale en général (orale ou écrite). En particulier : le chapitre 1 qui établit les ressemblances/différences entre les modalités orale et écrite de la production verbale ; le chapitre 4 consacré à la production lexicale et syntaxique ; le chapitre 5 entièrement consacré au contrôle et à la régulation de la production verbale.

Denis, M. (1994). *Image et cognition.* Paris : P.U.F.

Fayol, M. (1997). *Des idées au texte. Psychologie cognitive de la production verbale, orale et écrite.* Paris : P.U.F.

Kolinsky, R., Morais, J., Segui, J. (1991). *La reconnaissance des mots dans les différentes modalités sensorielles : études de psycholinguistique cognitive.* Paris : P.U.F.

Moray, J. (1994). Perception et traitement du langage écrit. In M. Richelle, J. Requin & M. Robert (Éds.), *Traité de psychologie expérimentale* (Tome 2, pp. 271-331). Paris : P.U.F.

Reuchlin, M. (1991). *Psychologie.* Paris : P.U.F.

Vikis-Freibergs, V. (1994). Psycholinguistique expérimentale. In M. Richelle, J. Requin & M. Robert (Éds.), *Traité de psychologie expérimentale* (Tome 2, pp. 333-387). Paris : P.U.F.

## Chapitre 11. *Compréhension et mémorisation de textes*

Un numéro spécial du *Bulletin de Psychologie* porte sur « Langage et Compréhension » (Le Ny & Kintsch, 1982). Denhière (1984) traduit une collection de textes majeurs sur la compréhension et la mémorisation de prose. Après une introduction à l'étude psychologique du traitement du texte, le lecteur accède ainsi directement aux modèles psychologiques du traitement du texte ; on trouve notamment une série d'articles discutant le modèle développé par Kintsch et ses collaborateurs (Miller et Kintsch, 1984 ; Kintsch et Van Dijk, 1984 ; Van Dijk, 1984). La bibliographie thématique très documentée proposée à la fin de l'ouvrage permet de repérer des textes en Français sur des thèmes précis tels que les temps de traitement, les inférences. Signalons également deux ouvrages qui font une plus large place aux conceptions connexionnistes du traitement du langage (Denhière et Baudet, 1992 ; Fayol, 1997). La psychologie de la lecture est discutée dans l'ouvrage de Fayol *et al.* (1992). L'article de Beauregarde (1981) expose des critères d'évaluation des modèles du processus de lecture.

Beauregarde, R. de (1981). Critères d'évaluation des modèles du processus de lecture (Design criteria for process models of reading. *Reading Research Quaterly*, 2, 261-315). In G. Denhière (Éd.), *Il était une fois… Compréhension et souvenir de récits* (pp. 315-379). Lille : P.U.L. 1984.

Dehnière, G. (1984). *Il était une fois… Compréhension et souvenir de récits*. Lille : P.U.L.

Dehnière, G., Baudet, S. (1992). *Lecture. Compréhension de texte et science cognitive*. Paris : P.U.F.

Fayol, M. (1997). *Des idées au texte. Psychologie cognitive de la production verbale, orale et écrite*. Paris : P.U.F.

Fayol, M., Gombert, J.E., Lecocq, P., Sprenger-Charolles, L., Zagar, D. (1992). *Psychologie cognitive de la lecture*. Paris : P.U.F.

Kintsch, W., Van Dijk, T.A. (1984). Vers un modèle de la compréhension et de la production de textes (Toward a model of text comprehension and production. *Psychological Review*, 85, 5, 363-

394). In G. Denhière (Éd.), *Il était une fois... Compréhension et souvenir de récits* (pp. 85-182). Lille : P.U.L.

Le Ny, J.F., Kintsch, W. (1982). *Bulletin de Psychologie*, numéro spécial « Langage et compréhension ».

Miller, J.R., Kintsch, W. (1984). Lisibilité et rappel de courts passages de prose : une analyse théorique (Readability and recall of short prose passages : A theoretical analysis. *Journal of Experimental Psychology* : Human Learning and Memory, 6(4), 335-354). In G. Denhière (Éd.), *Il était une fois... Compréhension et souvenir de récits* (pp. 143-181). Lille : P.U.L. 1984.

Van Dijk, T.A. (1984). Macrostructures sémantiques et cadres de connaissances dans la compréhension du discours (Semantic macro-structures and knowledge frames in discourse comprehension. In M.A. Just & P.A. Carpenter (Eds.), *Cognitive processes in comprehension* (pp. 3-32). Hillsdale, N.J. : Lawrence Erlbaum Associates). In G. Denhière (Éd.), *Il était une fois... Compréhension et souvenir de récits* (pp. 49-84). Lille : P.U.L. 1984.

## *Chapitre 12. Résolution de problèmes*

La compréhension de texte a été considérée comme une activité de résolution de problèmes (Black et Bower, 1980). Un chapitre sur le raisonnement, la résolution de problèmes et le contrôle de l'activité (Amalberti *et al.*, 1995) propose une vue d'ensemble du travail sur le raisonnement et la résolution de problèmes. Ce chapitre contient notamment la présentation des problèmes classiques comme le problème des jarres, ou le problème des quatre cartes. Dans l'ouvrage de référence de Richard (1990), plusieurs chapitres peuvent être particulièrement recommandés. Le chapitre 3 analyse comment s'opère la construction des interprétations ; voir également Richard (1984, 1985). Le chapitre 7 distingue les types d'inférences mises en jeu lors de la résolution de problèmes sur la base de leurs conditions de déclenchement. Les chapitres 9 et 11 présentent des exemples de modélisation de la résolution de problèmes et un exemple d'analyse d'un protocole individuel recueilli lors de la résolution d'un problème à transformation d'états. Plusieurs articles discutent les conditions d'utilisation des protocoles verbaux (e.g. Caverni, 1988 ; Hoc, 1984). Divers textes traitent de l'utilisation de solutions analogues lors de la résolution de problèmes de physique (Cauzinille-Marmèche, Mathieu et Weil-Barais, 1986 ; Gineste, 1984). Un chapitre du *Traité de psychologie cognitive* est spécialement consacré au raisonnement analogique (Nguyen-Xuan, 1990). Les modélisations en termes de règles de production (Nguyen-Xuan et Richard, 1986 ; Richard, 1990 pp. 324-331) montrent comment les modèles de traitement de l'information peuvent être utilisés pour rendre compte de la résolution de problèmes.

Concernant les aspects développementaux des conduites de résolution de problèmes, on peut consulter les sections 3 et 4 d'un chapitre du *Cours de psychologie* (Crépault *et al.*, 1995).

Amalberti, R., Bastien, C., Ghiglione, R., Politzer, G., Richard, J.F. (1995). Raisonnement, résolution de problèmes et contrôle de l'activité. In R. Ghiglione & J.F. Richard (Éds.), *Cours de Psychologie* (Tome 6, pp. 311-438). Paris : Dunod.

Black, J.B., Bower, G.H. (1980). La compréhension de récits considérée comme une activité de résolution de problèmes (Story understanding as problem-solving. Poetics, Special Issue, Story Comprehension, T.A. Van Dijk (ed), 9 (1/3), 223-250). In G. Denhière (Éd.), *Il était une fois... Compréhension et souvenir de récits* (pp. 275-311). Lille : P.U.L. 1984.

Cauzinille-Marmèche, E., Mathieu, J., Weil-Barais, A. (1986). Raisonnement analogique et résolution de problèmes. *Année Psychologique*, 85, 49-72.

Caverni, J.P. (1988). La verbalisation comme source d'observables pour l'étude du fonctionnement cognitif. In J.P. Caverni, C. Bastien, P. Mendelsohn & G. Tiberghien (Éds.), *Psychologie cognitive. Modèles et méthodes*. Grenoble : P.U.G.

Crépault, J., Fontaine, A.-M., Jarrige, C., Nguyen-Xuan, A., Netchine-Grynberg, S., Eimerl, K. (1995). Développement des processus intellectuels. In R. Ghiglione & J.F. Richard (Éds.), *Cours de psychologie* (Tome 6, pp. 3-180). Paris : Dunod.

Gineste, M.D. (1984). Les analogies : modèles pour l'appréhension de nouvelles connaissances. *Année Psychologique*, 84, 387-397.

Hoc, J.M. (1984). La verbalisation provoquée pour l'étude du fonctionnement cognitif. In J.F. Richard (Éd.), Résoudre des problèmes au laboratoire, à l'école, au travail (pp. 231-234). *Psychologie Française*, 29, 3/4. Paris : Colin.

Nguyen-Xuan, A. (1990). Le raisonnement analogique. In J.F. Richard, C. Bonnet & G. Tiberghien (Éds.), *Traité de psychologie cognitive* (Tome 2). Paris : Dunod.

Richard, J.F. (1984). La construction de la représentation du problème. In J.F. Richard (Éd.), Résoudre des problèmes au laboratoire, à l'école, au travail (pp. 226-230). *Psychologie Française*, 29, 3/4. Paris : Colin.

Richard, J.F. (1985). La représentation du problème. In S. Ehrlich (Éd.), Les représentations (pp. 277-284). *Psychologie Française,* 30, 3/4. Paris : Colin.

Richard, J.F. (1990). *Les activités mentales. Comprendre, raisonner, trouver des solutions.* Paris : Colin.

## Chapitre 13. Expertise et créativité

Le chapitre 7 de l'ouvrage de Richard (1990) propose des analyses concernant les raisonnements en situation ; ces raisonnements caractérisent les tâches dont la finalité n'est pas de produire des inférences mais plutôt de comprendre, de résoudre un problème, de trouver la cause d'un incident. Un numéro spécial de la revue *Psychologie Française* traite de l'expertise dans diverses situations finalisées (Caverni, 1988). Des éléments plus détaillés relatifs à l'expertise peuvent être trouvés par ailleurs, dans la programmation informatique (Hoc, 1987), la conduite de processus industriel (Hoc, 1991), la conduite automobile (Pailhous, 1970). Getz (1996) consacre un ouvrage entier au thème de l'expertise aux échecs. Wisser et Falzon (1988) présentent une étude du recueil d'expertise dans laquelle l'expertise étudiée concerne une activité de conception. On peut également se référer à deux types de modélisations largement utilisés dans les travaux sur l'expertise : les modélisations des activités de résolution de problèmes (Bastien, 1988), les modélisations des activités de décision et de jugement (Gonzalez, 1988).

Bastien, C. (1988). Les modèles en résolution de problèmes. In J.P. Caverni, C. Bastien, P. Mendelsohn et G. Tiberghien (Éds.), *Psychologie cognitive : modèles et méthodes.* Grenoble : P.U.G.

Caverni, J.P. (1988). Psychologie de l'expertise. *Psychologie Française,* 33, 3. Paris : Colin.

Getz, I. (1996). *L'expertise aux échecs.* Paris : P.U.F.

Gonzalez, M. (1988). Sur la caractérisation des processus cognitifs dans les modèles de jugement. In J.P. Caverni, C. Bastien, P. Mendelsohn et G. Tiberghien (Éds.), *Psychologie cognitive : modèles et méthodes.* Grenoble : P.U.G.

Hoc, J.M. (1987). *Psychologie cognitive de la planification.* Grenoble : P.U.G.

Hoc, J.M. (1991). Effet de l'expertise des opérateurs et de la complexité de la situation dans la conduite d'un processus continu à longs délais de réponse : le haut fourneau, *Le Travail Humain,* 54, 225-249.

Pailhous, J. (1970) *La représentation de l'espace urbain : l'exemple du chauffeur de taxi.* Paris : P.U.F.

Richard, J.F. (1990). *Les activités mentales. Comprendre, raisonner, trouver des solutions.* Paris : Colin.

## *Chapitre 14. Prise de décision*

Dans le *Traité de psychologie expérimentale*, le chapitre sur les décisions (Bresson, 1972) retrace l'émergence, en psychologie, de préoccupations concernant l'étude mathématique des choix d'actions en fonction des conséquences probables des actions possibles. Gonzalez (1988) présente les modélisations dans le champ de la décision et du jugement. On consultera également deux chapitres du *Traité de psychologie cognitive.* Le chapitre 3 (Caverni, Nguyen-Xuan, Hoc, Politzer, 1990) contient notamment une présentation des activités de jugement qui est structurée à la fois par le type de jugement et par le type de modèle. Concernant les jugements évaluatifs, les modèles sont distingués en fonction du caractère unidimensionnel ou multidimensionnel de l'activité de jugement. Pour ce qui est des jugements prédictifs, comme les jeux, le cadre probabiliste de la théorie de la décision est présenté, ainsi que les différences étudiées par Tversky et ses collaborateurs (ancrage-ajustement, disponibilité, représentativité) sont présentées. Le chapitre 5 (Nguyen-Xuan, Richard et Hoc, 1990) contient une présentation du rôle que jouent les théories décisionnelles dans l'explication du passage de l'intention à l'action ; les théories de l'attribution, la théorie de l'action, et le modèle de Dörner sur la régulation temporelle des activités sont présentés. La modélisation des règles de décision tient un rôle important dans la modélisation des activités finalisées (Richard, 1990, chap. 11).

Bresson, F. (1972). Les décisions. In P. Fraisse et J. Piaget (Éds.) *Traité de psychologie expérimentale* (Vol. VIII, pp. 239-324). Paris : P.U.F.

Caverni, J.P., Nguyen-Xuan, A., Hoc, J.M., Politzer, G. (1990). Raisonnements formels et raisonnements en situation. In J.F. Richard, C. Bonnet & R. Ghiglione (Éds.), *Traité de psychologie cognitive* (Tome 2 - Le traitement de l'information symbolique, pp. 103-165). Paris : Dunod.

Gonzalez, M. (1988). Sur la caractérisation des processus cognitifs dans les modèles de jugement. In J.P. Caverni, C. Bastien, P. Mendelsohn et G. Tiberghien (Éds.), *Psychologie cognitive : modèles et méthodes.* Grenoble : P.U.G.

Nguyen-Xuan, A., Richard, J.F., Hoc, J.M. (1990). Le contrôle de l'activité. In J.F. Richard, C. Bonnet & R. Ghiglione (Éds.), *Traité de psychologie cognitive* (Tome 2 - Le traitement de l'information symbolique, pp. 207-245). Paris : Dunod.

Richard, J.F. (1990). *Les activités mentales. Comprendre, raisonner, trouver des solutions.* Paris : Colin.

# III. LISTE ALPHABÉTIQUE DES RÉFÉRENCES

Amalberti, R., Bastien, C., Ghiglione, R., Politzer, G., Richard, J.F. (1995). Raisonnement, résolution de problèmes et contrôle de l'activité. In R. Ghiglione & J.F. Richard (Éds.), *Cours de Psychologie* (Tome 6, pp. 311-438). Paris : Dunod.

Andler, D. (1987). Une nouvelle science de l'esprit. *Le Débat,* 47, 5-25.

Andler, D. (1989). Sciences cognitives. *Encyclopaedia Universalis,* 6, 65-74.

Baddeley, A. (1993). *La mémoire humaine. Théorie et pratique.* Grenoble : P.U.G.

Baddeley, A. (1996). La mémoire de travail : interface entre mémoire et cognition. In D.L. Schacter & E. Tulving (Éds.), *Systèmes de mémoire chez l'animal et chez l'homme* (pp. 343-357). Marseille : Solal.

Bastien, C. (1988). Les modèles en résolution de problèmes. In J.P. Caverni, C. Bastien, P. Mendelsohn et G. Tiberghien (Éds.), *Psychologie cognitive : modèles et méthodes.* Grenoble : P.U.G.

Beauregarde, R. de (1981). Critères d'évaluation des modèles du processus de lecture (Design criteria for process models of reading. *Reading Research Quaterly,* 2, 261-315). In G. Denhière (Éd.), *Il était une fois... Compréhension et souvenir de récits* (pp. 315-379). Lille : P.U.L. 1984.

Berger, C. (1992). Perception analytique et globale. *L'Année Psychologique,* 92, 105-136. (Texte reproduit dans l'ouvrage de Le Ny, J.F., Gineste, M.D. (1995). *La psychologie. Textes essentiels* (pp. 120-136). Paris : Larousse).

Bideau, J., Houdé, O. (1991). Catégorisation logique et prototypicalité : aspects développementaux. In D. Dubois (Éd.), *Sémantique et Cognition. Catégories, prototypes, typicalité* (pp. 55-69). Paris : Éditions du CNRS.

Bideaud, J., Houdé, O. (1989). Le développement des catégorisations : « Capture » logique ou « capture » écologique des propriétés des objets ? *Année Psychologique,* 89, 87-123.

Black, J.B., Bower, G.H. (1980). La compréhension de récits considérée comme une activité de résolution de problèmes (Story understanding as problem-solving. *Poetics,* Special Issue, Story Comprehension, T.A. Van Dijk (Ed.), 9 (1/3), 223-250). In G. Denhière (Éd.), *Il était une fois... Compréhension et souvenir de récits* (pp. 275-311). Lille : P.U.L. 1984.

Blanc-Garin, F. (1974). Recherches récentes sur les images mentales : leur rôle dans les processus de traitement perceptif et cognitif. *Année Psychologique*, 74, 533-564.

Bonnet, C., Ghiglione, R., Richard, J.F. (1989). *Traité de psychologie cognitive*. Tome 1. Paris : Dunod.

Bonnet, C., Hoc, J.M., Tiberghien, G. (1986). *Psychologie, intelligence artificielle et automatique*. Bruxelles : Mardaga.

Bresson, F. (1972). Les décisions. In P. Fraisse et J. Piaget (Éds.) *Traité de psychologie expérimentale* (Vol. VIII, pp. 239-324). Paris : P.U.F.

Bruce, V. & Green, P. (1993). *La perception visuelle : Physiologie, psychologie et écologie*. Grenoble : P.U.G.

Bruyer, R. (1982). Neuropsychologie de l'imagerie mentale. *Année Psychologique*, 82, 497-512.

Bruyer, R. (1987). *Les mécanismes de la reconnaissance de visages*. Grenoble : P.U.G.

Bruyer, R. (1994). La reconnaissance de visages. Quoi de neuf ? *Psychologie Française*, 39 (3/4), 245-258.

Camus, J.F. (1988). La distinction entre les processus contrôlés et les processus automatiques chez Schneider et Shiffrin. In P. Perruchet (Éd.), *Les automatismes cognitifs* (pp. 55-80). Bruxelles : Mardaga.

Camus, J.F. (1996). *La psychologie cognitive de l'attention*. Paris : Armand Colin.

Cauzinille-Marmèche, E., Mathieu, J., Weil-Barais, A. (1986). Raisonnement analogique et résolution de problèmes. *Année Psychologique*, 85, 49-72.

Caverni, J.P. (1988). La verbalisation comme source d'observables pour l'étude du fonctionnement cognitif. In J.P. Caverni, C. Bastien, P. Mendelsohn & G. Tiberghien (Éds.), *Psychologie cognitive. Modèles et méthodes*. Grenoble : P.U.G.

Caverni, J.P. (1988). Psychologie de l'expertise. *Psychologie Française*, 33, 3. Paris : Colin.

Caverni, J.P., Nguyen-Xuan, A., Hoc, J.M., Politzer, G. (1990). Raisonnements formels et raisonnements en situation. In J.F. Richard, C. Bonnet & R. Ghiglione (Eds.), *Traité de psychologie cognitive* (Tome 2 - Le traitement de l'information symbolique, pp. 103-165). Paris : Dunod.

Coquery, J.M. (1994). Processus attentionnels. In M. Richelle, J. Requin et M. Robert, *Traité de psychologie expérimentale* (Tome 1, pp. 219-283). Paris : P.U.F.

Cordier, F. (1993). *Les représentations cognitives privilégiées. Typicalité et niveau de base.* Lille : P.U.L.

Cordier, F., Dubois, D. (1981). Typicalité et représentation cognitive. *Cahiers de psychologie cognitive,* 1, 299-333.

Crépault, J., Fontaine, A.-M., Jarrige, C., Nguyen-Xuan, A., Netchine-Grynberg, S., Eimerl, K. (1995). Développement des processus intellectuels. In R. Ghiglione & J.F. Richard (Éds.), *Cours de psychologie* (Tome 6, pp. 3-180). Paris : Dunod.

Dehaene, S. (1997). *Le cerveau en action. Imagerie cérébrale fonctionnelle en psychologie cognitive.* Paris : P.U.F.

Dehnière, G. (1984). *Il était une fois... Compréhension et souvenir de récits.* Lille : P.U.L.

Dehnière, G., Baudet, S. (1992). *Lecture. Compréhension de texte et science cognitive.* Paris : P.U.F.

Denis, M. (1979). *Les images mentales.* Paris, P.U.F.

Denis, M. (1994/1989). *Image et cognition.* Paris : P.U.F.

Denis, M., Charlot, V. (1992). L'image mentale et ses images cérébrales. In P. Rossignol & R. Saban (Éds.), *L'image et la science* (pp. 271-283). Paris, Éditions du CHTS.

Dubois, D. (1982). Lexique et représentations préalables dans la compréhension de phrases. *Bulletin de Psychologie : Langage et Compréhension,* XXXV, 356, 601-606.

Dubois, D. (1991). Sémantique et cognition. Catégories, prototypes, typicalité. Paris : CNRS éditions.

Dubois, D., Mazet, C., Fleury, D. (1987). Catégorisation et interprétation de scènes visuelles. Le cas de l'environnement urbain et routier. In C. Levy-Leboyer & Y. Bernard (Éds.), La psychologie de l'environnement en France (pp. 85-95). *Psychologie Française,* 32, 1/2. Paris : Colin.

Dupuy, J.P. (1994). *Aux origines des sciences cognitives.* Paris : Éditions la Découverte.

Ehrlich, M.F., Delafoy, M. (1990). La mémoire de travail : structure, fonctionnement, capacité. *L'Année Psychologique,* 90 (3), 403-427.

Ehrlich, S. (1985). Les représentations (numéro spécial). *Psychologie Française,* 30, 3/4. Paris : Colin.

Fayol, M. (1997). *Des idées au texte. Psychologie cognitive de la production verbale, orale et écrite.* Paris : P.U.F.

Fayol, M., Ghiglione, R., Kekenbosh, C., Lieury, A., Richard, J.F. (1995). Mémoire, apprentissage et langage. In R. Ghiglione et J.F. Richard (Éds.), *Cours de Psychologie* (Tome 6, pp. 185-310). Paris, Dunod.

Fayol, M., Gombert, J.E., Lecocq, P., Sprenger-Charolles, L., Zagar, D. (1992). *Psychologie cognitive de la lecture*. Paris : P.U.F.

Fortin, C., Rousseau, R. (1989). *Psychologie cognitive : une approche de traitement de l'information*. Montréal : Presses de l'Université du Québec.

Fraisse, P. (1988). *Pour la psychologie scientifique : histoire, théorie et pratique*. Liège : Mardaga.

Getz, I. (1996). *L'expertise aux échecs*. Paris : P.U.F.

Ghiglione, R., Richard, J.F. (1995). *Cours de psychologie*. Tome 5. Paris : Dunod.

Giboin, A. (1978). Mémoire épisodique, mémoire sémantique et niveaux de traitement. *Année Psychologique*, 78, 203-232.

Giboin, A. (1979). Le principe de traitement ou principe de profondeur. *Année Psychologique*, 79, 623-655.

Gineste, M.D. (1984). Les analogies : modèles pour l'appréhension de nouvelles connaissances. *Année Psychologique*, 84, 387-397.

Gonzalez, M. (1988). Sur la caractérisation des processus cognitifs dans les modèles de jugement. In J.P. Caverni, C. Bastien, P. Mendelsohn et G. Tiberghien (Éds.), *Psychologie cognitive : modèles et méthodes*. Grenoble : P.U.G.

Hoc, J.M. (1984). La verbalisation provoquée pour l'étude du fonctionnement cognitif. In J.F. Richard (Éd.), Résoudre des problèmes au laboratoire, à l'école, au travail (pp. 231-234). *Psychologie Française*, 29, 3/4. Paris : Colin.

Hoc, J.M. (1987). *Psychologie cognitive de la planification*. Grenoble : P.U.G.

Hoc, J.M. (1991). Effet de l'expertise des opérateurs et de la complexité de la situation dans la conduite d'un processus continu à longs délais de réponse : le haut fourneau, *Le Travail Humain, 54*, 225-249.

Hofstader, D., Dennett, D. (1981). *The Mind's I*. Basic Books, New York. (Trad. fr. : *Vues de l'esprit*. 1987. Paris : InterEditions).

Houdé, O. (1992). *Catégorisation et développement cognitif*. Paris : P.U.F.

Huteau, M. (1993). Organisation catégorielle des objets sociaux. Portée et limites des conceptualisations de E. Rosch. In D. Dubois (Éd.), *Sémantique et cognition. Catégories, prototypes, typicalité* (pp. 71-88). Paris : CNRS Éditions.

Johnson, M.K., Chalfonte, B.L. (1996). Liaisons entre souvenirs complexes : rôle de la réactivation et de l'hippocampe. In D.L.

Schacter & E. Tulving (Éds.), *Systèmes de mémoire chez l'animal et chez l'homme* (pp. 305-341). Marseille, Solal.

Kintsch, W., Van Dijk, T.A. (1984). Vers un modèle de la compréhension et de la production de textes (Toward a model of text comprehension and production. *Psychological Review*, 85, 5, 363-394). In G. Denhière (Éd.), *Il était une fois... Compréhension et souvenir de récits* (pp. 85-182). Lille : P.U.L.

Kirouac, G. (1994). Les émotions. In M. Richelle, J. Requin, M. Robert (Éds.), *Traité de Psychologie Expérimentale* (Tome 2, pp. 3-44). Paris, P.U.F.

Kolinsky, R., Morais, J., Segui, J. (1991). *La reconnaissance des mots dans les différentes modalités sensorielles : études de psycholinguistique cognitive*. Paris : P.U.F.

Le Ny, J.F. Les représentations mentales. In M. Richelle, J. Requin & M. Robert (Éds.), *Traité de psychologie expérimentale* (Tome 2, pp. 183-223). Paris : P.U.F.

Le Ny, J.F., Kintsch, W. (1982). *Bulletin de Psychologie*, numéro spécial « Langage et compréhension ».

Lecas, J.C. (1992). *L'attention visuelle*. Bruxelles : Mardaga.

Lieury, A. (1992). *La mémoire. Résultats et théories*. Liège : Mardaga.

Lieury, A. (1993). *La mémoire du cerveau à l'école*. Paris : Flammarion.

Lindsay, P.H., Norman, D.A. (1980). *Traitement de l'information et comportement humain. Une introduction à la psychologie*. Montréal : Études vivantes.

Mandler, J.M., Johnson, N.S. (1984a). À la recherche du conte perdu : structure de récit et rappel (Remembrance of things passed : story structure and recall. *Cognitive Psychology*, 9, 111-151). In G. Denhière, *Il était une fois... Compréhension et souvenir de récits* (pp. 185-230). Lille : P.U.L.

Mandler, J.M., Johnson, N.S. (1984b). Un conte à deux structures : structure sous-jacente et structure de surface des récits (A tale of two structures : underlying and surface forms in stories. *Poetics*, 9, 51-86). In G. Denhière, *Il était une fois... Compréhension et souvenir de récits* (pp. 231-274). Lille : P.U.L.

Martins, D. (1993). *Les facteurs affectifs dans la compréhension et la mémorisation de textes*. Paris, P.U.F.

Miller, J.R., Kintsch, W. (1984). Lisibilité et rappel de courts passages de prose : une analyse théorique (Readability and recall of short prose passages : A theoretical analysis. *Journal of Experimental Psychology* : Human Learning and Memory, 6(4), 335354). In

G. Denhière (Éd.), *Il était une fois... Compréhension et souvenir de récits* (pp. 143-181). Lille : P.U.L.

Monnier, C., Roulin, J.L. (1994). À la recherche du calepin visuospatial en mémoire de travail. *L'Année Psychologique*, 3, 425-460.

Moray, J. (1994). Perception et traitement du langage écrit. In M. Richelle, J. Requin & M. Robert (Éds.), *Traité de psychologie expérimentale* (Tome 2, pp. 271-331). Paris : P.U.F.

Nguyen-Xuan, A. (1990). Le raisonnement analogique. In J.F. Richard, C. Bonnet & G. Tiberghien (Éds.), *Traité de psychologie cognitive* (Tome 2). Paris : Dunod.

Nguyen-Xuan, A., Richard, J.F., Hoc, J.M. (1990). Le contrôle de l'activité. In J.F. Richard, C. Bonnet & R. Ghiglione (Éds.), *Traité de psychologie cognitive* (Tome 2 - Le traitement de l'information symbolique, pp. 207-245). Paris : Dunod.

Nicolas, S. (1993). Existe-t-il une ou plusieurs mémoires permanentes ? *L'Année Psychologique*, 93, 113-141.

Pailhous, J. (1970). *La représentation de l'espace urbain : l'exemple du chauffeur de taxi*. Paris : P.U.F.

Pélissier, A., Tête, A. (1995). *Sciences Cognitives. Textes fondateurs (1943-1950)*. Paris : P.U.F.

Perruchet, P. (1988). Une analyse critique du concept d'automaticité. In P. Perruchet (Éd.), *Les automatismes cognitifs* (pp. 27-54). Bruxelles : Mardaga.

Piaget, J., Inhelder, B. (1959). *La génèse des structures logiques élémentaires*. Neuchâtel : Delachaux et Niestlé.

Prigogine, I., Stengers, I. (1979). *La nouvelle alliance*. Paris : Gallimard.

Rastier, F. (1991). *Sémantique et recherches cognitives*. Paris : P.U.F.

Reuchlin, M. (1977/1991). *Psychologie*. Paris : P.U.F.

Richard, J.F. (1980). *L'attention*. Paris : P.U.F.

Richard, J.F. (1984). La construction de la représentation du problème. In J.F. Richard (Éd.), Résoudre des problèmes au laboratoire, à l'école, au travail (pp. 226-230). *Psychologie Française*, 29, 3/4. Paris : Colin.

Richard, J.F. (1985). La représentation du problème. In S. Ehrlich (Éd.), Les représentations (pp. 277-284). *Psychologie Française*, 30, 3/4. Paris : Colin.

Richard, J.F. (1990). *Les activités mentales. Comprendre, raisonner, trouver des solutions*. Paris : Colin.

Richelle, M., Requin, J., Robert, M. (1994). *Traité de psychologie expérimentale*. Tome 1. Paris : P.U.F.

Richelle, M., Requin, J., Robert, M. (1994). *Traité de psychologie expérimentale*. Tome 6. Paris : P.U.F.

Rosch, E. (1976). Classification d'objets du monde réel : Origines et représentations dans la cognition. *Bulletin de Psychologie : La mémoire sémantique,* 242-250.

Schacter, D. L., Tulving, E. (1996). *Memory systems*. Cambridge : MIT Press. (Trad. fr, *Systèmes de mémoire chez l'animal et chez l'homme*. 1996, Marseille : Solal).

Segui, J., Beauvilain, C. (1988). Modularité et automaticité dans le traitement du langage : l'exemple du lexique. In P. Perruchet (Éd.), *Les automatismes cognitifs* (pp. 13-25). Bruxelles : Margada.

Tiberghien, G. (1986). Psychologie cognitive, sciences de la cognition et technologie de la connaissance. In J.L. Le Moigne (Éd.), *Intelligence des mécanismes, Mécanismes de l'Intelligence*. Paris : Fayard.

Tiberghien, G., Mendelsohn, P., Ans, B., George, C. (1990). Contraintes structurales et fonctionnelles des systèmes de traitement. In J.F. Richard, C. Bonnet & R. Ghiglione (Éds.), *Traité de psychologie cognitive* (Tome 2, pp. 3-32). Paris : Dunod.

Tiberghien, G., Renault, B. (1994). La reconnaissance de visages. *Psychologie Française*, 39, 3/4. Paris : Colin.

Van Dijk, T.A. (1984). Macrostructures sémantiques et cadres de connaissances dans la compréhension du discours (Semantic macro-structures and knowledge frames in discourse comprehension. In M.A. Just & P.A. Carpenter (Eds.), *Cognitive processes in comprehension* (pp. 3-32). Hillsdale, N.J. : Lawrence Erlbaum Associates). In G. Denhière (Éd.), *Il était une fois... Compréhension et souvenir de récits* (pp. 49-84). Lille : P.U.L.

Vignaux, G. (1992). *Les sciences cognitives. Une introduction*. Paris : Éditions la Découverte.

Vikis-Freibergs, V. (1994). Psycholinguistique expérimentale. In M. Richelle, J. Requin & M. Robert (Éds.), *Traité de psychologie expérimentale* (Tome 2, pp. 333-387). Paris : P.U.F.

Vurpillot, E. (1963). La perception de l'espace. In P. Fraisse & J. Piaget (Éds.), *Traité de psychologie expérimentale*. Volume 6. Paris : P.U.F.

Vurpillot, E. (1967). Quelques théories et modèles de la perception. *Bulletin de Psychologie*, 20 (8/9), 18-22.

# Table des matières

# CHAPITRE 3
# L'attention .............................................................................. 69

# CHAPITRE 4
# Mémoire à court terme ................................................................ 105

## CHAPITRE 5
## Mémoire à long terme ..................................................................................................... 145

# PARTIE 2
## Représentation et organisation des connaissances

# CHAPITRE 8
# La catégorisation

# CHAPITRE 9
# L'organisation sémantique

# PARTIE 3
## Les capacités cognitives supérieures

## CHAPITRE 10
## Le langage

LECHEVALIER B., EUSTACHE F., VIADER F., *La conscience et ses troubles.*
    Séminaire Jean-Louis Signoret

LEPOT-FROMENT C., CLEREBAUT N., *L'enfant sourd.* Communication et langage

MESIBOV G., SCHOPLER E., SCHAFFER B., LANDRUS R.,
    *Profil psycho-éducatif pour adolescents et adultes.* (AAPEP)

MONTREUIL N., MAGEROTTE G., *Pratique de l'intervention individualisée*

POURTOIS J.-P. (Éd.), *Blessure d'enfant.*
    La maltraitance : théorie, pratique et intervention

REED Stefen K., *Cognition.* Théories et applications

SCHOPLER E., REICHLER R.J., BASHFORD A., LANSING M.D., MARCUS L.M.,
    *Profil psycho-éducatif (PEP-R).*
    Évaluation et intervention individualisée pour enfants autistes ou
    présentant des troubles du développement

THOMAS R. M., MICHEL C., *Théories du développement de l'enfant.*
    Études comparatives

VANDERHEYDEN J.-E., BOUILLIEZ D.-J., *Traiter le Parkinson.*
    Prise en charge globale et multidisciplinaire du patient parkinsonien

VIADER F., EUSTACHE F., LECHEVALIER B., *Espace, geste, action.*
    Neuropsychologie des agnosies spatiales et des apraxies.
    Séminaire Jean-Louis Signoret

VIROLE B. (Éd.), *Psychologie de la surdité*

VITAL-DURAND F., BARBEAU M., *Mon enfant voit mal*